Hector Berlioz

Hector Berlioz
Memoiren

Herausgegeben
von Wolf Rosenberg

Rogner & Bernhard

Satz und Druck Poeschel & Schulz-Schomburgk, Eschwege
Bindearbeiten von Klemme & Bleimund, Bielefeld
Printed in Germany

ISBN 3 8077 0080 3

Vorwort des Herausgebers

Daß Hector Berlioz, gewiß eine der faszinierendsten, originellsten und phantasiebegabtesten Künstlerpersönlichkeiten des 19. Jahrhunderts, in seinen Lebenserinnerungen weit mehr als nur ein Selbstporträt skizziert, daß vielmehr, selbstverständlich aus höchst subjektiver Schau, ein Bild seiner Zeit und seiner Umwelt entsteht und damit ein kulturhistorisches Dokument ersten Ranges, dürfte nicht überraschen. Zwar kann man ihm nicht nachsagen, daß er sein Ego vernachlässigt hätte; er breitet sein Innenleben mit einer Offenheit aus, die auf manche befremdlich wirken mag, und es scheint sogar, daß er gelegentlich, um einer Pointe willen und durchaus nicht ohne Selbstironie, einiges drastischer darstellt, als es in Wirklichkeit war – aber er selbst steht nicht im Vordergrund. Es gebe keinen, schrieb Théophil Gautier in seiner »Histoire du Romantisme«, der mit solch bedingungsloser Hingabe der Kunst gedient und ihr so ausschließlich sein Leben geweiht habe wie Berlioz. Der Kunst und, könnte man hinzufügen, den Künstlern, die er bewunderte. Die Qualen, die er litt, wenn Beethoven-Symphonien oder die Opern von Gluck, Mozart und Weber in verstümmelter Form aufgeführt wurden, waren größer als jene, die durch »vergebliche Liebesmüh« bei Estelle oder, anfangs, Harriet Smithson verursacht wurden. (Sein einsamer Kampf um Texttreue ist um so imposanter, als die Idee, man könne ein musikalisches Werk – oder auch ein Shakespeare-Stück – im Original aufführen, noch bis nach der Jahrhundertwende den Menschen so abartig schien wie der Gedanke an eine Reise auf den Mars, und noch heute, im Zeitalter wissenschaftlicher Urtextausgaben, wird »Don Giovanni« in einer dramaturgisch unzulänglichen Mischung aus Prager und Wiener Fassung aufgeführt, wird nicht »Carmen«, sondern eine Carmen-Bearbeitung gespielt, wird Offenbach massakriert, wird Berlioz selber nicht verschont durch Mißachtung seiner dezidierten Besetzungsanweisungen im »Requiem« oder dadurch, daß man die »Trojaner« durch unsägliche Striche entstellt – außer in England, wo Berlioz bereits Eingang ins Musikleben gefunden hat und auch weitgehend begriffen wird.)

Als Chronist seiner Epoche ist er unersetzlich, weil er nicht nur beobachtete und registrierte, nicht nur gut informiert war über die Dinge, die er beschreibt, sondern fast an allem aktiv beteiligt war. Hinzu kommt, bis ins Alter hinein, eine ungewöhnliche Intensität des Erlebens, wobei ein gewisses Übermaß an Emotionalität durch einen scharfen Intellekt kompensiert wird, der ihn selbst in Momenten höchster

Ekstase nicht im Stich läßt; er bleibt auch dann ein kritischer – und selbstkritischer – Beobachter; daher die Anschaulichkeit der Schilderung, sei es einer Landschaft, einer Person, einer Liebesbeziehung, einer musikalischen Passage oder auch nur eines scheinbar harmlosen Vorgangs.

Freilich wirkt die Sprache, im Stil der Zeit, häufig allzu schwärmerisch und überschwenglich, Vokabeln wie Gefühl, Empfindung spielen eine große Rolle, und man könnte den Eindruck gewinnen, Berlioz habe einer fröhlichen Irrationalität gehuldigt. Doch er bediente sich nur einer Terminologie, die aus der romantischen Ästhetik stammte und durch die Werke der Romatik, zumindest die bedeutenden, widerlegt worden war; durch Berlioz wurde sie völlig ad absurdum geführt, nur daß er sich dessen kaum bewußt war; auch er setzte gern die Empfindung höher an als die ratio, die er wohl mehr im Sinne von praktischer Vernunft, von »realistischem Denken« verstand, ebenso wie Produkte der Einbildungskraft als irrational galten. Was er über die eigenen Werke sagt, bleibt im allgemeinen weit hinter dem tatsächlich Geschaffenen zurück; das lag gewiß nicht an seiner Begriffsstutzigkeit, sondern daran, daß einer so unkonventionellen Musik nicht mit dem konventionellen Vokabular beizukommen war. Freilich konnte er noch nicht erkennen, daß er die Dychotomie zwischen Gefühl und Verstand, konkret: Ausdrucksgehalt und Konstruktion, aufgehoben hatte; das eine ist ohne das andere nicht denkbar. (Auch sah er sich zwar als Neuerer, aber allzu bescheiden als einen, der auf bereits eingeschlagenen Wegen weiterging; daß auch die Wege neu waren, so abenteuerlich neu, daß sie erst im 20. Jahrhundert wieder beschritten wurden, scheint ihm entgangen zu sein.)

Eben weil er Einbildungskraft und Erfindungsgabe in hohem Maße besaß, haben ihm spätere Biographen angekreidet, er habe allzu oft Dichtung und Wahrheit gemischt, und noch jetzt zweifeln manche Forscher die Glaubwürdigkeit der Memoiren an, ohne freilich Beweise oder auch nur überzeugende Argumente bringen zu können. Sicherlich neigte Berlioz zu Übertreibungen, zu Ausschmückungen von Episoden, die ihm besonders gefielen, und ganz gewiß war das Zeremoniell bei der Verleihung des Rom-Preises in der Pariser Akademie nicht annähernd so komisch, wie es erst durch die Schilderung in den Memoiren wurde; auch die Unterhaltungen mit Cherubini dürften nicht pedantisch genau wiedergegeben sein. Daß aber in solchen Fällen die Wahrheit nicht im Wortlaut liegt, sondern in der Darstellung des Charakteristischen, des Essentiellen, müßte eine Binsenweisheit sein.

Nicht ganz glaubwürdig mag es erscheinen, wenn Berlioz seine journalistische und schriftstellerische Tätigkeit als Fronarbeit bezeichnet, denn man spürt eher eine unbändige Lust am Schreiben, vor allem bei den »Grotesques de la musique« und den »Soirées de l'Orchestre«, aber auch bei den Memoiren überall dort, wo er Gelegenheit findet, seiner Freude an Ironie und Satire, an Bizarrem und Groteskem à la Jean Paul, E. T. A. Hoffmann und Ludwig Tieck Nahrung zu geben. Was ihm gewiß kein Vergnügen bereitete, war seine Aufgabe, für das »Journal des Débats« all die neuen und meist belanglosen Opern, die auf den Pariser Bühnen erschienen, zu rezensieren, und man mag ihm glauben, daß er an derlei viel Zeit vergeudete, weil ein gründlicher Verriß, der ihm rasch von der Hand gegangen wäre, der Sache ein zu großes Gewicht gegeben hätte. Was er am meisten haßte und womit er gar nicht erst in Berührung kommen wollte, war das Mittelmaß, die Routine, das »nach Rezept« Komponierte, das Altbewährte in verwässerter Form.

Generell mag ihm das Schreiben oft als »Fron« erschienen sein, weil er gezwungen war, damit seinen Lebensunterhalt zu verdienen. Daß ihm Paris nie einen angemessenen Posten, sei es als Dirigent oder als Kompositionslehrer, bot – das schlechtbezahlte Amt eines Bibliothekars am Konservatorium war eher entwürdigend – konnte er nicht verwinden. Ein Rätsel bleibt es, daß er, der im Ausland weit mehr Beachtung fand als in Frankreich, sich nie dazu entschließen konnte, Paris den Rücken zu kehren. (Ein Grund mag gewesen sein, daß er offenbar Schwierigkeiten hatte, fremde Sprachen zu lernen.)

Berlioz begann bereits 1848 mit der Niederschrift der Memoiren und schloß sie 1854 ab, fügte die schon zuvor publizierten Reiseberichte, die meisten in Form von (fingierten) Briefen, ein, feilte aber in der Folgezeit, wie es seine Gewohnheit war, erweiterte einiges, kürzte anderes. Einige Kapitel erschienen in den Jahren 1858/59 in Fortsetzungen in ›Le Monde illustré‹, aber erst 1865, nachdem er den Epilog und die »Reisen durch die Dauphiné« angefügt hatte, ließ er die Memoiren drucken, in einer kleinen Auflage, weil er sie zunächst nur an Freunde verteilen wollte. Erst 1870, ein Jahr nach seinem Tode, kam das Buch an die Öffentlichkeit.

Zur vorliegenden Edition sei folgendes angemerkt: die Übersetzung stützt sich auf die alte deutsche Ausgabe von 1905; vieles allerdings mußte korrigiert bzw. umgeschrieben werden. Die Schwierigkeiten, Berlioz' oftmals sehr eigenwilligen Sprachstil in die Übersetzung einzubringen, sind enorm, ganz zu schweigen von der Unmöglichkeit, für die zahlreichen Wortspiele ein Äquivalent zu finden. Ein weiteres Problem ist die Tatsache, daß Berlioz viele nicht-französische Namen fehlerhaft geschrieben hat und zudem fast immer den Vornamen wegließ. Bei der großen Zahl von Personen, denen er auf seinen Reisen begegnete, war es nicht möglich, alle, besonders die weniger prominenten, zu identifizieren und die korrekte Schreibweise inklusive Vornamen einzusetzen.

Bei französischen Namen änderte sich die Schreibweise im Lauf der Zeit, zumal bei den zusammengesetzten. Aus Le Sueur wurde LeSueur und später Lesueur. (Die letztgenannte und noch übliche wurde gewählt.) Bei manchen Namen, wie dem des Komponisten d'Aleyrac, weicht jede der zu Rate gezogenen Quellen von der anderen ab; in solchen Fällen wurde Berlioz' Version beibehalten.

Titel von Opern, Schauspielen, Romanen etc. wurden nach Möglichkeit in der Originalsprache wiedergegeben und nur bei wenig vertrauten Werken in deutsch; was längere französische, lateinische oder englische Zitate betrifft, so findet der Leser zumeist eine Übersetzung im Anhang.

Fußnoten, durch Sternchen gekennzeichnet, stammen stets von Berlioz; klein gedruckte Zahlen im Text verweisen auf Anmerkungen des Herausgebers im Anhang; sie sind laufend durchnumeriert.

München, im Januar 1979 — Wolf Rosenberg

Inhaltsverzeichnis

Vorrede 1
I. *La Côte-Saint-André – Erste Kommunion – Erster musikalischer Eindruck* 3
II. *Mein Vater – Meine literarische Erziehung – Meine Reiseleidenschaft – Virgil – Erste poetische Erschütterung* 4
III. *Meylan – Mein Onkel – Die rosa Schuhe – Die Baumnymphe vom Saint-Eynard – Die Liebe in einem zwölfjährigen Herzen* . . 8
IV. *Erster Musikunterricht bei meinem Vater – Erste Kompositionsversuche – Anatomische Studien – Meine Abneigung gegen die Medizin – Abreise nach Paris* 10
V. *Ein Jahr medizinische Studien – Professor Amussat – Eine Vorstellung im Opernhaus – Die Bibliothek des Konservatoriums – Unwiderstehlicher Hang zur Musik – Mein Vater verweigert mir seine Einwilligung zu diesem Beruf – Familienzwistigkeiten* . . 18
VI. *Aufnahme unter Lesueurs Schüler – Lesueurs Güte – Die Königliche Kapelle* 21
VII. *Eine erste Oper – Andrieux – Eine erste Messe – Chateaubriand* 24
VIII. *A. de Pons – Er leiht mir 1200 Francs – Meine Messe wird zum erstenmal in der Église Saint-Roch aufgeführt – Zum zweitenmal in der Église Saint-Eustache – Ich verbrenne sie* 28
IX. *Mein erstes Zusammentreffen mit Cherubini – Er jagt mich aus der Bibliothek des Konservatoriums* 31
X. *Mein Vater entzieht das Studiengeld – Ich kehre nach La Côte zurück – Wie man in der Provinz über Kunst und Künstler denkt – Verzweiflung – Entsetzen meines Vaters – Er erlaubt mir, nach Paris zurückzukehren – Fanatismus meiner Mutter – Ihr Fluch* . . 33
XI. *Rückkehr nach Paris – Ich erteile Unterricht – Ich trete in Reichas Klasse im Konservatorium ein – Meine Mahlzeiten auf dem Pont-Neuf – Mein Vater entzieht mir aufs neue mein Studiengeld – Unerbittlicher Widerstand – Humbert Ferrand – R. Kreutzer* 37
XII. *Ich bewerbe mich um eine Choristenstelle – Ich erhalte sie – Antoine Charbonnel – Unser Junggesellenheim* 39
XIII. *Erste Orchesterkompositionen – Meine Studien im Opernhaus – Meine Lehrer Lesueur und Reicha* 43
XIV. *Wettbewerb im Institut – Man erklärt meine Kantate für unaufführbar – Meine Verehrung für Gluck und Spontini – Rossinis Ankunft – Die Dilettanten – Meine Wut – Ingres* 46

XV. *Meine Abende – Mein Bekehrungseifer – Begeisterte Szene – Empfindsamkeit eines Mathematikers* 49
XVI. *Webers Erscheinen im Odéon – Castilblaze – Mozart – Lachnith – Die Zurechtstutzer – Despair and die!* 56
XVII. *Vorurteil gegen Opern mit italienischem Text – Einfluß dieses Vorurteils auf die Eindrücke, die ich von einigen Mozartschen Werken empfing* 64
XVIII. *Shakespeare – Miß Smithson – Grenzenlose Liebe – Moralische Erstarrung – Mein erstes Konzert – Komische Opposition Cherubinis – Seine Niederlage – Erste Klapperschlange* 65
XIX. *Zweckloses Konzert – Ein Dirigent, der nicht dirigieren kann – Choristen, die nicht singen* 71
XX. *Beethoven erscheint am Konservatorium – Gehässige Zurückhaltung der französischen Komponisten – Lesneurs Eindruck von der C-moll-Symphonie – Sein hartnäckiges Beharren auf Dogmen* 74
XXI. *Verhängnis – Ich werde Kritiker* 77
XXII. *Wettbewerb für Komposition – Die Satzungen der Akademie der Schönen Künste – Ich erhalte den zweiten Preis* 79
XXIII. *Der Türhüter des Instituts – Seine Enthüllungen* 85
XXIV. *Immer wieder Miß Smithson – Eine Benefizvorstellung – Grausamer Zufall* 91
XXV. *Dritter Wettbewerb im Institut – Es wird kein erster Preis erteilt – Seltsame Unterhaltung mit Boieldieu – Die beruhigende Musik* 93
XXVI. *Ich lese zum erstenmal Goethes »Faust« – Ich schreibe meine »Symphonie fantastique« – Vergeblicher Versuch einer Aufführung* 96
XXVII. *Ich schreibe eine Phantasie über Shakespeares »Sturm« – Sie wird im Opernhaus aufgeführt* 99
XXVIII. *Gewaltsame Ablenkung – F. H. – Mademoiselle M.* . . . 100
XXIX. *Vierter Wettbewerb im Institut – Ich erhalte den Preis – Die Julirevolution – Die Einnahme von Babylon – Die Marseillaise – Rouget de Lisle* 101
XXX. *Preisverleihung im Institut – Die Akademiker – Meine Kantate »Sardanapal«; deren Aufführung – Die Feuersbrunst, die nicht brennt – Meine Wut – Madame Malibrans Schrecken* . . . 106
XXXI. *Ich gebe mein zweites Konzert – Die »Symphonie fantastique« – Liszt besucht mich – Anfang unserer Beziehungen – Die Pariser Kritiker – Ein Ausspruch Cherubinis – Ich reise nach Italien* 111

XXXII. *Von Marseille nach Livorno – Sturm – Von Livorno nach Rom – Die französische Akademie in Rom* 115
XXXIII. *Die Stipendiaten der Akademie – Felix Mendelssohn* . . 121
XXXIV. *Drama – Ich verlasse Rom – Von Florenz nach Nizza – Rückkehr nach Rom* 123
XXXV. *Die Theater in Genua und Florenz – Bellinis »I Montecchi ed i capuletti« – Romeo von einer Frau gespielt – Pacinis »Vestalin« – Licinius, von einer Frau gespielt – Der Organist von Florenz – Das Fest del Corpus Domini – Ich kehre zur Akademie zurück* . 131
XXXVI. *Das Leben auf der Akademie – Ausflüge in die Abruzzen – St. Peter – Spleen – Ausflüge in die römische Campagna – Der Karneval – Die Piazza Navona* 136
XXXVII. *Jagd im Gebirge – Noch einmal die römische Ebene – Virgilische Erinnerungen – Das wilde Italien – Klagen – Die Feste in den Osterien – Eine Gitarre* 144
XXXVIII. *Subiaco – Das Kloster San Benedetto – ein Ständchen – Civitella – Mein Gewehr – Mein Freund Crispino* 148
XXXIX. *Das Leben des Musikers in Rom – Die Musik in San Pietro – Die Sixtinische Kapelle – Vorurteil gegen Palestrina – Die moderne Kirchenmusik in San Lodovico – Die lyrischen Theater – Mozart und Vaccai – Die Pifferari – Meine römischen Kompositionen* 153
XL. *Verschiedene Arten des Spleens – Vereinsamung* 162
XLI. *Neapel – Ein begeisterter Soldat – Ausflug nach Nisita – Die Lazzaroni – Sie laden mich zum Mittagessen ein – Ein Peitschenhieb – Das Teatro San Carlo – Rückreise nach Rom, zu Fuß durch die Abruzzen –Tivoli – Noch einmal Virgil* 165
XLII. *Die Influenza in Rom – Neues philosophisches System – Jagen – Domestikenärger – Ich reise nach Frankreich* 177
XLIII. *Florenz – Trauerfeierlichkeit – La bella sposina – Der lustige Florentiner – Lodi – Mailand – Das Theater Cannobiana – Das Publikum – Vorurteil gegen die musikalische Organisation der Italiener – Ihre unüberwindliche Liebe zu glänzenden Plattheiten und Koloraturen – Rückkehr nach Frankreich* 181
XLIV. *Die päpstliche Zensur – Vorbereitungen zu Konzerten – Ich kehre nach Paris zurück –Das neue Théâtre-Anglais – Fétis – Seine Korrekturen an Beethovens Symphonien – Ich werde Miß Smithson vorgestellt – Sie ist ruiniert – Sie bricht sich ein Bein – Ich heirate sie* 188

XLV. *Benefizvorstellung und Konzert im Théâtre Italien – Der vierte Aufzug aus »Hamlet« – »Antony« – Abtrünnigkeit des Orchesters – Ich räche mich – Paganinis Besuch – Seine Bratsche – »Harold en Italie« – Fehler des Dirigenten Girard – Ich fasse den Entschluß, meine Werke selber zu dirigieren – Ein anonymer Brief* 196
XLVI. *Gasparin beauftragt mich mit einem »Requiem« – Die Direktoren der Schönen Künste – Ihre Ansichten über Musik – Mangel an Vertrauen – Die Einnahme von Constantine – Cherubinis Intrigen – Boa constrictor – Mein »Requiem« wird aufgeführt – Habenecks Schnupftabaksdose – Man bezahlt mich nicht » Man will mir das ›Kreuz‹ verkaufen – Allerlei Gemeinheiten – Meine Wut – Meine Drohungen – Man bezahlt mich* 202
XLVII. *Aufführungen des ›Lacrymosa‹ aus meinem »Requiem« in Lille – Kleine Natter für Cherubini – Er spielt mir einen hübschen Streich – Ich warte ihm mit einer giftigen Viper auf – Ich werde in der Redaktion des ›Journal des Débats‹ angestellt – Qualen, die mir die Ausübung meines Berufes als Kritiker verursacht* 210
XLVIII. *»Esmeralda« von Mlle. Bertin – Proben zu meiner Oper »Benvenuto Cellini« – ihr glänzender Durchfall – Die Ouvertüre »Carnaval romain« –Habeneck –Duprez – Ernest Legouvé* . . . 216
XLIX. *Konzert am 16. Dez. 1838 – Paganini, sein Brief, sein Geschenk – Religiöse Anwandlungen meiner Frau – Wut, Freuden und Verleumdungen – Ich besuche Paganini – Seine Abreise – Ich schreibe »Romeo und Julia« – Kritiken über dieses Werk* . . . 222
L. *Monsieur de Rémusat überträgt mir die Komposition der »Symphonie funèbre et triomphale« – Sie wird aufgeführt – Ihre Beliebtheit in Paris – Ein Wort Habenecks – Spontini erfindet für dieses Werk eine eigene Bezeichnung – Sein Irrtum in bezug auf das »Requiem«* 227
LI. *Konzertreise nach Brüssel – Einige Worte über innere Stürme – Die Belgier – Zanni de Ferranti – Fétis – Dessen gewaltiger Irrtum – Ich veranstalte und leite ein Musikfest im Pariser Opernhaus – Habenecks Freunde bilden eine Kabale und werden überführt – Skandal in Girardins Loge – Wie man reich wird – Ich reise nach Deutschland* 230

ERSTE REISE NACH DEUTSCHLAND 1841–1842

LII. *Brüssel – Mainz – Frankfurt*
Erster Brief – An Auguste Morel 238
LIII. *Stuttgart – Hechingen*
Zweiter Brief – An Narcisse Girard(51) 247
LIV. *Mannheim – Weimar*
Dritter Brief – An Franz Liszt 256
LV. *Leipzig*
Vierter Brief – An Stephen Heller 265
LVI. *Dresden*
Fünfter Brief – An Heinrich Wilhelm Ernst 276
LVII. *Braunschweig – Hamburg*
Sechster Brief – An Heinrich Heine 284
LVIII. *Berlin*
Siebenter Brief – An Louise Bertin 294
LIX. *Berlin*
Achter Brief – An François Habeneck 302
LX. *Berlin* (Fortsetzung)
Neunter Brief – An Monsieur Desmarest(54) 313
LXI. *Hannover – Darmstadt*
Zehnter Brief – An George Osborne(55) 324
LXII. *Ich führe den »Freischütz« im Opernhaus auf – Meine Rezitative – Die Sänger – Dessauer – Léon Pillet – Verstümmelungen der Weberschen Partitur durch seine Nachfolger* 335
LXIIII. *Ich bin gezwungen, Feuilletons zu schreiben – Meine Verzweiflung – Anwandlungen zum Selbstmord – Das Industrie-Musikfest – 1022 Mitwirkende – 32 000 Francs Einnahme – 800 Francs Reingewinn – Der Polizeipräfekt Delessert – Es wird eine Zensur für Konzertprogramme eingeführt – Die Steuereinnehmer – Doktor Amussat – Ich reise nach Nizza – Konzert in der Arena der Champs-Elysées* 340

ZWEITE REISE NACH DEUTSCHLAND

LXIV. *Wien*
Erster Brief – An Humbert Ferrand 353
LXV. *Wien (Fortsetzung)*
Zweiter Brief – An Humbert Ferrand 362
LXVI. *Budapest*
Dritter Brief – An Humbert Ferrand 372

LXVII. *Prag*
Vierter Brief – An Humbert Ferrand 382
LXVIII. *Prag (Fortsetzung)*
Fünfter Brief – An Humbert Ferrand 391
LXIX. *Prag (Fortsetzung und Schluß)*
Sechster Brief – An Humbert Ferrand 399
LXX. *Konzert in Breslau – Meine Legende »La damnation de Faust« – Das Textbuch – Die deutschen patriotischen Kritiker – Aufführung von »La damnation de Faust« in Paris – Ich entschließe mich, nach Rußland zu reisen – Güte meiner Freunde* . . 408

REISE NACH RUSSLAND

LXX. *Der preußische Kondukteur – Herr Nernst – Die Schlitten – Der Schnee – Dummheit der Raben – Die Grafen Wielhorski – General Lwoff – Mein erstes Konzert – Die Kaiserin – Ich werde reich – Reise nach Moskau – Lächerliches Hindernis – Der Großmarschall – Die jungen Melomanen – Die Kanonen des Kreml* . . 414
LXXII. *Rückkehr nach St. Petersburg – Zwei Aufführungen von »Romeo und Julia« im Großen Theater – Romeo in seinem Wagen – H. W. Ernst – Die Natur seines Talents – Rückwirkungen der Musik* 431

RÜCKKEHR NACH PARIS

LXXIII. *Meine Rückreise – Riga – Berlin – Die Aufführung von »Faust« – Ein Mittagessen in Sanssouci – Der König von Preußen* 437
LXXIV. *Paris – Roqueplan und Duponchel werden auf meine Veranlassung zu Direktoren des Opernhauses ernannt – Ihre Dankbarkeit – »La nonne sanglante« – Ich reise nach London – Scribe – Der Priester muß vom Altar leben* 441
LXXV. *Tod meines Vaters – Neue Reise nach La Côte-Saint-André – Ausflug nach Meylan – Gefühl der Vereinsamung, das mich wütend anfällt – Noch einmal ›la stella del monte‹ – Ich schreibe ihr* 450
LXXVI. *Tod meiner Schwester – Tod meiner Frau – Ihr Begräbnis – Das Odéon – Meine Stellung in der musikalischen Welt – Es wird für mich fast unmöglich, am Theater dem Haß Trotz zu bieten – Die Kabale von Covent-Garden – Die Kumpanei des Konservatoriums in Paris – Die geträumte und wiedervergessene Symphonie – Liebenswürdiger Empfang in Deutschland – Der*

König von Hannover – Der Herzog von Weimar – Der Intendant des Königs von Sachsen – Mein Abschied 460

POST-SKRIPTUM

Brief, den ich mit dem Manuskript meiner Memoiren an M. sandte als Antwort auf seine Bitte um Material für meine Biographie 476

NACHTRAG

Ich bin zu Ende – Das Institut – Konzerte im Industriepalast – Jullien – Der Kammerton der Ewigkeit – »Les Troyens« – Ihre Aufführung in Paris– »Béatrice und Bénédict« – Aufführungen in Baden und Weimar – Ausflug nach Löwenberg – Die Konservatoriums-Konzerte – Festkonzert in Straßburg – Tod meiner zweiten Frau – Letzte Kirchhofgeschichten – Alles zum Teufel . . 486

DAS ALLERLETZTE KAPITEL

Reise in die Dauphiné – Zweite Wallfahrt nach Meylan – Vierundzwanzig Stunden in Lyon – Ich sehe Madame F. wieder – Seelische Erschütterungen – Briefwechsel 504

Anmerkungen des Herausgebers 529
Namensregister 537

Life's but a walking shadow; a poor player,
That struts and frets his hour upon the stage,
And then is heard no more: it is a tale
Told by an idiot, full of sound and fury,
Signifying nothing.

SHAKESPEARE *(Macbeth)*

Vorrede

London, den 21. März 1848.

Die biographischen Darstellungen, die über mich gedruckt worden sind und immer noch von Zeit zu Zeit gedruckt werden, sind so voll von Ungenauigkeiten und Irrtümern, daß mir schließlich der Gedanke gekommen ist, aus meinem arbeitsreichen und bewegten Leben dasjenige selbst niederzuschreiben, was mir für die Freunde der Musik von einigem Interesse zu sein scheint. Dieser Rückblick wird mir außerdem Gelegenheit bieten, eine deutliche Vorstellung von den Schwierigkeiten zu geben, welche die Komponistenlaufbahn in unserer Zeit bietet, und den Komponisten selbst einige nützliche Lehren zu erteilen.

Ein vor mehreren Jahren von mir herausgegebenes Buch, dessen Auflage vergriffen ist, enthielt schon, nebst Novellen und musikkritischen Fragmenten, die Beschreibung eines Teils meiner Reisen. Wohlgesinnte haben bisweilen gewünscht, diese unzusammenhängenden Notizen vervollständigt zu sehen.

Wenn ich unrecht habe, diesem freundlichen Wunsch erst heute nachzukommen, so geschieht es nicht, weil ich die Wichtigkeit einer solchen Arbeit falsch einschätze. Ich bin mir darüber im klaren, daß das große Publikum sich wenig darum schert, was ich getan, gefühlt oder gedacht haben mag. Allein, da trotzdem eine kleine Anzahl von Künstlern und Musikfreunden einige Neugierde gezeigt hat, es zu erfahren, ist es immerhin besser, ihnen das Richtige zu sagen, als sie das Unrichtige glauben zu lassen. Ich denke nicht im entferntesten daran, mit meinem Buch in der Hand vor Gott hinzutreten und mich für den besten der Menschen zu erklären oder Bekenntnisse zu schreiben. Ich werde nur das sagen, was zu sagen mir gut erscheint; und wenn der Leser mir seine Absolution verweigert, muß er schon von überorthodoxer Strenge sein, denn ich werde nur fleischliche Sünden zu beichten haben.

Doch genug der Umschweife. Die Zeit drängt. Die Republik läßt ihre eherne Walze über ganz Europa hinwegrollen; die Kunst der Musik, die an allen Orten seit so langer Zeit im Sterben lag, ist zu dieser Stunde wirklich tot; man wird sie begraben oder vielmehr auf den Schindanger werfen. Für mich gibt es kein Frankreich, kein Deutschland mehr; Rußland ist zu fern, ich kann nicht dorthin zurückkehren. England hat mir, seitdem ich mich hier aufhalte, herzliche Gastfreundschaft erwiesen. Doch jetzt, bei den ersten Stößen, welche die Throne erschüttern und das Festland in Verwirrung setzen, strömen von allen Seiten her Schwärme verängstigter Künstler, die hier eine Zuflucht suchen, wie die Seevögel sich bei den herannahenden Stürmen des Ozeans an Land flüchten. Wird die britische Hauptstadt dem Unterhalt so vieler Verbannter genügen können? Wird sie ihren traurigen Gesängen Gehör schenken wollen, inmitten des stolzen Geschreies der Nachbarvölker, die sich selber die Herrscherkrone aufsetzen? Wird sie dieses Beispiel nicht verlocken? Iam proximus ardet Ucalegon! . . .* Wer weiß, was in einigen Monaten aus mir geworden sein wird? . . . Ich habe für mich und die Meinen keinerlei Sicherheiten . . . Nützen wir also jede Minute; und sollte ich mir auch bald die stoische Ergebenheit jener Indianer vom Niagara zum Vorbild nehmen müssen, welche nach furchtlosem Ringen mit dem Strom die Vergeblichkeit einsehend, sich schließlich der Strömung überlassen, mit festem Blick die kurze Entfernung abschätzen, die sie vom Abgrund trennt, und singen, bis sie vom Wasser ergriffen und mit dem Strom ins Unermeßliche hinabgewirbelt werden.

* Schon brennt es bei dem Nachbarn Ucalegon.

I.

La Côte-Saint-André – Erste Kommunion – Erster musikalischer Eindruck

Ich wurde am 11. Dezember 1803 in La Côte-Saint-André geboren, einem winzigen Städtchen in Département Isère, das zwischen Vienne, Grenoble und Lyon liegt. Während der Monate, die meiner Geburt vorangingen, träumte meine Mutter keineswegs, wie die Mutter Virgils, daß sie einen Lorbeerzweig zur Welt bringen würde. Wie schmerzlich dieses Geständnis für mein Selbstbewußtsein auch sein mag, muß ich hinzufügen, daß sie auch nicht wie Alexanders Mutter, Olympias, eine glühende Kohle in ihrem Schoß zu tragen glaubte. Es ist dies sehr sonderbar, ich gebe es zu, doch es ist die Wahrheit. Ich erblickte das Licht der Welt auf ganz einfache Weise, ohne irgendeins jener Vorzeichen, durch die in poetischen Zeiten die Geburt der vom Ruhme Auserwählten angekündigt wurde. Sollte dies daran liegen, daß unser Zeitalter so ganz der Poesie entbehrt?

La Côte-Saint-André liegt, wie der Name andeutet, am Abhang eines Hügels und beherrscht eine ziemlich weite, reiche, goldschimmernde, grünende Ebene, in deren Schweigen eine unbeschreibliche, träumerische Majestät liegt, welche noch durch den Gebirgsgürtel erhöht wird, der im Süden und Osten die Begrenzung bildet und hinter dem in weiter Ferne die gletscherbedeckten Riesenspitzen der Alpen aufragen.

Ich brauche nicht zu sagen, daß ich im römisch-katholischen Glauben erzogen wurde. Diese, seitdem sie niemanden mehr verbrennt, höchst liebenswerte Religion hat mich sieben ganze Jahre hindurch beglückt, und obwohl wir seit langer Zeit entzweit sind, habe ich ihr stets ein zärtliches Andenken bewahrt. Sie ist mir übrigens so sympathisch, daß, wenn ich das Unglück gehabt hätte, im Schoße einer jener strengen lutherischen oder kalvinistischen Sekten geboren zu sein, ich im ersten Augenblick der Freiheit und der schwärmerischen Exaltation mich sicherlich beeilt hätte, diesen Glauben abzuschwören, um mich mit ganzem Herzen in die Arme der schönen Römerin zu werfen.

Ich ging zur ersten Kommunion am selben Tage wie meine ältere Schwester, und zwar in das Kloster der Ursulinerinnen, wo sie erzogen wurde. Dieser eigentümliche Umstand verlieh jener ersten religiösen Handlung ein anmutiges Gepräge, dessen ich nur mit Rührung gedenke. Der Almosenpfleger des Klosters holte mich um sechs Uhr morgens ab. Es war im Frühling, die Sonne lachte, der Wind spielte in den leise rauschenden Pappeln; ein unbeschreiblich köstlicher Duft erfüllte die Luft. Tief bewegt überschritt ich die Schwelle des heiligen Hauses. Ich wurde mit den weißgekleideten Freundinnen meiner Schwester in die Kapelle geführt und erwartete mit ihnen betend den Augenblick der erhabenen Feierlichkeit. Der Priester trat an den Altar, und sobald die heilige Messe begonnen hatte, gehörte ich Gott allein. Ich fühlte mich jedoch unangenehm berührt, als der Priester – mit jener unritterlichen Parteilichkeit für das eigene Geschlecht, das manche Männer auch am Fuße des Altars nicht ablegen – mich aufforderte, als Erster zum Tisch des Herrn zu treten. Fühlte ich doch, daß jenen reizenden jungen Mädchen der Vortritt zukam! Ich näherte mich, tief errötend über diese unverdiente Ehre. Und da, in dem Augenblick, als ich die geweihte Hostie empfing, ertönte, von jungfräulichen Stimmen gesungen, ein Abendmahlslied und versetzte mich in eine mystische und zugleich leidenschaftliche Verwirrung, die ich nur mit Mühe vor den Anwesenden verbergen konnte. Ich glaubte, den Himmel offen zu sehen, den Himmel der Liebe und der keuschen Wonnen, einen Himmel, reiner und tausendmal schöner als der, von dem mir soviel erzählt worden war. O wunderbare Macht des wahren Ausdrucks! O unvergleichliche Schönheit der Melodie des Herzens! Dieser Gesang, den man in solch naiver Weise frommen Worten angepaßt und in einer religiösen Feier gesungen hatte, war die Romanze aus »Nina«: »wenn der Geliebte wiederkehrt«.(1) Ich habe sie zehn Jahre später wiedererkannt. Welche Extase meiner jungen Seele! Teurer d'Aleyrac! Und das Volk, das seine Musiker vergißt, erinnert sich zu dieser Stunde kaum deines Namens.

Dies war mein erster musikalischer Eindruck. Und so wurde ich auf einmal fromm, und zwar so fromm, daß ich täglich die Messe hörte, jeden Sonntag zum Abendmahl ging und vor das Bußgericht trat, um meinem Beichtvater zu sagen: »Mein Vater, ich habe nichts getan.« ... – »Nun«, antwortete der würdige Mann, »fahre so fort.« Ich habe mehrere Jahre hindurch diesen Rat nur zu gut befolgt.

II.

Mein Vater – Meine literarische Erziehung – Meine Reiseleidenschaft – Virgil – Erste poetische Erschütterung

Mein Vater, Louis Berlioz, war Arzt. Es kommt mir nicht zu, seine Verdienste zu beurteilen, doch ich kann berichten, daß er großes Vertrauen genoß, nicht nur in unserer kleinen Stadt, sondern auch in den Nachbarorten. Er war unermüdlich tätig, denn er glaubte, daß eine so schwierige und gefährliche Kunst wie die ärztliche für einen ehrlichen Menschen eine Gewissenssache sei und daß er, soweit seine Kräfte reichen, jeden Augenblick dem Studium widmen müsse, da von dem Verlust eines einzigen dieser Augenblicke das Leben seiner Mitmenschen abhängen könne. Er hat seinem Beruf stets Ehre gemacht, indem er ihn in der uneigennützigsten Weise ausübte und eher ein Wohltäter der Armen und der Bauern war als ein Arzt, der von seiner Praxis leben muß. Als 1810 die Medizinische Gesellschaft zu Montpellier einen Wettbewerb über eine neue und wichtige Frage der Heilkunde ausschrieb, verfaßte mein Vater eine Abhandlung, die den Preis errang. Ich will noch hinzufügen, daß sein Buch* in Paris gedruckt wurde und daß mehrere berühmte Ärzte Gedanken daraus entnommen haben, ohne je ihre Quelle anzugeben, was meinen Vater in seiner Naivität erstaunte, aber er sagte bloß: »Was tut's? Wenn nur die Wahrheit siegt.« Er hat schon lange aufgehört, zu praktizieren; seine Kräfte erlauben es ihm nicht mehr. Lesen und Nachdenken füllen jetzt sein Leben aus.

Er besitzt einen freien Geist. Damit soll gesagt sein, daß er weder gesellschaftliche noch politische noch religiöse Vorurteile hegt. Er hatte jedoch meiner Mutter so ausdrücklich versprochen, nichts zu versuchen, um mich von den Glaubenslehren abzubringen, die sie für mein Heil als unentbehrlich betrachtete, daß er mich mehrere Male – ich entsinne mich dessen – den Katechismus aufsagen ließ, eine aus Redlichkeit, Ernst oder philosophischer Gleichgültigkeit vollbrachte Überwindung, deren ich, wie ich zugeben muß, meinem eigenen Sohne gegenüber nicht fähig wäre. Mein Vater leidet seit langer Zeit an einer unheilbaren Magenkrankheit, die ihn hundertmal schon an den Rand des Grabes gebracht hat. Er ißt fast nichts. Nur der ständige Genuß von Opium, in täglich stärkeren Dosen, belebt heute seine erschöpften Kräfte. Entmutigt durch die gräßlichen Schmerzen, die er litt, nahm er vor einigen Jahren zweiunddreißig Gran Opium auf einmal ein. »Ich gestehe aber«, sagte er später, als er mir davon erzählte, »daß es nicht geschah, um mich zu heilen.« Statt ihn zu töten, wie er es erhofft hatte, vertrieb diese hohe Giftmenge fast augenblicklich seine Schmerzen und gab ihm, zumindest auf einige Zeit, die Gesundheit wieder.

Ich war zehn Jahre alt, als er mich in das kleine Seminar von La Côte schickte, um meine lateinischen Studien zu beginnen. Bald darauf nahm er mich wieder heraus, entschlossen, meine Erziehung selbst zu übernehmen.

---

* Eine Abhandlung über chronische Krankheiten, Blutentnahmen und Akupunktur, verlegt bei Crouillebois.

Armer Vater! Mit welch unermüdlicher Geduld, mit welch kluger, aufmerksamer Sorgfalt lehrte er mich da Sprachen, Literatur, Geschichte, Geographie, ja auch Musik, wie man gleich sehen wird.

Wie groß muß die väterliche Liebe sein, die eine solche Aufgabe in dieser Weise durchführt! Und wie wenige Väter gibt es, die dessen fähig wären. Ich möchte jedoch diese Ausbildung im Familienkreise nicht in jeder Hinsicht für vorteilhafter halten als die in einer öffentlichen Schule. Kinder bleiben so ausschließlich mit ihren Eltern, ihren Dienstboten und einigen auserwählten Freunden in Beziehung und gewöhnen sich nicht frühzeitig an die rauhe Berührung mit den gesellschaftlichen Bitternissen. Welt und wirkliches Leben bleiben für sie ein Buch mit sieben Siegeln; und ich weiß genau, daß ich in dieser Beziehung bis zu meinem fünfundzwanzigsten Jahr ein unbeholfenes und ahnungsloses Kind geblieben bin.

Obwohl mein Vater nur mäßige Anforderungen an mich stellte, konnte er mir nie den wirklichen Geschmack an klassischen Studien einflößen. Die Verpflichtung, täglich einige Verse von Horaz und Virgil auswendig zu lernen, war mir besonders verhaßt. Nur mit äußerster Anstrengung, buchstäblich unter Gehirnmartern, konnte ich diese schönen Dichtungen meinem Gedächtnis einprägen. Meine Gedanken flatterten überdies hin und her, verließen voller Ungeduld die ihnen vorgezeichneten Bahnen. So verbrachte ich lange Stunden vor Landkarten, das Gewirr der Inseln, Vorgebirge und Meeresstraßen des Stillen Ozeans und Polynesiens mit Feuereifer studierend, in Gedanken über die Beschaffenheit jener fernen Länder, über ihre Pflanzenwelt, ihre Bewohner, ihr Klima, und mit einem brennenden Verlangen, sie zu besuchen. Das war das Erwachen meiner Leidenschaft für Reisen und Abenteuer.

In Bezug darauf sagte mein Vater ganz richtig von mir: »Er weiß den Namen einer jeden der Sandwich-Inseln, der Molukken, der Philippinen; er kennt die Torres-Straße, Timor, Java und Borneo und wäre nicht einmal imstande, die Zahl der französischen Départements zu nennen.« Diese Begierde, ferne Länder, namentlich die der anderen Hemisphäre, kennen zu lernen, wurde noch mehr gereizt durch das gierige Lesen sämtlicher alten und neuen Reisebeschreibungen, welche die Bibliothek meines Vaters enthielt; wäre mein Geburtsort ein Seehafen gewesen, hätte ich mich zweifellos, mit oder ohne Einwilligung meiner Eltern, eines Tages an Bord eines Schiffes geflüchtet, um Seemann zu werden. Mein eigener Sohn hat frühzeitig dieselben Neigungen gezeigt. Er dient jetzt auf einem Staatsschiff, und ich hoffe, er wird in Ehren die Marinelaufbahn zurücklegen, der er sich gewidmet hat.

Das Empfinden für die erhabenen Schönheiten der Dichtkunst lenkte mich von diesen ozeanischen Träumen ab, nachdem ich eine Zeitlang meinen LaFontaine und Virgil wiedergekäut hatte. Kinder sind im allgemeinen nicht imstande, die unter der Harmlosigkeit verborgene Tiefe des französischen Fabeldichters oder seine durch solch seltene und köstliche Natürlichkeit verschleierte Stilkunst nachzuempfinden; und so wußte der lateinische Dichter, der mir von schon geahnten epischen Leidenschaften sprach, zuerst den Weg zu meinem Herzen zu finden und meine erwachende Phantasie zu entflammen. Wie oft, wenn ich meinem Vater das vierte Buch der ›Äneis‹ erklärte, fühlte ich, wie meine Brust sich hob, meine Stimme zitterte und erstickte! Eines Tages schon bei Beginn meiner mündlichen Übersetzung durch den Vers

»At regina gravi jamdudum saucia cura«(2)

verwirrt, kam ich, so gut es gehen wollte, bis zum Höhepunkt des Dramas. Als ich jedoch an die Szene kam, in der Dido, von den Geschenken des Äneas, von den Waffen des Treulosen umgeben, auf ihrem Scheiterhaufen stirbt und auf dieses ach nur zu bekannte Lager Ströme ihres erzürnten Blutes vergießt, als ich gezwungen war, die Verzweiflungsrufe der Sterbenden zu wiederholen, die sich, auf den Ellbogen gestützt, dreimal aufrichtet und dreimal wieder zurücksinkt, als ich ihre Wunde, ihre im tiefsten Herzen noch zitternde, gewaltige Liebe und das Jammergeschrei ihrer Schwester, ihrer Amme, ihrer bestürzten Frauen und jenen schweren Todeskampf beschreiben mußte, dem die Götter selbst in mitleidiger Rührung durch Entsendung der Iris ein Ende machen, da bebten meine Lippen, und die Worte kamen nur gebrochen und unverständlich heraus; bei dem Verse endlich

»Quaesivit coelo lucem ingemuitque reperta«(3)

bei dieser sublimen Vision der Dido überkam mich ein nervöser Schauer, und ich blieb, unfähig, weiter zu sprechen, plötzlich stecken.

Dies war eine der Gelegenheiten, bei denen ich die unaussprechliche Güte meines Vaters am besten schätzen konnte. Als er sah, in welche Verlegenheit und Verwirrung mich eine solche Gemütsbewegung versetzte, tat er, als ob er sie garnicht bemerkte, schlug das Buch zu und sprach: »Genug, mein Kind, ich bin müde.« Und ich lief fort, um fern von allen Blicken mich meinem virgilischen Kummer hinzugeben.

III.

Meylan – Mein Onkel – Die rosa Schuhe – Die Baumnymphe vom Saint-Eynard – Die Liebe in einem zwölfjährigen Herzen

Ja, ich kannte schon diese grausame, vom Dichter der ›Äneis‹ so gut dargestellte Leidenschaft, eine Leidenschaft, die, was man auch sagen mag, selten ist, sich so schwer beschreiben läßt und über manche Seele eine so große Macht ausübt. Sie hatte sich mir noch früher als die Musik offenbart, als ich erst zwölf Jahre alt war, und zwar in folgender Weise.

Mein Großvater von mütterlicher Seite, der den gleichen Namen wie Walter Scotts fabulöser Krieger Marmion trug, lebte in Meylan, unweit von Grenoble an der savoyischen Grenze. Dieses Dorf, die umliegenden Ortschaften, das zu ihren Füßen sich hinziehende Tal der Isère und das Gebirge der Dauphiné, das hier an die Niederalpen grenzt, bilden einen der romantischsten Aufenthaltsorte, die ich je bewundert habe. Meine Mutter, meine Schwestern und ich pflegten jedes Jahr im Spätsommer einige Wochen dort zuzubringen. Mein Onkel Felix Marmion, der damals der leuchtenden Spur des großen Kaisers folgte, gesellte sich manchmal zu uns, noch erhitzt vom Kanonendampf und geschmückt bald mit einem einfachen Lanzenstich, bald mit einem Schuß im Fuß oder mit einem prächtigen Säbelhieb quer übers Gesicht. Er war damals noch Bataillonsadjutant bei den Ulanen; ganz in die Ruhmesgöttin verliebt, bereit, für einen ihrer Blicke sein Leben hinzugeben, hielt er den Thron Napoleons für ebenso unerschütterlich wie den Montblanc; dabei war er lustig und galant, ein großer Liebhaber des Violinspiels und ein sehr guter Coupletsänger.

Im oberen Teile von Meylan, dicht am Abhang des Berges, steht, von Weinbergen und Gärten umgeben, ein weißes Häuschen, von dem der Blick in das Tal der Isère hinabreicht; dahinter zeigen sich einige steinige Hügel, ein alter zerfallener Turm, Wälder und die imposante Masse eines riesigen Felsens, des Saint-Eynard – kurz, ein Wohnsitz, der zum Schauplatz eines Romans offenbar bestimmt war. Es war die Villa von Madame Gautier: sie pflegte sich dort im Sommer aufzuhalten, mit ihren beiden Nichten, deren jüngere Estelle hieß. Dieser Name allein hätte genügt, meine Aufmerksamkeit zu erregen. Er war mir schon lieb geworden durch Florians Pastorale »Estelle et Némorin«, die ich aus der Bibliothek meines Vaters entwendet und wohl mehr als hundertmal heimlich gelesen hatte. Aber diejenige, die ihn trug, war achtzehn Jahre alt, von elegantem hohem Wuchs; sie hatte herausfordernde, obwohl stets lächelnde Augen, Haare, die würdig gewesen wären, Achilles'

Helm zu schmücken, Füße ... ich will nicht sagen einer Andalusierin, aber einer echten Pariserin, und rosa Schuhe! ... Ich hatte noch nie solche gesehen ... Sie lachen! ... Nun, ich habe die Farbe ihres Haares vergessen (ich glaube jedoch, es war schwarz) und kann nicht an sie denken, ohne zugleich außer ihren großen Augen die kleinen rosa Schuhe glitzern zu sehen.

Als ich sie erblickte, fühlte ich einen elektrischen Schlag; ich liebte sie, und damit ist alles gesagt. Ein Schwindel erfaßte mich und verließ mich nicht wieder. Ich hoffte nichts ... ich wußte nichts ... aber ich fühlte im Herzen einen tiefen Schmerz. Ich verbrachte ganze Nächte in Verzweiflung. Des Tages verbarg ich mich in den Maisfeldern, in den heimlichen Winkeln von Großvaters Obstgarten wie ein verwundeter, stummer, leidender Vogel. Die Eifersucht, diese blasse Begleiterin jeder reinsten Liebe, quälte mich bei dem geringsten Wort, das eine männlich Person an meine Angebetete richtete. Ich höre noch mit Schaudern das Klirren der Sporen meines Onkels, als er mit ihr tanzte! Jedermann im Hause wie in der Nachbarschaft lachte über den armen zwölfjährigen Jungen, geschlagen mit einer Liebe, die über seine Kräfte ging. Sie selber, die sie als erste erraten hatte, belustigte sich daran, dessen bin ich ganz sicher. Eines Abends war bei ihrer Tante eine größere Gesellschaft; man schlug das Barrenspiel vor; um die zwei feindlichen Lager zu bilden, mußten wir uns in zwei gleiche Gruppen teilen. Die Herren wählten ihre Damen; man ließ mich absichtlich die meine zuerst aussuchen. Doch ich getraute mich nicht, mein Herz pochte zu heftig; ich schlug schweigend die Augen nieder. Alle verspotteten mich; da ergriff Estelle meine Hand und sagte: »Nein, ich werde selbst wählen! Ich nehme Monsieur Hector!« O Schmerz! Sie lachte auch, die Grausame, als sie von der Höhe ihrer Schönheit auf mich herabsah ...

Nein, die Zeit vermag da nichts ... Spätere Liebe verwischt nicht die Spur der ersten ... Ich war dreizehn Jahre alt, als ich aufhörte, sie zu sehen ... Ich zählte dreißig, als ich von Italien über die Alpen zurückkam, und da verschleierten sich meine Augen bei dem Anblick des Saint-Eynard, des weißen Häuschens, des alten Turmes ... Ich liebte sie immer noch ... Ich hörte bei meiner Ankunft, sie sei ... verheiratet und ... was damit zusammenhängt. Auch das heilte mich nicht. Meine Mutter, die mich manchmal mit meiner ersten Leidenschaft neckte, hatte vielleicht unrecht, mir folgenden Streich zu spielen. »Hier«, sagte sie mir wenige Tage nach meiner Rückkehr aus Rom, »ist ein Brief, den man mich beauftragt hat, einer Dame abzugeben, die in dem Postwagen von Vienne bald hier durchfahren wird. Geh' zur Poststation, frage, während die Pferde gewechselt werden, nach Madame F. und übergib ihr den Brief. Sieh dir die Dame genau an; ich wette, du wirst sie wiedererkennen, obwohl du sie seit siebzehn Jahren nicht gesehen hast.« Ich gehe, ohne zu ahnen, was diese Worte bedeuten sollen, zur Poststation. Als der Wagen ankommt, nähere ich mich, mit dem Brief in der Hand, und frage nach Madame F. »Das bin ich, mein Herr!« antwortete mir eine Stimme. Das ist *sie*! spricht es mit dumpfem Klang in meiner Brust. Estelle! ... noch immer schön! ... Estelle! ... die Nymphe, die Hamadryade des Saint-Eynard, der grünen Hügel von Meylan! Es ist ihre Kopfhaltung, ihr wunderbares Haar und ihr blendendes Lächeln! ... aber ach! wo waren die kleinen rosa Schuhe? ... Man nahm den Brief. Erkannte man mich? Ich weiß es nicht. Der Wagen fuhr weiter; ich ging nach Hause, noch zitternd von dieser Gemütsbewegung. »Nun«, sagte meine Mutter, wobei sie mich forschend betrachtete, »ich sehe, daß Némorin seine Estelle nicht vergessen hat!« Seine Estelle! Böse Mutter! ...

IV.

Erster Musikunterricht bei meinem Vater – Erste Kompositionsversuche – Anatomische Studien – Meine Abneigung gegen die Medizin – Abreise nach Paris

Wenn ich oben gesagt habe, daß mir gleichzeitig mit der Liebe im Alter von zwölf Jahren auch die Musik aufgegangen sei, so hätte ich eigentlich sagen sollen, das Komponieren; denn ich konnte schon vor dieser Zeit vom Blatt singen und zwei Instrumente spielen. Auch diesen Anfang musikalischer Ausbildung hatte mir mein Vater gegeben.

Zufällig hatte ich einmal beim Durchstöbern einer Schublade ganz hinten eine Piccoloflöte entdeckt und versuchte nun, Gebrauch von ihr zu machen, indem ich mich vergebens abmühte, das volkstümliche Marlborough-Lied herauszubringen.

Mein Vater, den diese Pfeiferei sehr belästigte, bat mich, die Flöte solange ruhen zu lassen, bis er Zeit finden würde, mich die Handhabung dieses melodischen Instrumentes und die Ausführung des Heldengesanges, den ich mir erwählt hatte, zu lehren. Es gelang ihm in der Tat ohne allzu große Mühe, mir beides beizubringen, und nach zwei Tagen war ich imstande, die gesamte Familie mit meinem Marlborough-Lied zu ergötzen.

Erkennt man nicht schon hier meine natürliche Veranlagung für die großen Effekte der Blasinstrumente? ... (Ein guter Biograph würde nicht verfehlen, diesen geistreichen Schluß zu ziehen ...) Das machte meinem Vater Lust, mich Noten lesen zu lehren. Er erklärte mir die ersten Grundsätze dieser Kunst, indem er mir eine klare Vorstellung vom Sinn und Zweck der musikalischen Zeichen beibrachte. Bald darauf gab er mir eine normale Flöte in die Hand, mit Deviennes Flötenschule, und nahm sich wie beim Piccolo die Mühe, mir den Mechanismus zu zeigen. Ich arbeitete mit solchem Eifer, daß ich nach sieben bis acht Monaten eine recht leidliche Geschicklichkeit auf der Flöte erworben hatte. In dem Wunsche, die Anlagen, welche ich zeigte, zu entwickeln, überredete nun mein Vater einige wohlhabende Familien in La Côte, mit ihm gemeinsam einen Musiklehrer kommen zu lassen. Dieser Plan glückte. Ein zweiter Geiger vom ›Théâtre des Célestins‹, der außerdem die Klarinette spielte, erklärte sich bereit, sich in unserer kleinen kunstlosen Stadt niederzulassen und es bei ihren Einwohnern mit der Musik zu versuchen, unter der Bedingung, daß ihm eine gewisse Anzahl Schüler und ein festes Gehalt für die Leitung der Militärkapelle der Nationalgarde zugesichert würde. Sein Name war Imbert. Er gab mir täglich zwei Stunden; ich hatte eine hübsche Sopranstimme; bald las ich ganz sicher vom Blatt, sang recht angenehm und spielte auf der Flöte die schwierigsten Konzerte von Drouet. Der Sohn meines Lehrers, ein wenig älter als ich und bereits ein geschickter Hornist, hatte Freundschaft mit mir geschlossen. Eines Morgens besuchte er mich, als ich gerade im Begriff war, nach Meylan abzureisen. »Wie!« sagte er zu mir, »du gehst fort, ohne mir Lebewohl zu sagen! Wir wollen uns umarmen, vielleicht sehe ich dich nicht wieder ...« Ich war betroffen von dem sonderbaren Wesen meines jungen Kameraden und der feierlichen Art, mit der er sich verabschiedet hatte. Aber die unaussprechliche Freude, Meylan und die strahlende Estelle wiederzusehen, hatte mich ihn bald vergessen lassen. Welch traurige Nachricht empfing mich bei meiner Rückkehr! Noch am Tage meiner Abreise hatte der junge Imbert eine kurze Abwesenheit seiner Eltern benutzt und sich in ihrem Hause erhängt. Man hat nie das Motiv dieses Selbstmords ergründet.

Unter alten Büchern hatte ich die von d'Alembert erläuterte und vereinfachte Harmonielehre Rameaus entdeckt. Umsonst brachte ich Nächte damit zu, diese dunklen Theorien zu studieren; es wollte mir nicht gelingen, einen Sinn damit zu verbinden. Tatsächlich muß man bereits die Akkordlehre beherrschen und die Fragen der Experimentalphysik, auf welchen das ganze System ruht, gut studiert haben, um zu begreifen, was der Verfasser sagen wollte. Es ist also ausschließlich eine Harmonielehre für diejenigen, die sie schon kennen. Und doch wollte ich komponieren. Ich setzte Duos für Trio und Quartett um, ohne daß es mir gelang, regelgemäße Akkorde oder eine sinnvolle Baßführung zu finden. Aber durch das häufige Anhören der Quartette von Pleyel, welche am Sonntag von unseren Liebhabern gespielt wurden, und dank der Harmonielehre von Catel, die ich mir hatte verschaffen können, drang ich endlich in das Geheimnis der Akkordbildung und -verbindung ein. Sofort schrieb ich eine Art sechsstimmiges Potpourri über italienische Themen, deren ich eine Sammlung besaß. Die Harmonie schien darin erträglich. Ermutigt durch diesen ersten Schritt, wagte ich mich an die Komposition eines Quintetts für Flöte, zwei Violinen, Bratsche und Cello, das wir zusammen spielten, die Dilettanten, mein Lehrer und ich.

Das war ein Triumph. Nur mein Vater schien nicht die Ansicht derer, die Beifall spendeten, zu teilen. Zwei Monate darauf ein neues Quintett. Nach Art der Liebhaber aus der Provinz, die sich einbilden, ein Quartett nach der ersten Violine beurteilen zu können, wollte mein Vater die Flötenstimme meines Quintetts hören, ehe er mir den Versuch einer vollständigen Aufführung gestattete. Ich spielte sie ihm vor, und an einer gewissen Stelle sagte er: »Alle Hochachtung, das ist Musik.« Allein dieses Quintett, viel anspruchsvoller als das erste, war auch weit schwieriger; unsere Dilettanten konnten keine leidliche Aufführung zustandebringen. Die Bratsche und das Violoncell besonders patzten um die Wette.

Ich war um diese Zeit zwölf und ein halbes Jahr alt. Die Biographen, die erst vor kurzem berichtet haben, daß ich mit zwanzig Jahren noch nicht die Noten gekannt habe, befinden sich, wie man sieht, in einem sonderbaren Irrtum.

Ich habe die beiden Quintette, einige Jahre, nachdem ich sie gemacht hatte, verbrannt. Aber merkwürdigerweise kam mir lange Zeit danach, als ich in Paris an meiner ersten Orchesterkomposition schrieb, die von meinem Vater gebilligte Stelle aus dem zweiten jener Versuche in den Kopf und drängte sich mir in die Feder. Es ist in der Ouvertüre zu »Francs-Juges« die Melodie in As, die kurz nach Beginn des Allegro von den ersten Geigen vorgetragen wird.

Nach dem traurigen und ungeklärten Ende seines Sohnes war der arme Imbert nach Lyon zurückgekehrt, wo er, soviel ich weiß, gestorben ist. Er wurde in La Côte alsbald durch einen noch kompetenteren Nachfolger namens Dorant ersetzt. Dieser, ein Elsässer aus Kolmar, beherrschte so ziemlich alle Instrumente; vorzüglich spielte er Klarinette, Geige, Kontrabass und Gitarre. Meiner älteren Schwester, die eine hübsche Stimme hatte, aber von Natur völlig unmusikalisch war, gab er

Gitarren-Unterricht. Sie liebte die Musik, hatte es aber nie soweit bringen können, Noten zu lesen oder gar ein Lied vom Blatt zu singen. Ich wohnte dem Unterricht bei und wollte selbst daran teilnehmen, bis schließlich Dorant, ein gewissenhafter und origineller Künstler, zu meinem Vater kam und mit den Worten herausfuhr: »Mein Herr! Ich kann unmöglich die Gitarrestunden mit Ihrem Sohn fortsetzen.« – »Warum das? Hat er Sie enttäuscht, oder ist er so faul, daß Sie an ihm verzweifeln?« – »Keineswegs, aber es wäre lächerlich; er kann bereits soviel wie ich.«

So war ich denn zum Meister auf diesen drei prächtigen und unvergleichlichen Instrumenten, der Flöte, dem Piccolo und der Gitarre avanciert. Wer dürfte in dieser klugen Wahl das Gebot der Natur verkennen, welche mich zu den ›gewaltigsten Orchestereffekten‹ und der michelangelesken Musik hindrängte! ... Die Flöte, die Gitarre und das Piccolo! ... ich habe niemals andere Künste ausgeübt; aber schon diese erscheinen mir höchst achtunggebietend. Nein doch! ich tue mir Unrecht, ich schlug auch noch die Trommel.

Mein Vater war dagegen, daß ich Klavierunterricht nahm. Sonst wäre ich vermutlich ein ebenso dubioser Pianist geworden wie tausend andere. Da er aus mir keinen Künstler machen wollte, fürchtete er ohne Zweifel, das Klavier möchte mich zu heftig begeistern und tiefer in die Musik hineinziehen, als es sein Wunsch war. Daß ich keine Fertigkeit auf diesem Instrument besaß, habe ich oft als Mangel empfunden; sie würde mir manchmal nützlich sein; wenn ich aber an die erschreckende Menge von Platitüden denke, die täglich mit ihrer Hilfe in die Welt gesetzt werden, und mir sage, daß die meisten Komponisten diese Platitüden, so jammervoll sie auch sind, nicht würden schreiben können, wenn sie ihr musikalisches Kaleidoskop nicht hätten und lediglich auf Feder und Papier angewiesen wären, dann kann ich mich nicht enthalten, dem Zufall zu danken, der mich dazu brachte, in Stille und Freiheit zu komponieren. Er hat mich vor der für das Denken so gefährlichen Tyrannei der Fingergewohnheiten bewahrt wie auch vor der verführerischen Wirkung, die der Wohlklang gewisser Trivialitäten stets mehr oder weniger auf den Komponisten ausübt. Die zahllosen Liebhaber solcher Sachen haben allerdings das Gegenteil an mir auszusetzen; doch mich kümmert dies wenig.

Die Kompositionsversuche meiner frühen Jugend trugen alle ein tief melancholisches Gepräge. Fast alle meine Melodien standen in Moll. Ich fühlte den Mangel, ohne ihn vermeiden zu können. Ein schwarzer Schleier lag über meinen Gedanken; meine romantische Liebe von Meylan hatte ihn darüber gebreitet. In dieser Gemütsverfassung las ich fortwährend in der ›Estelle‹ von Florian, und da war es vorauszusehen, daß ich schließlich einige der zahlreichen Romanzen dieser Pastorale komponieren würde, deren fade Geschmacklosigkeit mir damals so süß vorkam. Ich tat es wirklich.

Unter anderem schrieb ich eine tieftraurige Romanze zu einem Text, den meine Verzweiflung ausdrückte, die Wälder verlassen zu müssen und die Orte – »geweiht durch ihre Schritte, verklärt durch ihren Blick« – und die kleinen rosa Schuhe meiner grausamen Schönheit. Diese bleiche Poesie kommt mir heute mit einem Frühlingssonnenstrahl in die Erinnerung zurück, hier in London, wo ich schweren Sorgen ausgeliefert bin, in tödlicher Ungewißheit und verhaltenem Zorn darüber, daß ich noch immer, hier wie überall, auf so viele Hindernisse stoße.

Die Melodie dieser Romanze, die ich mit dem Sextett und den Quintetten vor meiner Abreise nach Paris verbrannt hatte, bot sich schüchtern meinen Gedanken an, als ich 1829 daran ging, meine »Symphonie fantastique« zu schreiben. Sie schien mir ein geeigneter Ausdruck für jene niederdrückende Traurigkeit eines jungen Herzens, das von einer hoffnungslosen Liebe gequält zu werden beginnt, und ich nahm sie auf. Es ist im ersten Satz dieses Werkes die Gesangsmelodie der ersten Geigen am Anfang des Largo, das den Titel führt: ›Träumereien, Leidenschaften‹; ich habe nichts daran geändert.

Über diesen verschiedenen Versuchen zwischen Lektüren und geographischen Studien, religiösem Schwärmen und wechselnd ruhigen und stürmischen Epochen meiner ersten Liebe kam der Zeitpunkt, da ich mich vorbereiten sollte, einen Beruf zu ergreifen. Mein Vater bestimmte mich zu seinem Beruf, weil er keinen schöneren kannte.

Meine eigenen Gedanken waren seinen Plänen keineswegs günstig, und ich hatte sie auch schon bei Gelegenheit energisch ausgesprochen. Ohne mir von meinen Empfindungen genaue Rechenschaft zu geben, träumte ich mich schon in eine Existenz hinein, die von den Hörsälen, Hospitälern und Krankenbetten recht weit ablag. Ich wagte nicht, mir jene Laufbahn einzugestehen, an welcher meine Träume hingen, und doch schien mir mein Entschluß wohl erwogen, Widerstand zu leisten gegen alle Versuche, mich zur Medizin zu zwingen. Die Lebensbeschreibungen Glucks und Haydns, die ich zu jener Zeit in der ›Biographie Universelle‹ las, versetzten mich in die größte Aufregung. Welch schöner Ruhm! sagte ich zu mir im Gedanken an jene beiden gefeierten Männer. Welch herrliche Kunst! Welches Glück, sie als Beruf betreiben zu dürfen! Dazu kam noch ein Zufall, der mich darin bestärkte und mir plötzlich ein Licht aufgehen ließ, in dessen Schein ich tausend neue und großartige Aussichten in der Ferne vor mir liegen sah.

Ich hatte noch nie eine große Partitur in der Hand gehabt. Die einzigen mir bekannten Musikstücke waren Solfeggien mit beziffertem Baß, Flötensoli oder Stücke aus Opern mit Klavierbegleitung. Da fiel mir eines Tages ein Blatt Notenpapier in die Hände, auf dem vierundzwanzig Systeme gezogen waren. Beim Anblick dieser Vielzahl von Linien begriff ich sofort, welche Menge instrumentaler und vokaler Klangkombinationen bei geschickter Benutzung hervorgebracht werden können, und rief: »Was für ein Orchester muß man darauf schreiben können!« Von diesem Augenblick an wurde die musikalische Gärung in meinem Kopf nur noch verstärkt, die Abneigung gegen die Medizin verdoppelt. Ich fürchtete jedoch meine Eltern zu sehr, als daß ich gewagt hätte, meine kühnen Gedanken zu äußern; da verfiel mein Vater darauf, durch einen Staatsstreich mit Hilfe der Musik meine, wie er sagte, knabenhafte Abneigung zu überwinden und mich zum Beginn meiner medizinischen Studien zu veranlassen.

Um mich sogleich mit den Gegenständen vertraut zu machen, die ich bald fortwährend unter den Augen haben sollte, hatte er in seinem Arbeitszimmer das große Lehrbuch der Osteologie von Munro aufgeschlagen, auf dessen Kupfern die verschiedenen Teile des menschlichen Knochengerüsts in natürlicher Größe und mit großer Genauigkeit abgebildet sind. »Das ist ein Werk«, sagte er, »das du studieren mußt; ich hoffe nicht, daß du auf deinen der Medizin feindlichen Ideen beharrst; sie sind weder vernünftig noch irgendwie begründet. Wenn du mir dagegen versprichst, dich mit Ernst an das Studium der Osteologie zu machen, werde ich für dich aus Lyon eine prächtige, mit allen neuen Klappen versehene Flöte kommen lassen.« Ein solches Instrument war schon lange das Ziel meiner Wünsche. Was sollte ich erwidern? ... Die Feierlichkeit des Vorschlags, die mit Angst gemischte Ehrfurcht, welche mein Vater bei all seiner Güte mir einflößte, und die Stärke der Versuchung verwirrten mich im höchsten Maße. Ein recht leises Ja entschlüpfte mir; hierauf ging ich in mein Zimmer zurück, wo ich mich, von Leid überwältigt, auf mein Bett warf.

Arzt werden! Anatomie studieren, sezieren, gräßlichen Operationen beiwohnen, statt mich mit Leib und Seele der Musik hinzugeben, jener Kunst, deren erhabene Größe ich bereits empfand! Den siebenten Himmel vertauschen mit den traurigsten Aufenthaltsorten der Erde! Statt der unsterblichen Meister der Poesie sollten mich nun schmutzige Krankenwärter erwarten, widerliche Anatomiediener, gräßliche Leichen, die Schreie der Leidenden, die Klagen und das Röcheln der Sterbenden! Nein! All dies erschien mir als der völlige Umsturz der natürlichen Ordnung meines Lebens, unerträglich, unmöglich. Und doch kam es so.

Die osteologischen Studien begann ich gemeinsam mit einem meiner Vettern (Alphonse Robert, heute ein ausgezeichneter Arzt in Paris), den mein Vater gleichzeitig mit mir als Schüler angenommen hatte. Unglücklicherweise spielte er sehr gut Violine (er war einer der Mitwirkenden bei der Aufführung meiner Quintette), und wir beschäftigten uns während unserer Arbeitsstunden mehr mit Musik als mit Anatomie. Dennoch bewältigte er vermöge seines angestrengten Fleißes stets viel besser als ich sein Pensum. Darob viele strenge väterliche Verweise und sogar schreckliche Zornausbrüche.

Nichtsdestoweniger lernte ich schließlich teils freiwillig, teils gezwungen, so gut oder schlecht es gehen wollte, alles, was mich mein Vater mit Hilfe anatomischer Präparate lehren konnte; und ich war neunzehn Jahre alt, als ich, angespornt durch meinen Mitschüler, den Entschluß fassen mußte, das eigentliche Studium der Medizin zu beginnen und zu diesem Zweck mit ihm nach Paris zu reisen.

Hier halte ich einen Augenblick inne, bevor ich es unternehme, von meinem Leben in Paris zu erzählen und von den hartnäckigen Kämpfen, die ich dort sehr bald nach meiner Ankunft aufnahm und von da an gegen Anschauungen, Menschen und Umstände ununterbrochen geführt habe. Der Leser möge mir erlauben, Atem zu schöpfen.

Übrigens soll heute (am 10. April 1848) die Kundgebung der zweihunderttausend englischen Chartisten stattfinden. Vielleicht wird bereits in einigen Stunden England, wie das übrige Europa, auf den Kopf gestellt und auch dieser Zufluchtsort mir genommen sein. Ich werde abwarten, wie sich die Sache entscheidet.

(8 Uhr abends.) Fürwahr, die Chartisten sind gutmütige Revolutionäre. Alles ist gut vorübergegangen. Diese Prominenz, diese mächtigen Redner, diese großen Logiker, deren unwiderstehliche Argumente so sehr die Massen mitreißen, standen auf der Tribüne. Sie brauchten nicht einmal das Wort zu ergreifen, der bloße Anblick dieser ›Kanonen‹ genügte, um in allen Gemütern die Überzeugung von der Unzweckmäßigkeit einer Revolution zu stärken, und die Chartisten zerstreuten sich in bester Ordnung.

Wackere Leute! Ihr versteht euch auf die Veranstaltung eines Aufstandes so gut wie die Italiener auf die Komposition von Symphonien. Wahrscheinlich steht es mit den Iren ebenso, und O'Connell hatte ganz recht, wenn er ihnen zurief: »Erhebt euch! Erhebt euch! Aber bleibt dabei hübsch ruhig!«

(12. Juli.) Es war mir unmöglich, während der letzten drei Monate an diesen Memoiren weiterzuschreiben. Jetzt fahre ich in jenes unselige Land zurück, das noch immer Frankreich heißt und trotz allem, was vor-

gefallen, noch immer meine Heimat ist. Ich möchte sehen, wie ein Künstler dort leben kann oder wie lange es dauert, bis er dort stirbt, inmitten der Ruinen, unter denen die Blüte der Kunst vernichtet und begraben liegt. Farewell, England! ...

(Frankreich, 16. Juli 1848.) Nun bin ich also zurückgekehrt. Paris begräbt gerade die letzten seiner Toten. Die Pflastersteine der Barrikaden sind wieder auf ihrem Platz, wo sie vielleicht schon morgen wieder herausgerissen werden. Kaum angekommen, eile ich nach dem Faubourg St.-Antoine: Welch ein Anblick! Welch schauerliche Trümmer! Sogar der Genius der Freiheit, welcher die Säule der Bastille krönt, ist von einer Kugel durchbohrt. Die Bäume umgehauen, verstümmelt, die Häuser am Einstürzen! Die Plätze, Straßen und Quais scheinen noch zu beben von dem mörderischen Getümmel! ... Wie soll man noch an Kunst denken in dieser Zeit wütender Raserei und blutiger Orgien! ... Alle unsere Theater sind geschlossen, alle Künstler ruiniert, alle Lehrer brotlos, alle Schüler auf der Flucht; arme Pianisten spielen Sonaten auf öffentlichen Plätzen, Historienmaler kehren die Straßen, Architekten rühren auf den staatlichen Bauplätzen den Mörtel an ... Die Assemblée hat soeben ansehnliche Summen bewilligt, um die Wiedereröffnung der Theater zu ermöglichen und außerdem den unglücklichsten Künstlern eine geringe Unterstützung zu gewähren. Wie unzulänglich ist diese Unterstützung vor allem für die Musiker! Es hatte erste Geiger an der Oper gegeben, deren Gehalt noch keine neunhundert Francs jährlich betrug. Sie hatten bis jetzt kümmerlich von ihren Unterrichtsstunden gelebt. Man darf nicht annehmen, daß sie Ersparnisse machen konnten. Was soll nun werden, da ihre Schüler davongelaufen sind – aus diesen Unglücklichen? Man wird sie nicht deportieren, obwohl viele unter ihnen eher Aussicht hätten, in Amerika, Indien oder Australien ihren Lebensunterhalt zu verdienen; aber die Deportation ist dem Staat zu kostspielig; um sie zu erreichen, muß man sie verdient haben, und alle unsere Künstler haben die Aufständischen bekämpft und sind zum Sturm auf die Barrikaden gestiegen ...

Kann man nicht völlig verrückt werden inmitten dieser erschreckenden Verwirrung des Rechts und des Unrechts, des Guten und Bösen, des Wahren und Falschen, beim Anhören dieser Sprache, deren meiste Worte ihren ursprünglichen Sinn verloren haben! ...

Ich will meine Lebensbeschreibung fortsetzen. Ich habe nichts besseres zu tun. Die Betrachtung der Vergangenheit wird zudem meine Aufmerksamkeit von der Gegenwart ablenken.

V.

Ein Jahr medizinische Studien – Professor Amussat – Eine Vorstellung im Opernhaus – Die Bibliothek des Konservatoriums – Unwiderstehlicher Hang zur Musik – Mein Vater verweigert mir seine Einwilligung zu diesem Beruf – Familienzwistigkeiten

Als ich 1822 mit meinem Gefährten Robert nach Paris kam, widmete ich mich ganz den Studien, die mit dem mir auferlegten Beruf zusammenhingen. Getreulich hielt ich das Versprechen, welches ich bei der Abreise meinem Vater gegeben hatte. Ich mußte jedoch eine recht harte Probe bestehen, als mich Robert, nachdem er mir eines Morgens den Neuzugang einer Leiche gemeldet hatte, zum erstenmal in den Seziersaal des Spitals ›De la Pitié‹ führte. Der Anblick dieser entsetzlichen menschlichen Fleischkammer, die umherliegenden Gliedmaßen, die verzerrten Gesichter, die halbgeöffneten Schädel, der blutige Schlamm, in dem wir wateten, der widerliche Geruch, der ihm entströmte, die Spatzen, welche sich in Schwärmen um Lungenreste stritten, die Ratten, die in einer Ecke an blutigen Wirbelknochen nagten, dies alles erfüllte mich mit solchem Grausen, daß ich mit einem Sprung aus dem Fenster die Flucht ergriff und atemlos bis nach Hause lief, als ob der Tod mit seinem schauerlichen Gefolge mir auf den Fersen sei. Ich blieb vierundzwanzig Stunden im Bann dieses ersten Eindrucks, wollte von Medizin nichts mehr hören und erdachte tausend Torheiten, um der mir drohenden Zukunft zu entgehen.

Robert verschwendete seine Beredsamkeit, um meinen Widerwillen zu bekämpfen und mir die Albernheit meiner Pläne zu beweisen. Es gelang ihm, mich zu einem zweiten Versuch zu bewegen. Ich willigte ein, ihm noch einmal nach dem Spital zu folgen, und wir traten in den Leichensaal. Seltsam! Als ich die Sektionsobjekte wieder erblickte, die mir zuerst einen so tiefen Abscheu eingeflößt hatten, blieb ich vollkommen ruhig; ich hatte keine andere Empfindung als kalten Widerwillen; ich war mit diesem Anblick schon so vertraut wie ein altes Semester; das schlimmste war vorüber. Es machte mir sogar Spaß, gleich nach meiner Ankunft in der halbaufgeschnittenen Brust eines Toten herumzustochern, um den geflügelten Gästen dieses liebreizenden Aufenthalts eine Portion Lunge zu spendieren. »Das lasse ich mir gefallen«, sagte Robert lachend, »du nimmst Vernunft an. – ›Die jungen Vöglein läßt zum Futter du gelangen.‹« – »Und meine Güte hält die ganze Welt umfangen«[(4)], erwiderte ich, während ich einer großen Ratte ein Stück Schulterblatt zuwarf.

Ich nahm also, wenn nicht mit Interesse, so doch mit stoischer Ergebenheit an dem anatomischen Lehrkurs teil. Heimliche Sympathien zogen mich sogar zu dem Professor, Monsieur Amussat, hin, der für seine Wissenschaft die gleiche Leidenschaft hegte wie ich für die Musik. Er war ein Künstler der Anatomie. Als kühner Revolutionär in der Chirurgie besitzt er heute europäischen Ruf, und seine Entdeckungen erregen in der gelehrten Welt Bewunderung wie leidenschaftliche Ablehnung. Tage und Nächte genügen ihm kaum zu seinen Forschungen. Obgleich er durch die Strapazen einer solchen Existenz recht entkräftet ist, setzt er mit träumerischer Melancholie seine verwegene Arbeit fort und beharrt in seiner gefahrvollen Laufbahn. Er war in seiner Art genial. Ich besuchte ihn oft; ich liebte ihn.

Bald fand ich mich reichlich entschädigt durch die Vorlesungen, die Thénard über Chemie und Gay-Lussac über Physik im ›Jardin des Plantes‹ hielten, und durch den Literaturkurs, in dem Andrieux mit soviel harmloser Bosheit seine Zuhörer einzunehmen verstand; ich fand in ihnen einen großen, stets zunehmenden Reiz. Ich war im Begriff, ein gewöhnlicher Student zu werden, dazu ausersehen, durch eine weitere Null die bedenkliche Anzahl der schlechten Ärzte zu vergrößern, als ich eines Abends in die Oper ging. Man spielte die »Danaiden« von Antonio Salieri. Die Pracht, der Glanz der Inszenierung, die Klangsprache des Orchesters und der Chöre, Madame Branchus dramatisches Talent, ihre wunderbare Stimme, Derivis großartige Derbheit, die Arie der Hypermnestra, die mich in Salieris Nachahmung alle Züge jenes Ideals wiederfinden ließ, das ich mir, nach einigen in der Bibliothek meines Vaters aufgefundenen Bruchstücken des »Orpheus«, von Glucks Stil gebildet hatte, das donnernde Bacchanal endlich und die so schwermütig wollüstigen Tanzweisen, welche Spontini in die Partitur seines alten Landsmannes eingeschoben hat, versetzten mich in einen Zustand der Verwirrung und der Aufregung, den zu beschreiben ich nicht versuchen will. Mir war wie einem zum Matrosen geborenen jungen Menschen zumute, welcher, ohne vorher etwas anderes als die Kähne auf seinen Gebirgsseen erblickt zu haben, sich plötzlich in einen Dreimaster auf hoher See versetzt sieht. In der Nacht, welche dieser Aufführung folgte, schlief ich kaum, man kann es sich vorstellen, und der Anatomiestunde am nächsten Tage mochte man die Schlaflosigkeit anmerken. Ich sang beim Durchsägen eines Schädels die Arie des Danaus: ›Genießt des gütigen Geschicks‹; und als Robert, der hörte, daß ich die Melodie: ›Hinab, in Amphitritens Schoß ...‹ summte, statt Bichats Kapitel über die Sehnenscheiden zu lesen, voll Ungeduld ausrief: »Sei doch bei der Sache! Wir schaffen es nicht! In drei Tagen ist unsere Leiche verdorben! ...

Sie kostet 18 Francs! ... Sei doch vernünftig!«, da antwortete ich mit dem Gesang an Nemesis: »O Gottheit, die nach Blute dürstet!«, und das Seziermesser fiel ihm aus der Hand.

In der Woche darauf ging ich wieder in die Oper und zwar diesmal in eine Vorstellung von Méhuls »Stratonice« und des Balletts »Nina«, dessen Musik von Persuis komponiert und eingerichtet worden war. In »Stratonice« bewunderte ich besonders die Ouvertüre, dann die Arie des Seleucus ›Ergießet alles Leid ...‹ und das Quartett der Beratungsszene; im Ganzen erschien mir jedoch die Partitur etwas kalt. Das Ballett hingegen gefiel mir sehr, und ich war tief gerührt, als ich, zu einer ergreifenden Pantomime der Signorina Bigottini von Vogt auf dem Englisch-Horn die Melodie jenes Lobgesangs spielen hörte, den die Freundinnen meiner Schwester zu meiner Kommunion im Ursulinerinnen-Kloster gesungen hatten. Es war die Romanze ›Wenn der Geliebte wiederkehrt‹. Einer meiner Nachbarn, der den Text vor sich hinsummte, nannte mir die Oper und den Komponisten, von welchem Persuis die Romanze entlehnt hatte, und so erfuhr ich, daß sie zu d'Aleyracs »Nina« gehörte. Wie groß auch das Talent der Sängerin (Madame Dugazon), die in der Titelpartie auftrat, gewesen sein mag, so kann ich doch kaum glauben, daß jene Melodie durch sie jemals einen so echten Klang, einen so rührenden Ausdruck gefunden hat wie auf Vogts Instrument und in der mimischen Darstellung der berühmten Schauspielerin.

Trotz solcher Erlebnisse und obwohl ich jeden Abend viele Stunden damit verbrachte, über den traurigen Widerspruch zwischen meinem Studium und meinen Neigungen nachzudenken, setzte ich noch einige Zeit diese zwiespältige Lebensweise fort, ohne sonderlichen Nutzen für meine medizinische Ausbildung und zugleich ohne Aussicht, das noch so eng begrenzte Feld meiner musikalischen Kenntnisse erweitern zu können. Ich hatte mein Wort gegeben, und ich hielt es. Als ich jedoch erfuhr, daß die Bibliothek des Konservatoriums dem Publikum zugänglich war, konnte ich der Versuchung nicht widerstehen, Glucks Werke dort zu studieren, für welche ich bereits eine instinktmäßige Leidenschaft hegte und die zu jener Zeit im Opernhaus nicht aufgeführt wurden. Einmal in das Heiligtum gelangt, kam ich nicht wieder zum Vorschein. Dies gab der Medizin den Gnadenstoß; der Seziersaal wurde endgültig verlassen.

Meine Gedanken waren dermaßen von der Musik in Anspruch genommen, daß ich, trotz aller Bewunderung für Gay-Lussac und trotz des starken Interesses an einem solchem Studium, den bei ihm begonnenen Lehrkurs über experimentelle Elektrizität vernachlässigte. Ich las immer wieder Glucks Partituren, ich schrieb sie ab, ich lernte sie auswendig; sie raubten mir den Schlaf, ließen mich Essen und Trinken vergessen; ich geriet in Verzückung darüber. Und an dem Tag, an welchem es mir, nach angstvoller Erwartung, endlich vergönnt war, »Iphigenie auf Tauris« zu hören, schwor ich beim Verlassen des Opernhauses, daß ich trotz Vater, Mutter, Onkeln, Tanten, Großeltern und Freunden Musiker werden würde. Ich wagte es sogar, unverzüglich meinem Vater zu schreiben, wie drängend und unwiderstehlich meine Berufung sei, und ihn anzuflehen, ihr nicht unnötigerweise entgegenzutreten. Er antwortete mit liebevollen Ermahnungen, wonach ich bald das Unsinnige meines Entschlusses einsehen und das Streben nach einem Trugbild aufgeben würde, um zu einer ehrenvollen und genau vorgezeichneten Laufbahn zurückzukehren. Doch mein Vater täuschte sich. Weit davon entfernt, mich seiner Ansicht anzuschließen, beharrte ich auf der meinigen, und von diesem Augenblick an entspann sich zwischen uns ein regelmäßiger Briefwechsel, der von seiten meines Vaters immer strenger und drohender, von meiner Seite immer leidenschaftlicher und schließlich von einer Heftigkeit beseelt wurde, die bis zur Wut sich steigerte.

VI.

Aufnahme unter Lesueurs Schüler – Lesueurs Güte – Die Königliche Kapelle

Im Verlauf dieser heftigen Auseinandersetzungen hatte ich angefangen, zu komponieren. Unter anderm hatte ich nach einem Gedicht von Millevoye »Das arabische Pferd« eine Kantate für großes Orchester geschrieben. Ein Schüler Lesueurs, Gerono, mit dem ich in der Bibliothek des Konservatoriums öfters zusammentraf, wies mich auf die Möglichkeit hin, in die Kompositionsklasse seines Meisters aufgenommen zu werden, und bot mir an, mich ihm vorzustellen. Ich nahm seinen Vorschlag mit Freuden an, ging eines Morgens zu Lesueur und legte ihm diese Kantate vor nebst einem dreistimmigen Kanon, welchen ich bei dieser feierlichen Gelegenheit ihm als Empfehlung überreichen zu müssen glaubte. Lesueur hatte die Güte, das erste dieser formlosen Werke mit Aufmerksamkeit durchzulesen und sagte, als er mir dasselbe zurückgab: »Es ist viel Wärme und dramatische Bewegung darin, aber Sie verstehen noch nichts vom Tonsatz, und Ihre Harmonien enthalten so zahlreiche Fehler, daß es zwecklos wäre, sie Ihnen zu zeigen. Gerono wird die Gefälligkeit besitzen, Sie mit den Grundregeln unserer Harmonielehre vertraut zu machen, und sobald Sie dieselben gründlich genug beherrschen, um mich verstehen zu können, werde ich Sie gern unter meine Schüler aufnehmen.« Gerono übernahm ehrerbietig die Aufgabe. In wenigen Wochen erklärte er mir das ganze System, auf welches dieser Meister seine Theorie der Akkordbildung und -folge gegründet hat, ein System, das von Rameau und seinen Träumereien über die tönende Saite* entlehnt ist. An der Art, wie Gerono mir diese Grundregeln beibrachte, erkannte ich sofort, daß man über deren Wert nicht diskutieren durfte und daß sie in Lesueurs Schule ein Evangelium bildeten, dem jeder sich blind zu unterwerfen hatte. Ja, so groß ist die Macht des Beispiels, daß ich schließlich sogar selber an diese Lehre aufrichtig glaubte, und als Lesueur mich in den Kreis seiner Lieblingsschüler aufnahm, konnte er mich auch zu seinen glühendsten Anhängern zählen.

Ich bin weit davon entfernt, diesem ausgezeichneten und würdigen Mann undankbar zu sein, der meine ersten Schritte in die musikalische Laufbahn mit soviel Wohlwollen leitete und mir bis zum Ende seines Lebens wirkliche Zuneigung erwiesen hat. Allein wieviel Zeit habe ich damit verloren, seine vorsintflutlichen Theorien zu erlernen, sie praktisch anzuwenden und sie später wieder zu verlernen, indem ich meine musikalische Ausbildung ganz von vorn wieder anfing. Deshalb wende ich jetzt unwillkürlich die Augen ab, wenn ich eine seiner Partituren erblicke. Ich folge dann dem gleichen Gefühl, das uns befällt, wenn wir das Bild eines verstorbenen Freundes sehen. Ich habe Lesueurs kleine Oratorien, die das Repertoire der Königlichen Kapelle bildeten, so sehr bewundert und diese Bewunderung mit so großem Bedauern schwinden sehen! Wenn ich die Zeit, in der ich jene Oratorien regelmäßig jeden Sonntag in den Tuilerien hörte, mit der jetzigen vergleiche, komme ich mir so alt vor, so müde, so arm an Illusionen. Wieviele von den berühmten Künstlern, die ich bei diesen Morgenfeiern traf, sind nicht mehr am Leben! Wieviele andere sind einer Vergessenheit anheimgefallen, die schlimmer ist als der Tod! Wieviel Unruhe, wieviele Anstrengungen, wieviele Sorgen liegen dazwischen! Es war die Zeit der großen Begeisterungen, der musikalischen Leidenschaften, der langen Träumereien, der unendlichen, unaussprechlichen Freuden! ... Wenn ich mich im Orchesterraum der Königlichen Kapelle einfand, benutzte Lesueur die letzten Minuten vor dem Gottesdienst, um mir das Thema des aufzuführenden Werkes mitzuteilen, mir den Plan darzulegen und seine

* Rameau verwendet den Begriff Schallkörper, als ob die tönenden Saiten die einzigen Schallkörper des Weltalls seien, oder besser gesagt, als ob die Theorie ihrer Schwingungen auf die Resonanz aller anderen Schallkörper anwendbar sei.

Hauptintentionen zu erklären. Diese Kenntnis des vom Komponisten behandelten Themas war keineswegs überflüssig, denn es war nur selten der Text der Heiligen Messe. Lesueur, der eine große Anzahl von Messen geschrieben hat, behandelte mit besonderer Vorliebe jene köstlichen Episoden aus dem Alten Testament mit Naomi, Rahel, Ruth und Boas, Deborah usw., welchen er ein mitunter so echt antikes Kolorit gegeben hat, daß man beim Hören die Dürftigkeit der musikalischen Unterlage, seinen eigensinnigen Hang, in Arien, Duetten und Terzetten den alten italienischen Stil nachzuahmen, und die Schwäche seiner Instrumentierung vergißt. Von allen Dichtungen, mit Ausnahme vielleicht der von Mac Pherson, die er mit Hartnäckigkeit Ossian zuschrieb, begünstigte ohne Zweifel die Bibel am meisten die Entfaltung von Lesueurs besonderen Fähigkeiten. Ich teilte damals seine Vorliebe, und der Orient mit der Gelassenheit seiner glühenden Einöden, mit der Majestät seiner gewaltigen Ruinen, mit seinen historischen Erinnerungen, seinen Legenden war der Punkt des poetischen Horizonts, zu welchem meine Phantasie am liebsten ihren Flug nahm.

Nach dem Gottesdienst, sobald König Karl X. sich bei dem ›Ite missa est‹ zurückgezogen hatte, begleitet von dem grotesken Lärm einer Riesentrommel und einer Querpfeife, die eine traditionelle fünftaktige, aus dem Mittelalter stammende und ihrer barbarischen Entstehungszeit würdige Fanfare spielten, nahm mich mein Lehrer manchmal auf seinen Spaziergang mit. Es waren kostbare Ratschläge und merkwürdige Mitteilungen, die ich an solchen Tagen von ihm empfing. Um mich zu ermutigen, erzählte mir Lesueur viele Anekdoten aus seiner Jugend, von seinen ersten Arbeiten in der Kirchenchorschule zu Dijon, seiner Aufnahme in die Heilige Kapelle zu Paris, seiner Bewerbung um die Chordirektorenstelle von Notre-Dame, von Méhuls Haß gegen ihn, von den Plackereien, die er von den Farbenklecksern des Konservatoriums zu erleiden hatte, von den gegen seine Oper »Die Höhle« gesponnenen Intrigen und dem großartigen Benehmen Cherubinis bei dieser Gelegenheit, von der Freundschaft Paisiellos, seines Vorgängers an der Kaiserlichen Kapelle, den berauschenden Auszeichnungen, welche Napoleon dem Komponisten der »Barden«* reichlich spendete, von des großen Mannes historischen Worte über diese Partitur. Mein Lehrer erzählte mir ferner von seinen unendlichen Bemühungen um die Aufführung seiner ersten Oper, von seiner Unruhe vor der ersten Vorstellung, von seiner seltsamen Traurigkeit, von seiner Untätigkeit nach dem Erfolg, von seinem Bedürfnis, aufs neue sein Glück auf dem Thea-

* In der goldenen Dose, die Lesueur nach der Erstaufführung dieser Oper erhielt, ist folgende Inschrift graviert: »Kaiser Napoleon dem Komponisten der Barden.«

ter zu versuchen, von seiner in drei Monaten geschriebenen Oper »Telemach«, von der stolzen Schönheit der Madame Scio im Kostüm der jagenden Diana und ihrer großartigen Leidenschaft in der Partie der Kalypso. Dann kamen die Diskussionen, denn er erlaubte mir, mit ihm zu streiten, wenn wir allein waren, und ich machte von dieser Erlaubnis manchmal ausgiebiger Gebrauch, als für mich schicklich war. Ich fand in seiner Theorie über den Generalbaß und in seinen Ansichten über die Modulationen leicht Stoff dazu. Fehlte es uns an musikalischen Fragen, so warf er gern irgendein philosophisches oder religiöses Thema auf, über welches wir auch nicht allzu oft einig waren. Allein wir hatten die Gewißheit, bei verschiedenen Einigungspunkten wieder zusammenzutreffen wie bei Gluck, Virgil, Napoleon, zu denen wir uns mit gleich glühenden Sympathien hingezogen fühlten. Nach diesen langen Gesprächen am Ufer der Seine oder unter den schattigen Bäumen der Tuilerien verabschiedete er mich gewöhnlich, um sich während mehrerer Stunden einsamen Betrachtungen hinzugeben, die für ihn ein wahres Bedürfnis waren.

VII.

Eine erste Oper – Andrieux – Eine erste Messe – Chateaubriand

Einige Monate nach meiner Aufnahme unter Lesueurs Privatschüler – ich gehörte noch nicht zu den Schülern des Konservatoriums – setzte ich mir in den Kopf, eine Oper zu schreiben. Durch Andrieuxs Literaturvorträge, die ich fleißig besuchte, kam ich auf den sonderbaren Gedanken, mich wegen des Textes an diesen geistreichen alten Mann zu wenden. Ich weiß nicht mehr, was ich ihm darüber schrieb, seine Antwort aber war folgende:

»Mein Herr,

Ihr Brief hat mich lebhaft interessiert; der Eifer, den Sie für Ihre schöne Kunst an den Tag legen, verbürgt Ihnen Erfolg. Ich wünsche Ihnen denselben von Herzen und würde gern dazu beitragen. Allein die Arbeit, die Sie mir vorschlagen, paßt nicht mehr für mein Alter; meine Gedanken und meine Studien haben eine andere Richtung genommen; Sie würden mich für einen Barbaren halten, wenn ich Ihnen gestünde, seit wieviel Jahren ich weder das Opernhaus noch das Théâtre Feydeau mehr betreten habe. Ich bin vierundsechzig Jahre alt; es würde mir schlecht anstehen, verliebte Verse machen zu wollen, und was die Musik betrifft, so darf ich nur noch an die Totenmesse denken. Ich bedaure, daß Sie nicht dreißig oder vierzig Jahre früher auf die Welt gekommen sind oder ich später. Wir hätten zusammenarbeiten können. Nehmen Sie meine nur zu gut gemeinten Entschuldigungen und meine aufrichtigen, freundlichen Grüße entgegen.

17. Juni 1823.

Andrieux.«

Andrieux hatte die Güte, mir seinen Brief selbst zu bringen. Er sprach lange mit mir und sagte, als er mich verließ: »Ach, in meiner Jugend war auch ich ein begeisterter Musikschwärmer. Ich war in Piccinni ganz verliebt ... und wie sehr erst in Gluck!«

Entmutigt durch diesen Mißerfolg mit einer literarischen Berühmtheit nahm ich bescheiden meine Zuflucht zu Gerono, der sich ein wenig als Dichter aufspielte. Ich bat ihn (bewundern Sie meine Harmlosigkeit!), Florians »Estelle« zu dramatisieren. Er verstand sich dazu, und ich setzte sein Werk in Musik. Glücklicherweise hat nie jemand etwas von dieser Komposition gehört, zu der ich durch meine Erinnerungen an Meylan inspiriert worden war. Ohnmächtige Erinnerungen! Denn meine Partitur war ebenso lächerlich, um nicht zu sagen noch lächerlicher als das Stück und die Verse Geronos. Diesem rosig angehauchten Werke folgte, als Gegensatz, eine recht finstere, aus Saurins Drama »Beverley oder der Spieler« entnommene Szene. Ich war für dieses Bruchstück leidenschaftlicher Musik, für Baßstimme mit Orchesterbegleitung geschrieben, ernstlich eingenommen und hätte es gern von Derivis singen hören, dessen Begabung mir dafür geeignet schien. Das Schwierige lag darin, eine günstige Gelegenheit zu einer Aufführung abzupassen. Ich glaubte, sie gefunden zu haben, als ich die Ankündigung einer Vorstellung las, welche im Théâtre Français zu Talmas Gunsten stattfinden sollte und in welcher »Athalie« mit Gossecs Chören zur Aufführung kam.

Wenn doch Chöre gesungen werden sollen, sagte ich mir, so wird auch ein Orchester zur Begleitung vorhanden sein; meine Szene ist leicht zu spielen, und wenn Talma sie in sein Programm aufnehmen will, wird Derivis sich nicht weigern, sie zu singen. Gehen wir also zu Talma! Aber der bloße Gedanke, mit dem großen Tragöden zu sprechen, Nero von Angesicht zu Angesicht zu sehen, versetzte mich in höchste Verwirrung. Als ich mich seinem Hause näherte, fühlte ich ein unheilverkündendes Herzklopfen. Ich komme an; bei dem Anblick seiner Tür fange ich an zu zittern; ich bleibe auf der Schwelle in unglaublicher Unentschlossenheit stehen. Soll ich es wagen, weiter zu gehen? Soll ich meinen Plan aufgeben? Zweimal hebt sich mein Arm, um nach dem Klingelzug zu greifen, zweimal sinkt er wieder herab ... die Röte steigt mir ins Gesicht, meine Ohren sausen, ein wahrer Schwindel erfaßt mich. Schließlich siegt die Schüchternheit, und all meine Hoffnungen aufgebend, entferne ich mich oder fliehe vielmehr mit raschen Schritten vondannen. Wer kann das verstehen? Wohl nur ein junger Schwärmer wie ich!

Kurze Zeit darauf schlug mir Masson, der Kapellmeister der Église Saint-Roch, vor, eine feierliche Messe zu schreiben, welche er, wie er sagte, in dieser Kirche, zum Fest der Unschuldigen Kindlein, der Schutzheiligen der Chorknaben, aufführen lassen wollte. Wir sollten ein Orchester von hundert ausgewählten Musikern und einen noch zahlreicheren Chor haben; man würde die Gesangpartien einen Monat lang üben; die Abschriften würden mich nichts kosten, denn diese Arbeit sollte unentgeltlich und sorgfältig durch die Chorknaben von Saint-Roch besorgt werden usw. usw. Ich machte mich also voll Eifer daran, diese Messe zu schreiben, deren Stil mit seiner ungleichmäßigen und sozusagen zufälligen Färbung nur eine ungeschickte Nachahmung von Lesueurs eigenem Stil war. Wie die meisten Lehrer lobte auch er bei der Prüfung meiner Partitur besonders diejenigen Stellen, bei denen seine Art zu komponieren am deutlichsten zu erkennen war. Ich legte das kaum beendete Manuskript in Massons Hände, der mit dem Abschreiben und der Einstudierung seine Schüler betraute. Er schwor mir fortwährend bei allen Göttern, daß die Aufführung glänzend und vortrefflich werden sollte. Es fehlte uns nur ein tüchtiger Dirigent, da weder er noch ich gewohnt war, solch bedeutende Massen von Instrumenten und Stimmen zu dirigieren. Valentino, einer der Hauptdirigenten an der Opéra, der danach strebte, auch die Leitung der Königlichen Kapelle zu bekommen, würde ohne Zweifel meinem Lehrer, der zu den Direktoren der Chapelle* gehörte, nichts verweigern. In der Tat bestimmte ihn ein Brief Lesueurs, den ich ihm überbrachte, dazu, mir seine Mitwirkung zu versprechen, obwohl er den Mitteln, über welche ich für die Aufführung würde verfügen können, mißtraute. Der Tag der Generalprobe kam, und als unsere »bedeutenden Stimmen- und Instrumentenmassen« versammelt waren, stellte sich heraus, daß wir im ganzen zwanzig Choristen (fünfzehn Tenöre und fünf Bässe), zwölf Chorknaben, neun Violinen, eine Bratsche, eine Oboe, ein Horn und ein Fagott hatten. Man kann sich meine Verzweiflung, meine Verlegenheit denken, als ich Valentino, dem berühmten Dirigenten eines der ersten Orchester der Welt, eine solche musikalische Phalanx anbot! ... »Beruhi-

* Die Oberintendanten hatten bei der Aufführung ihrer Werke die Oberleitung, dirigierten aber nie persönlich.

gen Sie sich«, sagte Maître Masson immer wieder, »morgen, bei der Aufführung, wird niemand fehlen. Proben wir, proben wir!« Valentino schickt sich darein, gibt das Zeichen, man beginnt; aber nach wenigen Minuten muß man abbrechen, wegen der zahlreichen Schreibfehler, die jeder in den verschiedenen Partien angibt. Hier hat man die Vorzeichen vergessen; da fehlen zehn Pausen; dort hat man dreißig Takte ausgelassen. Es ist ein Wirrwarr, aus dem man nicht klug wird; ich leide Höllenqualen; und schließlich müssen wir meinen lang gehegten Traum einer Aufführung mit großem Orchester für diesmal aufgeben.

Diese Lektion blieb wenigstens für mich nicht ohne Nutzen. Da ich beim Anhören dieses kleinen Teils meiner unglücklichen Komposition deren auffallendste Mängel erkannt hatte, faßte ich einen radikalen Entschluß, in dem Valentino mich noch durch das Versprechen bestärkte, mich später, am Tage der Vergeltung, nicht zu verlassen. Ich arbeitete die Messe fast vollständig um. Während ich aber damit beschäftigt war, erfuhren meine Eltern meine Niederlage und verfehlten nicht, dieselbe ausgiebig zu benützen, um meine vermeintliche Berufung in Zweifel und meine Hoffnungen ins Lächerliche zu ziehen. Dies war die Hefe meines bitteren Kelches. Stillschweigend trank ich sie aus und beharrte auf meinem Vorhaben.

Da ich durch solche traurige Erfahrung die Überzeugung gewonnen hatte, daß ich mich für die Arbeit des Abschreibens auf niemanden verlassen konnte, und da ich aus Mangel an Geld keine Berufs-Kopisten beschäftigen konnte, machte ich mich, als meine Partitur beendet war, daran, die einzelnen Stimmen herauszuschreiben und dieselben dann zu verdoppeln, zu verdreifachen, zu vervierfachen usw. Nach drei Monaten waren sie fertig. Ich war nun mit meiner Messe in der gleichen Verlegenheit wie Robinson mit seinem großen Boot, das er nicht vom Stapel laufen lassen konnte; es fehlten mir alle Mittel zu einer Aufführung. Mich wieder auf Massons ›Massenbesetzung‹ zu verlassen, wäre gar zu naiv gewesen. Die Künstler, die ich brauchte, selbst auffordern? Aber ich kannte keinen von ihnen persönlich. Unter dem Schutz meines Lehrers die Mitwirkung der Königlichen Kapelle zu erlangen suchen? In aller Form hatte Lesueur dies für unmöglich erklärt.* Mein Freund Humbert Ferrand, über welchen ich bald ausführlicher berichten werde, hatte die ziemlich gewagte Idee, ich solle doch an Chateaubriand

* Ich verstand damals nicht, warum. Wenn Lesueur die ganze Königliche Kapelle aufgefordert hätte, in die Église Saint-Roch zu kommen, um dort das Werk eines seiner Schüler aufzuführen, wäre man sicherlich dazu bereit gewesen. Er fürchtete wahrscheinlich, daß seine anderen Schüler die gleiche Gunst beanspruchen könnten, und da wäre sicherlich ein Mißbrauch entstanden.

schreiben als den einzigen Mann, der imstande sei, eine solche Bitte zu verstehen und zu gewähren, und solle ihn ersuchen, mir durch ein Darlehn von zwölfhundert Francs die Aufführung meiner Messe zu ermöglichen. Chateaubriand antwortete mir durch folgenden Brief:

»Sie bitten mich um zwölfhundert Francs, mein Herr; ich habe sie nicht; hätte ich sie, so würde ich sie Ihnen schicken. Es steht nicht in meiner Macht, Ihnen bei den Ministern nützlich zu sein.* Ich nehme großen Anteil an Ihren Schwierigkeiten. Ich liebe die Kunst und ehre die Künstler; aber die Prüfungen, welchen das Talent manchmal ausgesetzt ist, verhelfen ihm zum Sieg, und der Tag des Erfolgs entschädigt uns für alles, was wir gelitten haben.

Empfangen Sie den Ausdruck meines aufrichtigen Bedauerns!

Paris, den 31. Dezember, 1824. Chateaubriand.«

VIII.

A. de Pons – Er leiht mir 1200 Francs – Meine Messe wird zum erstenmal in der Église Saint-Roch aufgeführt – Zum zweitenmal in der Église Saint-Eustache – Ich verbrenne sie

Ich war nun völlig niedergeschlagen; ich konnte auf die Briefe, mit welchen meine Eltern mich überschütteten, nichts Beschönigendes antworten; schon drohten sie, mir die bescheidenen finanziellen Zuwendungen, von denen ich in Paris lebte, zu entziehen, als ich bei einer Vorstellung von Piccinnis »Dido« im Opernhaus zufällig mit einem jungen gelehrten Musikfreund von großzügigem und begeisterungsfähigem Charakter zusammentraf, der vor Zorn stampfend Zeuge meines Fiascos in St.-Roch gewesen war. Er gehörte einer adligen Familie vom Faubourg Saint-Germain an und erfreute sich einer gewissen Wohlhabenheit. Er hat sich seitdem ruiniert; er heiratete, dem Willen seiner Mutter entgegen, eine mittelmäßige Sängerin, Schülerin des Konservatoriums; er wurde Schauspieler, als sie zur Bühne ging; um ihr folgen zu können, sang er in der französischen Provinz und in Italien in der Oper mit. Als er nach einigen Jahren von seiner Primadonna verlassen worden war, kehrte er nach Paris zurück, wo er mit Gesangsunterricht sein Leben

* Wie es scheint, hatte ich noch außerdem Chateaubriand gebeten, mich den Mächtigen des Tages zu empfehlen. »Wenn schon, denn schon,« sagt das Sprichwort!

fristete. Ich habe manchmal Gelegenheit gehabt, ihm durch meine Feuilletons im ›Journal des Debats‹ nützlich zu sein; doch es ist mir ein tiefer Schmerz, daß ich nicht mehr für ihn tun konnte; denn der Dienst, den er mir aus eigenem Antrieb erwiesen hat, war von großem Einfluß auf meine ganze Laufbahn. Ich werde ihn nie vergessen; er hieß Augustin de Pons. Letztes Jahr lebte er recht kümmerlich von dem Ertrag seiner Stunden! Was mag aus ihm geworden sein, zumal er durch die Februarrevolution all seine Schüler verloren haben muß? ... Ich denke mit Sorge daran ...

Als er mich im Foyer des Opernhauses erblickte, rief er mit der ganzen Kraft seiner gesunden Lunge: »Nun, was macht Ihre Messe? Ist sie umgearbeitet? Wann führen wir sie denn nun auf?« – Mein Gott, ja, sie ist umgearbeitet und sogar abgeschrieben, aber wie soll ich sie aufführen lassen? – »Wie? Potz tausend, mit bezahlten Künstlern natürlich. Wieviel Geld brauchen Sie? Nun? Zwölfhundert Francs? Fünfzehnhundert Francs? Zweitausend Francs? Ich leihe sie Ihnen.« – »Bitte, schreien Sie nicht so laut. Wenn Sie im Ernst reden, wäre ich außerordentlich glücklich, Ihr Anerbieten anzunehmen, und zwölfhundert Francs würden genügen.« – »Abgemacht. Kommen Sie morgen vormittag zu mir, ich werde das Nötige bereit halten. Wir engagieren alle Choristen des Opernhauses und ein starkes Orchester. Valentino muß zufrieden sein! Wir müssen auch zufrieden sein! Es muß klappen, zum Teufel!«

Und es klappte tatsächlich. Meine Messe erfuhr in der Église Saint-Roch unter Valentinos Leitung vor einem breiten Publikum eine prächtige Aufführung; die Presse äußerte sich zustimmend, und es gelang mir auf diese Weise, dank des guten de Pons, mich zum erstenmal zu hören und hören zu lassen. Jeder Komponist weiß, wie wichtig und wie mühsam es in Paris ist, den Fuß in den Steigbügel zu setzen.

Die Messe wurde Jahre später – 1827 – noch einmal aufgeführt, in Saint-Eustache, und zwar genau am Tage der großen Meuterei in der Rue Saint-Denis.

Das Orchester und die Choristen des Odéon hatten sich mir dieses Mal unentgeltlich zur Verfügung gestellt, und ich hatte es gewagt, die Leitung selbst zu übernehmen. Abgesehen von einigen Versehen, die meine Aufregung mit sich brachte, zog ich mich einigermaßen gut aus der Affäre. Wieviel fehlte mir aber noch von jenen tausend Eigenschaften, von jener Genauigkeit und Geschmeidigkeit, jener Wärme, Feinfühligkeit und Kaltblütigkeit, welche, verbunden mit einem nicht zu beschreibenden Instinkt, die Begabung eines wirklichen Dirigenten ausmachen! Und wieviel Zeit, Übung und Nachdenken habe ich gebraucht, um nur einige von ihnen zu erwerben! Wir klagen oft darüber, daß es so wenig gute Sänger gibt; aber gute Dirigenten sind noch seltener und, in vielen Fällen, von größerer und schicksalsschwererer Bedeutung für die Komponisten.

Da ich nach dieser neuerlichen Prüfung meiner Messe an ihrem geringen Wert nicht länger zweifeln konnte, bewahrte ich die einzige Nummer, mit der ich einigermaßen zufrieden war, das ›Resurrexit‹,* auf und verbrannte das übrige, zusammen mit der Szene aus »Beverley«, für die meine Leidenschaft stark abgekühlt war, mit der Oper »Estelle« und einem Oratorium (›Der Zug durchs Rote Meer‹), das ich soeben beendet hatte; mit kaltblütigem Richterblick hatte ich erkannt, daß auch dieses Stück einen unanfechtbaren Anspruch besaß, an dem Autodafé teilzunehmen.

Ein trauriges Zusammentreffen: Gestern, nachdem ich diese Zeilen geschrieben hatte, verbrachte ich den Abend in der Opéra Comique. In der Pause kommt ein mir bekannter Musiker auf mich zu mit den Worten: »Wie lange sind Sie von London zurück?« – Seit einigen Wochen. – »Nun, haben Sie schon von de Pons gehört? ...« –Nein, was denn? – »Er hat sich im letzten Monat vergiftet.« – O Gott! – »Ja, er hat schriftlich hinterlassen, er sei seines Lebens müde; ich fürchte aber, daß es für ihn nicht möglich war, weiter zu leben; er hatte keine Schüler mehr, die Revolution hatte sie alle zerstreut, und der Verkauf seiner Möbel trug nicht einmal genügend ein, um seine rückständige Miete zu bezahlen.« O! Ihr Unglücklichen! Arme, verlassene Künstler! Eine Republik der Lumpensammler und der Taschendiebe!

»Schaudervoll! schaudervoll! höchst schaudervoll!«** Nun bringt mir die ›Morning Post‹ ausführlichen Bericht über den Tod Lichnowskys, des unglücklichen Fürsten, den brutale deutsche Bauern, würdige Nacheiferer unserer Junihelden, vor den Toren Frankfurts grausam ermordet haben! Sie haben ihn mit Messern gestochen, mit Sensen zerhackt, haben ihm Arme und Beine zerfetzt! Mehr als zwanzigmal haben sie auf ihn geschossen und so gezielt, daß er nicht sterben sollte! Sie haben ihn dann beraubt und nackt am Fuße einer Mauer sterben lassen! ... Er ist erst nach fünf Stunden verschieden ohne eine Klage, ohne einen Seufzer! ... Edler, geistvoller, schwärmerischer, tapferer Lichnowsky! Ich habe ihn in Paris gut gekannt; ich traf ihn, als ich im letzten Jahr von Rußland zurückkam, in Berlin wieder. Seine politischen Rednererfolge begannen gerade damals. Nichtswürdiges Lumpenpack, das in

* Ich habe es später ebenfalls vernichtet.(5)

** »Horrible! horrible! most horrible!« (Hamlet, 1. Aufzug, 5. Szene) seinen revolutionären Sprüngen und Grimassen hundertmal dümmer und grausamer ist als der Pavian und der Orang-Utan auf Borneo! ...

O, ich muß hinaus; ich muß gehen, laufen, ich muß draußen in der freien Luft mich austoben! ...(6)

IX.

Mein erstes Zusammentreffen mit Cherubini – Er jagt mich aus der Bibliothek des Konservatoriums

Als Lesueur sah, daß ich in meinen Harmoniestudien weit genug vorangekommen war, wollte er mir durch Aufnahme in seine Klasse im Konservatorium eine regelrechte Stellung geben. Er sprach darüber mit Cherubini, dem damaligen Direktor, und ich wurde zugelassen. Es war ein großes Glück, daß man mir bei dieser Gelegenheit nicht vorschlug, mich dem gefürchteten Komponisten der »Medea« vorzustellen, denn ich hatte ihn ein Jahr zuvor in einen seiner blinden Wutanfälle versetzt, indem ich ihm die Stirn bot, unter Umständen, die ich erzählen will und die er nicht vergessen haben konnte.

Kaum hatte Cherubini anstelle des eben verstorbenen Perne die Direktion des Konservatoriums übernommen, als er seinen Regierungsantritt durch strenge Maßnahmen bemerkbar machen wollte, wie sie in der bis dahin relativ unpuritanisch geleiteten Schule nicht bekannt gewesen waren. Um Zusammenkünfte zwischen Studenten und Studentinnen ohne Aufsicht der Lehrer unmöglich zu machen, ordnete er an, daß die Herren durch das Tor im Faubourg Poissonière und die Damen von der Rue Bergère aus eintreten sollten; die beiden Eingänge lagen an den entgegengesetzten Enden des Gebäudes.

Da ich diese neue, sittlich fundierte Hausordnung nicht kannte, kam ich eines Morgens auf dem Weg zur Bibliothek durch das Tor der Rue Bergère, das ›weibliche‹ Tor, herein und war schon fast bei der Bibliothek angelangt, als ein Diener mich mitten auf dem Hofe anhielt und mich zwingen wollte, wieder hinauszugehen, um alsdann durch das ›männliche‹ Tor zu der gleichen Stelle zu gelangen. Ich fand diese Zumutung so lächerlich, daß ich den uniformierten Argus zum Teufel schickte und meinen Weg fortsetzte. Der Bursche wollte sich bei dem neuen Herrn einschmeicheln, indem er sich ebenso streng zeigte wie dieser. Er gab also nicht nach, sondern lief zum Direktor und erzählte ihm die Sache. Ich war seit einer Viertelstunde in die Partitur von »Alceste« vertieft und dachte nicht mehr an diesen Zwischenfall, als Cherubini, von meinem Denunzianten begleitet, in den Lesesaal trat; sein Gesicht war noch bleicher, sein Haar noch struppiger, sein Blick noch bösartiger, sein Schritt noch gestelzter als gewöhnlich. Sie gingen um den Tisch, an welchem mehrere Leser saßen, herum; der Diener musterte einen nach dem andern, blieb vor mir stehen und rief: »Das ist er!« Cherubini befand sich in einem solchen Zorn, daß er im ersten Augenblick kein Wort hervorbringen konnte. »So, so, so, so! *Sie* sind der!« sprach er endlich mit seinem italienischen Akzent, den die Wut noch lächerlicher machte, »Sie sind der, der durch das Tor geht, da – da – das ich nicht benutzt zu sehen wünsche!« – Mein Herr, Ihr Verbot war mir nicht bekannt, ein anderes Mal werde ich mich danach richten. – »Ein anderes Mal! Ein anderes Mal! Wa – wa – was tun Sie hier?« – Sie sehen es, mein Herr, ich studiere Glucks Partituren. – »Und wa – wa – was gehen Sie Glucks Partituren an? Und wer hat Ihnen erlaubt, i – i – in die Bibliothek zu kommen?« – Mein Herr (ich verlor allmählich meine Ruhe), die Partituren von Gluck sind das Schönste, was ich an dramatischer Musik kenne, und ich brauche von keinem Menschen eine Erlaubnis, um sie hier zu studieren. Von zehn bis drei Uhr steht die Bibliothek dem Publikum offen, und ich habe das Recht, davon Gebrauch zu machen. – »Da – da – das Recht?« – Ja, mein Herr. – »Und ich verbiete Ihnen, wieder hierherzukommen!« – Ich werde trotzdem wiederkommen. – »Wie – wie – wie heißen Sie?« schreit er, vor Wut zitternd. Und ich, meinerseits erbleichend: Mein Name wird Ihnen vielleicht eines Tages bekannt werden, aber heute ... werden Sie ihn nicht erfahren! – »Fa – fa – fasse ihn, Hottin (so hieß der Diener), da – da – daß ich ihn ins Gefängnis werfen lasse!« Zur großen Bestürzung der Anwesenden fangen nun beide, Herr und Diener, an, mich um den Tisch herumzujagen, sie werfen Sitze und Pulte um, ohne mich erreichen zu können, ich laufe schließlich rasch hinaus und rufe noch lachend meinem Verfolger zu: »Sie sollen weder mich noch meinen Namen haben, und bald komme ich wieder hierher und studiere Glucks Partituren weiter!«

So verlief mein erstes Zusammentreffen mit Cherubini. Ich weiß nicht, ob er sich dessen noch entsann, als ich ihm später auf offiziellere Weise vorgestellt wurde. Jedenfalls ist es lustig genug, daß ich zwölf Jahre darauf und gegen seinen Willen Konservator und schließlich Leiter eben jener Bibliothek geworden bin, aus welcher er mich einst vertreiben wollte. Hottin aber ist heute mein ergebenster Orchesterdiener, der fanatischste Anhänger meiner Musik; er behauptete sogar, daß nur ich imstande sei, den berühmten Meister als Direktor des Konservatoriums zu ersetzen. Monsieur Auber war aber anderer Meinung.

Ich werde noch mehrere ähnliche Anekdoten über Cherubini zu erzählen haben, aus welchen man ersehen kann, daß ich ihm nichts schuldig geblieben bin: Verletzten mich die zahlreichen Widrigkeiten, die er mir bereitete, gleich bissigen Nattern, so habe ich ihm dagegen mit einigen Klapperschlangen aufgewartet, deren Bisse bei ihm nicht wirkungslos waren.

X.

Mein Vater entzieht das Studiengeld – Ich kehre nach La Côte zurück – Wie man in der Provinz über Kunst und Künstler denkt – Verzweiflung – Entsetzen meines Vaters – Er erlaubt mir, nach Paris zurückzukehren – Fanatismus meiner Mutter – Ihr Fluch

Der scheinbare Erfolg der Erstaufführung meiner Messe hatte die feindselige Stimmung meiner Familie, unter welcher ich so sehr litt, für einen Augenblick beschwichtigt, als sie durch einen neuen Zwischenfall wieder angefacht wurde, der die Unzufriedenheit meiner Eltern verdoppelte. Ich meldete mich zu dem Kompositionswettbewerb an, der alljährlich vom Conservatoire veranstaltet wird. Bevor die Kandidaten zugelassen werden, müssen sie sich einer Vorprüfung unterziehen, die ich unseligerweise nicht bestand. Mein Vater erfuhr es und teilte mir ziemlich kategorisch mit, daß er mein Studiengeld streichen werde, falls ich darauf bestünde, in Paris zu bleiben. Um ihn von diesem Entschluß abzubringen, schrieb ihm mein guter Lehrer unverzüglich einen dringenden Brief, in dem er ihm versicherte, daß über meine musikalische Zukunft keine Zweifel bestehen könnten und daß mir »die Musik aus allen Poren dringe«. Leider verband er seine Argumentation mit allerlei religiösen Überlegungen, die jedenfalls bei dieser Gelegenheit so unglücklich wie nur möglich gewählt waren. Deshalb konnte auch die kurzgefaßte, steife, fast unhöfliche Antwort meines Vaters Lesueurs Empfindlichkeit und innerste Überzeugung nur tief verletzen. Der Brief begann mit den Worten: »Mein Herr, ich bin ein Ungläubiger!« Das weitere kann man sich vorstellen.

Eine vage Hoffnung, zu gewinnen, wenn ich momentan nachgäbe und meine Sache selber verteidigte, ließ mich zu einem Entschluß gelangen. Ich kehrte nach La Côte zurück.

Nach einem eisigen Empfang überließen mich meine Eltern einige Tage lang meinen Gedanken und forderten mich schließlich auf, irgendeinen Beruf zu wählen, wenn ich von der Medizin nichts wissen wolle. Ich antwortete, zur Musik allein fühlte ich mich unbedingt hingezogen, und ich könnte unmöglich glauben, daß ich nicht nach Paris zurückkehren solle, um mich ihr zu widmen. »Du wirst dich aber doch an diesen Gedanken gewöhnen müssen«, sagte mein Vater, »denn du wirst nie mehr dorthin zurückgehn!«

Von jenem Augenblick an verfiel ich in ein fast vollständiges Stillschweigen. Ich antwortete kaum auf die Fragen, die man an mich richtete, aß nicht mehr, irrte einen Teil des Tages in den Feldern und Wäldern herum und schloß mich die übrige Zeit in mein Zimmer ein. Offen gestanden hegte ich keine Pläne; die dumpfe Gärung meiner Gedanken und der Zwang, unter welchem ich stand, schienen meinen Geist umnachtet zu haben. Selbst meine Wutanfälle ließen nach. Ich siechte dahin, aus Mangel an Luft!

Eines Morgens in der Frühe weckte mich mein Vater. »Steh auf«, sprach er, »und wenn du angezogen bist, komm auf mein Arbeitszimmer, ich habe mit dir zu reden.« Ich gehorchte, ohne zu ahnen, um was es sich handelte. Mein Vater sah eher ernst und traurig als streng aus. Trotzdem war ich beim Eintritt in sein Zimmer darauf gefaßt, einem neuen Angriff die Stirn bieten zu müssen, als folgende, unerwartete Worte mich erschütterten: »Nach mehreren schlaflosen Nächten habe ich mich entschlossen ... Ich erlaube dir, in Paris Musik zu studieren ... aber nur auf kurze Zeit; und wenn der neue Versuch wiederum ungünstig ausfällt, wirst du hoffentlich anerkennen, daß ich alles getan habe, was mit Vernunft geschehen konnte, und dich entschließen, eine andere Bahn einzuschlagen. Du weißt, wie ich über mittelmäßige Dichter denke; mittelmäßige Musiker sind auch nicht mehr wert, und es wäre für mich ein tödlicher Kummer, eine tiefe Beschämung, dich zu der Masse solcher nutzloser Menschen zählen zu müssen.«

Ohne sich dessen bewußt zu sein, hatte mein Vater mehr Nachsicht für die mittelmäßigen Ärzte gezeigt, die ebenso zahlreich wie die schlechten Künstler und nicht nur unnütz, sondern auch recht gefährlich sind. So geht es immer, selbst mit den größten Geistern; sie bekämpfen die Ansichten anderer mit vollkommen richtigen Beweisgründen, ohne zu merken, daß diese zweischneidigen Waffen auch ihren eigenen Lieblingsideen verhängnisvoll werden können.

Doch ohne zu zögern fiel ich meinem Vater um den Hals und versprach ihm alles, was er wollte.

»Noch eins«, fuhr er fort, »da deine Mutter über dieses Thema ganz andere Ansichten hat als ich, habe ich es nicht für gut befunden, ihr meinen neuen Entschluß mitzuteilen, und um uns allen peinliche Auftritte zu ersparen, verlange ich von dir, daß du schweigst und heimlich nach Paris abreist.« Ich trug also Sorge, am ersten Tag, kein unvorsichtiges Wort auszusprechen; allein dieser plötzliche Wechsel von einer schweigsamen und scheuen Traurigkeit zu einer rasenden Freude, die zu verbergen ich mir keine Mühe gab, war zu auffallend, um nicht die Neugier meiner Schwestern zu reizen; und Nanci, die Älteste, tat so schön, bat mich so flehentlich, ihr den Grund mitzuteilen, daß ich ihr schließlich ... unter dem Siegel der Verschwiegenheit ... alles gestand. Sie bewahrte das Geheimnis, wie man sich denken kann, ebenso gut wie ich, und bald waren alle Hausangehörigen und die Freunde des Hauses und schließlich auch meine Mutter davon unterrichtet.

Um das Folgende zu verstehen, muß man wissen, daß meine Mutter, deren religiöse Anschauungen sehr überspannt waren, über die Künste, zumal jene, die mit dem Theater zusammenhängen, Ansichten vertrat, die unglücklicherweise selbst heute noch von vielen Franzosen geteilt werden. Für sie waren Schauspieler, Schauspielerinnen, Sänger, Musiker, Dichter und Komponisten abscheuliche, von der Kirche exkommunizierte und somit der Hölle verfallene Geschöpfe. Selbst eine meiner Tanten – sie liebt mich heute aufrichtig und, so hoffe ich, achtet mich noch immer – hatte den Kopf derartig vollgesteckt mit den ach so liberalen Ideen meiner Mutter, daß sie mir eines Tages zu diesem Thema eine verblüffende Antwort gab. Im Verlauf einer Diskussion kam es, daß ich zu ihr sagte: »Wenn man Sie so hört, liebe Tante, könnte man meinen, es würde Ihnen peinlich sein, wenn Racine zu Ihrer Familie gehört hätte?« – »Allerdings, mein Freund ... Vor allem muß man auf seinen guten Ruf achten.«

Lesueur erstickte fast vor Lachen, als ich ihm später in Paris diese bezeichnende Forderung wiederholte. Und da er eine solche Ansicht nur der Senilität zurechnen konnte, vergaß er nie, wenn er gut aufgelegt war, nach meiner alten Tante als Racines Feindin zu fragen, obwohl sie damals jung und schön wie ein Engel war.

Da meine Mutter also die Überzeugung hegte, daß ich, indem ich mich der (nach französischen Begriffen nur in Verbindung mit dem Theater existierenden) musikalischen Komposition widmete, eine Bahn betrat, die mich zur Mißachtung in dieser Welt und zur Verdammnis in der andern führen mußte, war sie in ihrer tiefsten Seele empört, sobald sie vernommen hatte, was vorging. Ihr erzürnter Blick sagte mir, daß sie alles wußte. Ich hielt es für ratsam, mich davonzumachen und mich bis zum Augenblick der Abreise ruhig zu verhalten. Aber kaum hatte ich mich für einige Minuten in mein Kämmerchen geflüchtet, als sie mir dorthin folgte und mit funkelndem Blick und allen Zeichen hochgradiger Erregung zu mir sagte: »Ihr Vater (sie vermied das gewöhnliche ›Du‹) ist schwach genug gewesen, Ihre Rückkehr nach Paris zu gestatten, er unterstützt Ihre tollen und sündhaften Pläne! ... Ich will mir keinen solchen Vorwurf zu machen haben und widersetze mich ausdrücklich dieser Abreise!« – »Mutter!« ... – »Ja, ich widersetze mich, und ich beschwöre Sie, Hector, nicht in Ihrem Wahn zu beharren. Sehen Sie, ich knie vor Ihnen, ich, Ihre Mutter, und flehe Sie demütig an, zu entsagen ...« – »Mein Gott, Mutter, stehen Sie auf, ich kann diesen Anblick ... nicht ertragen« ... – »Nein, ich bleibe!« Und nach einem Augenblick des Schweigens: »Du weigerst dich, Unglücklicher? Du hast, ohne dich erweichen zu lassen, deine Mutter zu deinen Füßen sehen können? Wohlan! Reise ab! Gehe und wälze dich in dem Schlamm von Paris, entehre deinen Namen, bringe deinen Vater und mich vor Scham und Kummer unter die Erde! Ich verlasse das Haus, bis du gegangen sein wirst. Du bist mein Sohn nicht mehr! Ich verfluche dich!«

Ist es zu glauben, daß Bigotterie, gestützt durch alles, was provinzielle Vorurteile an dreister Verachtung der Künste aufzubieten haben, eine solche Szene zwischen einer so zärtlichen Mutter und einem so dankbaren und respektvollen Sohn herbeiführen kann? Eine Szene von übertriebener, unwahrscheinlicher, makabrer Dramatik, die ich nicht vergessen kann und die nicht wenig zu meinem Haß auf jene stupiden, aus dem Mittelalter stammenden und in der französischen Provinz noch immer konservierten Dogmen beigetragen hat.

Diese harte Probe war damit noch nicht zu Ende. Meine Mutter war verschwunden; sie hatte sich nach unserem nahe bei La Côte gelegenen Landhaus Le Chuzeau zurückgezogen. Als die Stunde der Abreise gekommen war, wollte mein Vater mit mir zusammen einen letzten Versuch unternehmen, um von ihr ein Abschiedswort und einen Widerruf ihrer grausamen Worte zu erwirken. Wir kamen mit meinen beiden Schwestern nach Le Chuzeau. Meine Mutter saß im Obstgarten unter einem Baum und las. Als sie uns erblickte, stand sie auf und floh hinweg. Wir warteten lange, wir folgten ihr, mein Vater rief ihr nach, meine Schwestern und ich weinten. Alles vergebens – und so mußte ich, ohne meine Mutter umarmt zu haben, ohne ein Wort, einen Blick von ihr und mit ihrem Fluch beladen, in die Ferne ziehen! ...

XI.

Rückkehr nach Paris – Ich erteile Unterricht – Ich trete in Reichas Klasse im Konservatorium ein – Meine Mahlzeiten auf dem Pont-Neuf– Mein Vater entzieht mir aufs neue mein Studiengeld – Unerbittlicher Widerstand – Humbert Ferrand – R. Kreutzer

Kaum war ich nach Paris zurückgekehrt und hatte bei Lesueur meine Studien wieder aufgenommen, als ich darüber nachzudenken begann, wie ich de Pons den geliehenen Betrag zurückerstatten konnte. Diese Schuld bedrückte mich. Von den 120 Francs, die mir mein Vater monatlich zukommen ließ, konnte ich es unmöglich tun. Ich hatte das Glück, mehrere Schüler für Gesang, Flöte und Gitarre zu finden, und der Erlös dieser Stunden im Verein mit dem, was ich an meinen persönlichen Ausgaben absparen konnte, ermöglichte es mir, nach einigen Monaten sechshundert Francs zusammenzubringen, die ich alsbald meinem großherzigen Gläubiger hintrug. Man wird sich fragen, was für Ersparnisse ich an meinem bescheidenen Einkommen machen konnte? ... Ich will sie aufzählen:

Ich hatte in der Altstadt, in der Nähe der Rue de Harley und des Quai des Orfèvres, für wenig Geld ein sehr kleines Zimmer gemietet, und statt wie früher mein Mittagessen in einem Restaurant einzunehmen, hatte ich mir eine klösterliche Lebensweise auferlegt, welche die Kosten meiner Mahlzeiten auf höchstens sieben bis acht Sous herabsetzte. Sie bestanden gewöhnlich aus Brot, Rosinen, Pflaumen oder Datteln.

Da es Sommer war, pflegte ich diese Delikatessen zu Füßen des Denkmals Henri-Quatres am Pont-Neuf einzunehmen, ohne an das ›Huhn im Topf‹ zu denken, das der gute König als Sonntagsschmaus für seine Bauern erträumt hatte; dabei beobachtete ich, wie die Sonne hinter dem Mont Valérien unterging, folgte mit entzücktem Blick den schimmernden Wogen der Seine, die leise rauschend an mir vorüberzogen, und erfreute mich an der reichen bildlichen Phantasie in Thomas Moores Gedichten, die ich zum erstenmal las. De Pons aber, dem es offenbar peinlich war, daß ich mir Entbehrungen auferlegte, um ihm das Geld zurückzuerstatten – unsere häufigen Begegnungen hatten mir nicht erlaubt, diese Entbehrungen vor ihm zu verbergen –, der vielleicht auch selbst in Geldverlegenheit war und den Wunsch hatte, ganz bezahlt zu werden, schrieb an meinen Vater, teilte ihm alles mit und forderte die ihm noch zustehenden sechshundert Francs zurück. Diese Aufrichtigkeit war verhängnisvoll. Mein Vater bereute schon bitter seine Nachgiebigkeit; ich war nun seit fünf Monaten in Paris, ohne daß meine Lage sich geändert hätte, ohne merklichen Fortschritt in meiner Laufbahn. Er hatte zweifellos geglaubt, ich würde in so kurzer Zeit zum Wettbewerb im Institut zugelassen werden, den ersten Preis davontragen, eine dreiaktige Oper schreiben, deren Erstaufführung glänzenden Erfolg haben würde, mit dem Kreuz der Ehrenlegion dekoriert werden, vom Staat ein Stipendium erhalten, usw. Stattdessen nun der Schlag mit den Schulden. Der Sturz war tief, und ich bekam die Wirkung zu spüren. Er gab de Pons die sechshundert Francs zurück; mir aber erklärte er nachdrücklich, daß, wenn ich von meinem musikalischen Wahn nicht abließe, er mir nicht mehr helfen wolle, meinen Aufenthalt in Paris zu verlängern, und daß ich in diesem Fall für mich selbst zu sorgen hätte. Ich hatte einige Schüler, ich war gewohnt, bescheiden zu leben, und von meiner Schuld gegenüber de Pons befreit; mein Entschluß war sofort gefaßt. Ich blieb. Meine musikalische Tätigkeit war gerade damals sehr vielseitig und unermüdlich. Da Cherubini, dessen Pedanterie sich überall fühlbar machte, erfahren hatte, daß ich in Lesueurs Kompositionsklasse eingetreten war, ohne die üblichen Vorkurse absolviert zu haben, mußte ich mich in Reichas Klasse für Kontrapunkt und Fuge einschreiben, die obligatorisch für Kompositionsschüler war. So hatte ich also jetzt zwei Lehrer. Außerdem hatte ich gerade Beziehungen zu Humbert Ferrand angeknüpft, einem jungen Mann von Geist und hoher Sensibilität, den ich seither zu meinen besten Freunden zähle. Er hatte für mich die Verse für eine Große Oper »Les Francs-Juges« geschrieben, und ich komponierte die Musik dazu mit großer Hingabe. Der Stoff wurde allerdings von der Prüfungskommission der Académie Royale de Musique(7) abgelehnt, und damit wurde auch meine Partitur zur Vergessenheit verdammt, aus der sie nie wieder ans Tageslicht gekommen ist. Die Ouvertüre allein hat sich durchsetzen können. Ich habe hie und da die besten Gedanken dieser Oper ausgearbeitet und in späteren Werken verwandt. Das Übrige wird wahrscheinlich das gleiche Schicksal haben oder verbrannt werden. Ferrand schrieb auch eine heroische Szene mit Chören, deren Thema, die griechische Revolution, alle Gemüter beschäftigte. Ohne auf sehr lange Zeit meine Arbeit an den »Francs-Juges« zu unterbrechen, hatte ich diese Szene in Musik gesetzt. Dieses Werk, dem man auf jeder Seite den Einfluß von Spontinis Stil anmerkte, war der Anlaß zu meiner ersten Bekanntschaft mit jenem harten Egoismus, der bei fast allen großen Meistern zu beobachten ist und von dem ich zuvor nichts geahnt hatte; es wurde mir bewußt, wie sehr ihnen die jungen Komponisten, und seien sie noch so unbekannt, unwillkommen sind.

Rudolphe Kreutzer war Generalmusikdirektor der Opéra; die geistlichen Konzerte der Osterwoche sollten bald stattfinden; es lag in seiner Hand, meine Szene dort aufführen zu lassen, und ich ging zu ihm und bat ihn darum. Er war jedoch auf meinen Besuch durch einen Brief vorbereitet, den M. de Larochefoucauld, der Oberintendant der Schönen Künste, ihm, auf die dringende Empfehlung eines mit Ferrand befreundeten Sekretärs hin, über mich geschrieben hatte. Ferner hatte mich Lesueur seinem Kollegen mündlich warm empfohlen. Man hatte also alle Ursache, zu hoffen. Meine Illusion war von kurzer Dauer. Kreutzer, der große Künstler, der Komponist von »La Mort d'Abel« ein schönes Werk, über das ich einige Monate zuvor in meiner Begeisterung einen wahren Dithyrambus an ihn gerichtet hatte – Kreutzer, den ich mir, weil ich ihn bewunderte, genau so wohlwollend und warmherzig vorgestellt hatte wie meinen Lehrer Lesueur, empfing mich auf die verächtlichste, unhöflichste Weise. Er erwiderte kaum meinen Gruß und warf mir, ohne mich anzusehen, folgende Worte über die Schulter hin: »Mein lieber Freund (er kannte mich nicht!), wir können in den geistlichen Konzerten keine neuen Kompositionen aufführen; wir haben keine Zeit, sie einzustudieren; Lesueur weiß das genau.« Ich zog mich schweren Herzens zurück. Am Sonntag darauf gab es zwischen Lesueur und Kreutzer in der Königlichen Kapelle, wo letzterer einfacher Geiger war, eine Auseinandersetzung. Von meinem Lehrer in die Enge getrieben, antwortete er schließlich, ohne seine üble Laune zu verbergen: »Nun ja, bei Gott! Was sollte aus uns werden, wenn wir so die jungen Leute unterstützen wollten; ...« Er war zumindest aufrichtig.

XII.

Ich bewerbe mich um eine Choristenstelle – Ich erhalte sie – Antoine Charbonnel – Unser Junggesellenheim

Indessen nahte der Winter; durch eifrige Arbeit an meiner Oper hatte ich meine Schüler etwas vernachlässigt; meine lukullischen Mahlzeiten konnte ich nicht mehr in meinem sonnigen Stammlokal am Pont-Neuf einnehmen, denn dort war es nun kalt und feucht. Ich brauchte Holz und wärmere Kleidung. Wo sollte ich das nötige Geld zu diesen unvermeidlichen Ausgaben hernehmen? ... Der Ertrag meines Unterrichts (pro Stunde ein Franc) konnte nicht im entferntesten dazu ausreichen, drohte vielmehr bald in nichts zu zerfließen. Sollte ich zu meinem Vater zurückkehren, meine Schuld und Niederlage bekennen, oder vor Hunger sterben? Dies war die Wahl, die ich hatte. Aber der Zorn gegen solche Alternativen gab mir neue Kräfte, und ich faßte den Entschluß, alles zu unternehmen, alles zu erdulden, ja, wenn es nötig werden sollte, auch Paris zu verlassen, um nur nicht nach La Côte zurückzukehren und dort versauern zu müssen. Zu meiner Musikleidenschaft gesellte sich meine alte Reiselust, und ich beschloß, mich an die Agenten ausländischer Theater zu wenden, um ein Engagement als erster oder zweiter Flötist in einem Orchester in New York, Mexico City, Sydney oder Kalkutta zu bekommen. Ich würde auch nach China gegangen sein und wäre jedenfalls eher Matrose, Seeräuber, Büffeljäger, Wilderer geworden, als daß ich mich ergeben hätte. So ist mein Charakter. Es ist für einen fremden Willen ebenso nutzlos und gefährlich, sich dem meinigen, wenn ich leidenschaftlich erregt bin, zu widersetzen, als das Pulver einer Kanone durch Zusammenpressen ihres Rohres am Explodieren hindern zu wollen.

Glücklicherweise waren meine Bemühungen und Gesuche bei den Theateragenten vergeblich, und ich weiß nicht, wozu ich mich entschlossen hätte, als ich von der bevorstehenden Eröffnung des Théâtre des Nouveautés hörte, in dem man neben Vaudevilles auch anspruchsvollere Werke des »Opéra-Comique«-Genres aufführen wollte. Ich laufe zum Regisseur und bitte ihn um eine Flötistenstelle im Orchester; die Flötistenstellen waren schon vergeben. Ich bitte um eine Choristenstelle; es war keine mehr frei. Tod und Teufel! ... Der Regisseur notiert sich jedoch meine Adresse und verspricht, mich zu benachrichtigen, falls das Chorpersonal vermehrt werden sollte. Die Hoffnung war recht gering; aber nach einigen Tagen erfuhr ich durch einen Brief der Theaterleitung, daß die Bewerbung um die Stelle, welche das Ziel meines Ehrgeizes bildete, eröffnet sei. Die Prüfung der Bewerber sollte im Saal der Freimaurer, Rue Grenelle-Saint-Honoré, stattfinden. Ich ging hin. Fünf oder sechs arme Teufel wie ich erwarteten in angstvollem Schweigen ihre Richter. Ich fand unter ihnen einen Weber, einen Schmied, einen aus einem kleinen Vorstadttheater entlassenen Schauspieler und einen Vorsänger aus St.-Eustache. Es handelte sich um eine offene Stelle für Bassisten. Meine Stimme konnte bestenfalls als Bariton gelten, doch ich dachte, unser Examinator würde es vielleicht nicht so genau nehmen.

Es war der Regisseur in eigener Person. Er erschien, begleitet von einem Musiker namens Michel, der noch heute Orchestermitglied des »Vaudevilles« ist. Man hatte weder für ein Klavier noch für einen Klavierspieler gesorgt. Michels Violine mußte zur Begleitung genügen.

Die Sitzung ist eröffnet. Meine Nebenbuhler singen nacheinander, jeder auf seine Art, verschiedene Arien, die sie sorgfältig einstudiert hatten. Als die Reihe an mich kommt, fragt unser Regisseur, der ein dickes Faß war und drolligerweise den Namen Saint-Léger (dürrer Heiliger) führte, was ich mitgebracht habe.

»Ich? Nichts.«

»Wie? Nichts? Und was wollen Sie singen?«

»Nun, was Sie wollen. Haben Sie denn hier nicht irgendeine Partitur, eine Übung, ein Vokalisenheft?«

»Wir haben nichts von alledem. Außerdem«, fährt der Regisseur in verächtlichem Tone fort, »singen Sie doch wohl nicht vom Blatt, denke ich?«

»Ich bitte um Verzeihung, aber ich werde, was immer mir vorgelegt wird, vom Blatt singen.«

»So. Das ist etwas anderes. Da wir aber keine Noten haben, können Sie nicht vielleicht ein bekanntes Stück auswendig?«

»Doch, ich kenne auswendig die ›Danaiden‹, ›Stratonice‹, die ›Bestalin‹, ›Cortez‹, ›Ödipus‹, die beiden ›Iphigenien‹, ›Orpheus‹, ›Armida‹ . . .«

»Genug, genug! Teufel! was für ein Gedächtnis! Also, wenn Sie so gelehrt sind, tragen Sie uns die Arie ›Elle m'a prodigue‹ aus Sacchinis ›Oedipus‹ vor!«

»Gern.«

»Du kannst sie doch begleiten, Michel?«

»Sicher; ich weiß nur nicht mehr, in welcher Tonart sie geschrieben ist.«

»In Es-Dur. Soll ich das Rezitativ singen?«

»Ja. Hören wir das Rezitativ.«

Der Begleiter gab mir also den Es-Dur-Dreiklang an, und ich hub an zu singen. Während die edle Melodie sich entfaltete, sahen die übrigen Kandidaten einander betrübt an, denn sie hatten das Gefühl, daß sie im Vergleich zu mir, der ich doch kein Pischek und kein Lablache war, nicht einmal wie Kuhhirten, sondern wie Kälber gesungen hatten. Und ich sah in der Tat an einer kleinen Bewegung unseres dicken Regisseurs Saint-Léger, daß sie, wie man am Theater sagt, vor mir ›bis in die dritte Versenkung verschwinden‹ mußten. Tags darauf erhielt ich meine Ernennung. Ich hatte den Weber, den Schmied, den Schauspieler und sogar den Vorsänger von Saint-Eustache besiegt. Mein Dienst begann sofort, und ich bekam ein monatliches Gehalt von fünfzig Francs. So war ich nun, bis aus mir ein verdammter dramatischer Komponist werden konnte, Chorist in einem Theater zweiten Ranges, ehrlos und bis in die Knochen von der Kirche verflucht. Ich muß die

Erfolge bewundern, die meine Eltern mit ihren Versuchen, mich dem Abgrund zu entreißen, erzielt hatten.

Ein Glück kommt nie allein. Kaum hatte ich diesen großen Sieg errungen, als mir vom Himmel zwei neue Schüler zufielen und ich mit meinem Landsmann Antoine Charbonnel, einem Studenten der Pharmazie, zusammentraf. Er wollte sich im Quartier Latin niederlassen, um Vorlesungen über Chemie zu besuchen und sich wie ich einer heroischen Sparsamkeit unterziehen. Kaum hatten wir einander unser Vermögen vorgezählt, als wir beide, Walters Worte aus dem »Leben eines Spielers« parodierend(8), fast gleichzeitig ausriefen: »Du hast kein Geld! Nun, mein Lieber, da müssen wir uns zusammentun!« Wir mieteten zwei kleine Zimmer in der Rue de la Harpe. Antoine, der gewohnt war, mit Öfen und Retorten umzugehen, erhob sich zum Küchenchef und machte aus mir einen einfachen Küchenjungen. Jeden Morgen gingen wir auf den Markt, um unseren Vorrat einzukaufen, den ich, zu meines Kameraden großer Bestürzung, tapfer unter dem Arm nach Hause trug, ohne mir Mühe zu geben, ihn vor den Vorübergehenden zu verbergen. Wir hatten deshalb sogar einmal einen richtigen Streit. O, dieses pharmazeutische Selbstbewußtsein!

Wir lebten also wie Prinzen ... im Exil, jeder mit dreißig Francs monatlich. Seit meiner Ankunft in Paris hatte ich nie eine solche Wohlhabenheit genossen. Ich gestattete mir mehrere kostspielige Wünsche; ich kaufte ein Klavier* ... und was für ein Klavier! Ich schmückte mein Zimmer mit sauber eingerahmten Bildnissen der Musikheroen und leistete mir Moores Dichtung »Die Liebe der Engel«. Antoine, geschickt wie ein Affe (ein schlechter Vergleich, denn Affen können nur zerstören), verfertigte seinerseits in freien Augenblicken eine Menge nützlicher und angenehmer Dinge. Aus Scheiten unseres Holzes schnitzte er uns zwei Paar richtige Überschuhe; um etwas Abwechslung in das Einerlei unserer Alltagskost zu bringen, verfertigte er sogar ein Netz und Lockvögel, mit welchen er im Frühling in der Ebene von Montrouge Wachteln fangen ging. Bemerkenswert ist, daß trotz meiner allabendlichen Abwesenheit (das Théâtre des Nouveautés spielte jeden Tag), Antoine während der ganzen Zeit unseres Zusammenlebens nie etwas von meiner armseligen Tätigkeit »auf den Brettern« erfuhr. Es schmeichelte mir wenig, ein einfacher Chorist zu sein, und

---

* Es kostete mich hundertzehn Francs. Ich habe schon gesagt, daß ich nicht Klavier spiele; trotzdem habe ich gern eins zur Hand, um ab und zu einen Akkord darauf anzuschlagen. Übrigens gefalle ich mir in der Gesellschaft von Musikinstrumenten und hätte, wenn ich reich genug wäre, bei der Arbeit stets einen großen Flügel, zwei oder drei Erardsche Harfen, Trompeten von Sax und eine Sammlung von Kontrabässen sowie Violinen von Stradivari in meiner Nähe.

ich mochte ihn nicht von meiner bescheidenen Stellung in Kenntnis setzen. Wenn ich ins Theater ging, meinte er, ich gäbe in einem entfernten Stadtviertel von Paris Unterricht. Mein Stolz war dem seinigen ebenbürtig. Ich hätte darunter gelitten, wenn mein Kamerad gesehen hätte, auf welche Weise ich mein Brot ehrlich verdiente, und er war so entrüstet, daß er tief errötend sich von mir trennte, wenn ich an seiner Seite das Brot, das ich ehrlich verdient hatte, sichtbar durch die Straßen trug. Um aber gerecht gegen mich zu sein, muß ich sagen, daß mein Schweigen keine solch blöde Eitelkeit zur Ursache hatte. Trotz der Strenge meiner Eltern und ihrer vollständigen Vernachlässigung meiner Person hätte ich ihnen um alles in der Welt nicht den (ihrer Gesinnung zufolge grenzenlosen) Schmerz antun wollen, einen Entschluß zu erfahren, von welchem sie jedenfalls nichts zu wissen brauchten; ich fürchtete deshalb, daß eine leiseste Anspielung meinerseits ihnen alles entdecken würde, und schwieg. Ebenso wie Antoine Charbonnel hörten sie von meiner Bühnenkarriere erst sieben oder acht Jahre nach deren Ende, als sie in verschiedenen Zeitungen biographische Berichte über mich lasen.

XIII.

Erste Orchesterkompositionen – Meine Studien im Opernhaus – Meine Lehrer Lesueur und Reicha

Zu dieser Zeit komponierte ich mein erstes umfangreiches Orchesterwerk: die Ouvertüre zu »Les Francs-Juges«. Bald darauf folgte die zu »Waverley«. Ich war damals mit dem Mechanismus gewisser Instrumente so wenig vertraut, daß ich befürchtete, die Ausführung des Posaunensolos in Des-dur, das in der erstgenannten Ouvertüre vorkommt, könnte ungeheure Schwierigkeiten bieten.

Hierüber sehr beunruhigt, ging ich zu einem der Posaunenbläser von der Oper und zeigte ihm die Stelle. Er sah sie sich an und beruhigte mich vollkommen. »Des-dur«, sagte er, »ist im Gegenteil für unser Instrument eine der günstigsten Tonarten, und Sie können sich von dieser Stelle eine große Wirkung versprechen.«

Diese Versicherung bereitete mir eine solche Freude, daß ich ganz zerstreut und ohne auf meinen Weg zu achten nach Hause ging und mir dabei den Fuß verstauchte. Jetzt noch, so oft ich jenes Stück höre, tut mir der Fuß weh, anderen Leuten vielleicht der Kopf.

Meine beiden Lehrer brachten mir in der Instrumentierung nichts bei. Lesueur hatte von dieser Kunst nur einen recht beschränkten Begriff.

Reicha kannte wohl die Eigenart der meisten Blasinstrumente, aber ich bezweifle, daß er über ihre Verteilungsmöglichkeiten in größeren oder kleineren Gruppen sehr fortschrittliche Gedanken gehabt hat. Im übrigen hatte er sich ausschließlich mit Fuge und Kontrapunkt zu befassen, und Instrumentationskunde, ein Fach, das bis heute im Unterrichtsplan des Konservatoriums fehlt, durfte da nicht vorkommen. Bevor ich beim Théâtre des Nouveautés mitzuwirken begann, war ich fast jeden Abend in der Oper, da ich Eintrittskarten durch einen Freund des Ballettmeisters Gardel erhielt; ich pflegte die Partitur des jeweils angekündigten Werkes bei mir zu haben und las während der Aufführung mit. So machte ich mich allmählich mit der Orchesterpraxis vertraut und lernte von den meisten Instrumenten wenn auch nicht den Umfang und den Mechanismus, so doch den Ton und die Klangfarbe kennen. Durch dieses aufmerksame Vergleichen der erzielten Wirkung mit den zu ihrer Hervorbringung angewandten Mitteln wurde mir sogar die versteckte Beziehung klar, die zwischen dem musikalischen Ausdruck und der eigentlichen Kunst der Instrumentation besteht; niemand aber hatte mich auf den richtigen Weg gewiesen. Das Studium der von den drei modernen Meistern Beethoven, Weber und Spontini angewandten Mittel, die unparteiische Prüfung der gewohnheitsmäßigen Instrumentierung sowie der ungebräuchlichen Formen und Kombinationen, ferner mein Umgang mit den ausübenden Künstlern, die Versuche, die ich sie auf ihren verschiedenen Instrumenten machen ließ, und ein wenig Instinkt haben bei mir das übrige getan.

Reicha erklärte den Kontrapunkt mit bemerkenswerter Klarheit: in kurzer Zeit und mit wenigen Worten hat er mich vieles gelehrt. Anders als die meisten Lehrer tendierte er dazu, seinen Schülern die Regeln, deren Befolgung er ihnen empfahl, auch wirklich zu begründen.

Er neigte wenig zum Empirisch-Experimentellen, hielt aber wiederum nicht starr an Doktrinen fest; er glaubte durchaus an einen Fortschritt auf gewissen Gebieten der Kunst, und sein Respekt vor den Vätern der Harmonik artete nicht in Götzenanbetung aus: daher auch sein ständiger Zwist mit Cherubini, der ja seinen Autoritätswahn so weit trieb, daß er auf eigenes Urteil keinen Anspruch mehr erhob und z. B. in seiner »Lehre vom Kontrapunkt« sagte: »Meiner Ansicht nach ist diese harmonische Verbindung der anderen vorzuziehen; aber die alten Meister waren entgegengesetzter Meinung, und ihr muß man sich fügen.«

Reicha wiederum unterwarf sich als Komponist jenem Traditionsfetischismus, den er doch verachtete. Ich bat ihn einmal, mir aufrichtig zu sagen, was er über die auf das Wort ›Amen‹ oder ›Kyrie eleison‹ gesungenen Fugen denke, mit denen die größten Komponisten aller Schulen ihre feierlichen Messen verunstaltet haben. »O!« rief er aus, »das ist eine Barbarei!« – »Wenn dem so ist, warum schreiben Sie denn welche?« – »Nun ja, alle Welt tut es.« . . . Oh Elend(9) . . .

Lesueur war in dieser Beziehung konsequenter. Jene grausigen Vokalfugen, die dem Gejohle von Betrunkenen so ähnlich sind, daß sie nur als eine gottlose Parodie des heiligen Textes und Stiles erscheinen, fand auch er barbarischer Völker und Zeiten würdig, aber er hütete sich, selbst solche zu schreiben, und die wenigen Fugen, die vereinzelt in seinen religiösen Werken zu finden sind, haben mit diesen grotesken Abscheulichkeiten nichts gemein. Eine seiner Fugen, die mit den Worten: ›Quis enarrabit coelorum gloriam‹ beginnt, ist sogar ein Meisterwerk an Würde des Stils, an harmonischem Empfinden und, was weit mehr bedeutet, auch ein Meisterwerk des Ausdrucks, dem hier gerade die Form der Fuge selbst dient. Wenn nach der Einführung des schönen, breiten, auf der Dominante beginnenden Themas die Antwort glanzvoll auf der Tonika einsetzt mit der Wiederholung der Worte: ›Quis enarrabit!‹ (Wer verkündet den Ruhm des Himmels?), so scheint es, als ob dieser Teil des Chores, von der Begeisterung des anderen mitgerissen, nun mit verdoppeltem Enthusiasmus losbreche, um die Wunder des Himmels zu besingen. Und dann – wie glücklich ist das Kolorit gewählt, welches diese ganze Harmonie der Stimmen durch den strahlenden Glanz des Orchesters erhält! Wie machtvoll bewegen sich die Bässe unter den Figuren der Violinen, die in den oberen Stimmen des Orchesters wie Sterne funkeln! Welch blendende Stretta auf dem Orgelpunkt! Ja, das ist eine Fuge, die, durch die Bedeutung des Textes berechtigt, ihres Gegenstandes würdig und großartig schön ist. Das ist das Werk eines Musikers, der sich in der Begeisterung auf eine selten erreichte Höhe emporgeschwungen hat, und eines Künstlers, der seine Kunst mit Überlegung ausübte. Von jenen Fugen, über die ich mit Reicha sprach und die in ein Bistro gehören, könnte ich eine große Anzahl anführen, unter welche weit bedeutendere Meister als Lesueur ihre Namen gesetzt haben; jene Meister aber, wie sie auch heißen mögen, haben, indem sie einfach einem Brauch folgten, ihre Intelligenz verleugnet und dem musikalischen Ausdruck in unverzeihlicher Weise Hohn gesprochen. Reicha war, bevor er nach Frankreich kam, in Bonn Beethovens Studienkamerad gewesen. Ich glaube nicht, daß sie zueinander viel Sympathie hegten.(10) Übrigens hielt Reicha seine mathematischen Kenntnisse für überaus hilfreich. »Diesem Studium«, sagte er, »verdanke ich die vollkommene Beherrschung meiner Gedanken; es hat meine Phantasie, die mich früher in toller Weise mit sich fortriß, gezügelt und abgekühlt, und indem es jene der Überlegung und dem Nachdenken unterwarf, hat es ihre Kräfte verdoppelt.« Ich weiß nicht, ob dieser Gedanke Reichas so richtig war, wie er glaubte, und ob das Studium der exakten Wissenschaften seinen musikalischen Fähigkeiten sehr förderlich gewesen ist. Vielleicht war es ein Resultat jenes Studiums, daß er Geschmack fand an abstrakten Kombinationen und geistreichen Spielereien in der Musik und daß es ihm ein wahres Entzücken bereitete, gewisse schwierige Aufgaben zu lösen, durch welche die Kunst nur von der richtigen Bahn abgelenkt wird und das Ziel, nach dem sie beständig streben sollte, aus den Augen verliert; vielleicht war im Gegenteil diese Liebe zur Berechnung dem Erfolg und dem Wert seiner Werke besonders schädlich, da sie infolgedessen an melodischem oder harmonischem Ausdruck, an rein musikalischer Wirkung einbüßten, was sie an mühsamen Verbindungen, an überwundenen Schwierigkeiten, an eigentümlicher, mehr für das Auge als für das Ohr berechneter Arbeit gewannen. Im übrigen schien Reicha für Lob wie für Tadel gleich unempfindlich zu sein; es war, als ob er nur auf die Erfolge der jungen Künstler Wert lege, deren Ausbildung am Konservatorium ihm anvertraut war, und er erteilte seine Stunden mit der denkbar größten Aufmerksamkeit und Sorgfalt. Allmählich erwies er mir Zuneigung; anfangs aber bemerkte ich, daß ich ihn durch mein beständiges Fragen nach den Gründen aller Regeln belästigte – Gründe, welche er mir in gewissen Fällen nicht angeben konnte, da sie ... eben nicht vorhanden sind. Seine Quintette für Blasinstrumente erfreuten sich mehrere Jahre hindurch in Paris einer gewissen Beliebtheit. Es sind interessante, aber etwas kühle Kompositionen. Dagegen erinnere ich mich an ein prächtiges Duett, voller Schwung und Leidenschaft, in seiner Oper »Sappho«, die einige Aufführungen erlebte.

XIV.

Wettbewerb im Institut – Man erklärt meine Kantate für unaufführbar – Meine Verehrung für Gluck und Spontini – Rossinis Ankunft – Die Dilettanten – Meine Wut – Ingres

Als der Zeitpunkt der Wettbewerbe im Institut wieder gekommen war, meldete ich mich abermals. Diesmal wurde ich zugelassen. Wir mußten eine lyrische Szene für großes Orchester komponieren; der Stoff: ›Orpheus, von den Bacchantinnen zerrissen‹. Ich glaube, daß mein Stück nicht völlig wertlos war; da aber der mittelmäßige Pianist, der meine

Partitur begleiten oder vielmehr auf seinem Instrument das Orchester wiedergeben sollte (man wird bald aus dem folgenden ersehen, welcher Art die geradezu unglaubliche Organisation jener Wettbewerbe war), mit dem Bacchanal nicht zu Rande kam, schloß mich die Jury, die aus Cherubini, Paer, Lesueur, Berton, Boieldieu und Catel bestand, aus, indem sie mein Werk für ›unaufführbar‹ erklärte. Nachdem ich schon eine gewisse Ahnung vom ›Meister‹-Egoismus bekommen hatte, der die jungen Künstler fürchtet und ablehnt, sollte ich nun noch die alberne Vorschriftentyrannis kennenlernen, die sie erwürgt. Kreutzer hatte mir einen möglichen Erfolg vereitelt, dessen Vorteile damals für mich beträchtlich gewesen wären. Die Akademiker, indem sie eine lächerliche Vorschrift buchstabengetreu auf mich anwandten, nahmen mir die Aussicht auf eine wenn nicht glänzende, so doch ermutigende Auszeichnung und überließen mich den schlimmsten Folgen der Verzweiflung und zurückgehaltener Wut.

Das Théâtre des Nouveautés hatte mir zur Arbeit für die Ausschreibung einen vierzehntägigen Urlaub gewährt; sobald er vorbei war, mußte ich meine Ketten wieder aufnehmen. Doch ich wurde fast sogleich darauf ernstlich krank; ein Kruppanfall kostete mich beinahe das Leben. Antoine flatterte mit Grisetten herum; er ließ mich ganze Tage und einen Teil der Nacht allein; ich hatte weder Diener noch Krankenwärter, die mir hätten helfen können. Ich wäre vermutlich eines Abends gestorben, wenn ich nicht in einem äußersten Anfall von Schmerzen das Geschwür, das mir in der Kehle saß und mich zu erstikken drohte, mit einem kühnen Messerstich geöffnet hätte. Mit dieser nicht sonderlich wissenschaftlichen Operation begann meine Besserung. Ich war beinahe wiederhergestellt, als mein Vater, durch soviel Ausdauer besiegt und ohne Zweifel in Sorge über meinen Lebensunterhalt, dessen Quellen er nicht kannte, mir mein Studiengeld wieder zukommen ließ. Dank dieser unerhofften Wiederkehr väterlicher Güte konnte ich meine Choristenstelle aufgeben. Dies war kein geringes Glück; denn abgesehen von der physischen Müdigkeit, welche dieser tägliche Dienst mir aufbürdete, hätte die Banalität der Musik, die ich in diesen possenähnlichen kleinen Opern und in diesen die Oper nachäffenden großen Possen über mich ergehen lassen mußte, mich schließlich mit Cholera oder mit zunehmender Verblödung geschlagen. Nur ein wirklicher Musiker und einer, der unsere französischen Pseudo-Operninstitutionen kennt, wird verstehen, was ich gelitten habe.

Jetzt konnte ich endlich meine Besuche in der Grand-Opéra wieder aufnehmen, die ich den Erfordernissen meines traurigen Handwerks am Théâtre des Nouveautés hatte opfern müssen. Ich gab mich damals ganz dem Studium und dem Kult der großen dramatischen Musik hin. Da ich bislang ernsthafte Konzerte nur im Opernhaus gehört hatte und die schmalbrüstigen Aufführungen nicht dazu angetan waren, Begeisterung zu erwecken, hatten sich meine Gedanken noch nicht der Instrumentalmusik zugewandt. Haydns und Mozarts Symphonien, zum großen Teil Kompositionen intimen Charakters, wurden hier von einem zu schwachen Orchester auf einer zu großen und für die Klangwirkung schlecht angelegten Bühne aufgeführt und machten daher nicht mehr Eindruck, als ob man sie in der Ebene von Grenelle gespielt hätte. Alles schien verwirrt, kleinlich, eisig. Was die Beethoven-Symphonien anbelangt, kannte ich zwei von ihnen durch das Partitur-Studium und einen Andantesatz(11) vom Hören: wohl erschien mir der Komponist von weitem wie eine Sonne, aber völlig von Wolken verschleiert. Webers großartige Werke wurden noch nicht gespielt: wir kannten nicht einmal seinen Namen. Rossini aber und der Fanatismus, welcher seit kurzer Zeit in der vornehmen Pariser Welt für ihn herrschte, erzürnten mich um so heftiger, als diese neue Schule den völligen Gegensatz zu derjenigen Glucks und Spontinis darstellte. Da ich nichts kannte, was sich an großartiger Schönheit und Wahrheit mit den Werken jener großen Meister messen konnte, brachten mich Rossinis melodischer Zynismus, seine Verachtung des dramatischen Ausdrucks und der dramatischen Forderungen, seine beständig wiederkehrende Kadenzform, sein ständiges kindisches Crescendo und seine brutale große Trommel in eine solche Wut, daß ich sogar in seinem überdies so fein* instrumentierten Meisterwerk »Barbier von Sevilla« die glänzenden Eigenschaften seiner Begabung nicht zu erkennen vermochte. Ich habe mich oft gefragt, wie ich es anstellen müßte, um das Théâtre Italien zu unterminieren und es mit seiner gesamten Rossinianer-Bevölkerung in die Luft zu sprengen. Und wenn ich einem dieser *dilettanti* begegnete, sah ich ihn mit einem Shylockblick an und murmelte: »Lump! Dich möcht ich mit einem glühenden Eisen aufspießen.« Ich muß offen gestehen, daß ich, bis auf die Mordanschläge, heute noch dieselben schlimmen Gefühle, dieselbe sonderbare Ansicht hege. Ich würde gewiß keinen Menschen mit einem glühenden Eisen aufspießen, auch würde ich das Théâtre Italien nicht in die Luft sprengen, selbst wenn die Mine bereit läge und ich sie nur anzuzünden brauchte; aber ich stimme mit Herz und Seele unserem großen Maler Ingres** bei, wenn ich ihn von

* ohne große Trommel.

** Diese Ähnlichkeit zwischen meinen Ansichten und derjenigen Ingres' über mehrere große Opern Rossinis ist nicht die einzige, deren ich mich rühmen darf. Sie hindert jedoch den berühmten Schöpfer von ›Tod des heiligen Symphorianus‹ nicht daran, mich für einen abscheulichen Musiker, ein Ungeheuer, einen Räuber, einen gewissen Werken Rossinis sagen höre: »Das ist die Musik eines unredlichen Menschen!«

XV.

Meine Abende – Mein Bekehrungseifer – Begeisterte Szene – Empfindsamkeit eines Mathematikers

Die meisten Opernabende waren für mich festliche Ereignisse, auf die ich mich durch das Studium und Überdenken der angesetzten Werke vorbereitete. Die fanatische Bewunderung, die wir, einige Stammgäste des Parketts und ich, für unsere Lieblingskomponisten an den Tag legten, kam nur unserem Haß gegen die übrigen gleich. Der Zeus unseres Olymps war Gluck, und selbst die überhitztesten Gemüter von heute werden sich kaum die Intensität vorstellen können, mit der wir unserem Idol huldigten. Wenn aber einige meiner Freunde als treue Anhänger jener musikalischen Religion gelten konnten, so darf ich mich ohne Eitelkeit als ihren Oberpriester bezeichnen. Wenn ich sah, daß ihr Eifer nachließ, entfachte ich ihn wieder durch Predigten, die eines St.-Simonisten würdig gewesen wären; ich brachte sie in die Oper, mochten sie wollen oder nicht; oft schenkte ich ihnen Billetts, die ich von einem Angestellten bekommen zu haben vorgab, in Wahrheit aber an der Kasse mit meinem eigenen Geld bezahlt hatte. Sobald ich durch diese List meine Leute in die Vorstellung von Glucks Meisterwerk gelockt hatte, wies ich ihnen auf einer Bank im Parkett ihre Sitze an und empfahl ihnen sehr, keine anderen einzunehmen, da man nicht von allen Plätzen gleich gut hörte und es keinen gab, dessen Vor- oder Nachteile ich nicht studiert gehabt hätte. Hier war man den Hörnern zu nah, dort hörte man sie nicht; auf der rechten Seite waren die Posaunen zu laut; links wurden ihre Töne von den Parterrelogen zurückgeworfen und klangen unangenehm; unten saß man zu nah beim Orchester, das die Stimmen verdeckte; oben war man von der Bühne zu weit entfernt, um die Worte oder das Mienenspiel der Sänger zu unterscheiden; die Instrumentierung jenes Werkes mußte von diesem Ort gehört werden, die Chöre eines anderen von jenem; in diesem Aufzug stellte die Szenerie einen heiligen Hain dar, der Bühnenraum war sehr

---

Antichristen zu halten. Aber ich verzeihe ihm aufrichtig um seiner Bewunderung für Gluck willen. Die Begeisterung wäre demnach das Gegenteil der Liebe; durch jene würden wir die Leute lieben, welche lieben, was wir lieben, selbst wenn diese Leute uns haßten.

weit, und der Klang verlor sich in alle Teile des Theaters: man mußte sich also nähern; ein anderer Aufzug dagegen spielte im Innern eines Palastes; die Dekoration bildete einen, wie es im Bühnenjargon heißt, salon fermé, und da die Stimmen durch den scheinbar irrelevanten Wechsel doppelt stark klangen, mußte man im Parkett etwas weiter zurückgehen, damit die Orchester- und Gesangsstimmen, in einer größeren Entfernung gehört, inniger verbunden und zu einem harmonischen Ganzen verschmolzen erschienen.

Nachdem ich diese Verhaltungsmaßregeln erteilt hatte, fragte ich meine Neubekehrten, ob sie das Werk, welches sie hören sollten, auch kannten. Hatten sie den Text nicht gelesen, zog ich ein Textbuch aus der Tasche und benutzte die Zeit vor Aufgang des Vorhangs, um sie es lesen zu lassen und bei den Hauptstellen alle Bemerkungen hinzuzufügen, welche mir geeignet schienen, ihnen die Gedanken des Komponisten leichter verständlich zu machen. Denn wir kamen immer sehr früh, um die Plätze aussuchen zu können, die ersten Noten der Ouvertüre ja nicht zu versäumen und uns des eigentümlichen Reizes zu erfreuen, der in der Erwartung eines uns sicher bevorstehenden großen Genusses liegt. Auch fanden wir großes Vergnügen daran, zu sehen, wie der anfangs leere und einem saitenlosen Klavier vergleichbare Orchesterraum sich nach und nach mit Musikern und Noten füllte. Der Orchesterdiener kam zuerst herein, um die verschiedenen Stimmen auf die Pulte zu legen. Dieser Augenblick war für uns nicht frei von Angst; seit unserem Eintritt konnte irgendein Unfall vorgekommen sein; man konnte das Programm geändert und statt Glucks großartigem Werk irgendein Stück vom Schlage des ›Rossignol‹, der ›Prétendus‹, der ›Caravane du Caire‹, des ›Panurge‹, des ›Devin du village‹ oder der ›Lasthénie‹[12] angesetzt haben. Dies waren alles mehr oder weniger farblose und dürftige, platte und verlogene Machwerke, für die wir unterschiedslos eine souveräne Verachtung an den Tag legten. Auf den Noten der Kontrabässe, die dem Parkett am nächsten aufgestellt waren, erblickten wir alsbald in großen Buchstaben den Namen des Stückes, zu unserer Beruhigung oder zur Bestätigung unserer Befürchtungen. In letzterem Falle stürzten wir aus dem Saal, fluchten wie marodierende Landsknechte, die in vermeintlichen Schnapsfässern nur Wasser finden, schworen ewige Verdammnis dem Komponisten, dem Stück, dem Direktor, der solches dem Publikum zumutete, und der Regierung, die derlei zuließ.

Der arme Rousseau, der seine Partitur vom »Wahrsager auf dem Dorfe« für ebenso bedeutend hielt wie die Meisterwerke der Rhetorik, die seinen Namen unsterblich gemacht haben, er, der der festen

Überzeugung war, daß er mit den kleinen Liedern, den kleinen Gassenhauern, den kleinen Ringelweisen, den kleinen Soli, den kleinen Schäferspielchen, den kleinen Scherzen aller Art, aus welchen sein kleines Intermezzo besteht, den ganzen Rameau, ja sogar das ›Terzett der Parzen‹* tot gemacht habe, er, den man so sehr gequält hat, er, den die Partei der Holbachianer um sein musikalisches Werk so sehr beneidet hat, den man beschuldigte, es gar nicht selber komponiert zu haben, er, den man in ganz Frankreich sang, von Monsieur Jeliotte und Madame Fel(13) bis Ludwig XV., der unermüdlich und so falsch singend wie keiner in seinem Reich wiederholte: ›Hab verloren meinen Diener‹ – er schließlich, dessen Werk bei seinem Erscheinen Erfolge aller Art erlebte: armer Rousseau! Was hätte er über unsere Schmähungen gesagt, wenn er sie hätte hören können? Und konnte er ahnen, daß seine liebe, einst so stürmisch beklatschte Oper durch eine riesige, weißgepuderte Perücke, die ein frecher Spötter aus dem Publikum der Hauptdarstellerin vor die Füße warf, auf immer in Ungnade fallen würde? Ich war zufällig bei dieser letzten Vorstellung fröhlichen Gedenkens anwesend – danach verschwand der ›Wahrsager‹ aus dem Spielplan – und deshalb vermuteten manche, ich sei der Regisseur der Perückengeschichte gewesen; aber ich beteure meine Unschuld. Ich erinnere mich sogar, daß mich dieser Zwischenfall zwar belustigt, aber auch empört hat, so daß ich eher daran zweifle, einer solchen Tat fähig zu sein.(14) Sollte man aber glauben, daß Gluck, ja Gluck selbst mit dem armseligen ›Wahrsager‹ seinen Spott noch weiter getrieben und es gewagt hat, in dem ernsthaftesten Brief der Welt an die Königin Marie Antoinette schreiben und drucken zu lassen, »das in musikalischer Hinsicht wenig begünstigte Frankreich weise immerhin einige beachtenswerte Werke auf, unter denen man Rousseaus ›Wahrsager‹ nennen müsse«? Wer hätte je gedacht, daß Gluck so ironisch sein könnte? Dieses eine Stückchen eines Deutschen genügt, um den Italienern die Palme witziger Bosheit streitig zu machen.

Ich nehme den Faden meiner Erzählung wieder auf. Wenn die Überschrift der Orchesterstimmen uns zeigte, daß an der Vorstellung nichts geändert worden war, setzte ich meine Predigt fort, sang die besonders hervortretenden Stellen, erklärte die Art der Instrumentation, welche die Hauptwirkungen hervorbrachte und erreichte, daß die Mitglieder unseres kleinen Klubs sich auf mein bloßes Wort hin im Voraus begeisterten. Diese Agitation setzte unsere Nachbarn im Parkett in großes Erstaunen; meistens waren es gute Provinzler, die, wenn

* Ein seinerzeit recht populäres, sehr originelles Stück aus Rameaus Oper »Hippolyte et Aricie.«

sie mich über die Wunder des aufzuführenden Werkes drauflosschwatzen hörten, sich auf sinnverwirrende Aufregungen gefaßt machten und dann eigentlich mehr Langeweile als Vergnügen empfanden. Nachher verfehlte ich nie, jeden der Musiker bei seinem Eintritt in den Orchesterraum mit Namen zu nennen und einige Bemerkungen über seine Gewohnheiten und sein Talent hinzuzufügen:

»Da kommt Baillot! Der ist nicht wie andere Sologeiger; er spart sich nicht ausschließlich für das Ballett; er findet es nicht unter seiner Würde, eine Oper von Gluck zu begleiten. Ihr werdet nachher eine Kantilene hören, die er auf der G-Saite spielt; man hört ihn durch das ganze Orchester.«

»O dort, der Rote, Dicke! Das ist der Vater Chénié, der erste Kontrabassist; ein kräftiger Kerl, trotz seiner Jahre; er allein taugt soviel wie vier Kontrabässe zusammen; man kann sicher sein, daß er seine Stimme so spielt, wie der Komponist sie geschrieben hat; er gehört nicht zur Schule der Simplifikateure.«

»Der Kapellmeister sollte auf Guillon, den ersten Flötisten, der eben hereinkommt, etwas aufpassen; der nimmt sich bei Gluck sonderbare Freiheiten heraus. Im Priestermarsch aus »Alceste« z. B. hat der Komponist Flöten in der tiefen Lage eingesetzt, weil er eine besondere Wirkung koloristischer Art eben mit dem unteren Register des Instruments erzielen wollte. Guillon paßt das nicht; er will dominieren; man muß ihn hören; also transponiert er die Passage eine Oktave höher, macht die Absicht des Komponisten zunichte und degradiert eine künstlerische Idee zu einer kindischen Banalität.«

Die drei Klopfzeichen, die den Beginn der Vorstellung ankündigten, überraschten uns mitten in der strengen Prüfung der Hauptmitglieder des Orchesters. Wir schwiegen sofort und erwarteten mit dumpfem Herzklopfen das Zeichen von Kreutzers oder Valentinos Taktstock. Sobald die Ouvertüre einmal begonnen hatte, durfte sich ja keiner unserer Nachbarn unterstehen, zu sprechen, zu summen oder den Takt zu schlagen; wir gebrauchten für solche Fälle die bekannten Worte eines Opernbesuchers: »Gott strafe diese Musiker, die mich daran hindern, Ihrer Unterhaltung zu folgen, mein Herr!«

Da ich die Paritur genau kannte, war es auch nicht ratsam, etwas daran zu ändern. Ich hätte mich eher töten lassen, als daß ich ohne Einspruch die geringste Freiheit, welche man sich gegen den großen Meister herausnahm, akzeptiert hätte. Ich wartete nicht, bis ich gegen diese Versündigung an dem Genie in ruhiger Weise schriftlich protestieren konnte; o nein! Vor dem Publikum und mit vernehmlicher Stimme fuhr ich die Schuldigen an. Und ich kann versichern, daß keine andere

Kritik so wirksam ist wie diese. So z. B. eines Abends bei einer Vorstellung von »Iphigenie auf Tauris«. Ich hatte bei der vorhergehenden Aufführung bemerkt, daß man in dem ersten Skythentanz in h-moll, der nur für Streicher gesetzt ist, Becken hinzugefügt hatte und daß in dem großen Rezitativ des Orest, im dritten Aufzug, die Posaunenstellen, welche durch die Handlung so wunderbar motiviert und in der Partitur vorgeschrieben sind, weggeblieben waren. Ich hatte mir vorgenommen, jene Fehler, falls sie wieder gemacht würden, anzuprangern. Als nun das ›Skythen-Ballett‹ an die Reihe kam, hörte ich wiederum Beckenschläge. Kochend vor Wut hielt ich jedoch an mich bis zum Schluß des Stückes, dann aber nutzte ich sofort die kleine Pause aus, welche es von der nächsten Nummer trennte, und rief, so laut ich nur konnte: »Es sind keine Becken vorgeschrieben! Wer erlaubt sich denn, Gluck zu verbessern?«*

Man kann sich den Aufruhr vorstellen! Das Publikum, das in all diesen Kunstfragen nicht sehr klar sieht und dem es ziemlich gleichgültig war, ob man die Instrumentierung des Komponisten änderte oder nicht, konnte die Wut eines jungen Narren im Parkett nicht verstehen. Aber es kam noch viel schlimmer, als im dritten Aufzug bei Orests Monolog die Posaunen, wie ich fürchtete, wieder ausblieben, und die gleiche Stimme folgende Worte hören ließ: »Die Posaunen sind nicht gekommen, es ist unausstehlich!«

Das Erstaunen des Orchesters und des Publikums kann nur mit dem (wie ich zugeben muß, sehr begreiflichen) Zorn Valentinos verglichen werden, der an jenem Abend dirigierte. Ich habe später erfahren, daß die Posaunen nur einem ausdrücklichen Befehl**, diese Stelle nicht zu spielen, gehorcht hatten; denn die Stimmen waren vollkommen treu nach der Partitur ausgeschrieben.

Ich weiß nicht, wem es eingefallen war, die Becken, welche Gluck im ersten Chor der Skythen so glücklich verwendet hat, in gleicher Weise auch in die Tanzmelodie einzuführen, deren Kolorit dadurch zu entstellen und die schauerliche Ruhe dieses eigentümlichen Balletts zu stören. Aber ich weiß wohl, daß bei der nächsten Aufführung alles wieder in Ordnung war; die Becken schwiegen, die Posaunen spielten, und ich murmelte nur zwischen den Zähnen: »Ah! das ist ihr Glück!«

Kurze Zeit darauf fand de Pons, der zum mindesten ebenso enragiert war wie ich, daß es ungehörig sei, uns im ersten Aufzug des »Ödi-

---

* Nur in dem Chor der Skythen: ›Besänftigt ist der Götter Wut‹, sind Becken verwandt. Das betreffende Ballet hat einen ganz anderen Charakter und ist daher anders instrumentiert.

** Umso schlimmer für denjenigen, der den Befehl erteilt hatte.

pus auf Colonos« andere Tanzweisen als die Sacchinis vorzusetzen, und forderte mich auf, über die endlosen Horn- und Cellosoli, die man an ihre Stelle gesetzt hatte, ein Strafgericht zu verhängen. Konnte ich eine so lobenswerte Absicht ohne Unterstützung lassen? Das bei »Iphigenie« angewandte Mittel hatte auch bei »Oedipus« guten Erfolg, und nach einigen Bemerkungen, die wir beide ganz allein vom Parkett aus riefen, verschwanden die neuen Tanzweisen auf immer.

Ein einziges Mal gelang es uns, das Publikum mitzureißen. Man hatte angekündigt, daß das Violinsolo im Ballett »Nina« von Baillot gespielt werden sollte; da der Künstler durch Unpäßlichkeit verhindert war, hielt es die Theaterleitung für ausreichend, auf den Programmzettel an der Tür des Opernhauses, den niemand ansieht, einen winzigen Papierstreifen aufzukleben. Die große Majorität des Publikums erwartete also, den berühmten Violinisten zu hören.

Im Augenblick jedoch, da Nina in den Armen ihres Vaters und ihres Geliebten wieder zu sich kommt, vermochte uns das Spiel der Bigottini, so ergreifend es auch war, nicht über das Fehlen Baillots hinwegzutäuschen. Das Stück nahte seinem Ende. »Nun! nun! Und das Violinsolo?« sagte ich laut genug, um gehört zu werden. – »Es ist wahr,« sagte einer im Publikum, »man scheint es auslassen zu wollen.« – »Baillot! Baillot! Das Violinsolo!« in diesem Augenblick fängt das Parkett Feuer, und – so etwas hatte man im Opernhaus noch nie erlebt – der ganze Saal verlangt mit großem Geschrei nach dem versprochenen Solo. Inmitten dieses Getöses fällt der Vorhang. Der Lärm nimmt zu. Bei dem Anblick der im Parkett herrschenden Wut verlassen die Musiker eiligst ihre Plätze. Nun springt alles wie toll in den Orchesterraum, die Stühle der Künstler fliegen rechts und links; man wirft die Pulte um; man tritt in die Pauken. Vergebens rief ich: »Meine Herren, meine Herren, was machen Sie denn! Sie zerbrechen die Instrumente! . . . Welche Barbarei! Sehen Sie denn nicht, daß dies Vater Chéniés Kontrabaß ist, ein wunderbares Instrument mit einem Mordston!« Man hörte mich nicht mehr, und die Rebellen zogen sich erst zurück, nachdem sie das ganze Orchester auf den Kopf gestellt und ich weiß nicht wieviele Instrumente und Bänke zerschlagen hatten.

Dies war die böse Seite der *aktiven* Kritik, die wir im Opernhaus so despotisch ausübten; die schöne Seite war unsere Begeisterung, wenn alles gut ging.

Da mußte man sehen, mit welcher Raserei wir Stellen beklatschten, welche niemand im Saal bemerkt hatte, z. B. einen schön geführten Baß, eine glückliche Modulation, die ergreifende Wiedergabe eines Rezitativs, eine ausdrucksvolle Note der Oboe usw. Das Publikum meinte, wir wollten als überzählige Claqueure angestellt werden, während der Anführer der gewöhnlichen Claque, der das Gegenteil wußte und dessen sinnreiche Kombinationen durch unser unzeitiges Klatschen gestört wurden, uns von Zeit zu Zeit einen Blick zuwarf, ähnlich jenem, mit dem Neptun sein ›Quos ego‹ sprach. Und wenn Madame Branchu ihre großen Momente hatte! Das war ein Zurufen, ein Trampeln, wie man es heute nicht mehr kennt, selbst nicht im Konservatorium, dem einzigen Ort Frankreichs, wo sich noch manchmal wahrhafte musikalische Begeisterung kundtut.

Die eigentümlichste Szene dieser Art, deren ich mich entsinne, ist folgende. Man gab »Oedipus«. Obwohl Sacchini in unserer Achtung weit unter Gluck stand, hatte er doch in uns aufrichtige Bewunderer. An jenem Abend hatte ich einen meiner Freunde* ins Opernhaus mitgeschleppt, einen Studenten, dem jede andere Kunst außer der des Karambolierens fremd war, den ich aber mit Gewalt zur Musik bekehren wollte. Die Leiden Antigones und ihres Vaters konnten ihn nur wenig rühren. Deshalb gab ich es nach dem ersten Akt schon auf, etwas aus ihm zu machen, und rückte, um mich nicht durch seine kalte Gleichgültigkeit stören zu lassen, eine Reihe vor. Doch so sehr ich mich auch in die Musik vertiefte – es entging mir nicht, daß jetzt offenbar zu seiner Rechten ein Mann saß, der mit jener Leidenschaftlichkeit an den Vorgängen Anteil nahm, die meinem Studenten fehlte, und ich konnte auch unmöglich die Unterhaltung überhören, die sich zwischen meinem gerade mit dem Schälen einer Apfelsine beschäftigten jungen Mann und seinem unbekannten, auf das tiefste ergriffenen Nachbarn angesponnen hatte:

»Mein Gott! Beruhigen Sie sich.«

»Nein! Es ist unwiderstehlich! Es ist überwältigend! Es bringt mich um!«

»Aber, mein Herr, Sie sollten sich nicht so aufregen. Sie werden sich krank machen.«

»Nein, lassen Sie mich . . . O!«

»Mut, mein Herr! Es ist ja schließlich doch nur ein Schauspiel .... Darf ich Ihnen ein Stück dieser Apfelsine anbieten?«

»Ach! Es ist erhaben!«

»Es ist eine Malteser!«

»Welch eine himmlische Kunst!«

»Geben Sie mir keinen Korb.«

»Welch eine Musik!«

---

* Léon de Boissieux, mein Mitschüler im kleinen Seminar von La Côte. Er zählte kurze Zeit zu den Billardberühmtheiten von Paris.

»Ja, sie ist ganz hübsch.«

Während dieser disharmonischen Unterhaltung war man in der Oper nach der Versöhnungsszene bei dem Terzett: ›O, süße Augenblicke!‹ angekommen, und dann packte auch mich die eindringliche Lieblichkeit dieser einfachen Melodie; ich barg meinen Kopf in beide Hände und fing an, wie ein vor Kummer gebrochener Mensch zu weinen. Kaum war das Terzett zu Ende, als ich von zwei kräftigen Armen, die sich so fest um mich klammerten, daß sie mir beinahe die Brust zerdrückten, von meiner Bank in die Höhe gezogen wurde; es waren die Arme des Unbekannten; er konnte seiner Bewegung nicht mehr Herr werden, und da er bemerkt hatte, daß von seiner ganzen Umgebung nur ich seine Gefühle zu teilen schien, umarmte er mich mit Inbrunst und rief mit schluchzender Stimme: »Herrrr ... gott, ist das schön!« Ohne im geringsten erstaunt zu sein und mit ganz verweintem Gesicht antwortete ich ihm mit der Frage:

»Sind Sie Musiker? ...«

»Nein, aber ich erlebe Musik so stark wie irgendeiner.«

»Was tut's, reichen Sie mir die Hand; wahrhaftig, mein Herr, Sie sind mein Freund!«

Vollkommen gleichgültig gegen das Hohngelächter der Zuschauer, die uns umgaben, und gegen das verblüffte Gesicht meines Apfelsinenessers, den ich hatte bekehren wollen, wechseln wir leise einige Worte. Ich gebe ihm meinen Namen, er vertraut mir den seinen an und nennt mir seinen Beruf. Er war Ingenieur! Mathematiker!! Erstaunlich, wo Sensibilität sich einzunisten versteht!*

XVI.

Webers Erscheinen im Odéon – Castilblaze – Mozart – Lachnith – Die Zurechtstutzer – Despair and die!

Inmitten dieser heißen Periode meiner Studien, als der durch meine Leidenschaft für Gluck und Spontini und meine Abneigung gegen Rossinische Lehren und Formen in mir erregte fieberhafte Zustand seinen Höhepunkt erreicht hatte, gab man den »Freischütz« von Weber, nicht in seiner ursprünglichen Schönheit, sondern auf tausend Arten durch einen Arrangeur verstümmelt, ins Gemeine gezogen, entstellt und geschändet. Der in »Robin des Bois« umgewandelte »Freischütz« wurde im Odéon aufgeführt. Er wurde zu Gehör gebracht durch ein bewunde-

* Er hieß Le Tessier. Ich habe ihn nie wieder gesehen.

rungswürdiges junges Orchester, mittelmäßige Choristen und abscheuliche Sänger. Nur Madame Pouilley als Agathe (vom Übersetzer Annette getauft), zeigte stimmliches Talent, mehr aber auch nicht, so daß die Partie, ohne Verständnis, Elan oder gar Leidenschaft heruntergesungen, völlig blaß blieb. Die große Arie im zweiten Akt, die sie mit unerschütterlicher Ruhe vortrug, hatte ungefähr den Reiz einer Vokalise von Bordogni und ging fast unbemerkt vorüber. Ich habe lange Zeit gebraucht, um zu entdecken, welchen Reichtum an Erfindungsgabe diese Arie enthält.

Die Erstaufführung wurde von dem ganzen Haus mit Zischen und Lachen aufgenommen. Der Walzer und der Jägerchor, die von Anfang an bemerkt worden waren, brachten tags darauf eine solche Begeisterung hervor, daß das Publikum bald um ihretwillen die übrige Partitur über sich ergehen ließ und zum Odéon strömte. Später fand man auch an dem Chor der Brautjungfern im dritten Akt und an dem (um die Hälfte verkürzten) Gebet Agathens Vergnügen. Worauf man anfing zu merken, daß die Ouvertüre mit einer gewissen eigentümlichen Verve geschrieben sei und daß die Arie des Max eines dramatischen Zuges nicht entbehre. Dann gewöhnte man sich daran, die Teufeleien der Wolfsschlucht komisch zu finden, und ganz Paris wollte dieses wunderliche Werk gesehen haben; das Odéon machte gute Geschäfte, und Castilblaze, der das Meisterwerk verunstaltet hatte, verdiente über hunderttausend Francs.

Dieser neue Stil, gegen welchen meine einseitige und ausschließliche Verehrung der großen Klassiker mich zuerst voreingenommen hatte, überraschte und entzückte mich in höchstem Maß, obwohl seine Züge durch die unvollständige, plumpe Ausführung verwischt wurden. Es entströmte dieser Partitur, trotz der Veränderung, die mit ihr vorgegangen war, ein Hauch unberührter Natur, dessen köstliche Frische mich berauschte. Da, wie ich gestehen muß, die feierliche Haltung der tragischen Muse mich etwas ermüdet hatte, überströmten mich nun die raschen, manchmal ungestümen, aber immer anmutigen Bewegungen der Waldnymphe, ihr träumerisches Wesen, ihre jungfräuliche Leidenschaft, ihr keusches Lächeln, ihre Melancholie mit einer Flut nie gekannter Empfindungen.

Die Vorstellungen in der Grand-Opéra wurden nun, wie man sich denken kann, vernachlässigt, die im Odéon dagegen nie versäumt. Ich hatte freien Eintritt zu dem Orchesterraum dieses Theaters; bald kannte ich alles auswendig, was dort von der Partitur des »Freischütz« aufgeführt wurde.

Der Komponist kam dann selbst nach Frankreich. Einundzwanzig

Jahre sind seit dem Tag verflossen, an dem Weber zum ersten und zum letzten Mal durch Paris kam. Er begab sich nach London, wo er eines seiner Meisterwerke, »Oberon«, fast durchfallen sah und starb. Wie sehr wünschte ich, ihn zu sehen! Mit welchem Herzklopfen verfolgte ich ihn an jenem Abend, wo er, kurz vor seiner Abreise nach England und schon leidend, der Wiederaufführung von »Olympias« beiwohnen wollte. Meine Verfolgung war vergeblich. Am Morgen desselben Tages hatte Lesueur zu mir gesagt: »Eben war Weber bei mir! Fünf Minuten früher hätten Sie ihn ganze Szenen aus unseren französischen Opern auf dem Klavier spielen hören können; er kennt sie alle.« Einige Stunden darauf trete ich in eine Musikalienhandlung ein: »Wenn Sie wüßten, wer eben noch da saß!« – Wer denn? – »Weber!« Als ich in der Oper ankam, hörte ich die Leute sagen: »Soeben ist Weber durch das Foyer gegangen – er war gerade im Parkett – jetzt muß er in einer Rangloge sein –.« Ich geriet in Verzweiflung, weil ich ihn nicht zu fassen bekam. Alles war vergebens; niemand konnte ihn mir zeigen. Im Gegensatz zu den Geistererscheinungen bei Shakespeare blieb er allen Menschen sichtbar, unsichtbar nur einem einzigen. Ich war zu unbekannt, um ihm schreiben zu dürfen, und da ich keine Freunde hatte, die mich ihm hätten vorstellen können, gelang es mir nicht, ihn zu sehen.

Ach! Könnten geniale Männer die tiefen Leidenschaften ahnen, welche ihre Werke hervorrufen! Wäre es ihnen gegeben, diese tausendfältige, in einer einzigen Seele zusammengedrängte Bewunderung zu entdecken! Wie süß müßte es ihnen da sein, sie um sich zu fühlen, sie bei sich aufzunehmen und sich mit ihr zu trösten über den neidischen Haß der einen, die beschränkte Oberflächlichkeit der anderen, die Gleichgültigkeit aller.

Trotz des stürmischen Erfolgs und der Beliebtheit seines »Freischütz« und obwohl er sich ohne Zweifel seiner genialen Begabung bewußt war, wäre doch Weber, vielleicht mehr als ein anderer, durch solche bescheidene, aber aufrichtige Verehrung beglückt gewesen. Er hatte Bewunderungswürdiges geschrieben, was von Künstlern und Kritikern mit geringschätzigster Gleichgültigkeit behandelt wurde. Seine letzte Oper »Euryanthe« hatte nur einen Halberfolg erzielt; er durfte über das Schicksal seines »Oberon« beunruhigt sein, in dem Gedanken, daß ein solches Werk nur einem Publikum von Dichtern, einem Parterre von Königen des Geistes gefallen kann. Der König aller Könige endlich, Beethoven, hatte ihn lange verkannt. Es ist daher begreiflich, daß er manchmal an seiner musikalischen Berufung zweifeln konnte und den Todesstoß empfing durch den Schlag, der seinen »Oberon« traf.

Wenn das Schicksal dieser wunderbaren Partitur von dem ihrer älteren Schwester so verschieden gewesen ist, so ist der Grund nicht darin zu suchen, daß der »Freischütz« dieser glückliche Auserwählte des Publikums, etwa ein gewöhnliches Aussehen, kleinliche Formen, einen unechten Glanz, eine schwülstige, deklamatorische Sprache gehabt hätte; der Komponist hat den kindischen Forderungen der Mode und den noch gebieterischeren Forderungen der Sängereitelkeit in beiden Werken nirgends auch nur im geringsten nachgegeben. Er hat seine schlichte Wahrhaftigkeit, seine stolze Ursprünglichkeit, seinen Haß gegen den Formelkram, seine Würde dem Publikum gegenüber, dessen Beifall er durch keine feigen Kompromisse erkaufen wollte, seine Größe ebenso im »Freischütz« wie im »Oberon« bewahrt. Aber die Poesie des ersteren ist voll von Bewegung, Leidenschaft und Gegensätzen. Das Übernatürliche bringt darin eigentümliche, heftige Wirkungen hervor. Die Melodie und die Harmonie im Verein mit dem Rhythmus donnern, brennen, leuchten. Alles vereinigt sich, um die Aufmerksamkeit zu erregen. Außerdem erwecken die Personen, die aus dem gewöhnlichen Leben gegriffen sind, mehr Sympathie; die Beschreibung ihrer Gefühle, die Darstellung ihrer Sitten erlauben die Anwendung eines weniger erhabenen Stils, der, durch eine vortreffliche Ausarbeitung belebt, auch für jene, die wohlklingende Spielereien verachten, einen unwiderstehlichen Reiz hat und in dieser Ausschmückung der Menge als das Ideal der Kunst und das Wunder der Erfindung erscheint.

Im »Oberon« dagegen, obwohl darin die menschlichen Leidenschaften eine große Rolle spielen, herrscht noch das phantastische Element vor; aber es erscheint hier voll Anmut, Ruhe und Frische. Statt der Ungeheuer und schaurigen Erscheinungen vernehmen wir Chöre von Luftgenien, Sylphen, Feen und Meermädchen. Und die Sprache dieses sanft lächelnden Volkes, diese eigenartige Sprache, deren Hauptreiz in der Harmonik liegt, deren Melodie sich in kapriziöser Unbestimmtheit entfaltet, deren überraschender, verschleierter Rhythmus sich schwer fassen läßt, ist für die Menge um so unverständlicher, als ihre Feinheiten selbst von Fachmusikern nur mit Hilfe größter Konzentration und einer lebhaften Phantasie nachvollzogen werden können. Dem träumerischen Empfinden der Deutschen ist diese göttliche Poesie zweifellos kongenialer; für uns Franzosen könnte sie, wie ich fürchte, nur einen Studiengegenstand von vorübergehendem Interesse bilden, welcher uns bald ermüden würde.* Dies konnte man beobachten, als

* Seitdem dies geschrieben wurde, hat die Neuinszenierung des »Oberon« im Théâtre Lyrique die hier ausgesprochene Ansicht widerlegt. Dieses Meisterwerk hat großes Aufsehen erregt und einen riesigen Erfolg gehabt. Demnach müßte das Pariser Publikum in Bezug auf Musik bemerkenswerte Fortschritte gemacht haben.

1828 die Karlsruher Oper mit »Oberon« in Paris gastierte. Der Chor der Meermädchen, dieser im Rhythmus so weiche Gesang, der eine so reine, vollständige Glückseligkeit ausdrückt, besteht aus nur zwei recht kurzen Strophen; da er sich aber fortwährend in lieblichen Bewegungen langsam auf und ab wiegt, erschlaffte die Aufmerksamkeit des Publikums schon nach wenigen Takten; am Ende der ersten Strophe war es augenscheinlich den Zuhörern unbehaglich zumute; es wurde im Saal gemurmelt, und die zweite Strophe war kaum zu hören. Man beeilte sich infolgedessen, sie bei der zweiten Aufführung zu streichen.

Als Weber sah, was Castilblaze, dieser musikalische Chirurg, aus seinem »Freischütz« gemacht hatte, mußte ihn eine so unwürdige Beleidigung tief verletzen, und er gab seinen gerechten Klagen Ausdruck in einem Brief, den er vor seiner Abreise von Paris veröffentlichte. Castilblaze hatte die Stirn, darauf zu antworten, daß die Veränderungen, über welche der deutsche Komponist sich beklagte, allein imstande gewesen seien, den Erfolg von »Robin des Bois« zu sichern und daß es von Herrn Weber sehr undankbar sei, dem Manne Vorwürfe zu machen, der ihn in Frankreich populär gemacht habe.

O! Der Elende! ... Und für die geringste Insubordination erhält ein armer Matrose fünfzig Peitschenhiebe! ...

Gewiß war es auch, um den Erfolg von Mozarts »Zauberflöte« zu sichern, daß der Direktor der Opéra einige Jahre vorher das wunderschöne Pasticcio verfertigen ließ, das bei uns unter dem Titel »Die Geheimnisse der Isis« bekannt ist. Das Libretto ist an sich ein Geheimnis, welches niemand hat entschleiern können. Als aber dieses Meisterwerk in aller Form zurechtgezimmert war, rief der kluge Direktor einen deutschen Meister zu Hilfe, um auch Mozarts Musik zurechtzustutzen. Der deutsche Musiker hütete sich, diese gottlose Aufgabe abzulehnen. Er verlängerte um einige Takte das Ende der Ouvertüre (der Ouvertüre zur »Zauberflöte!!!«); aus der Sopranstimme des Schlußchors machte er eine Baß-Arie und fügte einige Takte eigener Erfindung hinzu; in einer Szene strich er die Blasinstrumente, in eine andere schob er sie ein; er änderte die Melodie und die Begleitfiguren der herrlichen Arie des Sarastro, fabrizierte aus dem Sklavenchor ein Liedchen mit dem Titel »O cara armonia«, verwandelte ein Duett in ein Terzett, und als ob die Partitur der »Zauberflöte« seinem Heißhunger nicht genügte, stillte er diesen auf Kosten des ›Titus« und des »Don Juan«. Von der aus »Titus« entnommenen Arie der Vitellia ›Non piu di fiori‹ behielt er nur das Andante; da, wie es scheint, das dazugehörige Allegro unserem *uomo capace* nicht gefiel, riß er es heraus und ersetzte es durch eine eigene Komposition, in welche er nur Fetzen des Mozartschen

Allegro aufnahm. Und könnte man je erraten, was dieser Herr aus dem berühmten ›Fin ch'han del vino‹ gemacht hat, aus diesem Ausbruch ungebundener Laune, in dem der ganze Charakter Don Juans zusammengefaßt ist? ... Ein Terzett für einen Baß und zwei Sopranstimmen, die unter anderen niedlichen Sentimentalitäten folgende Verse singen:

O süßer Schmerz!
Es seufzt mein Herz!
Wie ist doch unser Los verschieden!
Ach! welche Freud' ist mir beschieden!
Freund, glaube mir,
Ewig mit dir
Soll verbunden sein mein Geschick.
O Seligkeit
Der Zärtlichkeit!
Ich halte dich.
Gott! welch' ein Glück!

Als nun dieser abscheuliche Mischmasch fertig war, nannte man ihn: »Die Geheimnisse der Isis«, eine Oper; und diese Oper wurde in diesem Zustand aufgeführt und als große Partitur gedruckt und herausgegeben*, und neben dem Namen Mozarts prangte der Name des Arrangeurs, der Name dieses Banausen, dieses Cretins, der Name Lachnith**, den ich hier als würdiges Gegenstück zu dem Namen Castilblaze nenne.

So haben sich – der eine zwanzig Jahre später als der andere – jeder dieser zerlumpten Bettler auf dem reichen Mantel eines Königs der Musik gewälzt; so wurden zwei Männer von Genie als Affen verkleidet, mit lächerlichem Flitterwerk angetan, mit einem ausgestochenen Auge, einem ausgerenkten Arm, einem gebrochenen Bein dem französischen Publikum vorgeführt! Und ihre Schinder sagten dem Publikum: »Da habt ihr Mozart! Da habt ihr Weber!« und das Publikum glaubte ihnen. Und es fand sich niemand, um mit diesen Schurken nach Gebühr zu verfahren und zum mindesten ihren Betrug zornig zu enthüllen.

Ach! Wüßte auch das Publikum um solche Taten, es würde sich wenig darum kümmern. Man duldet in Deutschland, in England und anderswo ebensogut wie in Frankreich, daß die edelsten Werke aller Art von untauglichen Leuten arrangiert, d. h. verdorben, d. h. tausend-

---

* Die Partituren ›Geheimnisse der Isis‹ und ›Robin des Bois‹ sind gedruckt; sie befinden sich beide in der Bibliothek des Konservatoriums zu Paris.

** Nicht Lachnitz; es ist wichtig, den Namen eines so großen Mannes nicht falsch zu schreiben.

fach geschändet werden. Man wird gern zugeben, daß großen Künstlern gegenüber solche Freiheiten (wenn sie überhaupt statthaft sind) nur noch größeren, noch genialeren Künstlern erlaubt sein sollten. Korrekturen müßten einem älteren oder modernen Werke nie von unten herauf, sondern von oben herunter zukommen, das wird niemand bestreiten.

Lachnith hat Mozart, Castilblaze hat Weber auf dem Gewissen.

Gluck, Grétry, Mozart, Rossini, Beethoven, Vogel wurden von demselben Castilblaze* verstümmelt; Beethoven hat zusehen müssen, wie Fétis**, Kreutzer und Habeneck seine Symphonien korrigierten.

Molière und Corneille sind von Unbekannten, von Stammgästen des Théâtre Français, zurechtgestutzt worden.

Shakespeare endlich wird noch jetzt in England nach den Bearbeitungen von Cibber und einigen anderen aufgeführt.

Mich dünkt, solche Korrekturen kommen nicht von oben herunter, sondern von unten herauf – und sogar senkrecht von unten!

Man komme mir nicht damit, daß die Arrangeure in ihrer Bearbeitung der Meister ab und zu gute Funde gemacht haben, denn diese seltenen Ausnahmen können kein Recht dazu geben, eine solche ungeheuerliche Unsitte in die Kunst einzuführen.

Nein, nein, nein, tausendmal nein, ihr Musiker, Dichter, Schriftsteller, Schauspieler, Klavierspieler, Dirigenten dritten und zweiten, ja selbst ersten Ranges, ihr habt kein Recht, an einen Beethoven, einen Shakespeare zu rühren, um ihnen eure Wissenschaft und euren Geschmack wie ein Almosen anzubieten.

Nein, nein, nein, tausend Millionen mal nein; ein Mensch, wer er auch sei, hat nicht das Recht, einen anderen Menschen, wer er auch sei, zu zwingen, sein Gesicht gegen ein anderes zu vertauschen, sich auf eine ihm nicht eigene Weise auszudrücken, eine Form anzunehmen, die er nicht selbst gewählt hat, bei Lebzeiten eine Puppe zu sein, welche ein fremder Wille in Bewegung setzt, oder nach seinem Tode künstlich belebt zu werden. Ist er ein mittelmäßiger Mensch, soll er in seiner Mittelmäßigkeit begraben bleiben! Gehört er, im Gegenteil, zu den Auserwählten, mögen die, welche ihm ebenbürtig oder selbst überlegen sind, ihn achten, die unter ihm Stehenden aber sich in Demut vor ihm neigen.

Zwar hat Garrick die Schlußszene zu »Romeo und Julia«, eine der rührendsten, welche das Theater besitzt, erfunden und an Stelle der

---

* Es gibt fast keine Partitur dieser Meister, die er nicht auf seine Weise umgearbeitet hat; ich meine, er ist verrückt.

** Ich werde angeben, inwiefern.

weniger ergreifenden Szene Shakespeares gesetzt; wer aber ist der dreiste Dummkopf, welcher die Schlußszene zu »König Lear« erfunden hat, die manchmal, ja sogar sehr häufig, an Stelle der von Shakespeare für dieses Meisterwerk entworfenen gesetzt wird? Wer ist der grobe Verseschmied, welcher Cordelien jene plumpen Tiraden in den Mund gelegt hat, in denen Leidenschaften ausgedrückt werden, die ihrem weichen, edlen Herzen so fremd sind? Wo ist er, damit alle Dichter, Künstler, Väter und Liebende der Welt ihn peitschen, ihn an den Pranger der öffentlichen Entrüstung fesseln und ihm zurufen: Abscheulicher Dummkopf! Du hast ein schändliches Verbrechen begangen, das verabscheuungswürdigste, gräßlichste Verbrechen, denn du hast gefrevelt gegen jene Vereinigung aller menschlichen Fähigkeiten, die wir Genius nennen! Sei verflucht! Verzweifle und stirb! *Despair and die!* . . .

Und eben dieser »Richard der Dritte«, dem ich hier einen Fluch entnahm, hat man ihn nicht auf den Kopf gestellt? . . . Hat man nicht im »Sturm« Personen hinzugefügt? . . . Hat man nicht »Hamlet«, »Romeo und Julia« usw. verstümmelt? . . . Dahin hat Garricks Beispiel geführt. Alle Welt hat einem Shakespeare Nachhilfeunterricht geben wollen!!! . . .

Und, um auf die Musik zurückzukommen – haben wir nicht gesehen, wie Kreutzer in der II. Symphonie von Beethoven mehrere Striche machte und wie darauf Habeneck in einer anderen Symphonie desselben Meisters einige Passagen uminstrumentierte? Hört man nicht in London Stellen für große Trommel, Posaunen und Ophicleïde, die Herr Costa in die Partituren von »Don Juan«, »Figaro« und dem »Barbier von Sevilla« eingeschoben hat? . . . Und wenn die Dirigenten nach Belieben gewisse Partien in solchen Werken streichen oder einführen dürfen – wer soll die Geiger, die Hornisten oder den letzten der Musiker daran hindern, dasselbe zu tun? . . . Werden da nicht die Übersetzer, Herausgeber und selbst die Kopisten, Lithographen und Drucker einen guten Vorwand finden, diesem Beispiel zu folgen?*

Liegt darin nicht die vollständige Zerstörung, das Ende der Kunst? . . . Und wir, die wir alle für ihren Ruhm begeistert sind und über die unwandelbaren Rechte des menschlichen Geistes eifersüchtig wachen, müssen wir nicht, wenn man sie angreift, den Schuldigen angeben, ihn verfolgen und ihm mit der ganzen Kraft unserer Entrüstung zurufen: »Dein Verbrechen ist lächerlich; *despair!* Deine Dummheit ist verbre-

* Seit 20 Jahren wird die C-Moll-Symphonie im Konservatorium ohne die Kontrabässe zu Beginn des Scherzo aufgeführt; Habeneck hat sie gestrichen. Er meint, sie klingen nicht gut. Tadel für Beethoven. . .

cherisch; *die!* Sei verhöhnt, verunglimpft, verflucht! *Despair and die!* Verzweifle und stirb!«

XVII.

Vorurteil gegen Opern mit italienischem Text – Einfluß dieses Vorurteils auf die Eindrücke, die ich von einigen Mozartschen Werken empfing

Ich habe schon gesagt, daß ich mich zur Zeit des Wettbewerbs im Institut ausschließlich der großen dramatischen Musik hingegeben hatte; genauer gesagt, der tragischen Oper, und dies war der Grund, warum ich Mozart zwar bewunderte, aber durch ihn nicht dermaßen in Aufregung versetzt wurde wie durch Gluck oder Spontini. Hinzu kam folgendes: In Paris wurden von Mozart hauptsächlich »Don Juan« und »Figaro« aufgeführt; aber sie wurden im Italienischen Theater von Italienern in italienischer Sprache gesungen; und das genügte, daß ich mich eines gewissen Widerwillens gegen diese Meisterwerke nicht erwehren konnte. In meinen Augen hatten sie den Fehler, daß sie zur italienischen Schule zu gehören schienen. Außerdem – und dies ist ein vernünftiger Grund – war ich unangenehm berührt worden durch eine längere Passage in der Partie der Donna Anna, die Mozart unseligerweise mit beklagenswerten Koloraturen beladen hat: ein dunkler Fleck in dieser herrlichen Partitur. Ich meine den Allegro-Teil der Arie im zweiten Akt, ›Non mi dir‹, einer tieftraurigen Arie, in welcher sich uns die ganze verzweifelnde und trauernde Poesie der Liebe offenbart, deren Schluß aber so lächerliche, so auffallend unpassende Noten aufweist, daß man kaum glauben kann, sie seien der Feder eines solchen Mannes entschlüpft. Donna Anna scheint hier ihre Tränen zu trocknen und sich plötzlich in unschicklichen Possen zu ergehen. Die Worte dieser Stelle sind: ›Forse un giorno il cielo ancora sentirà-a-a-a pietà di me (folgt ein geschmackloser Lauf) pietà di me‹. Man muß gestehen, daß es für das edle, beleidigte Mädchen eine sonderbare Art ist, die Hoffnung auszudrücken, daß der Himmel sich eines Tages ihrer erbarmen wird. Es fiel mir schwer, Mozart eine solche Ungeheuerlichkeit zu verzeihen. Heute fühle ich, daß ich gern einen Teil meines Blutes opfern würde, um diese schmähliche* Stelle und einige andere derselben Art, deren Existenz

* Ich finde den Ausdruck ›schmählich‹ noch zu schwach, um diese Stelle zu brandmarken. Mozart hat da gegen die Leidenschaft, gegen das Gefühl, gegen den guten Geschmack und die Vernunft eines der abscheulichsten Verbrechen begangen, welches die Geschichte der Kunst aufzuweisen hat.

man doch einsehen muß, aus seinen Werken zu löschen. Ich mußte also seinen dramatischen Grundsätzen mißtrauen, und das genügte, um die Temperatur meiner Begeisterung auf den Nullpunkt sinken zu lassen.

Die religiösen Herrlichkeiten der »Zauberflöte« hatten mich zwar mit Bewunderung erfüllt; allein sie kamen mir zunächst nur in dem Abklatsch »Die Geheimnisse der Isis« zu Gehör; erst später konnte ich in der Bibliothek des Konservatoriums die Originalpartitur kennenlernen und mit dem erbärmlichen französischen Potpourri vergleichen, das bei uns aufgeführt wurde.

Das dramatische Werk dieses großen Meisters wurde mir, wie man sieht, in seiner Gesamtheit schlecht vorgeführt; erst nach mehreren Jahren habe ich dank günstigerer Verhältnisse dessen Reiz und erquikkende Vollkommenheit genießen können. Die wunderbaren Schönheiten seiner Quartette, seiner Quintette und einiger Sonaten führten mich zuerst zur Verehrung jenes engelhaften Genies zurück, dessen Reinheit nur die allzu bekannte häufige Berührung mit den Italienern und kontrapunktistischen Pädagogen an einigen Stellen zu trüben vermochte.

XVIII.

Shakespeare – Miß Smithson – Grenzenlose Liebe – Moralische Erstarrung – Mein erstes Konzert – Komische Opposition Cherubinis – Seine Niederlage – Erste Klapperschlange

Nun muß ich das größte Drama meines Lebens berühren. Ich werde nicht alle schmerzlichen Wechselfälle erzählen. Ich will mich damit begnügen, folgendes zu sagen: Ein englisches Theater kam nach Paris und führte Shakespeares Dramen auf, welche bis dahin dem französischen Publikum völlig unbekannt waren. Ich wohnte im Odéon der ersten Vorstellung von »Hamlet« bei. Ich sah als Ophelia Harriet Smithson, welche fünf Jahre später meine Frau wurde. Die Wirkung ihres wunderbaren Talents oder vielmehr ihres dramatischen Genies auf meine Phantasie und mein Herz kann nur mit derjenigen verglichen werden, die der Dichter selbst auf mich ausübte. Mehr kann ich nicht sagen.

Shakespeare, der so unerwartet über mich kam, traf mich wie ein gewaltiger Blitzschlag, dessen Strahl mir mit überirdischem Getöse den Kunsthimmel eröffnete und mich bis in seine weitesten Fernen blicken ließ. Ich erkannte die echte dramatische Größe, Schönheit und Wahrheit. Ich erfaßte gleichzeitig die grenzenlose Lächerlichkeit der Ansichten über Shakespeare, welche Voltaire, dieses ›Affengenie, dieser Abgesandte des Teufels‹, wie ihn Victor Hugo in seinen »Gesängen der Dämmerung« nennt, in Frankreich verbreitet hat, und die erbärmliche Beschränktheit unserer alten Dichterschule, eine Frucht von Lehrmeistern und Ignorantinerbrüdern. Ich sah ... verstand ... fühlte, daß ich lebte, daß ich aufstehen sollte und wandeln.

Aber der Schlag war zu heftig gewesen, und ich konnte mich lange nicht davon erholen. Einem tiefen, unüberwindlichen Kummer gesellte sich ein nervöser, sozusagen krankhafter Zustand bei, von dem bestenfalls ein bedeutender Schriftsteller-Arzt einen annähernden Begriff geben könnte.

Mit dem Schlaf verlor ich meine gestern noch wache geistige Lebhaftigkeit, den Geschmack an meinen Lieblingsstudien und die Fähigkeit, zu arbeiten. Ich irrte ziellos in den Straßen von Paris und in den Ebenen der Umgegend umher. Ich erinnere mich, daß es mir während dieser langen Leidenszeit nur viermal, und zwar durch übertriebene körperliche Anstrengung, gelang, in einen tiefen, todesähnlichen Schlaf zu verfallen; einmal in der Nacht, auf Garben, in einem Feld nahe bei Ville-Juif; eines Tages auf einer Wiese in der Umgebung von Sceaux; ein anderes Mal bei Neuilly, im Schnee, am Ufer der zugefrorenen Seine; endlich auf einem Tisch im Café Cardinal an der Ecke des Boulevard des Italiens und der Rue Richelieu, wo ich fünf Stunden lang schlief, zum Schrecken der Kellner, die sich nicht getrauten, mich aufzuwecken, weil sie fürchteten, ich könnte tot sein.

Bei der Rückkehr von einer dieser Wanderungen, auf welchen ich meine Seele zu suchen schien, fiel mein Blick auf einen Band von Thomas Moores »Irische Melodien«, der auf meinem Tische lag. Er war aufgeschlagen bei dem Gedicht, welches mit den Worten anfängt: ›Wenn der, der dich anbetet.‹ Ich griff zur Feder und schrieb in einem Zuge die Musik zu diesem herzzerreißenden Abschied, der sich als ›Elegie‹ am Ende meiner »Irland« betitelten Sammlung befindet. Es ist das einzige Mal, daß ich imstande gewesen bin, eine solche Empfindung unter deren lebhaftem und unmittelbarem Einfluß auszudrücken. – Und ich glaube, daß ich selten eine solche Wahrheit des melodischen Ausdrucks, verbunden mit düsterster Harmonik, erreicht habe.

Dieses Stück ist außerordentlich schwer zu singen und zu begleiten; um es mit der richtigen Auffassung vorzutragen, d. h. um jene finstere, stolze und zugleich weiche Verzweiflung auch nur in geschwächtem Maße wiederzugeben, die Moore, als er diese Verse schrieb, und ich, als ich sie in Musik setzte, empfinden mußte, wären zwei hervorragende

Künstler* nötig, vor allen Dingen ein Sänger mit sympathischer Stimme und großem Einfühlungsvermögen. Es mittelmäßig vorgetragen zu hören, wäre für mich ein unaussprechlicher Schmerz gewesen.

Um mich dem nicht auszusetzen, habe ich seit den zwanzig Jahren, da es entstand, keinem Menschen vorgeschlagen, es zu singen. Ein einziges Mal versuchte es Alizard, der es bei mir entdeckt hatte, ohne Begleitung und für seine Baßstimme nach h transponiert; er ergriff mich dermaßen, daß ich ihn mitten darin bat, aufzuhören. Er hatte das Lied verstanden; ich sah, daß er es sehr gut singen würde. Dies gab mir den Gedanken, die Klavierbegleitung für Orchester umzuschreiben. Dann überlegte ich aber, daß solche Kompositionen nicht für ein großes Konzertpublikum geeignet sind, daß es eine Entweihung wäre, sie seiner Gleichgültigkeit auszusetzen, und verbrannte, was ich bereits instrumentiert hatte.

Durch einen glücklichen Zufall ist die Übertragung in französische Prosa so getreu, daß ich später Moores englische Verse unter meine Noten habe setzen können.

Sollte diese Elegie je in England oder Deutschland bekannt werden, könnte sie dort vielleicht vereinzelt Sympathie finden; zerrissene Herzen werden sich darin wieder erkennen. Für die meisten Franzosen ist ein solches Musikstück unverständlich, für die Italiener abgeschmackt und sinnlos.

Erschrocken über das, was ich empfunden hatte, schwor ich mir beim Verlassen der Aufführung des »Hamlet«, mich nie wieder der Flamme Shakespeares auszusetzen.

Tags darauf stand »Romeo und Julia« auf dem Anschlagzettel. Ich hatte freien Zugang zum Orchesterraum des Odéon, aber aus Angst, solche Sonderrechte könnten für diese Vorstellung aufgehoben werden, lief ich, nachdem ich die Ankündigung gelesen hatte, zur Kasse und kaufte mir ein Billett, um meiner Zulassung doppelt sicher zu sein. Es hätte nicht so vieler Mühe bedurft, um mich vollends aufzureiben.

Nach der Melancholie, den herzzerreißenden Schmerzen, der verzweifelnden Liebe, den grausamen Ironien und finsteren Grübeleien, dem Herzenskummer, dem Wahnsinn, den Tränen, der Trauer, den Katastrophen und verhängnisvollen Zufällen des »Hamlet«, nach den dunklen Wolken, den eisigen Winden Dänemarks setzte ich mich der glühenden Sonne, den duftenden Nächten Italiens aus; ich sah jene Liebe, die so rasch wie ein Gedanke entsteht, die wie Lava brennt, die gebieterisch, unwiderstehlich, gewaltig und rein und schön wie eines

* Pischeck, wenn er sich selber begleiten würde, könnte mein Ideal des Vortrags dieser Elegie verwirklichen.

Engels Lächeln ist; ich war Zeuge jener wütenden Racheszenen, jener glühenden Umarmungen, jener verzweifelten Kämpfe der Liebe und des Todes. Das war zuviel, und schon im dritten Aufzug, nur mühsam atmend und leidend, als ob eine eiserne Hand mein Herz umklammerte, sagte ich mit voller Überzeugung zu mir selbst: »Ach! ich bin verloren!«

Ich muß noch hinzufügen, daß ich damals kein Wort Englisch verstand, daß ich Shakespeare nur durch den Schleier der Übersetzung von Letourneur erblickte und infolgedessen das poetische Gewebe, welches seine wunderbaren Schöpfungen wie mit einem goldenen Netz umspannt, nicht wahrgenommen hatte. Leider geht es mir noch heute fast ebenso. Es ist für einen Franzosen viel schwieriger, die Tiefen des Shakespeareschen Stils zu ergründen, als für einen Engländer, die Feinheiten und die Originalität des Stiles von La Fontaine oder Molière zu empfinden. Sind unsere zwei Dichter reiche Kontinente, so ist Shakespeare eine ganze Welt. Doch das Spiel der Darsteller, besonders das der Darstellerin, die Reihenfolge der Szenen, die Gebärden und der Klang der Stimmen bedeuteten für mich mehr und brachten mir Shakespeares Gedanken und Leidenschaften viel näher als die Worte meiner farblosen, ungetreuen Übersetzung. Ein englischer Kritiker hat letzten Winter in den ›Illustrated London News‹ behauptet, daß ich, nachdem ich Miß Smithson als Julia gesehen hatte, ausrief: »Diese Frau werde ich heiraten und über dieses Drama meine größte Symphonie schreiben!« Ich habe es getan, aber nichts dergleichen gesagt. Mein Biograph hat mir größeren Ehrgeiz zugeschrieben, als ich in Wirklichkeit besitze. Man wird in der Folge dieser Erzählung sehen, wie und unter welchen außergewöhnlichen Umständen das, was meine bewegte Seele nicht einmal zu träumen wagte, zur Wirklichkeit geworden ist.

Den Erfolg, welchen Shakespeare mit Unterstützung der ganzen Schule der Romantiker – Victor Hugo, Alfred de Vigny, Alexandre Dumas an der Spitze – in Paris errang, wurde noch übertroffen von dem, welchen Miß Smithson davontrug. Nie hat in Frankreich irgendein dramatischer Künstler in solchem Maß das Publikum gerührt, entzückt, begeistert; keine Dithyramben der Presse reichen an jene heran, die die französischen Kritiker zu ihren Ehren schrieben.(15)

Nach diesen zwei Vorstellungen von »Hamlet« und »Romeo und Julia« kostete es mich keine Überwindung, dem englischen Theater fernzubleiben; neuen Prüfungen wäre ich erlegen; ich fürchtete sie, wie man sich vor großen physischen Schmerzen fürchtet; der bloße Gedanke, mich ihnen auszusetzen, machte mich schaudern.

Dieser verzweifelte, einer Geistesstörung ähnliche Zustand, dessen Natur und Ursache ich geschildert habe, dauerte mehrere Monate; ich dachte nur an Shakespeare und die geniale Darstellerin, an die *fair Ophelia,* über welche ganz Paris in Verzückung geriet, und verglich mit Niedergeschlagenheit den Glanz ihres Ruhmes mit dem Dunkel, in welches mein Name gehüllt war; endlich raffte ich mich auf und beschloß, durch eine verzweifelte Anstrengung diesen ihr unbekannten Namen mit einem Glanz zu umgeben, der bis zu ihr seine Strahlen senden sollte. Ich versuchte, was noch kein Komponist in Frankreich versucht hatte.

Ich wagte mich an das Unternehmen, im Konservatorium ein großes Konzert zu geben, dessen Programm nur eigene Kompositionen enthalten sollte. »Ich werde ihr zeigen«, sagte ich, »daß auch ich ein Künstler bin.« Zu diesem Zweck brauchte ich dreierlei: Abschriften meiner Kompositionen, einen Saal und Musiker.

Sobald der Entschluß gefaßt war, machte ich mich ans Werk und schrieb, indem ich von vierundzwanzig Stunden sechzehn zur Arbeit benutzte, die Orchester- und Singstimmen der gewählten Stücke heraus.

Mein Programm enthielt: Die Ouvertüren zu »Waverley« und zu den »Francs-Juges«, die »Griechische heroische Szene« und meine Kantate »Orpheus' Tod«, welche die Prüfungskommission des Instituts für unausführbar erklärt hatte. Während ich rastlos abschrieb, hatte ich durch verdoppelte Sparsamkeit meine früheren Ersparnisse um einige hundert Francs vermehrt, mit denen ich meine Choristen bezahlen wollte. Für das Orchester war mir die unentgeltliche Mitwirkung aller Musiker des Odéon sowie einiger der Opéra und vom Théâtre des Nouveautés zugesichert.

Das Haupthindernis blieb, wie stets in Paris, der Saal. Um über den des Konservatoriums, den einzigen in allen Beziehungen brauchbaren, verfügen zu können, mußte ich die Erlaubnis des Oberintendanten der Schönen Künste, M. Sosthènes de Larochefoucault, und außerdem die Zustimmung Cherubinis erlangen.

M. de Larochefoucault gewährte ohne Schwierigkeiten die Bitte, die ich deswegen an ihn gerichtet hatte; Cherubini dagegen geriet bei der bloßen Mitteilung meines Vorhabens in Wut.

– Sie wollen ein Konzert geben, sagte er mit seiner üblichen Liebenswürdigkeit.

– Ja, mein Herr.

– Dazu müssen Sie die Erlaubnis des Oberintendanten der Schönen Künste haben.

– Ich habe sie bereits.

– Monsieur de Larochefoucault ist damit einverstanden?

– Ja, mein Herr.

– Aber, aber, aber ich bin *nicht* damit einverstanden, ich! u-u-und ich gebe nicht zu, daß man Ihnen den Saal zur Verfügung stellt.

– Sie haben aber keinen Grund, mir denselben zu verweigern, da doch das Konservatorium ihn augenblicklich nicht benutzt und er vierzehn Tage lang leer bleiben wird.

– Aber ich sage Ihnen doch, daß ich nicht will, daß Sie ein Konzert geben. Alle Leute sind auf dem Lande, Sie werden keine Einnahmen haben.

– Ich rechne auch auf keinen Gewinn. Der einzige Zweck des Konzertes ist, mich bekannt zu machen.

– Es ist nicht nötig, daß Sie bekannt werden. Außerdem braucht man Geld für die Ausgaben! Haben Sie welches? ...

– Ja, mein Herr.

– A-a-a--ah! und wa-wa-was wollen Sie in diesem Konzert geben?

– Zwei Ouvertüren, Bruchstücke aus Opern und meine Kantate »Orpheus' Tod« ...

– Diese Kantate der Preisbewerbung, die ich nicht will? Sie ist schlecht. Sie-sie-sie ist nicht aufführbar.

– Sie haben sie dafür gehalten, mein Herr, doch es würde mich freuen, sie selber beurteilen zu können ... Wenn ein schlechter Klavierspieler sie nicht hat begleiten können, ist damit durchaus noch nicht bewiesen, daß sie auch für ein gutes Orchester unaufführbar sei.

– Es ist also eine Beleidigung, die Sie der Akademie zufügen wollen?

– Es ist ein Experiment. Wenn die Akademie, wie es wahrscheinlich ist, im Recht war, meine Partitur für unaufführbar zu erklären, ist es klar, daß man sie nicht aufführen wird. Wenn sich aber die Akademie geirrt hat, wird man sagen, ich hätte ihren Rat befolgt und das Werk entsprechend korrigiert.

– Sie können Ihr Konzert nur an einem Sonntag geben.

– Ich werde es an einem Sonntag geben.

– Aber die Angestellten des Saales, die Kontrolleure, die Logenschließerinnen, die alle zum Konservatorium gehören, haben nur diesen einen Tag zum Ausruhen; wollen Sie sie denn zu Tode ermüden, die armen Leute, sie-sie-sie umbringen?

– Sie belieben wohl zu scherzen, mein Herr; diese armen Leute, mit denen Sie so großes Mitleid haben, werden im Gegenteil mit Freuden eine Gelegenheit nutzen, um Geld zu verdienen, und Sie würden ihnen schaden, wenn Sie sie dieser Gelegenheit beraubten.

– Ich will nicht! Ich will nicht! Und ich werde sofort dem Oberintendanten schreiben, damit er seine Erlaubnis zurückzieht.

– Sie sind sehr gütig, mein Herr; aber Monsieur de Larochefoucault wird nicht wortbrüchig werden. Ich werde ihm übrigens auch meinerseits schreiben und die Unterhaltung, die ich mit Ihnen zu führen soeben die Ehre hatte, getreulich mitteilen, damit er Ihren und meinen Standpunkt beurteilen kann.(16)

Ich schickte ihm die Schilderung, genau so, wie ich sie soeben dem Leser gegeben habe. Mehrere Jahre später erfuhr ich durch einen Sekretär im Bureau der Schönen Künste, daß der Oberintendant über meinen Brief in Dialogform Tränen gelacht habe. Besonders Cherubinis zärtliche Fürsorge für die armen Angestellten des Konservatoriums, welche ich zu Tode schinden wollte, schien ihm im höchsten Grade rührend. Er antwortete mir, wie jeder vernünftige Mensch es tun mußte, sofort und fügte seiner erneuten Erlaubnis folgende Worte hinzu, für die ich ihm immer dankbar sein werde: »Ich rate Ihnen, diesen Brief Herrn Cherubini zu zeigen, der in Ihrer Angelegenheit die nötigen Anweisungen erhalten hat.« Nach Empfang dieses offiziellen Schriftstückes laufe ich mit demselben, ohne eine Minute zu verlieren, ins Konservatorium und überreiche es dem Direktor mit den Worten: »Bitte, mein Herr, lesen Sie.« Cherubini nimmt das Blatt, liest es aufmerksam, liest es zum zweitenmal, wird noch blässer, als er schon war, und gibt es mir, ohne ein Wort zu sprechen, zurück.

Dies war die erste Klapperschlange, die ich auf ihn losließ, zum Dank für den Natterbiß, welchen ich ihm seit damals schuldig geblieben war, als er mich aus der Bibliothek vertrieb.

Ich verließ ihn mit einer gewissen Genugtuung, und unehrerbietig genug, um seine süßliche Sprechweise nachzuahmen, murmelte ich leise vor mich hin: »So, Herr Direktor, das ist nur ein niedliches kleines Schlänglein; möge es Ihnen Vergnügen machen! Und immer sachte, immer sachte! Wir werden noch ganz andere Dinge erleben, wenn Sie mich nicht in Ruhe lassen!«

XIX.

Zweckloses Konzert – Ein Dirigent, der nicht dirigieren kann – Choristen, die nicht singen

Nachdem die Mitwirkung der Künstler, auf die ich für die Zusammenstellung meines Orchesters gerechnet hatte, mir in aller Form zugesichert worden war und ich dem gestrengen Herrn Direktor den Saal entrissen hatte, fehlten mir nur noch die Solosänger und der Dirigent.

Bloc, der Kapellmeister des Odéon, hatte die Güte, die Leitung des Konzerts zu übernehmen, da ich mich nicht getraute, selber zu dirigieren; Duprez, der damals noch kaum bekannt war und eben erst Chorons Klasse absolviert hatte, willigte ein, eine Arie aus den »Francs-Juges« zu singen, und Alexis Dupont, obwohl indisponiert, nahm sich von neuem meiner Kantate »Orpheus' Tod« an, welche er schon vor der Prüfungskommission im Institut zu Gehör zu bringen versucht hatte. Für die Sopran- und Baßpartien des Terzetts aus den »Francs-Juges« mußte ich mich mit zwei stimm- und talentlosen Stars der Opéra begnügen. Die Hauptprobe verlief wie alle derartigen Gefälligkeitsproben: es fehlten zu Beginn viele Musiker, und eine noch größere Anzahl verschwand vor dem Ende. Man probte jedoch ziemlich gut die beiden Ouvertüren, die Arie und die Kantate. Die Einleitung zu den »Francs-Juges« begeisterte das Orchester zu stürmischem Applaus, das Finale der Kantate machte einen noch größeren Eindruck. In diesem durch die Worte nicht geforderten, doch angedeuteten Stücke nahmen die Blasinstrumente, nach dem Bacchanal, das Thema von Orpheus' Gesang an die Liebe wieder auf, und das übrige Orchester spielte dazu eine leise Begleitung, wie das Rauschen der Wasser des Hebros, die das bleiche Haupt des Dichters mit sich führten, während eine ersterbende Stimme von Zeit zu Zeit den schmerzvollen, von den Ufern des Flusses zurückgeworfenen Ruf ertönen ließ: »Eurydice! Eurydice! O, unglückselige Eurydice!! ...«

Ich hatte dabei die schönen Verse aus den »Georgica« in Erinnerung:

Tum quoque, marmorea caput a cervice revulsum
Gurgite quum medio portans oeagrius Hebrus
Volveret, Eurydicen, vox ipsa et frigida lingua
Ah! miseram Eurydicen, anima fugiente vocabat
Eurydicen! toto referebant flumine ripae.

Bei diesem musikalischen Gemälde eigenartig trauriger Stimmung, dessen dichterischer Gedanke jedoch den meisten Zuhörern entgehen mußte, ging ein Schauder durch das ganze Orchester, das in stürmischen Applaus ausbrach. Ich bedauere jetzt, diese Kantate vernichtet zu haben; die letzten Seiten hätten mich veranlassen sollen, sie aufzubewahren. Mit Ausnahme des Bacchanals*, vom Orchester mit großartigem Feuer wiedergegeben, gelang das Übrige nicht so gut. Dupont war heiser und konnte nur mit Mühe die hohen Töne herausbringen; es wurde sogar so schlimm, daß er mir am Abend sagen ließ, ich könne für den nächsten Tag nicht auf ihn rechnen.

---

* Dies ist der Teil, bei dem der Klavierspieler des Instituts steckengeblieben war.

So wurde ich, zu meinem größten Ärger, um die Genugtuung gebracht, auf das Programm setzen zu können: »Orpheus' Tod, lyrische Szene, von der Akademie der Schönen Künste des Instituts für unaufführbar erklärt und im Mai 1828 aufgeführt.«

Cherubini verfehlte nicht, zu behaupten, das Orchester habe daraus nicht klug werden können, denn er ließ den wahren Grund nicht gelten, der mich veranlaßt hatte, die Kantate vom Programm zu streichen.

Bei Gelegenheit dieser unglücklichen Kantate erfuhr ich, wie wenig Dirigenten, die ›große‹ Opern zu leiten nicht gewohnt sind, sich darauf verstehen, die launischen Bewegungen eines Rezitativs nachzuzeichnen. Dies war der Fall mit Bloc; man spielte im Odéon nur Opern mit gesprochenem Dialog, und als nach der ersten Arie des Orpheus ein Rezitativ mit eingestreuten Orchesterfiguren kam, war es ihm unmöglich, gewisse Einsätze der Instrumente mit Sicherheit zu bringen. Worüber ein Dilettant alten Schlages in der Probe ausrief: »Da lob' ich mir italienische Kantaten! Die bringen den Dirigenten nie in Verlegenheit; sie laufen von allein.« – »Jawohl«, antwortete ich, »wie die alten Esel, die allein den Weg zur Mühle finden.«

Auf solche Weise begann ich mir Freunde zu erwerben.

Trotz alledem fand das Konzert statt, nachdem die Kantate durch das den Choristen und dem Orchester schon bekannte ›Resurrexit‹ aus meiner Messe ersetzt worden war.

Die beiden Ouvertüren und das ›Resurrexit‹ fanden allgemeinen Beifall; die Arie, die Duprez mit seiner damals schwachen und weichen Stimme zur Geltung brachte, hatte dasselbe Glück. Es war eine Hymne an den Schlaf. Aber das Terzett mit Chorbegleitung wurde nicht nur erbärmlich schlecht, sondern auch ohne Chor gesungen: die Choristen hatten ihren Einsatz verfehlt und schwiegen vorsichtshalber bis zum Schluß. Die ›Griechische Szene‹ ließ das Publikum kühl. Sie ist nie wieder aufgeführt worden, und ich habe die Partitur vernichtet.(17)

Im ganzen war mir jedoch dieses Konzert von wirklichem Nutzen: erstens weil es mich den Künstlern und dem Publikum bekannt machte, was trotz Cherubinis Meinung allmählich nötig war; ferner, weil ich mit den zahlreichen Schwierigkeiten bekannt wurde, die einem Komponisten im Wege stehen, wenn er die Aufführung seiner Werke selber in die Hand nehmen will. Durch diese Probe erkannte ich, wieviel ich noch zu tun hatte, um sie zu überwinden. Es ist überflüssig, hinzuzufügen, daß die Einnahmen kaum ausreichten, um die Reklame, die Beleuchtung, die Abgabe an die Armen und meine unbezahlten Choristen, die so eindrucksvoll geschwiegen hatten, zu bezahlen.

Mehrere Zeitungen lobten dieses Konzert sehr. Fétis höchstselbst sprach sich in Gesellschaft sehr anerkennend über mich aus und bezeichnete diesen Beginn meiner Karriere als ein wirkliches Ereignis.

Aber genügte dieses Aufsehen, um Miß Smithsons Aufmerksamkeit zu erregen, inmitten ihrer eigenen Triumphe? ... Ach! Ich habe später erfahren, daß sie, die nur ihrer hohen Aufgabe lebte, von meinem Konzert, meinem Erfolg, meinen Anstrengungen und von mir selbst nicht einmal hatte reden hören ...

XX.

Beethoven erscheint am Konservatorium – Gehässige Zurückhaltung der französischen Komponisten – Lesueurs Eindruck von der C-moll-Symphonie – Sein hartnäckiges Beharren auf Dogmen

Donnerschläge folgen manchmal im Leben eines Künstlers so rasch aufeinander wie in jenen großen Gewittern, bei denen die mit Elektrizität geladenen Wolken einander die Blitze zuzuwerfen und den Sturm anzupeitschen scheinen.

Ich hatte soeben Shakespeare und Weber nacheinander erlebt; kurz darauf sah ich an einem anderen Punkt des Horizonts den gewaltigen Beethoven auftauchen. Er erschütterte mich fast so stark, wie Shakespeare es getan hatte. Er eröffnete mir in der Musik eine neue Welt, wie der Dichter mir in der Poesie ein neues Weltall enthüllt hatte.

Die Konzertgesellschaft des Konservatoriums hatte sich gerade unter Habenecks rühriger und hingebungsvoller Leitung gebildet. Trotz der Irrtümer dieses Künstlers und seiner Nachlässigkeiten in bezug auf den großen Meister, den er glühend verehrte, muß man seine guten Absichten, ja auch sein Talent anerkennen und ihm die Gerechtigkeit widerfahren lassen, daß die verdienstvolle Popularisierung der Werke Beethovens in Paris ihm allein zu verdanken ist. Die Gründung dieser heute in der ganzen zivilisierten Welt berühmten Gesellschaft hat viele Anstrengungen gekostet; er mußte durch seine eigene Begeisterung viele Musiker gewinnen, deren Gleichgültigkeit zur Feindseligkeit wurde, als man ihnen zahlreiche Proben und eine ebenso mühsame wie wenig einträgliche Arbeit in Aussicht stellte, um eine gute Aufführung jener Werke zustandezubringen, die bis dahin nur durch ihre außergewöhnlichen Schwierigkeiten bekannt waren.

Er hatte auch – und das war nicht die geringste seiner Mühseligkeiten – den heimlichen Widerstand, den mehr oder minder verblümten Tadel, den Spott und die Ignoranz vonseiten der französischen und italienischen Komponisten zu bekämpfen, denn sie waren wenig darüber entzückt, einen Tempel errichtet zu sehen für einen Deutschen, dessen Werke sie als ungeheuerlich und zugleich als gefährlich für sich selber und ihre Schule betrachteten. Welche grotesken Dummheiten habe ich von den Angehörigen jener beiden Parteien über diese Wunder an Können und an Eingebung sagen hören!

Mein Lehrer Lesueur, dieser redliche Mann, frei von Bitterkeit und Neid, der seine Kunst liebte, aber jenen musikalischen Dogmen, die ich dreist als Vorurteile und wahnwitzige Lehren bezeichne, völlig ergeben war, äußerte sich in dieser Sache sehr charakteristisch. Obwohl er sehr zurückgezogen lebte und ganz von seiner eigenen Arbeit in Anspruch genommen war, hatte er doch bald von dem Aufsehen gehört, das die ersten Konzerte des Konservatoriums und die Beethovenschen Symphonien in der musikalischen Welt erregten. Er wunderte sich darüber um so mehr, als er, wie seine Kollegen vom Institut, in der Instrumentalmusik eine untergeordnete Richtung, einen zwar schätzbaren, aber eher doch minderen Teil der Kunst sah, dessen Grenzen nach seiner Meinung von Haydn und Mozart gezogen worden waren und nicht mehr überschritten werden konnten.

Er folgte also dem Beispiel Bertons, der mitleidig auf die ganze moderne deutsche Schule herabsah – dem Beispiel Boïeldieus, der nicht recht wußte, was er davon denken sollte und eine kindliche Verwunderung zeigte gegenüber den geringsten harmonischen Kombinationen, die, wenn auch nur wenig, von den drei Akkorden abwichen, die er sein Leben lang angeschlagen hatte – dem Beispiel Cherubinis, der seinen Zorn verbarg und es nicht wagte, ihn über einen Meister ergehen zu lassen, dessen Erfolge ihn tief kränkten und das Gebäude seiner Lieblingstheorien bis in den Grund erschütterten – dem Beispiel Paërs, der mit italienischer Arglist über Beethoven, den er gekannt haben wollte, Anekdoten erzählte, die den großen Mann in ein wenig günstiges Licht stellten, für den Erzähler jedoch recht schmeichelhaft waren – dem Beispiel Catels, der böse auf alle Musik war und sich nur noch für sein Gärtchen und seine Rosenzucht interessierte – dem Beispiel Kreutzers endlich, der für alles, was uns von jenseits des Rheines zukam, Bertons freche Verachtung teilte: wie alle diese Meister, und obwohl er die fieberhafte Begeisterung sah, die die Künstlerschaft im allgemeinen und insbesondere mich ergriffen hatte, schwieg Lesueur, stellte sich taub und vermied es sorgfältig, die Konzerte im Konservatorium zu besuchen. Wenn er hingegangen wäre, hätte er sich über Beethoven eine Meinung bilden und sie aussprechen, hätte Zeuge der wilden Begeisterung sein müssen, die dieses Genie erregte, und das war es, was Lesueur, ohne es sich einzugestehen, vermeiden wollte. Ich tat jedoch so viel, ich sprach ihm so eindringlich von seiner Verpflichtung, ein so bedeutendes Ereignis wie die Einführung jenes neuen Stiles, jener riesenhaften Formen in unsere Kunst kennen zu lernen und persönlich zu beurteilen, daß er sich eines Tages in das Konservatorium schleppen ließ, wo Beethovens C-moll-Symphonie aufgeführt werden sollte. Um ihr ungestört und konzentriert zuhören zu können, setzte er sich in den Hintergrund einer Loge und schickte mich fort. Nach der Aufführung suchte ich ihn, um seine Meinung zu erfahren: Ich begegnete ihm auf einem der Gänge; er schien erhitzt und lief mit großen Schritten auf und ab. »Nun, lieber Meister ...« sagte ich zu ihm ... – »Ach! Ich gehe hinaus, ich muß an die Luft. Es ist unerhört! Es ist wunderbar! Es hat mich dermaßen bewegt, aufgeregt, erschüttert, daß ich beim Verlassen der Loge, als ich meinen Hut aufsetzen wollte, meinen Kopf kaum finden konnte. Lassen Sie mich allein. Auf morgen ...«

Ich triumphierte. Tags darauf eilte ich zu ihm. Das Gespräch kam sofort auf das Meisterwerk, das uns so heftig bewegt hatte. Lesueur ließ mich einige Zeit reden und bestätigte mit gezwungener Miene die Ausbrüche meiner Bewunderung. Allein es war leicht zu sehen, daß ich nicht mehr denselben Mann vor mir hatte wie Tags zuvor und daß dieses Thema ihm peinlich war. Ich fuhr jedoch fort, bis Lesueur, dem ich soeben ein neues Geständnis seiner tiefen Bewegung beim Anhören der Beethovenschen Symphonie entlockt hatte, den Kopf schüttelte und mit einem eigentümlichen Lächeln sagte: »Dennoch, solche Musik sollte man nicht machen.« Worauf ich erwiderte: »Sie können beruhigt sein, die wenigsten tun das.«

Armselige Naturen! ... Armseliger Meister! ... In dieser Äußerung, die, wenn auch in anderer Fassung, von so vielen Menschen bei ähnlichen Gelegenheiten wiederholt wird, liegen Eigensinn, Bedauern, Furcht vor dem Unbekannten, Neid und ein unausgesprochenes Eingeständnis von Ohnmacht. Denn wenn man gezwungen worden ist, die Macht und Schönheit einer Musik zu empfinden, und dann sagt: »Man sollte keine solche Musik machen!«, so erklärt man damit, daß man sich selbst hüten wird, so etwas zu schreiben, weil man eben nicht könnte, wenn man auch wollte.

Schon Haydn hatte derlei über Beethoven gesagt, den er beharrlich einen großen *Pianisten* nannte.(18)

Grétry sagte ähnlich Albernes über Mozart, der die Statue ins Orchester und den Sockel auf die Bühne gestellt habe.

Händel behauptete, sein Koch sei musikalischer als Gluck, und Rossini sagte von der Weberschen Musik, sie verursache ihm Leibweh.

Der Widerwille Händels gegen Gluck und Rossinis gegen Weber hat andere Ursachen: er gründet, meine ich, auf der Unfähigkeit solcher Genußmenschen, sensiblere Naturen zu begreifen. Der Haß aber, den die gesamte französische Schule und ein Teil der italienischen gegen Spontini hegte, entsprach gewiß jenen gemischten Gefühlen, von denen ich oben sprach, jenem neidvoll-lächerlichen Ressentiment, das La Fontaine in seiner Fabel »Der Fuchs und die Trauben« so köstlich gekennzeichnet hat.

Der Eigensinn, mit dem Lesueur wider sein besseres Wissen ankämpfte, öffnete mir nun vollends die Augen über die Nichtigkeit seiner Lehren, die er sich bemüht hatte, mir beizubringen; und ich verließ die alte breite Straße, um über Berg und Tal, durch Wald und Feld meinen Weg zu nehmen. Ich verstellte mich jedoch, so gut ich konnte, und Lesueur bemerkte meine Abtrünnigkeit erst viel später, als er die Kompositionen hörte, die ich mich gehütet hatte, ihm zu zeigen.

Ich werde auf die Konzertgesellschaft und auf Habeneck noch zurückkommen, wenn ich über meine Beziehungen zu diesem versierten, aber unvollkommenen und launenhaften Dirigenten zu berichten habe.

XXI.

Verhängnis – Ich werde Kritiker

Nun muß ich erzählen, welche Umstände mich dazu führten, die Hand an das Räderwerk der Kritik zu legen. Humbert Ferrand, Cazalès und de Carné, deren Namen in unseren politischen Zirkeln hinreichend bekannt sind, hatten eben zur Unterstützung ihrer religiösen und monarchistischen Ansichten eine literarische Zeitschrift, die ›Europäische Revue‹ gegründet. Um die Redaktion zu vervollständigen, wollten sie neue Mitarbeiter hinzugewinnen.

Humbert Ferrand schlug mir vor, die Musikkritik zu übernehmen. »Ich bin aber kein Schriftsteller«, sagte ich, als er mir davon sprach, »ich werde einen schlechten Stil schreiben, und ich traue mich eigentlich nicht...«

»Sie irren sich«, antwortete Ferrand, »ich habe Briefe von Ihnen gelesen, Sie werden die Übung, die Ihnen noch fehlt, bald erworben haben; außerdem werden wir vor dem Druck Ihre Artikel durchsehen und Ihnen die etwa noch nötigen Korrekturen angeben. Kommen Sie mit zu de Carné; dort wird man Sie mit den Bedingungen dieser Mitarbeiterschaft bekannt machen.«

Der Gedanke, eine derartige Waffe in Händen zu haben, um das Schöne zu verteidigen und das, was ich für das Gegenteil dieses Schönen hielt, anzugreifen, sagte mir sogleich zu, und die Aussicht, meine immer noch sehr knappen Geldmittel etwas vermehren zu können, bestimmte mich vollends. Ich ging mit Ferrand zu de Carné, und alles wurde abgeschlossen.

Ich habe nie viel Selbstvertrauen besessen, bevor ich meine Kräfte nicht erprobt hatte; hier aber wurde diese angeborene Veranlagung noch verstärkt durch einen unglücklichen Versuch, den ich auf dem Gebiet der musikalischen Polemik gemacht hatte, und zwar bei folgender Gelegenheit. Die Lästerungen der rossinifreundlichen Presse jener Zeit gegen Gluck, Spontini und die ganze Schule des musikalischen Ausdrucks und ihrer Vernunft, die Lobhudeleien, mit denen sie Rossini und sein sensualistisches Idiom stützte, ihre unglaublich alberne Art, beweisen zu wollen, daß Musik, ob dramatisch oder nicht, keinen anderen Zweck habe als das Ohr zu entzücken und nicht danach streben dürfe, Gefühle und Leidenschaften auszudrücken – kurz, diese Menge anmaßender Albernheiten aus dem Munde von Leuten, die nicht einmal die Tonleiter kannten, versetzte mich in heftige Wut.

Als ich eines Tages die Salbadereien eines jener Narren las, kam ich in die Versuchung, darauf zu antworten. Ich brauchte ein vernünftiges Forum, und so schrieb ich an Michaud, den Chefredakteur und Herausgeber der ›Quotidienne‹, einer damals recht beliebten Zeitung. Ich erklärte ihm mein Anliegen, meinen Zweck, meine Ansichten und versprach, in diesem Kampf ebenso gerecht wie heftig mich zu schlagen. Mein Brief, der ernst und amüsant zugleich war, gefiel ihm. Er ließ mir sofort eine freundliche Antwort zukommen, mein Vorschlag wurde angenommen und mein Artikel mit Ungeduld erwartet. »So! ihr Elenden!« rief ich, außer mir vor Freude, »jetzt habe ich euch!« Ich irrte mich, ich hatte weder irgend etwas noch irgend jemanden. Ich war in der Kunst des Schreibens zu unerfahren, mit der Welt und den Zeitungsverhältnissen zu wenig bekannt und in meiner Musikleidenschaft zu heftig, um nicht gleich am Anfang einen regelrechten Mißgriff zu begehen. Der Artikel, den ich Michaud brachte, war recht unzusammenhängend und schlecht verfaßt und überschritt außerdem alle Grenzen einer noch so hitzigen Polemik. Michaud ließ ihn sich vorlesen und meinte, erschrocken über meine Kühnheit: »Dies ist alles zwar wahr, aber Sie sind zu rücksichtslos, einen solchen Artikel kann ich unmöglich aufnehmen.« Ich versprach, ihn umzuarbeiten, und ging. Bald überkamen mich aber die Faulheit und der Ekel vor der Beobachtung so vieler Rücksichten, und ich gab mich nicht weiterhin damit ab.

Wenn ich von meiner Faulheit spreche, so geschieht es, weil sie bei meinen literarischen Arbeiten stets groß gewesen ist. Ich habe viele Nächte hindurch an meinen Partituren geschrieben; selbst die so ermüdende Arbeit der Instrumentierung hält mich manchmal acht Stunden lang unbeweglich an meinem Tische fest, ohne daß es mir nur einfällt, meine Stellung zu ändern; ich komme aber nicht ohne Überwindung zu dem Entschluß, eine Seite Prosa zu beginnen, und schon bei der zehnten Zeile (mit wenigen Ausnahmen) stehe ich auf, gehe im Zimmer herum, blicke auf die Straße, öffne das erstbeste Buch, das mir unter die Finger kommt, greife also zu allen Mitteln, um die Langeweile und die Müdigkeit zu bekämpfen, die sich meiner rasch bemächtigen. Ich muß mich acht bis zehnmal wieder daran setzen, um ein Feuilleton für das ›Journal des Débats‹ zu Ende zu bringen, selbst wenn das Thema mir gefällt, mich unterhält oder sogar begeistert. Und wieviele Korrekturen! Was für ein Gekritzel! Da muß man mein erstes Konzept erst sehen!...

Die musikalische Komposition ist für mich eine natürliche Beschäftigung, ein Glück, literarische Tätigkeit eine Anstrengung. Dennoch schrieb ich, ermutigt durch Ferrand, einige Artikel über Gluck, Spontini und Beethoven für die ›Europäische Revue‹, und auf de Carnés Anregungen hin korrigierte ich noch einiges; sie wurden gedruckt, mit Nachsicht aufgenommen, und ich begann auf diese Weise mit den Schwierigkeiten jener gefahrvollen Aufgabe bekannt zu werden, die mit der Zeit eine so große und beklagenswerte Bedeutung für mein Leben gewonnen hat. Man wird sehen, warum es mir unmöglich geworden ist, mich ihr zu entziehen, und welch mannigfache Einwirkungen sie auf meine künstlerische Laufbahn in Frankreich und anderswo ausgeübt hat.

XXII.

Wettbewerb für Komposition – Die Satzungen der Akademie der Schönen Künste – Ich erhalte den zweiten Preis

So war mein Gemüt Tag und Nacht von meiner Shakespeare-Liebe zerrissen; die Offenbarung der Werke Beethovens, weit entfernt, mich zu zerstreuen, schien vielmehr die schmerzliche Gewalt jener Leidenschaft noch zu verstärken; meine wenigen formwidrigen musikliterarischen Arbeiten füllten mich kaum aus, und so lebte ich immer in meinen Träumen, schweigsam bis zum völligen Verstummen, verwildert, in meinem Äußeren vernachlässigt, mir selbst und meinen Freunden unerträglich. In dieser Verfassung erwartete ich den Juni des Jahres 1828, den Zeitpunkt, an dem ich mich zum dritten Mal zum Wettbewerb im Institut meldete. Ich wurde wiederum zugelassen und erhielt den zweiten Preis.

Diese Auszeichnung besteht aus öffentlich überreichten Kränzen und einer Goldmedaille von freilich geringem Wert; außerdem erhält man freien Eintritt zu allen Opernhäusern sowie zahlreiche Vorteile zur Gewinnung des ersten Preises beim nächsten Wettbewerb.

Der erste Preis gewährt weit wichtigere Vorrechte. Er sichert dem Künstler für den Zeitraum von fünf Jahren ein jährliches Stipendium von dreitausend Francs zu, unter der Bedingung, daß er die beiden ersten Jahre an der französischen Akademie in Rom, das dritte auf Reisen in Deutschland verbringt. Den Rest dieser Summe empfängt er in Paris, wo er alsdann sein möglichstes tut, um sich Geltung zu verschaffen und nicht zu verhungern. Übrigens möchte ich hier eine Zusammenfassung dessen geben, was ich vor fünfzehn oder sechzehn Jahren in verschiedenen Zeitungen über die merkwürdige Organisation dieser Wettbewerbe geschrieben habe.

Alljährlich diejenigen unter den jungen französischen Komponisten ausfindig zu machen, deren Talent zu besonderen Hoffnungen berechtigt, und ihnen eine Ermunterung zuteil werden zu lassen durch die Möglichkeit, mit Hilfe eines Stipendiums fünf Jahre lang ausschließlich ihren Studien zu leben – das ist der doppelte Zweck der Einrichtung des Rompreises; das war auch die Absicht der Regierung, die ihn stiftete. Betrachten wir aber die Mittel, die man noch vor wenigen Jahren anwandte, um diese Absicht zu realisieren.

Zwar haben sich die Dinge seither etwas verändert, aber doch recht wenig.*

Die Tatsachen, die ich anführen will, werden zweifellos dem größten Teil meiner Leser recht eigentümlich und unwahrscheinlich vorkommen; da ich aber nacheinander den zweiten und den ersten Preis bei diesem Wettbewerb im Institut erhielt, werde ich nur Dinge berichten, die ich selbst erlebt habe und deren ich völlig sicher bin. Dieser Umstand erlaubt mir übrigens, meine volle Meinung zu sagen, ohne fürchten zu müssen, daß mir Groll als verletzte Eitelkeit ausgelegt wird, der lediglich Ausdruck meiner Liebe zur Kunst und meiner innersten Überzeugung ist.

Die Freiheit, von der ich in dieser Hinsicht bereits Gebrauch gemacht

* Sie sind heute völlig verändert. Der Kaiser hat vor kurzem den betreffenden Artikel der Satzungen des Instituts gestrichen, und es ist nicht mehr die Akademie der Schönen Künste, die den Preis für Komposition verleiht. 1865.

habe, veranlaßte Cherubini, diesen ärgsten Akademiker aller Zeiten, der sich infolgedessen durch meine Bemerkungen auch am schwersten getroffen fühlte, zu dem Ausspruch, daß, wer die Akademie angreift, *seine Amme schlägt*. Hätte ich nicht den Rompreis erhalten, könnte er mich dieser Undankbarkeit nicht beschuldigen, aber ich wäre in seinen Augen und in den Augen vieler anderer ein Besiegter gewesen, der seine Niederlage rächt. Daraus muß man den Schluß ziehen, daß ich mich auf keine Weise diesem geheiligten Thema hätte widmen dürfen. Ich widme mich ihm trotzdem und werde es ohne Schmerzen wie einen weltlichen Gegenstand behandeln.

Alle Franzosen oder naturalisierten Franzosen unter dreißig Jahren konnten und können noch heute nach dem Wortlaut der Satzungen zum Wettbewerb zugelassen werden.

Sobald der Zeitpunkt ausgeschrieben war, meldeten sich die Kandidaten im Sekretariat des Instituts. Dann unterzog man sie, als »vorläufige« Bewerber, einer Prüfung, um die fünf oder sechs Begabtesten unter ihnen herauszufinden.

Das Thema für die Hauptbewerbung mußte eine ernste lyrische Szene für eine oder zwei Stimmen mit Orchester sein; und um zu zeigen, daß sie melodisches Empfinden und dramatisches Ausdrucksvermögen, die Kunst der Instrumentation und die übrigen zur leidlichen Abfassung eines solchen Werkes erforderlichen Kenntnisse besaßen, mußten die Kandidaten eine Vokalfuge komponieren. Man gab ihnen einen Tag Zeit zu dieser Arbeit. Jede Fuge mußte mit Unterschrift versehen sein.

Am nächsten Tag versammelten sich die Mitglieder der Musiksektion des Instituts, lasen die Fugen und trafen eine Wahl, die nur allzu oft durch persönliche Interessen beeinflußt war, da immer eine gewisse Anzahl dieser mit Unterschrift versehenen Fugen von Schülern der Herren Akademiker herrührte.

Bald nachdem die Stimmen gesammelt und die Bewerber ausgesucht waren, mußten sie sich vorstellen, um den Text der Szene, die sie vertonen sollten, in Empfang zu nehmen. Der Sécrétaire perpétuel der Akademie der Schönen Künste diktierte ihnen die klassische Dichtung, die fast immer so anfing:

›Schon naht Aurora mit den Rosenfingern.‹

Oder:

›Schon grüßt der junge Tag belebend die Natur.‹

Oder:

›Schon färbt der Horizont in sanftem Lichte sich.«

Oder:

›Schon rückt im Strahlenglanz der Sonnenwagen vor.‹

Oder:

›Schon schmücken ferne Berge mit Purpur sich und Gold.«

usw. usw.

Jeder Kandidat, bewaffnet mit dem großartigen Poem, wurde nun einzeln mit einem Klavier in ein Zimmer, das man ›Zelle‹ hieß, eingeschlossen, bis er seine Partitur vollendet hatte. Morgens um elf und abends um sechs ließ der Wärter, der die Schlüssel zu sämtlichen Zellen besaß, die Gefangenen heraus, zum gemeinschaftlichen Mahl, aber es war ihnen verboten, das Institutsgebäude zu verlassen.

Alles, was sie von außen erhielten, Papier, Briefe, Bücher, Wäsche, wurde sorgfältig durchsucht, damit die Bewerber weder Hilfe noch Rat von irgendjemandem erhalten konnten. Dagegen erlaubte man ihnen, jeden Abend von sechs bis acht im Hof des Instituts Besuche zu empfangen, ja auch ihre Freunde zu lustigen Mahlzeiten einzuladen, bei denen man sich zwischen Bordeaux und Champagner mündlich oder schriftlich Gott weiß was alles mitteilen konnte. Eine Frist von drei Wochen war für die Komposition gegeben; diejenigen Komponisten, die fertig wurden, durften gehen, nachdem sie ihr Manuskript, wiederum mit Nummer und Unterschrift versehen, abgegeben hatten.

Wenn alle Partituren abgeliefert waren, versammelte sich der lyrische Areopag aufs neue und zog bei dieser Gelegenheit noch zwei Mitglieder aus anderen Sektionen des Instituts bei: zum Beispiel einen Bildhauer und einen Maler oder einen Kupferstecher und einen Architekten oder einen Bildhauer und einen Kupferstecher oder einen Architekten und einen Maler oder auch zwei Kupferstecher oder zwei Maler oder zwei Architekten oder zwei Bildhauer. Wichtig war nur, daß sie keine Musiker waren. Sie hatten jeder eine beschlußfähige Stimme und sollten über eine ihnen fremde Kunst urteilen. Man hörte sich all diese Szenen an, und obwohl sie für Gesang und Orchester geschrieben waren, wurden sie begleitet – auf dem *Klavier* . . . Und so ist es bis zum heutigen Tag.

Wohl kaum jemand würde im Ernst behaupten, man könne eine Orchesterkomposition in solcher Verstümmelung noch nach ihren wahren Qualitäten beurteilen. Wohl kann das Klavier bei einem Werk, das man schon in der Originalversion gehört hat, eine Vorstellung vom Orchester geben; das Gedächtnis wird dadurch wachgerufen, es ergänzt das fehlende, und man wird in der Einnerung ergriffen. Aber mit einem neuen Werk ist dies beim gegenwärtigen Zustand der Musik unmöglich. Eine Partitur wie »Ödipus« von Sacchini oder jede andere aus dieser Schule, in der die Instrumentation keine Rolle spielt, würde bei einer solchen Prüfung nichts einbüßen. Bei keiner modernen Komposition aber ist dies der Fall, vorausgesetzt, daß der Komponist die Hilfsmittel der heutigen Musik benutzt hat. Man höre sich einmal den Abendmahlsgang aus der »Krönungsmesse« von Cherubini auf dem Klavier an! Was wird aus jenen köstlichen gehaltenen Tönen der Blasinstrumente, durch die man sich in eine mystische Entzückung versetzt fühlt? Aus jener Verschlingung der Flöten- und Klarinettenstimmen, die fast die ganze Wirkung hervorbringt? Sie werden völlig verschwinden, da das Klavier einen Ton weder halten noch anschwellen lassen kann. Man begleite einmal auf dem Klavier das Duett des Kalchas und des Agamemnon (Nr. 3) aus »Iphigenie in Aulis« von Gluck! Da findet sich an der Stelle, wo vom Klageruf der Natur die Rede ist, eine Oboenlinie von tief schmerzlichen und meisterhaft konzipiertem Ausdruck, der natürlich, dank dieses genialen Einfalls, vernichtet oder entstellt ist. Ganz zu schweigen von den großen Orchesterwirkungen, von dem so reizvollen Gegensatz zwischen Streich- und Blasinstrumenten, von den scharf unterschiedenen Klangfarben der Holz- und Blechbläser, von den geheimnisvollen oder grandiosen Wirkungen der Schlaginstrumente, wenn sie in sanfter Abtönung, von ihrer ungeheuren Gewalt, wenn sie in ganzer Tonstärke verwandt werden, von den packenden Wirkungen, die durch die Konfrontation der einzelnen Orchestergruppen hervorgebracht wird (sofern sie bei der Aufführung im korrekten Abstand voneinander placiert sind), und hundert anderen Details, die ich nicht zu erwähnen brauche. Ich will damit nur sagen, daß sich hierin die Ungerechtigkeit und Absurdität der Bestimmungen in voller Größe manifestieren. Oder leuchtet es etwa nicht ein, daß das Klavier, dadurch, daß es alle Instrumentationswirkungen aufhebt, auch die Unterschiede zwischen den Komponisten ausgleicht? Der intelligente, geschickte, erfindungsreiche Instrumentator erscheint hier nicht größer als der Nichtskönner, der gerade noch die Anfangsgründe dieses Kunstfachs beherrscht. Der eine mag etwas für Posaune statt Klarinette, für Baßtuba statt Fagott setzen, die blödsinnigsten Fehler gemacht haben, er kennt vielleicht nicht einmal den Umfang der einzelnen Instrumente, während der andere einen großartigen Orchestersatz geschrieben hat, der vorurteilsfrei alle Köpfe abschlägt, die klugen wie die dummen, ohne daß es bei einer derartigen Ausführung möglich wäre, den Unterschied zwischen beiden zu bemerken. Das Klavier ist demnach für die Komponisten, die instrumentieren können, eine wahre Guillotine.

Wie dem auch sei – wenn die Szenen in dieser Weise zu Gehör gebracht sind, schreitet man zur Abstimmung (ich rede jetzt im Präsens, da sich in dieser Hinsicht nichts geändert hat). Der Preis wird verliehen. Nun glauben Sie, die Sache sei damit abgetan? Irrtum. Acht Tage darauf versammeln sich alle Sektionen der Akademie der Schönen Künste zur endgültigen Entscheidung. Die Maler, Bildhauer, Architekten, Medaillenschneider und Kupferstecher bilden diesmal ein imposantes Schiedsgericht von 30 bis 35 Mitgliedern, von denen übrigens die sechs Musiker nicht ausgeschlossen sind. Diese sechs können dem Mangel der unvollständigen und niederträchtigen Klavieraufführung bis zu einem gewissen Grade dadurch abhelfen, daß sie die Partituren nachlesen; für die anderen Akademiker aber sind das Bücher mit sieben Siegeln. Wenn nun die Ausführenden, Sänger und Klavierspieler, noch einmal, und zwar auf dieselbe Weise wie beim ersten Mal, jede Partitur zu Gehör gebracht haben, wird die verhängnisvolle Urne herumgereicht, man zählt die Stimmen, und das Urteil, das acht Tage zuvor von der musikalischen Sektion gefällt worden war, wird in letzter Begutachtung von der Majorität bestätigt, berichtigt oder aufgehoben.

So wird der Preis für Musik von Leuten vergeben, die keine Musiker sind und nicht einmal Gelegenheit haben, eine korrekte Aufführung der Originalkompositionen zu hören, unter denen sie wählen sollten.(19)

Um gerecht zu sein, muß ich hinzufügen, daß, wenn bei dieser Gelegenheit die Maler, Kupferstecher usw. über Musiker zu Gericht sitzen, diese es ihnen wieder heimzahlen bei den Wettbewerben für Malerei, Kupferstechkunst usw., wobei ganz ebenso die Preise nach der Mehrheit der Stimmen von der Versammlung aller Sektionen der Akademie der Schönen Künste verliehen werden. Und doch sagt mir mein innerstes Gewissen, daß, wenn ich die Ehre hätte, dieser gelehrten Körperschaft anzugehören, es mir sehr schwer fallen würde, mein Urteil zu begründen, wenn ich einem Kupferstecher oder einem Architekten den Preis zu erteilen hätte, und daß ich, um meine Unparteilichkeit zu beweisen, nichts besseres tun könnte, als mit Strohhalmen den Namen desjenigen zu ziehen, der den Preis am ehesten verdiente.

Am Tage der feierlichen Preisverteilung wird alsdann die von den Bildhauern, Malern und Kupferstechern bevorzugte Kantate vollständig aufgeführt. Das kommt etwas spät; es wäre jedenfalls besser gewesen, man hätte das Orchester zusammengerufen, bevor man sich ausspricht; und die durch jene verspätete Aufführung verursachten Kosten sind recht unnötig, da ja die getroffene Entscheidung nicht mehr umgestoßen werden kann; aber die Akademie ist neugierig: sie will das Werk, nachdem sie es gekrönt hat, auch kennen lernen ... Ein begreiflicher Wunsch ...

XXIII.

Der Türhüter des Instituts – Seine Enthüllungen

Zu meiner Zeit gab es im Institut einen alten Türhüter namens Pingard, der seinen Zorn über all diese Prozeduren auf komischste Art zum Ausdruck brachte. Seine Aufgabe war es, uns in die ›Zellen‹ einzuschließen, die Türen morgens und abends zu öffnen und unseren Verkehr mit denen, die uns in unseren freien Stunden besuchten, zu überwachen. Er versah außerdem das Amt eines Bureaudieners bei den Herren Akademikern, war infolgedessen Zeuge aller geheimen und öffentlichen Sitzungen und hatte dabei eine beträchtliche Anzahl von seltsamen Beobachtungen gemacht.

Mit sechzehn Jahren an Bord einer Fregatte als Schiffsjunge angeworben, hatte er fast alle Sundainseln durchstreift und war bei einem erzwungenen Aufenthalt auf Java dank seiner kräftigen Konstitution und, wie er sagte, als neunter Mann dem pestartigen Fieber entkommen, das die ganze übrige Mannschaft hinweggerafft hatte.

Ich lasse mir gern Geschichten aus fernen Ländern erzählen, höre aufmerksam und geduldig zu, folge bis in die kleinsten Details, in die sich die Episoden immer wieder verzweigen, wenn der Erzähler, der zu spät auf das Hauptthema zurückkommen will und nicht mehr weiß, welchen Weg er einschlagen soll, sich an die Stirn schlägt, um den abgerissenen Faden seiner Geschichte wieder aufzunehmen, mit den Worten: »Mein Gott ... wo war ich denn stehen geblieben? ... – dann bin ich glücklich, ihn wieder auf die Spur seines Leitgedankens zu bringen, ihm den Namen, den er suchte, das Datum, das er vergessen hatte, zu sagen, und es gewährt mir eine gewisse Befriedigung, ihn freudig ausrufen zu hören: »Ja so! Richtig, richtig! Jetzt bin ich wieder darauf gekommen!« Deswegen waren wir gute Freunde, der alte Pingard und ich. Er hatte mich von Anfang an geschätzt, weil ich Vergnügen daran fand, mit ihm über Batavia, Celebes, Amboyne, Koromandel, Borneo oder Sumatra zu sprechen, und weil ich ihm öfters neugierige Fragen über die javanesischen Frauen gestellt hatte, deren Liebe den Europäern verhängnisvoll wird und mit denen der Kerl so ausgiebige Liebesabenteuer gehabt hatte, daß er fürchten mußte, die Nachsicht, die die Cholera mit ihm gehabt hatte, könnte von der Schwindsucht gerächt werden. Als ich eines Tages im Zusammenhang mit Syrien auf Volney zu sprechen kam, den Grafen Volney, der so durch und durch ungräflich war, sich ganz einfach kleidete, z. B. statt seidener blau-wollene Strümpfe trug, wuchs seine Achtung für mich beträchtlich; seine Begeisterung kannte aber keine Grenzen mehr, als ich ihn fragte, ob er den berühmten Reisenden Levaillant gekannt habe.

– Monsieur Levaillant! ... rief er lebhaft, und ob ich ihn kenne! ... Hören Sie! Eines Tages, wie ich pfeifend am Kap der Guten Hoffnung spazieren ging ... ich erwartete eine kleine Negerin, die mich zu einem Stelldichein am Strand bestellt hatte, weil ich, unter uns gesagt, Gründe hatte, sie nicht bei mir zu empfangen. Ich muß Ihnen sagen...

– Schon gut, schon gut, wir sprachen von Levaillant.

– Richtig, ja! Also, wie ich am Kap der Guten Hoffnung herumschlendere und dabei pfeife, dreht sich ein großer, sonnverbrannter Mann mit einem mächtigen Bart nach mir um: er hatte mich auf Französisch pfeifen hören und wahrscheinlich daran erkannt.

– Sag' einmal, Junge, sagt er zu mir, bist du Franzose?

– Das will ich meinen, daß ich Franzose bin, sage ich zu ihm, ich bin aus Giret, im Departement Ardennes, aus der Heimat Méhuls.*

– So! Du bist Franzose?

– Ja.

– So, so! ... Und er kehrte mir den Rücken. Es war Levaillant. Sie sehen, ich habe ihn gekannt.

Der alte Pingard also war mein Freund, und er hatte Vertrauen zu mir, denn er enthüllte mir Dinge, die er anderen gegenüber kaum auch nur angedeutet hätte. Ich entsinne mich noch eines lebhaften Gesprächs zwischen ihm und mir am Tage der Preisverleihung. Man hatte uns in jenem Jahre als Thema für die Ausschreibung eine Episode aus »Tasso« gegeben. Herminia legt Clorindens Rüstung an und geht unter dem Schutz dieser Verkleidung aus den Toren Jerusalems, um dem verwundeten Tankred die Dienste ihrer treuen, unglücklichen Liebe anzubieten. Mitten in der dritten Arie (die Kantaten des Instituts enthalten nämlich stets drei Arien; nach der obligaten ›Morgenröte‹ kommt das erste Rezitativ mit der ersten Arie, dann das zweite Rezitativ und die zweite Arie, auf die das dritte Rezitativ und die dritte Arie folgen, das Ganze für ein und dieselbe Person) – mitten in der dritten Arie also kamen folgende Verse vor:

> Du Gott der Christen, hab' Erbarmen!
> Den ich unwisend einst geschmäht,
> Ach! Neige gnädig dich der Armen,
> Die heut' in Demut zu Dir fleht!

Ich war dreist genug, zu meinen, daß diese Strophe, obwohl für die Arie ein agitato vorgeschrieben war, Gegenstand eines Gebetes sein

* Méhul ist tatsächlich aus Giret gebürtig; ich bezweifle aber, daß er schon zu der Zeit geboren war, als Pingard über ihn mit Levaillant gesprochen haben wollte.

müßte, und ich hielt es für unmöglich, den Gott der Christen durch die zitternde Königin von Antiochien mit melodramatischem Geschrei und der Begleitung eines rasenden Orchesters anrufen zu lassen. Ich machte also ein Gebet daraus, und wenn meine Partitur überhaupt etwas Annehmbares enthielt, so war es sicherlich dieses Andante.

Als ich am Tag des Gerichts im Institut ankam, um mein Schicksal zu erfahren und zu hören, ob die Maler, Bildhauer, Medaillenschneider und Kupferstecher mich für einen guten oder schlechten Musiker erklärt hatten, begegnete ich auf der Treppe dem alten Pingard.

– Nun, sagte ich zu ihm, was haben sie beschlossen?

– So! ... Sie sind es, Berlioz! ... Wie freue ich mich! Ich suchte Sie schon.

– Was habe ich erhalten? Nun, sagen Sie rasch, einen ersten Preis, einen zweiten, eine ehrenvolle Erwähnung oder gar nichts?

– Ich bin noch ganz aufgeregt ... Wenn ich Ihnen sage, daß Ihnen zum ersten Preis nur zwei Stimmen gefehlt haben.

– Davon habe ich bei Gott nichts gewußt; es ist das erste Wort, das ich davon höre.

– Wenn ich es Ihnen aber doch sage! ... Sie haben den zweiten Preis, das ist ganz gut; aber es fehlten Ihnen nur zwei Stimmen, dann hätten Sie den ersten erhalten. O! Das hat mich geärgert; Sie wissen, ich bin ja weder Maler noch Architekt noch Kupferstecher und verstehe infolgedessen nichts von Musik; trotz alledem hat mir Ihr »Gott der Christen« im Herzen so ein gewisses Klopfen verursacht, das mich ganz aus der Fassung gebracht hat. Und Sakrament, wenn ich Sie in diesem Augenblick gesehen hätte, ich wäre ... ich hätte Sie zu einem Kaffee eingeladen ...

– Danke, danke, mein lieber Pingard, Sie sind zu gütig. Sie verstehen etwas. Sie haben Geschmack. Übrigens, haben Sie nicht die Küste von Koromandel besucht?

– Weiß Gott! Gewiß – aber warum?

– Java?

– Ja, aber ...

– Sumatra?

– Ja.

– Borneo?

– Ja.

– Sie haben Levaillant sehr nahe gestanden?

– Gewiß, wie ein Finger dem andern.

– Sie haben oft mit Volney gesprochen?

– Mit dem Grafen Volney, der blaue Strümpfe trug?

– Ja.

– Gewiß.

– Nun also! Dann sind Sie sehr wohl befähigt, über Musik zu urteilen.

– Wieso das?

– Man braucht nicht zu wissen, wieso! Nur, wenn man Sie zufällig fragen sollte: »Mit welchem Recht beurteilen Sie das Verdienst der Komponisten? Sind Sie Maler, Kupferstecher, Architekt, Bildhauer?« dann müssen Sie antworten: »Nein, ich bin ... Reisender, Seemann, Freund von Levaillant und Volney. Das ist mehr, als nötig ist.« Und nun, wie verlief eigentlich die Sitzung?

– Ach! lassen Sie mich damit in Ruhe; es ist stets dasselbe. Ich dürfte dreißig Kinder haben, und der Teufel soll mich holen, wenn ich auch nur ein einziges davon für die Kunst bestimmen würde. Denn ich sehe doch, wie es zugeht. Sie wissen nicht, was das für eine verdammte Wirtschaft ist ... zum Beispiel, sie verschenken, sie verkaufen untereinander ihre Stimmen. Hören Sie, ich habe einmal beim Wettbewerb für Malerei gehört, wie Monsieur Lethière für einen seiner Schüler Monsieur Cherubini um seine Stimme bat. »Wir sind alte Freunde«, sagte er zu ihm, »du wirst mir das nicht abschlagen. Übrigens hat mein Schüler Talent, sein Bild ist sehr gut.« – »Nein, nein, nein, ich will nicht, ich will nicht«, antwortete der andere, »dein Schüler hatte mir ein Album versprochen, das meine Frau sich wünschte, und hat keinen Baum für sie gezeichnet. Ich gebe ihm meine Stimme nicht.«

– »O! das ist sehr unrecht«, meinte Lethière, »ich stimme für deine Schüler, du weißt es wohl, und du willst nicht für die meinen stimmen!« – »Nein, ich will es nicht.« – »Nun, dann will ich dein Album selber malen, mehr kann ich doch nicht tun.« – »So? Das ist etwas anderes. Wie heißt dein Schüler? Ich vergesse immer seinen Namen; sage mir auch seinen Vornamen und die Nummer des Bildes, damit ich nichts verwechsle. Ich werde mir alles notieren.« – »Pingard!« – »Monsieur!« – »Einen Bleistift und Papier!« – »Hier, Monsieur!« Sie gehen in die Fensternische, schreiben drei Worte, und als sie wieder zurückkommen, höre ich im Vorbeigehen den Musiker zu dem andern sagen: »Es ist gut! Er hat meine Stimme.« Nun, ist das nicht abscheulich? Und wenn einer meiner Söhne den Wettbewerb mitmachte und man würde ihm solche Streiche spielen, wäre das für mich nicht genug, um zum Fenster hinauszuspringen?

– Nun, nun, beruhigen Sie sich, Pingard, und erzählen Sie mir, wie es heute ausgegangen ist.

– Ich habe es Ihnen schon gesagt, Sie haben den zweiten Preis, und es fehlten Ihnen zum ersten nur zwei Stimmen. Als Monsieur Dupont Ihre Kantate gesungen hatte, haben sie angefangen, ihre Zettel zu schreiben, und ich habe die Urne* gebracht. Neben mir war ein Musiker, der sich leise mit einem Architekten unterhielt und zu ihm sagte: »Sehen Sie, aus dem wird nie etwas werden; geben Sie ihm Ihre Stimme nicht, es ist ein verlorener junger Mensch. Er bewundert nur Beethovens Exaltationen; man wird ihn nie wieder auf den rechten Weg bringen können.« – »Glauben Sie?« sagte der Architekt, »immerhin ...« – »O! Das ist ganz sicher! Übrigens fragen Sie unseren berühmten Cherubini; Sie zweifeln doch hoffentlich nicht an seiner Erfahrung; er wird Ihnen, wie ich, sagen, daß dieser junge Mann verrückt ist, daß Beethoven ihm den Kopf verdreht hat.«

– Entschuldigen Sie, unterbrach sich Pingard, aber wer ist denn dieser Monsieur Beethoven? Der gehört nicht zum Institut, und doch spricht alle Welt von ihm.

– Nein, er gehört nicht zum Institut. Er ist ein Deutscher. Erzählen Sie weiter.

» Ach, mein Gott! Das ist bald abgemacht. Als ich dem Architekten die Urne reichte, sah ich, daß er, statt Ihnen, der Nr. 4 seine Stimme gegeben hatte. Das war alles. Plötzlich steht einer der Musiker auf und spricht: »Meine Herren, bevor wir fortfahren, muß ich Sie darauf aufmerksam machen, daß das zweite Stück der eben gehörten Partitur eine sehr originelle Instrumentierungskunst enthält, die auf dem Klavier nicht zur Geltung kommen kann und von großer Wirkung sein müßte. Es wäre gut, darüber unterrichtet zu werden.« – »Was, zum Teufel, erzählst du uns da«, antwortete ein anderer Musiker, »dein Schüler hat das vorgeschriebene Programm nicht eingehalten. Statt nur einer Allegro-Arie hat er zwei geschrieben und mittendrin ein Gebet eingeschoben, das er nicht machen sollte. Die Vorschriften dürfen nicht außer acht gelassen werden. Man muß ein Exempel statuieren.« – »O! Das ist zu stark! Was meint der Herr Sekretär dazu?« – »Ich finde das etwas streng und glaube, daß man die Freiheit, die Ihr Schüler sich herausgenommen hat, verzeihen kann. Es ist aber wichtig, daß die Prüfungskommission über jene von Ihnen angegebene kunstvolle Stelle aufgeklärt wird, da sie uns in der Wiedergabe auf dem Klavier entgangen ist.« – »Nein«, sagt Monsieur Cherubini, »dieser vorgebliche Instrumentationseffekt existiert nicht, es ist einfach ein Durcheinander, aus dem man nicht klug wird und der, vom Orchester gespielt, abscheulich klingen würde.« – »Mein Gott, meine Herren, verständigen Sie sich

* Die Urne. Der biedere Pingard hat es sich nie nehmen lassen, dieses Gefäss so zu bezeichnen.

doch«, rufen von allen Seiten die Maler, die Bildhauer, die Architekten und die Kupferstecher, »Wir können doch nur das beurteilen, was wir hören, und wenn Sie über das sonstige sich nicht einig sind ... «

– »O doch!«

– »O nein!«

– »Aber, mein Gott!«

– »He! Zum Teufel!«

– »Ich sage Ihnen, daß ...«

– »Gehen Sie! ...«

Kurz und gut, sie schrien alle auf einmal. Monsieur Regnault und zwei andere Maler, denen dies lästig wird, erklären sich für inkompetent, weigern sich, mitabzustimmen, und gehen. Dann wurden die Zettel in der Urne gezählt, und es fehlten Ihnen zwei Stimmen. So kam es, daß Sie nur den zweiten Preis erhielten.

– Ich danke Ihnen, mein guter Pingard; aber sagen Sie einmal, ging es in der Akademie am Kap der Guten Hoffnung auch so zu?

– Oh, warum nicht? Was für ein Spaß! Eine Akademie am Kap? Ein Hottentotten-Institut! Sie wissen doch, daß es keins gibt!

– Wirklich? Und bei den Indiern von Koromandel auch nicht?

– Nein.

– Und bei den Malaien?

– Noch weniger.

– Dann gibts also in diesen Gegenden überhaupt keine Akademien? Wie traurig für die Leute ...

– Sie tragen es mit Fassung.

– Ja, ja, Barbaren ...

Darauf verließ ich den alten Türhüter, Wächter und Amtsdiener des Instituts und dachte darüber nach, wie vorteilhaft es wäre, die Akademie nach Borneo zu schicken, um diese Insel zu zivilisieren. Ich entwarf schon den Plan zu einem Antrag, den ich an die Akademiker selber richten wollte, um sie zu veranlassen, einmal am Kap der Guten Hoffnung spazieren zu gehen wie Pingard. Doch wir Abendländer sind so egoistisch, unsere Nächstenliebe ist so schwach, daß jene armen Malaien, jene unglücklichen Hottentotten, die keine Akademie besitzen, mich nicht länger als zwei oder drei Stunden beschäftigten; am folgenden Tage dachte ich schon nicht mehr daran. Zwei Jahre darauf erhielt ich endlich, wie man noch sehen wird, den ersten großen Preis. Inzwischen war der redliche Pingard gestorben, und das war schade; denn wenn er meine ›Feuersbrunst‹ in Sardanapals Palast gehört hätte, wäre er imstande gewesen, mir einen doppelten Kaffee zu bezahlen.

XXIV.

Immer wieder Miß Smithson – Eine Benefizvorstellung – Grausamer Zufall

Nach diesem Wettbewerb und der darauffolgenden Preisverteilung verfiel ich aufs neue in jenes dämmerige Nichtstun, das bei mir zum Normalzustand geworden war. Fast ebenso ruhmlos wie zuvor, kreiste ich als unbekannter Planet um meine Sonne ... eine strahlende Sonne, die aber – ach – so traurig verlöschen sollte! ... Ha! die schöne Estella, die *Stella montis*, meine *Stella matutina* war damals wirklich ganz und gar verschwunden; sie hatte sich in den Tiefen des Himmels verloren, war von dem großen Gestirn meines Mittags verdunkelt worden, und ich hoffte nicht, sie jemals wieder am Horizont erscheinen zu sehen ... Ich vermied es, am Englischen Theater vorbeizugehen, und wandte die Augen ab, um Miß Smithsons Bild nicht zu sehen, das bei jedem Buchhändler ausgestellt war, schrieb aber an sie, ohne von ihr auch nur eine Zeile als Antwort zu erhalten. Nach einigen Briefen, die sie eher erschreckt als gerührt hatten, verbot sie ihrer Zofe, weitere von mir anzunehmen, und nichts vermochte ihren Entschluß zu ändern. Außerdem sollte das Englische Theater geschlossen werden; man sprach von einer Tournee der ganzen Truppe nach Holland, und schon wurden Miß Smithsons letzte Vorstellungen angekündigt. Ich hütete mich, zu erscheinen. Ich sagte es schon: Julia oder Ophelia noch einmal auf der Bühne zu sehen, wäre für mich ein unerträglicher Schmerz gewesen. Da aber eine Benefizvorstellung zugunsten des französischen Schauspielers Huet in der Opéra-Comique angesetzt war, bei der auch zwei Akte aus *»Romeo und Julia«*, mit Miss Smithson und William Abott, zur Aufführung gelangen sollten, setzte ich mir in den Kopf, meinen Namen auf dem Anschlagzettel neben dem der großen Tragödin gedruckt zu sehen. Ich hoffte, unter ihren Augen einen Erfolg zu erzielen, ging, fasziniert von dieser kindischen Idee, zum Direktor der Opéra-Comique und bat ihn, eine Ouvertüre von mir auf das Programm zu setzen. Im Einverständnis mit dem Dirigenten willigte er ein. Als ich zur Probe meiner Ouvertüre ins Theater kam, arbeiteten die englischen Schauspieler noch an der Szene im Grabgewölbe; der verzweifelte Romeo nahm Julia in seine Arme ... mein Blick fiel unwillkürlich auf die Shakespearesche Gruppe. Ich stieß einen Schrei aus und floh händeringend von dannen. Julia hatte mich erblickt und gehört ... ich flößte ihr Angst ein. Sie deutete auf mich und bat die Schauspieler, die mit ihr auf der Bühne waren, diesen Gentleman im Auge zu behalten.

Eine Stunde später kehrte ich zurück. Das Theater war leer. Die Orchestermitglieder hatten sich versammelt, man spielte meine Ouvertüre; ich hörte sie wie ein Nachtwandler, ohne eine geringste Bemerkung zu machen. Die Musiker applaudierten. Ich faßte einige Hoffnung, daß das Stück auf das Publikum und mein Erfolg auf Miß Smithson Eindruck machen werde. Ich armer Tor!

Man wird kaum an diese meine bodenlose Unkenntnis der Welt, in deren Mitte ich lebte, glauben.

Bei einer Benefizvorstellung in Frankreich betrachtet das Publikum eine Ouvertüre, und wäre es auch die Ouvertüre zum »Freischütz« oder zur »Zauberflöte«, einfach als Vorspiel und schenkt ihr nicht die geringste Aufmerksamkeit. Und wenn das Publikum auch mit Andacht zuhören würde, könnte eine solche Ouvertüre, ganz allein und von einem kleinen Orchester wie dem der Opéra-Comique gespielt, nur eine minimale musikalische Wirkung erzielen. Andererseits kommen die großen Schauspieler bei Benefiz-Vorstellungen quasi in letzter Minute ins Theater; das übrige Programm kennen sie meist nicht, und es interessiert sie auch nicht. Sie eilen in die Garderobe, haben dann ihren Auftritt und verschwinden wieder. Ich hatte also nicht bedacht, daß, selbst wenn meine Ouvertüre bei solcher Gelegenheit durch einen unwahrscheinlichen Zufall einen Begeisterungserfolg erringen sollte und auf drängendes Verlangen des Publikums wiederholt werden müßte, Miß Smithson von diesem Ereignis nicht einmal Kenntnis erhalten würde. Sie war gewiß ganz von ihrer Rolle in Anspruch genommen und ging sie wohl auch in der Garderobe durch, während sie sich von der Zofe ankleiden ließ. Und wenn sie auch etwas davon bemerkt hätte – wäre das für sie ein großes Ereignis gewesen? »Was ist das für ein Lärm?« würde sie, wenn sie das Klatschen gehört hätte, gefragt haben. – »Nichts, Fräulein, es ist eine Ouvertüre, die zum zweitenmal verlangt wird.« Übrigens hätte ein so belangloser Erfolg nicht genügen können, um Miß Smithsons Gleichgültigkeit gegen den Komponisten in Liebe zu verwandeln, gleichviel, ob ihr dieser bekannt gewesen wäre oder nicht.

Meine Ouvertüre wurde gut gespielt, sogar beklatscht, aber nicht wiederverlangt, und Miß Smithson erfuhr von der ganzen Sache nicht das geringste. Nach einem neuen Triumph in ihrer Lieblingsrolle reiste sie am folgenden Tage nach Holland ab. Durch einen Zufall (an den sie niemals hat glauben wollen) hatte ich mich in der Rue Richelieu Nr. 96, fast gegenüber von ihrer Wohnung, an der Ecke der Rue Neuve-Saint-Marc, einquartiert.

Nachdem ich, gebrochen und totkrank, seit dem Abend vorher bis nachmittags um 3 auf meinem Bett liegen geblieben war, stand ich auf und ging mechanisch, wie gewöhnlich, ans Fenster. Eine jener willkürlichen und feigen Grausamkeiten des Schicksals wollte es, daß ich in diesem Augenblick Miß Smithson in ihren Wagen steigen und nach Amsterdam abreisen sah ... Es ist schwer, den Schmerz, den ich empfand, zu beschreiben; dieses Reißen im Herzen, diese schreckliche Verlassenheit, dieses Gefühl der Öde in der Welt, diese tausendfältigen Qualen, die mit dem halberstarrten Blut in den Adern kreisen, diesen Überdruß am Leben, diese Unmöglichkeit, zu sterben – davon hat selbst Shakespeare nie einen Begriff zu geben versucht. Er hat sich damit begnügt, im »Hamlet« diesen Schmerz zu den qualvollsten Leiden des Lebens zu zählen.

Ich komponierte nicht mehr; mein Verstand schien in dem Maße abzunehmen, wie meine Reizbarkeit zunahm. Ich tat nichts ... als leiden.

XXV.

Dritter Wettbewerb im Institut – Es wird kein erster Preis erteilt – Seltsame Unterhaltung mit Boieldieu – Die beruhigende Musik

Im Juni 1829 stand mir der Kampfplatz des Instituts wieder offen. Ich hegte große Hoffnung, diesmal zum Ziel zu gelangen; von allen Seiten kamen mir die günstigsten Voraussagen zu. Die Mitglieder der Musik-Sektion selbst deuteten an, daß ich den ersten Preis davontragen würde. Überdies konkurrierte ich, der ich schon den zweiten Preis errungen hatte, mit Schülern, denen noch keinerlei Auszeichnung zuteil geworden war, mit gewöhnlichen Sterblichen, und meine Eigenschaft als gekröntes Haupt gab mir ihnen gegenüber große Vorteile. Da ich also fortwährend sagen hörte, ich könne meiner Sache sicher sein, stellte ich schließlich folgende unglückliche Überlegung an, deren Unrichtigkeit mir die Erfahrung bald zeigen sollte: »Wenn die Herren im voraus entschlossen sind, mir den ersten Preis zu geben, sehe ich nicht ein, warum ich mich, wie im letzten Jahr, dazu zwingen sollte, in ihrem Stil und Sinne zu schreiben, statt meiner eigenen Empfindung und dem meiner Natur gemäßen Stil Ausdruck zu geben. Seien wir also ein ernsthafter Künstler und schreiben wir eine Kantate von ausgeprägter Eigenart.«

Man gab uns als Thema »Kleopatra nach der Schlacht bei Aktium«. Die ägyptische Königin ließ sich von der giftigen Viper stechen und starb in Zuckungen. Bevor sie ihren Selbstmord beging, flehte sie in religiöser Angst die Manen der Pharaonen an; sie fragte, ob sie, die zuchtlose und verbrecherische Königin, in eins der Riesengräber aufgenommen werden dürfe, die den Manen ruhmvoller und tugendhafter Herrscher errichtet worden waren.

Hier war ein großartiger Gedanke zum Ausdruck zu bringen. Schon oft hatte ich im Geiste den unsterblichen Monolog von Shakespeares Julia in Musik gesetzt:

›But if when I am laid into the tomb . . .‹

in dem, zumindest was die Angst anbelangt, ähnliche Empfindungen ausgedrückt werden wie in der Anrufung, die unser französischer Reimeschmied der Kleopatra in den Mund gelegt hatte.(20) Ich war sogar ungeschickt genug, den oben angeführten Vers als Motto auf meine Partitur zu schreiben, und schon dies allein war für Akademiker der Schule Voltaires, wie meine Richter es waren, ein unverzeihliches Vergehen.

Ich komponierte also mühelos über dieses Thema ein Musikstück, das, wie mir scheint, einen weiten Bogen besitzt, originelle Rhythmen enthält sowie enharmonische Verbindungen von feierlich-tragischem Charakter und dessen Melodie sich in einer langsamen, fortdauernden Steigerung dramatisch entwickelt. Später habe ich daraus, ohne etwas zu ändern, den ›Chor der Schatten‹ (unisono und in Oktaven) in meinem lyrischen Monodram »Lélio« gemacht.(21)

Ich habe diesen Chor in meinen Konzerten in Deutschland gehört und kenne seine Wirkung gut. Die Erinnerung an den Rest jener Kantate ist meinem Gedächtnis entschwunden, aber dieses Stück allein hätte, glaube ich, den ersten Preis verdient. Infolgedessen erhielt es ihn nicht. Übrigens wurde keine Kantate preisgekrönt. Die Jury zog es vor, keinen ersten Preis zu verleihen, um nur ja nicht einen jungen Komponisten, der so schreckliche Tendenzen verriet, zu ermutigen. Am Tag nach diesem Beschluß begegnete ich auf dem Boulevard dem Komponisten Boieldieu. Ich möchte unsere Unterhaltung wörtlich wiedergeben: sie ist zu merkwürdig, als daß ich sie hätte vergessen können.

Als er mich erblickte, sagte er: Mein lieber Junge, was haben Sie denn da wieder angestellt? Sie hatten den Preis in der Hand und haben ihn verschmäht.

– Ich habe doch mein Bestes getan, mein Herr, ich kann es bezeugen.

– Das ist ja gerade, was wir Ihnen vorwerfen. Sie sollten nicht Ihr Bestes tun; Ihr Bestes ist der Feind des Guten. Wie könnte ich solche Dinge billigen, ich, der ich doch von Musik beruhigt werden möchte?

– Ich halte es für ziemlich schwierig, beruhigende Musik zu machen, wenn eine Königin, von Gewissensbissen gequält, vergiftet durch einen Schlangenbiß, in moralischen und physischen Qualen stirbt.

– O! Sie werden sich zu rechtfertigen wissen, daran zweifle ich nicht; doch dies beweist noch nichts; man kann immer noch anmutig sein.

– Ja, die antiken Gladiatoren verstanden, anmutig zu sterben; Kleopatra aber war nicht so geschickt, es war nicht ihr Beruf. Außerdem starb sie nicht vor einem Publikum.

– Sie übertreiben; wir verlangten nicht von Ihnen, sie einen Kontertanz singen zu lassen. Und wozu diese fremdartigen Harmonien bei der Anrufung der Pharaonen? ... Ich bin kein Harmoniker und gestehe Ihnen, daß mir Ihre Akkorde so unverständlich waren, als kämen sie aus einer anderen Welt.

Hier senkte ich den Kopf, da ich die Antwort, die die Vernunft mir eingab, nicht auszusprechen wagte: Ist es meine Schuld, wenn Sie kein Harmoniker sind? ...

– Und dann, fuhr er fort, wozu in ihrer Begleitung diesen Rhythmus, den man noch nie gehört hat?

– Ich dachte nicht, daß man in der Komposition neue Mittel vermeiden soll, wenn man das Glück hat, solche zu finden, und wenn sie angebracht sind.

– Aber, mein Lieber, Madame Dabadie, die Ihre Kantate gesungen hat, ist hochmusikalisch, und doch konnte man bemerken, daß sie ihr ganzes Talent, ihre volle Aufmerksamkeit aufwenden mußte, um sich nicht zu irren.

– Zugegeben, mir war bisher nicht bekannt, daß man bei der Musik sonst kein Talent und keine Aufmerksamkeit aufzubieten hat.(22)

– Gut, gut, Sie werden nie um eine Antwort verlegen sein, das weiß ich. Leben Sie wohl, machen Sie sich diese Lektion für das nächste Jahr zunutze. Indessen besuchen Sie mich, wir reden miteinander; ich werde Sie bekämpfen, aber mit französischer Ritterlichkeit.

Er entfernte sich stolz auf seinen *Abgang mit Pointe*, wie man am Theater sagt. Um jene Pointe, die eines Elleviou* würdig gewesen wäre, nach Gebühr zu schätzen, muß man wissen, daß er, als er sie auf mich abschoß, sozusagen ein Zitat aus einer seiner Opern (»Johann von Paris«) anbrachte, in der er den französischen Ritter mit wallendem Federbusch in Musik gesetz hat.

Und doch faßte Boieldieu in dieser naiven Unterhaltung lediglich die zu jener Zeit in Frankreich herrschenden Ansichten über Musik zusammen. Auch das große Publikum wollte, selbst für die schrecklichsten Situationen, eine besänftigende Musik, zwar dramatisch angehaucht, aber eine nicht zu deutliche Musik, farblos, frei von neuen Harmonien,

---

* Berühmter Schauspieler der Opéra-Comique, der den Typ galanter französischer Ritterlichkeit im Empire verkörperte.

von neuen Formen, von ungewöhnlichen Rhythmen, von unerwarteten Effekten, eine Musik, die von den Ausübenden wie von den Zuhörern weder großes Talent noch sonderliche Aufmerksamkeit verlangt. Man wollte einen liebenswürdigen, gefälligen Stil, mit anliegenden Hosen und Stulpenstiefeln, weder heftig noch träumerisch, sondern heiter, einen Troubadour, einen französischen Ritter ... aus Paris.

Vor einigen Jahren wollte man etwas anderes, etwas, das kaum besser war. Jetzt weiß man nicht, was man will, oder vielmehr, man will gar nichts.

Wo, zum Teufel, hatte der liebe Gott den Kopf, als er mich in diesem anmutigen Frankreich zur Welt kommen ließ? ... Und doch liebe ich dieses eigentümliche Land, sobald es mir gelingt, die Kunst zu vergessen und nicht mehr über unsere blödsinnigen politischen Unruhen nachzudenken. Wie lustig geht es manchmal dort zu! Wie kann man dort lachen! Was für eine Verschwendung an Ideen! (mit dem Mund zumindest). Wie zerreißt man dort das Weltall und dessen Herrscher mit hübschen weißen Zähnen und schönen blanken Nägeln! Wie sprüht der Geist! Wie weiß man mit Worten zu spielen! Wie wird dort royalistisch und republikanisch aufgeschnitten! ... Die letztere Art ist weniger lustig ...

XXVI.

Ich lese zum erstenmal Goethes »Faust« – Ich schreibe meine »Symphonie fantastique« – Vergeblicher Versuch einer Aufführung

Als bemerkenswertes Ereignis meines Lebens muß ich noch den Eindruck registrieren, den ich von Goethes »Faust« erhielt, als ich ihn zum erstenmal in der französischen Übersetzung von Gérard de Nerval gelesen habe. Das wunderbare Buch faszinierte mich sogleich; es verließ mich nicht mehr; ich las es ständig, bei Tisch, im Theater, auf der Straße.

Die Übersetzung in Prosa enthielt auch gereimte Bruchstücke, Lieder, Gesänge usw. Ich konnte der Versuchung nicht widerstehen, einige in Musik zu setzen; und kaum hatte ich diese schwierige Aufgabe zu Ende geführt, als ich, ohne eine Note meiner Partitur gehört zu haben, die Dummheit beging, sie drucken zu lassen ... und zwar auf meine Kosten. Einige Exemplare dieses Werkes, das unter dem Titel: »Acht Szenen aus ›Faust‹« in Paris erschienen war, verbreiteten sich auf diese Weise. Eins davon fiel M. Marx in die Hände, dem berühmten Kritiker und Theoretiker aus Berlin, der die Güte hatte, mir einen wohlwollenden Brief zu schreiben. Diese unerhoffte, aus Deutschland kommende Ermutigung machte mir, wie man sich denken kann, große Freude; sie vermochte mich jedoch nicht lange über die zahlreichen und groben Fehler der Komposition hinwegzutäuschen, deren Ideen ich noch für wertvoll halte und in meiner Legende »La Damnation de Faust«, allerdings in einer überarbeiteten Fassung, beibehalten habe, die jedoch unter mangelhafter Ausführung litten. Sobald meine Überzeugung in diesem Punkt feststand, beeilte ich mich, alle Exemplare der »Acht Szenen aus ›Faust‹«, die ich auftreiben konnte, wieder einzusammeln und zu vernichten.

Ich erinnere mich, daß ich aus jenen Szenen den sechsstimmigen ›Chor der Sylphen‹ in meinem ersten Konzert hatte aufführen lassen. Er wurde von sechs Eleven des Konservatoriums gesungen und hinterließ gar keinen Eindruck. Man fand ihn nichtssagend; das Ganze schien unbestimmt, kalt und völlig unmelodiös. Achtzehn Jahre später wurde dieses Stück mit leichten Änderungen in Instrumentierung und Modulation ein Lieblingsstück des europäischen Publikums. Es ist nie in St. Petersburg, Moskau, Berlin, London oder Paris gehört worden, ohne von den Zuhörern zum zweitenmal verlangt zu werden. Man hält jetzt die Figuren für deutlich und die Melodie für charmant. Da sechs gute Solo-Sänger nicht aufzutreiben sind, lasse ich das Stück nunmehr von einem Chor vortragen, und diese Idee kommt zur Geltung; man erkennt Form und Farbe, kurz, die Wirkung ist verdreifacht. Im allgemeinen gibt es viele derartige Gesangskompositionen, die, von schwachen Sängern vorgetragen, keinen Eindruck machen, die aber ihren Glanz, ihren Reiz und ihre Kraft wieder erhalten würden, wenn man sie einfach von einer genügenden Anzahl geübter Choristen singen ließe. Dort, wo eine einzelne mittelmäßige Stimme abscheulich klingt, können fünfzig mittelmäßige Stimmen Begeisterung hervorrufen. Die Wiedergabe durch einen empfindungslosen Sänger läßt die heißesten Gefühle des Komponisten frostig, ja sogar albern erscheinen; die Durchschnittsbegeisterung, die in wirklich musikalischen Chören stets vorhanden ist, genügt oft, um die innere Flamme eines Werkes auflodern zu lassen und es am Leben zu erhalten, während ein kalter Virtuose es zunichte macht.

Unmittelbar nach dieser Faust-Komposition, und immer noch unter Goethes Einfluß, schrieb ich meine »Symphonie fantastique«, teilweise mit großer Mühe, teilweise mit unglaublicher Leichtigkeit. Das Adagio ›Auf dem Lande‹, das auf das Publikum wie auf mich selber stets einen so tiefen Eindruck macht, quälte mich mehr als drei Wochen lang; zwei- oder dreimal legte ich es beiseite und nahm es wieder auf. Der ›Gang zum Richtplatz‹ dagegen wurde in einer Nacht geschrieben. Ich habe jedoch an jenen beiden Stücken, wie an allem aus diesem Werk, im Verlauf mehrerer Jahre vieles überarbeitet.

Das Théâtre des Nouveautés, das seit einiger Zeit angefangen hatte, Spielopern aufzuführen, besaß ein recht gutes Orchester unter Blocs Leitung; er veranlaßte mich, mein neues Werk den Direktoren dieses Theaters vorzulegen und mit ihnen ein Konzert zu veranstalten, um es aufführen zu lassen. Verführt durch das eigentümliche Programm der Symphonie, das ihnen dazu geeignet schien, die Neugierde des Publikums zu reizen, willigten sie ein. Um aber eine angemessene Aufführung zustande zu bringen, forderte ich noch achtzig weitere Künstler auf, die im Verein mit Blocs Musikern ein Orchester von hundertdreißig Mann bildeten. Es war zur Verteilung einer solchen Masse von Instrumenten nichts vorbereitet worden; es fehlte an der nötigen Ausstattung, an einem Podium, ja sogar an Notenpulten. Mit der Kaltblütigkeit, wie sie den Leuten eigen ist, die nicht wissen, worin die Schwierigkeiten bestehen, antworteten die Direktoren auf all meine diesbezüglichen Fragen: »Beruhigen Sie sich, das wird sich alles machen, wir haben einen intelligenten Requisiteur.« Als aber der Tag der Generalprobe kam und meine Musiker auf der Bühne Platz nehmen wollten, konnte man sie nicht unterbringen. Ich nahm meine Zuflucht zu dem unteren kleinen Orchesterraum. Die Geiger allein konnten darin kaum Platz finden. Ein Aufruhr, der auch einen gelasseneren Komponisten als mich hätte verrückt machen können, entstand auf der Bühne. Es wurden Pulte verlangt, die Zimmerleute versuchten in aller Eile irgend etwas als Ersatz zu verfertigen; der Requisiteur suchte fluchend nach seinen Kulissenteilen; hier schrie man nach Stühlen, da nach Instrumenten, dort nach Kerzen; es fehlten Saiten an den Kontrabässen; es war kein Platz für die Pauken usw., usw. Der Orchesterdiener wußte nicht, auf wen er hören sollte; Bloc und ich schufteten wie vier, wie acht, wie sechzehn, wie zweiunddreißig Mann: vergebliche Mühe. Die Ordnung konnte nicht hergestellt werden, es war eine vollständige Musikerflucht über die Beresina.

Trotz alledem wollte Bloc mitten in diesem Durcheinander zwei Stücke probieren, um, wie er sagte, den Direktoren »einen Begriff von der Symphonie zu geben«. Wir spielten, so gut es mit diesem verwirrten Orchester gehen konnte, den ›Ball‹ und den ›Gang zum Richtplatz‹ durch. Dieses letztere Stück begeisterte die Musiker zu stürmischem Applaus. Das Konzert aber fand dennoch nicht statt. Die Direktoren, erschrocken über eine solche Umwälzung, scheuten vor dem Unternehmen zurück. Es waren zu bedeutende und langwierige Vorbereitungen zu treffen; sie hatten nicht gewußt, daß zu einer Symphonie ein solcher Apparat nötig ist.

Und mein ganzer Plan wurde zunichte gemacht, weil es an Pulten und einigen Brettern fehlte.... Seither kümmere ich mich bei der Vorbereitung von Konzerten auch um die technische und organisatorische Seite. Ich weiß zu gut, zu welchen Katastrophen die geringste Nachlässigkeit in dieser Beziehung führen kann.

XXVII.

Ich schreibe eine Phantasie über Shakespeares »Sturm« – Sie wird im Opernhaus aufgeführt

Girard war zu jener Zeit Dirigent am Théâtre-Italien. Um mich über mein Mißgeschick hinwegzutrösten, überredete er mich, ein weiteres Orchesterstück, aber von geringerem Umfang, zu komponieren, und versprach mir eine Aufführung unter günstigsten Bedingungen.

Ich setzte mich ans Werk und begann eine dramatische Phantasie mit Chören über Shakespeares »Sturm«. Als sie jedoch fertig war, rief Girard, nach dem ersten Blick in die Partitur: »Das ist zu groß angelegt, erfordert zu viele Mittel, das können wir hier nicht machen, dafür eignet sich nur die Opéra.« Also gehe ich mit der Partitur zu Lubbert, dem Direktor der Opéra, und biete ihm mein Stück an. Zu meinem Erstaunen ist er bereit, es in das Programm eines Konzerts einzufügen, das zugunsten der Künstlerpensionskasse demnächst stattfinden soll.

Mein Name war ihm nicht unbekannt, mein erstes Konzert im Konservatorium hatte einiges Aufsehen erregt, Lubbert hatte davon in den Zeitungen gelesen. Kurz, er hatte Vertrauen, unterzog meine Partitur keiner demütigenden Prüfung, gab mir sein Wort und hielt es heilig. Er war, das wird man mir zugeben, ein Direktor, wie man ihn selten findet. Sobald die Stimmen abgeschrieben waren, studierte man im Opernhaus die Chöre meiner Phantasie ein. Alles lief gut und glatt. Die Generalprobe war glänzend; Fétis, der mich nach Kräften unterstützte, war zugegen und zeigte für das Werk und dessen Komponisten großes Interesse. Doch man muß mein Glück bewundern! Tags darauf, am Aufführungstage, bricht, eine Stunde vor der Öffnung der Türen, ein Gewitter los, wie man es seit fünfzig Jahren in Paris nicht gesehen hatte. Ein wahrer Wolkenbruch verwandelt jede Straße in einen Strom oder einen See, es wird fast unmöglich, die kürzeste Strecke zu Fuß oder im Wagen zurückzulegen, und der Opernsaal bleibt während der ganzen ersten Hälfte des Abends verödet, genau zu der Stunde, da meine ›Phantasie über den Sturm‹ (verdammter Sturm!) aufgeführt werden sollte. Sie wurde also nur von ein- bis zweihundert Personen gehört, die Musiker mit inbegriffen, und ich hatte auf diese Weise buchstäblich einen Schlag ins Wasser getan.

XXVIII.

Gewaltsame Ablenkung – F. H. – Mademoiselle M.

Diese musikalischen Unternehmungen waren für mich nicht die einzige Ursache fieberhafter Unruhen. Eine junge Dame, heute durch ihr Talent und ihre Abenteuer die berühmteste unserer Virtuosinnen, hatte dem deutschen Pianisten und Komponisten F. H., mit dem ich seit seiner Ankunft in Paris befreundet war, eine wirkliche Leidenschaft eingeflößt.[(23)] F. H. kannte meine große Shakespeare-Liebe und war bekümmert wegen der Qualen, die ich durch sie litt. Er beging die Unvorsichtigkeit, öfters mit Mademoiselle M. darüber zu sprechen und ihr zu sagen, er habe noch nie einen derartig überspannten Menschen getroffen. »Auf den werde ich nie eifersüchtig sein«, fügte er eines Tages hinzu, »denn ich bin sicher, daß er sich nie in dich verlieben wird.« Man kann sich die Wirkung vorstellen, die dieses ungeschickte Geständnis auf eine echte Pariserin ausübte. Sie ging nun einzig darauf aus, ihren allzu vertrauensvollen platonischen Verehrer Lügen zu strafen.

Im Laufe des Sommers hatte mir die Vorsteherin eines Mädchenpensionats, Madame d'Aubré, vorgeschlagen, in ihrer Anstalt ... Gitarrenunterricht zu erteilen, und ich hatte angenommen. Es ist drollig genug, daß ich heute noch auf dem Prospekt des Instituts d'Aubré unter den anderen Lehrkräften als Professor dieses edlen Instruments verzeichnet bin. Mademoiselle M. erteilte dort ihrerseits Klavierstunden. Sie neckte mich mit meinem traurigen Aussehen, versicherte mir, es gebe in der Welt jemanden, der sich lebhaft für mich interessiere ..., sprach von F. H., der offenbar sehr in sie verliebt sei, aber nicht so recht von der Stelle komme ...

Eines Morgens erhielt ich von Mademoiselle M. einen Brief, in dem sie mich unter dem Vorwand, mir noch mehr von F. H. erzählen zu wollen, auf den nächsten Tag zu einem heimlichen Stelldichein aufforderte. Ich vergaß hinzugehen. Hätte ich es mit Absicht getan, wäre meine Handlungsweise eines größten Roué würdig und für einen solchen ein Meisterstreich gewesen; doch ich hatte das Stelldichein wirklich vergessen und dachte erst einige Stunden zu spät wieder daran. Diese großartige Gleichgültigkeit brachte das so gut begonnene Werk zur Reife, und nachdem ich einige Tage lang in ziemlich brutaler Weise den Joseph gespielt hatte, ließ ich mich von dieser Potiphar besiegen und mich über meinen heimlichen Kummer trösten, mit einer Begierde, die sehr begreiflich erscheinen muß, wenn man mein Alter, Mademoiselle M.'s 18 Jahre und ihre herausfordernde Schönheit bedenkt.

Wollte ich diesen kleinen Roman mit seinen unglaublichen Auftritten aller Art erzählen, wäre ich ziemlich sicher, den Leser auf eine recht neue und unerwartete Weise zu unterhalten. Aber ich habe es schon gesagt, ich schreibe keine Bekenntnisse. Es genügt mir zu gestehen, daß Mademoiselle M. mir das höllische Feuer ins Blut jagte. Der arme F. H., dem ich die ganze Wahrheit bekennen zu müssen glaubte, vergoß einige bittere Tränen; dann erkannte er aber, daß ich, im Grunde genommen, keines Verrats an ihm schuldig war, sagte würdevoll Lebewohl, drückte mir zitternd die Hand, wünschte mir weiterhin viel Vergnügen und reiste ab nach Frankfurt. Ich habe diese seine Haltung stets bewundert.

Das ist alles, was ich über jene leidenschaftsreiche Episode zu sagen habe, die mich durch die Verwirrung meiner Sinne für einen Augenblick von der großen und tiefen Leidenschaft ablenkte, die mein Herz erfüllte und alle Kräfte meiner Seele für sich in Anspruch nahm. Später wird man in der Erzählung meiner italienischen Reise sehen, auf welch dramatische Weise diese Episode sich auflöste und wie Mademoiselle M. nahe daran war, zu erfahren, daß man, wie das Sprichwort sagt, nicht mit dem Feuer spielen soll.

XXIX.

Vierter Wettbewerb im Institut – Ich erhalte den Preis – Die Julirevolution – Die Einnahme von Babylon – Die Marseillaise – Rouget de Lisle

Die Preisausschreibung im Institut fand in diesem Jahre etwas später statt als gewöhnlich; sie war auf den 15. Juli anberaumt. Ich meldete mich zum fünftenmal dazu mit dem festen Vorsatz, was auch geschehen möge, nicht noch einmal dort zu erscheinen. Es war im Jahre 1830. Ich schrieb gerade meine Kantate zu Ende, als die Revolution ausbrach.

›Und als erdrückend schwer auf menschenleeren Wegen
Und Brücken lag der Sonne Brand,
Als Sturmgeläut erscholl und scharfer Kugelregen
Hell pfeifend durch die Luft entsandt,
Als gleich der Meeresflut, die steigt mit dumpfem Rollen
In ganz Paris das Volk empört,
Als dem Kanonenschall zum Trotz, dem unheilvollen,
Die Marsaillaise ward gehört . . .

(Auguste Barbier: Jamben)

Der Institutspalast, der von zahlreichen Familien bewohnt war, bot einen eigentümlichen Anblick; die Kartätschen durchlöcherten die barrikadierten Türen, die Kanonenkugeln erschütterten die Fassade, die Frauen schrien, und in den Ruhepausen zwischen den einzelnen Salven nahmen die Schwalben ihren lustigen, hundertmal unterbrochenen Gesang wieder auf. Und ich schrieb hastig die letzten Seiten meiner Orchesterpartitur unter dem knappen, dumpfen Geräusch der verirrten Kugeln, die über die Dächer im Bogen herabkamen und ganz nah bei den Fenstern an der Wand meines Zimmers abprallten. Am 29. endlich kam ich frei und konnte ausgehen und, die Pistole in der Hand, in den Straßen von Paris mit der ›heiligen Kanaille‹* herumtollen bis zum nächsten Morgen.

Ich werde das Aussehen von Paris während dieser berühmten Tage nie vergessen: die wilde Tapferkeit der Straßenjungen, die Begeisterung der Männer, das wahnsinnige Gebaren der Dirnen, die traurige Ergebenheit der Schweizer und der Königlichen Garde, den eigentümlichen Stolz der Arbeiter darüber, daß sie, wie sie sagten, Herren der Stadt waren und sich nichts aneigneten, und die verblüffenden Prahlereien einiger junger Leute, die, nachdem sie wirkliche Tapferkeit gezeigt hatten, es fertig brachten, sie wieder lächerlich zu machen durch die Art, wie sie ihre Heldentaten erzählten und die Wahrheit durch groteske Ausschmückungen entstellten. Weil es ihnen zum Beispiel gelungen war, wenn auch unter großen Verlusten, die Kaserne in der Rue de Babylone einzunehmen, hielten sie sich dazu verpflichtet, mit einem Ernst, wie er Alexanders Kriegern angestanden hätte, zu sagen: »Wir waren bei der Einnahme von Babylon dabei.« Der richtige Satz wäre zu lang gewesen. Überdies wiederholte man den Satz so oft, daß die Abkürzung unentbehrlich wurde. Und mit welch pomphaftem Klang, mit welcher Betonung auf dem O sprach man dieses Wort ›Babylon‹ aus! O! Ihr Pariser! . . . Narren . . . gigantisch, wenn man so will, aber auch: närrische Giganten!

* Ausdruck von Auguste Barbier.

Und die Musik und der Gesang und die rauhen Stimmen, von denen die Straßen widerhallten; man muß sie gehört haben, um sich einen Begriff davon zu machen.

Und doch war es wenige Tage nach jener harmonischen Revolution, daß ich einen musikalischen Eindruck oder, besser gesagt, eine musikalische Erschütterung von außerordentlicher Heftigkeit erlebte. Ich ging durch den Hof des Palais Royal, als ich aus einer Gruppe eine mir sehr bekannte Melodie herauszuhören glaubte. Ich nähere mich und erkenne, daß tatsächlich zehn bis zwölf junge Leute ein Kriegslied meiner Komposition singen, dessen Worte aus Moores »Irischen Melodien« in diesem Augenblick ganz aktuell waren.* Entzückt über meine Entdeckung als ein Komponist, der an solche Erfolge gar nicht gewöhnt ist, trete ich in den Kreis der Sänger und bitte um die Erlaubnis, mich ihnen anschließen zu dürfen. Man gewährt sie mir und fügt eine Baßpartie hinzu, die, für jenen Chor wenigstens, völlig überflüssig war. Allein ich hatte mich gehütet, mein Inkognito zu verraten, und erinnere mich sogar, daß ich mit demjenigen, der den Takt schlug, einen recht heftigen Streit hatte wegen des Tempos, in dem er mein Stück dirigierte. Glücklicherweise versöhnte ich ihn wieder, indem ich in Bérangers Lied »Die alte Fahne«, das er in Musik gesetzt hatte und das wir gleich darauf zu Gehör brachten, meine Partie fehlerlos sang. Während der Pausen dieses improvisierten Konzerts gingen drei Leute von der Nationalgarde, die uns die Menge vom Leibe zu halten versuchten, durch die Reihen der Zuhörer und sammelten, den Tschako in der Hand, für die Verwundeten der drei letzten Tage. Die Idee schien den Parisern, im Zusammenhang mit unserem Konzert, besonders originell, und sie spendeten freigiebig. Bald hagelte es nur so von Fünf-Francs-Stücken, die zweifellos in den Taschen ihrer Besitzer geblieben wären, wenn der Reiz unserer Gesänge allein sie hätte daraus hervorlocken sollen. Die Zahl der Zuhörer jedoch wurde immer größer, der kleine Kreis, der für uns frei blieb, mit jedem Augenblick enger, und die ›bewaffnete Macht‹, die uns beschützte, wäre bald gegen diese steigende Flut von Neugierigen machtlos geworden. Wir drängen uns mit großer Mühe durch. Das Gewoge folgt uns. Wir erreichen die in der Rue Vivienne mündende Galerie Colbert, wo man uns in die Enge treibt, umringt wie Bären auf dem Jahrmarkt, und uns auffordert, unseren Gesang von vorn zu beginnen. Eine Frau, die unter der Glasrotunde der Galerie einen Schnittwarenladen hatte, macht uns das Anerbieten, in das erste Stockwerk ihres Hauses hinaufzusteigen, von wo aus wir ohne

* Vergeßt nicht das Feld, wo die Braven
Gefallen im blutigen Streit.

Erstickungsgefahr imstande sein würden, Fluten von Harmonien über unsere glühenden Bewunderer zu ergießen. Der Vorschlag wird angenommen, und wir stimmen die »Marseillaise« an. Schon bei den ersten Takten bleibt die lärmende Menge, die sich zu unseren Füßen bewegte, schweigend stehen. Es kann keine tiefere, feierlichere Stille auf dem Petersplatz herrschen, wenn der Papst von der Höhe seines Balkons seinen Segen *urbi et orbi* erteilt. Nach der zweiten Strophe schweigt man noch immer; nach der dritten die gleiche Ruhe. Das paßte mir nicht. Der Anblick dieser ungeheuren Menschenmenge hatte mich daran erinnert, daß ich das Lied von Rouget de Lisle für großes Orchester und doppelten Chor eingerichtet und anstelle der Bezeichnungen: »Tenöre, Bässe« in die Partitur geschrieben hatte: »Alles, was eine Stimme, ein Herz und Blut in den Adern hat«. So, sagte ich mir, da habe ich, was ich brauche. Ich war daher über das hartnäckige Schweigen unserer Zuhörer außerordentlich enttäuscht. Bei dem vierten Vers aber hielt ich nicht länger an mich und rief: »Zum Teufel, so singt doch mit!«

Nun schmetterte das Volk sein »Aux armes, citoyens!« mit der Präzision und der ganzen Energie eines geübten Chores. Wenn man sich vorstellt, daß die in die Rue Vivienne mündende Galerie voller Menschen war, daß jene Galerie, die bis zur Rue Neuve-des-Petis-Champs, voller Menschen war, ebenso die Mittelrotunde, daß jene vier- bis fünftausend Stimmen in einem sonoren, links und rechts durch die Bretterverschläge der Läden, oben durch Glasscheiben und unten durch widerhallende Steinplatten abgeschlossenen Raum zusammengedrängt waren, wenn man überdies bedenkt, daß die meisten Sänger, Männer, Frauen und Kinder von der Aufregung des gestrigen Kampfes noch zitterten, wird man sich vielleicht einen Begriff machen können von der Wirkung dieses donnernden Gesanges. ... Ich stürzte tatsächlich zu Boden, und unsere kleine Truppe, erstarrt durch den Ausbruch, verstummte wie eine Vogelschar nach einer Explosion.

Ich erwähnte soeben, daß ich die »Marseillaise« für zwei Chöre und großes Orchester eingerichtet hatte. Ich widmete meine Arbeit dem Dichter dieser unsterblichen Hymne, und Rouget de Lisle schrieb mir daraufhin folgenden Brief, den ich sorgfältig aufbewahrt habe:

»Choisy-le-Roi, den 20. Dezember 1830.

Wir kennen uns nicht, Monsieur Berlioz; wollen Sie, daß wir uns kennenlernen? Ihr Kopf scheint ein noch unaufhörlich tätiger Vulkan zu sein; in dem meinen hat immer nur ein schwaches Strohfeuer gebrannt, das nun verlöscht und nur noch etwas raucht. Wenn aber die mächtige Glut Ihres Vulkans den Überresten meines Strohfeuers zu

Hilfe käme, ließe sich am Ende noch etwas daraus machen. Ich hätte Ihnen in dieser Beziehung einen Vorschlag, vielleicht auch zwei Vorschläge zu unterbreiten. Dazu müßten wir uns sehen und verständigen. Wenn Sie Lust haben, bestimmen Sie einen Tag, an dem ich Sie treffen kann, oder kommen Sie nach Choisy und bestellen Sie sich bei mir ein Frühstück oder ein Mittagessen; es wird zweifellos ein recht dürftiges Mahl sein, doch von der Landluft gewürzt, einem Dichter wie Ihnen nicht als solches erscheinen. Ich hätte nicht bis jetzt gewartet, um zu versuchen, Ihnen näher zu kommen und für die Ehre zu danken, die Sie einer gewissen Schöpfung zuteil werden ließen, indem Sie sie neu bekleideten und ihre Nacktheit, wie man mir sagt, in den vollen Glanz Ihrer Phantasie eingehüllt haben. Allein ich bin nur ein elender, verkrüppelter Einsiedler, der nur sehr selten und auf ganz kurze Zeit in Ihrer großen Stadt erscheint und dort die halbe Zeit nichts von dem tut, was er tun möchte. Darf ich mir schmeicheln, daß Sie diese für Sie allerdings mit ziemlich zweifelhaften Aussichten verknüpfte Aufforderung nicht unbeachtet lassen und es mir auf die eine oder andere Art ermöglichen werden, Ihnen mündlich meine persönliche Dankbarkeit zu bezeigen und Ihnen zu sagen, mit welcher Freude ich die Hoffnungen teile, die von wirklichen Kunstfreunden auf Ihre so kühne Begabung gesetzt werden?

Rouget de Lisle.«

Später habe ich erfahren, daß Rouget de Lisle, der, nebenbei bemerkt, außer der »Marseillaise« noch viele andere schöne Lieder geschrieben hat, in seiner Mappe einen Operntext über »Othello« hatte, den er mir vorlegen wollte. Da ich aber am Tage nach dem Empfang seines Briefes von Paris abreisen mußte, entschuldigte ich mich bei ihm und verschob den Besuch, den ich ihm schuldete, bis zu meiner Rückkehr aus Italien. Der arme Mann starb in der Zwischenzeit. Ich habe ihn nie gesehen.

Als in Paris die Ruhe, so gut es eben ging, wiederhergestellt, als Louis-Philippe von Lafayette dem Volk als beste aller Republikmöglichkeiten vorgestellt worden war, als, mit einem Wort, der Traum zu Ende geträumt und die gesellschaftliche Maschinerie wieder im Lot war, machte sich auch die Akademie der Schönen Künste wieder an die Arbeit. Die Aufführung unserer Kantaten fand (immer noch mit Klavier) vor den beiden Gerichtshöfen statt, deren Zusammensetzung ich bereits angegeben habe. Und dank einem Stück, das ich bald darauf vernichtete, erkannten beide meine Bekehrung zu den gesunden Lehren und sprachen mir endlich, endlich ... endlich den ersten Preis zu.

Die Enttäuschungen, die ich bei den früheren Wettbewerben erlebt hatte, wirkten noch in mir nach, und so jauchzte ich auch nicht auf, als der Bildhauer Pradier die Bibliothek betrat, wo ich auf die Entscheidung gewartet hatte, freudestrahlend auf mich zuging, mir die Hand schüttelte und in herzlichem Tone sagte: »Sie haben den Preis.« Wer uns da so sah, er überglücklich, ich gleichmütig, der mußte annehmen, Pradier sei der Laureat und ich ein Akademiker.

Dessenungeachtet wußte ich bald die Vorteile dieser Auszeichnung schätzen zu lernen. Bei meinen Ansichten über die Einrichtung des Wettbewerbs konnte sie meinem Selbstbewußtsein nur mäßig schmeicheln, aber sie war ein offizieller Erfolg, der den Stolz meiner Eltern befriedigen würde; sie brachte mit sich das Stipendium von fünftausend Francs und den freien Eintritt zu allen Opernhäusern; sie war ein Diplom, ein Ehrentitel, und bedeutete für mich fünf Jahre der Unabhängigkeit, fast der Wohlhabenheit.

XXX.

Preisverleihung im Institut – Die Akademiker – Meine Kantate »Sardanapal«; deren Aufführung – Die Feuersbrunst, die nicht brennt – Meine Wut – Madame Malibrans Schrecken

Wie gewöhnlich fand zwei Monate später die Preisverleihung und die große Orchesteraufführung der preisgekrönten Kantate statt. Diese Feier verläuft jetzt noch auf dieselbe Weise. Jedes Jahr führen die gleichen Musiker Partituren auf, die auch fast immer so ziemlich dieselben sind; und die Preise, die mit derselben Sachkenntnis zuerkannt wurden, werden mit derselben Feierlichkeit überreicht. Jedes Jahr am selben Tage, zur selben Stunde steht derselbe Akademiker auf derselben Stufe der Treppe und wiederholt dem soeben mit dem Preis ausgezeichneten Schüler denselben Satz. Der Tag ist der erste Sonnabend im Oktober; die Stunde vier Uhr nachmittags, die Treppenstufe die dritte; den Akademiker kennt jedermann, der Satz lautet so:

»Nun, junger Mann, *macte animo** ...; Sie haben eine schöne Reise vor sich ... das klassische Land der Schönen Künste ... das Vaterland eines Pergolese, eines Piccinni ... die azurne Bläue des Himmels ... Sie werden uns eine prachtvolle Partitur mitbringen ... Sie sind auf dem besten Wege.«

---

* Glück zu!

An diesem glorreichen Tage legen die Akademiker ihren schönen grünbestickten Rock an, sie strahlen, sie blenden. Sie sollen einen Maler, einen Bildhauer, einen Architekten, einen Medaillenschneider und einen Musiker mit großem Pomp bekrönen.

Im Reich der Musen ist die Freude groß. Was hatte ich da notiert? ... Es sieht wie Verse aus ... weil ich in Gedanken schon weit von der Akademie fort war und mir (ich weiß wirklich nicht in welchem Zusammenhang) folgende Strophe von Victor Hugo einfiel.

> Aar, der sie mit sich riß, der unsrem Heer gebot,
> Der sein Gefieder rings zerstreut, von Blute rot,
> Du, dessen Blitze einst erloschen in der Flut,
> O Mutter, die so lang im Horste brütend lag,
> Sieh her, begrüß dein Glück mit Schrei und Flügelschlag:
> Dem Ei entschlüpft die Adlerbrut.

Kehren wir zu unseren Preisgekrönten zurück; mancher unter ihnen gleicht wirklich eher einer Eule, einem jener ›kleinen, mürrischen Ungeheuer‹, wie La Fontaine sagt, als einem Adler; sie genießen jedoch alle in gleichem Maß das Wohlwollen der Akademie.

Am ersten Samstag im Oktober also begrüßt sie ihre glückstrahlende Mutter ›mit Schrei und Flügelschlag‹, und die Kantate wird ernstlich aufgeführt. Man bringt dazu ein vollständiges Orchester zusammen; nichts fehlt daran. Die Streichinstrumente sind da; man sieht die zwei Flöten, die zwei Oboen, die zwei Klarinetten (um der Wahrheit gerecht zu werden, muß ich jedoch sagen, daß dieser unentbehrliche Teil des Orchesters erst seit kurzer Zeit vollständig ist). Als die Morgenröte des ersten Preises für mich aufging, hatten wir nur anderthalb Klarinetten, denn der Greis, der seit undenklichen Zeiten die erste Klarinettenstimme betreute, hatte nur noch einen einzigen Zahn und brachte aus seinem asthmatischen Instrument höchstens die Hälfte der Noten heraus. Man entdeckt die vier Hörner, die drei Posaunen und sogar Cornets-à-pistons, moderne Instrumente! Das ist stark. Und doch ist es wahr. An diesem Tage ist die Akademie außer sich vor Freude, sie geizt nicht mehr, sie ist geradezu verschwenderisch; sie ist beglückt, sie schreit und schlägt mit den Flügeln; ihre beiden Eulen (Pardon! ihre jungen Adler), sind dem Ei entschlüpft. Jeder steht auf seinem Posten. Der Dirigent gibt das Zeichen zum Einsatz.

Die Sonne geht auf: Cellosolo ... leichtes Crescendo.
Die Vöglein erwachen: Flötensolo, Triller auf der Violine.
Die Bächlein rauschen: Bratschensolo.
Die Lämmlein blöken: Oboensolo.

Und das Crescendo wächst, und bis die Vöglein, Bächlein und Lämmlein nacheinander gehört worden sind, steht die Sonne im Zenith, und es ist mindestens 12 Uhr mittags. Nun beginnt das Rezitativ:

›Schon grüßt der junge Tag . . .‹

Darauf folgen die erste Arie, das zweite Rezitativ, die zweite Arie, das dritte Rezitativ und die dritte Arie, in der gewöhnlich der Held sein Leben aushaucht, der Sänger und die Zuhörer jedoch aufatmen. Der Herr Sekretär ruft mit laut vernehmlicher Stimme die Vor- und Zunamen des Komponisten; er hält in der einen Hand den künstlichen Lorbeerkranz, der die Stirne des Siegers schmücken soll, und in der anderen eine echt goldene Medaille, mit der unser Sieger vor der Abreise nach Rom seine Miete zahlen wird. Sie hat einen Wert von sechzig Francs, ich weiß es genau. Der Preisgekrönte steht auf:

Die frischgeschor'ne Stirn, der Tugend so geweiht,
Errötet, wie er naht, in Scham und Ehrbarkeit. *(Boileau)*

Er umarmt den Herrn Sekretär. Man applaudiert etwas. Einige Schritte von der Tribüne des Sekretärs entfernt sitzt der berühmte Lehrer des gekrönten Schülers; der gekrönte Schüler umarmt seinen berühmten Lehrer; das gehört sich so. Man applaudiert etwas stärker. Auf einer der letzten Bänke, hinter den Akademikern, sitzen die Eltern des Preisgekrönten und vergießen im Stillen Freudentränen; jener steigt über die Bänke des Zuschauerraums, tritt dem einen auf den Fuß, dem andern auf den Rock, wirft sich in die Arme seines Vaters und seiner Mutter, die nun laut schluchzen: nichts ist natürlicher als das. Man applaudiert aber nicht mehr, das Publikum fängt an zu lächeln. Inmitten dieser rührenden Szene winkt eine junge Dame dem Helden des Festes; er läßt sich nicht lange bitten; er zerreißt im Vorbeigehen das Gazekleid einer Dame, drückt den Hut eines Stutzers ein, um schließlich zu seiner Cousine zu gelangen. Er umarmt seine Cousine. Er umarmt manchmal auch den Nachbarn seiner Cousine. Man lacht sehr. In einer entfernten und schwer zu erreichenden Ecke gibt eine andere Dame manche Zeichen der Anteilnahme, die der glückliche Sieger keineswegs unbeachtet läßt. Er fliegt, um seine Geliebte, seine Zukünftige, seine Braut, kurz: das weibliche Wesen, das seinen Ruhm teilen soll, zu umarmen. Aber in seiner Überstürzung und seiner Gleichgültigkeit gegen andere Frauen wirft er eine mit einem Fußtritt um, bleibt selber an einer Bank hängen, fällt schwerfällig hin, geht nun nicht weiter, indem er sich versagt, das arme junge Mädchen auch nur flüchtig zu umarmen, und kehrt, verwirrt und erhitzt, wieder auf seinen Platz zurück. Diesmal applaudiert man wie toll, man lacht schallend; es ist ein Glück, eine Wonne: es ist der schönste Augenblick der Akademischen Feier, und ich kenne viele Spaßvögel, die nur dieses Vergnügens halber hingehen.

Ich sage das nicht aus Groll gegen die Lacher, denn ich hatte, als die Reihe an mich kam, weder Vater noch Mutter noch Cousine noch Lehrer noch Geliebte zu umarmen. Mein Lehrer war krank, meine Eltern waren abwesend und unzufrieden; und meine Geliebte ... Ich umarmte also nur den Herrn Sekretär, und ich bezweifelte, daß man, als ich mich ihm näherte, meine Stirne erröten sehen konnte, denn statt frisch geschoren zu sein, verschwand sie unter einem Gestrüpp von langen roten Haaren, die mit anderen charakteristischen Zeichen nicht wenig dazu beitragen sollten, daß ich zu den Eulen gezählt werden konnte. Außerdem war ich an jenem Tage recht wenig zum Umarmen aufgelegt; ich glaube sogar, daß ich nie mehr in meinem Leben so fürchterlich zornig gewesen bin. Und zwar aus folgendem Grund: Die Kantate zum Wettbewerb hatte zum Thema ›Sardanapals letzte Nacht‹. Das Gedicht endete mit dem Augenblick, in dem der besiegte Sardanapal seine schönsten Sklavinnen ruft und mit ihnen den Scheiterhaufen besteigt. Zuerst hatte ich in einer Art von beschreibender Symphonie die Feuersbrunst zum Ausdruck bringen wollen, die Schreie der sich sträubenden Frauen, die stolzen Rufe jenes tapferen Wollüstlings, der inmitten der lodernden Flammen dem Tod noch trotzt, und das Getöse beim Zusammensturz des Palastes. Als ich aber an die Mittel dachte, die mir zu Gebote stehen würden, um durch das Orchester allein ein derartiges Gemälde in seinen Hauptzügen zum Ausdruck zu bringen, hielt ich bei der Arbeit inne. Die Musikalische Sektion der Akademie hätte bei der Prüfung des instrumentalen Finale zweifellos meine ganze Partitur verurteilt; da es außerdem bei der Aufführung mit Klavier unverständlich hätte bleiben müssen, war es zum mindesten zwecklos. Ich wartete also. Als mir endlich der erste Preis erteilt worden und ich sicher war, ihn nicht mehr verlieren zu können und außerdem mit großem Orchester aufgeführt zu werden, schrieb ich meine Feuersbrunst. Bei der Generalprobe machte dieses Stück einen solchen Eindruck, daß selbst mehrere Akademiker, unversehens damit überrascht, zu mir kamen und mir gratulierten, ohne Hintergedanken, ohne Groll wegen der Falle, in die ich ihre musikalischen Dogmen gelockt hatte.

Den Saal für die öffentlichen Sitzungen des Instituts füllten Künstler und Musikliebhaber, die neugierig gewesen waren, die Kantate zu hören, deren Komponist schon damals den Ruf einer gehörigen Exaltiertheit besaß. Die meisten gaben beim Hinausgehen ihrem Erstaunen über die Feuersbrunst Ausdruck, und durch ihre Erzählungen über diese symphonische Merkwürdigkeit wurde die Aufmerksamkeit und die Neugier der Zuhörer des folgenden Tages, die der Generalprobe nicht beigewohnt hatten, in ungewöhnlichem Maße erregt.

Grasset, der frühere Kapellmeister des Théâtre-Italien, dirigierte damals; da ich seiner Geschicklichkeit etwas mißtraute, setzte ich mich bei Beginn der Aufführung neben ihn, mit meinem Manuskript in der Hand. Madame Malibran, die auch durch das Gerücht über die erste Aufführung hergelockt worden war und im Saal keinen Platz hatte finden können, saß in meiner Nähe, zwischen zwei Kontrabässen, auf einem Schemel. Ich sah sie an jenem Tage zum letzten Mal.

Mein Decrescendo beginnt.

(Da der erste Vers der Kantate lautete: ›Schon wirft die Nacht auf die Natur den Schleier‹, hätte ich, statt des üblichen ›Sonnenaufgangs‹ einen ›Sonnenuntergang‹ schreiben müssen. Es scheint, als ob ich dazu verdammt sei, niemals zu handeln wie alle anderen Leute und die Ordnung der Welt und der Akademie auf den Kopf zu stellen.)

Die Kantate läuft glatt ab. Sardanapal vernimmt seine Niederlage, entschließt sich zu sterben, ruft seine Frauen; das Feuer bricht aus, man horcht auf; die Eingeweihten der Generalprobe sagen zu ihren Nachbarn:

»Nun werden Sie diesen Zusammenbruch hören, es ist eigentümlich, fabelhaft!«

Fünfhunderttausend Flüche über Musiker, die ihre Pausen nicht zählen!!! In meiner Partitur gab eine Hornstelle den Pauken ihren Einsatz an, die Pauken gaben ihn den Schallbecken, die Schallbecken der großen Trommel, und der erste Schlag der großen Trommel war das Zeichen für die allgemeine letzte Explosion! Der verdammte Hornist bringt seine Note nicht, die Pauken, die ihn nicht hören, hüten sich, loszuschlagen, infolgedessen schweigen auch die Schallbecken und die große Trommel; nichts geht los, nichts!!! ... Die Geigen und Bässe fahren mit ihrem nichtssagenden Tremolo fort; keine Explosion! Eine Feuersbrunst, die verlöscht, bevor sie nur ausgebrochen war, eine lächerliche Wirkung statt des so eifrig angekündigten Zusammenbruchs; *ridiculus mus!* ... Nur ein Komponist, der einmal etwas ähnliches erfahren hat, wird sich vorstellen können, in welche Wut ich da geriet. Ein Schrei des Entsetzens entrang sich meiner schweratmenden Brust; ich schleuderte meine Partitur ins Orchester, ich warf zwei Pulte um; Madame Malibran sprang zurück, als ob plötzlich unter ihren Füßen eine Mine losgegangen sei. Alles war in Aufruhr, das Orchester, die entsetzten Akademiker, die ahnungslosen Zuhörer, die empörten Freunde des Komponisten. Es war dies abermals eine musikalische Katastrophe, und sie war noch grausamer als all jene, die ich vorher erlitten hatte. ... Wäre sie wenigstens für mich die letzte gewesen!

XXXI.

Ich gebe mein zweites Konzert – Die »Symphonie fantastique« – Liszt besucht mich – Anfang unserer Beziehungen – Die Pariser Kritiker – Ein Ausspruch Cherubinis – Ich reise nach Italien

Trotz des dringenden Gesuches, das ich an das Ministerium des Innern richtete, um von der Reise nach Italien, zu der ich als preisgekrönter Schüler verpflichtet war, dispensiert zu werden, mußte ich mich zur Abreise nach Rom bereit machen. Ich wollte jedoch nicht Paris verlassen, ohne meine Kantate »Sardanapal«, deren Finale bei Gelegenheit der Preisverleihung im Institut so verdorben worden war, öffentlich aufgeführt zu haben. Ich arrangierte daher im Konservatorium ein zweites Konzert, auf dessen Programm dieses akademische Werk neben der noch nie gespielten »Symphonie fantastique« stand. Habeneck übernahm die Leitung dieses Konzertes, zu dem alle Mitwirkenden, mit einem Wohlwollen, für das ich ihnen nicht genug danken kann, mir zum dritten Mal unentgeltlich ihre Kräfte zur Verfügung stellten.

Am Tag zuvor besuchte mich Liszt. Wir kannten uns noch nicht; ich sprach mit ihm über Goethes »Faust«; er gestand mir, ihn noch nicht gelesen zu haben; bald darauf schwärmte er ebenso sehr für ihn wie ich. Wir empfanden füreinander große Sympathie, und unsere Zuneigung ist seit jener Zeit immer inniger und fester geworden.

Er kam auch zu meinem Konzert, und sein begeisterter Applaus beeindruckte die Zuhörer sichtlich.

Die Aufführung war allerdings nicht tadellos: mit nur zwei Proben konnte ein solch schwieriges Werk nicht zur Vollkommenheit gebracht werden. Der Gesamteindruck genügte jedoch, um die Hauptzüge hervorzuheben. Drei Teile der Symphonie, der ›Ball‹, der ›Gang zum Richtplatz‹ und ›der Hexensabbat‹ erregten großes Aufsehen. Der ›Gang zum Richtplatz‹ besonders brachte den Saal in Aufruhr. Das Adagio ›Auf dem Lande‹ machte gar keinen Eindruck. Allerdings hatte es wenig Ähnlichkeit mit dem, was es heute ist. Ich faßte sofort den Entschluß, es umzuschreiben, und Hiller, der damals in Paris war, gab mir in dieser Beziehung ausgezeichnete Ratschläge, aus denen ich Nutzen zu ziehen versucht habe.

Die Kantate wurde gut wiedergegeben; die Feuersbrunst brach aus; der Zusammensturz fand statt; der Erfolg war groß. Einige Tage darauf sprachen sich die Aristarche der Presse teils für, teils wider mich, mit Leidenschaft aus. Aber die Vorwürfe, die mir die feindliche Kritik machte, trafen nicht die offenbaren Mängel der beiden in dem Konzert aufgeführten Werke, sehr schwere Mängel, die ich in der Symphonie verbessert habe, indem ich im Verlauf mehrerer Jahre meine Partitur mit aller möglichen Sorgfalt umarbeitete; jene Vorwürfe also waren fast alle unbegründet. Bald griffen sie alberne Ideen an, die ich nie gehabt hatte, bald die Härte gewisser Modulationen, die gar keine Modulationen waren, oder die systematische Nichtbeachtung gewissen Grundregeln aller Kunst, die ich nun gerade doch beachtet hatte, und die Nichtanwendung gewisser musikalischer Formen genau an jenen Stellen, wo sie zur Anwendung gekommen waren. Übrigens muß ich gestehen, daß selbst meine Anhänger mir häufig Absichten zugeschrieben haben, die ich nie hegte und die völlig lächerlich sind. Was die französische Kritik seit jener Zeit an Widersinn und Verrücktheit, an überspannten Theorien, an Dummheit und Verblendung sich geleistet hat, um meine Werke zu preisen oder zu verunglimpfen, geht über alle Begriffe. Nur zwei oder drei Menschen haben anfangs mit einer weisen Zurückhaltung von mir gesprochen. Aber scharfsinnige Kritiker, die mit Kenntnissen, Empfindungsvermögen, Phantasie und Sinn für Fairness ausgestattet sind und die imstande wären, mich vernünftig zu beurteilen, die Tragweite meiner Versuche und meine inneren Absichten richtig einzuschätzen, sind auch heute nicht leicht zu finden. Jedenfalls waren sie in den ersten Jahren meiner Laufbahn nicht vorhanden; übrigens ließen ihnen die seltenen und recht unvollkommenen Aufführungen meiner ersten Versuche vieles zu erraten übrig.

Junge Leute hingegen, die etwas musikalische Bildung und jenen *sechsten Sinn* besaßen, den man den künstlerischen Sinn nennt, mochten sie Musiker sein oder nicht, verstanden mich besser und rascher als jene eingebildeten, in ihrer Unwissenheit anmaßenden Literaten. Die Musikprofessoren, deren künstlerische Marksteine durch den Anprall meiner Stilformen arg mitgenommen wurden, verabscheuten mich. Meine Pietätlosigkeit gegen gewisse scholastische Glaubenslehren brachte sie besonders auf. Und Gott weiß, ob es etwas Heftigeres und Zäheres geben kann als einen solchen Fanatismus. Diese um meinetwillen aufgeworfenen heterodoxen Fragen, dieses ganze Aufsehen, dessen Veranlassung ich war, versetzten Cherubini in eine Wut, die man sich leicht vorstellen kann. Seine Getreuen hatten ihm über die letzte Probe der abscheulichen Symphonie Bericht erstattet; tags darauf schritt er gerade an der Tür des Konzertsaales vorüber, als das Publikum hineinging; es hielt ihn jemand an und sagte: »Nun, Monsieur Cherubini, Sie kommen nicht, um Berlioz' neueste Komposition zu hören?« – »Ich habe nicht nötig, zu lernen, wie man nicht komponieren soll!« antwortete er und sah dabei aus wie eine Katze, der man Senf zu fressen geben will. Nach dem Erfolg des Konzertes wurde es mit ihm noch schlimmer: jetzt wirkte er wie eine Katze, die den Senf heruntergewürgt hat; er sprach nicht mehr, er prustete. Nach einigen Tagen ließ er mich zu sich rufen: »Sie reisen nach Italien?« sagte er. – »Ja, mein Herr.« – »Sie werden nun aus dem Schülerverzeichnis des Konservatoriums gestrichen, Ihre Studien sind beendet. Aber ich finde, da – da – daß Sie von sich aus mich hätten besuchen sollen. Man verläßt nicht diese Anstalt wie einen Stall!...« Ich war nahe daran, zu antworten: »Warum nicht? Da man uns doch darin nur wie Pferde behandelt!«, aber ich war vernünftig genug, an mich zu halten und sogar unserem liebenswürdigen Direktor zu versichern, daß es nicht meine Absicht gewesen sei, Paris zu verlassen, ohne von ihm Abschied zu nehmen und ihm für seine Güte zu danken.

Ich mußte also, ob ich wollte oder nicht, mich der Akademie in Rom zuwenden, wo ich Muße haben sollte, den guten Cherubini und seine Liebenswürdigkeiten, den französischen Ritter Boieldieu und die Stiche seiner stumpfen Lanze, die grotesken Elaborate der Feuilletonschreiber, die warmherzigen Kundgebungen meiner Freunde, die Beleidigungen meiner Feinde, die musikalische Welt, ja auch die Musik selbst zu vergessen.

Jene Einrichtung hatte gewiß ursprünglich einen nützlichen Zweck für Kunst und Künstler. Es kommt mir nicht zu, zu beurteilen, in welchem Maß die Absichten ihres Begründers im Falle der Maler, Bildhauer, Architekten und Medaillenschneider erfüllt worden sind; für die Musiker ist ja die italienische Reise, durch die Fülle von Naturschönheiten, Kunstschätzen und Erinnerungen, die sie ihnen darbietet, förderlich zur Entwicklung ihrer Phantasie; hinsichtlich der besonderen Studien aber, die sie dort machen könnten, ist sie zum mindesten nutzlos. Diese Tatsache wird aber noch deutlicher aus der getreuen Beschreibung des Lebens französischer Künstler in Rom hervorgehen.

Bevor die fünf oder sechs Preisgekrönten sich dorthin begeben, kommen sie zusammen, um die Vorbereitungen zur großen Reise, die gewöhnlich gemeinsam unternommen wird, zu besprechen. Ein Lohnkutscher übernimmt, gegen eine recht bescheidene Vergütung, die Beförderung seiner Ladung künftiger Genies nach Italien; er pfercht sie in eine schwere Kutsche, nicht besser, nicht schlimmer als gewöhnliche

Spießbürger. Da er nie die Pferde wechselt, braucht er eine lange Zeit, um durch Frankreich und über die Alpen in den Kirchenstaat zu gelangen; aber diese Reise in kurzen Etappen muß reich an Erlebnissen sein für ein halbes Dutzend junger Reisender, die sich zu dieser Zeit in einer von Melancholie weit entfernten Stimmung befinden. Ich kann da nicht aus persönlicher Erfahrung sprechen, weil ich selber die Reise nicht auf diese Art gemacht habe; verschiedene Umstände hielten mich nach der erhabenen Feier meiner Krönung bis Mitte Januar in Paris zurück; erst nachdem ich dann noch einige Wochen in La Côte St. André zugebracht hatte, wo meine Eltern, stolz über die akademische Auszeichnung, die mir zuteil geworden war, mir den besten Empfang bereiteten, machte ich mich auf den Weg nach Italien, allein und ziemlich traurig.

ITALIENISCHE REISE

XXXII.

Von Marseille nach Livorno – Sturm – Von Livorno nach Rom – Die französische Akademie in Rom

Die Jahreszeit war zu schlecht, als daß die Überquerung der Alpen mir irgendwelche Annehmlichkeit hätte bieten können; ich entschloß mich daher, sie zu umgehen, und begab mich nach Marseille. Hier sah ich zum ersten Mal das Meer. Ich suchte ziemlich lange nach einem einigermaßen sauberen Schiff, das mich nach Livorno bringen könnte; aber ich fand immer nur gräßliche Kähne, die mit Wolle oder Ölfässern oder Knochenhaufen zur Bereitung von Beinschwärze beladen waren und einen unerträglichen Geruch ausströmten. Überdies gab es keinen Raum, in dem ein anständiger Mensch hausen konnte. Man bot mir weder Speise noch Obdach an; ich sollte Proviant mitbringen und mir für die Nacht ein Lager bereiten, in irgendeinem Winkel des Schiffes, den man mir gütigst zur Verfügung stellen würde. Als einzige Gesellschaft hätte ich Matrosen von bärbeißigem Aussehen gehabt, für deren Ehrlichkeit mir keineswegs garantiert wurde. Ich scheute zurück. Mehrere Tage lang mußte ich die Zeit damit totschlagen, die Felsen in der Nähe von Notre-Dame de la Garde zu durchstreifen, eine Beschäftigung, an der ich stets einen besonderen Geschmack gefunden habe.

Endlich hörte ich von der Abfahrt einer sardischen Brigg nach Livorno. Einige sympathisch aussehende junge Leute, die ich auf der Cannebière traf, teilten mir mit, daß sie auch auf jenem Schiff gebucht hätten und daß wir es dort ganz gut haben könnten, wenn wir uns gemeinsam mit Proviant versorgten, denn der Kapitän wollte sich auf keinen Fall um unsere Mahlzeiten kümmern. Wir nahmen Lebensmittel für eine Woche mit und dachten, reichlich versorgt zu sein, da die Überfahrt von Marseille nach Livorno bei günstigem Wetter kaum mehr als drei bis vier Tage dauerte. Es ist ein köstliches Ding um eine erste Reise auf dem Mittelmeer, bei schönem Wetter, auf einem leidlichen Schiff und ohne Seekrankheit. Während der zwei ersten Tage konnte ich nicht genug meinen guten Stern preisen, der mich so glücklich gelenkt hatte und die üblichen Bitternisse einer solchen Reise von mir fernhielt. Unsere Mahlzeiten auf dem Deck, bei herrlichem Sonnenschein, im Anblick der Küsten von Sardinien, waren sehr angenehme Zusammenkünfte. Alle auf dem Schiff waren Italiener, deren Gedächtnis mit mehr oder weniger glaubhaften, aber sehr interessanten Anekdoten ausgestattet war. Der eine hatte in Griechenland der Sache der Freiheit gedient und sich mit Canaris angefreundet; und wir wurden nicht müde, ihn um Einzelheiten über den heldenmütigen Brandstifter zu bitten, dessen Ruhm eben zu verlöschen schien, nachdem er, wie die Explosion seiner Brandschiffe, mit einem plötzlichen, schauervollen Glanz geleuchtet hatte. Ein Venezianer, ein etwas ungehobelter Kerl, der nur sehr mangelhaft französisch sprach, behauptete, während Byrons abenteuerlichen Fahrten im Adriatischen Meer und im Griechischen Archipel des Dichters Korvette befehligt zu haben. Er beschrieb uns genau die glänzende Uniform, die er auf Byrons Befehl hatte anziehen müssen, die Orgien, die sie zusammen gefeiert hatten; er vergaß auch nicht das Lob, das der berühmte Reisende seinem Mut gespendet hatte. Inmitten eines Sturmes hatte Byron den Kapitän aufgefordert, in seine Kajüte zu kommen und mit ihm eine Partie Ecarté zu spielen; er nahm die Einladung an, statt auf dem Deck die Manöver zu überwachen; als die Partie angefangen hatte, wurde die Bewegung des Schiffes so heftig, daß Tisch und Spieler unsanft umgeworfen wurden.

– Heben Sie die Karten auf und spielen wir weiter, rief Byron.

– Gern Mylord!

– Kapitän, Sie sind ein tapferer Kerl!

Vielleicht ist an alledem kein wahres Wort; allein man muß zugeben, daß die galonierte Uniform und die Partie Ecarté recht gut zu dem Charakter des Dichters von »Lara« passen; außerdem war der Erzähler nicht erfinderisch genug, um seinen Berichten jene lokale Färbung zu geben, und das Vergnügen, das ich darüber empfand, an der Seite eines Teilnehmers an Childe-Harolds Pilgerfahrt zu sein, überzeugte mich vollends. Unsere Überfahrt jedoch schien sich nicht merklich ihrem Ende zu nähern; eine Windstille hatte uns in der Nähe von Nizza aufgehalten; drei ganze Tage lagen wir dort fest. Der leichte Wind, der sich jeden Abend erhob, trieb uns einige Meilen vorwärts, aber nach zwei Stunden ließ er nach, und eine Strömung entgegengesetzter Richtung, die sich an jenen Küsten entlang bemerkbar macht, brachte uns über Nacht langsam zu unserem Ausgangspunkt zurück. Jeden Morgen, wenn ich aufs Deck stieg, fragte ich zuerst die Matrosen nach dem Namen der Stadt, die man an der Küste unterscheiden konnte, und jeden Morgen war die Antwort: »*É Nizza, signore. Ancora Nizza. É sempre Nizza!*« Ich fing an zu glauben, die freundliche Stadt Nizza habe eine magnetische Kraft, die, wenn sie auch nicht alle eisernen Teile unserer Brigg Stück für Stück herausriß, wie es nach den Aussagen der Matrosen in der Nähe der Pole geschieht, so doch auf unser Schiff eine unwiderstehliche Anziehung ausübte. Ein heftiger Nordwind, der von den Alpen her wie eine Lawine auf uns einstürmte, befreite mich aus diesem Irrtum. Der Kapitän verfehlte nicht, eine so gute Gelegenheit zur Einholung der verlorenen Zeit zu ergreifen, und ließ alle Segel einziehen. Das Schiff, von der Seite gepackt, neigte sich in bedenklicher Weise. Indessen gewöhnte ich mich bald an diesen Anblick, der mich im ersten Moment beunruhigt hatte; aber als wir gegen Mitternacht in die Bucht von La Spezia einfuhren, wurde der Wind dermaßen heftig, daß selbst die Matrosen vor der Hartnäckigkeit, mit der der Kapitän alle Segel offen ließ, zu zittern anfingen. Es war ein wirklicher Sturm, dessen Beschreibung ich ein andermal in schönem akademischem Stil geben werde. Ich klammerte mich an eine Eisenstange des Decks und betrachtete mit dumpfem Herzklopfen dieses seltsame Schauspiel, während der vorhin erwähnte Venezianer mit strengem Blick unseren am Steuer wirkenden Kapitän beobachtete und von Zeit zu Zeit unheilverkündende Bemerkungen ausstieß: »Das ist Wahnsinn«, sagte er, »... welch ein Eigensinn! Wir schlagen noch um mit diesem Dummkopf! ... bei solchem Wetter fünfzehn Segel gesetzt!« Der andere sprach kein Wort und steuerte einfach weiter, als plötzlich ein furchtbarer Windstoß ihn umwarf und das Schiff fast gänzlich auf die Seite legte. Es war ein schrecklicher Augenblick. Während unser unglücklicher Kapitän zwischen die Fässer rollte, die der Stoß nach allen Richtungen über das Deck geworfen hatte, sprang der Venezianer zum Steuer und übernahm das Kommando mit einer zwar gesetzwidrigen, aber durch die Umstände gerechtfertigten Autorität, die die Matrosen in dieser äußersten Gefahr instinktiv anerkennen mußten. Mehrere von ihnen, die sich für verloren hielten, riefen schon die Madonna zu Hilfe. »Was soll hier die Madonna, zum Teufel«, schrie der Venezianer; »zur Bramstenge! Alle Mann zur Bramstenge!« Beim Klang der Stimme dieses improvisierten Kapitäns waren in einem Augenblick sämtliche Maste mit Leuten besetzt, alle Hauptsegel eingezogen; das Schiff richtete sich wieder etwas auf, die einzelnen Manöver konnten ausgeführt werden, und wir waren gerettet.

Am folgenden Tage erreichten wir Livorno mit Hilfe eines einzigen Segels; die anderen hatte der Sturm zerstört. Einige Stunden, nachdem wir uns im Hotel Aquila Nera niedergelassen hatten, kamen unsere Matrosen in corpore und statteten uns einen Besuch ab, der eigennützig erschien, aber keinen anderen Zweck hatte, als sich mit uns über unsere Rettung aus der Gefahr zu freuen. Diese armen Teufel, die miserabel bezahlt wurden und deren tägliche Nahrung aus trockenem Kabeljau und Schiffszwieback bestand, wollten unter keiner Bedingung Geld von uns annehmen, und es gelang uns nur mit großer Mühe, sie zu bewegen, bei uns zu bleiben und an einem improvisierten Frühstück teilzunehmen. Ein solches Zartgefühl ist selten, besonders in Italien, und verdient erwähnt zu werden.

Meine Reisegefährten hatten mir während der Überfahrt anvertraut, daß sie planten, sich an der Aufständischenbewegung gegen den Herzog von Modena zu beteiligen. Sie waren von höchster Begeisterung beseelt; sie glaubten, der Tag der Befreiung ihres Vaterlandes sei schon nahe. Nach der Einnahme von Modena werde sich ganz Toscana erheben, man würde ohne Zeit zu verlieren auf Rom marschieren; überdies müsse ihnen ja Frankreich in ihrem edelmütigen Unternehmen beistehen usw. Ach! Noch bevor wir in Florenz ankamen, wurden zwei von ihnen von der großherzoglichen Polizei verhaftet und in einen Kerker geworfen, wo sie vielleicht jetzt noch schmachten; von den anderen habe ich später gehört, daß sie sich in den Reihen der Patrioten von Modena und Bologna hervorgetan und als Anhänger des tapferen und unglücklichen Ciro Menotti dessen Los geteilt hatten. Dies war das Ende jener schönen Freiheitsträume.(24)

Nach einem Abschied, den ich nicht für einen Abschied auf ewig hielt, blieb ich allein in Florenz zurück und war um meine Abreise nach Rom besorgt. Der Augenblick war recht ungünstig, und als eben aus Paris angekommener Franzose hatte ich noch ganz besondere Schwierigkeiten, in den Kirchenstaat zu gelangen. Man weigerte sich, meinen Paß für dieses Reiseziel zu beglaubigen; die Stipendiaten der Akademie standen im Verdacht, die Rebellion auf der Piazza Colonna unterstützt zu haben, und man versteht es, daß der Papst nicht gerade mit Wohlwollen jene kleine revolutionäre Kolonie wachsen sah. Ich schrieb an unseren Direktor, M. Horace Vernet, der nach energischen Reklamationen die nötige Genehmigung von Kardinal Bernetti erhielt.

Eine eigentümliche Fügung hatte gewollt, daß ich allein von Paris abgereist war, daß ich auf der Überfahrt von Marseille nach Livorno der einzige Franzose gewesen war, und daß ich nun auch der einzige Reisende sein sollte, den ein Lohnkutscher in Florenz für eine Fahrt nach Rom auftreiben konnte; und so kam ich in vollständiger Verlassenheit dort an. Zwei Bände Memoiren über die Kaiserin Josephine, die ich zufällig bei einem Antiquar in Siena gefunden hatte, halfen mir die Zeit totschlagen, während meine alte Kutsche gemütlich dahinzokkelte. Mein Phaethon konnte kein Wort Französisch; ich beherrschte von der italienischen Sprache nur Sätze wie: »*Fa molto caldo. Piove. Quando lo pranzo?*« Unsere Unterhaltung konnte schwerlich sonderlich interessant sein. Die Landschaft war wenig malerisch, und der völlige

Mangel an Komfort in den Marktflecken oder Dörfern, wo wir Halt machten, brachten mich vollends dazu, Italien und die alberne Notwendigkeit, die mich dorthin führte, zu verfluchen. Doch eines Morgens gegen zehn Uhr, nachdem wir gerade einen winzigen Marktflekken passiert hatten, sagte der Vetturino plötzlich, indem er sich dabei ein Glas Wein einschenkte: »*Ecco Roma, signore!*« Und ohne sich umzudrehen, deutete er mit dem Finger auf das Kreuz von St. Peter. Diese wenigen Worte brachten in mir eine vollständige Veränderung hervor; ich kann die Verwirrung, die Ergriffenheit nicht beschreiben, die sich meiner bemächtigte, bei dem fernen Anblick der Ewigen Stadt inmitten jener weiten, öden und verlassenen Ebene ... Alles wurde in meinen Augen groß, poetisch, erhaben; die imposante Ausdehnung der *Piazza del popolo*, über die der von Norden kommende Reisende in Rom einzieht, vermehrte noch einige Zeit darauf meine andächtige Rührung; und ich war noch ganz nachdenklich, als die Pferde, deren Langsamkeit ich zu verfluchen aufgehört hatte, vor einem Palast von edlem und strengem Aussehen anhielten. Es war die Akademie.

Die Villa Medici, die von den Stipendiaten und dem Direktor der französischen Akademie bewohnt ist, wurde 1557 von Annibale Lippi erbaut; Michelangelo fügte später einen Flügel hinzu und brachte einige Verbesserungen an; sie liegt auf jenem Abhang des Pincio, der die Stadt beherrscht und von dem aus man eine der schönsten Aussichten der Welt genießt. Rechts erstreckt sich die Pincio-Promenade; sie ist die Avenue des Champs-Elysées von Rom. Jeden Abend, wenn die Hitze anfängt, nachzulassen, wird sie von Besuchern überflutet, die zu Fuß, zu Pferde und besonders im offenen Wagen die Einsamkeit dieser herrlichen Hochebene beleben, um dann plötzlich, mit dem Schlag sieben, hinunterzueilen und sich zu zerstreuen wie ein vom Wind verjagter Mückenschwarm. So groß ist die fast abergläubische Furcht der Römer vor der bösen Luft, daß, wenn einige verspätete Spaziergänger, dem verderblichen Einfluß der *aria cattiva* zum Trotz, nach dem Verschwinden der Menge noch stehen bleiben, um die Herrlichkeit der großartigen Landschaft zu bewundern, während die Sonne hinter dem Monte Mario untergeht, man sicher sein kann, daß jene unvorsichtigen Träumer Fremde sind.

Links von der Villa grenzt die Pincio-Allee an die kleine, mit einem Obelisken geschmückte Piazza Trinità del Monte, von der eine breite Marmortreppe zur Stadt hinunterführt und als direkte Verbindung zwischen dem Gipfel des Hügels und der Piazza di Spagna dient.

Auf der entgegengesetzten Seite sieht man von der Villa aus hübsche Gärten, in dem Geschmack von Lenôtre angelegt, wie es sich für die

Gärten einer jeden ehrbaren Akademie geziemt. Ein Wäldchen von Lorbeeren und grünen Eichen gehört dazu; von der einen Seite grenzt es an die Wälle Roms, von der anderen an das Kloster der französischen Ursulinerinnen, das an das Grundstück der Villa Medici anstößt.

Gegenüber erblickt man inmitten der unbebauten Felder der Villa Borghese das traurige, verlassene Haus, das Raffael bewohnte; und wie um dieses melancholische Bild noch zu verdüstern, bildet am Horizont ein Gürtel von Pinien, die zu jeder Zeit mit einem schwarzen Heer von Raben bedeckt sind, den Rahmen.

Dies ungefähr ist die Beschreibung der wirklich fürstlichen Örtlichkeit, die die Freigebigkeit der französischen Regierung ihren Künstlern während ihres Aufenthaltes in Rom zur Verfügung gestellt hat. Die Wohnung des Direktors ist von bemerkenswerter Pracht: so manche Diplomaten mögen ihn um seine Residenz beneiden. Dagegen sind die Zimmer der Stipendiaten, mit zwei oder drei Ausnahmen, klein, unbequem und vor allen Dingen äußerst schlecht möbliert. Ich wette, ein Kavallerie-Unteroffizier von der Kaserne Popincourt in Paris hat es in dieser Beziehung besser, als ich es im Palast der Accademia di Francia hatte. Die meisten Ateliers für die Maler und Bildhauer befinden sich im Garten; die anderen sind im Innern des Hauses verteilt. Außerdem gibt es eine Bibliothek, angefüllt mit klassischen Werken, aber kein einziges modernes Buch enthaltend; sie ist bis 3 Uhr geöffnet und bietet denen, die nicht wissen, was sie tun sollen, Hilfe gegen Langeweile. Denn man genießt fast unbeschränkte Freiheit. Die Stipendiaten sind zwar verpflichtet, jedes Jahr ein Bild, eine Zeichnung, eine Medaille oder eine Partitur an der Pariser Akademie zu schicken; ist jedoch diese Arbeit einmal gemacht, können sie ihre Zeit verwenden, wie es ihnen gut dünkt oder überhaupt nicht verwenden, ohne daß jemand etwas dazu zu sagen hätte. Die Aufgabe des Direktors besteht lediglich darin, die Anstalt zu verwalten und die Beachtung der Hausordnung zu beaufsichtigen. Für die Leitung der Studien macht er von seinem Einfluß keinen Gebrauch. Das ist begreiflich: die 22 Stipendiaten sind in fünf Kunstzweigen tätig, die, wenn man so will, verwandt, aber doch sehr verschieden sind; es ist für einen einzigen Menschen unmöglich, sie alle zu beherrschen, und er käme schlecht an, wollte er denen, die sie beherrschen, Ratschläge erteilen.

XXXIII.

Die Stipendiaten der Akademie – Felix Mendelssohn

Das »Ave Maria« hatte soeben geläutet, als ich vor dem Tor der Akademie aus dem Wagen stieg; da zu dieser Stunde diniert wurde, ließ ich mich rasch zum Speisesaal führen, wo, wie man mir soeben mitgeteilt hatte, all meine Gefährten versammelt waren. Da meine Ankunft in Rom sich durch die erwähnten verschiedenen Umstände verzögert hatte, wartete man nur noch auf mich; und ich hatte kaum einen Fuß in den weiten Saal gesetzt, in dem etwa zwanzig Gäste lärmend um einen reich besetzten Tisch saßen, als bei meinem Anblick ein Hurra-Ruf erscholl, der die Scheiben erschüttert hätte, wenn solche dagewesen wären.

– Ha! Berlioz! Dieser Kopf! Ha! Die Haare! Die Nase! Du, Jalay, da ist deine Nase gar nichts dagegen!

– Und dich stellt er hübsch in den Schatten mit seinen Haaren!

– Alle Götter! Ist das ein Wuschelkopf!

– He! Berlioz! Kennst du mich nicht wieder? Erinnerst du dich noch an die Aufführung im Institut? und an deine verdammten Pauken, die in der »Feuersbrunst von Sardanapal« nicht losgegangen sind? Hatte der eine Wut! Aber es war auch zum wütend werden! Nun, also, du erkennst mich wirklich nicht?

– Ich erkenne Sie wohl; aber Ihr Name ...

– Da hört einmal! der sagt ›Sie‹ ... Nicht so affektiert, mein Lieber, hier duzt man sich gleich.

– Nun gut! wie wie heißt du?

– Er heißt Signol.

– Eigentlich Rossignol!

– Schlecht, schlecht, der Kalauer!

– Blödsinnig!

– Laßt ihn doch sitzen!

– Wen? Den Witz?

– Nein, den Berlioz.

– Holla! Fleury, bringen Sie uns einen Punsch, aber von dem guten. Der wird uns besser schmecken als der Unsinn von dem Pfiffikus da.

– Endlich ist unsere Musikalische Sektion vollzählig.

– He! Montfort!* Hier ist dein Kollege!

* Montfort: preisgekrönter Komponist des Instituts, der mir nach Rom vorausgegangen war. Da die Akademie im Jahre 1829 keinen ersten Preis verteilt hatte, vergab sie im Jahr darauf zwei. Auf diese Weise erhielt Monfort den rückständigen Preis, der ihm ein Stipendium für vier Jahre gewährte.

– Umarmt Euch!
– Nein, das ist mein Fort.
– Das ist sein Fort.
– Umarmt Euch nicht!
– Umarmt Euch!
– Das ist unser Fort!
– Nein!
– Doch!
– Oho! Während sie schreien, frißt du alle Makkaroni weg! Willst du nicht so gut sein und mir noch etwas davon übrig lassen?
– Nun, umarmen wir ihn alle, damit die Sache ein Ende hat.
– Nein, jetzt soll's erst losgehen! Da kommt der Punsch! Trink deinen Wein nicht aus.
– Nein, keinen Wein mehr.
– Weg mit dem Wein!
– Schlagen wir die Flaschen entzwei! Achtung, Fleury!
– Pink, pank!
– Meine Herren, zerbrechen Sie wenigstens die Gläser nicht, wir brauchen sie zum Punsch: ich glaube nicht, daß Sie ihn aus Schnapsgläsern trinken wollen.
– O! Schnapsgläser! Pfui!
– Nicht übel, Fleury! Das ist nicht ungeschickt; sonst wäre alles draufgegangen.

Fleury ist der Name des Hausfaktotums; dieser biedere Mann, der in jeder Beziehung des Vertrauens würdig ist, das die Direktoren der Akademie in ihn setzen, hat seit langen Jahren das Amt, die Stipendiaten bei Tisch zu bedienen; er hat so viele der eben beschriebenen ähnlichen Szenen mit angesehen, daß er nicht mehr darauf achtete und in solchem Fall einen eisigen Ernst bewahrt, der einen wirklich drolligen Gegensatz bildet. Als ich mich von der Betäubung, die ein solcher Empfang mir verursachen mußte, etwas erholt hatte, bemerkte ich, daß der Saal, in dem ich mich befand, einen höchst eigentümlichen Anblick bot. An der einen Wand hängen die gerahmten Bildnisse der früheren Stipendiaten, etwa 50 an der Zahl, während die andere durch ebenso komische wie furchterregende Karikaturen verziert ist, deren groteske Ungeheuerlichkeit sich nicht beschreiben läßt und deren Originale alle die Akademie bewohnt haben. Unglücklicherweise fehlt es jetzt an Raum, um diese interessante Galerie fortzusetzen, und den neuen Ankömmlingen, deren Äußeres dafür geeignet wäre, kann die Ehre nicht mehr zuteil werden, im großen Saal vertreten zu sein.

Später, nachdem ich mich bei M. Vernet gemeldet hatte, begleitete ich die anderen zum Café Greco, ihrem Lieblingslokal. Es ist dies wohl die abscheulichste Spelunke, die man finden kann: sie ist schmutzig, dunkel und feucht, und nichts kann den Vorzug rechtfertigen, den die in Rom lebenden Künstler jeder Nationalität ihr geben. Allein ihre Lage in der unmittelbaren Nähe der Piazza di Spagna und des gegenüberliegenden Restaurants Lepri bringen ihr eine beträchtliche Anzahl von Gästen. Man schlägt dort die Zeit tot, indem man scheußliche Zigarren raucht, einen kaum besseren Kaffee trinkt, den man dort nicht wie überall sonst auf Marmortischen serviert, sondern auf kleinen, hölzernen Tischchen, so breit wie der Deckel eines Hutes, so schwarz und klebrig wie die Wände dieses liebreizenden Ortes. Das Café Greco wird indessen so sehr von fremden Künstlern besucht, daß die meisten ihre Briefe dorthin adressieren lassen und daß die frisch Angekommenen nichts besseres tun können als dorthin zu gehen, um Landsleute zu treffen.

Am folgenden Tage machte ich die Bekanntschaft von Felix Mendelssohn, der sich zu jener Zeit in Rom aufhielt. Ich werde auf diese Zusammenkunft sowie über die sich daran anknüpfenden Ereignisse im Bericht von meiner ersten Deutschlandreise näher eingehen.

XXXIV.

Drama – Ich verlasse Rom – Von Florenz nach Nizza – Rückkehr nach Rom

Ich brachte einige Zeit damit zu, mich, so gut es gehen wollte, an diese mir so neue Lebensweise zu gewöhnen. Aber eine lebhafte Unruhe, die gleich am Tag nach meiner Ankunft sich meines Gemütes bemächtigt hatte, hinderte mich daran, den Sehenswürdigkeiten der Umgebung und dem gesellschaftlichen Kreis, in den ich so plötzlich eingeführt worden war, meine Aufmerksamkeit zu widmen. Ich hatte in Rom Briefe, die mehrere Tage vor mir dort hätten ankommen sollen, nicht vorgefunden. Drei Wochen lang wartete ich auf sie mit wachsender Besorgnis; nach dieser Zeit konnte ich nicht länger dem Verlangen widerstehen, die Ursache dieses geheimnisvollen Schweigens zu erfahren, und bestand darauf, nach Frankreich zurückzukehren, trotz der freundschaftlichen Warnungen Vernets, der, um mich an einem unüberlegten Schritt zu hindern, behauptete, er müsse mich, wenn ich Italien verließe, aus der Liste der Stipendiaten streichen.

Als ich wieder in Florenz ankam, befiel mich erneut eine Mandelentzündung, die mich acht Tage lang ans Bett fesselte. Damals machte ich die Bekanntschaft des dänischen Architekten Schlick, eines großartigen Mannes, der als Künstler von allen Kennern sehr hoch geschätzt wurde. Während dieser Leidenszeit schrieb ich eine neue Instrumentation zur Ballszene meiner »Symphonie fantastique« und fügte diesem Stück die Coda hinzu, mit der es jetzt abschließt. Diese Arbeit war noch nicht beendet, als ich das Bett verlassen konnte und als erstes zur Post ging, um nach eingelaufenen Briefen zu fragen. In dem Päckchen, das man mir überreichte, befand sich eine Epistel, deren Inhalt so außerordentlich unverschämt und für einen Mann meines Alters und damaligen Charakters so beleidigend war, daß in mir plötzlich etwas Schreckliches vorging. Tränen der Wut stürzten mir aus den Augen, und mein Entschluß war augenblicklich gefaßt. Es handelte sich darum, nach Paris zu eilen und dort zwei schuldige Frauen und einen unschuldigen Mann erbarmungslos umzubringen.* Daß ich nach diesem hübschen Streich auch mich selber töten müsse, war ja, wie man sich denken kann, unvermeidlich. Mein Plan zu dieser Expedition war in wenigen Minuten gefaßt. In Paris mußte man meine Rückkehr fürchten, man kannte mich ... Ich beschloß, mich dort nur mit großer Vorsicht und in einer Verkleidung zu zeigen. Ich stürzte zu Schlick, dem der Inhalt des Dramas, dessen Hauptrolle ich spielte, bekannt war. Als er mich so bleich sah, rief er aus:

– O! Mein Gott! Was gibt's denn?

– Hier, sagte ich, indem ich ihm den Brief hinreichte, lesen Sie.

– O! Das ist ungeheuerlich, antwortete er, nachdem er gelesen hatte. Was werden Sie tun?

Es kam mir sofort der Gedanke, ihn zu täuschen, um frei handeln zu können.

– Was ich tun werde? Natürlich nach Frankreich zurückfahren, aber nicht nach Paris, sondern zu meinem Vater.

– Ja, mein Freund. Sie haben recht, kehren Sie zu Ihrer Familie zurück: dort allein werden Sie mit der Zeit Ihren Kummer vergessen und sich von der schrecklichen Aufregung, in der ich Sie jetzt sehe, erholen können. Mut also!

– Ich habe Mut; aber ich muß sofort abreisen; bis morgen kann ich nicht einstehen für mich selber.

– Nichts ist leichter, als Ihnen heute abend die Abreise zu ermöglichen; ich kenne viele Leute hier, auf der Polizei, auf der Post; in zwei

* Dies bezieht sich, wie man wohl erraten hat, auf meine schöne Trösterin. Ihre edle Mutter, die genau wußte, wie es um die Sache stand, beschuldigte mich, Verwirrung in ihre Familie getragen zu haben, und zeigte mir die Heirat ihrer Tochter mit Herrn P*** an.(25)

Stunden verschaffe ich Ihnen Ihren Paß, in fünf Stunden einen Platz im Postwagen. Ich will das alles auf mich mehmen; gehen Sie in Ihr Hotel zurück und machen Sie sich reisefertig; ich treffe Sie dort.

Statt nach Hause zu gehen, schlage ich den Weg zum Arno-Quai ein, wo eine französische Modistin wohnte. Ich trete in den Laden ein und sage, die Uhr in der Hand:

– Madame, es ist zwölf Uhr; ich reise heute abend mit dem Postwagen ab; können Sie mir bis fünf Uhr die vollständige Toilette einer Zofe fertig machen, Kleid, Hut, grünen Schleier usw? Ich zahle, was Sie wollen, es kommt mir nicht auf den Preis an.

Die Modistin denkt einen Augenblick nach und gibt mir die Versicherung, daß alles zur bestimmten Stunde bereit sein wird. Ich leiste eine Anzahlung, gehe ins Hotel zurück und sage zum Portier:

– Um sechs Uhr reise ich nach Frankreich ab; ich kann unmöglich meinen Koffer mitnehmen, er hätte im Postwagen keinen Platz; ich vertraue ihn Ihnen an. Schicken Sie ihn bei der ersten sicheren Gelegenheit an meinen Vater; hier ist seine Adresse.

Ich nahm dann die Partitur der Ballszene*, deren Coda noch nicht ganz instrumentiert war, und schrieb darüber:

»Ich habe keine Zeit, den Schluß zu schreiben; sollte die Konzertgesellschaft in Paris beschließen, dieses Stück *in Abwesenheit* des Komponisten aufzuführen, so bitte ich Habeneck, die Flötenstelle bei der letzten Wiederholung des Themas in der tieferen Oktave durch die Klarinetten und Hörner zu verdoppeln und die darauffolgenden Akkorde für volles Orchester auszuschreiben; dies wird als Abschluß gegenügen.«

Dann stecke ich die Partitur meiner »Symphonie fantastique« in einen Umschlag mit Habenecks Adresse und packe sie, mit einigen Kleidungsstücken, in einen Handkoffer; ich hatte ein paar Doppelpistolen, ich lade sie gehörig; ich betrachte und stecke in meine Taschen zwei Fläschchen mit labendem Getränk wie Laudanum und Strychnin, und mit ruhigem Gewissen in Bezug auf meine Mordwaffen durchstreife ich bis zur Stunde der Abreise ziellos die Straßen von Florenz mit jenem krankhaft unruhigen und beunruhigenden Wesen, das tollen Hunden eigen ist.

Um 5 Uhr erscheine ich wieder bei meiner Modistin; man probiert mir die Kleidung an, die sehr gut sitzt. Beim Bezahlen des vorher ausgemachten Preises gebe ich 20 Francs zuviel; eine junge Angestellte, die an der Kasse sitzt, sieht es und will mich darauf aufmerksam machen;

* Dieses Manuskript mit der durchstrichenen Inschrift befindet sich in den Händen meines Freundes J. d'Ortigue.

aber die Geschäftsinhaberin wirft mit einer raschen Bewegung meine Goldstücke in die Schublade, stößt das Mädchen zurück und unterbricht es mit den Worten:

»Gehen Sie, dumme Kleine, lassen Sie den Herrn in Ruhe; glauben Sie, er hat Zeit, Ihr albernes Geschwätz anzuhören?« Und auf mein ironisches Lächeln antwortet sie mit einer eigentümlichen und doch graziösen Verbeugung:

»Tausend Dank, mein Herr, ich prophezeie Ihnen guten Erfolg, Sie werden ohne Zweifel reizend sein in Ihrer kleinen Komödie.«

Endlich schlägt es 6 Uhr. Ich nehme Abschied von dem tugendsamen Schlick, der in mir ein verirrtes, verwundetes, nach dem Stall zurückkehrendes Schaf sah, verberge sorgfältig meinen weiblichen Putz in einer Tasche des Wagens, grüße mit einem letzten Blick Cellinis Perseus mit der Inschrift »Si quis te laeserit, ego tuus ultor ero«,* und wir fahren los.

Eine Meile folgt auf die andere, und immer herrscht zwischen dem Kutscher und mir tiefes Schweigen. Mir war die Kehle zugeschnürt, ich biß die Zähne zusammen; ich aß nicht, ich sprach nicht. Gegen Mitternacht erst wechselten wir einige Worte wegen der Pistolen, die er, als vorsichtiger Mensch, unter die Kissen des Wagens versteckte, nachdem er die Patronen entfernt hatte. Er befürchtete, wir könnten angegriffen werden, und in solchem Fall, meinte er, dürfe man nicht die geringste Absicht zeigen, sich zu verteidigen, wenn man nicht ermordet werden wolle.

»Wie Sie wünschen«, antwortete ich, »es würde mir leid tun, uns zu kompromittieren, und ich habe nichts gegen Räuber!«

Wir kamen in Genua an, ohne daß ich etwas anderes zu mir genommen hätte als den Saft einer Apfelsine, zum großen Erstaunen meines Reisegenossen, der nicht recht wußte, ob ich von dieser oder von einer anderen Welt sei. Nun werde ich eines neuen Unglücks gewahr: mein Frauenkostüm war verloren. Wir hatten inzwischen den Wagen gewechselt, und ich hatte vergessen, den Putz mit den anderen Sachen mitzunehmen.

»Donnerwetter«, sagte ich zu mir, »es sieht so aus, als ob ein verdammter Schutzengel mich an meinem Vorhaben hindern möchte. Nun, wart' nur ab ...«

Ich lasse sofort einen französisch und genuesisch sprechenden Dienstmann kommen. Er führt mich zu einer Modistin. Es war nahezu 12 Uhr mittags; die Post fuhr um 6 Uhr wieder ab. Ich verlange ein neues

* »Wenn dich jemand beleidigt, werde ich dein Rächer sein.« Diese berühmte Statue steht auf dem Großherzoglichen Platz, wo sich auch die Poststation befindet.

Kostüm. Man weigert sich, da man es in so kurzer Zeit nicht fertig machen könne. Wir gehen zu einer anderen, zu zwei anderen, zu drei anderen Modistinnen, sie weigern sich ebenfalls. Endlich erklärte eine, sie wolle mehrere Arbeiterinnen anstellen und versuchen, mich bis zu meiner Abreise zu kostümieren. Sie hält Wort, der Schaden ist wieder gutgemacht. Doch während ich so bei den Putzmacherinnen herumlaufe, muß es der Polizei beim Revidieren meines Passes einfallen, ich könnte ein Sendbote der Juli-Revolution, ein Co-Carbonaro, ein Verschwörer, ein Freiheitskämpfer sein; sie weigert sich, das Visum für Turin zu unterschreiben, und befiehlt mir, über Nizza zu fahren.

»Dann, mein Gott, unterschreiben Sie für Nizza, was liegt mir daran? Ich fahre durch die Hölle, wenn Sie wollen, wenn ich nur hinüber komme! ...«

Wer benahm sich nun eigentlich närrischer? Die Polizei, die in jedem Franzosen sofort einen Revolutionär sah, oder ich, der ich meinte, keinen Fuß in die Stadt Paris setzen zu dürfen, ohne als Frau verkleidet zu sein, als ob jeder, der mich erkannt hätte, auf meiner Stirn den Zweck meiner Rückkehr gelesen haben würde, als ob ich nicht, wenn ich nur vierundzwanzig Stunden in einem Hotel verborgen geblieben wäre, fünfzig Modistinnen gefunden hätte, die imstande gewesen wären, mich wunderbar zu kostümieren?

Leidenschaftliche Leute sind komisch, sie bilden sich ein, die ganze Welt beschäftige sich mit ihrer Leidenschaft, welcher Art sie auch sei, und sind felsenfest davon überzeugt, daß jedermann dementsprechend reagiere.

Ich machte mich also auf den Weg nach Nizza, ohne daß mein Zorn nachgelassen hätte, und überdachte sorgfältig die Komödie, die ich nach meiner Ankunft in Paris spielen wollte: Ich stellte mich bei meinen Freunden gegen 9 Uhr abends ein, im Augenblick, da die Familie zum Tee versammelt war; ich ließ mich als eine Kammerfrau der Gräfin M. melden, die eine wichtige und dringende Botschaft zu überbringen habe; man führte mich in den Salon; ich übergab einen Brief, und während man damit beschäftigt war, ihn zu lesen, zog ich aus meinem Busen die beiden Doppelpistolen, zerschmetterte den Schädel von Nummer eins, dann von Nummer zwei, ergriff Nummer drei bei den Haaren, gab mich zu erkennen und zwang ihr, trotz ihres Geschreies, mein drittes Salut auf; worauf ich, noch bevor dieses Vokal- und Instrumentalkonzert Neugierige herbeigelockt haben würde, mir das vierte unwiderstehliche Argument in meine rechte Schläfe jagte; und wenn die Pistole nicht losgehen sollte (das hat man schon erlebt), beeilte ich mich, meine Fläschchen zu Hilfe zu nehmen. Schade, daß die Szene gestrichen wurde.

Trotz meiner verhaltenen Wut dachte ich im Weiterfahren manchmal: Das gibt zwar einen ganz guten Auftritt, aber die Notwendigkeit, mich nachher zu töten, ist ziemlich ... störend: So von der Welt, von der Kunst Abschied zu nehmen, mit keinem anderen Ruf als dem eines brutalen Menschen, der zudem nicht mit dem Leben fertig wurde, meine erste Symphonie nicht zu Ende geschrieben, andere ... größere Partituren im Kopf zu haben ... Ach! Das alles ist ...«

Dann kehrte ich wieder zu meiner blutrünstigen Idee zurück:

»Nein, nein, nein, alle müssen sterben, es muß sein, und es wird sein! Es wird sein! ...«

Und die Pferde trabten weiter und zogen mich nach Frankreich. Die Nacht kam, wir fuhren auf der Corniche, die in den Felsen eingehauen ist, hoch über dem Meer, das hier den Fuß der Alpen bespült. Seit einer Stunde wiederholten mir heimlich die Liebe zum Leben und die Liebe zur Kunst tausend süße Verheißungen, und ich ließ sie reden; ich fand sogar einen gewissen Reiz darin, ihnen zuzuhören, als plötzlich der Postillion die Pferde anhielt, um den Hemmschuh an die Räder zu legen, und ich in diesem Augenblick der Ruhe hören konnte, wie das Meer mit dumpfen Getöse in der Tiefe des Abgrunds brandete. Dieses Geräusch weckte in mir ein schreckliches Echo und entfachte in meiner Brust einen neuen Sturm, furchtbarer als alle vorhergehenden. Ich röchelte wie das Meer, und indem ich mich mit beiden Händen an meinem Sitz festhielt, machte ich eine krampfhafte Bewegung, wie um nach vorwärts zu stürzen, und stieß dabei ein so rauhes, wildes »Ha!« aus, daß der erschrockene Wagenlenker auf die Seite sprang, in der festen Überzeugung, er habe als Reisegefährten irgendeinen Teufel, der dazu verdammt sei, ein Stück des originalen Kreuzes mit sich herumzutragen.

Und doch setzte das Fieber zeitweise aus; Leben und Tod kämpften gegeneinander. Sobald ich dies bemerkte, zog ich folgenden – in Anbetracht der Zeit, des Ortes und der Umstände nicht einmal unvernünftigen – Schluß: Wenn ich den nächsten günstigen Augenblick (d. h. wenn das Leben wieder anfängt, mit mir zu kokettieren) dazu ausnutze, einen Halt zu finden, an den ich mich klammern kann, der mir hilft, den schlimmen Augenblicken besser zu widerstehen, so brächte ich es vielleicht doch fertig, mich zu entscheiden ... für's Leben. Wollen mal sehen ...

Zu dieser Stunde fahren wir durch einen Ort – ich glaube, es war Ventimiglia – am Meer, das nun nicht mehr so donnernd und bedrohlich klang. Der Kutscher hält an, um die Pferde zu wechseln, ich bitte ihn, mir Zeit zu lassen, einen Brief zu schreiben, gehe in ein Café, nehme einen Fetzen Papier und schreibe an den Direktor der Akademie, Horace Vernet, er möge mich gütigst auf der Liste der Stipendiaten beibehalten, wenn er mich nicht schon gestrichen habe; ich hätte das Reglement noch nicht übertreten und *gäbe ihm mein Ehrenwort*, die italienische Grenze nicht zu überschreiten, bis ich seine Antwort erhalten hätte, die ich in Nizza erwarten wolle.[26]

Auf diese Weise durch mein Wort gebunden und sicher, auf meine Mordpläne zurückkommen zu können, falls ich von der Akademie ausgeschlossen, meines Stipendiums beraubt, mittel- und heimatlos sein sollte, stieg ich, nun wieder ruhig, in den Wagen; ich bemerkte sogar plötzlich, daß ich ... hungrig war, da ich seit Florenz nichts zu mir genommen hatte. O gute, widerstandsfähige Natur! Ganz gewiß! Ich war der Welt zurückgewonnen.

Ich kam, noch etwas schmollend, in Nizza an. Ich wartete einige Tage. Vernets Antwort traf ein: eine freundliche, wohlwollende, väterliche Antwort, über die ich tief gerührt war. Ohne den Grund meines Kummers zu kennen, erteilte mir dieser *bedeutende Künstler* Ratschläge, die nicht besser hätten sein können: er bezeichnete mir die Arbeit und die Liebe zur Kunst als die beiden unfehlbaren Heilmittel gegen alle seelischen Stürme; er teilte mir mit, daß mein Name von der Liste der Pensionäre noch nicht gestrichen sei, daß er den Minister nicht von meiner Escapade unterrichten werde und ich nach Rom zurückkehren könne, wo man mich mit offenen Armen empfangen würde.

»Also sind sie gerettet«, sagte ich mit einem tiefen Seufzer. »Wenn ich nun ein ruhiges, glückliches Leben, nur der Musik gewidmet, führen würde? Eine bizarre Idee ... Versuchen wir es.«

Und nun atme ich in vollen Zügen Nizzas laue balsamische Luft: das Leben und die Freude eilen mit raschem Flügelschlag herbei, die Musik schließt mich in ihre Arme, die Zukunft lächelt mir zu; ich bleibe einen ganzen Monat in Nizza, wandle in den Orangenwäldchen herum, tauche in das Meer, schlafe in den Hainen des Gebirges von Villefranche, sehe von der Höhe dieses glänzenden Beobachtungspostens zu, wie die Schiffe kommen, vorübersegeln und in der Ferne verschwinden. Ich lebe ganz für mich allein, schreibe die Ouvertüre zu »König Lear«, singe, glaube an Gott. Genesung. Auf diese Weise habe ich in Nizza die schönsten Tage meines Lebens zugebracht. O Nizza!

Die Polizei des Königs von Sardinien jedoch störte wieder mein friedliches Glück und zwang mich, ihm ein Ende zu machen.

Ich hatte im Kaffeehaus mit zwei Offizieren der Piemonteser Garnison einige Worte gewechselt, ja eines Tages mit ihnen sogar eine Partie

Billard gespielt; dies genügte, um den Chef der Polizei mißtrauisch zu machen.

»Dieser junge französische Musiker ist augenscheinlich nicht in Nizza, um den Vorstellungen von ›Matilde di Sabran‹ (diese Rossini-Oper war das einzige Werk, das in diesen Wochen auf dem Programm stand) beizuwohnen, er geht nie ins Theater. Er verbringt ganze Tage in den Felsen von Villefranche ... er wartet auf das Signal irgendeines revolutionären Schiffes ... er speist auch nicht an der Table d'hôte, um nicht in verfängliche Gespräche mit unseren Geheimagenten gezogen zu werden. Nun fängt er allmählich an, sich den Spitzen unserer Regimenter zu nähern ... er will mit ihnen im Namen des *Jungen Italien* Verhandlungen beginnen; es ist klar: es handelt sich um eine Verschwörung!«

O großer Politiker, hör' auf! Du bist närrisch!

Nun, man befiehlt mir, mich bei der Polizei zu melden, und nimmt mich freundlich in die Zange:

– Was tun Sie in Nizza?

– Ich erhole mich von einer ernsten Krankheit; ich komponiere, ich träume, ich danke Gott, daß er eine so schöne Sonne, ein so schönes Meer, so grünschimmernde Berge geschaffen hat.

– Sie sind Maler?

– Nein, mein Herr.

– Und doch sieht man Sie überall, ein Album in der Hand, viel zeichnend; sollten Sie damit beschäftigt sein, Pläne anzulegen?

– Ja, ich lege einen Plan an für eine Ouvertüre zu »König Lear«, das heißt, ich habe diesen Plan schon, denn der Entwurf und die Instrumentierung sind bereits fertig; ich glaube sogar, daß der Anfang furchtbar sein wird!

– Wieso, der Anfang? Wer ist dieser König Lear?

– Ach! Das ist ein guter alter König von England.

– Von England?

– Ja, der nach den Aussagen Shakespeares vor etwa achtzehnhundert Jahren lebte und die Schwäche hatte, sein Reich noch zu Lebzeiten unter seine ruchlosen Töchter aufzuteilen, die ihn, als er nichts mehr zu verschenken hatte, vor die Türe setzten. Sie sehen, es gibt wenige Könige ...

– Genug von Königen! Was verstehen Sie unter »Instrumentierung«?

– Das ist ein musikalischer Ausdruck.

– Immer diese Ausreden! Ich weiß sehr gut, mein Herr, daß man so nicht komponiert, ohne Klavier, einfach mit einem Album und einem Bleistift, indem man am Strande schweigend herumwandelt! Sagen Sie uns also, bitte, wo Sie hinzugehen gedenken, und man wird Ihnen Ihren Paß zurückgeben; Sie können nicht länger in Nizza bleiben.

– Dann werde ich nach Rom zurückgehen und weiter komponieren und zwar ohne Klavier, mit Ihrer Erlaubnis.

So geschah es. Tags darauf verließ ich Nizza, allerdings sehr gegen meinen Willen, aber mit leichtem Herzen, voller Allegria, recht lebendig, gut genesen. Und so kam es, daß man wieder einmal geladene Pistolen gesehen hat, die nicht losgegangen sind.

Gleichviel: ich glaube, daß meine kleine Komödie ein gewisses Interesse beanspruchen durfte, und es ist eigentlich schade, daß sie nicht aufgeführt wurde.

XXXV.

Die Theater in Genua und Florenz – Bellinis »I Montecchi ed i capuletti« – Romeo von einer Frau gespielt – Pacinis »Vestalin« – Licinius, von einer Frau gespielt – Der Organist von Florenz – Das Fest del Corpus Domini – Ich kehre zur Akademie zurück

Bei einem kurzen Aufenthalt in Genua hörte ich mir Paërs »Agnes« an. Diese Oper war in der dämmerigen Übergangszeit, die der Ära Rossinis voranging, berühmt.

Daß sie auf mich nur einen Eindruck frostiger Langeweile machte, lag wohl an der abscheulichen Aufführung, die ihre Schönheiten vernichtete. Bald merkte ich, daß man die Partitur ›verbessert‹ hatte, daß Leute, die nicht fähig sind, selber etwas zu produzieren, und sich berechtigt fühlen, Produziertes umzuarbeiten, Paërs saubere und sensible Instrumentation durch eine Große Trommel verstärkt hatten, die das Orchester permanent zudeckte. Signora Ferlotti sang (sie hütete sich, zu spielen) die Rolle der Agnes. Als Sängerin, die bis auf jeden Franc genau weiß, was ihre Kehle ihr jährlich einträgt, antwortete sie auf den schmerzvollen Wahnsinn ihres Vaters mit unerschütterlicher Kälte, mit völliger Empfindungslosigkeit; man hätte glauben können, sie probe ihre Partie, und um sich nur nicht zu überanstrengen, vermied sie jegliche gestische Bewegung und allen stimmlichen Ausdruck.

Das Orchester schien mir erträglich. Es war eine kleine harmlose Truppe; aber die Violinen spielten rein und die Blasinstrumente einigermaßen gut im Takt. A propos Violine ... während ich mich in seiner Vaterstadt langweilte, begeisterte Paganini ganz Paris. Dem bösen Schicksal fluchend, das mir nicht gönnte, ihn zu hören, versuchte ich wenigstens von seinen Landsleuten einiges über ihn zu erfahren; aber die Genueser sind, wie die Einwohner aller Handelsstädte, recht gleichgültig gegenüber den Schönen Künsten. Sie äußerten sich kühl über den außergewöhnlichen Mann, den Deutschland, Frankreich und England mit Jubel empfangen haben. Ich fragte nach seinem Elternhaus: man konnte es mir nicht zeigen. Eigentlich suchte ich in Genua nach irgendeinem Denkmal, das, wie ich meinte, zur Erinnerung an Columbus errichtet worden sei; doch nicht ein einziges Mal kam mir eine Büste des großen Mannes, der die Neue Welt entdeckte, zu Gesicht, während ich in den Straßen der undankbaren Stadt umherschlenderte, in der er geboren ist und zu deren Ruhm er beigetragen hat.

Von allen Städten Italiens hat keine so angenehme Erinnerungen in mir zurückgelassen wie Florenz. Ich war völlig unbekannt, kannte selbst niemanden, hatte, trotz der großen Lücke, die der Ausflug nach Nizza in mein Vermögen gerissen hatte, einige Dukaten zur Verfügung, genoß also vollständige Freiheit; weit entfernt, vom *Spleen* verzehrt zu werden wie später in Rom und Neapel, brachte ich dort recht schöne Tage damit zu, die zahlreichen Sehenswürdigkeiten zu besuchen und dabei über Dante und Michelangelo nachzusinnen oder auch Shakespeare zu lesen in jenen wunderbaren Wäldern, die sich am linken Ufer des Arno entlangziehen und deren Einsamkeit es mir gestattete, wann immer es mir gefiel, vor Bewunderung laut aufzujubeln. Da ich wohl wußte, daß ich in der Hauptstadt der Toscana nicht das finden würde, was ich höchstens von Neapel und Mailand erhoffte, dachte ich kaum an die Musik, als ich durch die Unterhaltungen an der Table d'hôte erfuhr, Bellinis neue Oper »I Montecchi ed i Capuletti« solle aufgeführt werden. Man sagte viel gutes von der Musik, aber auch vom Libretto, was mich mit Rücksicht darauf, daß den Italienern gewöhnlich wenig am Text einer Oper gelegen ist, besonders überraschte. Ich würde also, nach all den erbärmlichen Vertonungen des schönen Dramas, eine wirkliche Romeo-Oper hören, würdig des Shakespeareschen Genius. Welch ein Thema! Wie ist alles darin für die Musik vorgezeichnet! Zuerst das glänzende Ballfest im Hause der Capulet, wo, inmitten eines Schwarmes von Schönheiten, der junge Montague zum ersten Male die *Sweet Juliet* erblickt, deren Treue ihn das Leben kosten soll, dann, in den Straßen von Verona, jene wilden Kämpfe, die der feurige Tybalt gleich dem Genius des Zorns und der Rache anzuführen scheint; jene unbeschreibliche nächtliche Szene auf Julias Balkon, in der die beiden Liebenden Worte der Liebe flüstern, so sanft, süß und rein wie die Strahlen des Nachtgestirns, das freundlich lächelnd auf sie herablickt; die derben Scherze des sorglosen Mercutio, das naive Geschwätz der alten Amme, der ernste Charakter des Padre Lorenzo, der vergebens versucht, diese Wogen der Liebe und des Hasses, deren wildes Getöse bis in seine bescheidene Zelle wiederhallt, etwas zu beruhigen ... dann die schreckliche Katastrophe, trunkenes Glück im Kampf mit der Verzweiflung, Liebesseufzer, die sich in ein Todesröcheln verwandeln, und endlich die Versöhnung der beiden Familien und, zu spät angesichts der Leichen ihrer Kinder, der feierliche Schwur, den Haß, der so viel Blut und Tränen gekostet, zu tilgen. Ich lief zum Pergola-Theater. Die zahlreichen Choristen, die auf der Bühne standen, schienen mir recht gut, ihre Stimmen klangvoll und durchdringend; ein Dutzend Knaben von vierzehn bis fünfzehn Jahren brachten mit ihren Altstimmen eine ausgezeichnete Wirkung hervor. Die Personen erschienen eine nach der anderen und sangen alle falsch, mit Ausnahme von zwei Frauen; die eine, groß und stark, sang die Partie der Julia, die andere, klein und schlank, den Romeo. Zum dritten oder vierten Mal nach Zingarelli und Vaccai wieder ein Romeo für eine Frau komponiert!... Aber ist es denn eine ausgemachte Sache, daß Julias Geliebter aller Merkmale der Männlichkeit bar erscheinen soll? Ist er ein Kind, er, der in drei Gängen das Herz des wilden Tybalt, des Helden der Fechtkunst durchbohrt; er, der die Tore vom Grabgewölbe seiner Geliebten aufbricht und dem Grafen Paris mit einer verächtlichen Armbewegung den Todesstoß versetzt? Und seine Verzweiflung im Augenblick der Verbannung, seine finstere, schreckliche Ergebenheit, als er Juliens Tod erfährt, sein wildes Aufflammen, nachdem er das Gift genommen – entstehen denn alle diese glühenden Leidenschaften in der Seele eines Eunuchen?

Oder meint man vielleicht, daß zwei weibliche Stimmen besser zusammenklingen?... Wozu dann Tenöre, Bässe, Baritons? Laßt doch alle Rollen von Sopran- oder Altstimmen singen. Moses und Othello werden sich mit einer flötenden Stimme nicht wunderlicher ausnehmen als Romeo. Doch ich muß mich darein finden; das Werk wird mich entschädigen....

Was für eine Enttäuschung! Das Libretto enthält keinen Ball bei Capulet, keinen Mercutio, keine geschwätzige Amme, keinen Padre Lorenzo, keine Szene am Balkon, keinen großen Monolog für Julia beim Empfang des Scheingifts, keine Szene in der Zelle zwischen Romeo und Lorenzo; keinen Shakespeare, nichts: ein verfehltes Werk. Und doch ist Felice Romani, der Librettist, ein bedeutender Dichter, den die kleinlichen Forderungen der italienischen Opernbühne zwangen, Shakespeares Meisterwerk zu einem so dürftigen Libretto zurechtzuschneidern.[27] Der Musiker jedoch hat eine der Hauptszenen sehr gut wiederzugeben gewußt; am Schluß des ersten Aufzuges sind die Liebenden von ihren zornigen Eltern mit Gewalt getrennt worden; sie entreißen sich für einen Augenblick den Händen, die sie zurückhielten, und rufen, wobei sie sich umarmen: »Wir werden uns im Himmel wiedersehen.« Bellini hat über die Worte, die diesen Gedanken ausdrücken, eine stürmische und sehr leidenschaftliche Melodie gesetzt, die von beiden Personen einstimmig gesungen wird. Diese beiden Stimmen, als Symbol vollkommener Eintracht zusammen wie eine einzige klingend, geben der Melodie eine ungewöhnliche Schwungkraft: sei es durch die Einkleidung der Linie und die Art, auf die sie zurückgeleitet wurde, sei es durch die gut motivierte Eigentümlichkeit dieses unerwarteten Unisono, sei es durch die Melodie selbst – ich muß gestehen, daß mich die Rührung unversehens überfiel und daß ich mit Begeisterung applaudierte. Man hat seitdem einen eigentümlichen Mißbrauch von einstimmigen Duetten gemacht.

Da ich beschlossen hatte, den Kelch bis zur Neige zu leeren, wollte ich einige Tage später Pacinis »Vestalin« hören. Obwohl ich schon durch das, was ich davon kannte, überzeugt war, daß außer dem Titel keine Gemeinsamkeiten mit Spontinis Werk zu erwarten waren, kam es noch viel schlimmer. Wieder wurde eine wichtige Männerpartie – die des Licinius – von einer Frau gespielt ... Nach einiger Zeit konnte ich die Qualen einer solchen Aufführung nicht mehr ertragen und verließ das Theater, nicht ohne dem Fußboden einen so heftigen Tritt zu versetzen, daß meine große Zehe argen Schaden litt und mich drei Tage lang schmerzte. Armes Italien! ... Zum mindesten, wird man mir sagen, muß doch in den Kirchen die musikalische Pracht der Feierlichkeiten würdig sein, die sie begleitet. Armes Italien! ... Man wird später erfahren, welche Musik man in Rom, in der Hauptstadt der christlichen Welt, macht. Hier folgt einstweilen, was ich während meines Aufenthalts in Florenz mit eigenen Ohren gehört habe.

Es war kurz nach der Rebellion in Modena und Bologna; Louis Bonapartes beide Söhne hatten daran teilgenommen; ihre Mutter, die Königin Hortense, floh mit einem von ihnen; der andere hatte eben in seines Vaters Armen das Leben ausgehaucht. Man hielt den Trauergottesdienst: die schwarz behängte Kirche, der pompöse Aufzug, den Priester, Katafalk und Fackeln bildeten, stimmten nur wenig zu den Gedanken, die die Erinnerung an den Toten weckten ... Bonaparte ... *Sein* Name! *Sein* Neffe! Mit zwanzig Jahren gestorben ... und seine Mutter entreißt den letzten ihrer Söhne dem Beil der Reaktionäre und flieht nach England ... Frankreich ist ihr verschlossen ... Frankreich, wo ihr so viele glorreiche Tage geleuchtet hatten ... Meine Gedanken kehrten zu früheren Zeiten zurück, und ich sah sie, als lustiges Kreolenkind, als einfache Tochter der Madame Beauharnais, auf dem Verdeck des Schiffes herumspringen, das sie nach der Alten Welt zurückbrachte, dann als Adoptivtocher von Europas Herrscher, als Königin von Holland, und jetzt verbannt, vergessen, elternlos, eine verzweifelte Mutter, eine flüchtige und heimatlose Königin ... O Beethoven! ... Wo war nun jene große Seele, jener tiefe und homerische Geist, der die »Eroica«, mit dem Trauermarsch auf den Tod eines Helden, und so viele andere bedeutende und schmerzvolle musikalische Dichtungen geschaffen hat, die zugleich die Seele erheben und das Herz beklemmen? Der Organist hatte das Register der kleinen Flöten gezogen, fingerte lustig auf den hohen Tasten der Klaviatur herum und ließ die Pfeifen kleine fröhliche Weisen zwitschern wie die der Zaunkönige, wenn sie im schwachen Strahl der Wintersonne auf einer Gartenmauer herumhüpfen ...

Das Fronleichnamsfest sollte nächstens in Rom gefeiert werden; seit einigen Tagen hörte ich davon in meiner Umgebung ständig wie von einem außergewöhnlichen Ereignis reden. Ich beeilte mich daher, mich auf den Weg nach der Hauptstadt des Kirchenstaates zu machen, mit mehreren Florentinern, die ebenfalls aus diesem Anlaß dorthin fuhren. Es war während der Reise nur von den unzähligen Herrlichkeiten die Rede, die sich unserer Bewunderung bieten sollten. Die Herren entrollten vor meinen Augen ein buntschimmerndes Gemälde von Tiaren, Bischofsmützen, Meßgewändern, glänzenden Kreuzen, goldenen Mänteln, Weihrauchwolken usw.

– *Ma la musica?*

– *Oh! signore, lei sentirà un coro immenso!* Dann kamen sie wieder auf die Weihrauchwolken, die goldenen Gewänder, die strahlenden Kreuze, das Glockengeläute und die Kanonenschüsse zu sprechen.

– *La musica?* fragte ich erneut, *la musica di questa ceremonia?*

– *Oh! signore, lei sentirà un coro immenso!*

– Nun, wie es scheint, wird es also ... eine große Chorbesetzung geben. Ich hatte bereits eine Vision vom Tempel Salomons und dem musikalischen Prunk seiner Zeremonien; meine Phantasie entflammte sich mehr und mehr – ich ging so weit, etwas dem ungeheuren Luxus Alt-Ägyptens Ähnliches zu erwarten ... Verdammte Phantasie, die uns von dem ganzen Leben nur Wunderdinge erwarten läßt! ... Ohne sie wäre ich vielleicht von dem grellen und disharmonischen Falsett der *Castrati* entzückt gewesen, von denen ich einen sinnlosen Kontrapunkt hörte; ohne sie wäre ich wahrscheinlich nicht überrascht gewesen, bei der Prozession keinen Schwarm von weißgekleideten Jungfrauen zu finden mit reinen, frischen Stimmen, dem Ausdruck religiöser Inbrunst auf ihren Zügen, fromme Gesänge wie einen melodischen Duft lebender Rosen gen Himmel hauchend; ohne diese verhängnisvolle Phantasie hätten mich jene falschtönenden Klarinetten, brüllenden Posaunen, rasenden großen Trommeln und Jahrmarktstrompeten mit ihren unfrommen und rohen Mißklängen nicht empört. Dazu hätte ich allerdings auch meine Ohren zu Hause lassen sollen. Das heißt man in Rom Militärmusik. Daß der alte Silen, auf einem Esel reitend, mit einem Gefolge von unkeuschen Bacchantinnen und rohen Satyrn, von einem derartigen Konzert begleitet werde, ist durchaus möglich; aber das heilige Sakrament, der Papst, die Bilder der heiligen Jungfrau!* Dies war jedoch nur der Anfang der Enttäuschungen, die mich erwarteten. Aber wir wollen nicht vorgreifen.

So hatte ich mich in der Villa Medici wieder häuslich niedergelassen: ich wurde vom Direktor gut aufgenommen, gefeiert von meinen Kameraden, die alle, obwohl ohne Zweifel ihre Neugier über den Zweck meiner soeben gemachten Pilgerfahrt erregt war, mir gegenüber ein musterhafte Zurückhaltung beobachteten.

Ich war fortgegangen, ich hatte Gründe gehabt, fortzugehen; ich kam wieder, es war wunderschön: keine Bemerkungen, keine Fragen.

XXXVI.

Das Leben auf der Akademie – Ausflüge in die Abruzzen – St. Peter – Spleen – Ausflüge in die römische Campagna – Der Karneval – Die Piazza Navona

Ich war nun schon vertraut mit den Lebensgewohnheiten innerhalb und außerhalb der Akademie. Eine Glocke, die in den verschiedenen Gängen und den Gartenalleen geläutet wird, verkündet die Stunde der Mahlzeiten. Nun kommt jeder so, wie er gerade gekleidet ist, zu Tisch: im Strohhut, in einem zerrissenen, mit Ton beschmierten Kittel, in Pantoffeln, ohne Krawatte, kurz in der ganzen Nonchalance einer Ateliertracht.

Nach dem Frühstück vertrödelten wir gewöhnlich eine oder zwei Stunden im Garten mit Diskus- und Ballspiel, mit Pistolenschießen oder indem wir mit Flinten Jagd auf die armen Amseln machten, die in den Lorbeerbäumen nisten, oder junge Hunde abrichteten. An allen diesen Übungen nahm sehr häufig auch Horace Vernet teil, der uns

* Barbarisch! Der Papst ist ein Barbar, wie fast alle anderen Herrscher. Das Volk von Rom ist barbarisch wie alle anderen Völker.

gegenüber eher die Stellung eines vortrefflichen Kameraden als die eines gestrengen Direktors einnahm. Am Abend ward dem Café Greco der obligate Besuch abgestattet, wo die nicht mit der Akademie in Verbindung stehenden französischen Künstler, die Leute von unten, wie wir sie nannten, mit uns die Freundschaftszigarette rauchten und Vaterlandspunsch dazu tranken. Danach ging alles auseinander ... Diejenigen, die gehorsam in die akademische Kaserne zurückkehrten, kamen bisweilen in der großen, auf den Garten gehenden Vorhalle zusammen. Wenn ich dabei war, wurde meine schlechte Stimme und meine elende Gitarre in Anspruch genommen; wir saßen alle miteinander um das Marmorbecken eines Springbrunnens herum und sangen bei Mondschein die träumerischen Melodien aus »Freischütz« und »Oberon«, die kraftvollen Chöre aus »Euryanthe« oder ganze Akte aus »Iphigenie auf Tauris«, der »Vestalin« oder dem »Don Giovanni«. Und ich muß zur Ehre meiner Gefährten sagen, daß ihr Geschmack alles andere als vulgär war.

Etwas anders fielen unsere ›englischen‹ Konzerte aus, die wir nach leicht aus den Fugen geratenen Abendmahlzeiten zu veranstalten pflegten. Jeder stimmte eine seiner Lieblingsmelodien an, und um das Chaos noch zu vergrößern, sang außerdem noch jeder in einer anderen Tonart als sein Nachbar. Duc, der geistreiche und gelehrte Architekt, sang dann ›La Colonne‹, Dantan den ›Sultan Saladin‹, Montfort glänzte mit dem Marsch aus der »Vestalin«, Signol war liebenswert in der Romanze vom ›Tajofluß‹ und ich hatte einigen Erfolg mit der so zärtlichen und einfachen Weise ›Es regnet, Schäferin‹. Auf ein Zeichen hin legten die Teilnehmer an dem Konzert, einer nach dem andern, los, und das gewaltige vierundzwanzigstimmige Ensemble schallte im crescendo weit durch die Gegend, während draußen auf der Pincio-Anlage die erschreckten Hunde mit kläglichem Geheul die Begleitung lieferten und die Barbiere auf dem Spanischen Platz, unter der Tür ihrer Rasierstuben mit schlauem Lächeln einander zuriefen: *Musica francese!*

Jeden Donnerstag war großer Empfang beim Direktor. Die glänzendste Gesellschaft fand sich damals zu den beliebten Soiréen ein, die H. Vernet mit Frau und Tochter geschmackvoll und interessant zu gestalten wußten; natürlich wollten wir dabei nicht fehlen. Der Sonntag aber wurde fast immer zu längeren oder kürzeren Ausflügen in die Umgebung Roms benutzt. Da war Ponte-Molle, wo es das Lieblingsgetränk der Römer gibt, eine arzneiähnliche, süßliche und ölige Flüssigkeit, den sogenannten Wein von Orvieto, ferner die Villa Pamphili, San Lorenzo vor den Mauern und vor allem das herrliche Grabdenkmal der Cäcilia Metella, dessen merkwürdiges Echo man unbedingt so lange anrufen muß, bis man heiser ist und einen Vorwand hat, sich in der nur wenige Schritte entfernt gelegenen Osteria mit einem schlichten Rotwein voller Mücken zu erfrischen.

Mit Erlaubnis des Direktors dürfen die Stipendiaten Ausflüge unternehmen, unter der einzigen Bedingung, daß sie den Kirchenstaat nicht vor dem Zeitpunkt verlassen, an dem sie nach den Vorschriften das Recht erlangen, alle Provinzen Italiens zu besuchen. Das ist der Grund, weshalb die Stipendiaten der Akademie nur selten vollzählig beisammen sind. Fast immer sind mindestens zwei davon auf Reisen nach Neapel, Venedig, Florenz, Palermo oder Mailand. Die Maler und Bildhauer sind, da sie ihren Raffael und Michelangelo in Rom haben, in der Regel am wenigsten darauf aus, die Stadt zu verlassen; dagegen reizen die Tempel von Paestum, Pompeji, Sizilien die Wißbegierde der Architekten; die Landschaftsmaler verbringen die meiste Zeit im Gebirge. Was die Musiker anbelangt, bieten ihnen die verschiedenen Hauptstädte Italiens so ziemlich alle dasselbe; sie haben daher keine anderen Motive, Rom zu verlassen, als die Lust, zu schauen, und ihr unstetes Wesen, und nur ihre persönlichen Neigungen können die Richtung und Dauer ihrer Reisen beeinflussen. Ich machte von der Freiheit, die uns eingeräumt war, Gebrauch, überließ mich meinem Hang zu abenteuerlichen Streifereien und flüchtete mich in die Abruzzen, wenn mich in Rom die Langeweile verzehrte. Ohne das weiß ich kaum, wie ich die Einförmigkeit einer solchen Lebensweise hätte überstehen sollen. Man begreift, daß unsere heiteren Künstlerzusammenkünfte, die vornehmen Bälle der Akademie und der Gesandtschaft und das ungebundene Wirtshausleben mich schwerlich hätten vergessen lassen, daß ich aus Paris kam, dem Mittelpunkt der Zivilisation, und daß ich mich nun auf einmal abgeschnitten fand von Musik, Theater, Literatur, Anregungen, kurz, von allem, was mein Leben ausmachte.*

Man wundere sich nicht darüber, daß der große Schatten des alten Rom, der ganz allein dem neuen einen poetischen Zauber verleiht, nicht genügt hat, um mich für das zu entschädigen, was ich entbehrte. Man wird sehr bald mit den Gegenständen vertraut, die man fortwährend vor Augen hat, und schließlich rufen sie nur noch gewöhnliche Eindrücke und Vorstellungen wach. Doch muß ich das Kolosseum davon ausnehmen. Bei Tag oder bei Nacht – niemals sah ich es, ohne davon ergriffen zu werden. Auch St. Peter ließ mich immer einen Schauer der Bewunderung empfinden. Sie ist so groß, so vornehm, so schön, von einer so majestätischen Ruhe! Ich liebte es, während der unerträglichen

* Die Theater sind in Rom nur vier Monate im Jahr geöffnet, und die meisten Bücher, die ich schätzte, waren damals auf den Index gesetzt.

Sommerhitze den Tag darin zuzubringen. Ich hatte einen Band Byron bei mir, machte es mir in einem Beichtstuhl bequem, und im Genuß der Kühle, der heiligen Stille, die nur in langen Zwischenräumen von dem harmonischen Plätschern der beiden Fontänen auf dem großen St. Peters-Platz unterbrochen wurde, wenn Windstöße es an mein Ohr trugen, las ich mit Muße jene leidenschaftliche Poesie; auf den Wogen folgte ich den kühnen Fahrten des Korsaren; ich verehrte auf's tiefste diesen zugleich unerbittlichen und zärtlichen, mitleidlosen und edelmütigen Charakter, in dem sich in wundersamer Weise zwei scheinbar entgegengesetzte Gefühle zusammenfinden, der Haß gegen die Gattung und die Liebe zu einer einzigen Frau.

Bisweilen sah ich von meinem Buch auf, um nachzudenken, und ließ meine Blicke umherwandern; meine Augen, vom Licht angezogen, richteten sich empor zu der erhabenen Kuppel Michelangelos. Welch ein unvermittelter Übergang der Vorstellungen! Von dem Wutgeschrei der Piraten, von ihren blutigen Orgien hinweg versetzte ich mich zu den Gesängen der Seraphim, zu dem Frieden der Tugend, in die unendliche Ruhe des Himmels ... Alsdann lenkten meine Gedanken ihren Flug herab und gefielen sich darin, in der Vorhalle des Tempels die Spuren des edlen Dichters zu entdecken ...

– Er muß hier gewesen sein, um diese Gruppe von Canova zu betrachten, sagte ich mir; seine Füße haben diesen Marmor betreten, seine Hände diese Bronze befühlt; er hat diese Luft geatmet, diese Echos haben seine Worte wiederholt ... Worte der Liebe und Zärtlichkeit vielleicht ... O gewiß! Kann er nicht zur Besichtigung des Bauwerks mit seiner Freundin, der Gräfin Guiccioli,* gekommen sein? Mit dieser wunderbaren und seltenen Frau, die ihn so vollkommen verstanden, so tief geliebt hat! ... Geliebt! ... Ein Dichter! ... frei! ... reich! ... All das war er! ... Und der Beichtstuhl vernahm ein Zähneknirschen, das die Verdammten hätte schaudern machen.

In solcher Verfassung stand ich eines Tages plötzlich auf, um fortzugehen; nach einigen raschen Schritten hielt ich an und blieb schweigend mitten in der Kirche stehen. Ein Bauer kam herein, trat auf die Statue des heiligen Petrus zu und küßte die große Zehe.

»Glücklicher Zweifüßler«, sagte ich bitter vor mich hin, »was könnte dir noch fehlen? Du glaubst und hoffst; diese Bronze, die du anbetest, deren rechte Hand heute statt der Blitze die Schlüssel des Paradieses hält, war einst ein Jupiter; du weißt nichts davon, keine Enttäuschung

---

* Ich habe sie eines Abends bei H. Vernet gesehen, mit ihren langen weißen Haaren, die wie die Zweige einer Trauerweide um ihr melancholisches Antlitz fielen. Drei Tage später sah ich im Atelier von Dantan ihr Zerrbild in Ton.

droht dir. Wenn du wieder hinausgehst, was suchst du draußen? Schatten und Schlaf; die Marienkapellchen auf dem Felde stehen dir offen, dort findest du beides. Welche Reichtümer erträumst du? ... Eine Handvoll Dukaten, einen Esel zu kaufen oder dich zu verheiraten. Deine Ersparnisse von drei Jahren erst werden dazu ausreichen. Was ist für dich eine Frau? ... Ein anderes Geschlecht ... Was suchst du in der Kunst? ... Ein Mittel, die Gegenstände deines Glaubens zu versinnlichen, dich zum Lachen oder zum Tanzen anzuregen. Ein rot und weiß angemaltes Muttergottesbild, das ist für dich die Malerei; die Marionetten und Pulcinella, das ist für dich das Drama; Dudelsack und Schellentrommel, das ist für dich die Musik; für mich gibt es nur Verzweiflung und Haß, denn ich habe nichts von dem, was ich suche, und ich kann nicht mehr hoffen, es zu erlangen.

Nachdem ich einige Zeit dem Toben des Sturmes in meinem Innern gelauscht hatte, bemerkte ich, daß der Tag sich neigte. Der Bauer war fort; ich war allein in St. Peter ... Ich ging hinaus. Ich traf deutsche Maler, die mich in eine Osteria vor den Toren der Stadt mitschleppten, wo wir ich weiß nicht wie viele Flaschen Orvieto tranken, dummes Zeug schwätzten, rauchten und kleine Vögel, die wir von einem Jäger gekauft hatten, in rohem Zustand verzehrten.

Die Herren fanden dieses Wild-Gericht gut, und ich wurde trotz des Abscheus, den ich anfangs davor empfand, bald ihrer Ansicht.

Auf dem Rückweg nach Rom sangen wir Chöre von Weber, die uns musikalische Genüsse ins Gedächtnis zurückriefen, an die für lange Zeit nicht mehr zu denken war ... Um Mitternacht ging ich auf den Ball beim Gesandten; ich sah dort eine Engländerin, schön wie Diana, die, wie man mir sagte, eine Rente von fünfzigtausend Pfund Sterling, eine herrliche Stimme und eine bewunderungswürdige Fertigkeit im Klavierspiel besaß, was mir großes Vergnügen machte. Die Vorsehung ist gerecht: sie ist darauf bedacht, ihre Gunst gleichmäßig auszuteilen. Ich begegnete schauerlichen Gesichtern von alten Frauen, deren von Gier leuchtende Blicke auf einen Spieltisch gebannt waren. Vetteln aus »Macbeth«! Ich sah die Schöntuerei der Koketten; man zeigte mir zwei anmutige junge Mädchen, die, wie ihre Mütter sich ausdrückten, ihren ersten Schritt in die Welt taten: zarte, köstliche Blüten, die in dieser ausdörrenden Atmosphäre bald verwelkt sein werden. Ich war entzückt. Drei Liebhaber sprachen mit mir über Enthusiasmus, Poesie, Musik; sie verglichen Beethoven mit Vaccai, Shakespeare mit Ducis; fragten mich, ob ich Goethe gelesen hätte, ob »Faust« mich amüsiert habe etc. ... All das beglückte mich so sehr, daß ich den Saal mit dem Wunsch verließ, es möge ein Meteor, so groß wie ein Berg, auf den Gesandtschaftspalast herabstürzen und ihn mit allem, was darin, begraben.

Als wir die Treppe von Trinità-del-Monte hinaufstiegen, um zur Akademie zurückzukehren, mußten wir unsere großen römischen Dolche ziehen. Unglückliche hatten sich auf der Plattform in den Hinterhalt gelegt, um von den Vorübergehenden Geld oder Leben zu fordern. Aber wir waren zu zweit und sie nur zu dritt; das Klicken unserer Messer, die wir geräuschvoll aufmachten, genügte, um sie sofort auf den Weg der Tugend zurückzuführen.

Oft, wenn ich von solchen abgeschmackten Abendgesellschaften zurückkam, wo der seichte Vortrag seichter Kavatinen am Klavier meinen Musikdurst nur erregt und meine schlechte Laune nur verschlimmert hatte, war es mir unmöglich, Schlaf zu finden. Dann ging ich in den Garten hinunter, setzte mich, in einen großen Kapuzenmantel gehüllt, auf einen Marmorblock, lauschte in finsteren misanthropischen Träumereien den Rufen der Eulen von der Villa Borghese und erwartete so die Wiederkehr der Sonne. Wenn meine Gefährten Kenntnis von diesen müßigen Nachtwachen unterm Sternenhimmel gehabt hätten, wäre ich von ihnen gewiß der Manieriertheit geziehen worden (das ist der hierfür gebräuchliche Ausdruck), und Verspottungen aller Art hätten nicht auf sich warten lassen; doch ich rühmte mich dessen nicht.

Erwähne ich noch die Jagd und die Spazierritte,* so ist damit der liebliche Kreis des Tuns und Denkens bezeichnet, in welchem ich mich während meines Aufenthaltes in Rom unaufhörlich drehte. Nimmt man dazu noch die niederdrückende Einwirkung des Sirokko, das herrische und stets wiederkehrende Bedürfnis nach Genüssen meiner Kunst, peinliche Erinnerungen, den Ärger über meine zweijährige Verbannung aus der musikalischen Welt, ferner eine unerklärliche aber tatsächliche Unmöglichkeit, in der Villa Medici zu arbeiten, so wird man begreifen, wie stark der *Spleen* sein mußte, der mich verzehrte.

Ich war bösartig wie ein Kettenhund. Die Anstrengungen meiner Gefährten, mich an ihren Vergnügungen teilnehmen zu lassen, reizten mich nur noch mehr.

Die Freude, die sie an den *Belustigungen* des Karnevals hatten, war (und ist) mir unbegreiflich. In Rom wie in Paris spricht man von den

---

* Auf einem dieser Ausflüge zu Pferd, die ich mit Felix Mendelssohn in der römischen Ebene machte, drückte ich mein Erstaunen darüber aus, daß noch niemand auf den Gedanken gekommen sei, ein Scherzo zu schreiben über das sprühende kleine Gedicht von Shakespeare: »Die Fee Mab«. Er bezeigte darüber gleiches Erstaunen, und ich bereute sofort, ihm den Gedanken eingegeben zu haben. Mehrere Jahre lang fürchtete ich, zu erfahren, daß er das Thema aufgegriffen habe. Er hätte hierdurch ohne Zweifel den doppelten Versuch eines instrumentalen *und* vokalen Scherzos, den ich in meiner Symphonie »Romeo und Julia« gemacht habe, vereitelt oder doch sehr unklug erscheinen lassen. Zu meinem Glück dachte er nicht daran.

fetten Tagen, und fett sind sie in der Tat, d. h. voller Überfluß an groben Beleidigungen, an Freudenmädchen, an trunkenen Polizeispitzeln, an unanständigen Masken, an abgehetzten Pferden, an Dummköpfen, die lachen, an Trotteln, die bewundern, an Müßiggängern, die sich langweilen. In Rom, wo sich die guten Traditionen des Altertums erhalten haben, pflegte man noch vor kurzem den fetten Tagen ein Menschenopfer darzubringen. Ich weiß nicht, ob dieser herrliche Brauch, bei dem man den zarten Duft von Arena-Poesie verspürt, noch fortbesteht; wahrscheinlich ist es, denn große Ideen lassen sich nicht so leicht auslöschen. Man hob damals für die fetten Tage einen armen Teufel auf, der zum Tode verurteilt war; man machte auch ihn fett, um ihn des Gottes würdig zu machen, dem er dargebracht werden sollte, dem römischen Volke nämlich; und wenn die Stunde gekommen war, wenn dieser Haufen von Dummköpfen aller Nationen (denn um gerecht zu sein, muß ich sagen, daß die Fremden keine geringere Begier nach so edlen Belustigungen zeigten als die Einheimischen); wenn diese Horde von Wilden mit und ohne Frack müde geworden war, Pferde rennen zu sehen und sich, unter großem Gelächter über eine so geistvolle Bosheit, sich Kugeln aus Gips ins Gesicht zu werfen, dann ging man, den Menschen sterben zu sehen; jawohl, den *Menschen*! Das Geschmeiß tut gut daran, ihn so zu nennen. Gewöhnlich wird es irgendein armer Brigant sein, der, von Wunden geschwächt, in halbtotem Zustand von den *tapferen* päpstlichen Soldaten aufgegriffen wurde und den man für die fetten Tage verbunden, gepflegt, geheilt, gemästet und absolviert hat. Und nach meiner Meinung steckt in diesem Besiegten gewiß tausendmal mehr Menschlichkeit als in diesem ganzen Lumpenpack seiner Besieger, dem das weltliche und geistliche Oberhaupt der Kirche *(abhorrens a sanguine* – welches das Blut verabscheut), der Statthalter Gottes auf Erden, von Zeit zu Zeit das Schauspiel einer Enthauptung zu bieten verpflichtet ist.*

Allerdings nimmt dieses feinfühlige und intelligente Volk bald danach auf der Piazza Navona gewissermaßen seine Reinigung vor und wäscht die Flecken ab, die das Blut auf seinen Kleidern zurückgelassen

---

* Die Pariser nehmen es in dieser Beziehung noch immer mit den Römern von 1831 auf. Léon Halévy, der Bruder des Komponisten, hat eben jetzt in einem offenen Brief die Beseitigung jener rohen Karnevalssitte gefordert, die mit dem *fetten Ochsen* getrieben wird; man führte ihn drei Tage lang in den Straßen herum, um dann das entkräftete Tier unter großem Pomp zu schlachten. Halévys Protest hat mich lebhaft ergriffen,und ich schrieb ihm folgendes: »Ich möchte Ihnen die Hand drücken für Ihren wundervollen, im ›Journal des Débats‹ veröffentlichten Brief. Nein, Sie machen sich nicht lächerlich, glauben Sie das ja nicht; jedenfalls besser, lächerlich in den Augen der Flachköpfe, als roh in den Augen der Sensiblen – durch Gleichgültigkeit gegenüber solchen Schauspielen wie das von Ihnen zu Recht gebrandmarkte: Schauspiele, bei denen sich der ›zivilisierte‹ Mensch als Barbar, als Raubtier zeigt.«

haben könnte. Dieser Platz ist dann völlig überschwemmt; an Stelle eines Gemüsemarktes befindet sich da ein wahrer Sumpf schmutzigen, stinkenden Wassers, auf dessen Oberfläche statt Blumen Kohlstümpfe, Salatblätter, Melonenreste, Stroh- und Mandelschalen schwimmen. Auf einer erhöhten Bühne am Rand dieses Zaubersees sind fünfzehn Musiker aufgestellt, darunter zwei große Trommeln, eine Rouliertrommel, eine Trommel, ein Triangel, ein Schellenbaum und zwei Paar Schallbecken, denen zum Schein noch einige Hörner oder Klarinetten beigesellt sind; die Melodien, die von ihnen zu Gehör gebracht werden, sind ebenso rein wie die Flut, die die Stützen des Gerüstes umspült; währenddessen fahren prächtigste Equipagen langsam in dieser Pfütze herum, unter ironischen Zurufen des ›souveränen Volkes‹, das sich königlich amüsiert.

– *Mirate Mirate!* Schaut doch, schaut! Da ist der österreichische Gesandte!

– Nein, es ist der englische Geschäftsträger!

– Seht sein Wappen, eine Art von Adler!

– Keineswegs, ich sehe deutlich ein anderes Tier und dazu die berühmte Inschrift: Gott und mein Recht.

– Das ist der Konsul von Spanien mit seinem getreuen Sancho. Die Rosinante scheint nicht sonderlich erbaut von dieser Wasserfahrt.

– Was! Auch der? Der Vertreter Frankreichs?

– Warum nicht? Dieser alte Mann im Kardinalspurpur, der ihm folgt, ist Napoleons Onkel mütterlicherseits.

– Und wer ist der Kleine mit dem runden Bauch und dem boshaften Lächeln, der sich bemüht, so würdevoll auszusehen?

– Das ist ein geistvoller Mann,* der viel über Kunst schreibt ... Konsul in Civitavecchia ... Seine Reputation verlangt, daß er sich in dieser Kloake rumschaukeln läßt ... Er denkt gerade über ein neues Kapitel seines Romans »Rouge et Noir« nach.

– Seht! Seht! Unsere berühmte Vittoria, diese Fornarina im Kleinen (nicht ganz so im Kleinen), im Feiertagsputz, um sich vom Werktagsputz in den Studios der Akademie zu erholen. Da sitzt sie in ihrem Wagen wie Venus, die dem Meer entsteigt. Aufgepaßt! Die Navona-Tritonen werden ihre Muscheln an den Mund setzen und ihr im Vorbeifahren einen Triumphmarsch blasen. Rette sich, wer kann!

– Welch ein Geschrei! Was ist denn los? Ein bürgerliches Fuhrwerk ist umgeworfen worden! Das ist doch unsere dicke Tabakverkäuferin aus der Via Condotti! Bravo!

---

* Henry Beyle, unter dem Namen Stendhal Autor einer Rossini-Biographie und vieler irritierender Sottisen über Musik, von der er etwas zu verstehen meint.

Sie kommt schwimmend ans Land wie Agrippina in der Bucht von Pozzuoli, und während sie ihrem kleinen Jungen Prügel verpaßt, um ihn über das Bad zu trösten, das er soeben genommen hat, arbeiten sich die Pferde, die keine Seepferde sind, in dem schlammigen Wasser ab. Juchhe! Es lebe die Freude! Da ist das eine schon ertrunken! Agrippina rauft sich die Haare aus! Die Heiterkeit der Zuschauer verdoppelt sich! Die Gassenjungen bewerfen sie mit Orangenschalen. Gutes Volk, wie rührend sind deine Belustigungen! Wie liebenswert deine Erholungen! Wieviel Poesie liegt in deinen Spielen! Wieviel Würde, wieviel Anmut in deiner Freude! O ja, die großen Kritiker haben Recht, die Kunst ist für alle. Wenn Raffael seine himmlischen Madonnen gemalt hat, geschah das, weil er die begeisterte Liebe der Massen zu dem schönen, keuschen und reinen Ideal kannte; wenn Michelangelo dem Schoß des Marmors seinen unsterblichen Moses abgerungen, mit seinen gewaltigen Händen einen erhabenen Tempel errichtet hat, wollte er damit ohne Zweifel jenem Bedürfnis nach großen Gemütsbewegungen entgegenkommen, das die Seelen der Menge peinigt; um der poetischen Flamme, von der jene verzehrt werden, Nahrung zu geben, nur darum haben Tasso und Dante gesungen. Ja, den Bann über all die Werke, die der große Haufe nicht bewundert! Denn wenn er sie verschmäht, dann haben sie keinen Wert; wenn er sie verachtet, dann müssen sie verächtlich sein; wenn er sie in aller Form durch Auszischen verurteilt, dann verurteile man auch den Autor, denn er hat dem Publikum keinen Respekt erwiesen, er hat seinen Verstand beleidigt, sein Zartgefühl verletzt; man mache kurzen Prozeß mit ihm.

XXXVII.

Jagd im Gebirge – Noch einmal die römische Ebene – Virgilische Erinnerungen – Das wilde Italien – Klagen – Die Feste in den Osterien – Meine Gitarre

Der Aufenthalt in der Stadt war mir wahrhaft unerträglich geworden. Deshalb versäumte ich keine Gelegenheit, sie zu verlassen und in die Berge zu entfliehen, in Erwartung, endlich nach Frankreich zurückzukehren.

Gleichsam als Vorspiel zu längeren Ausflügen in diesen nur von den Landschaftsmalern besuchten Teil Italiens machte ich damals häufig die Reise nach Subiaco, einem großen, einige Meilen von Tivoli entfernt liegenden Dorf des Kirchenstaates. Dieser Ausflug war mein beliebtestes

Heilmittel gegen den *Spleen,* ein unfehlbares Mittel, das mich dem Leben wiederzugeben schien. Ein schlechter Anzug aus grauem Leinen und ein Strohhut bildeten meine ganze Ausrüstung, sechs Piaster mein ganzes Reisegeld. Dann nahm ich ein Gewehr oder eine Gitarre und machte mich so auf den Weg, jagend oder singend, ohne mir Sorge um ein Nachtlager zu machen, weil ich nötigenfalls in einer der zahllosen Höhlen schlafen konnte oder in einer kleinen Madonnenkapelle am Wegrand. Bald ging ich im Laufschritt, bald blieb ich stehen, um irgendein altes Grabmal zu besichtigen oder von der Höhe eines jener Hügel, die die unfruchtbare römische Ebene beleben, in gesammelter Stimmung dem ernsten Gesang der Glocken von St. Peter zu lauschen, dessen goldenes Kreuz am Horizonte schimmerte; bald unterbrach ich die Verfolgung eines Kiebitzschwarmes, um einen symphonischen Gedanken, der mir gerade durch den Kopf kam, in mein Notizbuch einzutragen. Immer aber genoß ich in vollen Zügen das tiefe Glück wahrer Freiheit.

Manchmal, wenn ich statt des Gewehrs meine Guitarre mitgenommen hatte und nun mitten in einer zu meinen Gedanken stimmenden Landschaft mich befand, wurde beim Anblick der Orte, in die ich mich verirrt hatte, so manche Stelle aus der »Aeneis«, die seit meiner Kindheit in meinem Gedächtnis geschlummert hatte, wieder lebendig; dann improvisierte ich ein seltsames Rezitativ zu einer noch seltsameren Harmonie, ich sang den Tod des Pallas, die Verzweiflung des guten Evander, den Leichenzug des jungen Kriegers, dem sein Roß Arthon, ungeschirrt, mit hängender Mähne und bittere Tränen vergießend, folgte, den Schrecken des guten Königs Latinus, die Belagerung der Stadt Latium, auf deren Boden ich eben jetzt spazieren ging, das traurige Ende der Amata und den grausamen Tod des edlen Bräutigams der Lavinia. Diese Verflechtung von Erinnerungen, Versen und Tönen löste in mir eine unglaubliche Erregung aus, mit Tränen und konvulsivischem Schluchzen, wofür ich freilich den Grund auch wußte. Ich beweinte diesen armen Turnus, dem der heuchlerische Äneas sein Reich, seine Geliebte und das Leben geraubt hatte: ich weinte über die liebreizende Lavinia, die den Mörder ihres Geliebten heiraten mußte; ich klagte um jene poetischen Zeiten, da die Helden, die Söhne der Götter, so schöne Rüstungen trugen und zierliche Wurfspieße schwangen, deren funkelnde Spitze mit einem goldenen Reif geschmückt war. Dann ging ich von der Vergangenheit zur Gegenwart über und weinte über mein persönliches Leid, meine unsichere Zukunft, meine unterbrochene Laufbahn; und inmitten dieses poetischen Chaos sank ich ermattet zusammen, murmelte Verse aus Shakespeare, Virgil und Dante: *Nessun maggior dolore ... che ricordarsi ... o poor Ophelia! ... Good night, sweet ladies*

... *vitaque cum genitu* ... *fugit indignata* ... *sub umbras* ... und – schlief ein.

Was für ein Wahnsinn, werden viele Leute sagen. Ja, aber auch, was für ein Glück! *Vernünftige* Menschen ahnen kaum, welche Intensität auf diese Weise das Lebensgefühl, das Lebensbewußtsein erreichen kann. Das Herz weitet sich, die Phantasie spannt ihre Flügel, Erlebnisse folgen rascher aufeinander, und selbst der Körper scheint sich durch diese Gespanntheit zu stählen; ich beging tausend Unvorsichtigkeiten, die ich heute kaum überleben würde. So brach ich eines Tages bei strömendem Regen von Tivoli auf; mein Perkussionsgewehr erlaubte mir, trotz der Feuchtigkeit zu jagen. Abends kam ich in Subiaco an; seit morgens früh bis auf die Haut durchnäßt, hatte ich meine zehn Meilen zurückgelegt und fünfzehn Stück Wild geschossen.

Jetzt, da ich wieder in der Folter von Paris stecke – mit welcher Lebhaftigkeit und Treue rufe ich mir dieses wilde Land der Abruzzen, wo ich so viel umhergeirrt bin, ins Gedächtnis zurück! Die fremdartigen Dörfer mit ihren nicht sehr zahlreichen, zerlumpten, verdächtig aussehenden Bewohnern, deren abgenutzte Gewehre weit tragen und nur zu oft ihr Ziel erreichen! Diese seltsamen Örtlichkeiten, deren geheimnisvolle Einsamkeit mich so innig berührte! Ich finde verlorene und vergessene Eindrücke in Fülle wieder. Da sind Subiaco, Alatri, Civitella, Genesano, Isola di Sora, San Germano, Arce, die armen alten verlassenen Klöster, deren Kirchen weit offen stehen ... die Mönche gibt es nicht mehr ... nur die Stille wohnt noch hier ... später werden Mönche und Banditen in Gemeinschaft zurückkehren. Da sind die prächtigen Klöster, belebt von frommen und wohlwollenden Männern, die die Reisenden freundlich aufnehmen und durch ihre geistreiche und gelehrte Konversation in Erstaunen setzen; der Benediktinerpalast von Monte Cassino, mit der blendenden Pracht seiner Mosaiken, Holzschnitzereien, Reliquienschränke usw.; das Kloster San Benedetto in Subiaco, wo sich die Grotte befindet, die den heiligen Benedikt aufnahm und wo die von ihm gepflanzten Rosensträuche noch blühen. Weiter oben auf demselben Berge, am Rand einer Schlucht, durch die der Anio fließt, von Horaz und Vergil so sehr geliebt, die Zelle des Beato Lorenzo, gelehnt an eine von der Sonne vergoldete Felswand, an der ich im Januar die Schwalben Schutz suchen sah. Weite Kastanienwälder mit dunklem Blätterwerk, dazwischen verstreut einsame Ruinen ... bei Dunkelheit zeigen sich hie und da menschliche Gestalten, um sofort wieder geräuschlos zu verschwinden ... Hirten oder Räuber ... Gegenüber auf dem anderen Ufer des Anio ein Berg mit walfischförmigem Rücken, auf dem noch heute eine kleine Steinpyramide zu sehen ist, die ich an einem meiner *Spleen*-Tage mühsam wieder aufbaute –französische Maler, anhängliche Freunde dieser Einöden, tauften sie netterweise auf meinen Namen. Weiter unten eine Höhle, in die man hineinkriechen muß und zu deren Eingang man nur gelangen kann, wenn man sich von dem oberen Felsen herabgleiten läßt, auf die Gefahr hin, 150 Meter weiter unten zerschmettert anzukommen. Auf dem weiten Feld zur Rechten wurde ich einmal von Schnittern angehalten, die erstaunt waren, mich an einem solchen Ort zu finden, mich mit Fragen überschütteten und mir den Aufstieg nur gestatteten, nachdem ich wiederholt versichert hatte, daß ich damit ein der Madonna geleistetes Gelübde erfüllen wolle. Weit von da, in einer engen Ebene, das einzelstehende Haus der Piagia, wo ich nach langem Jagen an regnerischen Herbsttagen die Gastfreundschaft in Anspruch nahm und meine Kleider trocknete. Die Hauswirtin, eine treffliche Frau, hatte eine wunderschöne Tochter, die inzwischen unseren Freund Flacheron, den Maler aus Lyon, geheiratet hat. Ich sehe noch vor mir jenen drolligen jungen Halbbanditen und Halbgeächteten, Crispino, der uns Pulver und Zigarren brachte. Die Reihen von Madonnenkapellchen, die die hohen Hügel krönen und an denen am Abend die verspätet aus den Niederungen heimkehrenden Schnitter litaneiensingend vorüberziehen, bei dem melancholischen Geläut des Glöckchens eines versteckten Klosters. Fichtenwälder, in denen die Pifferari ihre ländlichen Weisen erschallen lassen. Hochgewachsene Mädchen mit schwarzen Haaren, brauner Haut und hellem Lachen, die so und so oft, um zu tanzen, die Geduld und die schmerzenden Finger *di questo signore chi suona la chitarra francese** in Anspruch nahmen; und die klassische Schellentrommel, die meine improvisierten *Saltarelli* begleitete; die Carabinieri, die mit aller Gewalt Zutritt zu unseren Osteriafesten haben wollten, gegen den Willen der französischen und abbruzzischen Tänzer; die verschwenderisch ausgeteilten Faustschläge Flacherons; die verdiente Austreibung dieser päpstlichen Soldaten: sie drohen mit Überfällen und langen Messern! ... Flacheron, ohne uns etwas zu sagen, nur mit einem Stock bewaffnet um Mitternacht beim Stelldichein; von den Carabinieri nichts zu sehen; Crispino voller Entzücken!

Schließlich Albano, Castel Gandolfo, Tusculum, Ciceros kleines Theater, die Fresken seiner zerstörten Villa; der See von Gabia, wo ich um die Mittagszeit geschlafen habe, ohne an das Fieber zu denken; Spuren der Gärten, die der schönen Zenobia, der entthronten Königin von Palmyra, gehörten; und antike Aquädukte, die sich weit in die Ferne hinzogen.

---

* Des Herrn, der die französische Gitarre spielt.

Qualvolle Erinnerung an die Tage der Freiheit, die nicht mehr sind! Freiheit des Herzens, des Geistes, der Seele, Freiheit in allem; Freiheit, untätig zu sein, sogar nicht einmal zu denken; Freiheit, die Zeit zu vergessen, den Ehrgeiz zu verachten, des Ruhmes zu lachen, nicht mehr an die Liebe zu glauben. Freiheit, nach Norden, Süden, Osten oder Westen zu gehen, im freien Feld zu übernachten, von wenigem zu leben, ziellos herumzuschweifen, zu träumen, ganze Tage lang im Halbschlummer liegen zu bleiben bei dem murmelnden Hauch des lauen Sirokko! Wahre, unbedingte, maßlose Freiheit! Großes und starkes Italien! Wildes Italien! Das sich nicht kümmert um sein Schwesterchen, das künstlerische Italien, das darniederliegt, eine lebendige Leiche gleich der *schönen Julia.*

XXXVIII.

Subiaco – Das Kloster San Benedetto – ein Ständchen – Civitella – Mein Gewehr – Mein Freund Crispino

Subiaco ist ein kleiner Marktflecken von viertausend Einwohnern, auf eigentümliche Art um einen Berg in Form eines Zuckerhutes angelegt. Der Anio, der weiter unten die Wasserfälle von Tivoli bildet, ist sein ganzer Reichtum, da er zum Betrieb einiger recht schlecht gehaltener Fabriken dient.

Dieser Strom fließt an manchen Stellen durch ein enges Tal; Nero ließ ihn durch eine dicke Mauer, von der man noch einige Überreste sieht, eindämmen, so daß sich oberhalb des Dorfes ein tiefer See bildete; daher der ursprüngliche Name: Sub-lacu. Das eine Meile höher am Rande eines Abgrundes gelegene Kloster San Benedetto ist fast die einzige Sehenswürdigkeit der Umgegend, weshalb es auch stark besucht wird. Der Altar der Kapelle ist vor dem Eingang einer kleinen Höhle errichtet, die dem heiligen Gründer des Benediktinerordens als Zufluchtsort diente.

Das Innere der Kirche weist eine höchst seltsame Konstruktion auf; es gliedert sich in zwei Geschosse, die durch eine zehnstufige Treppe Verbunden sind. Nachdem man die *Santa Spelunca* und die grotesken Bilder, mit denen ihre Wände bedeckt sind, genugsam bewundert hat, wird man von den Mönchen in den unteren Stock geführt. Berge von Rosenblättern, die von einem Rosenhain aus dem Klostergarten stammen, sind dort aufgehäuft. Diese Blumen haben die wunderbare Eigenschaft, *Krämpfe zu heilen*, und die Mönche verkaufen sie scheffelweise. Drei alte, zerbrochene, verkrümmte und vom Rost zerfressene Gewehre hängen bei dem wohlriechenden Heilmittel, als unumstößliche Beweise für ein ebenso unleugbares Wunder: einige Jäger, die unvorsichtigerweise diese Waffen geladen hatten und bereits den Abzug drückten, wurden *während sie feuerten,* gewahr, daß da etwas nicht stimmte, und riefen den Heiligen Benedikt um Hilfe an (sie müssen ihre Bitte sehr knapp formuliert haben): er bewahrte sie nicht nur vorm Tod, sondern sogar vor der leichtesten Verwundung. – Wenn man auf dem Berge noch zwei Meilen höher als San Benedetto steigt, kommt man zu der jetzt unbewohnten Einsiedelei des Beato Lorenzo. Es ist eine schreckliche, von nackten roten Felsen umgebene Einöde, und der Zustand fast vollkommener Verlassenheit läßt sie noch erschrekkender erscheinen. Als ich sie besichtigte, war ein riesengroßer Hund ihr einziger Wächter; er lag in der Sonne und verfolgte mit strengem Blick, ohne eine Bewegung, jeden meiner Schritte. Ich befand mich ohne Waffen am Rande eines Abgrunds; die Gegenwart des schweigsamen Argus, der bei der geringsten verdächtigen Bewegung den Unbekannten erwürgen oder hinabstürzen konnte, trug, wie ich gestehen muß, etwas dazu bei, daß ich die Besichtigung der Lokalität ein wenig abkürzte. Subiaco liegt übrigens nicht so tief in den Bergen versteckt, daß die Zivilisation nicht schon hingedrungen wäre. Es gibt dort ein Kaffeehaus für die Politiker des Landes, ja sogar eine Philharmonische Gesellschaft, deren Dirigent zugleich das Amt des Gemeindeorganisten versieht. Die Ouvertüre zu »Cenerentola«, mit der er am Palmsonntag aufwartete, entmutigte mich so sehr, daß ich den Darbietungen seines Gesangvereins fernblieb, aus Furcht, meine kritische Reaktion zu verraten und so die Gefühle dieser sympathischen Amateure zu verletzen. Ich hielt mich an die Bauernmusik; diese hat doch wenigstens Ursprünglichkeit und Charakter. Einmal wurde ich nachts von der eigentümlichsten Serenade, die ich bis dahin gehört hatte, geweckt. Ein *ragazzo* mit kräftiger Lunge ließ aus Leibeskräften ein Liebeslied unter den Fenstern seiner *ragazza* ertönen, zur Begleitung einer übergroßen Mandoline, eines Dudelsacks und eines kleinen eisernen, einem Triangel ähnlichen Instrument, das in dieser Gegend *stimbalo* heißt. Sein Gesang oder vielmehr sein Geschrei bestand aus vier bis fünf absteigenden Noten und endete mit einem langen Geheul, das ohne Atempause von dem Leitton wieder zur Tonika zurückkehrte. Der Dudelsack, die Mandoline und der Stimbalo schlugen in regelmäßiger, fast einförmiger Reihenfolge zwei Akkorde, um die Pausen zwischen den einzelnen Versen auszufüllen; der Sänger setzte dann nach Belieben wieder mit lautstarker Stimme ein, ohne sich darum zu kümmern, ob seine Töne mit den Harmonien der Begleiter übereinstimmten oder nicht (indessen sie auch keine Rücksicht auf ihn nahmen). Es war, als sänge er zum Rauschen des Meeres oder einer Kaskade. Ich kann nicht sagen, wie angenehm mich dieses Konzert trotz seiner bäuerlichen Ungeschliffenheit berührte. Die rauhen Klänge wurden allerdings durch die Entfernung und die dazwischenliegenden Wände gemildert. Die eintönige Aufeinanderfolge dieser durch Pausen getrennten kleinen Strophen mit dem schmerzlichen Schluß versetzte mich nach und nach in eine Art Halbschlaf voll angenehmer Träumereien; und als der galante Ragazzo seiner Schönen nichts mehr zu sagen hatte und plötzlich sein Lied beendete, schien es mir, als ob mir etwas wesentliches fehle ... Ich horchte immer noch ... meine Gedanken waren so liebevoll mitgegangen, daß ihr Faden abriß, als die Klänge verschwanden ... und ich blieb bis zum Morgen ohne Schlaf, ohne Träume, ohne Gedanken ...

Jene Melodie ist in den ganzen Abruzzen verbreitet; ich habe sie von Subiaco bis Arce, im Königreich Neapel, angetroffen, mehr oder minder modifiziert durch das Gefühl der Sänger und die Bewegung, die sie ihr gaben. Ich kann versichern, daß sie mir während einer Nacht in Alatri, langsam und ohne Begleitung gesungen, geradezu lieblich vorkam, mit einer religiösen Färbung, die ich noch nicht an ihr kannte. Die Zahl der Takte ist bei dieser Art von melodischem Geschrei nicht immer bei jedem Vers genau gleich; sie wechselt je nach den vom Sänger improvisierten Worten, und die Begleiter folgen ihm, so gut sie eben können. Eine solche Improvisation verlangt von den Orpheusen des Gebirges keinen großen Aufwand an Poesie; es ist einfache Prosa, in der sie alles anbringen, was sie in einer gewöhnlichen Unterhaltung sagen würden.

Der junge Bursche, von dem ich gesprochen habe, hieß Crispino und hatte die Frechheit, zu behaupten, er sei Räuber gewesen, weil er zwei Jahre auf den Galeeren zugebracht hatte; er verfehlte nie, mich bei meiner Ankunft in Subiaco mit folgendem Satz, den er aus Leibeskräften schmetterte, zu begrüßen:

Die Wiederholung des letzten Vokals in dem mit > bezeichneten Takt ist unerläßlich. Sie geschieht durch ein Stoßen mit der Kehle, ähnlich wie ein Schluchzen, dessen Wirkung sehr eigentümlich ist.

In den anderen benachbarten Dörfern, deren Hauptort Subiaco zu sein scheint, habe ich nicht die mindeste Spur von Musik gefunden. Das interessanteste, Civitella, ist ein wirklicher Adlerhorst, auf der Spitze eines sehr schwer ersteigbaren Felsens gelegen, erbärmlich und stinkend. Man genießt von dort eine herrliche Aussicht, die absolut für die Anstrengung einer solchen Besteigung entschädigt, und die Felsen bieten in ihrer phantastischen Anhäufung einen eigentümlichen Anblick, der für ein Künstlerauge soviel Reize hat, daß ein mir befreundeter Maler sechs Monate lang dort verbrachte.

Eine Seite des Dorfes ist auf riesigen, übereinandergeschichteten Felsplatten erbaut; man kann sich kaum vorstellen, wie es Menschen geschafft haben, solche Gesteinsmassen auch nur in Bewegung zu setzen. Diese titanische Mauer verhält sich zu den zyklopischen Bauten wie diese zu den gewöhnlichen Mauern zeitgenössischer Baulichkeiten. Sie ist jedoch überhaupt nicht bekannt, und obwohl ich in täglichem Verkehr mit Architekten lebte, hatte ich nie von ihr reden hören.

Civitella bietet außerdem den Wanderern einen köstlichen Vorzug, den man in anderen ähnlichen Dörfern gänzlich vermißt, nämlich ein Gasthaus oder etwas ähnliches. Man kann dort recht gut wohnen und leben. Der reiche Mann dieses Landstrichs, ein Signor Vincenzo, beherbergt die Fremden aufs beste, zumal die Franzosen, die er mit der größten Sympathie beehrt, aber mit Fragen über Politik schier umbringt. In seinen anderen Forderungen ziemlich bescheiden, ist der biedere Mann in diesem Punkt fast unersättlich. Mit einem Gehrock angetan, den er seit zehn Jahren nicht ausgezogen hat, vor seinem schwarz verräucherten Kamin kauernd, beginnt er, sobald er jemanden eintreten sieht, sein Verhör, und wäre man auch vor Durst, Hunger oder Müdigkeit dem Tode nahe, man wird kein Glas Wein bekommen, bevor man ihm nicht alles über Lafayette, Louis-Philippe und die Nationalgarde erzählt hat. (Das waren seine Hauptthemen im Jahre 1832. Jetzt wird er sich für Louis-Napoléon, Changarnier und weiterhin für die Nationalgarde interessieren.)

Vico-Var, Olevano, Arsoli, Genesano und zwanzig andere Dörfer, deren Namen mir entfallen sind, bieten meist den gleichen, einförmigen Anblick. Es sind stets Anhäufungen von grauen Häusern, die wie Schwalbennester an fast unnahbaren, kahlen Felsen angebracht sind; stets verfolgen kleine nackte Kinder die Fremden und schreien: *Pittore! pittore! Inglese! mezzo baiocco!* (Für sie ist jeder Fremde entweder Maler oder Engländer; mit mezzo baiocco ist eine kleine römische Münze gemeint.) Die Wege, wenn es welche gibt, bestehen aus unregelmäßig in den Fels gehauenen, kaum wahrnehmbaren Stufen. Man begegnet müßigen Männern, die einen auf eigentümliche Art ansehen; Frauen treiben Schweine, die neben dem Mais den ganzen Reichtum des Landes bilden; man sieht junge Mädchen, den Kopf mit einem schweren kupfernen Krug oder einem Bündel Reisig beladen; und alle sind so elend, so erbarmungswürdig, so zerlumpt, so schmutzig, daß man trotz der natürlichen Schönheit der Rasse und der malerischen Kleidung bei ihrem Anblick nur Mitleid empfinden kann. Dennoch war es für mich ein starkes Erlebnis, diese Nester zu Fuß aufzusuchen, mit oder auch ohne Gewehr. In der Tat verzichtete ich, zumal wenn ich einen unbekannten Berggipfel erklettern wollte, auf dieses schöne Instrument, das so leicht die Begierde erweckte, seinen Besitzer mittels einiger Kugeln von ihm zu trennen.

Durch meine häufigen Besuche in diesen Dörfern stand ich schließlich recht gut mit diesen Leuten. Vor allem Crispino hatte mich in sein Herz geschlossen und erwies mir allerlei Dienste: er verschaffte mir nicht nur wohlriechende Pfeifen von ausgezeichneten Geschmack*, nicht nur Schrot und Pulver, sondern auch Zündhütchen, ja sogar Patronen, in diesem abgelegenen, jeder Idee von Kunst und Gewerbe baren Lande. Noch mehr, Crispino kannte in einem Umkreise von zehn Meilen alle hübschen Mädchen, ihre Leidenschaften, Neigungen, Beziehungen, auch die ihrer Eltern und Freunde; er war über den Tugend- und Temperaturgrad einer jeden genau orientiert, und es war manchmal höchst amüsant, dieses Thermometer zu befragen.

Übrigens hatte diese Anhänglichkeit ihren Grund; ich hatte einmal in der Nacht eine Serenade, die er seiner Geliebten darbrachte, dirigiert; ich hatte mit ihm unter Begleitung der *chitarra francese* für eine junge Wölfin ein Lied gesungen, das damals bei der jeunesse dorée von Tivoli sehr beliebt war; ich hatte ihm zwei Hemden, eine Hose, und, als er eines Tages gegen mich respektlos wurde, drei fulminante Fußtritte in den Hintern verabfolgt.**

Crispino hatte nicht Zeit gehabt, lesen zu lernen, und schrieb mir nie. Wenn er mir außerhalb der Berge eine interessante Neuigkeit mitzuteilen hatte, kam er nach Rom. Was waren schließlich an dreißig Meilen *per un bravo* wie ihn? Wir hatten in der Akademie die Gewohnheit, unsere Zimmertüren offen zu lassen. Eines Morgens im Januar (ich hatte im Oktober die Berge verlassen, langweilte mich also

---

* Damals rauchte ich; ich hatte noch nicht entdeckt, daß die durch den Tabak hervorgebrachte Anregung für mich sehr schädlich war.

** Dies ist eine Lüge, erklärbar aus der bei Künstlern häufig anzutreffenden Neigung, effektvolle Pointen anzubringen. Ich habe Crispino niemals Fußtritte gegeben; vielmehr ist Flacheron der einzige unter uns, der jemals wagte, sich eine solche Freiheit bei ihm herauszunehmen.

seit drei Monaten) bemerkte ich vor mir, als ich mich im Bett umdrehte, einen großen sonnenverbrannten Kerl mit spitzem Hut, der überaus manierlich auf mein Erwachen gewartet zu haben schien.

– He, Crispino! Was tust du in Rom?

– *Sono venuto per vederlo.*

– Um mich zu sehen, klar. Na, und?

– *Crederei mancare al più preciso mio debito, se in questa occasione ...*

– Was für eine Verpflichtung? Ich versteh' nicht ...

– *Per dire la verità ... mi manca ... il danaro.*

– Das lobe ich mir! Das heißt wirklich die Wahrheit sagen. So! Du hast kein Geld! Und was willst du, daß ich dazu tue, *birbonaccio?*

– *Per Bacco, non sono birbone!* Ich gebe das Ende seiner Antwort in Übersetzung wieder:

– Wenn Sie mich einen Lumpen heißen, weil ich keinen Kreuzer habe, sind Sie im Recht; wenn Sie es aber tun, weil ich zwei Jahre gesessen habe, so sind Sie im Unrecht; man hat mich nicht auf die Galeeren geschickt, weil ich gestohlen habe, sondern wegen wohlgezielter Gewehrschüsse und Messerstiche, mit denen ich in den Bergen einige Fremde bedacht habe.

Mein Freund prahlte da gewiß; er hatte vielleicht nicht einmal einen Mönch umgebracht; aber man sieht doch, daß er Ehrgefühl hatte. Deshalb nahm er in seiner Entrüstung nur drei Piaster, ein Hemd und ein Halstuch an, ohne warten zu wollen, bis ich meine Stiefel angezogen hatte, um ihm ... das übrige zu verabfolgen. Der arme Bursche ist vor zwei Jahren gestorben, durch einen Stein, der ihn während eines Streits am Kopf traf.

Mögen wir uns in einer besseren Welt wiedersehen! ...

XXXIX.

Das Leben des Musikers in Rom – Die Musik in San Pietro – Die Sixtinische Kapelle – Vorurteil gegen Palestrina – Die moderne Kirchenmusik in San Lodovico – Die lyrischen Theater – Mozart und Vaccai – Die Pifferari – Meine römischen Kompositionen

Leider mußte ich immer wieder in die Ewige Stadt zurückkehren und mich dort mehr und mehr davon überzeugen, daß es unter allen Künstlerexistenzen keine traurigere gibt als die eines zum Aufenthalt in dieser Stadt verurteilten auswärtigen Musikers, wenn ihm die Kunst am Herzen liegt. Unter Qualen muß er es erleben, daß seine künstlerischen Ideale und Visionen erschüttert werden, das musikalische Gebäude, das seine Phantasie errichtet hatte, vor der trostlosen Wirklichkeit zusammenbricht und jede neue Erfahrung neue Enttäuschungen mit sich bringt. Inmitten aller anderen Künste, die in voller Blüte, Größe und Majestät, strahlend im Glanz des Genies, ihre mannigfachen Wunderwerke ausbreiten, sieht er, wie die Musik, zur Sklavin degradiert, durch Elend verdummt, mit brüchiger Stimme törichtes Zeug singt, für das ihr das Volk kaum ein Stück Brot zuwirft. Das hatte ich nach wenigen Wochen schon erkannt. Kaum angekommen, laufe ich zur Peterskirche ... unermeßlich! erhaben! überwältigend! ... Michelangelo, Raffael, Canova ... unter meinen Füßen der herrlichste Marmor, die seltensten Mosaiken ... Diese feierliche Stille ... diese kühle Luft ... diese so reichen, so harmonisch aufeinander abgestimmten Farbtöne ... Da ein alter Pilger, einsam in dem weiten Raume kniend ... Ein leises, aus der dunkelsten Ecke kommendes Geräusch, das unter diesen ungeheueren Gewölben wie ferner Donner rollt ... Ich hatte Angst ... mir schien, dies sei wirklich Gottes Haus, und ich hätte kein Recht, einzutreten. Bei dem Gedanken aber, daß es armen Kreaturen wie mir gelungen war, ein solch' großartiges, stolzes Gebäude zu errichten, verspürte ich eine Regung des Stolzes, und als ich an die herrliche Rolle dachte, die meine geliebte Kunst darin spielen müsse, schlug mein Herz noch einmal so schnell. Ach ja, sagte ich mir sofort, diese Gemälde, diese Statuen, diese Säulen, diese Riesenarchitektur, dies alles ist nur der Körper des Gebäudes; die Musik ist seine Seele; durch sie kommt sein Leben zum Ausdruck; sie ist es, die den unaufhörlichen Lobgesang der anderen Künste zusammenfaßt und mit mächtiger Stimme zu des Ewigen Füßen emporträgt. Wo ist die Orgel? ... Die Orgel, nur wenig größer als die der Pariser Opéra, stand *auf Rollen*; eine Säule verbarg sie meinem Blick. Gleichviel, dieses dürftige Instrument dient vielleicht nur dazu, den Stimmen ihren Ton anzugeben, und da jeder instrumentale Effekt verpönt ist, muß es genügen. Wie groß ist die Zahl der Sänger? Ich erinnerte mich dann an den kleinen Saal des Konservatoriums, den die Peterskirche wohl fünfzig- bis sechzigmal in sich fassen würde, und bedachte, daß, wenn dort ein Chor von neunzig Stimmen täglich verwendet wird, die Choristen von St. Peter nach Tausenden zählen müßten.

Es sind ihrer an gewöhnlichen Tagen achtzehn und für die hohen Feiertage zweiunddreißig an der Zahl. Ich habe sogar in der Sixtinischen Kapelle ein von fünf Stimmen gesungenes *Miserere* gehört. Ein verdienstvoller deutscher Kritiker hat das vor kurzem verteidigt: »Die meisten Reisenden erwarten eine viel aufregendere, ich möchte fast sagen: vergnüglichere Musik als die ihrer einheimischen Opern; stattdessen hören sie einfachen, altmodischen, frommen Psalmengesang ohne jede Begleitung. Jene enttäuschten Musikliebhaber berichten dann bei ihrer Rückkehr in die Heimat, die Sixtina biete nichts, was musikalisch von Interesse wäre, und all die Wunderdinge, von denen erzählt wird, seien Märchen.«

Wir wollen zu diesem Thema nicht gerade dasselbe sagen wie jene oberflächlichen Beobachter, von denen der deutsche Kritiker spricht. Im Gegenteil, für den Musiker sind die Werke aus früheren Jahrhunderten ebenso interessant wie die Fresken von Pompeji für die Maler. Und weit davon entfernt, die Begleitung von Trompeten und großen Trommeln zu vermissen – (nicht nur die italienischen Opernkomponisten, auch Sänger und Tänzer glauben ja, nicht ohne diesen Unfug auskommen zu können) – wollen wir zugeben, daß die Sixtinische Kapelle die einzige musikalische Stätte Italiens ist, in die dieser bedauerliche Mißbrauch nicht gedrungen ist, und daß man glücklich ist, dort eine Zuflucht zu finden vor den Geschützen der Kantilenenfabrikanten. Dem deutschen Kritiker sei auch zugestanden, daß die zweiunddreißig päpstlichen Sänger, die im größten Kirchenraum der Welt kaum vernehmbar sind, geschweige denn zur Wirkung kommen, durchaus genügen, um in der Sixtina Werke von Palestrina aufzuführen; und wir wollen mit ihm sagen, daß diese reine und friedliche Harmonik uns in einen träumerischen Zustand versetzt, der nicht ohne Reiz ist. Aber dieser Reiz liegt in der Harmonik selbst und hat nicht seine Ursache in dem vermeintlichen Genius der Komponisten, wenn man mit diesem Namen Musiker bezeichnen darf, die ihr Leben damit zubrachten, Akkordfolgen wie umseitige aus Palestrinas *Improperia* zusammenzustoppeln.

Wenn es sich um diese vierstimmigen Psalmen handelt, in denen Melodie und Rhythmus keine Anwendung finden und deren Harmonik sich auf Dreiklänge mit einigen Durchgangsnoten beschränkt, so kann man wohl annehmen, daß der Musiker, der sie schrieb, Geschmack und einiges Wissen besaß; aber Genie – das kann doch nur ein schlechter Scherz sein.

Übrigens täuschen sich die Leute gewaltig, wenn sie immer noch daran glauben, Palestrina habe in dieser Weise nur geistliche Texte in Musik gesetzt, mit der Absicht und in dem Bestreben, einem frommen Ideal so nahe wie möglich zu kommen. Vermutlich kennen sie nicht seine Madrigale, in denen galante und frivole Verse mit derselben Musik bekleidet sind wie die heiligen Texte. Er schreibt z. B. zu den Worten:

Am Ufer des Tiber
Sah ich einen schönen Hirten,
Und seine Liebesklage . . .

usw., eine Art von feierlich-majestätscher Musik, deren allgemeine Wirkung und harmonischer Stil in keiner Weise von seinen sogenannten religiösen Kompositionen abweichen. Er konnte in Wahrheit keine andere Musik schreiben, und es lag ihm so fern, nach einem himmlischen Ideal zu streben, daß man in seinen Werken eine Menge jener Formeln findet, die die von ihm vehement befehdeten Kontrapunktiker in Mode gebracht hatten. Seine *Missa ad fugam* ist ein Beweis dafür.

Notenbeispiel aus Palestrinas Improperia

Wodurch aber tragen jene kontrapunktischen Schwierigkeiten, mögen sie noch so geschickt überwunden sein, zum Ausdruck des religiösen Gefühls bei? Inwiefern zeigt diese Geduldsprobe, daß der, der sie ablegte, indem er kunstreiche Akkordgewebe flocht, an den eigentlichen Gegenstand seiner Arbeit überhaupt dachte? Sicherlich in nichts. Das Ausdrucksvermögen einer musikalischen Komposition ist weder mächtiger noch wahrheitsgetreuer, weil sie z. B. im Zirkel-Kanon geschrieben ist; und es ist für die Schönheit und Wahrheit des Ausdrucks gleichgültig, daß der Komponist eine Schwierigkeit überwunden habe, die mit der Erreichung jenes Zweckes nichts zu tun hat, ebenso gleichgültig, als ob er beim Schreiben in irgendwelcher Art durch einen physischen Schmerz oder ein materielles Hindernis gestört worden wäre.

Wenn Palestrina durch den Verlust beider Hände sich gezwungen gesehen hätte, mit dem Fuß zu schreiben, und es wäre ihm gelungen, hätten seine Werke dadurch nicht an Wert gewonnen und wären nicht mehr und nicht minder religiös.

Der deutsche Kritiker, von dem ich vorhin sprach, zögert trotzdem nicht, Palestrinas *Improperia* als erhaben zu bezeichnen.

»Diese ganze Zeremonie«, sagt er, »der Gegenstand an sich, die Gegenwart des Papstes inmitten seiner Kardinäle, der ausgezeichnete Vortrag der Sänger, die mit bewunderungswürdiger Präzision und Intelligenz deklamieren, das alles gestaltet dieses Schauspiel zu einem der erhabensten und rührendsten der Karwoche.« – Ja, gewiß, allein dies alles macht nicht aus jener Musik das Werk eines Genies, einer hohen Eingebung.

An einem jener trüben Tage, die das Ende des Jahres verdüstern und durch den eisigen Hauch des Nordwinds noch melancholischer werden, höre man die phantastische Harmonie einer am Gipfel eines entlaubten Baumes schwingenden Äolsharfe und lese dabei *Ossian*: man wird dann eine tiefe Traurigkeit empfinden, ein unbestimmtes, unendliches Sehnen nach einem anderen Leben, einen maßlosen Widerwillen gegen dieses jetzige, mit einem Wort, einen heftigen Anfall von *Spleen* verbunden mit einer Versuchung zum Selbstmord. Diese Wirkung ist noch stärker als die der Gesangsharmonien in der Sixtinischen Kapelle, und doch hat man nie daran gedacht, die Hersteller von Äolsharfen zu den großen Komponisten zu zählen.

Zum mindesten aber hat der musikalische Gottesdienst der Sixtinischen Kapelle immerhin den würdigen und religiösen Charakter, der ihm zukommt, behalten, während die anderen Kirchen Roms, den alten Traditionen untreu, in einen Zustand der Erniedrigung, ich möchte sogar sagen, der Entsittlichung geraten sind, der nicht zu glauben ist. Mehrere französische Geistliche, die Zeugen dieser empörenden Verkommenheit der religiösen Kunst gewesen sind, waren darüber entrüstet.

Ich war am Namenstag des Königs Zeuge einer feierlichen Messe mit großem Chor und Orchester. Ein recht geräumiges, vor der Orgel aufgestelltes Podium war mit etwa sechzig Mitwirkenden besetzt. Sie fingen damit an, ganz laut zu stimmen, wie sie es in einem Theater getan hätten; da die Stimmung der Orgel viel zu tief war, konnte ihr, der Blasinstrumente wegen, das Orchester unmöglich angepaßt werden. Es blieb nur ein Ausweg: die Orgel wegzulassen. Der Organist aber war nicht damit einverstanden; er wollte seinen Part spielen – und sollten auch die Ohren der Anwesenden bis zur Agonie bluten; der Mann wollte sein Geld verdienen, und er verdiente es tatsächlich; ich habe in meinem Leben nicht so herzlich gelacht. Nach der löblichen Gewohnheit der italienischen Organisten gebrauchte er während der ganzen Dauer der Zeremonie nur die oberen Register. Bei den Tutti kamen seine Piccolo-Klänge kaum durch, aber wenn das Orchester einen kurzen Akkord zu spielen hatte, auf den eine Pause folgte, blieb die Orgel, deren Töne, wie man weiß, etwas nachhallen und nicht so knapp wie die Töne der anderen Instrumente abgebrochen werden können, ungedeckt und ließ einen Akkord hören, der um einen Viertelton tiefer war als der des Orchesters und einen Klagelaut hervorbrachte, so schauderhaft und komisch, wie man sich nur denken kann.

Während der von dem Psalmodieren der Priester ausgefüllten Pausen präludierten die Musiker, die ihren musikalischen Dämon nicht bezähmen konnten, mit einer unglaublichen Kaltblütigkeit ganz laut und alle zu gleicher Zeit; die Flöte schmetterte die D-dur Tonleiter; das Horn blies eine Fanfare in Es-dur; die Violinen ließen liebliche Kadenzen und reizende Gruppetti ertönen; der Fagottist, vor Selbstgefühl ganz aufgebläht, blies seine tiefen Töne und lärmte dabei mit seinen großen Klappen, während das Gezwitscher der Orgel diesem Konzert, das eines Callot würdig gewesen wäre, den höchsten Glanz gab. Und dies alles geschah vor einer Versammlung zivilisierter Menschen, vor dem französischen Gesandten, vor dem Direktor der Akademie, vor einer zahlreichen Vereinigung von Priestern und Kardinälen, vor einer Gesellschaft von Künstlern aller Nationen. Und die Musik war solcher ausübenden Kräfte würdig. Cavatinen mit Crescendo, Kadenzen, Fermaten und Koloraturen; es war das Werk eines Unbekannten, ein stilloses Monstrum, das einen Satz von Vaccai als Kopf, Bruchstücke von Pacini als Glieder und ein Ballett von Gallemberg als Rumpf und als Schwanz besaß. Nun stelle man sich noch vor, daß, um dem Werk die Krone aufzusetzen, die Soli dieser sonderbaren Kirchenmusik in der *Sopran*lage von einem dicken Kerl gesungen wurden, dessen hochrotes Gesicht mit einem riesigen Backenbart geschmückt war. »Aber, mein Gott,« sagte ich zu meinem Nachbarn, der vor Lachen ersticken wollte, »alles ist wohl ein Wunder in diesem gelobten Lande! Haben Sie je einen *Kastraten* mit einem solchen Bart gesehen?«

– *Castrato!* ... rief voller Entrüstung eine Italienerin, die vor uns saß und sich jetzt umsah, *d'avvero non è castrato!*(28)

– Sie kennen ihn, gnädige Frau?

– *Per Bacco! non burlate. Imparate, pezzi d'asino, che quel virtuoso maraviglioso è il marito mio.*(29)

Ich habe häufig, in anderen Kirchen, die Ouvertüren zum »Barbier von Sevilla«, zur »Cenerentola« und zu »Othello« gehört. Diese Stücke scheinen das Lieblingsrepertoire der Organisten zu bilden; sie würzen damit auf angenehme Weise den Gottesdienst.

Die Musik in den Theatern, die im gleichen Maße »dramatisch« ist wie die Kirchenmusik »religiös«, befindet sich in ähnlich wundervollem Zustand. Gleiche Erfindung, gleiche Reinheit in der Form, gleicher Reiz im Stil, gleiche Tiefe des Gedankens. Die Sänger, die ich während der Opernsaison hörte, hatten im allgemeinen gute Stimmen und jene Leichtigkeit der Tonbildung, die ein besonderes Merkmal der Italiener ist*; doch mit Ausnahme von Frau Unger, einer deutschen Primadonna, der wir oft in Paris applaudierten, und Salvator, einem recht guten Bariton, blieben sie auf mittelmäßigem Niveau. Die Chöre stehen, was Präzision, Sauberkeit und Wärme anbelangt, eine Stufe unter dem unserer Opéra-Comique. Das Orchester, ungefähr so imposant und mächtig wie das Heer des Fürsten von Monaco, besitzt alle Eigenschaften, die man gemeinhin Fehler nennt. Im Teatro Valle besteht die Violoncelli-Gruppe aus – *einem* Cellisten. (Er ist eigentlich Uhrmacher und so besser dran als einer seiner Kollegen, der, um leben zu können, Korbstühle ausbessern muß.) In Rom bezeichnen die Ausdrücke »Symphonie« und »Ouverture« eine Art von Lärm, der vor Aufgehen des Vorhangs gemacht wird und auf den kein Mensch acht gibt. Weber und Beethoven sind dort fast unbekannte Namen. Ein gelehrter Abt der Sixtinischen Kapelle sagte eines Tages zu Mendelssohn, *man habe ihm von einem jungen Manne namens Mozart gesprochen, der zu großen Hoffnungen berechtige.* Allerdings kommt dieser würdige Geistliche selten mit der Außenwelt in Berührung und hat sich sein ganzes Leben lang nur mit Palestrina beschäftigt. Er nahm also durch seine zurückgezogene Lebensweise und mit seinen Ansichten eine Sonderstellung ein. Obwohl man in Rom niemals Mozarts Werke aufführt, muß doch gesagt werden, daß es dort eine ganze Anzahl Leute gibt, die von ihm anders gesprochen haben als *von einem jungen Mann, der zu großen Hoffnungen berechtige.* Sachverständige Liebhaber wissen sogar, daß er gestorben ist und daß er, ohne jedoch an Donizetti hinanzureichen, einige bemerkenswerte Partituren geschrieben hat. Ich habe jemanden gekannt, der sich die Noten zum »Don Giovanni« angeschafft hatte; nachdem er ihn lange am Klavier studiert hatte, war er aufrichtig genug, mir im Vertrauen mitzuteilen, diese *alte Musik* erscheine ihm besser als Vaccais »Zadig« und »Astarte«, die man kurz zuvor im Apollo-Theater in Szene gesetzt hatte. Die Instrumentierungskunst ist für die

* die *damals* ein Merkmal der Italiener war.

Römer ein versiegeltes Buch. Von dem, was wir Symphonie nennen, haben sie keinerlei Ahnung.

In Rom fiel mir eine Art volkstümlicher Instrumentalmusik auf, die vielleicht als ein Überrest aus älteren Zeiten zu betrachten ist: ich spreche von den *pifferari*. So nennt man wandernde Musiker, die, wenn Weihnachten herannaht, in Gruppen von fünf oder sechs von den Bergen herunterkommen und mit Dudelsäcken und *Pifferi* (einer Art Oboe) vor den Madonnenbildern fromme Musik darbieten. Sie sind gewöhnlich in weite braune Mäntel gehüllt, tragen nach Räuberart spitze Hüte, und ihr ganzes Äußere hat ein wildes, mystisches, durchaus originelles Gepräge. Ich habe ganze Stunden damit verbracht, sie in den Straßen Roms zu betrachten, wie sie dastanden, das Haupt leicht zur Schulter geneigt, die Augen in lebhaftem Glaubenseifer leuchtend, den Blick in frommer Liebe auf die heilige Madonna geheftet, fast ebenso bewegungslos wie das Bild, das sie anbeteten. Der Dudelsack, unterstützt von einem großen *piffero* als Baß-Fundament, gibt die Harmonik an, während ein *piffero* von mittlerer Größe die Melodie ausführt; darüber lassen zwei kleine, sehr kurze *pifferi*, von Kindern von zwölf bis fünfzehn Jahren gespielt, Triller und Kadenzen hören und umrahmen das ländliche Lied mit einer Flut von eigentümlichen Verzierungen. Nach fröhlichen und erheiternden, oft wiederholten Weisen endet die anspruchslose Symphonie würdevoll mit einem ruhigen, feierlichen Gebet. Diese Melodie ist in mehreren Sammlungen neapolitanischer Musik gedruckt worden, ich unterlasse es daher, sie hier wiederzugeben. In der Nähe ist der Ton so laut, daß man ihn kaum ertragen kann, aber in einer gewissen Entfernung macht dieses eigentümliche Orchester einen Eindruck, für den wohl kaum jemand unempfänglich bleiben kann. Ich habe dann die *pifferari* in ihrer Heimat gehört, und wenn ich sie schon in Rom so bemerkenswert gefunden hatte – wieviel stärker war der Eindruck, den ich von ihnen in den wilden Bergen der Abruzzen empfing, wohin meine Wanderlust mich geführt hatte! Vulkanische Felsen, dunkle Tannenwälder bildeten den natürlichen Rahmen, die Ergänzung dieser primitiven Musik. Gesellten sich dazu noch der Anblick eines jener geheimnisvollen Denkmäler aus einem anderen Zeitalter, die unter dem Namen zyklopische Mauern bekannt sind, und einige Hirten, deren Kleidung aus rauhen, mit der Wolle nach außen gekehrten Schafsfellen bestand (dies ist die Tracht der Hirten in den sabinischen Bergen, dann konnte ich glauben, ich sei ein Zeitgenosse der alten Völker, in deren Mitte einst Euandros der Arkadier, der großmütige Wirt des Äneas, sich niederließ.

Man muß, wie man sieht, fast darauf verzichten, Musik zu hören, wenn man in Rom lebt; ich war sogar inmitten dieser antimusikalischen Atmosphäre so weit gekommen, daß ich nicht mehr komponieren konnte. Alles, was ich in der Akademie geschrieben habe, beschränkte sich auf drei bis vier Stücke: 1. Eine lange und weitschweifige Ouvertüre zu »Rob-Roy«, die, ein Jahr später in Paris aufgeführt, vom Publikum schlecht aufgenommen und in der Nacht nach dem Konzert von mir verbrannt wurde; 2. das Adagio ›Auf dem Lande‹, aus meiner »Symphonie fantastique«, das ich bei meinem Herumstreifen in der Villa Borghese fast gänzlich umarbeitete. 3. Die ›Glückshymne‹ aus meinem Monodrama »Lélio«*, das ich auf dem dichtbewachsenen, in Mauerform beschnittenen Buchsbaum unseres klassischen Gartens erträumte, während mein heimlicher Feind, der Südwind, mich heimtückisch einwiegte; 4. jenes Gesangstück, ›Die Gefangene‹, dessen glückliches Geschick ich, als ich es schrieb, bei weitem nicht voraussah. Übrigens schrieb ich das Stück in Rom nur fertig; komponiert hatte ich es in Subiaco. Als ich dort im Gasthaus, wo wir übernachteten, dem Architektenfreund Lefebvre beim Zeichnen zuschaute, geschah es, daß er durch eine Bewegung mit dem Ellenbogen ein auf dem Tisch liegendes Buch hinunterwarf und ich es aufhob; es war der Band von Victor Hugos *Orientales*; er lag bei der ›Gefangenen‹ aufgeschlagen. Ich las dieses wunderbare Gedicht und sagte zu Lefebvre: »Wenn ich liniiertes Papier hätte, würde ich die Musik zu diesem Stück schreiben, denn ich höre sie.«

»Wenn es weiter nichts ist, werde ich Ihnen welches geben.«

Und Lefebvre hatte bald mit Lineal und Reißfeder einige Notenlinien gezeichnet, auf denen ich Melodie und Baß dieser kleinen Szene notierte; dann steckte ich das Manuskript in meine Brieftasche und dachte nicht mehr daran. Vierzehn Tage später, als ich wieder in Rom war, wurde bei unserem Direktor musiziert, und es kam mir die *Gefangene* wieder in den Sinn. »Ich möchte mit Ihnen«, sagte ich zu Vernets Tochter, »ein Stück durchgehen, das ich in Subiaco skizzierte, damit ich weiß, ob etwas dran ist.«

Die Klavierbegleitung, flüchtig hingekritzelt, erlaubte es uns, die Arie leidlich auszuführen, und sie war so erfolgreich und die Wirkung in der Akademie so nachhaltig, daß ein paar Wochen später Vernet zu mir sagte: »Wenn Sie wieder in die Berge gehen, bringen Sie bitte keine Lieder mehr mit, denn Ihre *Gefangene* verfolgt mich erbarmungslos und läßt mir keine Ruhe mehr; man kann im Haus, im Garten, im Wäldchen, auf der Terrasse, in den Gängen keinen Schritt machen, ohne

* Ich hatte die gesprochenen und gesungenen Worte dieses Werkes auf meiner Rückkehr von Nizza geschrieben, während ich zu Fuß von Siena nach Montefiascone zurückwanderte

singen, knurren oder brummen zu hören: *Doch die finst'ren Wachen ... den Säbel in der Hand ... bin nicht aus diesem Land ...* Das ist zum Verrücktwerden. Ich schicke morgen einen meiner Diener fort; den neuen werde ich nur unter der ausdrücklichen Bedingung engagieren, daß er die ›Gefangene‹ nicht singen kann.«

Später habe ich dieses Stück, eins meiner farbenreichsten, wie mir scheint, ausgearbeitet und für Orchester gesetzt.(30)

Endlich bleibt noch, um diese recht kurze Liste meiner römischen Arbeiten zu beschließen, eine sechsstimmige religiöse Meditation mit Orchesterbegleitung über ein in Prosa übertragenes Gedicht von Moore *(Die ganze Welt ist nur ein flüchtiger Schatten)* zu erwähnen. Sie bildet die erste Nummer meines Opus 18, das den Titel »Tristia« führt.

Das *Resurrexit* für großes Orchester und Chor, das ich, um der Vorschrift zu genügen, den Akademikern in Paris zusandte und in dem die Herren einen bemerkenswerten Fortschritt, einen sichtlichen Beweis für den Einfluß meines Aufenthaltes in Rom auf meine Ideen und eine völlige Umkehr meiner bedauerlichen musikalischen Neigungen entdeckten, war ein Bruchstück meiner feierlichen Messe, die, wie man weiß, mehrere Jahre bevor ich den Preis im Institut erlangt hatte, in der Eglise St. Roch und der des St. Eustache aufgeführt worden war. So sehr kann man sich auf das Urteil der Unsterblichen verlassen!

XL.

Verschiedene Arten des Spleens – Vereinsamung

In dieser Zeit meines Akademieaufenthalts fühlte ich aufs neue die Anfälle einer elenden (wenn man will, geistigen, nervösen, eingebildeten) Krankheit, die ich *den Fluch der Vereinsamung* nennen werde. Ich hatte schon im Alter von sechzehn Jahren einen ersten Anfall davon gehabt und zwar unter folgenden Umständen. An einem schönen Maimorgen saß ich in La Côte-Saint-André auf einer Wiese, im Schatten einer Gruppe großer Eichen, und las einen Roman von Montjoie: »Das Manuskript vom Berge Pausilippo.« Von meiner Lektüre, in die ich ganz vertieft war, wurde ich abgelenkt durch sanfte und traurige Gesänge, die in regelmäßigen Abständen über die Ebene wehten. Die Prozession vom Sonntag Rogate zog in der Nachbarschaft vorbei, und ich hörte die Stimmen der Bauern, die die Litaneien der Heiligen psalmodierten. Diese Sitte, im Frühling durch Hügel und Ebenen zu gehen, um auf die Früchte der Erde den Segen des Himmels herabzurufen, hat etwas Poetisches und Rührendes, das mich unsäglich ergreift. Der Zug blieb am Fuße eines mit Laub geschmückten Kreuzes stehen; ich sah die Menge knien, während der Priester das Land segnete, dann setzte sie ihren langsamen Weg fort und sang ihre melancholische Litanei weiter. Manchmal konnte man die schwache Stimme unseres alten Pfarrers mit abgerissenen Sätzen heraushören:

Conservare digneris
(die Bauern:)
Te rogamus audi nos!

Und die fromme Menge entfernte sich, entfernte sich immer weiter.

(Decrescendo).
Sancte Barnaba
Ora pro nobis!
(Perdendo).
Sancta Magdalena
Ora pro ...
Sancta Maria
Ora ...
Sancta ...
... nobis

Leises Rauschen des Korns, unter dem sanften Wehen der Morgenluft ... Liebesrufe der Wachteln ... fröhliches Singen des Ortolan, hoch oben auf einer Pappel ... tiefe Ruhe ... ein welkes Eichenblatt, langsam zu Boden fallend ... dumpfes Schlagen meines Herzens ... das Leben fern, so fern von mir ... Lichtstrahlen von den Alpengletschern ... Auf dieser Seite Meylan, hinter den Alpen Italien, Neapel, Pausilippo ... die Personen meines Romans ... brennende Leidenschaften ... irgendein unergründliches und heimliches Glück ... schnell, schnell, Flügel! ... den Raum zu verschlingen! ... ich muß sehen, muß bewundern! ... brauche Liebe, Begeisterung, glühende Umarmung ... mich verlangt es nach größerem und reicherem Leben! ... aber ich bin nur ein schwerer, an die Erde gefesselter Körper! Jene Wesen sind nur Wahngebilde oder existieren nicht mehr ... Was ist Liebe? ... Was ist Ruhm?? ... Was sind Herzen? ... Wo ist mein Stern? ... die *stella montis?* ... verschwunden, möglicherweise auf immer ... Wann werde ich Italien sehen? ... Und der Anfall brach in seiner ganzen Gewalt aus; ich litt schrecklich, ich legte mich jammernd auf die Erde, breitete meine schmerzenden Arme aus, riß krampfhaft ganze Büschel von Gras und unschuldigen Gänseblümchen heraus und kämpfte gegen das *Fernsein*, gegen die schreckliche Vereinsamung.

Und doch, was war ein solcher Anfall im Vergleich zu den Qualen, die ich seither gelitten habe und deren Heftigkeit mit jedem Tage zunimmt? ...

Ich weiß nicht, wie ich von diesem unsagbaren Leiden einen richtigen Begriff geben soll. Ein physikalisches Experiment kann vielleicht eine Ahnung vermitteln. Wenn man unter eine Glasglocke, die an eine Luftpumpe angeschlossen ist, ein mit Wasser gefülltes Gefäß neben ein anderes, mit Schwefelsäure gefülltes stellt, dann sieht man in dem Augenblick, wo die Saugpumpe die Glocke luftleer macht, das Wasser in Bewegung geraten, sieden, sich in Dampf verwandeln. Dieser Wasserdampf wird von der Schwefelsäure aufgesaugt, und erkaltet die im Gefäß zurückgebliebene Wassermenge dermaßen, daß sie bald ein Klümpchen von Eis bildet.

So ungefähr ist es, wenn das Gefühl des Fernseins und der Vereinsamung mich ergreift. Eine Leere bildet sich um meine keuchende Brust, und es ist, als ob mein Herz unter der Wirkung einer unwiderstehlich saugenden Kraft verdunsten und sich bis zur Auflösung ausdehnen wolle. Dann wird die Haut meines ganzen Körpers schmerzhaft und heiß; ich glühe von Kopf bis Fuß. Ich möchte schreien, möchte meine Freunde, ja selbst Gleichgültige zu Hilfe rufen, damit sie mich trösten, mich hüten, mich verteidigen, mich vor der Zerstörung schützen, mein Leben zurückhalten, das nach den vier Himmelsrichtungen entfliehen will.

Man hat kein Todesverlangen während dieser Anfälle; nein, der Gedanke an einen Selbstmord ist sogar unerträglich; man will nicht sterben, im Gegenteil, man will leben, man will es unbedingt, man möchte seinem Leben eine tausendfache Energie geben; es ist diese wunderbare Fähigkeit, das Glück zu genießen, die sich empört, daß sie keine Verwendung findet, und die nur befriedigt werden kann durch unbegrenzte *wilde* Genüsse, die der unberechenbaren Überfülle von Empfänglichkeit, die in uns steckt, gleichkommen. Dieser Zustand ist nicht der *Spleen*, er zieht ihn aber später nach sich: er ist das Sieden, das Verdunsten des Herzens, der Sinne, des Hirns, des Nervenfluidums. Der *Spleen* ist das Gefrieren alles dessen, er ist jenes Klümpchen von Eis. Selbst in ruhigem Zustand empfinde ich immer ein wenig *Vereinsamung* etwa an Sommersonntagen, weil unsere Städte dann still sind, weil jeder sich aufs Land begibt; weil man in der Ferne glücklich, weil man abwesend ist. Die Adagiosätze der Beethovenschen Symphonien, gewisse Szenen aus »Alceste« und aus »Armida« von Gluck, eine Arie aus seiner italienischen Oper »Telemaco«, die elysischen Felder in seinem »Orpheus« haben ebenfalls starke Anfälle desselben Leidens zur Folge; aber diese Meisterwerke tragen in sich selbst ihr Gegengift; sie lösen Tränen aus, und man ist erleichtert. Dagegen gehören die Adagiosätze einiger Sonaten von Beethoven und die »Iphigenie auf Tauris« von Gluck ganz dem *Spleen* an und rufen ihn hervor; es herrscht Kälte darin, die Atmosphäre ist düster, der Himmel mit grauen Wolken bedeckt, und man vernimmt das dumpfe Klagen des Nordwinds.

Es gibt übrigens zwei Arten von *Spleen*; der eine ist ironisch, spöttisch, zornig, heftig, haßerfüllt; der andere, verschlossen und finster, verlangt Untätigkeit, Schweigen, Einsamkeit und Schlaf. Wer ihm anheimfällt, dem wird alles gleichgültig, der Zusammensturz der Welt könnte ihn kaum rühren. In solchem Zustand wünsche ich, die Erde wäre eine mit Pulver gefüllte Kugel, und ich könnte sie mir zum Spaß in Brand stecken. Als ich eines Tages, von dieser Art von *Spleen* befallen, im Lorbeerwäldchen der Akademie, wie ein Murmeltier in einem Haufen von trockenen Blättern vergraben schlief, fühlte ich, wie zwei von unseren Gefährten mir einen Stoß mit dem Fuße gaben: es waren der Architekt Constant Dufeu und der ältere Bildhauer Dantan, die mich weckten.

– He, alter Junge, kommst du mit nach Neapel?

– Geht zum Teufel! Ihr wißt doch, daß ich kein Geld mehr habe.

– Aber, du Gimpel, wir haben Geld und werden dir welches leihen! Vorwärts! Hilf mir doch, Dantan, ihn auf die Füße zu stellen, sonst richten wir nichts bei ihm aus. Gut! Da stehst du nun! ... Jetzt schüttle dich; gehe und bitte Vernet um einen Monat Urlaub, und sobald dein Koffer gepackt ist, reisen wir ab; es ist alles abgemacht.«

Wir reisten tatsächlich.

Außer einem recht amüsanten, aber kaum erzählbaren Skandal, den wir in dem Städtchen Ciprano entfachten ... nach dem Abendbrot, besinne ich mich auf kein bemerkenswertes Ereignis auf dieser Fahrt, die wir prosaischerweise in einem Mietwagen zurücklegten.

Aber Neapel! ...

XLI.

Neapel – Ein begeisterter Soldat – Ausflug nach Nisita – Die Lazzaroni – Sie laden mich zum Mittagessen ein – Ein Peitschenhieb – Das Teatro San Carlo – Rückreise nach Rom, zu Fuß durch die Abruzzen – Tivoli – Noch einmal Virgil

Neapel – klarer, reiner Himmel, festliche Sonne, reiches Land!

Alle Welt hat diesen herrlichen Garten beschrieben, und zwar viel besser, als ich es tun könnte. Welcher Reisende ist nicht von der Pracht jenes Anblicks geblendet worden! Wer hat nicht um die Mittagsstunde das ruhende Meer bewundert, die weichen Falten seines azurblauen Gewandes und dessen einschmeichelndes Rascheln! Wer hat nicht um Mitternacht auf dem Vesuv beim Anblick des Kraters ein unbestimmtes Angstgefühl empfunden, bei dem dumpfen Rollen des Donners in seinem Innern, bei den zornigen Lauten, die aus seinem Schlunde dringen, bei jenen Ausbrüchen, jenen Myriaden von geschmolzenem Gestein, das wie brennende Gotteslästerungen gen Himmel fliegt, wieder herunterfällt, auf den Hals des Berges rollt und dann ihren Weg hemmen, um als glühendes Halsband auf der weiten Brust des Vulkans liegenzubleiben! Wer hat nicht das Skelett des verödeten Pompeji traurig durchwandert und auf den Stufen des Amphitheaters, quasi als einziger Zuschauer, eine Euripides- oder Sophokles-Aufführung erwartet, für die alles hergerichtet zu sein scheint? Wer hat nicht Sympathie empfunden für die Lazzaroni, diese lustigen Diebe, diese großen Kinder mit ihrem Witz und ihrer Gutmütigkeit?

Ich werde mich also hüten, den vielen Schilderungen Neapels eine weitere hinzuzufügen, kann aber nicht dem Vergnügen widerstehen, eine Begebenheit zu erzählen, die den Charakter der neapolitanischen Fischer illustrieren mag.

Es handelt sich um ein Mahl, das mir die Lazzaroni drei Tage nach meiner Ankunft gaben, und um ein Geschenk, das sie mir beim Nachtisch machten. Es war an einem schönen Herbsttag, mit einem frischen Wind, einer so klaren durchsichtigen Luft, daß man glauben konnte, man bräuchte nur den Arm auszustrecken, um von Neapel aus in Capri Orangen zu pflücken. Ich ging in den Gärten der Villa Reale spazieren, und als ich an einem kleinen Pavillon, den ich nicht bemerkt hatte, vorbeikam, schnauzte mich ein Wachsoldat auf französisch an:

– Nehmen Sie den Hut ab!

– Warum?

– Sehen Sie dorthin!

Und er deutete mit dem Finger auf eine inmitten des Pavillons aufgestellte Marmorstatue, auf deren Sockel ich zwei Worte las, die mich augenblicklich zu dem Zeichen der Verehrung veranlaßten, das der begeisterte Soldat von mir forderte: *Torquato Tasso*. Das ist recht! Das ist rührend! ... Aber ich frage mich noch immer, wie des Dichters Schildwache erraten hatte, daß ich Franzose und Künstler war und bereitwillig seiner Aufforderung folgen würde. Gelehrter Physiognomiker! Doch ich komme auf meine Lazzaroni zurück.

Ich schlenderte also am Meeresstrand entlang und dachte an den armen Tasso, dessen bescheidenes Grab ich einige Monate vorher in Rom, im Kloster St. Onofrio, zusammen mit Mendelssohn besucht hatte, und philosophierte so für mich über das Mißgeschick der Poeten, die auch Poesie vom Leben erwarten, als plötzlich meine Gedanken von Tasso auf Cervantes sprangen, von Cervantes auf seine Pastorale *Galathea*, von *Galathea* auf eine andere köstliche Hauptfigur in jenem Roman, die *Nisida*, von Nisida auf die Insel Nisita in der Bucht von Pozzuoli, und unversehens packte mich der Wunsch, die Insel zu besuchen. Ich eile hin; ich bin in der Grotte vom Posilippo; ich verlasse sie wieder, komme an den Strand; ich sehe eine Barke, ich will sie mieten; ich verlange vier Ruderer, es kommen sechs herbei; ich biete ihnen einen vernünftigen Preis und weise darauf hin, daß ich keine sechs Mann brauche, um in einer Nußschale nach Nisita zu gondeln. Lächelnd bleiben sie bei ihrer Forderung und verlangen 30 Francs für eine Fahrt, die höchstens fünf Francs wert ist; ich war guter Laune; zwei junge Burschen standen stumm und mit neidischem Blick beiseite; ich fand die unverschämten Ansprüche meiner Ruderer lustig, deutete auf die zwei Lazzaronetti und sagte:

»Nun gut, also dreißig Francs, aber kommt alle acht und rudert tüchtig!«

Freudenrufe und Luftsprünge bei klein und groß! Wir springen in die Barke, und in wenigen Minuten erreichen wir Nisita. Ich überlasse mein Schiff der Aufsicht seiner Mannschaft, betrete die Insel, durchstreife sie nach allen Richtungen, sehe hinter dem Kap Miseno, das der Dichter der »Äneis« verewigt hat, die Sonne untergehen, während das Meer, das sich weder an Virgil noch an Äneas noch an Askanius noch an Miseno noch an Palinurus erinnert, tausend glitzernde Dur-Akkorde lustig erklingen läßt ...

Wie ich so ziellos umherschweifte, näherte sich mir ein Soldat, der sehr gut französisch sprach, und erbot sich, mir die verschiedenen Sehenswürdigkeiten der Insel, die schönsten Aussichtspunkte usw. zu zeigen. Ich nahm sein Anerbieten mit Freude an. Als ich ihm nach Schluß der Besichtigungen das landesübliche Trinkgeld geben wollte, wies er es mit beleidigter Miene zurück und sagte: »Was soll das? Ich will nichts von Ihnen – außer daß Sie ... für mich beten.« Ich versprach es und dachte bei mir: ›Die Idee ist zu spaßig, und der Teufel soll mich holen, wenn ich nicht Wort halte.‹

Und in der Tat, als ich abends zu Bett ging, sprach ich für den braven Soldaten ein erstes Vaterunser; beim zweiten aber lachte ich laut auf. Ich fürchte daher, daß der arme Mann keine Karriere gemacht hat und bis heute Sergeant geblieben ist.

Ich wäre, glaube ich, bis zum nächsten Tag in Nisita geblieben, wenn nicht einer der Matrosen, als Abgesandter des Kapitäns, gekommen wäre, um mich zu benachrichtigen, daß der Wind stärker werde und wir Mühe haben würden, das feste Land wieder zu erreichen, wenn wir noch zögerten, den Anker zu lichten. Ich füge mich dieser Mahnung und steige hinunter; jeder nimmt seinen Platz auf dem Schiff wieder ein; der Kapitän, würdiger Nachfahr des trojanischen Helden:

Eripit ensem fulmineum

(öffnet sein großes Klappmesser)

strictoque ferit retinacula ferro.

(und durchschneidet hastig den Strick).

Idem omnes simul ardor habet; rapiuntque, ruuntque
Littora deseruere; latet sub classibus aequor;
Adnixi torquent spumas, et caerula verrunt.

(Wir alle, erfüllt von Eifer und ein wenig Furcht, jagen davon, fliehen die Küste; unsere Ruder schlagen schäumende Wellen, das Meer verschwindet unter unserem Kahn.)

Übrigens war die Sache gefährlich, die Nußschale schaukelte beträchtlich auf den weißen Spitzen der übergroßen Wellen; meine Burschen lachten nicht mehr und suchten nach ihrem Rosenkranz. Dies alles schien mir schrecklich lächerlich; ich fragte mich: »Was ist die Ursache, daß ich nun ertrinken soll? Ein gebildeter Soldat, der Tasso bewundert; ja noch etwas geringfügigeres, ein Hut; denn wenn ich barhaupt gegangen wäre, hätte mich der Soldat nicht angesprochen; ich hätte weder an den Sänger der »Armida« noch an den Dichter der »Galathea« noch an Nisida gedacht; ich würde diesen dummen Ausflug nach der Insel überhaupt nicht gemacht haben und säße in diesem Augenblick ruhig im Teatro San Carlo, um die Brambilla und Tamburini zu hören!« Bei diesen Überlegungen und dem Schaukeln der in Gefahr schwebenden Barke wurde mir leicht übel, daß ichs gestehe ... Doch der Meeresgott entschied, es sei nun genug des Spaßes, und erlaubte uns, lebend das Land zu erreichen; die Matrosen, die bis dahin stumm wie Fische gewesen waren, fingen wieder an, wie die Elstern zu schwatzen und zu schreien, und als sie die dreißig Francs erhielten, um die ich mich hatte prellen lassen, war ihre Freude so groß, daß sie Reue empfanden und mich zum Abendbrot einluden. Ich nahm an. Sie führten mich ziemlich weit an einen sehr einsamen Ort inmitten eines Pappelwäldchens, und ich begann die Harmlosigkeit ihrer Absicht zu beargwöhnen (arme Lazzaroni!), als wir an eine ihnen wohlbekannte Hütte kamen, wo meine Gastgeber eilig das Festmahl bestellten.

Bald erschien ein kleiner Berg von dampfenden Makkaroni; man forderte mich auf, wie die anderen mit der rechten Hand hineinzugreifen; ein großer Krug mit Wein vom Pausilippo wurde auf den Tisch gestellt, und jeder von uns trank der Reihe nach daraus, als erster ein zahnloser Greis, den sie als ersten vor mir trinken ließen, da bei ihnen die Achtung vor dem Alter höher steht als die Höflichkeit dem Gast gegenüber. Nachdem der Alte unvernünftig viel getrunken hatte, fing er an, über Politik zu reden, und wurde sehr gerührt bei der Erinnerung an den König Joachim, den er im Herzen trug. Um ihn zu zerstreuen und mich zu unterhalten, baten ihn die jungen Lazzaroni dringend um die Erzählung einer langen und mühevollen Seereise, die er einstens gemacht hatte und deren Geschichte berühmt war.

Darauf erzählte der alte Lazzarone, zur starren Verwunderung seiner Zuhörer, wie er sich mit zwanzig Jahren auf ein *Speronare* eingeschifft habe, *drei Tage und zwei Nächte* auf dem Meere geblieben war, *immer wieder zu neuen Küsten getrieben*, endlich auf eine *ferne Insel* verschlagen worden sei, auf die, wie man behaupte, Napoleon danach verbannt wurde und die von den Eingeborenen Isola d'Elba genannt werde. Ich bekundete starken Beifall für diese atemberaubende Erzählung und gratulierte von ganzen Herzen dem tapferen Seemann, weil er so furchtbaren Gefahren entkommen war. Darauf großer Beifall der Lazzaroni für meine Einfühlsamheit; die Dankbarkeit begeistert sie; man tuschelt sich leise in die Ohren; man geht geheimnisvoll im Hause hin und her; ich sehe, daß es sich um eine für mich bestimmte Überraschung handelt. Tatsächlich, als ich mich erhob, um von der Gesellschaft Abschied zu nehmen, nähert sich verlegen der größte der jungen Lazzaroni und bittet ein Geschenk von ihnen anzunehmen, ein Souvenir, das beste, was sie bieten können und was auch den unempfindlichsten Menschen zu Tränen rühren kann. Es war eine riesige Zwiebel, eine ungeheure Schalotte, die ich mit Ernst und Bescheidenheit annahm und nach vielfachem Abschiednehmen und Versicherungen ewiger Freundschaft bis zum Gipfel des Posilippo mit mir trug.

Ich hatte eben jene guten Leute verlassen und schritt mühsam vorwärts, weil ich mir beim Abstieg von Nisita den rechten Fuß verstaucht hatte; es war beinahe Nacht. Eine schöne Kalesche fuhr auf der Straße nach Neapel an mir vorbei. Es kam mir der wenig vornehme Gedanke, auf den Rücksitz zu springen, der durch die Abwesenheit des Dieners frei war. Aber ich hatte die Rechnung ohne die hübsche, kleine, in Voile gehüllte Pariserin gemacht, die im Innern thronte; sie rief mit ihrer sauersüßen Stimme dem Kutscher lebhaft zu: »Louis, es sitzt jemand hinten auf!« und ließ mir einen ausgiebigen Peitschenhieb übers Gesicht versetzen. Das war das Geschenk meiner gnädigen Landsmännin. O französische Puppe! Wenn nur Crispino dabei gewesen wäre! Wir hätten dir eine böse Viertelstunde bereitet.

Ich kehrte also humpelnd und hinkend zurück und dachte an die Reize des Räuberlebens, das trotz seiner Strapazen als einziges heutzutage eines ehrlichen Mannes würdig wäre, wenn sich nicht selbst in die kleinste Bande immer solche dummen, elenden Kerle einschlichen.

Um meinen Kummer zu vergessen und mich auszuruhen, ging ich ins San Carlo. Und da hörte ich, zum ersten Mal seit meiner Ankunft in Italien, Musik. Das Orchester schien mir im Vergleich zu denen, die ich bis dahin beobachtet hatte, ausgezeichnet. Den Blasinstrumenten kann man beruhigt zuhören; man hat nichts von ihnen zu befürchten. Die Violinen sind virtuos; die Celli singen gut, sind aber nicht zahlreich genug. Das in Italien allgemein verbreitete System, weniger Celli als Kontrabässe zu verwenden, kann nicht einmal durch die Art Musik gerechtfertigt werden, die die italienischen Orchester gewöhnlich aufführen. Ich könnte dem Kapellmeister das höchst unangenehme Geräusch seines Fiedelbogens vorwerfen, mit dem er etwas hart auf sein Pult schlägt; allein man hat mir versichert, daß die Musiker, die er dirigiert, sonst manchmal wegen des Taktes in Verlegenheit geraten würden ... Dagegen läßt er nichts einwenden; man kann in einem Land, in dem reine Instrumentalmusik so gut wie unbekannt ist, nicht Orchester von der Qualität erwarten wie in Berlin, Dresden oder Paris. Die Choristen sind äußerst schwach. Ich weiß durch einen Komponisten, der für das San Carlo geschrieben hat, daß es sehr schwer ist, um nicht zu sagen unmöglich, eine gute Aufführung von vierstimmigen Chorsätzen zu erreichen: führt man die Sopranparts nicht in Oktaven mit den Tenören, dann haben die Damen die größte Mühe, die Töne zu halten.

Im Fondo spielt man Buffo-Opern mit einer Verve, einem Feuer, einer Vitalität, wie man es kaum in anderen Theatern dieses Genres antrifft. Während meines Aufenthalts spielte man dort eine höchst amüsante Farce von Donizetti, »Le convenienze teatrali«.

Man kann sich trotz alledem denken, daß die Anziehungskraft der Musik in den Theatern von Neapel nicht den Sieg davontrug über den Reiz, den die Durchforschung der Umgegend für mich hatte, und daß ich mich öfter außerhalb als innerhalb der Stadt befand.

Als ich eines Morgens in Castellamare mit Neptun frühstückte – so nannten wir den Maler Munier, weil er mit Vorliebe Seestücke pinselte –, legte er plötzlich seine Serviette weg und sagte:

– Was wollen wir tun? Neapel ist langweilig, wir sollten abreisen.

– Fahren wir nach Sizilien.

– Gut, fahren wir nach Sizilien. Ich möchte nur noch eine Studie, die ich angefangen habe, fertig machen; wir können für 5 Uhr Plätze auf dem Dampfschiff belegen.

– Gern. Wie stehts um unser Vermögen?

Nachdem wir unsere Taschen durchsucht hatten, stellten wir fest, daß wir zwar genug hatten, um bis nach Palermo zu kommen, uns aber für den Rückweg, wie die Mönche sagen, *auf die Vorsehung verlassen* müßten, als Franzosen, die der Tugend, die *Berge versetzt*, ganz und gar nicht teilhaftig waren, hielten wir es für ratsam, Gott nicht zu versuchen, und trennten uns, er, um das Meer zu malen, ich, um zu Fuß nach Rom zurückzukehren.

Diesen Plan hatte ich schon einige Tage zuvor gefaßt. Jetzt war es soweit. Nachdem ich in die Stadt gegangen war, um mich von den anderen Studiengenossen zu verabschieden, begegnete ich zufällig zwei bekannten schwedischen Offizieren, die ebenfalls die Absicht hatten, nach Rom zu wandern.

– Das trifft sich gut, sagte ich, nur habe ich vor, die Vogelfluglinie zu nehmen, über Subiaco, durchs Gebirge, über Fels und Bach, wie die Gemsenjäger; wollen Sie mitmachen?

Trotz der Überspanntheit dieser Idee stimmten die beiden zu. Unser Gepäck wurde sofort durch einen *vetturino* abgeschickt; wir kamen überein, uns nach Subiaco zu wenden und von da nach einem Tag der Ruhe auf der Landstraße weiterzuwandern. Und so geschah es. Wir hatten alle drei den obligaten Anzug aus grauem Leinen angetan; B ... trug sein Skizzenbuch und seine Bleistifte, drei Spazierstöcke waren unsere einzigen Waffen.

Es war die Zeit der Weinlese. Ausgezeichnete Trauben, die allerdings denen vom Vesuv nicht gleichkommen, bildeten während des ersten Tages fast unsere einzige Nahrung; die Bauern nahmen nicht immer unser Geld an, und wir versäumten manchmal, nach den Eigentümern der Weingüter zu fragen. Abends fanden wir in Capua gutes Essen, gutes Unterkommen und ... einen Improvisator.

Nach einigen brillanten Präludien auf seiner großen Mandoline fragte uns der Mann, welcher Nation wir angehörten.

»Wir sind Franzosen«, antwortete der eine Schwede. Nun hatte ich einen Monat zuvor bereits die Improvisationen dieses Tyrtäus der Campagna gehört, und er hatte die gleiche Frage an meine französischen Reisegefährten gestellt. Auf ihre Antwort: »Wir sind Polen«, hatte er uns folgendermaßen angesungen: »Ich habe die ganze Welt durchstreift, Frankreich, Spanien, Polen, Deutschland, England, aber die tapfersten und schönsten sind die Polen, sind die Polen.«

Hier der Song, den er, ebenfalls in improvisierter Musik und ohne das geringste Zögern, an die drei vermeintlichen Franzosen richtete:

Man begreift, wie sehr ich mich geschmeichelt fühlte und wie die beiden Schweden zerknirscht waren.

Bevor wir ganz in das Abruzzengebirge eindrangen, hielten wir uns einen Tag in San Germano auf, um uns *Monte Cassino* anzuschauen. Das Benediktinerkloster ist, wie das bei Subiaco, an einem Bergrand erbaut; im übrigen aber sind sie einander völlig unähnlich. Statt der lapidaren Schmucklosigkeit, die dort beeindruckt, findet man hier die Ausmaße und den Prunk eines Palastes. Man schreckt davor zurück, sich vorzustellen, welche Unsummen allein für den irrsinnigen Zierat, mit dem die Kirche vollgestopft ist, verschwendet wurden. Da gibt es eine Orgel mit preziösen kleinen Engelsfiguren, die, sobald auf dem Instrument gespielt wird, Trompete blasen und Schallbecken schlagen. Der Fußboden besteht aus Marmorsteinen der seltensten Art, und das Chorgestühl ist über und über mit Schnitzereien bedeckt.

Ein Eilmarsch brachte uns in einem Tag von San Germano nach Isola di Sora, einem an der Grenze des Königreichs Neapel gelegenen Dorf, bemerkenswert durch einen kleinen Fluß, der, nachdem er mehrere Industriewerke in Betrieb gesetzt hat, einen hübschen Wasserfall bildet. Eine Enttäuschung sonderbarer Art erwartete uns dort. Wir waren mit Staub bedeckt, hatten blutige Füße, waren vor Durst und Müdigkeit erschöpft und fragten die ersten Leute, die uns begegneten, nach einem Gasthaus.

– Gasthaus – hähä, gibts nicht, sagt man uns mit spöttisch mitleidiger Miene.

– Aber wo könnten wir für eine Nacht unterkommen?

– Achselzucken. »Chi lo sa . . .«

Wir finden einen armseligen Schuppen mit noch nicht einmal einem Strohhalm darin und bitten den Eigentümer, uns da übernachten zu lassen; er schlägt die Bitte ab. Man kann sich unsere Verzweiflung und unseren Ärger, gesteigert durch die Gleichgültigkeit dieser Leute, vorstellen. Sich in einem handeltreibenden Marktflecken zu befinden und aus Mangel an einem Gasthof oder gastfreundlichen Haus auf der Straße übernachten zu müssen, wäre zu viel gewesen, und doch würde es unser Los gewesen sein, wenn mir nicht rechtzeitig eine Erinnerung gekommen wäre.

Ich war schon einmal bei Tage durch Isola di Sora gekommen; glücklicherweise besann ich mich auf den Namen eines Franzosen, M. Courrier, Besitzer eines Papiergeschäfts. Man zeigt uns in einer Gruppe seinen Bruder; ich schildere ihm unsere Situation, und nach kurzem Nachdenken erwidert er auf Französisch, ich könnte sogar sagen auf Dauphineisch, denn dies ist durch die Art der Betonung fast eine Mundart für sich:

– Nun! Man wird Sie schon unterbringen!

– Ah! wir sind gerettet! Monsieur Courrier ist aus der Dauphine, ich bin auch aus der Dauphine, und zwischen Leuten aus der Dauphine kann, wie Charlet sagt, die Sache ins Reine kommen.«

Der Papierhändler, der mich wiedererkannte, erwies sich in der Tat als höchst gastfreundlich. Nach einem gemütlichen Abendessen versanken wir alle drei in einem Riesenbett, wie ich außer in Italien noch keins gefunden habe; wir konnten uns in aller Bequemlichkeit ausschlafen und überlegten nur noch, daß es günstig wäre, zu wissen, welche Ortschaften, durch die wir kommen würden, nicht ohne Gasthof waren, um uns nicht ein zweites Mal der Gefahr, der wir soeben glücklich entronnen waren, auszusetzen. Unser Gastgeber beruhigte uns am nächsten Tag, indem er uns versicherte, wir könnten in zwei Tagen Subiaco zu Fuß erreichen; wir hatten also nur noch eine zweifelhafte Nacht zu verbringen. Ein kleiner Junge führte uns für ungefähr eine Stunde durch Wald und Weinberge, worauf wir, seinen etwas unbestimmten Weisungen folgend, unseren Weg allein fortsetzten.

In Veroli, einem Dorf, das von weitem wie eine Stadt aussieht und auf dem Gipfel eines felsigen Hügels liegt, bekamen wir ein dürftiges Mittagessen, bestehend aus Brot und rohem Schinken, das uns aber half, vor Anbruch der Nacht einen noch rauheren bewohnten Felsen zu erreichen: es war Alatri. Kaum hatten wir die Hauptstraße betreten, als sich hinter uns eine Gruppe von Frauen und Kindern bildete und uns mit allen Zeichen der lebhaftesten Neugier bis zum Marktplatz verfolgte. Man zeigte uns ein Haus oder vielmehr einen Hundestall, auf dessen altem Schild die Bezeichnung ›Locanda‹ zu lesen war; trotz unseres Widerwillens mußten wir dort die Nacht zubringen. Welch eine Nacht! Sie wurde nicht zum Schlafen benutzt, das kann ich versichern; Insekten aller Art, die auf unseren Bettüchern wimmelten, machten jede Ruhe unmöglich. Ich für meinen Teil wurde von diesen Myriaden so grausam gequält, daß mich am anderen Morgen ein heftiges Fieber befiel.

Was tun? ... Die Herren wollten mich nicht in Alatri zurücklassen ... Wir mußten Subiaco erreichen ... In dieser Baracke zu bleiben, war eine traurige Aussicht ... Ich hatte einen solchen Schüttelfrost, daß man nicht wußte, wie man mich erwärmen sollte, und ich mich nicht fähig glaubte, einen Schritt zu tun. Während ich vor Frost zitterte, beratschlagten die Freunde in schwedischer Sprache miteinander, aber ihre Züge drückten zu deutlich Verlegenheit aus, als daß es mir möglich gewesen wäre, mich darüber zu täuschen. Ein gewaltsames Aufraffen meinerseits war unerläßlich; es gelang mir, und nach einem Marsch von zwei Stunden war das Fieber verschwunden.

Bevor wir Alatri verließen, hatten die einheimischen Geographen eine längere Beratung abgehalten, um uns die kürzeste Route anzugeben. Nachdem viele Meinungen geäußert und bestritten worden waren, ergab sich eine Mehrheit zugunsten des Weges über Arcino und Anticoli, und wir folgten dem Rat. Dieser Tag war der anstrengendste, den wir seit Beginn der Reise gehabt hatten. Es waren keine gebahnten Wege, wir gingen die Flußbetten entlang und überkletterten mühsam die großen Felsenblöcke, die unsere Pfade versperrten.

So gelangten wir in ein scheußliches Dorf, dessen Name mir entfallen. Die Hütten, aus denen es besteht und die ich nicht Häuser zu nennen wage, waren offen, aber völlig leer. Die einzigen Einwohner, auf die wir stießen, waren zwei Schweine, die sich im Straßenschlamm wälzten. Gab es weitere Lebewesen und wo waren sie? Da konnte man wieder sagen: *chi lo sa?*

Mehrere Male verirrten wir uns in den Tälern dieses Felsenlabyrinths; wir mußten dann den Hügel, von dem wir eben heruntergekommen waren, wieder besteigen oder aus der Tiefe einer Schlucht irgendeinen Bauern zurufen: *»Ohe!!! la strada d'Anticoli?«* ... Worauf er mit einem Lachen oder einem: *via! via!* antwortete, was uns, wie man sich denken kann, nur mäßig beruhigte. Doch erreichten wir den Ort; ich erinnere mich sogar, in Anticoli eine Überfülle von Eiern, Schinken und Maiskörnern angetroffen zu haben. Letztere rösteten wir nach Art der armen Bewohner jener unfruchtbaren Gegend, und ihr wilder Geschmack ist nicht unangenehm. Der Chirurg von Anticoli, ein dicker, rotwangiger Mann, der eher wie ein Metzger aussah, beehrte uns mit einigen Fragen über die Nationalgarde von Paris und bot uns ein Buch an, das er zu verkaufen hatte.

Wir hatten noch vor der Nacht ausgedehntes Weideland zu durchwandern. Ein Führer war unentbehrlich. Wir bekamen einen, der den Weg jedoch nicht allzu gut kannte; er zögerte oft. Ein alter Hirt, der wohl seit langem keine menschliche Stimme mehr gehörte hatte, saß am Rand eines Teiches; da er durch den Schall unserer Schritte, den das dichte Gras dämpfte, auf unsere Ankunft nicht aufmerksam geworden war, fiel er beinahe ins Wasser, als wir ihn plötzlich um die Richtung nach Arcinasso befragten, einem (nach den Aussagen unseres Führers) hübschen Dorf, wo wir Erfrischungen aller Art finden sollten.

Er erholte sich jedoch bald von seinem Schrecken, dank einiger Kreuzer, die ihm unsere freundlichen Absichten bewiesen; aber es war fast unmöglich, aus der Antwort klug zu werden, da sie mehr aus rauhem Glucksen denn aus Sprachlauten bestand.

Wir kamen dennoch nach Arcinasso, das uns als ›hübsches Dorf‹ beschrieben worden war und sich als eine Osteria, einsam inmitten jener weiten, stillen Steppe, erwies. Eine alte Frau verkaufte dort Wein und frisches Wasser. Von B's Skizzenbuch, das ihre Neugier reizte, sagten wir ihr, es sei eine Bibel; darauf stand sie freudig auf, besichtigte eine Zeichnung nach der andern, umarmte den Schweden herzlich und gab uns allen dreien ihren Segen.

Nichts kann von dem Schweigen, das in diesen endlosen Ebenen herrscht, einen Begriff geben. Wir fanden dort keine anderen Einwohner als den alten Hirten mit seiner Herde und einen Raben, der mit gravitätischer Traurigkeit umherstolzierte ... Als wir uns näherten, nahm er seinen Flug gen Norden ... Ich folgte ihm lange mit dem Blick nach ... Dann flogen meine Gedanken in die gleiche Richtung ... nach England ... und ich vertiefte mich in eine Shakespearesche Träumerei ...

Aber dies war nicht die Zeit, Dichtern und Raben nachzuhängen; wir mußten unbedingt noch am Abend Subiaco erreichen. Unser Führer hatte uns verlassen, und die Dunkelheit brach rasch herein; wir marschierten seit drei Stunden, schweigsam wie Geistererscheinungen, als ich an einem Gebüsch, aus dem ich sieben Monate zuvor eine Wachtel geschossen hatte, die Örtlichkeit erkannte.

– Vorwärts, meine Herren, sagte ich zu den Schweden, raffen Sie sich auf! Ich kenne das Terrain ... in zwei Stunden werden wir am Ziel sein.

Tatsächlich waren kaum vierzig Minuten verflossen, als wir tief unter unseren Füßen Lichter schimmern sahen: es war Subiaco. Dort fand ich Gibert. Er borgte mir Wäsche, die ich dringend brauchte. Ich hatte die Absicht, mich zur Ruhe zu legen, aber bald ertönte der Ruf: *»Oh! signor Sidoro! Ecco questo signore francese chi suona la chitarra.«**

Und Flacheron lief mit der schönen Mariuccia** herbei, das Tamburin in der Hand, und ich mußte wohl oder übel bis Mitternacht zum Saltarello aufspielen.

Zwei Tage darauf, nachdem wir Subiaco verlassen hatten, ließ ich mir folgendes einfallen. Da ich meine schwedischen Gefährten, die eine für mich zu rasche Gangart anzuschlagen pflegten, nicht dazu bringen konnte, ihr Tempo zu mäßigen oder aber von Zeit zu Zeit haltzumachen und auf mich zu warten, ließ ich sie diesmal vorausgehen und streckte mich gemütlich im Gras aus, um später den Hasen in der wohlbekannten Fabel zu spielen. Würde ich imstande sein, fragte ich mich nach einer Weile, von hier bis Tivoli zu rennen (eine Strecke von ungefähr sechs Meilen)? Versuchen wirs! ... Und da lief ich schon, als ob es sich darum gehandelt hätte, eine geraubte Geliebte einzuholen. Ich erblicke die Schweden wieder, ich überhole sie, ich laufe durch ein Dorf, durch zwei Dörfer, verfolgt vom Gebell aller Hunde; die aufgeschreckten Schweine fliehen grunzend vor mir, aber die Einwohner sehen mir wohlwollend hinterdrein, überzeugt, daß ich irgendetwas verbrochen habe.

Bald stellte sich ein heftiger Schmerz im Kniegelenk ein und machte es mir unmöglich, das rechte Bein zu biegen. Ich mußte es hängen lassen und nachschleppen, während ich auf dem linken hüpfte. Es war verteufelt, aber ich hielt es gut aus und erreichte Tivoli, ohne diesen sinnlosen Lauf nur einen Augenblick unterbrochen zu haben. Ich hätte es verdient, bei der Ankunft an einem Herzschlag zu sterben. Nichts dergleichen traf ein. Ich muß sehr hartherzig sein ...

Als die zwei schwedischen Offiziere eine Stunde nach mir in Tivoli ankamen, fanden sie mich schlafend; da sie mich, als ich wieder erwachte, vollkommen gesund an Körper und Geist fanden (und ich verzeihe ihnen aufrichtig, in dieser Beziehung Zweifel gehegt zu haben), baten sie mich, bei ihrer Besichtigung der dortigen Sehenswürdigkeiten

---

* Sidoro war der schon erwähnte Isidore Flacheron. Und da man meinen Namen in Subiaco nicht aussprechen konnte, wurde ich kurz »der französische Herr, der die Gitarre spielt« genannt.

** Inzwischen seine Frau.

ihr Cicerone zu sein. Infolgedessen besuchten wir den hübschen Vestatempel, der eigentlich mehr einem Liebestempel gleicht, die großen und kleinen Wasserfälle, die Neptunsgrotte und den dreißig Meter hohen Tropfstein, unter dem die Villa Tibur, das Haus des Horaz, begraben liegt. Ich ließ die Herren eine Stunde lang unter den Olivenbäumen ausruhen, die über der Wohnung des Dichters wachsen, um allein den benachbarten Berg zu besteigen und auf seinem Gipfel eine junge Myrte abzuschneiden. In dieser Beziehung bin ich wie die Ziegen; es ist mir unmöglich, in der Nähe einer grünenden Anhöhe meiner Kletterlust zu widerstehen.

Beim Abstieg in die Ebene schauten wir uns noch die Villa des Maecenas an; wo einst der große Saal war, fließt heute ein Arm des Anio und treibt die Maschinerie einer Schmiede an. Wo jetzt riesige Hämmer mit lautem Schall auf die Ambosse schlagen, ertönten einst die epikuräischen Verse des Horaz, trug Vergil nach einem der Festmähler, die der Minister des Augustus zu veranstalten pflegte, irgendeine Stelle aus seinen pastoralen Gedichten vor:

Nunc te, Bacche, canam, nec non silvestria tecum
Hactenus arvorum cultus et sidera coeli:
Virgulta, et prolem tarde crescentis olivae.

Weiter unten besichtigten wir im Vorübergehen die Villa d'Este und erinnerten uns an Torquato Tasso und seine unglückliche Liebe zur Prinzessin Eleonore d'Este; dann den labyrinthischen Palast des Hadrian mit den Überresten der weiten Gärten und jenem Tal, aus dem imperiale Phantasie eine Miniaturnachahmung des Tales von Tempe machen wollte; die Wachtstube, in der jetzt Schwärme von Raubvögeln Wache halten; und endlich die Stelle, wo sich das kaiserliche Theater erhob und die nun mit Kohl, dem gemeinsten aller Gemüse, bepflanzt ist.

Wie müssen Zeit und Tod über diese seltsamen Wandlungen lachen!

XLII

Die Influenza in Rom – Neues philosophisches System – Jagen – Domestikenärger – Ich reise nach Frankreich

Nun bin ich in die akademische Kaserne zurückgekehrt! Mein Ärger verstärkt sich. Eine Art von mehr oder weniger ansteckender Influenza verödet die Stadt; man stirbt rasch, zu Hunderten, zu Tausenden. Angetan mit einem ähnlichen Kapuzenmantel, wie ihn die Maler dem

Petrarca geben, begleite ich zur großen Belustigung der römischen Gassenkinder die Karren mit den Toten zur Kirche in Trastevere, deren großes, gähnendes Gewölbe sie aufnimmt. Man deckt im inneren Hof eine Steinplatte auf, die Leichen werden an einem eisernen Haken befestigt und sanft in diesen Palast der Fäulnis hinuntergelassen. Nur aus einigen Schädeln, die die Ärzte, neugierig zu erfahren, warum die Kranken nicht hatten genesen wollen, geöffnet hatten, ergoß sich das Hirn in den Totenwagen; der Mann, der in Rom den Togengräber anderer Nationen vertritt, hob mit einer Maurerkelle die Überreste des denkenden Organes auf und warf sie geschickt in die Tiefe des Abgrunds. Der Grave-digger bei Shakespeare, jener Maurer aller Zeiten, hatte doch nicht daran gedacht, sich der Maurerkelle zu bedienen oder diesen menschlichen Mörtel zu gebrauchen.

Ein Architekt der Akademie, Garrez, macht von dieser anmutsvollen Szene eine Zeichnung, in der ich in meiner Kapuze figuriere. Der *Spleen* verdoppelt sich.

Der Maler Bézard, der Landschaftsmaler Gibert, der Architekt Delanoie und ich bilden eine Gesellschaft mit Namen *Die Vier*, die beabsichtigt, ein großes philosophisches System auszuarbeiten, dessen erste Grundlagen ich sechs Monate zuvor entworfen hatte und das den Titel führte: »System der vollkommenen Gleichgültigkeit in Sachen der Weltanschauung. Eine transzendente Lehre, die danach strebt, dem Menschen die Vollkommenheit und Empfindsamkeit eines Steinblocks zu geben.« Unser System hat keinen Erfolg. Man führt dagegen an: den Schmerz und das Vergnügen, die Gefühle und die Empfindungen. Man heißt uns Narren. Umsonst antworten wir mit bewunderungswürdiger Gleichgültigkeit:

– Die Herren meinen, wir seien Narren. Was liegt dir daran, Bézard? ... wie denkst du darüber, Gibert? ... was sagst du dazu, Delanoie? ...

– Das tut keinem was.

– Ich sage, die Herren heißen uns Narren.

– Es scheint, daß die Herren uns Narren heißen.

Man lacht uns ins Gesicht. Große Philosophen sind immer verkannt worden.

Eines Nachts gehe ich mit dem Bildhauer Debay auf die Jagd. Wir rufen den Wächter der Porta del Popolo, der dank den Vorschriften des Papstes zu Gunsten der Jäger gezwungen ist, aufzustehen und uns nach Vorzeigung unserer Waffen hinauszulassen. Wir laufen bis gegen zwei Uhr morgens. Eine Bewegung im Gras an der Straße entlang läßt uns die Gegenwart eines Hasen vermuten; zwei Schüsse werden zur gleichen Zeit abgefeuert ... Er ist tot ... es ist ein Kollege, ein Nacheiferer, ein Jäger, der Gott seine Seele und der Erde sein Blut zurückgibt ... es ist eine unglückliche Katze, die auf eine Wachtelbrut lauerte. Der Schlaf stellt sich unwiderstehlich ein. Wir schlummern einige Stunden auf dem Felde. Wir trennen uns. Es kommt ein starker Regen; ich finde in einer Senke der Ebene einige Eichen, unter denen ich vergebens Schutz vor dem Regen suche. Ich erlege dort ein Stachelschwein, von dem ich einige schöne Stacheln als Trophäe mitnehme. Doch da sehe ich ein einsames Dorf: mit Ausnahme einer alten Frau, die in einem schmalen Bach ihre Wäsche spült, bemerke ich kein einziges menschliches Wesen. Sie teilt mir mit, daß dieser stille Winkel Isola Farnese heißt. Dies ist, sagt man, der moderne Name des alten Veji. Hier also war die Hauptstadt der Volsker, jener stolzen Feinde Roms, hier herrschte Aufidius, hier bot ihm der feurige Coriolan Hilfe, um das eigene Vaterland zu vernichten. Die alte Frau kauert am Bachesrand, an derselben Stelle vielleicht, an der die erhabene Veturia – bei Shakespeare ›Volumnia‹ genannt – vor ihrem Sohne kniete!

Den ganzen Morgen über wanderte ich auf den Schauplätzen großer Schlachten herum, die von Plutarch verherrlicht, von Shakespeare verewigt worden sind, in Wirklichkeit aber von einer Größe und einer Tragweite sind, wie sie etwa ein Krieg zwischen Versailles und St. Cloud mit sich bringen würde. Ich bleibe regungslos in Träume versunken. Der Regen fällt immer dichter. Meine Hunde, geblendet vom Wasser des Himmels, stecken die Schnauze in die Dornen. Ich erlege eine große dumme Schlange, die bei solchem Wetter in ihrem Loch hätte bleiben sollen. Debay ruft mich durch rasch aufeinanderfolgende Schüsse. Wir treffen wieder zum Frühstück zusammen. Ich ziehe aus meiner Jagdtasche einen Schädel heraus, den ich im Jahr vorher, als ich von Nizza zurückkam, auf der Höhe des Friedhofs von Radicoffani aufgelesen hatte, denselben, der mir jetzt als Sandbehälter dient; wir füllen ihn mit Schinkenscheiben und stellen ihn dann mitten in ein Bächlein, um das abscheuliche Nahrungsmittel etwas zu entsalzen. Bescheidene Mahlzeit, von einem kalten Regen gewürzt; kein Wein, keine Zigarren! Debay hat nichts erlegt. Ich habe nur ein unschuldiges Rotkehlchen zu den Toten schicken können, um der Katze, dem Stachelschwein und der Schlange Gesellschaft zu leisten. Wir wenden uns zum Gasthaus della Storta, der einzigen Spelunke am Ort. Ich lege mich dort nieder und schlafe drei Stunden, während meine Kleider getrocknet werden. Endlich zeigt sich die Sonne; der Regen hat aufgehört, ich ziehe mich mit großer Mühe wieder an und gehe fort. Der hitzige Debay hat nicht auf mich warten wollen. Ich stoße auf einen Schwarm von sehr schönen Vögeln, die von der afrikanischen Küste kommen sollen, deren Namen ich aber nie habe erfahren können. Sie schweben fortwährend, wie die Schwalben, mit einem kleinen Schrei, ähnlich dem der Rebhühner; sie sind grün und gelb gezeichnet. Ich erlege ein halbes Dutzend. Die Jägerehre ist gerettet. Ich sehe von weitem, wie Debay einen Hasen verfehlt. Wir ziehen wieder in Rom ein, so sehr mit Kot bedeckt wie Marius, als er aus den Sümpfen von Minturnae herauskam.

Stumpfsinnige Woche.

Endlich belebt sich die Akademie etwas, dank der komischen Angst unseres Gefährten L., der ein Verhältnis mit der Frau von Vernets italienischem Kammerdiener hat; er war von dem Ehemann bei ihr überrascht worden und sieht sich nun stets in der Gefahr, ermordet zu werden. Er traut sich nicht mehr aus seinem Zimmer heraus; wenn die Stunde der Mahlzeiten kommt, müssen wir ihn holen und ihn, unter ermutigendem Zuspruch, bis zum Speisesaal begleiten. Er glaubt in allen Ecken des Palastes Messer blinken zu sehen. Er magert ab; er ist blaß, gelb, blau; er wird zu nichts. Was ihm eines Tages, bei Tisch, folgende reizende Anrede von Delanoie zuzog:

»Du Armer . . . hast wohl wieder Ärger mit den Domestiken?«

Das Wort macht mit großem Erfolg die Runde.*

Aber die Langeweile siegt; ich träume nur noch von Paris. Ich habe mein Monodrama beendet, meine »Symphonie fantastique« umgearbeitet; ich muß sie aufführen lassen. Ich erlange von Vernet die Erlaubnis, vor Ende meiner Verbannungszeit Italien zu verlassen. Ich sitze für mein Porträt, das, wie üblich, von dem betagtesten unserer Maler gemacht wird und in die Galerie des Speisesaales, von der ich schon gesprochen habe, eingereiht wird; ich mache eine letzte Tour nach Albano, nach Palestrina; ich verkaufe mein Gewehr, zerbreche meine Gitarre, verewige mich in einigen Souvenir-Alben, spendiere meinen Studiengenossen einen großen Eimer Punsch, streichle ausgiebig die beiden Hunde Vernets, die mich oft auf die Jagd begleitet hatten, und empfinde für einen kurzen Moment Trauer bei dem Gedanken, daß ich diese poetische Gegend verlasse, um sie vielleicht nie mehr wieder zu sehen; die Freunde begleiten mich bis Ponte Molle; ich steige in eine abscheuliche Kutsche, und fort bin ich.(31)

---

* L. war ein großer Verführer von Kammerzofen. Er behauptete, ein sicheres Mittel, von ihnen geliebt zu werden, sei, immer etwas traurig dreinzuschauen und weiße Hosen zu tragen.

XLIII.

Florenz – Trauerfeierlichkeit – La bella sposina – Der lustige Florentiner – Lodi – Mailand – Das Theater Cannobiana – Das Publikum – Vorurteil gegen die musikalische Organisation der Italiener – Ihre unüberwindliche Liebe zu glänzenden Plattheiten und Koloraturen – Rückkehr nach Frankreich

Mir war recht trübselig zu Mute, obwohl mein heißer Wunsch, Frankreich wiederzusehen, seiner Erfüllung nahe war. Ein solcher Abschied von Italien hatte etwas Feierliches, und ohne mir über meine Gefühle recht klar zu sein, war ich innerlich bedrückt. Der Anblick von Florenz, das ich zum vierten Male betrat, wirkte besonders niederdrückend auf mich. Während der zwei Tage, die ich in dieser Königin der Kunststädte verbrachte, teilte mir jemand mit, daß der Maler Chenavard, dieser bedeutende, von Intelligenz explodierende Kopf, mich eifrig suche, ohne mich treffen zu können. Er hatte mich in den Galerien des Palazzo Pitti zweimal verfehlt, er hatte im Hotel nach mir gefragt, er wollte mich unbedingt sehen. Ich war für diesen Beweis der Sympathie von seiten eines so hervorragenden Künstlers sehr empfänglich; ich suchte ihn meinerseits ohne Erfolg und reiste ab, ohne seine Bekanntschaft gemacht zu haben. Erst fünf Jahre später sahen wir uns endlich in Paris, und ich konnte bewundern, wie erstaunlich durchdringend, scharf und klar sein Verstand ist, wenn er ihn auf das Studium der Lebensfragen selbst solcher Künste anwenden will, die, wie z. B. die Musik und die Dichtung, von der Kunst, die er ausübt, durchaus verschieden sind.

Eines Abends war ich auf der Suche nach ihm eben durch den Dom gegangen und hatte mich nahe bei einer Säule hingesetzt, um zuzusehen, wie im Strahl der untergehenden Sonne, welcher die Dunkelheit der Kirche durchbrach, die Staubpartikelchen tanzten, als mehrere Priester und Kerzenträger zu einer Trauerfeier in die Kirche kamen.

Ich näherte mich ihnen und fragte einen Florentiner, wer da begraben werde.

»*E una sposina, morta al mezzo giorno*[32]«, antwortete er vergnügt. Die Gebete waren erstaunlich kurz; die Priester schienen bereits bei Beginn große Eile zu haben, an den Schluß zu gelangen. Dann wurde die Leiche auf eine Art bedeckter Bahre gelegt, und der Zug bewegte sich nach dem Ort, wo die Tote bis zum nächsten Tage ruhen sollte, bevor sie endgültig begraben wurde. Ich folge ihm. Während des Gehens murmelten die Kerzenträger einige undeutliche Gebete zwischen den Zähnen; doch ihre Hauptbeschäftigung war, von den Kerzen, mit denen die Familie der Verstorbenen sie versehen hatte, soviel Wachs wie möglich schmelzen und abtropfen zu lassen. Und zwar aus folgendem Grunde: einen Teil des Wachses wollte die Kirche für sich behalten, aber da man sich nicht traute, ganze Kerzen zu entwenden, bog man alle Augenblicke den Docht nach unten, um das schmelzende Wachs auf das Pflaster fließen zu lassen. Eine Schar von Gassenjungen, offenbar in die Prozedur eingeweiht, löste das Wachs und formte eine Kugel daraus, die beständig wuchs, so daß am Ende der ziemlich langen Strecke (die Leichenhalle liegt in einem der entferntesten Viertel von Florenz) schließlich ein beträchtlicher Vorrat an Trauerwachs eingesammelt war. So also sah es um das fromme Amt derer aus, die die arme *sposina* zur letzten Ruhestätte geleiteten.

Als wir an der Tür der Leichenhalle ankamen, sah der oben erwähnte Florentiner, daß ich ängstlich den Fortgang dieser Szene beobachtete; er näherte sich mir und fragte in einer Art Französisch:

– Wollen Sie hineingehen?

– Ja, aber wie?

– Geben Sie mir drei Paoli.

Ich schiebe ihm die drei Geldstücke, die er verlangte, in die Hand; er unterhält sich einen Augenblick mit der Türhüterin des Trauerraumes, und ich werde eingelassen. Die Tote war bereits auf einen Tisch gelegt worden. Ein langes weißes Kleid aus Baumwollzeug, um den Hals und unter den Füßen geknotet, bedeckte sie fast gänzlich. Ihre lose geflochtenen schwarzen Haare wallten auf ihre Schultern herab; große, halb geschlossene, blaue Augen, kleiner Mund, trauriges Lächeln, Marmornacken, edler und unschuldiger Ausdruck ... jung! ... jung! ... tot! ... Der Italiener, immer lächelnd, rief aus: *»E bella!«* Um mich ihre Züge besser bewundern zu lassen, hob er das Haupt der armen, jungen, schönen Toten, strich mit seiner schmutzigen Hand die Haare beiseite, die scheinbar nicht davon lassen wollten, Stirn und Wangen, auf denen noch eine unaussprechliche Anmut lag, schamhaft zu bedecken, und ließ dann den Kopf hart auf das Holz zurückfallen. Der Saal widerhallte von dem Stoß ... ich glaubte, mir müsse bei diesem gottlosen, rauhen Klang die Brust zerspringen. ... Ich konnte nicht länger an mich halten, ich fiel auf die Knie, ergriff die Hand dieser entweihten Schönheit, bedeckte sie mit sühnenden Küssen, im Herzen die heißeste Pein, die ich je in meinem Leben empfunden habe. Der Florentiner lachte noch immer ...

Aber plötzlich kam mir der Gedanke: was würde der Gatte sagen, wenn er sehen könnte, wie die keusche Hand, die ihm so teuer und vorhin noch kalt war, nun erwärmt wird von den Küssen eines unbekannten jungen Mannes; hätte er in seinem Schreck, in seiner Entrüstung nicht das Recht, zu glauben, ich sei der heimliche Liebhaber seiner Frau gewesen und gebe nun, treuer als er, vor dem angebeteten Körper meiner Shakespeareschen Verzweiflung Ausdruck?

Niemand würde den Unglücklichen von diesem Glauben abbringen können. Aber hat er nicht verdient, die unermeßliche Qual eines solchen Irrtums zu leiden? ... Gleichgültiger Gatte! Läßt man aus seinen lebendigen Armen eine geliebte Tote entreißen? ...

Addio, addio! bella sposa abbandonata! Ombra dolente! Adesso, forse, consolata! Perdona ad un straniero le pie lagrime sulla pallida mano. Almen colui non ignora l'amore ostinato ne la religione della beltà.(33)

Und ich ging erschüttert hinaus.

Ich erzähle aber so viele makabre Geschichten! Die schönen Damen, die mein Buch lesen, wenn sie es überhaupt tun, werden mit Recht fragen, ob ich sie quälen will, indem ich mir in den Kopf setze, abscheuliche Bilder vor ihren Augen auszubreiten. Mein Gott, nein! Ich habe nicht die geringste Lust, sie auf diese Art zu beunruhigen oder Hamlets ironische Ansprache zu paraphrasieren. Ich habe nicht einmal einen besonders ausgeprägten Geschmack am Tode; das Leben ist mir tausendmal lieber. Ich berichte von Dingen, die mir aufgefallen sind; es befinden sich darunter natürlich einige Episoden von makabrem Charakter; das ist alles. Den Leserinnen jedoch, die nicht lachen, wenn man sie daran erinnert, daß sie auch einmal werden so aussehen müssen, sage ich im voraus, daß ich ihnen nichts Häßliches mehr zu erzählen habe und daß sie ruhig weiterlesen können, wenn sie nicht, was sehr wahrscheinlich ist, es vorziehen, Toilette zu machen, schlechte Musik zu hören, Polka zu tanzen, eine Menge Dummheiten zu sagen und ihre Liebhaber zu quälen ...

Als ich auf der Weiterreise durch Lodi kam, verfehlte ich nicht, mir die aus der Geschichte bekannte Brücke anzuschauen, und es war mir, als vernähme ich noch Bonapartes Geschütze und das Geschrei der fliehenden Österreicher. Trotz des schönen Wetters blieb ich der einzige Besucher – abgesehen von einem alten Mann, der auf der Brüstung saß und angelte. O, St. Helena! ...

Als ich in Mailand ankam, mußte ich, um mein Gewissen zu beruhigen, in die Oper gehen. Man spielte damals in der Cannobiana Donizettis »Elisir d'amore«. Ich fand den Saal voll mit Leuten, die sehr laut redeten und der Bühne den Rücken kehrten; die Sänger indessen gestikulierten und strengten um die Wette ihre Lungen an; wenigstens mußte ich es annehmen, da ich sie die Münder ungeheuer weit öffnen sah, denn es war wegen des Lärms im Zuschauerraum unmöglich, einen anderen Ton zu hören als den der großen Trommel. In den Logen spielte man Karten oder speiste zu Abend. Ich sah, daß die Hoffnung, auch nur das geringste aus dieser für mich neuen Partitur kennenzulernen, vergeblich sein würde und zog mich infolgedessen zurück. Es scheint jedoch, daß die Italiener manchmal zuhören, mehrere haben es mir versichert. Jedenfalls bedeutet Musik für die Mailänder wie für die Neapolitaner, Römer, Florentiner und Genueser eine Arie, ein Duett, ein Terzett, gut gesungen; für alles andere empfinden sie nur Widerwillen oder Gleichgültigkeit. Vielleicht sind diese Antipathien nur Vorurteile und kommen hauptsächlich daher, daß die Mängel der Chöre und Orchester ihnen nicht erlauben, Werke näher kennenzulernen, die nicht den ausgefahrenen Spuren folgen. Vielleicht vermögen sie auch bis zu einer gewissen Höhe dem Flug des Genies zu folgen, wenn es Sorge trägt, sie nicht zu plötzlich aus ihren eingewurzelten Vorlieben aufzuschrecken. Der große Erfolg von »Wilhelm Tell« in Florenz würde diese Ansicht unterstützen. Sogar Spontinis »Vestalin« erlebte vor fünfundzwanzig Jahren in Neapel eine Reihe glänzender Aufführungen. Wenn man außerdem in den unter österreichischer Herrschaft stehenden Städten das Volk beobachtet, so wird man sehen, wie es den Militärkapellen nachströmt, um jene deutschen Melodien anzuhören, die so anders sind als die banalen Cavatinen und Cabaletten, mit denen es sonst abgespeist wird. Dennoch kann man sich nicht dem Eindruck verschließen, daß die Italiener im allgemeinen an der Musik nur die äußeren Effekte schätzen und daß sie noch weniger als andere Völker Europas empfänglich sind für die poetische Seite der Kunst und für jede über das Gängige hinausgehende Konzeption. Musik ist für sie ein sinnliches Vergnügen, weiter nichts.

Sie haben vor dieser schönsten Form des Ausdrucks kaum mehr Achtung als vor der Kochkunst. Sie wollen Partituren, deren Inhalt sie mit dem ersten Ton, ohne Überlegung, ja sogar ohne Aufmerksamkeit so genießen können wie eine Schüssel Makkaroni. Wir Franzosen, so kleinlich und engherzig wir auch in Sachen Musik sein mögen, bringen es zwar gleichfalls fertig, über die Triller und Rouladen einer eben hoch in Kurs stehenden Sängerin in Ekstase zu geraten, während dramatische Chorpassagen oder Rezitative von höchster Ausdruckskraft unbemerkt vorübergehen werden; aber wir hören wenigstens zu, und wenn wir die Intentionen des Komponisten nicht verstehen, so ist es nicht unsere Schuld. Jenseits der Alpen dagegen benimmt man sich während der Aufführungen auf eine für Kunst und Künstler so demütigende Art, daß ich, offen gestanden, lieber in einem Gewürzkramladen Pfeffer und Zimt verkaufen als für Italien eine Oper schreiben würde. Hinzu kommt, daß man dort noch einseitiger und bornierter ist als auf unserer Akademie, daß die geringste Neuerung im melodischen Stil, in Harmonik, Rhythmus oder Instrumentierung die Leute in Wut versetzt – sie waren ja bereit, bei der Aufführung des »Barbiers von Sevilla« (der gleichwohl noch italienisch genug ist) den jungen Meister zu erschlagen, weil er anders als Paisiello komponiert hatte.

Was aber jede Hoffnung auf Besserung als Wahn erscheinen läßt und dazu bringen kann, das musikalische Empfinden, welches den Italienern eigen ist, als ein notwendiges Ergebnis ihrer ausschließlichen Liebe zu allem, was tanzt, schimmert, glänzt, belustigt, und wenn es auch den verschiedenen Leidenschaften, welche die Personen beseelen, der Zeit, dem Ort, mit einem Wort der Vernunft zum Trotz geschieht. Ihre Musik lacht fortwährend*, und wenn der Komponist, von der Handlung hingerissen, sich zufällig erlaubt, nicht sinnwidrig zu sein, so kehrt er doch schleunigst zum obligaten Stil zurück, zu jenen Doppelschlägen, Trillern, kleinlichen melodischen Oberflächlichkeiten, teils in den Stimmen, teils im Orchester, welche, da sie unmittelbar auf einige wirklich ausdrucksvolle Stellen folgen, sich wie Spott ausnehmen und eine ernstgemeinte Oper zu einer Parodie, einer Posse machen.

Wenn ich zitieren wollte, würde es mir an berühmten Beispielen nicht fehlen. Ich möchte jedoch nur ganz allgemein die Frage stellen: Stammen nicht aus Italien jene konventionellen und stereotypen Formen, die seither von manchen französischen Komponisten übernommen, unter den Italienern nur von Spontini und Cherubini verworfen wurden und von denen die deutsche Schule gänzlich rein geblieben ist? Könnten gut organisierte und für den musikalischen Ausdruck empfängliche Wesen sich daran gewöhnen, in einem Ensemblestück zu hören, wie vier Personen, jeder von einer anderen Empfindung beseelt, nacheinander und miteinander die *gleiche* Melodie singen, um zu verkünden: ›O du, den ich liebe ...‹ – ›Vor Schrecken erstarren meine Glieder. ...‹ – ›Mein Herz pocht vor Freude. ...‹ – ›Ich bin außer mir vor Wut.‹

Wer annimmt, die musikalische Sprache sei so neutral oder unbe-

* Man muß hiervon einen Teil der Musik Bellinis und seiner Nachahmer ausschließen, die durchaus einen tragischen oder verzweifelten Charakter annehmen kann. Diese Meister kehren nur von Zeit zu Zeit zum sinnwidrigen Stil zurück und zwar, damit dessen Tradition nicht ganz verloren gehe. Ich will auch nicht so ungerecht sein, in die Reihe der Werke, die ständig lachen, »Lucia di Lammermoor« einzubeziehen; das große Finale des zweiten Akts sowie Edgars Todesszene sind wahrhaft ergreifend. Verdis Opern kenne ich noch nicht.

stimmt, daß die Ausdrucksweise für Wut ebenso gut für Furcht, für Freude, für Liebe Anwendung finden kann, beweist nur, daß er jenes Sinnes entbehrt, der andere Menschen die unterschiedlichen Charaktere des musikalischen Ausdrucks erkennen läßt. Doch diese schon tausendmal angeregte Erörterung würde zu weit führen; um ihr ein Ende zu bereiten, will ich nur sagen, daß ich, nachdem ich lange, ohne jegliche Voreingenommenheit, das musikalische Gefühl der Italiener studiert habe, den Weg, den ihre Komponisten gegangen sind, als ein notwendiges Ergebnis der Geschmacksrichtung im Publikum betrachte, eine Richtung, die sich schon zur Zeit Pergoleses kundtat und letzteren veranlaßte, in seinem berühmten »Stabat« eine Art Bravourarie auf folgenden Vers zu schreiben:

Nati poenas inclyti;(34)

eine Unangemessenheit, die der gescheite Martini, Beccaria, Calzabigi und viele andere bedeutende Geister bedauerten; eine Richtung, über die selbst Gluck, mit seinem herkulischen Genius und trotz des enormen Erfolges seines »Orfeo«, nicht den Sieg davontragen konnte; eine Richtung, die den Sängern paßt, von den Komponisten unterstützt wird und deren Impulse bei den Italienern ebensowenig sich ändern lassen wie bei den Franzosen die angeborene Leidenschaft zur Gesangsposse. In Beziehung auf das harmonische Gefühl der Italiener kann ich versichern, daß die Dinge, die man davon erzählt hat, zum mindesten übertrieben sind. Ich habe allerdings im Tivoli und Subiaco Leute aus dem Volk gehört, die einigermaßen sauber zweistimmig sangen; in Südfrankreich, das keinen solchen Ruf genießt, ist dies ein durchaus alltägliches Vorkommnis. In Rom hingegen habe ich selten einen harmonischen Klang aus Volksmund gehört. Die Pecorari, die Hirten der Campagna, haben eine Art von eigentümlichem Grunzen, das zu keiner musikalischen Skala gehört und unmöglich durch Noten wiedergegeben werden kann. Es wird behauptet, dieser barbarische Gesang habe große Ähnlichkeit mit dem der Türken. Es war in Turin, daß ich zum erstenmal Straßenchöre hörte. Aber die Sänger sind zumeist Amateure, die durch Opernbesuche eine gewisse musikalische Bildung erhalten haben. In dieser Beziehung ist Paris ebenso reich wie die Hauptstadt Piemonts, denn ich habe oft mitten in der Nacht in der Rue Richelieu sehr erträgliche Akkorde erschallen hören. Ich muß übrigens noch sagen, daß die Piemonteser Chorsänger in ihre Harmonien parallele Quinten mischten, die, in dieser Weise geboten, jedem geübten Ohr zuwider sind.

In italienischen Dorfkirchen, die keine Orgel haben, wird man vergeblich nach harmonisch geführtem Gesang suchen. Selbst in Tivoli, wo junge Burschen beim zweistimmigen Vortrag einiger hübscher Couplets einen erstaunlichen Sinn für Terzen und Quinten verrieten, pflegt die Gemeinde die an die Mutter Gottes gerichteten Litaneien *unisono* zu jauchzen.

Ohne in diesem Zusammenhang Propaganda für die Bevölkerung der Dauphinée machen zu wollen – ich halte sie im Gegenteil für völlig naiv in musikalischen Dingen –, muß ich doch sagen, daß bei ihnen die Melodie jener Litaneien, von falschen Wortbetonungen abgesehen, bittend und traurig ist, wie es sich für ein Gebet ziemt,[35] während sie in Tivoli einem Wachtstubenlied ähnelt.

Hier folgen beide zum Vergleich:

Melodie von Tivoli

Melodie von La Côte-Saint-André (Dauphiné), mit der schlechten, in Frankreich angenommenen lateinischen Prosodie.

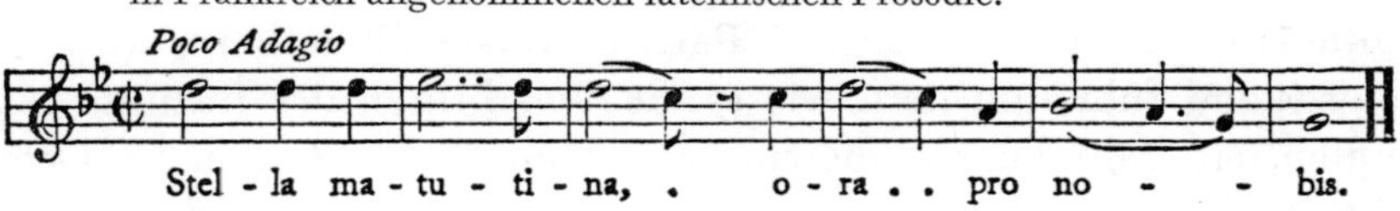

Was Italien anderen Ländern zweifellos voraus hat, sind schöne Stimmen, klangreich und vor allem flexibel, Stimmen, die leicht auf Koloraturen ansprechen. Das hat nun allerdings, angesichts der natürlichen Liebe des Publikums zu Flitterwerk, jene Manie für Ornamentik hervorgebracht, die die schönsten Linien entstellt, jene bequemen Gesangsformeln, welche bewirken, daß alle italienischen Melodien sich gleichen, jene Schlußkadenzen, auf denen der Sänger sich nach Belieben breit machen kann, die aber durch ihre abgeschmackte Einförmigkeit viele Leute quälen, dazu die unaufhörliche Neigung zum Possenhaften, kurzum, alle Mißbräuche, durch die Harmonik, Melodie, Bewegung, Rhythmus, Instrumentierung, Modulation, Drama, Inszenierung, Dichtung, Dichter und Komponist zu Sklaven der Sänger erniedrigt werden.

Als ich, Italien hinter mir lassend, vom Mont Cenis herabstieg, sah ich im schönsten Frühlingsschmuck jenes entzückende Tal von Grésivaudan wieder, durch das sich die Isère schlängelt, wo ich die schönsten Stunden meiner Kindheit verlebte und die ersten leidenschaftlichen Träume mich beunruhigten. Dort erhebt sich der alte Felsen des Saint Eynard ... Da liegt der trauliche Winkel, wo die *Stella montis* glänzte

... dort in jenem blauen Dunst lächelt mir meines Großvaters Haus entgegen. All diese Villen, dies üppige Grün ... es gibt in Italien nichts, was sich damit vergleichen kann! ... Aber mein Ausbruch naiver Freude wurde plötzlich von einem stechenden Schmerz unterbrochen ... Mir war, als hätte ich in der Ferne das Grollen von Paris gehört.

XLIV.

Die päpstliche Zensur – Vorbereitungen zu Konzerten – Ich kehre nach Paris zurück – Das neue Théâtre-Anglais – Fétis – Seine Korrekturen an Beethovens Symphonien – Ich werde Miß Smithson vorgestellt – Sie ist ruiniert – Sie bricht sich ein Bein – Ich heirate sie

Da mir, wie ich schon sagte, durch die besondere Gunst Vernets die Erlaubnis erteilt worden war, Rom sechs Monate vor dem Ende meiner zweijährigen Verbannung zu verlassen, brachte ich die erste Hälfte dieses Halbjahrs bei meinem Vater zu, mit der Absicht, in der zweiten Hälfte ein oder zwei Konzerte in Paris zu veranstalten, bevor ich nach Deutschland fuhr, um dort, wie es die Vorschriften des Instituts verlangten, ein Jahr lang umherzureisen. Meine freie Zeit in La Côte-Saint-André verwandte ich dazu, die Orchesterstimmen des Monodramas herauszuschreiben, das ich während meiner Wanderungen in Italien komponiert hatte und nun in Paris zur Aufführung bringen wollte. Die Chorstimmen hatte ich bereits in Rom stechen lassen; dort kam es übrigens zu einem Konflikt mit der päpstlichen Zensur. Der Text des ›Schatten-Chors‹, war in *unbekannter* Sprache verfaßt, in einer den Toten zugehörigen, den Lebenden unverständlichen Sprache.*

Als es sich darum handelte, von der römischen Zensur die Erlaubnis zum Druck zu bekommen, setzte der Sinn der von den Schatten gesungenen Worte viele Philologen in große Verlegenheit. Was war das für eine Sprache? Und was bedeuteten jene wunderlichen Worte? Man ließ einen Deutschen kommen, der erklärte, er verstehe nichts davon, einen Engländer, der nicht glücklicher war; die dänischen, schwedischen, russischen, spanischen, irischen, böhmischen Dolmetscher wurden nicht daraus klug. Große Verlegenheit bei der Zensur; der Drucker konnte seine Arbeit nicht fortsetzen, und die Veröffentlichung blieb auf unbestimmte Zeit verschoben. Nach langem Nachdenken fiel endlich einem

* Ich habe seitdem französische Worte darunter gesetzt und die *unbekannte* Sprache ausschließlich für das Pandämonium der »Damnation de Faust« angewendet.

der Zensoren ein Vernunftschluß ein, dessen Richtigkeit all seinen Kollegen einleuchtete. »Wenn die englischen, russischen, spanischen, dänischen, schwedischen und irischen Dolmetscher diese geheimnisvolle Sprache nicht verstehen«, meinte er, »ist es ziemlich wahrscheinlich, daß das römische Volk sie ebensowenig verstehen wird. Ich glaube daher, daß wir den Druck genehmigen können, ohne daß große Gefahren für Sitte und Religion daraus entstehen.« Und der »Chor der Schatten« wurde gedruckt. Unvorsichtige Zensoren! Wenn das nun Sanskrit gewesen wäre? . . .

Als ich in Paris ankam, galt einer meiner ersten Besuche Cherubini. Ich fand ihn sehr schwach und alt geworden. Er empfing mich mit einer Liebenswürdigkeit, die mir an ihm völlig unbekannt war; zu meinem Kummer, denn ich fühlte mich entwaffnet. Du lieber Himmel, dachte ich, als ich ihn so verändert fand, sicher wird er bald sterben . . .

Kurz darauf sollte ich, wie man später sehen wird, Lebenszeichen von ihm erhalten, die mich wieder beruhigten.

Da meine alte Wohnung in der Rue Richelieu besetzt war, ging ich, von einem heimlichen Impuls getrieben, erst einmal in das Haus gegenüber (in dem Harriet Smithson früher gewohnt hatte), um zu sehen, ob dort eine Wohnung frei sei. Ich hatte Glück, zog ein, und als ich tags darauf der alten Haushälterin begegnete, die schon seit Jahren in dieser Gegend Dienste versah, und sie fragte, was aus Miß Smithson geworden sei, gab sie zur Antwort: »Ja, wissen Sie denn nicht? Sie ist wieder in Paris . . . Erst vorgestern ist sie aus der Wohnung, die Sie jetzt haben, in die Rue de Rivoli umgezogen. Sie hat jetzt die Leitung des Théâtre Anglais . . . Nächste Woche fangen die Vorstellungen wieder an . . .« Ich war wie zerschmettert von diesen unglaublichen Zufällen und schicksalhaften Verflechtungen. Und ich spürte, daß es wieder einmal kein Entrinnen für mich gab.

Seit mehr als zwei Jahren war ich ohne Nachrichten von der *fair Ophelia*, ich wußte nicht, ob sie in England, Schottland oder Amerika war; und ich kam gerade in dem Augenblick von Italien, als sie, von ihren Reisen in Nordeuropa zurückgekehrt, wieder in Paris erschien. Und wir waren uns beinahe im selben Hause begegnet, und ich bewohnte die Räume, die sie wenige Tage zuvor verlassen hatte.

Wer an Magnetismus glaubt, an verborgene Seelenverwandtschaft und mysteriöse Vorahnungen, mag in all dem seine Theorien bestätigt finden. Ich aber beschränkte mich auf folgende Überlegungen: Da bin ich also nach Paris gekommen, um mein neues Werk – das Monodram – aufzuführen. Wenn ich nun die Vorstellungen im Théâtre Anglais besuche, wenn ich *sie* wiedersehe, bevor ich mein Konzert gebe, verfalle ich unfehlbar wieder dem *delirium tremens,* jede Gemütsruhe ist mir genommen, und ich bin den Mühen und Anstrengungen, die mein musikalisches Vorhaben erfordert, nicht gewachsen. Geben wir also zuerst das Konzert; mag nachher Hamlet oder Romeo abermals meine Ophelia oder Julia entführen, ich werde *sie* wiedersehen, und sollte ich darüber zugrunde gehen. Ich überlasse mich dem Verhängnis, das mich zu verfolgen scheint; ich kämpfe nicht mehr.

Mochten also immerhin die Shakespeareschen Namen mit ihrem furchtbaren Zauber in den Straßen von Paris prangen, ich widerstand der Verführung, und das Konzert wurde veranstaltet.

Auf dem Programm stand meine »Symphonie fantastique«, gefolgt von »Lélio oder Die Rückkehr ins Leben«, dem Monodram, das als Fortsetzung der Symphonie, als zweiter Teil der »Episode aus dem Leben eines Künstlers« gedacht ist. Das Thema dieses musikalischen Dramas ist, wie man weiß, die Geschichte meiner Liebe zu Harriet Smithson, meiner Qualen, meiner schmerzlichen Träume ... Man staune jetzt über die Serie glücklicher Fügungen, die sich nunmehr entrollen wird.

Zwei Tage vor dem Konzert, das ich mir als meinen Abschied vom Leben und von der Kunst dachte, befand ich mich in der Schlesingerschen Musikalienhandlung, als ein Engländer hereinkam und fast sogleich wieder hinausging. »Wer ist dieser Mensch,« sagte ich zu Schlesinger (eine sonderbare, durch nichts motivierte Neugier). – »Ein gewisser Schutter, Redakteur beim ›Messenger‹ ... Halt, ich habe eine Idee«, fügte er hinzu, und schlug sich an die Stirn, »spendieren Sie eine Loge; Schutter kennt Miß Smithson, ich werde ihn bitten, ihr das Billett zu übergeben und sie zu veranlassen, Ihrem Konzert beizuwohnen.« Dieser Vorschlag ließ mich schaudern von Kopf bis Fuß, aber ich hatte nicht den Mut, ihn abzulehnen und gab ihm die Karte. Er lief dem Engländer nach und erklärte ihm, welch besonderen Glanz die Anwesenheit der berühmten Schauspielerin dieser musikalischen Veranstaltung verleihen könnte, und Schutter versprach, sein möglichstes zu tun, um sie hinzubringen.

Man muß wissen, daß die arme Leiterin des Théâtre Anglais zu jener Zeit an ihrem Ruin arbeitete. In ihrer Naivität hatte sie auf die Beständigkeit der Pariser Begeisterung, auf die Unterstützung der neuen literarischen Schule gerechnet, die noch drei Jahre zuvor Shakespeare und seine würdige Repräsentantin bis in die höchsten Höhen gehoben hatte. Doch für das oberflächliche, wogengleich schwankende Publikum war Shakespeare keine Neuheit mehr; die durch die Romantiker ins Leben gerufene Umwälzung der Literatur war nun vollzogen;

und nicht genug damit, daß den Häuptern jener Schule an Aufführungen des großen Dramatikers kaum mehr gelegen war: ohne es sich einzugestehen, fürchteten sie sich sogar davor – wegen der zahlreichen Anleihen, die so mancher unter ihnen bei seinen Meisterwerken machte; es entsprach folglich kaum ihren Interessen, wenn das Publikum mit den Originalen allzu vertraut wurde.

Daher die allgemeine Gleichgültigkeit gegen die Vorstellungen des Théâtre Anglais; klägliche Einnahmen, immense Unkosten: ein gähnender Abgrund tat sich auf, in dem alles, was die unvorsichtige Direktorin besaß, zwangsläufig verschwinden mußte. In dieser Situation bot Schutter ihr eine Loge für mein Konzert an; das weitere hat sie selbst in allen Einzelheiten mir später erzählt.

Schutter fand sie in der tiefsten Niedergeschlagenheit, und sein Vorschlag wurde zuerst ziemlich schlecht aufgenommen. Was lag ihr in einem solchen Augenblick, man begreift es, an Musik! Aber ihre Schwester half mit, sie zu überreden, beschwor sie, sich etwas zu zerstreuen; einer der gerade anwesenden Schauspieler äußerte sich interessiert an dem Konzert; man bestellte einen Wagen; Harriet ließ sich halb gutwillig, halb mit Gewalt hineinhelfen, und Schutter rief triumphierend dem Kutscher zu: »Ins Konservatorium!« Unterwegs fiel der Blick der armen Verzweifelten auf das Konzertprogramm, das sie noch nicht gelesen hatte. Die Titel der beiden Werke sowie ihrer Teile setzten sie leicht in Erstaunen; sie war jedoch weit davon entfernt, zu ahnen, daß sie die Heldin dieses ebenso eigentümlichen wie schmerzvollen Dramas sei.

Als sie in ihre Proszeniumsloge trat, inmitten dieses Heeres von Musikern – ich hatte ein ungeheuer großes Orchester – den neugierigen Blicken des ganzen Saales preisgegeben, überrascht von dem unerwarteten Summen der Unterhaltungen, deren Gegenstand sie zu sein schien, wurde sie von einer großen Rührung befallen und von einer Art instinktiver Furcht, deren Grund ihr nicht klar war. Sie sah mich hinter Habeneck, der die Aufführung dirigierte, Platz nehmen, und nachdem sie noch gezweifelt hatte, ob der Komponist des Abends identisch sei mit jenem Berlioz, der sie einmal so wild und leidenschaftlich verfolgt hatte, erkannte sie mich wieder.(36) »Er ist es wirklich,« sprach sie zu sich, »armer junger Mann! ... Er hat mich wohl vergessen, ... ich ... hoffe es ...« Die Symphonie fängt an und bringt eine zündende Wirkung hervor. Es war die Zeit großer Begeisterungsstürme im Saal des Konservatoriums, aus dem ich heute verbannt bin. Dieser Erfolg, der leidenschaftliche Zug des Werkes, seine glühenden Melodien, seine Ausrufe der Liebe, seine Ausbrüche der Wut und die heftigen Schwingungen eines solchen Orchesters in nächster Nähe gehört, mußten auf ihre sensible Natur und ihre poetische Phantasie einen ebenso unerwarteten wie tiefen Eindruck machen, und machten ihn wirklich. Dann sagte sie sich im innersten Herzen: »Wenn er mich noch liebte! . . .« In der Pause nach der Symphonie stieg in ihr durch die doppeldeutigen Reden Schutters und Schlesingers, mit allzu deutlichen Anspielungen auf die Ursachen der wohlbekannten Leiden des jungen Komponisten, ein Verdacht auf, der sie mehr und mehr in Erregung versetzte. Als dann im Monodram der Schauspieler Bocage, der die Partie des Lélio (d. h. meine) rezitierte*, folgende Worte sprach: »Ach, könnte ich sie finden, diese Julia, diese Ophelia, nach der mein Herz ruft! Könnte ich mich an jenem mit Trauer untermischten Glück berauschen, das die wahre Liebe hervorbringt, und an einem Herbstabend, auf wilder Heide vom Nordwind gewiegt, in ihren Armen endlich die Ruhe eines letzten schwermütigen Schlafes finden«, da dachte sie: Mein Gott! . . . Julia, Ophelia . . . Kein Zweifel, er meint mich . . . Und er liebt mich noch immer . . .«

Von diesem Moment an, so hat sie mir oft erzählt, schien ihr der Saal sich im Kreise zu drehen; sie hörte nichts mehr und kehrte nach Hause zurück wie eine Nachtwandlerin, ohne sich der Wirklichkeit bewußt zu sein. Dies war am 9. Dezember 1832.

Während dieses heimliche Drama in dem einen Teil des Saales abrollte, bereitete sich in einem anderen Teil ein weiteres vor, ein Drama, in dem die verletzte Eitelkeit eines Musikkritikers die Hauptrolle spielen und in ihm einen Haß gegen mich erzeugen sollte, von dem er mir noch öfter Beweise lieferte, jedenfalls bis zu dem Zeitpunkt, da ihn das Gefühl von Ungerechtigkeit gegen einen Künstler, der nun selbst Kritiker geworden war (und daher ebenfalls gefährlich werden konnte), zur Vorsicht und Zurückhaltung mahnte. Es handelt sich um den schon erwähnten Fétis und um eine in meinem Monodram enthaltene, deutlich gegen ihn gerichtet heftige Polemik, zu der ich allen Grund gehabt hatte.

Eine meiner Einnahmequellen vor der Abreise nach Italien war das Korrekturlesen von Druckbögen für den Verleger Troupenas gewesen. Dabei gerieten mir auch die Partituren Beethovenscher Symphonien, herausgegeben von besagtem Fétis, in die Hände, versehen mit den frechsten Änderungen, die die Absichten des Komponisten völlig verzerrten, und mit noch unverschämteren Anmerkungen des Herausge-

* Man führte »Lélio« nicht, wie später in Deutschland, szenisch auf (dazu braucht man eine Bühne), sondern einfach wie eine Konzertkomposition, von Monologen unterbrochen.

bers verziert. Alles, was von Beethovens Harmonien nicht in den Rahmen der von Fétis gelehrten Theorien hineinpaßte, war mit unglaublicher Dreistigkeit geändert. Beim gehaltenen Es der Klarinette über dem Akkord Des-F-B im Andante der Fünften hatte Fétis in aller Unschuld an den Rand der Partitur geschrieben: »Dieses Es ist offenbar ein F; Beethoven kann unmöglich einen solch groben Fehler gemacht haben.« Mit anderen Worten: Beethoven konnte unmöglich Vorstellungen von Harmonik haben, die nicht mit denen des großen Fétis übereinstimmten: folglich hatte der Herausgeber ein banales F an die Stelle des markanten, dissonierenden Es gesetzt, das sich erst später über E nach F auflöst, und so die großartige Wirkung dieser chromatischen Steigerung zerstört. Hatten mich schon Korrekturen ähnlicher Art, deren Aufzählung ich mir ersparen kann, reichlich irritiert, so war ich jetzt in höchstem Maße aufgebracht. Ich sagte mir: da macht man eine französische Ausgabe der großartigsten Orchesterwerke, die menschlicher Genius geschaffen hat, und nur weil der Verleger einen Professor zu Hilfe ruft, der berauscht ist von seiner Eitelkeit und im engen Bereich seiner Theorien ebenso weiterkommt wie ein Eichhörnchen, das in seinem rotierenden Käfig herumrennt, sollen jene Riesenwerke kastriert werden, soll Beethoven Korrekturen erfahren wie der geringste Schüler einer Harmonieklasse! Keinesfalls! Das darf nicht geschehen. Ich ging also unverzüglich zu Troupenas und sagte zu ihm: »Fétis beleidigt Beethoven und die Vernunft. Seine Korrekturen sind ein Verbrechen. Das Es im Andante der ›Fünften‹, das er weglassen will, hat eine große Wirkung, ist bei allen Orchestern Europas berühmt; das Fétis'sche F ist ein Gemeinplatz. Ich warne Sie; ich werde die Ungenauigkeiten Ihrer Ausgabe und die Eingriffe des Monsieur Fétis allen Musikern der Konzertgesellschaft und der Oper verraten, und Ihr Professor wird bald von denen, die das Genie würdigen und anmaßende Mittelmäßigkeit verachten, so behandelt werden, wie er es verdient.« Ich hielt Wort. Die Nachricht von den dummdreisten Entstellungen erzürnte die Pariser Musikwelt, und der zornigste war wohl Habeneck, wiewohl auch er, wie ich schon berichtete, auf seine Weise Beethoven korrigierte. Der Aufruhr war derart, daß Troupenas gezwungen war, die Korrekturen verschwinden zu lassen, den Originaltext wieder herzustellen, und Fétis es für ratsam hielt, in der ›Revue musicale‹ die Lüge zu verbreiten, das Gerücht, er habe Beethovens Symphonien korrigiert, entbehre jeglicher Grundlage.

Diese erste Insubordination eines ehemaligen Schülers, den er zu Anfang ermutigt hatte, schien Fétis umso unverzeihlicher, als er darin nicht nur ketzerische Neigungen in Sachen Musik erblickte, sondern auch einen Beweis von Undankbarkeit. Viele Leute sind so. Weil sie einmal geruht haben, zuzugeben, daß man nicht ganz ohne Wert sei, ist man durch dies allein dazu verpflichtet, sie zu bewundern, und zwar auf immer, ohne Vorbehalt, in allem, was ihnen beliebt, zu vollbringen oder zu zerstören; sonst gilt man als undankbar. Wie viele Stümper, die für meine Werke eine mehr oder minder wirkliche Begeisterung bezeigt hatten, bildeten sich später ein, ich müsse ein böser Mensch sein, weil ich über die gemeinen Plattheiten, die sie unter verschiedenen Namen als komische Opern und nicht minder komische Messen herausgegeben hatten, nur mit Gleichgültigkeit gesprochen habe?

Als ich nach Italien reiste, ließ ich also den ersten erbitterten und rührigen persönlichen Feind, den ich mir selbst geschaffen hatte, in Paris zurück. Ich muß aber gestehen, daß ich die mehr oder minder zahlreichen anderen, die ich schon besaß, nicht durch eigenes Verdienst erworben hatte. Sie waren von selbst entstanden wie Infusorien in stehendem Wasser. Ich kümmerte mich ebensowenig um den einen wie um den anderen. Ich war sogar gegen Fétis sehr viel feindlicher gestimmt als er gegen mich und konnte nicht ohne ein Schaudern der Wut an sein allerdings erfolgloses Attentat auf Beethoven denken.

Ich vergaß ihn nicht, als ich am literarischen Teil meines Monodrams arbeitete, und legte dem Lélio folgende Worte in den Mund: »Die schlimmsten Feinde des Genies sind jene trüben Bewohner des Tempels der Routine, jene fanatischen Priester, die ihrer geistlosen Gottheit die erhabensten neuen Gedanken opfern würden, wenn es ihnen je vergönnt wäre, solche zu haben; jene jungen Theoretiker von achtzig Jahren, die inmitten eines Meeres von Vorurteilen leben und überzeugt sind, daß an den Grenzen ihrer Insel auch die Welt aufhört; jene Wüstlinge jeden Alters, die von der Musik verlangen, sie solle sie liebkosen und zerstreuen, und nicht zugeben, daß die keusche Muse eine edlere Berufung haben könne; und vor allem jene Entweiher, die es wagen, an Originalwerke die Hand zu legen, sie scheußlichen Verstümmelungen unterziehen, die sie Korrekturen und Vervollkommnung nennen, wozu, wie sie sagen, viel Geschmack gehört. Fluch über sie! Sie beleidigen die Kunst und ziehen sie ins Lächerliche. Sie gleichen jenen Vögeln, die unsere öffentlichen Gärten bevölkern, sich frech auf die schönsten Statuen setzen, und wenn sie die Stirn eines Jupiter, den Arm eines Herkules oder den Busen einer Venus besudelt haben, befriedigt daher stolzieren, als ob sie ein goldenes Ei gelegt hätten.«

Bei den letzten Worten dieser Stelle war der Ausbruch der Heiterkeit und des Beifalls um so heftiger, als die meisten Musiker und ein Teil der Zuhörer die Anspielung verstanden und zudem Bocage bei den Worten ›wozu viel Geschmack gehört‹ Fétis' süßliche Sprechweise sehr treffend imitierte. Der aber saß beim Konzert auf einem vorderen Balkonplatz. Er bekam also den ganzen Wortschwall aus nächster Nähe. Nun ist es unnötig zu sagen, wie wütend er war und mit welch grimmigem Haß er mich von jenem Tage an beehrt hat; der Leser wird das leicht begreifen.

Meine bittere Freude, auf diese Weise Beethoven gerächt zu haben, war jedoch am folgenden Tage völlig vergessen. Ich wurde offiziell Miss Smithson vorgestellt. Von diesem Tage an hatte ich keinen Augenblick der Ruhe mehr; auf schreckliche Befürchtungen folgten wahnwitzige Hoffnungen. Was ich während dieser Zeit, die länger als ein Jahr dauerte, an Unruhe und Aufregungen aller Art gelitten habe, kann man erraten, aber nicht beschreiben. Ihre Mutter und Schwester stellten sich in aller Form unserer Verbindung entgegen, meine Eltern wollten ebenso nichts davon hören. Daher in beiden Familien Unzufriedenheit, Zorn und alle Auftritte, wie sie in einem solchen Fall der Widerstand mit sich bringt. Mittlerweile mußte das Englische Theater in Paris geschlossen werden; Harriet blieb ohne Mittel, da alles, was sie besaß, nicht einmal zur Bezahlung der Schulden ausreichte, zu denen das verhängnisvolle Unternehmen sie verleitet hatte. Ein böser Unfall vervollständigte ihr Pech. Als sie eines Tages vor ihrer Haustür aus der Kutsche stieg, glitt sie auf dem Pflaster aus und brach sich ein Bein. Passanten konnten sie kaum mehr am Fallen hindern und brachten die halb Ohnmächtige in ihre Wohnung.

Dieses Unglück, das man in England für eine Komödie hielt, inszeniert, um die Gläubiger zu erweichen, aber leider allzu wirklich, erregte zumindest in Paris große Anteilnahme; eine Bekannte, Mlle. Mars, stellte ihr Vermögen, den Einfluß ihrer Freunde, alles, worüber sie verfügte, in den Dienst der *poor Ophelia*, die nichts mehr besaß und dennoch, als ich ihr eines Tages einige hundert Francs gebracht hatte, reichlich Tränen vergoß und mich zwang, das Geld zurückzunehmen, indem sie mir drohte, mich nicht mehr zu empfangen. Unsere Pflege wirkte nur langsam; beide Knochen des Beins waren ein wenig über dem Knöchel gebrochen; die Zeit allein konnte eine vollkommene Heilung herbeiführen; wir befürchteten sogar, Harriet könne für immer gelähmt sein. Während sie so ans Krankenbett gefesselt war, gelang es mir, eine Benefizvorstellung, die sie bereits vor ihrem Sturz geplant hatte, durchzuführen; die Soirée, bei der Liszt und Chopin die Entr'actes bestritten, brachte eine beträchtliche Summe ein, die sogleich zur Begleichung der dringendsten Schulden verwandt wurde.

Endlich, im Sommer 1833, war es soweit: Harriet und ich heirateten, obwohl sie kaum wieder genesen war und trotz des heftigen Widerstandes ihrer Familie; was meine Eltern betraf, so sah ich mich gezwungen, einige, wenn auch respektvolle Ermahnungen abzusenden. Am Tag unserer Hochzeit hatte Harriet nichts auf der Welt außer Schulden und der Angst, ihres Unfalls wegen nicht mehr mit Erfolg auf der Bühne erscheinen zu können; ich meinerseits besaß als ganzes Hab und Gut dreihundert Francs, die mir mein Freund Gounet geliehen hatte, und war wieder mit meinen Eltern entzweit....

Aber sie war mein, ich trotzte allem.

XLV.

Benefizvorstellung und Konzert im Théâtre Italien – Der vierte Aufzug aus »Hamlet« – »Antony« – Abtrünnigkeit des Orchesters – Ich räche mich – Paganinis Besuch – Seine Bratsche – »Harold en Italie« – Fehler des Dirigenten Girard – Ich fasse den Entschluß, meine Werke selber zu dirigieren – Ein anonymer Brief

Es blieb mir übrigens als kleine Reserve das Stipendium, das ich als Rompreisträger noch anderthalb Jahre lang beziehen konnte. Der Minister des Innern hatte mich von der Reise nach Deutschland, die mir durch die Vorschriften der Akademie der Schönen Künste auferlegt war, dispensiert; ich begann in Paris Anhänger zu haben und vertraute auf die Zukunft. Um die Schulden meiner Frau ganz zu bezahlen, ging ich abermals an die Planung einer Benefiz-Veranstaltung, und es gelang mir nach großen Anstrengungen, im Théâtre Italien eine Soirée, gemischt aus Schauspiel und Konzert, zu organisieren. Meine Freunde kamen mir bei dieser Gelegenheit wieder zu Hilfe, unter anderen Alexandre Dumas, der mir sein Leben lang größte Herzlichkeit entgegen gebracht hat.

Auf dem Programm standen Dumas' »Antony«, gespielt von Firmin und Madame Dorval, der vierte Akt von »Hamlet« mit Harriet und einigen englischen Amateuren sowie ein von mir dirigiertes Konzert, in dem die »Symphonie fantastique«, die Ouvertüre zu den »Francs-Juges«, meine »Sardanapal«-Kantate, das »Konzertstück« von Weber (mit dem bewunderungswürdigen Liszt) und schließlich ein Chorstück, ebenfalls von Weber, zur Aufführung kommen sollten. Man wird einsehen, daß das Programm zu lang war und daß das Konzert, wenn es durchgeführt worden wäre, nicht vor ein Uhr morgens hätte zu Ende sein können.

So schwer es mir auch wird, muß ich auch zur Belehrung junger Künstler jene unglückselige Vorstellung genau beschreiben. Da ich mit den Gebräuchen der Theatermusiker wenig vertraut war, hatte ich mit dem Direktor der Italienischen Oper eine Abmachung getroffen, die ihn verpflichtete, mir seinen Saal und sein Orchester, das ich durch eine kleine Anzahl von Musikern verstärken wollte, zu überlassen. Das erwies sich als Fehlkalkulation. Die Orchesterleute, vertraglich gebunden bei den Konzerten, die in ihrem Theater stattfinden, mitzuwirken, betrachten solche Extra-Veranstaltungen als eine Fron und sind nur widerwillig und verdrießlich dabei. Werden nun noch andere Musiker hinzugezogen, die bezahlt werden, während sie umsonst spielen müssen, wird ihre Laune umso schlechter, und sie versäumen nicht, es den Dirigenten auch spüren zu lassen.

Zudem waren meiner Frau und mir die kleinlichen Ränke hinter den französischen Kulissen fremd, und wir hatten alle Vorsichtsmaßregeln versäumt, die in einem solchen Falle getroffen werden, um der Heldin des Festes den Erfolg zu sichern: wir hatten den Claqueuren kein einziges Billett zukommen lassen. Madame Dorval hingegen, überzeugt, daß Harriet alles ins Werk gesetzt hatte, um sich einen glänzenden Triumph zu sichern, unterließ begreiflicherweise nicht, sich zur eigenen Verteidigung zu wappnen, d. h. das Parkett nach ihrer Wahl zu besetzen, teils mit Billetts, die wir ihr gegeben, teils mit denen, die wir Dumas geschenkt, teils mit solchen, die sie selbst gekauft hatte. Sie wurde infolgedessen mit Applaus überschüttet – sie spielte im übrigen ausgezeichnet – und mehrfach hervorgerufen. In dem darauffolgenden vierten Akt aus dem »Hamlet«, der ein besonders für Franzosen unverständliches Bruchstück bleiben muß, wenn er nicht durch die vorhergehenden Aufzüge eingeleitet und vorbereitet wird, verlor die erhabene Rolle der Ophelia, die wenige Jahre vorher einen so tief melancholischen und poetischen Eindruck gemacht hatte, dreiviertel ihres Zaubers; sie und das Drama wirkte kühl. Harriet beherrschte zwar noch immer ihre Schauspielkünste, aber am Schluß jener Szene, in der Ophelia neben dem schwarzen Schleier hinkniet, den sie für das Leichentuch ihres Vaters hält, konnte sie sich nur mühsam wieder aufrichten, mußte sich auf die Hände stützen, und einige ihrer Bewegungen hatten an Sicherheit und Anmut verloren, obwohl das Bein geheilt war und sie nicht mehr hinkte. Und als sie nun erleben mußte, daß das Publikum, dessen Liebling sie einst gewesen und das soeben noch die Dorval bejubelt, sie nach Schluß nicht vor den Vorhang rief ... Welch ein Schlag! Jede Frau, jeder Künstler wird da Mitgefühl empfinden. Arme Ophelia! Deine Sonne sank ... ich war verzweifelt.

Dann begann das Konzert. Die Ouverture der »Francs-Juges« klang recht dürftig, wurde aber zu meinem Erstaunen mit Beifall aufgenommen. Das Webersche »Konzertstück«, von Liszt wie immer mit hinreißendem Feuer gespielt, hatte einen großartigen Erfolg; in meiner Begeisterung für Liszt vergaß ich mich sogar so weit, daß ich ihn vor allem Publikum umarmte – eine dumme Unschicklichkeit, die uns beide lächerlich machen konnte. Die Zuschauer hatten jedoch die Güte, sich nicht darüber lustig zu machen. Im Vorspiel zu »Sardanapal« versäumten die zweiten Geigen einen Einsatz, und meine Unerfahrenheit im Dirigieren war schuld, daß alles auseinandergeriet; ich mußte das übrige überspringen und durch ein Zeichen zum Schlußakkord das Orchester wieder zusammenbringen. Alexis Dupont sang den Solo-Part in der Kantate recht gut, aber die Feuersbrunst-Musik am Schluß, zu wenig geprobt und schlecht gespielt, blieb ohne Wirkung. Nichts wollte mehr gehen. Ich hörte nur noch das dumpfe Schlagen des Pulses in meinen Adern, und mir war, als müßte ich allmählich in die Erde sinken. Außerdem wurde es spät, und wir mußten noch das Chorstück von Weber und die »Symphonie fantastique« hinter uns bringen. Nach den Vorschriften des Théâtre Italien sind die Musiker angeblich nicht dazu verpflichtet, länger als bis zwölf Uhr zu spielen. Infolgedessen, und da sie aus den schon erwähnten Gründen gegen mich verstimmt waren, erwarteten sie mit Ungeduld den Augenblick zum Verschwinden, ohne Rücksicht auf die Folgen, die eine solche niederträchtige Flucht haben mußte. Sie führten ihre Absicht auch aus; während der Webersche Chor gesungen wurde, verschwanden sie heimlich – diese feigen Hanswurste, die unwürdig sind, den Namen Künstler zu tragen. Es war Mitternacht. Nur die fremden Musiker waren geblieben, und als ich mich umwandte, um die Symphonie zu dirigieren, sah ich mich von fünf Geigen, zwei Bratschen, vier Kontrabässen und einer Posaune umgeben. Ich wußte in meiner Bestürzung nicht, was ich tun sollte. Das Publikum schien nicht fortgehen zu wollen. Bald wurde man ungeduldig und verlangte die Aufführung der Symphonie. Ich hütete mich zu beginnen. Endlich rief inmitten des Tumults eine Stimme vom ersten Rang herunter: »Den Gang zum Richtplatz!« Ich antwortete: »Ich kann den Marsch nicht von fünf Violinen spielen lassen. ... Es ist nicht meine Schuld ... das Orchester ist davongelaufen, ich hoffe, daß das Publikum ...« Ich war rot vor Scham und Entrüstung. Nun standen die Zuhörer enttäuscht auf. Das Konzert war zu Ende, und meine Feinde verfehlten nicht, es ins Lächerliche zu ziehen und hinzuzufügen, meine Musik jage die Musiker in die Flucht. Ich glaube nicht, daß es je zuvor ein ähnliches Beispiel boshafter Handlungsweise gegeben hat. Verdammte Kratzer!

Elende Schufte! Ich bedauere, daß ich eure Namen, die in der Anonymität ihren Schutz genießen, nicht notiert habe!

Jener traurige Abend trug mir ungefähr siebentausend Francs ein; und diese Summe verschwand in wenigen Tagen in dem klaffenden Abgrund der Schulden meiner Frau, ohne ihn zu verschließen; dies gelang mir erst mehrere Jahre später und dadurch, daß wir uns härteste Entbehrungen auferlegten.

Gern hätte ich Harriet die Gelegenheit zu einer glänzenden Revanche gegeben; doch es gab keinen einzigen englischen Schauspieler mehr in Paris; sie wäre gezwungen gewesen, wieder mit unzureichenden Amateuren und in Bruchstücken aus Shakespeare-Dramen erscheinen zu müssen, und das war, wie sich erwiesen hatte, absurd. Diesen Plan mußten wir also aufgeben. So wollte ich wenigstens meinerseits eine Revanche haben und die Attacken gegen mich durch einen unzweideutigen Erfolg widerlegen. Ich stellte gegen hohe Gagen aus den besten Pariser Musikern, unter denen ich einige Freunde oder zumindest unparteiische Richter meiner Werke zählen konnte, ein erstrangiges Orchester zusammen und kündigte ein Konzert im Saal des Konservatoriums an. Ich wagte viel: die Ausgaben waren so hoch, daß sie kaum durch die Einnahmen gedeckt werden würden. Aber meine Frau selbst ermutigte mich und erwies sich von jenem Augenblick an als das, was sie stets gewesen ist, als eine Feindin der halben Maßregeln und der kleinen Mittel und tapfer bis zur Tollkühnheit, sobald es um das Interesse an der Kunst und den Ruhm des Künstlers ging.

Ich fürchtete die Aufführung zu kompromittieren, wenn ich das Orchester selber dirigierte. Habeneck weigerte sich hartnäckig, es zu leiten; aber Girard, der damals zu meinen guten Freunden zählte, willigte ein, diese Aufgabe zu übernehmen, und erfüllte sie sehr gut. Die »Symphonie fantastique« stand wieder auf dem Programm; sie begeisterte den gesamten Saal zu stürmischem Applaus. Es war ein durchschlagender Erfolg, meine Ehre war gerettet. Meine Musiker (es war unter ihnen kein einziger aus dem Théâtre Italien, wie man sich wohl denken kann) strahlten vor Freude beim Verlassen des Orchesterraums. Und mein Glück wurde gekrönt, als ich, nachdem der Saal sich längst geleert hatte, auf einen Mann traf, der einsam zurückgeblieben war, um auf mich zu warten: einen Mann mit langen Haaren und durchdringendem Blick, mit eigentümlich verwitterten Gesichtszügen, ein Genie, ein Riese unter den Titanen, den ich noch nie gesehen hatte und dessen Anblick mich zuerst verwirrte. Er kam auf mich zu, drückte mir die Hand und überschüttete mich mit glühenden Lobeshymnen, die mir Herz und Hirn entflammten; es war Paganini! (22. Dezember 1833).

Von jenem Abend datieren meine Beziehungen zu dem großen Künstler, der einen so glücklichen Einfluß auf mein Schicksal ausüben sollte und dessen Großzügigkeit mir gegenüber, wie man bald sehen wird, zu manchen bösartigen und albernen Kommentaren Anlaß gab.

Einige Wochen nach dem eben erwähnten Rehabilitierungskonzert besuchte mich Paganini. »Ich habe eine wunderbare Bratsche«, sagte er, »eine kostbare Stradivari, auf der ich gern einmal in der Öffentlichkeit spielen würde. Aber mir fehlt ein gutes Stück. Würden Sie etwas für mich komponieren? Nur Ihnen mag ich diese Arbeit anvertrauen.«

»Gewiß«, antwortete ich, »schmeichelt mir dies mehr, als ich sagen kann, aber um Ihrer Erwartung zu entsprechen, um in einer derartigen Komposition einen Virtuosen wie Sie zur Geltung kommen zu lassen, muß man Bratsche spielen können, und ich kann es nicht. Mir scheint, Sie allein wären imstande, die Aufgabe zu lösen.« – »Nein, nein, ich bestehe darauf«, sagte Paganini, »es wird Ihnen gelingen; ich bin augenblicklich zu sehr leidend, um zu komponieren, ich darf nicht daran denken.«

Um dem berühmten Virtuosen zu gefallen, versuchte ich also ein Solokonzert zu schreiben, aber eins, in dem der Orchesterpart keineswegs nur sekundäre Bedeutung haben sollte, denn ich war überzeugt, daß Paganinis unvergleichlich machtvoller Vortrag immer der Bratsche die Hauptrolle lassen würde. Die Aufgabe schien mir neu; bald kam mir eine Idee, und ich setzte mich mit Eifer an die Arbeit. Kaum war der erste Satz fertig, als Paganini ihn zu sehen wünschte. Beim Anblick der vielen Pausen im Allegro rief er: »Das geht nicht. Zu viele Stellen, an denen ich stumm bleiben soll; ich muß immerfort spielen.« – »Ich habe es ja gesagt«, antwortete ich, »Sie wollen ein *Concerto* für Bratsche, und Sie allein können in diesem Fall gut für sich selbst schreiben.« Paganini erwiderte nichts, er schien enttäuscht und verließ mich, ohne noch mehr über meinen symphonischen Versuch zu sprechen. Einige Tage darauf reiste er, schon unter der Kehlkopfkrankheit leidend, an der er sterben sollte, nach Nizza ab, von wo er erst drei Jahre später wiederkam.

Ich sah nun ein, daß der Plan meiner Komposition für ihn nicht geeignet war und beschloß, mich nicht mehr um eine brillante Setzweise für die Solo-Bratsche zu bemühen. Ich kam auf den Gedanken, für das Orchester eine Reihe von Szenen zu schreiben, in denen die Solobratsche die Rolle einer mehr oder minder wichtigen Person spielen sollte, die durch das Ganze ihren eigenen Charakter bewahrt; ich wollte die Bratsche in den Mittelpunkt der poetischen Erinnerungen stellen, die ich von meinen Streifzügen in den Abbruzzen behalten hatte, und aus ihr eine Art von melancholisch verträumter Persönlichkeit machen wie Byrons Childe Harold; daher der Titel der Symphonie »Harold en Italie«. Wie in der »Symphonie fantastique« zieht sich ein oft wiederkehrendes Motiv (die erste Melodie der Bratsche) durch das ganze Werk; aber mit dem Unterschied, daß das Thema der »Symphonie fantastique«, die fixe Idee, sich wie ein leidenschaftlicher, vorübergehender Gedanke eigensinnig in Szenen eindrängt, in die er nicht hineingehört und die er aus der Bahn wirft, während Harolds Gesang über den anderen Gesängen des Orchesters schwebt und mit ihnen durch seine Bewegung und seinen Charakter einen Kontrast bildet, ohne ihre Entwicklung zu unterbrechen. Trotz der Kompliziertheit des harmonischen Gewebes brauchte ich zum Komponieren dieser Symphonie ebensowenig Zeit wie zu meinen anderen Werken; viel mehr Zeit brauchte ich, an ihr zu feilen. Am Pilgermarsch, den ich in zwei Stunden, am Kaminfeuer träumend, entworfen hatte, habe ich sogar sechs Jahre lang herumkorrigiert und immer wieder Details geändert, und ich glaube, ihn sehr verbessert zu haben. Allerdings, in seiner ursprünglichen Fassung errang er bei seiner ersten Aufführung in meinem Konzert vom 23. November 1834 im Konservatorium einen vollen Erfolg.

Der erste Satz allein wurde wenig beklatscht, durch Girards Schuld, der das Konzert dirigierte und es nicht fertig brachte, das Orchester in der Coda, wenn das Tempo nach und nach doppelt so schnell werden muß, genügend mitzureißen. Ohne diese sich steigernde Beschleunigung ist das Ende dieses Allegros ermüdend und kalt. Ich litt Qualen, als ich hörte, wie es sich dahin schleppte. Der Pilgermarsch wurde *da capo* verlangt. Beim *da capo* passierte es, daß an dieser Stelle, wo nach kurzer Unterbrechung die Klosterglocken wieder erklingen (intoniert von Harfe, Flöten, Oboen und Hörnern), der Harfenist sich beim Zählen der Takte irrte und sich nicht mehr zurechtfand. Statt ihn wieder auf den Weg zu bringen, wie ich es zehnmal im gleichen Fall getan habe (dreiviertel der Harfenspieler machen an dieser Stelle den gleichen Fehler), rief Girard dem Orchester zu: »Den Schlußakkord!« und man spielte ihn, nachdem man die mehr als fünfzig Takte, die ihm vorangehen, ausgelassen hatte. Es war ein perfekter Mord. Zum Glück war der Marsch beim erstenmal sehr gut gespielt worden, und das Publikum täuschte sich beim zweitenmal nicht über die Ursache der Katastrophe. Wäre das Unglück vorher geschehen, so hätte man nicht verfehlt, die Mißtöne dem Komponisten zuzuschreiben. Seit meiner Niederlage im Théâtre Italien mißtraute ich jedoch meiner Begabung als Dirigent so sehr, daß ich meine Konzerte noch lange von Girard leiten ließ. Bei der vierten Aufführung des »Harold« machte er jedoch gegen

Ende des Serenaden-Satzes, wo der eine Teil des Orchesters nicht mitkommen kann, wenn der andere nicht genau doppelt so langsam spielt (ganze Takte stehen gegen halbe), einen so schwerwiegenden Fehler – abgesehen davon, daß er wieder einmal am Ende des ersten Satzes nicht das doppelte Tempo erreichte –, daß ich beschloß, von nun an selbst zu dirigieren und niemandem mehr die Übermittlung meiner Absichten anzuvertrauen. Ein einziges Mal habe ich das Versprechen, das ich mir in dieser Sache gegeben hatte, nicht gehalten, und man wird sehen, was beinahe daraus entstanden wäre.

Nach der ersten Aufführung dieser Symphonie brachte eine Pariser Musikzeitung einen Artikel, in dem man mich mit Schmähungen überschüttete und welcher auf folgende geistreiche Art anfing: »Ha! ha! ha! – haro! haro! Harold!«(37) Außerdem erhielt ich am Tag nach dem Erscheinen jenes Artikels einen anonymen Brief, in dem man mir, nach einer Flut von noch gröberen Beleidigungen, vorwarf, ich hätte »nicht einmal den Mut, mir eine Kugel durch den Kopf zu schießen«.

XLVI.

Gasparin beauftragt mich mit einem Requiem – Die Direktoren der Schönen Künste – Ihre Ansichten über Musik – Mangel an Vertrauen – Die Einnahme von Constantine – Cherubinis Intrigen – Boa constrictor – Mein »Requiem« wird aufgeführt – Habenecks Schnupftabaksdose – Man bezahlt mich nicht – Man will mir das ›Kreuz‹ verkaufen – Allerlei Gemeinheiten – Meine Wut – Meine Drohungen – Man bezahlt mich

Im Jahre 1836 war de Gasparin Innenminister. Er gehörte bei uns zu der kleinen Anzahl von Staatsmännern, die sich für Musik interessieren, und zu der noch kleineren von jenen, die Verständnis dafür haben. Es war sein Wunsch, die Kirchenmusik, um die man sich in Frankreich schon lange nicht mehr kümmerte, wieder zu Ehren zu bringen, und er wollte, daß jedes Jahr aus den Geldern der Abteilung für Schöne Künste eine Summe von dreitausend Francs einem vom Minister bestimmten französischen Komponisten zuerteilt würde, verbunden mit einem Auftrag für ein Oratorium oder eine Messe größeren Umfangs. Der Minister sollte außerdem, so dachte es sich Gasparin, die Aufführung des neuen Werkes auf Kosten der Regierung übernehmen. »Ich werde mit Berlioz anfangen«, sagte er, »er muß ein Requiem schreiben, ich bin überzeugt, es wird ihm gelingen.« Als mir diese Einzelheiten durch einen mir bekannten Freund von Gasparins Sohn überbracht wurden, war ich ebenso überrascht wie erfreut. Um mich der Wahrheit zu vergewissern, ersuchte ich den Minister um eine Audienz, in der er mir die Richtigkeit dessen, was ich gehört hatte, bestätigte. »Ich verlasse bald das Ministerium«, fügte er hinzu, »dies wird mein musikalisches Testament sein. Sie haben doch die Ordre bezüglich des ›Requiems‹ erhalten?«

»Nein, der Zufall allein hat mir Ihr Wohlwollen für mich zur Kenntnis gebracht.«

»Was? Bereits vor acht Tagen sollte man sie Ihnen zusenden! Aber die Nachlässigkeit der Beamten ... Ich werde mich drum kümmern.«

Es vergingen indessen mehrere Tage, und die Ordre kam nicht. Sehr beunruhigt, wandte ich mich dann an Gasparins Sohn, der mich in eine Intrige einweihte, von der ich nicht die geringste Ahnung hatte. Der Direktor der Schönen Künste, Monsieur X*, war mit dem Projekt des Ministers nicht einverstanden und noch weniger damit, daß er gerade mich dazu ausgewählt hatte, die Prozession der Komponisten anzuführen. Er wußte außerdem, daß Gasparin in wenigen Tagen nicht mehr im Ministerium sein würde. Wenn nun mit der Ausfertigung der Ordre bis zu seinem Abgang gewartet wurde, so war nachher nichts leichter, als den Plan scheitern zu lassen, indem man seinem Nachfolger davon abriet. Das war es, was der Herr Direktor im Schilde führte. Allein Gasparin verstand keinen Spaß, und als er durch seinen Sohn erfuhr, daß am Tage, bevor er das Ministerium verlassen sollte, noch nichts geschehen war, schickte er an Monsier X eine in äußerst strengem Ton verfaßte Aufforderung, die Ordre unverzüglich auszufertigen und mir zuzusenden; und es geschah.

Die Niederlage des Herrn Direktors konnte seine Abneigung gegen mich nur steigern, was sie denn auch tat.

Dieser Schiedsrichter über das Schicksal von Kunst und Künstlern geruhte, in der Musik wirklichen Wert nur einem zuzuerkennen: Rossini. Eines Tages jedoch, nachdem er in meiner Gegenwart alle alten und modernen Meister Europas, mit Ausnahme von Beethoven, den er vergessen hatte, über die Klinge seines geringschätzigen Urteils hatte springen lassen, besann er sich plötzlich eines besseren und sprach: »Es gibt aber, wie mir scheint, noch einen ... es ist ... wie heißt er doch? ein Deutscher, von dem man im Konservatorium Symphonien spielt. ... Sie kennen ihn doch, Monsieur Berlioz ...« – »Beethoven?« – »Richtig, Beethoven. Nun, der war nicht untalentiert.« Ich hatte mich nicht verhört: Beethoven – nicht untalentiert!

---

* Er ist seit zehn oder elf Jahren tot, aber ich tue besser, ihn nicht zu nennen.

Der Direktor der Schönen Künste repräsentierte damit nur jene musikalischen Anschauungen, die damals in der französischen Beamtenwelt herrschten. Hunderte von ›Kennern‹ dieser Art versperrten so alle Wege, die der Künstler gehen mußte, und setzten das Räderwerk der Regierungsmaschine, mit der die musikalischen Institutionen notgedrungen zusammenarbeiten mußten, in Bewegung. Heutzutage ...

Nachdem ich nun meine Ordre in der Hand hatte, machte ich mich ans Werk. Der Text des »Requiems« war für mich eine langbegehrte Beute, die mir endlich überlassen worden war und auf die ich mich mit wütender Leidenschaft warf. Mein Schädel schien unter dem Druck der durcheinander wirbelnden Gedanken bersten zu wollen. Hatte ich den Plan zu einem Teilstück noch nicht ganz skizziert, meldete sich schon eine Idee für den nächsten an; da ich nicht schnell genug schreiben konnte, hatte ich stenographische Zeichen erfunden, die mir besonders für das ›Lacrymosa‹ eine große Hilfe waren. Die Komponisten wissen, welche Qual, welche Verzweiflung es verursacht, wenn gewisse Gedanken, die man nicht Zeit gehabt hat aufzuschreiben, dem Gedächtnis entschwinden und so auf immer verloren gehen. So schrieb ich also dieses Werk in relativ kurzer Zeit* und brachte erst lange danach jene Verbesserungen an, die sich in der zweiten, bei Ricordi erschienenen Auflage der Partitur finden.

Der ministerielle Beschluß setzte fest, daß mein »Requiem« an dem Tage des Trauergottesdienstes aufgeführt werden sollte, der alljährlich für die Opfer der Revolution von 1830 gehalten wird.

Als der Monat Juli, der Zeitpunkt dieser Feierlichkeit, herannahte, ließ ich die einzelnen Chor- und Orchesterstimmen herausschreiben und, auf Anraten des Direktors der Schönen Künste, mit den Proben beginnen. Bald darauf erhielt ich aber aus dem Ministerium einen Brief mit der Mitteilung, daß die Trauerfeierlichkeit für die Julihelden ohne Musik stattfinden würde, und mit der Ordre, alle meine Vorbereitungen einzustellen. Nichtsdestoweniger schuldete das Ministerium dem Kopisten sowie dem Chor, der bereits mit mir geprobt hatte, eine Menge Geld.

Vergebens ersuchte ich fünf Monate lang um Bezahlung dieser Schulden. Was man mir selbst schuldig war, wagte ich nicht einmal zu erwähnen, so wenig schien man daran zu denken. Ich fing an, die Geduld zu verlieren, als eines Tages, kurz nach einer heftigen Auseinandersetzung

* Seltsam, daß ich in jenen Wochen, längst mit Harriet verheiratet, zweimal den gleichen Traum hatte: Ich saß in Meylan in Garten der Gautiers, aber allein; Estelle war nicht dort; ich fragte mich: »Wo ist sie? Wo ist sie?« Wer kann das erklären? Seeleute vielleicht oder Gelehrte, die die Bewegungen der Magnetnadel studiert haben und wissen, daß das Herz gewisser Menschen ähnlich beschaffen ist. . . .

mit Monsieur X, Kanonenschüsse die Eroberung von Constantine verkündeten.(38) Zwei Stunden darauf wurde ich wiederum ins Ministerium zitiert. Monsieur X hatte inzwischen ein Mittel gefunden, mich endgültig abzuschütteln. So glaubte er wenigstens.

Der General Damrémont war vor den Mauern von Constantine umgekommen, und es sollte ihm und den während der Belagerung gefallenen Soldaten zu Ehren im Invalidendom ein feierlicher Gottesdienst abgehalten werden. Diese Zeremonie ging den Kriegsminister an, und der hatte – wider alles Erwarten – eingewilligt, mein »Requiem« aufführen zu lassen. Dies also war die unverhoffte Neuigkeit, die ich erfuhr, als ich mich im Innenministerium meldete ...

Doch hier beginnt das Drama sich zu verwickeln, und es folgen Ereignisse ganz ernster Natur rasch aufeinander. Ich empfehle den armen Künstlern, die mein Buch lesen werden, aus meinen Erfahrungen Nutzen zu ziehen und über das, was mir passierte, nachzudenken. Sie werden lernen, allem und jedem zu mißtrauen, dem geschriebenen Wort ebensowenig Glauben zu schenken wie dem gesprochenen und werden gegen Himmel und Hölle Vorsicht walten lassen.

Kaum war die Nachricht von der bevorstehenden Aufführung meines »Requiems« im Rahmen einer großen offiziellen Zeremonie zu Cherubini gedrungen, als dieser in einen fieberhaften Zustand geriet. Es war seit langem üblich, in einem solchen Fall eine seiner beiden Totenmessen aufzuführen. Ein derartiger Angriff gegen das, was er als sein Recht betrachtete, gegen seine Würde, seine wohlverdiente Berühmtheit, seinen unbestreitbaren Wert, zugunsten eines jungen Mannes, der kaum am Anfang seiner Laufbahn stand und den Ruf hatte, die Ketzerei in die Schule eingeführt zu haben, reizte ihn tief. Alle seine Freunde und Schüler, Halévy an der Spitze, teilten seinen Ärger und entfachten ein Sturmfeuer, um zu erreichen, daß der junge Mann zugunsten des Greises beraubt werde. Eines Abends beispielsweise, als ich mich gerade in den Redaktionsräumen des ›Journal des Débats‹ aufhielt, für das ich seit kurzem arbeitete und dessen Herausgeber, Louis Bertin, mir wohlgesinnt war, sprach Halévy dort vor. Ich erriet sogleich den Zweck seines Besuches. Er kam, um Bertins mächtigen Einfluß zur Verwirklichung von Cherubinis Plänen in Anspruch zu nehmen. Da er jedoch ein wenig verblüfft war, mich da zu finden, und noch mehr durch die frostige Art, in der ihn Bertin und sein Sohn Armand empfingen, kehrte er seine Kanonen in eine andere Richtung. Nachdem er sich mit Vater Bertin in das anstoßende Zimmer, dessen Türe offen stand, begeben hatte, hörte ich, wie er sagte, Cherubini sei außergewöhnlich betroffen und so krank, daß er das Bett hüten müsse; er, Halévy, komme, um Monsieur Bertin zu bitten, seinen Einfluß geltend zu machen, daß der Meister als Trost das Große Kreuz der Ehrenlegion erhalte.

Bertins strenge Stimme unterbrach ihn hier mit den Worten: »Ja, mein lieber Halévy, wir werden alles tun, damit man Cherubini eine wohlverdiente Auszeichnung gewährt. Wenn es sich aber um das ›Requiem‹ handelt, wenn man Berlioz irgendeinen Kompromiß vorschlägt und er schwach genug ist, um ein Haar nachzugeben, werde ich in meinem ganzen Leben nie mehr mit ihm sprechen.« Halévy mußte sich, mehr als bestürzt über diese Antwort, zurückziehen. Und der gute Cherubini, der mich schon von so vielen Nattern hatte beißen lassen wollen, mußte dulden, wie ich auf ihn eine Boa constrictor hetzte, deren Bisse niemals heilten.

Nun kommt eine andere, noch besser erdachte Intrige, deren dunkle Tiefe ich nicht zu ergründen wage. Ich beschuldige keinen Menschen, ich erzähle die Tatsachen kurz und ohne jeden Kommentar, aber auch mit der gewissenhaftesten Genauigkeit.

General Bernard hatte mir selber angekündigt, daß die Aufführung des »Requiems« unter meiner Leitung stattfinden sollte, und ich wollte eben mit den Proben beginnen, als Monsieur X mich rufen ließ. »Sie wissen«, sprach er, »daß Habeneck damit beauftragt ist, die großen, offiziellen Musikfeierlichkeiten zu dirigieren« (Aha! Gut! dachte ich, wieder ein Ziegel, der mir auf den Kopf fällt!), »Sie sind zwar jetzt daran gewöhnt, die Aufführung Ihrer Werke selbst zu leiten, doch Habeneck ist ein Greis« (schon wieder einer), »und ich weiß, daß es ihm sehr großen Kummer verursachen würde, auf die Leitung Ihres ›Requiems‹ verzichten zu müssen. Wie stehen Sie mit ihm?« – »Wie ich mit ihm stehe? Ich weiß nur, daß er schlecht mit mir steht. Seit drei Jahren redet er nicht mehr mit mir; ich kenne seine Gründe nicht, bemühte mich allerdings auch nicht, sie herauszufinden. Jedenfalls begann es damit, daß er sich auf überaus schroffe Art weigerte, eins von meinen Konzerten zu dirigieren. Sein Benehmen mir gegenüber ist ebenso unerklärlich wie unhöflich. Indessen, da ich wohl sehe, daß er diesmal in der Zeremonie zu Ehren des Marschalls Damrémont eine Rolle spielen will und Ihnen daran viel gelegen zu sein scheint, bin ich bereit, ihm den Taktstock zu überlassen, unter der Bedingung, daß ich eine volle Probe selber leite.« – »Das läßt sich machen«, war die Antwort, »ich werde ihn benachrichtigen.«

Unsere geteilten und allgemeinen Proben wurden wirklich mit großer Sorgfalt durchgeführt. Habeneck sprach mit mir, als ob unsere Beziehungen nie abgebrochen gewesen wären, und alles schien in bester

Ordnung. Es nahte der Tag der Aufführung (5. Dezember 1837), in Gegenwart von Prinzen, Diplomaten, Abgeordneten, Vertretern der in- und ausländischen Presse und einer großen Menschenmenge. Es war für mich dringend notwendig, einen deutlichen Erfolg zu erzielen; eine mäßige Wirkung hätte mir geschadet, eine schlechte mich vernichtet. Man höre nun, was geschah.

Die Ausführenden waren in mehrere, ziemlich weit voneinander entfernte Gruppen aufgeteilt, schon damit die vier Bläsergruppen im ›Tuba mirum‹ die vier äußersten Ecken besetzen können. Nun muß zu Beginn dieses Teils, der sich unmittelbar an das ›Dies irae‹ anschließt, das Tempo um das doppelte verlangsamt werden; in dem neuen Zeitmaß ertönen zuerst alle Blechinstrumente zusammen, dann rufen sie einander an und antworten aus der Ferne mit aufeinanderfolgenden Einsätzen, deren jeder um eine Terz höher ist als der vorhergehende. Es ist also von größter Wichtigkeit, die vier Taktteile des breiten Tempos, im Augenblick, wo es eintritt, deutlich zu markieren. Denn sonst kann dieser von langer Hand vorbereitete gewaltige Ausbruch mit seinen nie zuvor versuchten Klangverbindungen und außergewöhnlichen Proportionen, kann diese musikalische Vision des Jüngsten Gerichts (von der ich hoffe, daß sie Bestand haben wird) nur in ein scheußliches Durcheinander ausarten.

Infolge meines üblichen Mißtrauens war ich hinter Habeneck stehen geblieben und überwachte, den Rücken gegen ihn gekehrt, die Gruppe der Paukenschläger, die er nicht sehen konnte, denn es nahte der Augenblick, wo sie in das allgemeine Treffen eintreten sollten.

Mein »Requiem« enthält an die tausend Takte. Und genau bei dem Takt, von dem ich eben sprach, in dem das Tempo breiter wird und die Blechinstrumente ihre furchtbare Fanfare herausschmettern, mit einem Wort: bei dem einzigen Takt, in dem die Tätigkeit des Dirigenten wahrhaft unentbehrlich ist, senkt Habeneck seinen Stab, zieht in aller Seelenruhe seine Tabaksdose aus der Tasche und nimmt eine Prise. Zum Glück hatte ich immer wieder zu ihm hingeblickt; in dem Augenblick, da ich sehe, daß er den Einsatz nicht gibt, drehe ich mich blitzschnell auf meinem Absatz herum, stürze vor ihn, strecke den Arm aus und markiere die vier langsamen Taktteile des neuen Tempos. Die Orchester folgen mir, alles setzt in Ordnung ein, ich dirigiere den Satz bis zum Schluß, und die von mir erträumte Wirkung ist erzielt. Als Habeneck bei den letzten Worten des Chores sah, daß das ›Tuba mirum‹ gerettet war, sagte er zu mir: »Mich überlief kalter Schweiß; ohne Sie waren wir verloren!« – »Ja, ich weiß es wohl«, antwortete ich und sah ihn fest an. Ich fügte kein Wort hinzu. ... Hat er es mit Absicht getan? ...

Wäre es möglich, daß dieser Mensch im Bunde mit Monsieur X und der Cherubini-Clique eine solche Niederträchtigkeit geplant hätte? ... Ich will es nicht glauben ... Doch ich zweifle nicht daran, und möge Gott mir vergeben, wenn ich dem Mann Unrecht tue.[39]

Der Erfolg des »Requiems« war vollständig, trotz aller feigen, abscheulichen, offiziösen und offiziellen Verschwörungen, die sich ihm hatten entgegensetzen wollen.

Zu den Bedingungen, unter denen der Kriegsminister die Erlaubnis zur Aufführung des Werkes gegeben hatte, gehörte auch folgende: »Ich werde Ihnen«, sagte mir General Bernard, »zehntausend Francs für Ihre Ausgaben bewilligen, aber diese Summe wird Ihnen erst ausgehändigt werden, wenn Sie einen Brief des Innenministers vorzeigen, in dem er sich verpflichtet, Ihnen das Geld für Ihre Komposition, gemäß Gasparins Ordre sowie für den Kopisten und die Chorproben, die im Juli abgehalten wurden, zu geben.«

Der Innenminister hatte sich General Bernard gegenüber mündlich dazu verpflichtet, diese dreifache Schuld zu tilgen. Sein Brief war verfaßt, es fehlte nur seine Unterschrift. Um diese zu erlangen, wartete ich in seinem Vorzimmer, in Gesellschaft eines seiner Sekretäre, der mit dem Brief und einer Feder bewaffnet war, von 10 Uhr vormittags bis 4 Uhr nachmittags. Um diese Zeit erst kam der Minister heraus; der Sekretär fing ihn im Vorübergehen auf und ließ ihn seine so kostbare Unterschrift auf den Brief setzen. Ohne eine Minute zu verlieren, lief ich zu General Bernard, der mir aufgrund des Schreibens sofort die zehntausend Francs aushändigen ließ. Die Summe reichte gerade aus, um Chor und Orchester zu bezahlen sowie dem Tenor Duprez, der das Solo im ›Sanctus‹ gesungen hatte, und dem ausgezeichneten Tabakschnupfer Habeneck, der seine Dose im günstigsten Moment hervorzuholen wußte, je dreihundert Francs zukommen zu lassen; für mich blieb nichts übrig. Ich bildete mir ein, der Innenminister würde endlich seine Schuld an mich bezahlen, wozu er doppelt verpflichtet war, erstens durch die Bestimmung seines Vorgängers und ferner, weil er sich dem Kriegsminister gegenüber persönlich dafür verbürgt hatte. ›Sancta simplicitas!‹, wie Mephistopheles sagt; ein Monat, zwei, drei, vier, acht Monate vergingen, ohne daß es mir gelang, auch nur einen Sou zu erhalten. Durch zahlreiche Gesuche, Empfehlungsbriefe von Freunden des Ministers, Laufereien, schriftliche und mündliche Reklamationen, erreichte ich endlich, daß die Proben der Choristen und die Unkosten für die Abschriften bezahlt wurden. So wurde ich wenigstens nicht mehr von so vielen Leuten verfolgt, die ungeduldig auf das ihnen zustehende Honorar gewartet hatten und vielleicht bereits begannen, an meiner Ehrlichkeit zu zweifeln – ein Gedanke, der mir die Schamröte ins Gesicht treibt.

Allein wie konnte man annehmen, daß ich, der Komponist des »Requiems«, dem schnöden Metall irgendwelchen Wert beilegte! Pfui! Das wäre Verleumdung gewesen! Infolgedessen hütete man sich wohl, mich zu bezahlen. Ich nahm mir aber doch die große Freiheit heraus, die völlige Erfüllung des ministeriellen Versprechens zu verlangen. Ich war in dringender Geldnot. Ich mußte mich wieder darein finden, das Sprechzimmer des Direktors der Schönen Künste zu belagern; mehrere Wochen vergingen mit vergeblichen Gesuchen. Mein Zorn steigerte sich, ich magerte ab, ich verlor den Schlaf. Eines Morgens schließlich gehe ich wieder ins Ministerium, grün und bleich vor Wut und bereit, einen Skandal zu entfesseln. »Nun«, sage ich zu Monsieur X, »wie es scheint, hat man sich entschlossen, mir die ausstehende Summe zu verweigern.« – »Mein lieber Berlioz«, antwortet der Direktor, »Sie wissen, daß die Schuld nicht an mir liegt. Ich habe alle Erkundigungen eingezogen, ich habe strenge Untersuchungen vorgenommen. Die für Sie bestimmten Gelder sind verschwunden, man hat sie zu etwas anderem verwendet. Ich weiß nicht, in welchem Büro es geschehen ist. O! wenn so etwas bei mir vorkommen würde!« ... – »Wie! Die Gelder, die für die Schönen Künste bestimmt sind, können außerhalb Ihrer Abteilung verwendet werden, ohne daß Sie es wissen? ... Ihr Budget steht also dem ersten besten zur Verfügung? ... Aber was liegt mir daran! Ich brauche mich mit solchen Fragen nicht abzugeben. Man hat bei mir ein ›Requiem‹ zum festen Preis von dreitausend Francs bestellt, ich muß meine dreitausend Francs haben.« – »Mein Gott, haben Sie doch noch ein wenig Geduld. Man wird Rat schaffen. Übrigens denkt man daran, Ihnen das Kreuz der Ehrenlegion zu ...« – »Ich pfeife auf Ihr Kreuz! Geben Sie mir mein Geld« – »Aber ...« – »Da gibt es kein Aber«, rief ich und warf einen Sessel um, »ich gebe Ihnen bis morgen Mittag Zeit, und wenn ich nicht punkt zwölf Uhr den Betrag erhalten habe, so mache ich Ihnen und dem Minister einen Skandal, wie man noch keinen gesehen hat! Und Sie wissen, daß ich die Mittel habe, diesen Skandal zu machen.« Darauf stürzt der Direktor fassungslos zur Treppe, die zu den Räumen des Ministers führt; ich laufe ihm nach und rufe: »Sagen Sie ihm, daß ich mich schämen würde, meinen Schuhmacher so zu behandeln, wie er mich behandelt, und daß sein Benehmen mir gegenüber bald zu einer seltenen Berühmtheit gelangen wird.«*

Diesmal hatte ich die wunde Stelle beim Minister entdeckt. Zehn

* Und doch war er ein ausgezeichneter Mann, von guten Absichten erfüllt.

Minuten später hatte ich eine Anweisung auf 3000 Francs in den Händen. Man hatte also Geld gefunden ... Auf solche Weise muß man sich in Paris gelegentlich sein Recht verschaffen. Es gibt übrigens noch drastischere Mittel, die ich ihnen rate, nicht zu vernachlässigen ...

Als später der gute Gasparin wieder Minister geworden war, schien er mich entschädigen zu wollen für all das Unrecht, das man mir angetan hatte, indem er mir jenes Kreuz der Ehrenlegion verleihen ließ, das man mir sozusagen für dreitausend Francs hatte verkaufen wollen und wofür ich, als es mir auf diese Weise angeboten wurde, nicht einmal dreißig Sous gegeben hätte. Diese banale Auszeichnung wurde mir zur selben Zeit zuteil wie dem großen Duponchel, dem damaligen Direktor der Opéra, und Bordogni, dem imposantesten Gesangslehrer jener Epoche. Als dann das »Requiem« gedruckt wurde, gehörte Gasparin nicht mehr der Regierung an, was ein Grund mehr für mich war, das Werk ihm zu widmen. Das Verhalten des anderen Innenministers jedoch erscheint besonders pikant durch folgenden Umstand: Nachdem ich die Musiker, die Choristen, die Zimmerleute, die das Podium errichtet hatten, Habeneck und Duprez und alle Leute bezahlt hatte und noch am Anfang meiner Versuche, die dreitausend Francs zu erhalten, stand, bezeichneten einige Blätter der Opposition mich als Günstling der Staatsmacht, als Seidenwurm, der das Budget auffresse, und verbreiteten allen Ernstes die Nachricht, man habe mir soeben für mein »Requiem« dreißigtausend Francs gegeben.

Sie fügten einfach der Summe, die ich nicht erhalten hatte, eine Null hinzu. So schreibt man Geschichte.

XLVII.

Aufführung des ›Lacrymosa‹ aus meinem »Requiem« in Lille – Kleine Natter für Cherubini – Er spielt mir einen hübschen Streich – Ich warte ihm mit einer giftigen Viper auf – Ich werde in der Redaktion des ›Journal des Débats‹ angestellt – Qualen, die mir die Ausübung meines Berufes als Kritiker verursacht

Einige Jahre nach der Zeremonie, deren Wechselfälle ich soeben erzählt habe, veranstaltete die Stadt Lille ihr erstes Festival, und Habeneck sollte den musikalischen Teil leiten. Aus einer seiner liebenswerten Launen heraus, die trotz allem bei ihm ziemlich häufig waren, und vielleicht um mich seine berühmte Tabaksprise vergessen zu lassen, kam er auf den Gedanken, dem Festkomitee unter anderen Bruchstücken auch das ›Lacrymosa‹ aus meinem »Requiem« für das Konzert vorzuschlagen. Man hatte auf das Programm ferner das ›Credo‹ aus einer Missa solemnis von Cherubini gesetzt. Habeneck studierte mein Stück mit außerordentlicher Sorgfalt ein, und die Aufführung ließ, wie es scheint, nichts zu wünschen übrig.

Die Wirkung war sehr stark, und das Stück mußte trotz seiner erheblichen Länge wiederholt werden; einige Zuhörer sollen zu Tränen ergriffen gewesen sein. Da das Komitee von Lille mir die Ehre einer Einladung nicht hatte zuteil werden lassen, war ich in Paris geblieben. Aber nach dem Konzert schrieb mir Habeneck, hocherfreut, mit einem schwierigen Werk solch ein schönes Resultat erzielt zu haben, einen kurzen, ungefähr folgendermaßen lautenden Brief:

»Mein lieber Berlioz,

Ich kann dem Vergnügen nicht wiederstehen, Ihnen zu melden, daß Ihr ›Lacrymosa‹, in vollkommener Aufführung, eine ungeheure Wirkung hervorgebracht hat.

Ganz der Ihrige
Habeneck.«

Der Brief wurde von der Pariser ›Gazette musical‹ publiziert, und als Habeneck später Cherubini besuchte und ihm versicherte, sein ›Credo‹ sei sehr gut aufgeführt worden, erwiderte er trocken: »Ja, ja, aber mir haben Sie keinen Brief geschrieben ...«* So giftete ihn der Erfolg meines verteufelten »Requiems« schon wieder wie eine kleine Natter, die er nicht versäumte, bei folgender Gelegenheit auf sehr drollige Art auf mich zurückzuhetzen. Die Position eines Professors für Harmonielehre am Konservatorium war frei geworden, und Freunde rieten mir, mich zu bewerben. Ohne mir große Hoffnungen auf Erfolg zu machen, schrieb ich deswegen an unseren guten Direktor Cherubini; nach Empfang meines Briefes ließ er mich rufen:

»Sie bewerben sich um die Harmonieklasse?« ... sagte er in der liebenswürdigsten Weise und mit der süßesten Stimme, die er finden konnte. – »Ja.« – »Ach so ... Ja, sehen Sie ... daß ich ... Sie bekommen sie, diese Stelle ... Ihr Ruf, jetzt ... Und Ihre Beziehungen ...« – »Um so besser. Ich habe mich ja beworben, weil ich die Stelle gern haben möchte.« – »Ja, aber ... aber das verdrießt mich ... Sehen Sie, ich möchte sie gern einem anderen geben.« – »Wenn das der Fall ist, werde ich mein Gesuch zurückziehen.« – »Nein, nein, ich will nicht, weil, se-

* Ich hatte ihm ja prophezeit, daß mein Name eines Tages bekannt werden würde.

hen Sie, man würde sagen, ich sei es, der die Ursache ist, daß Sie Ihr Gesuch widerrufen.« – »Dann bleibe ich unter den Bewerbern.« – »Wenn ich Ihnen aber sage, daß Sie sie haben werden, die Stelle, wenn Sie darauf bestehen, und ... ich hatte sie nicht für Sie bestimmt.« – »Was ist aber da zu machen?« – »Sie wissen, daß man ... daß man ... daß man Pianist sein muß, um im Konservatorium Harmonie zu lehren, das wissen Sie, mein Lieber.« – »Man muß Klavierspieler sein? So! Das ahnte ich nicht im geringsten. Nun, das ist ein ausgezeichneter Grund. Ich werde Ihnen schreiben, daß ich nicht danach streben kann, am Konservatorium Harmonie zu lehren, weil ich kein Pianist bin.« – »Ja, mein Lieber, aber ... aber, aber ich bin nicht daran schuld, daß ...« – »Nein, nicht im mindesten; ich muß mich ganz natürlich zurückziehen, weil ich die Dummheit begangen habe, zu vergessen, daß man Pianist sein muß, um Harmonie zu lehren.« – »Ja, mein Lieber. Nun, umarmen Sie mich, Sie wissen, wie lieb ich Sie habe.« – »O ja, ich weiß es!« Und er umarmt mich tatsächlich mit väterlicher Zärtlichkeit. Ich gehe fort, sende ihm meine Verzichtleistung zu, und er läßt acht Tage darauf die Stelle einem gewissen Bienaimé geben, der ebensowenig Klavier spielt wie ich.

Das nennt man einen gut gespielten Streich! Jedenfalls wäre ich der letzte gewesen, mich nicht über die Sache zu amüsieren. Der Leser wird vielleicht meine Zurückhaltung bestaunen, weil ich Cherubini nicht antwortete: »Sie selbst könnten also keinen Harmonieunterricht geben?« Denn auch der große Meister war durchaus kein Klavierspieler.

Ich muß bedauern, daß ich nachher, und recht unabsichtlich, meinen väterlichen Freund empfindlich verletzt habe. Es war bei der Uraufführung seiner Oper »Ali Baba«, einem der, wie jedermann zugab, schwächsten und hohlsten Werke Cherubinis. Ermüdet von den sich häufenden Einfallslosigkeiten konnte ich am Ende des ersten Aufzuges mich nicht enthalten zu sagen, und zwar laut genug, um von meinen Nachbarn gehört zu werden: »Ich gebe 20 Francs für einen Gedanken!« In der Mitte des zweiten Aktes, noch mehr gelangweilt als zuvor, erhöhe ich mein Angebot und sage: »Ich gebe 40 Francs für einen Gedanken!« Das Finale beginnt: »Ich gebe 80 Francs für einen Gedanken!« Am Ende des Finales stehe ich auf und werfe die letzten Worte hin: »Wahrhaftig, ich bin nicht reich genug. Ich gebe es auf!« und gehe fort.

Ein oder zwei junge Leute, die in derselben Reihe saßen, sahen mich entrüstet an. Es waren Schüler des Konservatoriums, die man in die Oper geschickt hatte, um ihrem Direktor von Nutzen zu sein. Wie ich später erfuhr, versäumten sie nicht, ihm über mein freches Benehmen Bericht zu erstatten. Cherubinis Empörung war gewiß um so stärker, als er mich nach der Liebeserklärung, die er mir am Ende unseres letzten Gesprächs gemacht hatte, wieder einmal für schrecklich undankbar halten mußte. Diesmal handelte es sich nicht mehr um Nattern, ich gebe es zu, sondern um eine jener giftigen Vipern, deren Bisse das Selbstgefühl so empfindlich verletzen. Sie war mir entschlüpft.

Nun glaube ich, erzählen zu müssen, wie ich zu meiner Anstellung im ›Journal des Débats‹ gekommen bin. Nach meiner Rückkehr aus Italien hatte ich zahlreiche Artikel in verschiedenen, zum Teil inzwischen vergessenen Zeitungen und Zeitschriften veröffentlicht. Aber diese Arbeiten von geringem Umfang und geringer Bedeutung trugen mir auch sehr wenig ein, und die Bedrängnis, in der ich lebte, besserte sich dadurch kaum.

Eines Tages, als ich nicht mehr wußte, wie es weitergehen sollte, schrieb ich, zur Aufbesserung meiner Finanzen, eine kleine Novelle mit dem Titel »Rubini in Calais«, eine verrückt-komische Geschichte, obwohl ich an diesem Tage höchst trauriger Stimmung war; aber solche paradox scheinenden Gegensätze kommen ja, wie man weiß, häufig vor. Die Novelle erschien in der ›Gazette musicale‹, und einige Tage später druckte das ›Journal des Débats‹ sie nach, mit einem kurzen Vorwort des Chefredakteurs, in dem er sich sehr wohlwollend über den Verfasser aussprach. Ich ging sogleich zu Bertin, um ihm zu danken, und er schlug mir vor, das musikalische Feuilleton des ›Journal des Débats‹ zu redigieren. Der Posten war durch den Rücktritt Castilblazes frei geworden. Anfangs hatte ich nur Konzerte und neue Werke zu besprechen; später kam Oper hinzu, außer dem Théâtre Italien, das Delécluse vorbehalten blieb, und den Ballett-Abenden der Grand-Opéra, die Jules Janin betreute. (Inzwischen habe ich fast ganz auf eine Tätigkeit in der Redaktion verzichtet, trotz der vorteilhaften Bedingungen, die ich dort habe,* und schreibe Rezensionen nur noch, wenn sich wirklich etwas in der Musikwelt ereignet.) So stark ist meine Abneigung gegen jede Arbeit dieser Art. Mir wird schon unbehaglich zumute, wenn ich die Ankündigung einer neuen Oper lese, und mein Unbehagen wächst bis zu dem Moment, wo ich mit der Abfassung meiner Besprechung fertig bin.

Diese immer wieder sich stellende Aufgabe vergiftet mein Leben. Und doch ist es mir, abgesehen von der pekuniären Hilfe, die sie mir bietet und die ich nicht entbehren kann, beinahe unmöglich, sie aufzugeben, bei Strafe der Wehrlosigkeit gegenüber den wütenden und zahllosen Gehässigkeiten, die sie mir zugezogen hat. Denn die Presse ist in

---

* Man gibt mir dort hundert Francs für jeden Artikel, ungefähr vierzehnhundert Francs im Jahr.

gewisser Beziehung kostbarer als Achills Lanze; nicht nur, daß sie manchmal die Wunden heilt, die sie geschlagen hat; sie kann auch als Schild dienen. Doch zu welch' erbärmlicher Zurückhaltung bin ich dabei gezwungen! ... Wie viele Umschweife, um das Aussprechen der vollen Wahrheit zu vermeiden! Wie viele Konzessionen an gesellschaftliche Beziehungen, sogar an die öffentliche Meinung! Wie viel aufgeweichter Zorn und geschluckte Schmach! Und man findet mich heftig, boshaft, gehässig. Ach, ihr Tölpel! Spräche ich die ganze Wahrheit aus, würdet ihr bald merken, daß das Nesselbett, auf das ich euch angeblich niedergestreckt habe, ein Rosenbett ist im Vergleich zu dem Rost, auf dem ich euch braten würde ...

Ich muß mir Gerechtigkeit widerfahren lassen und bekennen, daß ich mir keinerlei Zurückhaltung auferlegte, aus welchen Rücksichten auch immer, wenn es darum ging, der Achtung, Bewunderung oder Begeisterung für Werke oder Menschen, die in mir solche Reaktionen auslösten, freien Ausdruck zu verleihen. Ich habe mit Wärme Leute gelobt, die mir viel Übles getan hatten und mit denen ich jede Beziehung abgebrochen hatte. Ja, die einzige Entschädigung, die mir die Presse für so viele Qualen bietet, ist die Möglichkeit freier Äußerung. Es scheint mir süß, einen verdienstvollen Feind zu loben, es ist außerdem eine Pflicht, die man als Ehrenmann gern erfüllt; wogegen jedes lügenhafte, zugunsten eines talentlosen Freundes geschriebene Wort mir nagende Schmerzen verursacht. Alle Kritiker wissen jedoch, wie es in beiden Fällen zugeht: der Mann, der uns haßt, ist wütend über das Verdienst, das wir uns dadurch zu erwerben scheinen, daß wir ihn dennoch loben, und verabscheut uns nun noch mehr, während der Freund von dem gequälten Beifall, den wir ihm spenden, wenig befriedigt ist und bereits halb zum Feinde wird. Mehr noch leidet man, zumal wenn man wie ich das Unglück hat, zugleich Komponist und Kritiker zu sein, unter der Verpflichtung, sich um tausend winzige Albernheiten zu kümmern, und besonders durch die Schmeicheleien, Niederträchtigkeiten und Kriechereien von Leuten, die uns brauchen oder brauchen werden. Es macht mir oft Spaß, die unterirdische Arbeit gewisser Leute zu verfolgen, die einen zwanzig Meilen langen Tunnel graben, um über das atemberaubend schöne Werk, das sie demnächst vollenden werden, ein ›gutes Feuilleton‹, wie sie es nennen, zu erlangen, d. h. eine günstige Vorbesprechung. Nichts kann so lächerlich sein wie die Geduld, mit der sie den Gang sich bahnen und das Gewölbe aufbauen; bis zum Augenblick, da der Kritiker, durch diese Maulwurfsarbeit gereizt, plötzlich einen Strahl kalten Wassers losläßt, der die Grube und manchmal auch den Grubenarbeiter überflutet.

Deshalb lege ich, wenn es sich um die Beurteilung meiner Werke handelt, nur Wert auf das Urteil von Leuten, die nicht von Presseurteilen abhängig sind. Die einzigen unter den Musikern, deren Beifall mir schmeichelt, sind die Orchestermitglieder und die Choristen, weil bei ihnen das Talent des einzelnen selten der Prüfung des Kritikers ausgesetzt ist und sie daher gar keinen Grund haben, ihm den Hof zu machen. Übrigens muß das Lob, das man ab und zu von mir erpreßt, denen, die es empfangen, wenig schmeicheln. Der Zwang, den ich mir auferlege, um gewisse Werke zu loben, ist so groß, daß die Wahrheit zwischen meinen Zeilen durchblickt, wie bei außergewöhnlichen Anstrengungen der hydraulischen Presse das Wasser durch das Eisen der Maschine durchsickert. Balzac hat an so und so vielen Stellen seiner bewunderungswürdigen »Menschlichen Komödie« recht treffliche Dinge über die zeitgenössische Kritik geschrieben; doch hat er zwar die Fehler und Irrtümer und all das Unrecht, das da begangen wird, aufgedeckt, aber, wie mir scheint, die Verdienste derer, die ihre Integrität bewahren, nicht genügend hervorgehoben und für ihre heimlichen Leiden kein richtiges Verständnis erweckt. Selbst in seinem Buche: »Die Monographie der Presse« hat er, obgleich sein Freund Laurent-Jan (der auch mein Freund und einer der scharfsinnigsten Denker ist, die ich kenne) sein Mitarbeiter war, nicht alle Seiten der Frage beleuchtet. Laurent-Jan hat für mehrere Zeitungen geschrieben, aber ohne eine bestimmte Linie zu verfolgen, eher in der Art eines Humoristen als eines Kritikers, und er konnte ebenso wenig wie Balzac alles sehen und alles wissen ...

Armand Bertin (der Sohn des Chefredakteurs), der sich über meine permanente Geldnot Sorgen gemacht hatte, begrüßte mich eines Tages mit folgenden Worten, die mich umso mehr erfreuten, als ich nichts dergleichen erwartet hatte: »Lieber Freund, Ihr Glück ist gemacht. Ich habe eben mit dem Innenminister über Sie gesprochen, und er hat bestimmt, daß man Ihnen, trotz Cherubinis Widerstand, eine Stelle als Professor für Kompositionslehre am Konservatorium gibt, mit einem Gehalt von 1500 Francs plus 4500 aus dem Fonds, der zur Förderung der Schönen Künste bestimmt ist. Mit diesen 6000 Francs im Jahr brauchen Sie sich keine Sorgen mehr zu machen und können in Ruhe komponieren.«

Ungefähr die gleichen Worte hörte ich am nächsten Abend aus dem Munde des Direktors der Schönen Künste, dem ich im Foyer der Opéra begegnete und der sich plötzlich äußerst zuvorkommend mir gegenüber benahm. Ich dankte ihm und bat ihn, auch dem Minister meine Dankbarkeit zu übermitteln.

Dieses Versprechen, das man einem Mann, der nichts verlangt hatte, aus freien Stücken gab, wurde nicht besser gehalten als so viele andere, und von jenem Augenblick an ist keine Rede mehr davon gewesen.

LXVIII

»Esmeralda« von Mademoiselle Bertin – Proben zu meiner Oper »Benvenuto Cellini« – Ihr glänzender Durchfall – Die Ouvertüre »Carnaval romain« – Habeneck – Duprez – Ernst Legouvé

Ich erhielt dann alles in allem und immer noch trotz Cherubini die Stellung eines Bibliothekars am Konservatorium, die ich noch inne habe und deren monatliches Gehalt hundertachtzehn Francs beträgt. Als später, während meines Aufenthalts in England, die Republik in Frankreich proklamiert worden war, hatten einige würdige Patrioten, denen diese Position zusagte, den Einfall, sich um sie zu bewerben und machten geltend, man dürfe sie nicht einem Manne lassen, der wie ich auf so lange Zeit abwesend war. Als ich aus London zurückkehrte, hörte ich infolgedessen, daß ich abgesetzt werden sollte. Glücklicherweise besaß Viktor Hugo, damals Volksvertreter, trotz seines Genies eine gewisse Autorität in der Kammer; er griff vermittelnd ein und bewirkte, daß man mir meinen bescheidenen Posten ließ.

Ungefähr zur selben Zeit wurde die Stelle eines Direktors der Schönen Künste mit Charles Blanc, einem Bruder des berühmten Sozialisten, neu besetzt. Dieser ehrliche und gelehrte Kunstfreund hat mich bei mehreren Gelegenheiten mit Eifer und Hingabe unterstützt.

Hier aber ein Beispiel für den unerbittlichen Haß, dem Menschen ausgesetzt sind, die zur literarischen oder politischen Presse und ihrer Umgebung gehören, einen Haß, dessen Folgen sie unweigerlich zu spüren bekommen, auch wenn sie die geringste Veranlassung zu solchen Ausbrüchen geben.

Louise Bertin, die Tochter des Eigentümers und Herausgebers des ›Journal des Débats‹ und Schwester des Chefredakteurs, war sowohl musikalisch wie literarisch mit bemerkenswertem Erfolge tätig. Sie gehört zu den intelligentesten und fähigsten Frauen unserer Zeit.

Ihr musikalisches Talent entspringt meiner Ansicht nach mehr der Vernunft als der Empfindung; es ist aber ein wirkliches Talent, und ihre Oper »Esmeralda«, auf ein Libretto von Victor Hugo, enthält trotz einer gewissen Unsicherheit im Stilistischen und einer manchmal naiven Melodieführung sehr viele interessante und gelungene Passagen.

Da sie die Einstudierung ihrer Partitur im Theater weder überwachen noch selbst leiten konnte, übertrug mir ihr Vater diese Aufgabe und entschädigte mich großmütig für die Zeit, die ich drangeben mußte. Die Hauptrollen: Phöbus, Frollo, Esmeralda und Quasimodo, wurden mit Nourrit, Levasseur, Mlle. Falcon und Massol besetzt, das heißt, durch die besten Kräfte unter den damaligen dramatischen Sängern der Grand-Opéra.

Mehrere Stücke, unter anderen das große Duett zwischen dem Priester und der Zigeunerin im zweiten Aufzug, eine Romanze und die so charakteristische Arie des Quasimodo wurden in der Hauptprobe stürmisch beklatscht. Allein dieses Werk einer Frau, die nie eine Zeile von Kritik über irgendjemanden geschrieben hat, die nie einen Menschen angegriffen oder zu wenig gelobt hat und deren einziges Unrecht darin bestand, daß sie zur Familie der Direktoren eines mächtigen Blattes gehörte, dessen politische Tendenz einem Teil des Publikums nicht paßte, dieses Werk also, weit bedeutender als so viele andere, die man tagtäglich beklatscht oder zumindest akzeptiert, fiel unter schrecklichem Tumult durch. Zischen, Geschrei, Hohngelächter, wie man es vordem nicht erlebt hatte, erntete es im Opernhaus. Bei einem zweiten Versuch mußte man sogar inmitten eines Aufzugs den Vorhang herunterlassen, und die Vorstellung konnte nicht zu Ende geführt werden.

Die Arie des Quasimodo, bekannt unter dem Namen ›Glocken-Arie‹, wurde nichtsdestoweniger beklatscht und vom ganzen Publikum wiederverlangt; und da man ihre Wirkung weder bestreiten noch ersticken konnte, riefen einige besonders schamlose Zuhörer: »Das ist nicht von der Bertin! Das ist von Berlioz!« Sie verbreiteten auch danach das Gerücht, ich hätte dieses Stück geschrieben; dabei stammte keine einzige Note von mir. Aber die Hetzer waren finster entschlossen, die Komponistin bis zum äußersten zu verfolgen und dabei die Tatsache auszunutzen, daß ich mich an der musikalischen und szenischen Einstudierung des Werkes beteiligt hatte; die ›Glockenarie‹ wurde mir endgültig zugeschrieben.

Danach konnte ich beurteilen, was ich von meinen persönlichen Feinden zu erwarten hatte, von denen, die ich mir selbst durch meine Kritiken gemacht hatte, im Verein mit den Feinden des ›Journal des Débats‹, wenn ich selber mich als Opernkomponist vorstellen würde, in diesem Haus, wo so viele feige Racheakte straflos verübt werden können. Ich kam folgendermaßen dazu, dort ebenfalls einen glänzenden Mißerfolg zu erleben.

Gewisse Episoden aus dem Leben Benvenuto Cellinis hatten auf mich einen lebhaften Eindruck gemacht; ich hatte das Pech, mir einzubilden, sie könnten ein interessantes und dramatisch bewegtes Thema für eine Oper bilden und bat Léon de Wailly und Auguste Barbier, den Dichter der scharf satirischen »Jambes«, mir daraus ein Libretto zu schreiben. Wenn ich selbst Wohlgesinnten glauben soll, enthält ihr Werk nichts von dem, was ein ›gutgebautes Drama‹, wie man so sagt, ausmacht. Mir gefiel es, und ich vermag auch heute noch nicht einzusehen, warum es schlechter sein soll als Hunderte anderer Libretti. Zu jener Zeit nun war Duponchel Direktor der Opéra; er sah in mir einen Wahnsinnigen, dessen Musik nur ein Sammelsurium von Monstrositäten sein konnte. Um sich aber beim ›Journal des Débats‹ beliebt zu machen, willigte er ein, sich den Text vorlesen zu lassen, und hörte ihn sich scheinbar mit Vergnügen an. Er ließ dann jedermann wissen, daß er die Oper aufführen werde, nicht wegen der Musik, die ja abgeschmackt sein müsse, sondern wegen der Handlung, die er reizend fände.

Er ließ tatsächlich mit der Einstudierung beginnen, und ich werde die Qualen nie vergessen, die ich während der drei Monate, die man ihr gewidmet hat, erdulden mußte. Die Gleichgültigkeit, der offenbare Widerwille, mit dem die meisten Künstler, da sie von vornherein an ein Fiasco glaubten, die Proben mitmachten; Habenecks üble Laune, die dumpfe Gärung im Theater, die dummen Bemerkungen über gewisse Formulierungen im Libretto, dessen Stil allerdings von der erbärmlichen gereimten Prosa der Scribeschen Schule meilenweit entfernt war – all dies verriet mir eine allgemeine feindselige Stimmung, gegen die ich nichts tun konnte; ich mußte mir sogar den Anschein geben, als bemerkte ich sie nicht.

Auguste Barbier hatte wohl hie und da in die Rezitative Ausdrücke einfließen lassen, die unserem zimperlichen Zeitalter allzu vulgär dünken; aber sollte man glauben, daß, in einem von Wailly verfaßten lyrischen Duett, der Ausdruck ›Die Hähne sangen‹ den meisten unserer Sänger lächerlich vorkam. »Oh!, oh, die Hähne«, sagten sie, »warum nicht die Hühner?« Was sollte ich solchen Dummköpfen antworten?

Als die Orchesterproben begannen, verhielten sich die Musiker, denen Habenecks verdrießliche Miene nicht entging, meinem Werk und mir selbst gegenüber äußerst reserviert. Sie erfüllten jedoch, im Gegensatz zu Habeneck, ihre Pflicht. Es gelang ihm nie, den Saltarello, das in der Mitte des zweiten Aufzuges auf der Piazza Colonna gesungen und getanzt wird, schnell genug zu nehmen. Da die Tänzer mit seiner schleppenden Bewegung nicht zurechtkommen konnten, beklagten sie sich bei mir, und ich wiederholte ihm: »Schneller, schneller, treiben Sie doch!« Habeneck, gereizt, schlug auf sein Pult und zerbrach soundso viele Violinbögen. Nachdem ich ihn fünf oder sechs Mal in solchen

Wutanfällen gesehen hatte, sagte ich schließlich zu ihm mit einer Kaltblütigkeit, die ihn außer sich geraten ließ: »Mein Gott, wenn Sie auch fünfzig Violinbögen zerbrechen, ändert das nichts daran, daß Ihr Tempo um die Hälfte zu langsam ist. Es handelt sich nämlich um einen Saltarello.« Habeneck darauf zum Orchester: »Da ich nicht das Glück habe, Monsieur Berlioz zufriedenzustellen, wollen wir für heute aufhören. Sie können gehen.« Und damit war die Probe zu Ende.*

Als ich einige Jahre später die Ouvertüre »Carnaval Romain« zum erstenmal zur Aufführung brachte, befand sich auch Habeneck im Saal. Der Saltarello, den er nie ins korrekte Tempo hatte bringen können, ist bekanntlich auch das Hauptthema des Allegro-Teils dieser Ouvertüre, aber das war nicht der Grund seines Kommens. Er hatte vielmehr gehört, daß die Bläser nicht an der Probe am Vormittag teilnehmen konnten, weil sie Dienst bei der Nationalgarde hatten. »Gut!«, hatte er sich gesagt, »es gibt heute abend eine Katastrophe, und da will ich dabei sein.« In der Tat, vor dem Konzert umringten mich die Bläser, erschrocken bei dem Gedanken, ein ihnen unbekanntes Werk öffentlich zu spielen. »Haben Sie keine Angst«, sagte ich zu ihnen, »die Stimmen sind korrekt abgeschrieben, Sie alle sind talentierte Musiker, sehen Sie so oft wie möglich auf meinen Taktstock, und es wird gut gehen.«

Es wurde kein einziger Fehler gemacht. Ich gab dem Allegro die wirbelnde Bewegung der Tänzer jenseits des Tibers; das Publikum rief »da capo« und wir begannen die Ouvertüre von neuem; sie wurde das zweite Mal noch besser wiedergegeben; und als ich später im Foyer auf Habeneck traf, dessen Miene arge Enttäuschung verriet, warf ich ihm im Vorbeigehen nur diese vier Worte zu: »So muß das klingen.« Er hütete sich, zu widersprechen.

Nie habe ich lebhafter als bei dieser Gelegenheit das Glück empfunden, die Aufführung meiner Werke selbst zu leiten; meine Freude verdoppelte sich bei dem Gedanken an die Qualen, die mich Habeneck hatte ausstehen lassen.

Arme Komponisten! Lernt, euch selbst aufzuführen, und führt euch gut auf (mit oder ohne Kalauer), denn der gefährlichste eurer Dolmetscher ist der Dirigent, vergeßt das nicht.

Ich komme auf »Cellini« zurück. Obwohl die Musiker mir gegenüber eine vorsichtige Zurückhaltung beobachteten, um mit der heimlichen Opposition ihres Führers gegen mich keinen zu großen Kontrast zu bilden, scheuten sie sich nicht, am Schluß der letzten Proben mehrere Stücke zu loben, und einige von ihnen erklärten meine Partitur für eine

* Ich konnte die Proben nicht selbst leiten. In den französischen Theatern haben die Komponisten nicht das Recht, ihre eigenen Werke zu dirigieren.

der originellsten, die sie je gespielt hatten. Dies erfuhr Duponchel, und ich hörte ihn eines Abends sagen: »Hat man je solchen Meinungswechsel erlebt? Jetzt findet man Berlioz' Musik reizend, und unsere Dummköpfe von Musikern heben sie bis in den Himmel!« Mehrere waren jedoch weit davon entfernt, sich als meine Anhänger zu zeigen. So ließen sich eines Abends zwei von ihnen ertappen, wie sie im Finale des zweiten Aktes statt der vorgeschriebenen Noten den Gassenhauer »Ich habe guten Tabak« spielten. Sie hofften dadurch ihrem Chef zu schmeicheln. Auf den Brettern fand ich das Gegenstück zu diesen Bubenstreichen. Im gleichen Finale mit dem nächtlichen Gedränge von Masken auf der Piazza Colonna, bei abgedunkelter Bühne also, belustigten sich einmal die Tänzer damit, ihre Partnerinnen zu kneifen und ihnen auf diese Weise Töne zu entlocken, die, im Verein mit ihren eigenen, sich den Stimmen der Choristen beimischten und deren Gesang störten. Und wenn ich in meiner Entrüstung den Direktor rufen ließ, um einer so dreisten Ungezogenheit ein Ende zu machen, war Duponchel nie zu finden; er geruhte nicht, den Proben beizuwohnen.

Kurz, die Oper wurde gespielt. Man bereitete der Ouvertüre einen übertriebenen Erfolg und zischte alles übrige mit bewunderungswürdiger Einmütigkeit und Beharrlichkeit aus. Dennoch kam es zu drei Aufführungen; da Duprez es danach für korrekt hielt, die Titelrolle niederzulegen, verschwand das Werk aus dem Spielplan und erschien erst sehr viel später wieder, weil der Tenor Alexis Dupont aus Wut darüber, daß er die Rolle nicht von Anfang an bekommen hatte, fünf ganze Monate brauchte, um sie zu erlernen.

Duprez war sehr schön in leidenschaftlichen Szenen, wie die in der Mitte des Sextetts, in der er seine Statue zu zertrümmern droht. Aber seine Stimme eignete sich schon nicht mehr für den weichen Gesang, für die gehaltenen Töne, für träumerisch ruhige Musik. So konnte er in der Arie von den Bergeshöhen jenes G, das drei Takte lang gehalten werden muß, nur kurz ansingen, wodurch der musikalische Sinn der Stelle zerstört war. Die Damen Gras-Dorus und Stoltz sangen die Rollen der Thérèse bzw. des Jünglings Ascanio, die sie sorgfältig studiert hatten, mit Charme und Anteilnahme; die Stoltz hatte sogar mit ihrem Rondo im zweiten Akt solchen Erfolg, daß man diese Partie als Ausgangspunkt ihrer großen Karriere betrachten kann, die sie seither gemacht hat und von deren Höhe sie auf unerwartete Weise gestürzt werden sollte.(40)

Es ist nun 14 Jahre her, daß ich mit meiner Oper ein solches Fiasko erlebte.* Soeben habe ich meine arme Partitur mit Sorgfalt und kalt-

* Es darf nicht vergessen werden, daß dies im Jahre 1850 geschrieben wurde. Seit-

blütiger Unparteilichkeit wieder durchgelesen und kann nicht umhin, eine Fülle von Gedanken, eine stürmische Verve, eine Kraft darin zu finden, die ich vielleicht nie mehr erreichen werde, und ich möchte meinen, das Werk verdiente ein besseres Los.

Ich hatte sehr viel Zeit für die Komposition gebraucht, und ohne die Hilfe eines Freundes hätte ich sie nicht bis zum gestellten Termin zu Ende bringen können. Man muß, um eine Oper zu schreiben, frei von jeder anderen Arbeit sein, daß heißt, man muß für eine kürzere oder längere Zeit eine gesicherte Existenz haben. Dies war nun durchaus nicht bei mir der Fall; ich lebte nur kümmerlich von den Artikeln, die ich für mehrere Zeitungen schrieb und deren Abfassung mich ausschließlich beschäftigte. Ich vermochte zwar im ersten Fieberanfall, in den mich die Arbeit an diesem Werk versetzte, zwei Monate lang konzentriert dabeizubleiben; die unerbittliche Notwendigkeit riß mir aber bald die Feder des Komponisten aus der Hand, um ihr mit Gewalt die Feder des Kritikers aufzunötigen. Ich litt, aber ich durfte nicht zögern, ich hatte Frau und Kind zu versorgen. Der Kampf zwischen der Not auf der einen Seite und den musikalischen Ideen, die ich von mir weisen mußte, auf der anderen versetzte mich in einen Zustand tiefer Niedergeschlagenheit, in dem ich nicht einmal mehr den Mut hatte, meine verhaßte Aufgabe als Zeitungsschmierer wie gewöhnlich zu erfüllen.

Ich war im Zustand tiefster Depression, als mich Ernest Legouvé besuchte. »Wie weit ist denn Ihre Oper?« fragte er. – »Der erste Aufzug ist noch nicht fertig. Ich habe keine Zeit, daran zu arbeiten.« – »Wenn Sie aber diese Zeit hätten ...« – »Bei Gott, dann würde ich von morgens bis abends schreiben.« – »Was müßten Sie haben, um frei zu sein?« – »Zweitausend Francs, die ich nicht besitze.« – »Und wenn jemand ... Wenn man sie Ihnen ... Nun, sagen Sie doch.« – »Wie? Was meinen Sie? ...« »Nun ja, wenn einer Ihrer Freunde sie Ihnen leihen würde ...« – »Welchen Freund könnte ich um eine solche Summe bitten?« – »Sie brauchen nicht darum zu bitten, ich biete sie Ihnen an! ...« Man kann sich meine Freude vorstellen. Legouvé brachte mir in der Tat am darauffolgenden Tag die zweitausend Francs, und ich konnte die Partitur zu Ende schreiben. Trefflicher Mann! Selber ein Künstler, ein vorzüglicher Schriftsteller, hatte er meine Qual erraten, fürchtete aber, zartfühlend wie er war, mich zu kränken, wenn er mir von sich aus Geld anbot ... Künstler allein können einander so wohl verste-

dem ist die Oper mit geringfügigen Änderungen erfolgreich in Weimar inszeniert worden, wo sie unter Liszts Leitung oft aufgeführt wird. Außerdem ist der Klavierauszug in Braunschweig 1858 erschienen. Er wurde 1865 sogar in Paris, bei Choudens, herausgegeben.

hen ... Und ich habe das Glück gehabt, mehreren zu begegnen, die mir auf die gleiche Art und Weise zu Hilfe gekommen sind.

XLIX.

Konzert am 16. Dez. 1838 – Paganini, sein Brief, sein Geschenk – Religiöse Anwandlung meiner Frau – Wut, Freuden und Verleumdungen – Ich besuche Paganini – Seine Abreise – Ich schreibe »Romeo und Julia« – Kritiken über dieses Werk

Als mein »Benvenuto« in der Opéra massakriert wurde, war Paganini gerade von seinem Aufenthalt in Nizza zurückgekehrt. Er war bei jener schrecklichen Premiere anwesend und sagte danach: »Wenn ich Direktor dieses Hauses wäre, würde ich diesen jungen Mann noch heute dazu verpflichten, drei weitere Opern zu schreiben; ich würde ihm den Preis im voraus zahlen und dabei noch ein gutes Geschäft machen.« Ich hatte mir inzwischen eine Bronchitis zugezogen, nicht zuletzt durch die Aufregungen bei den Proben; aber ich konnte nicht lange im Bett bleiben, wir brauchten Geld, und ich entschloß mich, trotz meines miserablen Gesundheitszustands, zwei Konzerte im Saal des Konservatoriums zu geben. Das erste deckte kaum die Kosten. Das zweite, das am 16. Dezember 1838 stattfand, enthielt wieder einmal meine ›Erfolgsstücke‹, die »Symphonie fantastique« und den »Harold«. Paganini war anwesend, und nun muß ich erzählen, wie jene Geschichte, über die so viele widersprüchliche Ansichten geäußert und so viele bösartige Märchen erfunden wurden, sich wirklich zutrug.

Ich sagte bereits, daß Paganini den Anlaß zur Komposition des »Harold« gegeben hatte und daß er den ersten Satz vom Manuskript her kannte. Die vollständige Symphonie hörte er an jenem Abend zum erstenmal. Das Konzert war eben zu Ende, ich war erschöpft, schweißgebadet und zitterte am ganzen Körper, als Paganini, von seinem Sohn Achille begleitet, sich mir lebhaft gestikulierend näherte. Infolge der Kehlkopfkrankheit, an der er später starb, hatte er die Stimme schon damals gänzlich verloren, und wenn er sich nicht an einem völlig ruhigen Ort befand, konnte niemand außer seinem Sohn seine Worte verstehen oder vielmehr erraten. Er winkte dem Knaben; dieser stieg auf einen Stuhl, brachte sein Ohr ganz nah an seines Vaters Mund und wandte sich dann an mich: »Mein Vater versichert Ihnen, daß er noch nie in seinem Leben so tief beeindruckt war von einem Konzert; daß Ihre Musik ihn erschüttert hat und daß er Ihnen am liebsten auf Knien danken würde.« Bei diesen sonderbaren Worten machte ich eine Bewegung des Unglaubens und der Verwirrung; aber Paganini ergriff mich beim Arm und zog mich, während er mit seiner erstorbenen Stimme einige: Ja, ja! hervorbrachte, auf die Bühne, wo sich noch viele von meinen Musikern befanden, kniete vor mich hin und küßte mir die Hand. Es ist, meine ich, nicht nötig, zu sagen, welcher Schwindel mich erfaßte; ich erzähle die Tatsache, das genügt.

Als ich in diesem erhitzten Zustand und bei sehr scharfer Kälte mich auf den Heimweg machte, traf ich auf dem Boulevard meinen Verleger Bertin; ich blieb einige Zeit stehen, um ihm die Szene, die eben stattgefunden hatte, zu erzählen, die Kälte ergriff mich, ich ging rasch nach Hause und legte mich zu Bett, noch kränker als zuvor. Ich war am nächsten Tage allein in meinem Zimmer, als ich den kleinen Achille eintreten sah. »Es wird meinem Vater sehr leid tun, zu erfahren, daß Sie noch krank sind«, sagte er, »und wenn er nicht selbst so leidend wäre, hätte er Sie besucht. Hier ist ein Brief, den ich von ihm überbringen soll.« Als ich eine Bewegung machte, um das Siegel zu brechen, hielt mich der Junge davon ab und sagte: »Es bedarf keiner Antwort, mein Vater sagte, Sie sollten das lesen, wenn Sie allein wären.« Und er ging hastig hinaus. Ich nahm an, es sei ein Gratulationsbrief.

Mio caro amico,

Beethoven spento non c'era che Berlioz che potesse farlo rivivere; ed io che ho gustato le vostre divini composizioni degne d'un genio qual siete, credo mio dovere di pregarvi a voler accettare, in segno del mio omaggio, venti mila franchi, i quali vi saranno rimessi dal signor baron de Rothschild dopo che gli avrete presentato l'acclusa. Credete mi sempre,

il vostro affezionatissimo amico

Parigi, 18. dicembre 1838. *Nicolo Paganini.*(41)

Ich kann genug Italienisch, um einen solchen Brief zu verstehen, und doch war ich von dem unerwarteten Inhalt so überrascht, daß meine Gedanken sich verwirrten und der Sinn mir gänzlich entging. Erst aus der beiliegenden Zahlungsanweisung ersah ich, daß Baron Rothschild mir tatsächlich 20 000 Francs auszahlen sollte. Ich muß sehr blaß geworden sein, denn als Harriet ins Zimmer kam und mich mit einem Brief in der Hand und verstörtem Gesicht erblickte, rief sie aus: »Nun, was gibt es wieder? Ein neues Unglück? Wir müssen mutig sein! Wir haben schon andere Dinge ertragen!« – »Nein, nein, im Gegenteil!« – »Was denn?« – »Paganini.« – »Nun, was ist mit ihm?« – »Er sendet . . .

20 000 Francs ...« – »Louis! Louis!«, schreit Harriet und rennt ins Nebenzimmer, wo unser Junge spielte, »come here, come with your mother, komm und laß uns Gott danken für das, was er für deinen Vater getan hat ...« Und beide eilen an mein Bett, knien nieder, die Mutter betet, das Kind faltet staunend die Hände ... Welch ein Anblick! ... Hätte Paganini es nur sehen können!

Meine erste Regung war, wie man sich denken kann, ihm zu antworten, da es mir unmöglich war, auszugehen. Ich habe meinen Brief immer für so unzulänglich gehalten, er drückte in so geringem Maße meine Empfindungen aus, daß ich es nicht wage, ihn hier wiederzugeben. Es gibt Lebenslagen, in denen die Gefühle überwältigend sind ... Bald verbreitete sich in Paris das Gerücht von Paganinis edler Tat, und meine Wohnung wurde der Sammelplatz einer Menge von Künstlern, die während zweier Tage nacheinander kamen, voll Neugierde, den berühmten Brief zu sehen und durch mich über ein so außergewöhnliches Ereignis näheres zu erfahren. Alle beglückwünschten mich; einer von ihnen zeigte eine gewisse eifersüchtige Verstimmung, nicht gegen mich, sondern gegen Paganini. »Ich bin nicht reich«, sagte er, »sonst hätte ich das auch getan.« Allerdings war dieser Künstler Violinspieler. Es ist das einzige mir bekannte Beispiel einer Regung ehrenhaften Neides. Dann kamen von außen die Kommentare, die Wut meiner Feinde, ihre Lügen, die Freude, der Triumph meiner Freunde, Janins Brief an mich, sein herrlicher, beredter Artikel im ›Journal des Débats‹, die Beleidigungen, mit denen ich von einigen erbärmlichen Menschen beehrt wurde, die Verdächtigungen gegen Paganini, die Entfesslung und der Anprall von zwanzig guten und schlechten Leidenschaften.(42)

Inmitten all dieser Aufregungen war meine schlimmste Sorge, daß ich mein Bett nicht verlassen durfte. Als ich mich nach dem sechsten Tage endlich ein wenig besser fühlte, konnte ich nicht länger an mich halten; ich zog mich an und lief nach dem Stadtviertel Néothermes, in die Rue de la Victoire, wo damals Paganini wohnte. Man teilte mir mit, daß er im Billardzimmer auf und abgehe. Ich trete ein, wir umarmen uns, ohne ein Wort sprechen zu können. Als ich nach einigen Minuten irgendwelche Ausdrücke der Dankbarkeit stammelte, unterbrach mich Paganini mit folgenden Worten, die mir in der Stille jenes Raumes wohl verständlich waren:

»Reden Sie nicht mehr davon! Sagen Sie nichts mehr, es ist die größte Befriedigung, die ich in meinem Leben empfunden habe; nie werden Sie erfahren, welche Gefühle Ihre Musik in mir erweckt hat; seit so vielen Jahren hatte ich nichts derartiges erlebt. Ah!« fügte er hinzu, indem er heftig mit der Faust auf das Billard schlug, »nun werden all die Leute, die gegen Sie intrigieren, sich nicht mehr getrauen, etwas zu sagen; denn sie wissen, daß ich mich darauf verstehe, daß ich ein gutes Urteil habe, daß es bei mir nicht leicht ist ...« Was meinte er mit den letzten Worten?

Wie dem auch sei, der große Künstler irrte sich; seine Autorität konnte, trotz ihrer Tragweite, nicht genügen, die dummen und bösartigen Leute zum Schweigen zu bringen. Er kannte die Pariser Meute nicht gut, und sie fing bald danach an, mir noch lauter nachzubellen. Ein Naturforscher hat gesagt, daß manche Hunde zur Menschennatur neigen; ich meine, es gibt eine viel größere Anzahl von Menschen, die zur Hundenatur Neigung verraten.

Nach Bezahlung meiner Schulden war ich noch im Besitz einer recht schönen Summe und dachte nur daran, sie zu musikalischen Zwecken zu gebrauchen. »Ich muß«, sagte ich mir, »jede andere Arbeit aufgeben und nach einem neuen, groß angelegten Plan ein Meisterwerk schreiben, ein brillantes, leidenschaftliches, phantasievolles Werk, würdig, dem großen Künstler, dem ich soviel schulde, gewidmet zu werden.« Während ich über dieses Projekt nachgrübelte, sah sich Paganini, dessen Gesundheitszustand sich in Paris verschlimmerte, gezwungen, nach Marseille zu reisen und von dort nach Nizza, von wo er leider nicht mehr zurückkehren sollte. Ich unterbreitete ihm schriftlich die verschiedenen Themen, die mir im Kopf herumgingen, und seine Antwort war: »Ich kann Ihnen da keinen Rat geben; Sie wissen besser als jeder andere, was für Sie geeignet ist.« Nach langem Zögern entschied ich mich für eine Symphonie mit Chören, Gesangssoli und Chorrezitativen, deren erhabener und immer neuer Gegenstand Shakespeares »Romeo und Julia« sein sollte. Ich schrieb in Prosa den gesamten Text zu den Gesängen zwischen den Orchesterstücken; Emile Deschamps arbeitete ihn mit seiner außergewöhnlichen Versbegabung um, und ich begann.

Ah! diesmal schrieb ich keine oder wenigstens fast keine Feuilletons mehr; ich hatte Geld, Paganini hatte es mir gegeben, um Musik zu machen, und ich machte Musik. Ich arbeitete sieben Monate lang an meiner Symphonie, ohne mehr als drei bis vier Tage pro Monat auf irgendetwas anderes zu verwenden. Welch ein intensives Leben führte ich während dieser ganzen Zeit! Mit welcher Kraft schwamm ich in diesem weiten Meer der Poesie, gestreichelt von der flüchtigen Brise der Phantasie unter den Strahlen der Shakespeareschen Liebessonne und im Vertrauen auf meine Kraft, jene wunderbare Insel zu erreichen, auf der sich der Tempel der wahren Kunst erhebt ... Zu entscheiden, ob ich sie erreicht habe oder nicht, kommt mir nicht zu.

Wie sie damals war, wurde diese Partitur dreimal nacheinander unter meiner Leitung im Konservatorium aufgeführt und schien dreimal großen Erfolg zu haben. Ich fühlte jedoch sofort, daß ich vieles daran zu verbessern haben würde und begann, sie nach allen Seiten ernstlich zu studieren. Zu meinem großen Bedauern hat Paganini sie nicht mehr lesen oder hören können. Ich hoffte immer, er würde nach Paris zurückkommen, und ich wollte ihm die Symphonie erst zusenden, wenn sie völlig ausgefeilt und gedruckt war; unterdessen starb er in Nizza, und ich hatte zu so viel anderem tiefem Kummer noch den, nie zu erfahren, ob er das Werk seiner würdig befunden hätte; es sollte ja vor allem ihm, der es ermöglicht hatte, gefallen und das, was er für den Komponisten getan hatte, in seinen Augen rechtfertigen. Auch er schien sehr zu bedauern, daß er das Werk nicht hören konnte,[43] und sagte es mir in seinem Brief vom 7. Januar 1840, der folgenden Passus enthielt: »Nun ist alles getan; der Neid kann nicht anders als schweigen ...« Armer, lieber, großer Freund! Er hat glücklicherweise die abscheulichen Dummheiten nie gelesen, die in mehreren Pariser Zeitungen über den Plan des Werkes, die Einleitung, das Adagio, die Fee Mab, die Erzählung des Paters Lorenzo veröffentlicht worden sind. Der eine warf mir Überspanntheit vor, weil ich mit einer neuen symphonischen Form experimentiert hatte, der andere konnte im Scherzo der Fee Mab nur lächerliche Geräusche ähnlich denen einer schlecht geschmierten Spritze wahrnehmen. Ein dritter sagte in Bezug auf die Adagio-Liebesszene – jenes Stück, das die meisten Musiker für das beste halten, was ich je geschrieben –, er könne versichern, daß ich Shakespeare nicht verstanden habe ... O du schwachsinnige, aufgeblähte Kröte! Wenn du mir das beweisen kannst ...

Solche Kritiken hatte ich nicht mehr erwartet, und sie verletzten mich mehr denn je. Und keiner der Aristarchen, die das Werk verdammten (oder auch lobten), machten mich auf die tatsächlichen Schwächen aufmerksam. Die mußte ich selber entdecken, und nur in einigen Fällen gaben die Musiker und Freunde Anregung, so z. B. Frankoski in Wien (der Sekretär des Geigers Ernst), der den Schluß des Fee-Mab-Scherzos zu abrupt fand; ich mußte ihm Recht geben und schrieb jene Coda, die sich jetzt in der Partitur findet. Und der große Strich, den ich in der Erzählung des Pater Lorenzo machte, geht, wenn ich mich recht erinnere, auf den Rat d'Ortigues zurück.[44]

Die anderen Änderungen, Hinzufügungen wie Striche, habe ich aber aus eigenem Antrieb vollzogen, durch das wiederholte Studium der Gesamtwirkung und der Einzelstellen des Werkes, als ich es in Paris, Berlin, Wien und Prag hörte. Wenn ich darin keine weiteren Mängel zu verbessern fand, so habe ich wenigstens mit der möglichsten Aufrichtigkeit danach gesucht und meinen ganzen Scharfsinn zu Hilfe genommen, um sie zu entdecken.

Was kann nach alledem ein Künstler sonst noch tun, als sich freimütig einzugestehen, daß er sein Bestes getan hat, und sich in die Unvollkommenheiten seines Werkes zu ergeben? Als ich soweit gekommen war, und erst dann, gab ich die »Romeo und Julia«-Symphonie in Druck.

Was die Ausführung betrifft, so können ihre Schwierigkeiten, durch das Ungewöhnliche des Stils und der Form gegeben, nur durch langes, geduldiges und souverän geleitetes Einstudieren überwunden werden. Vor allem braucht man erstklassige Kräfte, und alle, Dirigent, Chor, Orchester und Solisten müssen entschlossen sein, sie so einzustudieren, wie man an guten Opernhäusern eine neue Oper einstudiert, das heißt ungefähr, als ob man sie auswendig aufführen müßte.

Man wird sie deshalb nie in London zu hören bekommen, denn man kann dort die nötigen Proben nicht aufbringen. Die Musiker haben in diesem Lande zum Musizieren keine Zeit übrig.*

L.

Monsieur de Rémusat überträgt mir die Komposition der »Symphonie funèbre et triomphale« – Sie wird aufgeführt – Ihre Beliebtheit in Paris – Ein Wort Habenecks – Spontini erfindet für dieses Werk eine eigene Bezeichnung – Sein Irrtum in bezug auf das »Requiem«

Als der Juli des Jahres 1840 herannahte, wollte die französische Regierung aus Anlaß des zehnjährigen Jubiläums der Revolution von 1830 größere Feierlichkeiten veranstalten, im Zusammenhang mit der Überführung der mehr oder minder heldenhaften Opfer jener drei Tage in das neue Monument, das man zu diesem Zweck auf der Place de la Bastille errichtet hatte. Der damalige Innenminister, Charles de Rémusat, ein Musikfreund gleich de Gasparin, kam auf den Gedanken, bei mir für die Überführungszeremonie eine Symphonie zu bestellen, deren Form und Aufführungsmittel mir gänzlich überlassen blieben. Man sicherte mir für diese Arbeit eine Summe von zehntausend Francs zu, von der ich die Kosten für die Abschriften und die Mitwirkenden bestreiten mußte.

---

* Seitdem dies geschrieben wurde, sind die vier ersten Teile der Symphonie unter meiner Leitung aufgeführt worden; und nie und nirgends hat ihnen das Publikum einen glänzenderen Empfang bereitet.

Ich dachte mir, daß für ein solches Werk, das ja im Freien erklingen sollte (zumindest bei der ersten Aufführung), der einfachste Plan der beste wäre und daß das Orchester nur aus Bläsern, freilich in großer Anzahl, bestehen müßte. Ich wollte zuerst die Kämpfe der ruhmvollen drei Tage in Erinnerung bringen, inmitten der Trauerklänge eines furchtbaren und zugleich verzweiflungsvollen Marsches, zur Begleitung der Prozession; dann eine Art musikalischer Grab- oder Abschiedshuldigung an die glorreichen Helden folgen lassen; in dem Augenblick, da die Leichen in die monumentale Gruft hinabgelassen wurden, und mit einer Ruhmeshymne, einer Apotheose schließen, wenn das Volk, nachdem das Grabmal sich geschlossen hat, nur noch die hohe Säule mit der Freiheitsstatue vor Augen haben würde.

Ich hatte den Trauermarsch beinahe zu Ende geschrieben, als das Gerücht sich verbreitete, daß die Julifeierlichkeiten nicht stattfinden würden. »Gut!« sagte ich mir, »da haben wir das Gegenstück zu der Geschichte mit dem ›Requiem‹! Arbeiten wir nicht weiter; ich kenne meine Leute.« Und ich brach die Sache ab. Als ich aber einige Tage später in Paris herumschlenderte, fuhr der Innenminister an mir vorüber; er sah mich, ließ den Wagen halten und fragte mich, wie weit meine Symphonie gediehen sei. Ich sagte ihm ganz offen, aus welchem Grunde ich meine Arbeit eingestellt hatte, und fügte hinzu, ich hätte die Qualen nicht vergessen, welche die Feierlichkeit des Marschalls Damrémont und das »Requiem« mir verursacht hatten.

»Aber das Gerücht, das Sie beunruhigt hat, ist ganz falsch«, sagte er, »es hat sich nichts geändert; die Einweihung der Freiheitssäule, die Überführung der verstorbenen Julihelden, alles wird stattfinden, und ich rechne auf Sie. Beeilen Sie sich, Ihr Werk zu vollenden.«

Trotz meines allzu gut begründeten Mißtrauens verscheuchte die von Rémusat gegebene Versicherung meine Zweifel, und ich machte mich auf der Stelle wieder ans Werk. Nachdem ich den Marsch und die Trauer-Ode beendet und das Thema der Apotheose gefunden hatte, kam ich lange Zeit nicht mit der Fanfare zurecht, die von den tiefsten Tönen bis zu jener hohen Note, auf der die Hymne einsetzt, ansteigen sollte. Ich weiß nicht mehr, wie viele ich aufnotierte, aber sie mißfielen mir alle, waren zu schablonenhaft oder zu engmaschig konstruiert oder nicht klangvoll genug oder zu wenig feierlich oder in der Steigerung nicht genügend abgestuft.

Mir schwebte eine schmetternde Fanfare vor, wie von Erzengeln geblasen, strahlend, siegesbewußt, alles übertönend und weithin erschallend, dem Himmel und der Erde zu verkünden, daß die Tore zu den seligen Gefilden offenstehen. Endlich entschloß ich mich, nicht ohne

Furcht, für die Fanfare, die jetzt in der Partitur steht; das übrige war bald geschrieben. Später und nach meinen üblichen Korrekturen und Umarbeitungen fügte ich dem Blasorchester Streicher und Chorstimmen hinzu, die die Wirkung erheblich steigern können, aber nicht obligatorisch sind. Für die Aufführung engagierte ich eine Militärkapelle von 200 Mann; Habeneck hätte auch diesmal gern dirigiert, aber ich hatte den Streich mit der Schnupftabaksdose noch nicht vergessen und zog es vor, selber die Leitung zu übernehmen.

Es war ein großes Glück, daß ich auf den Gedanken kam, zahlreiche Zuhörer zur Generalprobe der Symphonie einzuladen, denn am Tage der Feier hätte man sie nicht beurteilen können. Trotz der enormen Lautstärke eines solchen Blasorchesters hörte man es kaum oder zumindest nicht deutlich genug. Mit Ausnahme der Teile, die gespielt wurden, während wir den Boulevard Poissonnière entlang zogen, dessen damals noch stehende Bäume den Klang zusammenhielten, ging das meiste verloren. Auf der weiten Place de la Bastille war es noch schlimmer: auf zehn Schritte Entfernung konnte man kaum etwas unterscheiden.

Um das Maß vollzumachen, wurden die Abteilungen der Nationalgarde ungeduldig, bei glühendem Sonnenschein und mit dem Gewehr auf der Schulter das Ende der Zeremonie abzuwarten, und fingen an zu defilieren, unter Begleitung von etwa fünfzig Trommeln, die während der ganzen Aufführung der Apotheose rücksichtslos weiterschlugen und die Blasinstrumente dermaßen übertönten, daß man keine Note von ihnen vernahm. So wird in Frankreich die Musik bei öffentlichen Zeremonien und Jubelfesten geachtet, bei denen sie, wie man glaubt, eine Rolle ... fürs Auge spielen muß.

Aber ich wußte es, und die Hauptprobe im Saal Vivienne war meine eigentliche Aufführung. Die Wirkung war so groß, daß der Eigentümer dieses Saales mich für mehrere Konzerte verpflichtete, auf deren Programm vor allem jeweils die neue Symphonie stand und die gute Einnahmen brachten. Nach einem dieser Konzerte sagte Habeneck, mit dem ich wieder einmal, ich habe vergessen, warum, Streit gehabt hatte: »Dieser Sch ... kerl hat entschieden Einfälle.« Acht Tage später verkündete er vermutlich das Gegenteil. Mit dem Ministerium hatte ich diesmal keine Scherereien: Rémusat verhielt sich wie ein Gentleman, und die 10 000 Francs wurden mir bald ausgehändigt. Nachdem ich Orchester und Kopisten bezahlt hatte, blieben mir selber 2800; nicht gerade viel, aber der Minister war zufrieden, und das Publikum beklatschte meine neue Symphonie mehr als jede andere Komposition von mir; die Beifallskundgebungen nahmen fast bedrohliche Formen an. Eines Abends im Saal Vivienne fiel es einigen jungen Leuten ein, ihr

Jubelgeschrei dadurch zu verstärken, daß sie ihre Stühle auf dem Boden zerschmetterten. Natürlich traf der Saalbesitzer sofort Maßnahmen, um bei den nächsten Konzerten das Aufkommen dieser neuen Art von Applaus zu unterbinden.

Spontini schrieb mir nach einer Aufführung der Symphonie im Konservatorium einen langen und eigenartigen Brief, den ich dummerweise einem Autographensammler geschenkt habe und deshalb leider hier nicht wiedergeben kann. Ich erinnere mich nur noch an den Anfang: »Noch unter dem Eindruck Ihrer erschütternden Musik ...«

Dies war trotz seiner Freundschaft zu mir das einzige Mal, daß er einer meiner Kompositionen Lob gespendet hat. Er hörte sie alle, ohne je mit mir über sie zu sprechen. Doch nein, er tat es einmal, nach einer Aufführung meines »Requiems« in der Kirche St. Eustache. Damals sagte er zu mir: »Sie tadeln zu Unrecht, daß das Institut seine Preisträger nach Rom schickt: ohne Michelangelos ›Jüngstes Gericht‹ hätten Sie nie ein solches Requiem geschrieben.«

Doch da irrte er sich seltsamerweise, denn das berühmte Fresco in der Sixtina hat mich eigentlich enttäuscht. Ich sah in ihm nur ein Schauspiel höllischer Qualen, nicht die letzte Versammlung der Menschheit. Aber ich verstehe nichts von Malerei und bin wenig empfänglich für das, was allgemein als schön empfunden wird.

LI.

Konzertreise nach Brüssel – Einige Worte über innere Stürme – Die Belgier – Zanni de Ferranti – Fétis – Dessen gewaltiger Irrtum – Ich veranstalte und leite ein Musikfest im Pariser Opernhaus – Habenecks Freunde bilden eine Kabale und werden überführt – Skandal in Girardins Loge – Wie man reich wird – Ich reise nach Deutschland

Gegen das Ende desselben Jahres (1840) machte ich meine erste ›musikalische Reise‹ außerhalb Frankreichs, das heißt, ich begann im Ausland Konzerte zu geben. Die »Société de la Grande Harmonie« in Brüssel hatte mich eingeladen, Konzerte mit eigenen Werken zu geben, und ich entschloß mich, den Versuch zu wagen.[45]

Um aber fortreisen zu können, mußte ich in meinem Heim einen richtigen Staatsstreich ins Werk setzen. Meine Frau hatte unter dem oder jenem Vorwand stets gegen meine Reisepläne rebelliert, und hätte ich mich nach ihr gerichtet, wäre ich nie aus Paris herausgekommen. Eine wahnwitzige Eifersucht, zu der sie längere Zeit hindurch keine Veranlassung hatte, war die Ursache ihres Widerstandes. Ich mußte also, um meinen Plan auszuführen, ihn geheimhalten, mußte meine Notenpakete und einen Koffer geschickt aus dem Hause bringen, ganz plötzlich abreisen und mein Verschwinden durch einen zurückgelassenen Brief erklären. Aber ich ging nicht allein fort, ich hatte eine Reisegefährtin, die mich seither auf meinen verschiedenen Reisen begleitet hat. Nachdem ich unverdienterweise so und so oft beschuldigt, auf tausenderlei Art gequält worden war und zu Hause weder Ruhe noch Frieden mehr fand, benutzte ich schließlich die sich bietende Gelegenheit, auch einmal die angenehmen Seiten meiner neugewonnenen Position zu genießen, und mein Leben änderte sich vollständig. Um den Bericht über diesen Teil meiner Biographie abzuschließen und mich nicht in zum Teil recht traurige Einzelheiten zu ergehen, will ich nur sagen, daß von jenem Tage an und nach ebenso langem wie schmerzlichem Hin und Her zwischen mir und meiner Frau eine Trennung auf gütlichem Wege stattfand. Ich besuche sie oft, meine Anhänglichkeit zu ihr hat sich in keiner Weise geändert, und der traurige Zustand ihrer Gesundheit macht sie mir nur noch teurer.(46)

Was ich da gesagt habe, muß genügen, um denen, die mich erst nach dieser Zeit kennengelernt haben, mein seitheriges Benehmen zu erklären; ich will nichts hinzufügen, denn, ich wiederhole es, ich schreibe keine Bekenntnisse.

Ich gab in Brüssel zwei Konzerte, das eine im Saal der Gesellschaft, die mich eingeladen hatte, das andere in der Augustinerkirche (die schon seit langer Zeit dem katholischen Gottesdienst entzogen ist). Beide Räume haben zuviel Resonanz, sodaß dort jedes ein wenig belebte und stark instrumentierte Musikstück notwendigerweise verschwommen klingen muß. Im Saal der »Grande Harmonie« besonders sind es nur sehr leise und sehr langsame Stücke, die durch den Nachhall nicht beeinträchtigt werden und die beabsichtigte Wirkung und die Deutlichkeit ihrer Umrisse bewahren.

Die Ansichten über meine Musik gingen in Brüssel zum mindesten ebensoweit auseinander wie in Paris. Ein eigentümlicher Streit erhob sich, wie man mir erzählt hat, zwischen Fétis, der mir immer noch feindlich gesinnt war, und einem anderen Kritiker, Zani de Ferranti, einem bemerkenswerten Künstler und Schriftsteller, der sich als mein Kämpe aufgestellt hatte. Dieser erwähnte den Pilgerzug aus »Harold« als eine der interessantesten Sachen, die er je gehört habe. Da erwiderte Fétis: »Wie kann ich ein Musikstück billigen, in dem man fast unaufhörlich zwei Noten hört, die nicht in die Harmonie hineinpassen!« (Er meinte die beiden Töne C und H, die am Ende von jeder Strophe wiederkehren und ein langsames Glockengeläut nachahmen.)

Ferranti dagegen: »Ich glaube nicht an diese Anomalie. Aber wenn ein Musiker imstande ist, ein solches Stück zu komponieren und mich vom ersten bis zum letzten Ton in Atem zu halten, sogar noch mit zwei Noten, die nicht in die Harmonie passen, dann sage ich, das ist kein Mensch, das ist ein Gott.«

Leider hätte ich dem begeisterten Italiener geantwortet: »Ich bin nur ein Mensch, und Monsieur Fétis ist nur ein erbärmlicher Musiker, denn die zwei Noten passen, im Gegenteil, immer in die Harmonie hinein. Hat er nicht bemerkt, daß gerade durch die Einschiebung dieser beiden Noten in den Akkord die verschiedenen Tonarten am Schluß der Strophen in die Haupttonart zurückgeleitet werden und daß gerade dies das Neue und Fremdartige an diesem Marsch ist?« Als man mir von diesem eigentümlichen Mißverständnis erzählte, kam ich in Versuchung, in irgendeiner Zeitung an Zani de Ferranti zu schreiben, um Fétis' Irrtum zu beweisen; dann änderte ich meine Meinung und besann mich auf mein Prinzip – ein vernünftiges, glaube ich –, nie auf eine Kritik, und sei sie noch so abgeschmackt, zu antworten.

Als die Partitur des »Harold« einige Jahre später herausgegeben wurde, hat sich Herr Fétis mit eigenen Augen überzeugen können, daß die beiden Noten immer in die Harmonie hineingehören.

Diese Fahrt ins Nachbarland war nur ein Versuch; ich hatte die Absicht, Deutschland zu besuchen und auf diese Reise fünf oder sechs Monate zu verwenden. Ich ging also nach Paris zurück, um die nötigen Vorbereitungen zu treffen und um mich von den Parisern mit einem kolossalen Konzert zu verabschieden, dessen Plan ich schon seit langer Zeit mit mir herumtrug.(47)

Der damalige Direktor der Grand-Opéra, Léon Pillet, hatte meinen Vorschlag, in seinem Hause ein Festival* unter meiner Leitung zu veranstalten, gut aufgenommen, und ich machte mich ans Werk, ohne über unseren Plan irgendein Gerücht nach außen dringen zu lassen. Die Schwierigkeit bestand darin, Habeneck keine Zeit zu feindseligen Unternehmungen zu lassen.

Er mußte ja ungern sehen, daß ich in dem Theater, dessen Kapellmeister er war, dirigierte, und zwar eine derartige musikalische Festivität, die größte, die man bis dahin in Paris erlebt hatte. Ich bereitete also heimlich alle Noten vor, die gebraucht wurden, engagierte die Musiker,

---

* Dieses Wort, das ich in Paris zum ersten Male auf den Anschlagzetteln gebraucht habe, ist zur gängigen Bezeichnung für Tanz- und Musikfeste geworden, die in Kneipen stattfinden, mit drei Violinen, einer großen Trommel und zwei Hörnern.

ohne ihnen zu verraten, wo das Konzert stattfinden würde, und als es sich nur noch darum handelte, meine Geschütze aus dem Versteck zu holen, ging ich zu Pillet und bat ihn, Habeneck mitzuteilen, daß ich mit der Leitung des Festes betraut sei. Aber er konnte sich nicht dazu entschließen und überließ mir diesen unangenehmen Schritt; so groß war die Furcht, die ihm Habeneck einflößte. Infolgedessen schrieb ich an den gefürchteten Dirigenten, benachrichtigte ihn über die Vorbereitungen, die ich im Einverständnis mit Pillet getroffen hatte und fügte hinzu, daß ich gewohnt sei, meine Konzerte selbst zu dirigieren und hoffte, ihn nicht zu kränken, wenn ich dieses ebenfalls selber leite.

Er erhielt meinen Brief während einer Probe, las ihn mehrere Male durch, ging lange mit finsterem Gesichtsausdruck auf der Bühne auf und ab, faßte plötzlich einen Entschluß, ging ins Verwaltungsbüro und erklärte, dieses Arrangement passe ihm gut, da er den Tag, an dem das Konzert stattfinden solle, auf dem Lande zu verbringen wünsche. Aber er ärgerte sich sichtlich, und viele Musiker seines Orchesters zeigten bald die gleiche Stimmung, mit um so größerer Energie, als sie wußten, ihm durch diese Kundgebung zu schmeicheln. Nach meinem Übereinkommen mit Léon Pillet mußte das ganze Orchester unter meiner Leitung mit den Extra-Musikern, die ich engagiert hatte, zusammen spielen. Der Abend war geplant als Benefiz für den Direktor der Opéra; dieser sicherte mir nur fünfhundert Francs für meine Mühe zu und ließ mir für die Veranstaltung volle Freiheit. Habenecks Musiker waren deshalb verpflichtet, an dieser Aufführung unentgeltlich teilzunehmen. Allein ich hatte die Schurken vom Théâtre Italien und den Streich, den sie mir bei einer ähnlichen Gelegenheit gespielt hatten, nicht vergessen, und meine Beziehungen zu den Musikern der Opéra war vielleicht noch kritischer. Ich sah jeden Abend die heimlichen Beratungen, die während der Pausen im Orchesterraum abgehalten wurden, die Teilnahmslosigkeit Habenecks inmitten seiner zornigen Garde, die wütenden Blicke, die mir zugeworfen wurden, und die auf den Pulten verteilten Exemplare der Zeitschrift Charivari, in der ich auf die schönste Art heruntergerissen wurde. Als daher die allgemeinen Proben beginnen sollten und der Sturm drohender wurde – einige von Habenecks Anhängern hatten erklärt, daß sie ohne ihren alten General nicht ins Feuer gehen würden –, wollte ich Pillet veranlassen, die Musiker des Opernhauses in gleicher Weise wie die anderen Mitwirkenden zu bezahlen. Er schlug es mir ab.

»Ich verstehe und billige die Gründe Ihrer Weigerung«, sagte ich zu ihm, »aber Sie gefährden dadurch die Ausführung des Konzerts. Ich werde also die für mich bestimmten 500 Francs zur Bezahlung all der

Orchestermusiker verwenden, die sich nicht weigern, mitzumachen.« – »Wie?«, sagte Pillet, »Sie würden nach einer so aufreibenden Arbeit nichts für sich selber haben! ...« – »Das ist mir gleichgültig; Hauptsache, das Programm läuft gut ab; mit meinen fünfhundert Francs werde ich die weniger Aufrührischen beruhigen; ich bitte Sie, von Ihrer Autorität keinen Gebrauch zu machen, um die anderen zu ihrer Pflicht zu zwingen; die können bei ihrem alten General bleiben.«

Und so geschah es. Ich hatte an Choristen und Musikern ein Personal von sechshundert Mitwirkenden. Auf dem Programm standen: der erste Akt aus Glucks »Iphigenie auf Tauris«, eine Szene aus Händels »Athalie«, zwei Stücke aus meinem »Requiem«, das Finale meiner »Symphonie funèbre et triomphale«, drei Teile aus »Romeo und Julia« sowie ein Chor von Palestrina. Ich begreife jetzt nicht, wie ich es zustandegebracht habe, ein so schwieriges Programm in so kurzer Zeit (in acht Tagen) einzustudieren, mit Musikern, die auf diese Art und Weise zusammengewürfelt worden waren. Es gelang mir jedoch. Ich lief von der Opéra zum Théâtre Italien (von dem ich mir nur die Choristen ausgeborgt hatte), von dort in die Opéra-Comique und ins Konservatorium, leitete hier eine Chorprobe, dort das Üben eines Teiles des Orchesters, sah nach allem mit eigenen Augen und verließ mich auf niemand für die Überwachung dieser Arbeiten. Dann nahm ich im Foyer des Opernhauses meine zwei Orchester nacheinander vor; die Streicher probten von acht Uhr morgens bis mittags, die Gruppe der Blasinstrumente von zwölf Uhr bis vier Uhr nachmittags. An diesem Tag ging es fast nicht mehr weiter mit mir. Immerzu stehen, den Taktstock in der Hand; mein Hals war entzündet, meine Stimme erstorben, mein rechter Arm wie gelähmt; ich war nahe daran, vor Durst und Müdigkeit ohnmächtig zu werden, als ein Chorist so menschenfreundlich war, mir ein großes Glas Glühwein zu bringen, das mir die Kraft gab, diese anstrengende Probe bis zu Ende zu leiten.

Neue Forderungen der Opernmusiker hatten sie übrigens noch anstrengender für mich gemacht. Die Herren hatten gehört, daß ich einigen der Extra-Musiker 20 Francs gab und glaubten sich schon dazu berechtigt, mich alle der Reihe nach zu unterbrechen, um eine gleiche Bezahlung zu fordern.

»Es ist nicht des Geldes wegen«, sagten sie, »aber die Künstler des Opernhauses können sich nicht schlechter bezahlen lassen als die der zweitrangigen Theater.«

»Sehr wohl! Sie sollen ihre zwanzig Francs haben«, antwortete ich, »ich bürge Ihnen dafür; aber seien Sie um Gotteswillen bei der Sache und lassen Sie mich in Ruhe.«

Tags darauf fand die Generalprobe auf der Bühne statt und war recht befriedigend. Alles ging ziemlich gut, mit Ausnahme des Scherzos der Fee Mab, das ich unvorsichtigerweise auf das Programm gesetzt hatte. Diese rasche, flirrende Musik mit ihrem zarten Gewebe darf und kann nicht von einem so großen Orchester aufgeführt werden. Es ist in solchem Falle fast unmöglich, die entfernteren Gruppen des Orchesters zusammenzuhalten; sie können dem überstürzten Rhythmus nicht folgen und bleiben zurück. Ich war so verwirrt, daß ich nicht einmal auf den Gedanken kam, ein kleines auserwähltes Orchester zu bilden, das, inmitten der Bühne um mich herum aufgestellt, ohne Mühe alle meine Intentionen hätte zum Ausdruck bringen können; nach unglaublicher Mühe mußte ich auf das Scherzo verzichten und es vom Programm streichen. Bei dieser Gelegenheit bemerkte ich, daß es unmöglich ist, die kleinen Becken in B und F am Zurückbleiben zu hindern, wenn sie zu weit vom Dirigenten entfernt sind. An jenem Tage hatte ich dummerweise die Beckenschläger am anderen Ende des Theaters neben den Paukenschlägern aufgestellt, und sie blieben trotz meiner Anstrengungen manchmal um einen ganzen Takt zurück. Seither habe ich Sorge getragen, die Becken in meiner unmittelbaren Nähe aufzustellen, und die Schwierigkeit ist behoben.

Ich hatte gehofft, wenigstens am Tag des Konzerts bis zum Abend Ruhe zu haben; doch ein Freund, Léon Gatayes, berichtete mir von Plänen der Habeneck-Anhänger, mir einige Streiche zu spielen: das Leder der Pauken mit einem Federmesser durchschneiden, die Bögen der Kontrabässe mit Talg bestreichen und inmitten des Konzerts die »Marseillaise« verlangen zu lassen.

Man wird begreifen, daß diese Warnung mich aus der Ruhe brachte, deren ich so sehr bedurfte. Statt tagsüber zu schlafen, ging ich in fieberhafter Aufregung vor den Zugängen zum Opernhause hin und her. Während ich so versuchte, das Terrain unter Kontrolle zu halten, lief mir plötzlich Habeneck über den Weg. Ich trat auf ihn zu, ergriff ihn beim Arm und sagte:

»Man benachrichtigte mich, daß Ihre Musiker verschiedene Niederträchtigkeiten im Schilde führen, um mir heute abend zu schaden, aber ich habe ein Auge auf sie.«

»Oh!« antwortete der würdige Apostel, »Sie haben nichts zu fürchten, ich habe sie zur Vernunft gebracht.«

»Bei Gott, Sie brauchen mich nicht zu beruhigen; im Gegenteil, ich bin es, der Sie beruhigt. Denn wenn etwas geschehen sollte, würde es schwer genug auf Sie zurückfallen. Allein Sie können ruhig sein; wie Sie sagen, man wird nichts tun.«

Ich war jedoch am Abend, zur Stunde des Konzerts, nicht ohne Sorgen. Zwar hatte mein Kopist die Pauken und die Kontrabässe bewacht, und alles war in Ordnung. Aber ich befürchtete etwas anderes: die vier Gruppen von Blechinstrumenten in meinem »Requiem« enthalten Trompeten und Cornets à piston in verschiedenen Tonarten (B, F und Es); nun unterscheidet sich z. B. der Einsatzbogen einer F-Trompete nur wenig von dem einer Es-Trompete, und irgendein falscher Bruder konnte im ›Tuba mirum‹ F-Dur statt Es-Dur blasen, greuliche Mißklänge verursachen und sich damit entschuldigen, er habe die Einsatzbögen verwechselt.

Ich verließ also, bevor wir zu den Requiem-Teilen gelangten, mein Pult, ging zu den betreffenden Bläsern und bat sie, mir ihre Instrumente zu zeigen. Ich sah sie genau durch und prüfte die auf dem Einsatzbogen eingravierten Zeichen F, Es und B; als ich zu den Brüdern Dauverné, beide von der Opéra, kam, machte mich der ältere erröten, indem er zu mir sagte: »O! Berlioz, Sie mißtrauen uns, das ist unrecht! Wir sind ehrliche Leute und haben Sie lieb.« Betroffen von diesem Vorwurf stellte ich meine Untersuchung ein.

In der Tat machten die braven Bläser keine Fehler, die Sätze aus dem »Requiem« kamen sogar sehr gut und erzielten große Wirkung. In der darauffolgenden kleinen Pause jedoch glaubten die Anhänger Habenecks den Augenblick der Ruhe benutzen zu könen, um ihren leichtesten und für sie selbst gefahrlosesten Streich auszuführen. Aus dem Parterre riefen mehrere Stimmen: »Die Marseillaise! Die Marseillaise!« in der Hoffnung, das Publikum mitzureißen und auf diese Weise das ganze Programm des Abends zu stören. Verführt durch den Gedanken, dieses berühmte Lied von einem solchen Chor und einem solchen Orchester zu hören, fingen einige Zuhörer an, mit den Anstiftern der Kabale gemeinsame Sache zu machen und mitzuschreien; da trat ich ganz nach vorn und rief, so laut ich konnte: »Wir werden die Marseillaise nicht spielen, dazu sind wir nicht hier.« Es kehrte Ruhe ein, aber sie sollte nicht lange dauern. Ein anderer Zwischenfall, den ich nicht voraussehen konnte, brachte bald darauf das Publikum in noch größere Aufregung. Aus dem ersten Rang ertönten Schreie: »Mörder! Faßt ihn ... Polizei ...« Alles blickte hinauf: Madame de Girardin rief mit fliegendem Haar und verzweifelten Gebärden um Hilfe; ihr Mann war gerade geohrfeigt worden, und zwar von einem Redakteur des ›Charivari‹, Bergeron, der angeblich einige Jahre zuvor einen Attentatsversuch auf König Louis Philippe gemacht hatte. Das Getümmel klang zwar allmählich ab, und wir konnten das Programm zu Ende führen; aber niemand war so recht bei der Sache.

Wie dem auch sei, ich hatte das Problem gelöst und den Generalstab meiner Feinde im Schach gehalten. Die Einnahme betrug achttausendfünfhundert Francs. Die Summe, auf die ich verzichtet hatte, genügte zur Bezahlung der Musiker des Opernhauses nicht, weil ich jedem von ihnen zwanzig Francs versprochen hatte. Ich mußte daher im Opernbüro 360 Francs einzahlen, die der Kassierer in seinem Buch mit dem Vermerk eintrug: »Von Berlioz erhalten: Überschuß«.

So gelang es mir, durch den Verzicht auf die bescheidene Summe, die mir bewilligt war, das größte bis dahin in Paris gegebene Konzert zu veranstalten. Man erzielte eine Einnahme von achttausendfünfhundert Francs, und meine Mühe kostete mich dreihundertsechzig Francs.

So wird man reich! Ich habe solche Mittel in meinem Leben oft angewandt. Deshalb habe ich mir ja auch ein Vermögen erworben ... Ich konnte mir nie erklären, warum ein Gentleman wie Pillet das zuließ. Vielleicht hatte der Kassierer ihn nicht informiert ...

Wenige Tage später reiste ich nach Deutschland ab. Anhand der Briefe, die ich nach meiner Rückkehr an mehrere Freunde – sowie an Habeneck und Girard, die diese Bezeichnung nicht verdienen – geschrieben habe, wird man meine Erlebnisse in diesem Lande und die Beobachtungen, die ich dort gemacht habe, kennenlernen. Es war eine zwar arbeitsreiche, aber wenigstens musikalische und in pekuniärer Hinsicht ziemlich vorteilhafte Forschungsreise, während ich das Glück genoß, in einer sympathischen Umgebung zu leben und vor den Intrigen, Niederträchtigkeiten und Platitüden von Paris geschützt zu sein.

Hier folgen diese Briefe, ungefähr in der gleichen Gestalt, wie sie unter dem Titel: »Musikalische Reise in Deutschland« damals veröffentlicht wurden.

ERSTE REISE NACH DEUTSCHLAND 1841-1842

LII.

Brüssel – Mainz – Frankfurt
*Erster Brief – An Auguste Morel**

Ja, mein lieber Morel, nun bin ich von dieser langen Reise nach Deutschland zurück, auf der ich fünfzehn Konzerte gegeben und nahezu fünfzig Proben abgehalten habe. Sie glauben wohl, daß ich nach solchen Anstrengungen Ruhe und Entspannung bräuchte, und das stimmt; aber Sie werden sich kaum vorstellen können, wie fremd mir Ruhe und Entspannung bleiben.

Oftmals kleide ich mich am Morgen noch im Halbschlaf hastig an, in der Überzeugung, daß ich mich verspätet habe und vom Orchester erwartet werde ... nach einem Moment des Nachdenkens finde ich mich dann in die Wirklichkeit zurück und frage mich: »Welches Orchester?« Ich bin in Paris, wo es im Gegenteil immer noch üblich ist, daß das Orchester auf sich warten läßt. Außerdem gebe ich keine Konzerte, ich habe keine Chöre einzustudieren, keine Symphonie zu dirigieren; ich soll heute morgen weder Mendelssohn noch Marschner treffen, weder Mangold noch Meyerbeer, Lipinsky, Bohrer, Schlosser, die Brüder Müller oder sonst einen von jenen trefflichen deutschen Künstlern, die mir einen so liebenswürdigen Empfang bereitet und so viele Beweise ihrer Hingabe und Bereitwilligkeit gegeben haben. Gegenwärtig hört man in Frankreich fast keine Musik mehr, und Ihr alle, meine Freunde, deren Wiedersehen mich beglückt hat, seht so traurig, so entmutigt aus, wenn ich Euch darüber befrage, was während meiner Abwesenheit in Paris geschehen ist, daß ein kalter Schauder mein Herz erfaßt und mir den Wunsch eingibt, nach Deutschland zurückzukehren, wo die Begeisterung noch lebt. Und doch, welch ungeheure Schätze besitzen wir in diesem Pariser Wirbel, nach dem der Ehrgeiz ganz Europas unruhig strebt! Welch schöne Resultate könnte man erzielen durch die Vereinigung aller Kräfte, über die das Konservatorium, das Gymnase musical, unsere Operntheater, die Kirchen und Singschulen verfügen! Mit diesen verstreuten Elementen und vermittels einer klugen Auslese könnte man wenn auch keinen tadellosen Chor (dazu sind die Stimmen nicht geschult genug), doch wenigstens ein erstklassiges Orchester bilden. Um den

---

* Morel ist einer meiner besten Freunde und einer der hervorragendsten Musiker, die ich kenne. Seine Kompositionen sind wirklich verdienstvoll.

Parisern den Genuß eines so großartigen Zusammenspiels von acht- bis neunhundert Musikern zu verschaffen, fehlt zweierlei: ein Raum, um sie unterzubringen, und ein wenig Liebe zur Kunst, um sie dort zu versammeln. Wir haben keinen einzigen großen Konzertsaal! Die Grand' Opéra könnte sich dazu eignen, wenn nicht die Maschinerie, die Dekorationen und die täglichen Arbeiten auf der Bühne es unmöglich machen würden, die nötigen Vorbereitungen für solche Konzerte zu treffen. Und dann, würde man jene gemeinsamen Sympathien, jene Einigkeit in Gesinnung und Handlung, jene Aufopferung und Geduld finden, ohne die man auf diesem Gebiet nie etwas Großes und Schönes schaffen wird? Es ist zu hoffen, aber man kann eben nur hoffen. Die außergewöhnliche Disziplin, die bei den Proben der »Société des Concerts du Conservatoire« herrscht, und der Eifer ihrer Mitglieder werden allgemein bewundert; aber man schätzt eben derlei nur, solange es Seltenheitswert besitzt.

In Deutschland hingegen traf ich fast überall auf Disziplin und Eifer, verbunden mit wirklicher Achtung vor dem Maestro – oder besser gesagt: den Maestri; denn es gibt da immer mehrere. In erster Linie den Komponisten, der fast alle Proben und die Aufführung seiner Werke leitet, ohne daß das Selbstbewußtsein des Dirigenten dadurch im geringsten verletzt wird; – den Kapellmeister, der die großen Opern des Repertoires sowie die symphonischen Werke der Vergangenheit dirigiert – auch die der Gegenwart, wenn die Komponisten nicht anwesend sind – und schließlich den Konzertmeister: dieser leitet Spielopern und Ballett, sitzt aber meist am ersten Pult der Geigen und übermittelt die Anweisungen des Dirigenten den entfernter postierten Musikern; er überwacht die praktischen Einzelheiten der Einstudierung, achtet darauf, daß an Noten und Instrumenten nichts fehlt, gibt manchmal auch die Bogenstriche oder die Phrasierung der Melodie an, was der Kapellmeister nicht kann, da er stets mit dem Taktstock dirigiert.

Auch in Deutschland muß es ohne Zweifel unter diesen zusammengewürfelten Musikern von ungleichem Wert viele heimliche, widerspenstige, schlecht verhaltene Eitelkeit geben; aber von einer einzigen Ausnahme abgesehen habe ich es nicht erlebt, daß sie solchen Empfindungen Ausdruck verliehen; vielleicht kommt es daher, daß ich nicht Deutsch verstehe.

Unter den Chordirigenten habe ich nur sehr wenige tüchtige gefunden; die meisten sind schlechte Klavierspieler; ich habe sogar einen getroffen, der gar nicht Klavier spielte und die Töne angab, indem er einfach mit zwei Fingern der rechten Hand auf die Tasten schlug. Dann hat man in Deutschland wie bei uns die Angewohnheit, mit dem gesamten Chor zu proben, statt zunächst einige Tage lang separat mit den Frauenstimmen, mit den Tenören und mit den Bässen zu arbeiten, am besten parallel in drei Räumen und unter drei Kapellmeistern; man spart Zeit und erzielt bessere Resultate. Im allgemeinen haben die deutschen Choristen frischere und klangschönere Stimmen als unsere, vor allem die Tenöre; aber ihr Gesang ist nicht unbedingt besser, und die Chöre an den Opernhäusern sind sogar, mit Ausnahme von Berlin, Frankfurt und Dresden, eher mittelmäßig bis schlecht. Hingegen gehören die »Singakademien« zu den rühmlichsten Institutionen in Deutschland; ich komme darauf noch zurück.

Meine Reise begann unter ungünstigen Vorzeichen; Unannehmlichkeiten aller Art folgten in beunruhigender Weise aufeinander, und ich versichere Ihnen, lieber Freund, daß beinahe Eigensinn dazu gehörte, diese Tournee fortzusetzen und zu gutem Ende zu führen. Ich war von Paris abgereist in der Überzeugung, daß ich gleich am Anfang drei Konzerte geben würde: das erste sollte in Brüssel stattfinden, wo ich von der Société de la Grande Harmonie engagiert war; die zwei andern waren bereits in Frankfurt durch den Theaterdirektor angekündigt worden, der ihnen großen Wert beizulegen und eifrig um ihre Ausführung besorgt zu sein schien. Und doch, zu was haben alle jene schönen Versprechungen, all jener Eifer geführt? Zu ganz und gar nichts! Und zwar aus folgenden Gründen: Madame Nathan-Treillet hatte mir gütig versprochen, eigens von Paris nach Brüssel zu kommen, um in meinem Konzert zu singen. Die Proben sollten gerade beginnen, da stellt sich heraus, daß die Sängerin ernstlich erkrankt ist und Paris unmöglich verlassen kann. Nun wird die Treillet in Brüssel noch von der Zeit her, da sie am dortigen Opernhaus Primadonna war, geradezu angebetet: sie bringt die Leute zur Raserei, und alle Symphonien der Welt wiegen für die Belgier leicht im Vergleich zu einem Liedchen von Louia Puget, gesungen von der göttlichen Treillet. Bei der Ankündigung dieser Katastrophe ist die gesamte »Grande Harmonie« schier in Ohnmacht gefallen: die dem Konzertsaal benachbarte Tabakskneipe war auf einmal öd und leer, die Pfeifen erloschen, als ob alle Luftzufuhr abgeschnitten sei, und die Großen Harmoniker zerstreuten sich wehklagend in alle Winde. Vergebens hatte ich sie zu trösten versucht: »Beruhigen Sie sich, das Konzert wird ausfallen, Sie müssen nicht meine Musik über sich ergehen lassen, und das, meine ich, sollte Sie für das Unglück entschädigen!« Es half nichts; die Tränen flossen unaufhörlich.

Nun war das Konzert zum Teufel, und der Direktor und Chefdirigent dieser überaus harmonischen Harmonie-Gesellschaft, ein höchst verdienstvoller Mann, der Kunst völlig ergeben und durchaus fähig, auch ohne Puget-Lieder und ohne Primadonnen auszukommen, schwor, wenn auch etwas spät, sich nie mehr auf so etwas einzulassen. Was sollte ich tun? Zur Konkurrenz gehen, der Philharmonie? Ein eigenes Orchester aus Mitgliedern der Oper und aus Konservatoriumsstudenten zusammenstellen? Aber das hätte bedeutet, wieder von vorn anzufangen, und es fehlte mir an Zeit, da ich meinte, in Frankfurt erwartet zu werden. Ich mußte also abreisen, obwohl mich der schreckliche Kummer der belgischen Musikfreunde, samt seinen Folgen, beunruhigte und ich mir vorwarf, die unschuldige und gedemütigte Ursache dieses Kummers zu sein. Zum Glück sind solche Gewissensqualen nicht von Dauer; sie vergehen so rasch wie Dampf, und nachdem ich kaum eine Stunde lang vom Schiff aus den Rhein und seine Ufer bewundert hatte, dachte ich schon nicht mehr daran. Der Rhein! Ach! er ist schön, sehr schön! Sie glauben vielleicht, mein lieber Morel, daß ich die Gelegenheit ergreifen will, das Thema poetisch auszuweiten? Der Himmel bewahre mich davor! Ich weiß zu gut, daß meine Verbreitungen nur prosaische Verengungen wären; außerdem will ich zu Ihrer Ehre annehmen, daß Sie Victor Hugos schönes Reisebuch gelesen und wiedergelesen haben.

Als ich in Mainz ankam, fragte ich nach der österreichischen Militärkapelle, die im vergangenen Jahr dort gewesen war und nach den Aussagen von Strauß(48) – dem Pariser Strauß* – mehrere Ouverturen von mir mit wunderbarer Verve und starkem Impuls gespielt hatte. Das Regiment war fortgezogen; schade, denn ich hätte gern den Einwohnern der Stadt Mainz im Vorbeifahren einen kleinen Spaß bereitet. Ob ich auf andere Weise versuche, ein Konzert zu organisieren?

---

* Das tanzende Europa kennt den Namen Strauß, und jeder weiß, was ein Strauß-Walzer ist. Aber die Sache ist komplizierter: Es gibt einen Strauß in Paris; dieser Strauß hat einen Bruder. Es gibt einen Strauß in Wien; dieser Strauß hat keinen Bruder. Das ist der einzige Unterschied. Daher die Verwechslungen zwischen dem Wiener Strauß und dem Pariser Strauß, der ebenfalls Walzer komponiert und bei den Bällen der Opéra-Comique das Orchester leitet. Kommt also neulich beim österreichischen Gesandten ein Wiener, der sicher kein echter Wiener war, auf unseren Strauß zu und sagte auf wienerisch: »Ah, mein lieber Strauß! Wie schön, Sie zu sehen. Sie erkennen mich nicht?« – »Nein.« – »Aber ich erkenne Sie, obwohl Sie dicker geworden sind. Außerdem können nur Sie solche Walzer schreiben.« – »Sehr gütig, aber der Wiener Strauß schreibt auch sehr gute Walzer.« – »Der Wiener Strauß? Aber der sind doch Sie! Ich kenne Sie wohl. Er sieht blaß aus, Sie sehen blaß aus. Er spricht wienerisch, Sie sprechen wienerisch. Er betont im Dreivierteltakt den schwachen Taktteil, Sie tun dasselbe.« – »Ja, der schwache Taktteil ist meine Stärke.« – »Sie haben den ›Diamantenwalzer‹ geschrieben, der vorhin gespielt wurde?« – »Ja.« – »Sie sprechen Hebräisch.« – »Very well.« – »Englisch?« – »Not at all.« – »Da haben wir's. Sie sind der Wiener Strauß. Übrigens stand Ihr Name auf dem Plakat.« – »Mein Herr, glauben Sie mir: der Wiener Strauß ist nicht der einzige, der einen Walzer synkopieren kann. Ich bin der Pariser Strauß; mein Bruder, der sehr gut Geige spielt und da drüben steht, heißt ebenfalls Strauß. Der Wiener Strauß heißt Strauß. Das ergibt zusammen drei Sträuße.« – »Nein, die Welt weiß, es gibt nur *einen* Strauß. Sie wollen mir einen Bären aufbinden ...« Der ungläubige Wiener wendet

Ich gehe zu Schott, dem Patriarchen unter den Musikverlegern. Dieser würdige Mann scheint, wie Dornröschen, seit hundert Jahren zu schlafen und antwortet auf alle meine Fragen langsam und mit langen Pausen zwischen den Worten: »Ich glaube nicht. ... Sie können hier ... kein Konzert geben ... Wir haben kein ... Orchester ... wir haben kein Publikum ... wir haben kein Geld!« Da ich nicht sehr viel ... Geduld habe, schlage ich schnellstens den Weg zum Bahnhof ein und reise nach Frankfurt ab. Mußte da nicht noch etwas kommen, um mich bis zum äußersten zu reizen? ... Auch der Zug ist ganz verschlafen, er eilt langsam, kommt nicht vorwärts, bummelt und macht an jeder Station unendliche Orgelpunkte. Doch hat schließlich jedes Adagio ein Ende, und ich erreichte Frankfurt vor der Nacht. Was für eine hübsche Stadt, rege, lebendig und blühend! Außerdem ist sie wunderbar angelegt, glänzend und weiß wie eine neue Münze, und ihre nach Art der englischen Gärten mit Bäumen und Blumen bepflanzten Alleen bilden einen grünen, duftenden Gürtel um sie herum. Obwohl es Dezember war, glitzerten die Sonnenstrahlen heiter durch die blätter- und blütenlosen Baumzweige, und mag es nun der Kontrast zwischen diesen luftigen, lichten Alleen mit den dunklen Gassen in Mainz gewesen sein oder die Hoffnung, endlich mit meinen Konzerten beginnen zu können, oder irgend eine andere, sich der Analyse entziehende Ursache – tausend Stimmen der Freude und des Glückes sangen in mir, und ich machte einen köstlichen zweistündigen Spaziergang. »Morgen sollen die ernsten Geschäfte drankommen«, sagte ich mir, als ich ins Hotel zurückkehrte.

Tags darauf begab ich mich also guten Mutes zum Theater, in der Meinung, dort alles für meine Proben bereit zu finden. Als ich den Opernplatz überquerte, begegnete ich einigen jungen Leuten, die Blasinstrumente trugen, und bat sie, da ich annahm, daß sie zum Orchester gehörten, dem Kapellmeister und Direktor Guhr meine Karte abzugeben. Als sie meinen Namen lasen, verwandelte sich ihre Gleichgültigkeit in einen Enthusiasmus, der mir wohltat. Einer von ihnen, der französisch sprach, führte das Wort für seine Gefährten: »Wir sind glücklich, Sie endlich zu sehen; Ihre Ankunft wurde uns schon vor langem angekün-

---

sich ab, und unser Strauß, besorgt um seine Identität, bittet mich, ihm zu helfen. Ich bestätige also, daß der Pariser Strauß sehr blaß ist, ausgezeichnet Wienerisch und Hebräisch, ziemlich schlecht Französisch und gar kein Englisch spricht, hinreißende Walzer schreibt und sie mit traurigem Gesicht, aber unbestreitbarem Feuer dirigiert, daß er seit langem in Paris wohnt, dem Orchester des Théâtre Italien angehört und seit zehn Jahren in allen meinen Konzerten die Bratsche spielt; daß er jeden Sommer auf Tournee geht, in Genf, Mainz, München, überall spielt, nur nicht in Wien, um Verwechslungen zu vermeiden. Mögen also die Wiener ihren Strauß behalten und uns unseren Strauß lassen; gebe man dem Strauß, was dem Strauß nicht zukommt, und nehme man dem Strauß, was des Straußes ist, sonst hält man noch einen Straußschen Strauß für wertvoller als einen Straußschen Strauß und umgekehrt.

digt, und wir haben bereits Ihre ›König-Lear‹-Ouverture zweimal gespielt. Wir sind sicher nicht so gut wie Ihr Pariser Konservatoriums-Orchester, aber vielleicht werden Sie doch nicht unzufrieden sein!« Guhr erscheint. Es ist ein kleiner Mann mit listigen Augen und lebhaftem, durchdringendem Blick; seine Bewegungen sind hastig, seine Sprechweise ist kurz und schneidend; man sieht, daß er nicht gerade übermäßig nachsichtig sein kann, wenn er an der Spitze seines Orchesters steht; alles deutet auf musikalische Intelligenz und Willenskraft: ein idealer Leiter. Er spricht französisch, doch nicht schnell genug für seine Ungeduld, und schiebt in jeden Satz einen derben Fluch, der in deutscher Aussprache besonders komisch klingt, ein »Sacré nong te Tieu«, das ich abgekürzt wiedergeben werde. Als er mich sah, rief er: »Ach, S. n. t. T., Sie sind es, mein Lieber! Haben Sie denn meinen Brief nicht erhalten?«

»Welchen Brief?«

»Ich habe Ihnen nach Brüssel geschrieben, um Ihnen zu sagen S. n. t. T. . . . , warten Sie . . . ich spreche nicht gut . . . ein Unglück . . . ein grosses Unglück . . . Ah! unser Regisseur, der kann mein Dolmetscher sein.«

Und er fuhr in französischer Sprache fort:

»Sagen Sie Monsieur Berlioz, daß ich untröstlich bin; daß ich ihm geschrieben habe, er solle noch nicht kommen; daß die kleinen Milanollo's[49] jeden Abend ein volles Haus haben; daß wir noch nie ein solches Furore erlebt haben, S. n. t. T., daß man die große Musik und die großen Konzerte auf einen andern Augenblick aufsparen muß.«

Der Regisseur: »Herr Guhr beauftragt mich, Ihnen zu sagen, daß . . .«

Ich: »Geben Sie sich keine Mühe; ich habe sehr gut, zu gut verstanden, denn Herr Guhr hat ja nicht deutsch gesprochen.«

Guhr: »Ha, ha, ha! Ich habe französisch gesprochen, S. n. t. T., ohne es zu wissen!«

Ich: »Sie wissen aber, und ich weiß auch, daß ich zurückreisen oder kühn meinen Weg fortsetzen muß, auf die Gefahr hin, anderswo irgendwelche Wunderkinder zu finden, die mich schachmatt setzen werden.«

Guhr: »Was ist da zu machen, mein Lieber, Kinder bringen Geld ein, S. n. t. T., die französischen Lieder bringen Geld ein, die französischen Gesangspossen ziehen das Publikum an; was wollen Sie? Ich bin Theaterdirektor, ich kann auf die Einnahmen nicht verzichten; aber bleiben Sie wenigstens bis morgen und hören Sie sich ›Fidelio‹ an, mit Pischek und der Capitaine, und S. n. t. T. Sie sollen mir dann Ihre Meinung über unsere Künstler sagen.«

Ich: »Ich glaube, daß sie vorzüglich sind, besonders unter Ihrer Leitung; aber, mein lieber Guhr, warum fluchen Sie soviel – meinen Sie, mich damit zu trösten?«

»Ha! ha! S. n. t. T., wir sind doch unter uns.«

Darauf ergriff mich ein unbezwingliches Lachen, meine schlechte Laune verging, ich nahm ihn bei der Hand und sagte:

»Nun, wenn wir unter uns sind, dann kommen Sie und trinken Sie mit mir einen Rheinwein, ich verzeihe Ihnen Ihre Milanollo's und bleibe, um ›Fidelio‹ und die Capitaine zu hören, deren Adjutant Sie sicherlich gern sein würden.«

Wir kamen überein, daß ich zwei Tage später nach Stuttgart, wo ich jedoch nicht erwartet wurde, reisen sollte, um bei Lindpainter und dem König von Württemberg mein Glück zu versuchen. So mußte ich den Frankfurtern Zeit geben, wieder nüchtern zu werden und den Rausch zu vergessen, in den die beiden Schwestern sie mit ihrem Violinspiel versetzt hatten. In Paris war ich der erste gewesen, ihnen Beifall und Lob zu spenden, hier in Frankfurt aber kamen sie mir recht ungelegen.

Und am Tage darauf hörte ich »Fidelio«. Diese Vorstellung war eine der schönsten, die ich in Deutschland erlebt habe; Guhr hatte recht, sie mir als Entschädigung für meine Enttäuschung vorzuschlagen; ich habe selten einen vollkommneren musikalischen Genuß empfunden.

Die Capitaine als Leonore schien mir all jene musikalischen und dramatischen Fähigkeiten, die Beethovens große Schöpfung erfordert, zu besitzen. Ihre Stimme hat eine Färbung, durch die sie sich sehr dazu eignet, die tiefen, verhaltenen, doch stets dem Ausbruch nahen Gefühle auszudrücken, die das Herz der heroischen Gattin Florestans bewegen. Sie singt einfach, sehr rein, und ihr Spiel ist immer natürlich. In der berühmten Pistolenszene erschüttert sie das Publikum nicht so stark wie die Schröder-Devrient mit ihrem krampfhaft nervösen Lachen; die Capitaine weiß durch andere Mittel zu rühren. Sie ist nicht im üblichen Sinn eine brillante Sängerin; aber ich würde ihr vor allen Sopranistinnen, die ich an deutschen Opernhäusern erlebt habe, den Vorzug geben, und ich hatte nie von ihr sprechen hören. Einige andere, die mir vorher als hervorragende Talente genannt worden waren, habe ich geradezu abscheulich gefunden.

Ich besinne mich leider nicht auf den Namen des mit der Rolle des Florestan betrauten Tenors. Er verfügte durchaus über Qualitäten, wenn auch nicht über eine bemerkenswerte Stimme. Die schwierige Kerkerarie sang er nicht so, daß man darüber den erstaunlichen Haitzinger hätte vergessen können, der in diesem Stück eine unglaubliche Höhe der Darstellung erreichte, aber gut genug, um den Beifall eines weniger kühlen Publikums als des Frankfurters zu ernten. Pischek, den ich einige Monate später in Spohrs »Faust« noch besser habe schätzen können, hat mir tatsächlich den ganzen Wert jener Rolle des Gouverneurs gezeigt, die wir in Paris nie haben verstehen können, und ich schulde ihm allein dafür Dank. Pischek ist ein wirklicher Künstler; er hat zweifellos hart an sich gearbeitet, aber er ist auch von der Natur sehr begünstigt worden. Er besitzt eine herrliche, packende, biegsame, reine, ziemlich umfangreiche Baritonstimme; er sieht gut aus, ist jung und voller Temperament. Schade, daß er keine andere Sprache beherrscht! Der Frankfurter Chor singt sorgfältig; die Stimmen klingen frisch und lassen nur selten falsche Töne hören; ich wünschte nur, es wären mehr. In solchen Chören von etwa 40 Stimmen herrscht immer eine gewisse Schärfe, die bei größerer Besetzung wegfällt. Da ich die Frankfurter Choristen nicht beim Einstudieren eines neuen Werkes erlebt habe, kann ich nicht sagen, ob sie vom Blatt lesen können und musikalisch sind; ich muß nur anerkennen, daß sie den ersten Chor der Gefangenen, ein zartes Stück, das unbedingt ›gesungen‹ werden muß, sehr befriedigend ausgeführt haben und noch besser das große Finale, in dem Enthusiasmus und Energie vorherrschen.

Das Orchester, zieht man in Betracht, das es sich nur um ein simples Opernorchester handelt(50), ist ausgezeichnet und in jeder Hinsicht bewunderungswürdig; keine Nuance entgeht ihm, die Klänge verschmelzen zu einem harmonischen, von jeder Härte freien Zusammenspiel, es gerät nie ins Wanken, alles kommt auf einen Schlag: man könnte meinen, es sei ein einziges Instrument. Ohne Zweifel tragen Guhrs geschickte Leitung und Strenge bei den Proben viel zu diesem kostbaren Resultat bei. Das Orchester ist folgendermaßen zusammengestellt: 8 erste Violinen – 8 zweite – 4 Bratschen – 5 Celli – 4 Kontrabässe – 2 Flöten – 2 Oboen – 2 Klarinetten – 2 Fagotte – 4 Hörner – 2 Trompeten – 3 Posaunen – 1 Paukenschläger. Diese Zusammenstellung von 47 Musikern findet sich mit geringeren Abweichungen in fast allen deutschen Städten zweiter Größe wieder; ebenso verhält es sich mit der Aufstellung: die Violinen, Bratschen und Celli nehmen zusammen die rechte Seite des Orchesterraumes ein; die Kontrabässe sind in der Mitte, ganz nahe an der Rampe, in einer Reihe aufgestellt; die Flöten, Oboen, Klarinetten, Fagotte, Hörner und Trompeten bilden auf der linken Seite die Gegengruppe zu den Streichinstrumenten; die Pauken und Posaunen sind an das äußerste Ende der rechten Seite verlegt. Da ich das Frankfurter Orchester nicht mit symphonischer Musik hörte, kann ich nichts über seine Auffassungsgabe, seine rhythmische Festigkeit, seine Anpassungsfähigkeit bei unkonventioneller Musik usw. sagen, aber Guhr hat mir versichert, daß seine Musiker im Konzert wie der Oper gleich tüchtig seien. Ich muß ihm glauben, denn Guhr gehört nicht zu jenen Vätern, die dazu neigen, ihre Kinder allzusehr zu bewundern. Die Violinen kommen aus einer guten Schule; die Bässe sind sehr klangvoll. Ich kenne die Leistungsfähigkeit der Bratschen nicht, da sie in den Opern, die ich in Frankfurt hörte, nur unbedeutende Parts hatten. Die Bläser sind ausgezeichnet im Zusammenspiel; ich werfe ihnen nur den in Deutschland verbreiteten Fehler vor, die Töne, besonders in der Höhe, oft zu forcieren und ihnen dadurch einen metallischen Beiklang zu geben. Diese Spielweise gibt dem Horn einen unnatürlichen Klang; zwar mag sie in gewissen Fällen von guter Wirkung sein, doch sollte sie, meine ich, nicht in die Schule dieses Instrumentes als Regel aufgenommen werden.

Am Schluß jener ausgezeichneten Aufführung von »Fidelio« geruhten zehn oder zwölf Zuhörer im Fortgehen etwas zu applaudieren ... das war alles. Ich war über eine solche Gleichgültigkeit empört; jemand versuchte mich davon zu überzeugen, daß das Publikum, obwohl es wenig Beifall gespendet hatte, die Schönheiten des Werkes doch empfinde; da sagte Guhr:

»Nein, sie verstehen nichts, gar nichts, Berlioz hat recht, S. n. t. T., es sind stumpfe Spießer!«

An jenem Abend war ich meinem alten Freund Ferdinand Hiller wiederbegegnet, der lange in Paris gelebt hatte und dessen musikalische Talente von Kennern dort weiterhin gerühmt werden. Er arbeitet an einer Oper für das Frankfurter Theater, gibt häufig Konzerte, in denen er Teile seines erfolgreichen Oratoriums »Die Zerstörung Jerusalems« sowie Orchesterstücke, über die ich viel gutes hörte, aufführt. Leider hat es sich jedesmal, wenn ich nach Frankfurt gekommen bin, so getroffen, daß ich am Tage, bevor Hillers Konzerte stattfanden, abreisen mußte; ich kann also über ihn nur die Meinung anderer aussprechen, was mich vor dem Vorwurf schützt, ihn nur aus Freundschaft zu loben. Auch über Frankfurts Singakademie, den Cäcilien-Verein, den ich leider nicht hören konnte, muß ich mich auf das gute Urteil anderer verlassen; der Chor soll ebenso stark wie vorzüglich besetzt sein.

Obgleich im Frankfurter Publikum das Bürgertum vorherrscht, sollte es bei der großen Anzahl von Musikkennern der höheren Schichten doch möglich sein, eine für bedeutende Kunstwerke verständnisvolle Zuhörerschaft zu finden. Jedenfalls fehlte es mir an Zeit, ein solches Experiment zu veranstalten.

Jetzt, mein lieber Morel, muß ich meine Erinnerungen an Stuttgart sammeln; sie werden das Thema eines zweiten Briefes sein, den ich aber nicht an Sie richten werde; muß ich nicht auch den anderen Freunden antworten, die ebenfalls wünschen, näheres über meine deutschen Erkundungsreisen zu hören? Leben Sie wohl.

P. S. Man spricht überall von dem Erfolg Ihrer letzten Lieder. Haben

Sie welche publiziert? Gestern hörte ich das Gesangsrondo »Page et Mari«, auf einen Text von Dumas junior. Ich erkläre Ihnen, daß es delikat, pikant und witzig ist. Sie haben nie etwas so Gutes in dieser Art geschrieben. Dieses Rondo wird unerträglich populär werden, die Leierkästen werden Sie an den Pranger stellen, und das geschieht Ihnen dann ganz recht.

LIII.

Stuttgart – Hechingen
Zweiter Brief – An Narcisse Girard(51)

Bevor ich Frankfurt verließ, um mich in das Königreich Württemberg hineinzuwagen, mußte ich mich wohl vor allen Dingen nach den Aufführungsmöglichkeiten erkundigen, die ich in Stuttgart vorfinden würde, ein Konzertprogramm dementsprechend zusammenstellen und nur die unbedingt notwendigen Noten mitnehmen. Sie müssen wissen, mein lieber Girard, daß auf meiner deutschen Reise eine der größten und am wenigsten vorhersehbaren Schwierigkeiten mit dem Notentransport zusammenhing, der maßlos ins Geld ging. Sie werden es leicht begreifen, wenn Sie hören, daß diese Menge von geschriebenen, lithographierten oder gedruckten einzelnen Chor- und Orchesterstimmen ein ungeheures Gewicht hatte und ich gezwungen war, sie fast überallhin unter großen Kosten im Postgepäckwagen mitzunehmen.* Nur diesmal nahm ich, da ich nicht wußte, ob ich nach meinem Besuch in Stuttgart nach München gehen oder wieder nach Frankfurt zurückkommen würde, um mich dann nach Norddeutschland zu wenden, nur zwei Symphonien, eine Ouvertüre und einige Gesangsstücke mit und überließ alles übrige dem unglücklichen Guhr, der, wie es scheint, auf die eine oder die andere Art mit meiner Musik belästigt werden sollte.

Die Strecke von Frankfurt nach Stuttgart bietet nichts Interessantes, und ich empfing von dieser Fahrt keinen Eindruck, den ich Ihnen erzählen könnte: nicht die kleinste romantische Ansicht zu beschreiben, kein dunkler Wald, kein Kloster, keine einsame Kapelle, kein Bergstrom, kein großes nächtliches Geräusch, nicht einmal das von Don Quichottens Windmühlen; weder Jäger noch Milchmädchen, weder eine klagende Jungfrau noch ein verirrtes Kälbchen, kein Räuber und kein Gendarm, kein Bettler und kein König, kein Seelenhirt und kein Schafhirt; kurz,

---

* Die meisten der Eisenbahnlinien, die heute Deutschland durchqueren, existierten damals noch nicht.

nichts als der Mondschein, das Traben der Pferde und das Schnarchen des Kutschers. Ab und zu einige häßliche Bauern, einen großen Dreispitz auf dem Kopf, in einem immensen Gehrock aus ehemals weißer Leinwand, dessen endlose Schöße sich zwischen ihren schmuddligen Beinen verwickeln: eine Tracht, die ihnen das Aussehen eines Pfarrers in großem Negligé gibt. Das war alles!

Die erste Persönlichkeit, die ich bei meiner Ankunft in Stuttgart zu besuchen hatte, die einzige sogar, von der ich annehmen konnte, sie sei auf Grund früherer, durch einen gemeinsamen Freund angeknüpfter Beziehungen wohlwollend gegen mich gesinnt, war Dr. Schilling, der Verfasser einer großen Anzahl von theoretischen und kritischen Schriften über Musik. Dieser Doktortitel, den in Deutschland fast jedermann führt, hatte mich gegen ihn voreingenommen. Ich stellte mir einen alten Pedanten vor, mit Brille, rötlicher Perücke und riesiger Schnupftabakdose, ständig auf Fuge und Kontrapunkt reitend, nur an Bach und Marpurg interessiert, äußerlich vielleicht höflich, aber im Grunde mit Haß gegen die moderne Musik im allgemeinen und gegen die meine im besonderen erfüllt, mit einem Wort, als irgend einen musikalischen Kleinlichkeitskrämer. Sehen Sie nun, wie man sich irren kann: Herr Schilling ist nicht alt, trägt keine Brille, hat sehr schönes schwarzes Haar, ist sehr lebhaft. Er spricht rasch und laut, wie aus der Pistole geschossen; er schnupft nicht, er raucht. Er empfing mich herzlich, gab mir sofort gute Ratschläge für das geplante Konzert, sagte kein Wort über Fuge und Kontrapunkt, zeigte keine Verachtung für die »Hugenotten« oder den »Wilhem Tell« und keinen Widerwillen gegen meine Musik, bevor er sie gehört hatte. Übrigens war die Unterhaltung zwischen uns, wenn kein Dolmetscher zugegen war, alles andere als flüssig, denn Herr Schilling sprach ungefähr so gut Französisch wie ich Deutsch. Eines Tages wurde er ungeduldig, sich nicht verständlich machen zu können, und fragte mich:

»Sprechen Sie Englisch?«

»Nur einige Worte; und Sie?«

»Ich ... nein! Aber Italienisch, können Sie Italienisch?«

»Si, un poco. Come si chiama il direttore del teatro?«

»Ach! Zum Teufel! Ich kann auch nicht Italienisch! ...«

Ich glaube, daß, wenn ich erklärt haben würde, weder Englisch noch Italienisch zu verstehen, der hitzige Doktor Lust bekommen hätte, die Szene aus Molières »Arzt wider Willen« in diesen beiden Sprachen mit mir zu spielen.

Schließlich versuchten wir es mit dem Lateinischen und verständigten uns, so gut und so schlecht es gehen wollte, nicht ohne einige ›Arcithuram, catalamus‹. Doch man wird begreifen, daß die Unterhaltung etwas mühsam war und sich nicht um Herders »Ideen« oder um Kants »Kritik der reinen Vernunft« drehte. Kurz, Herr Schilling konnte mir mitteilen, daß ich mein Konzert entweder im Theater oder im Redoutensaal geben könne. Im ersten Fall würde ich nicht nur mit Sicherheit, wie er glaubte, auf die Anwesenheit des Königs und des Hofes rechnen dürfen, sondern auch eine unentgeltliche Aufführung haben und mich weder um Eintrittskarten noch um die Reklame noch um irgend welche andere Einzelheiten der Veranstaltung zu kümmern brauchen. Im zweiten Falle müßte ich das Orchester bezahlen, mich um alles kümmern, und der König würde nicht kommen: er ginge nie in diesen Saal. Ich befolgte also die Ratschläge des Doktors und beeilte mich, dem Hofmarschall und Theaterintendanten Baron von Topenheim mein Gesuch zu unterbreiten. Er empfing mich mit größter Liebenswürdigkeit und versicherte mir, daß er noch am selben Abend meine Bitte dem König vorlegen würde. »Ich muß Sie jedoch darauf aufmerksam machen«, fügte er hinzu, »daß allein der Redoutensaal für Konzerte gut geeignet ist, daß dagegen im Theater die Akustik so schlecht ist, daß man schon lange darauf verzichtet hat, irgendwelche Orchesterwerke von einiger Bedeutung darin aufzuführen!« Ich wußte nicht recht, was ich antworten und wozu ich mich entschließen sollte. Besuchen wir Lindpaintner, sagte ich mir: er muß und wird die höchste Autorität sein. Ich kann Ihnen nicht sagen, mein lieber Girard, wie wohl mir die erste Zusammenkunft mit diesem ausgezeichneten Musiker getan hat. Nach fünf Minuten war es uns, als seien wir seit zehn Jahren befreundet. Lindpaintner hatte mir bald die Sachlage klargestellt. »Vor allen Dingen«, sagte er, »muß ich Sie über die musikalische Bedeutung unserer Stadt aufklären; sie ist zwar eine königliche Residenz, hat aber weder Geldmittel noch ein Publikum (Au, au! Ich dachte an Mainz und an den Papa Schott). Da Sie nun einmal da sind, soll nicht gesagt werden, wir hätten Sie abreisen lassen, ohne einige Ihrer Kompositionen, die wir so gern kennenlernen möchten, aufgeführt zu haben. Und jetzt zur Frage des Saals. Das Theater taugt absolut nicht zu Musikaufführungen. Die Frage der Gegenwart des Königs ist von keinem Belang; Seine Majestät geht nie ins Konzert und wird auch zu Ihrem nicht erscheinen, gleichgültig, wo Sie es geben. Nehmen Sie also den Redoutensaal; er hat eine vorzügliche Akustik und alles, was zu einer guten Orchesterwirkung erforderlich ist. Was die Musiker betrifft, so werden Sie nur die kleine Summe von achtzig Francs in die Pensionskasse einzuzahlen haben, und alle werden sich eine Pflicht und eine Ehre daraus machen, Ihre Werke nicht nur aufzuführen, sondern auch mehrere Male unter Ihrer Leitung zu proben. Kommen Sie heute abend und hören Sie sich den ›Freischütz‹ an; in einer Pause werde ich Sie mit den Orchesterleuten zusammenbringen, und Sie werden sehen, daß ich mich nicht zu Unrecht für ihren guten Willen verbürge.« So geschah es; Lindpaintner stellte mich den Musikern vor, und nachdem ich eine kleine Ansprache gehalten und Lindpaintner sie verdolmetscht hatte, schwanden alle Zweifel: ich hatte ein Orchester.

Es setzt sich ungefähr wie das in Frankfurt zusammen, ist jung und voll Kraft und Feuer, wie ich bereits an der Art, wie der instrumentale Teil der Weberschen Partitur ausgeführt wurde, festgestellt hatte. Die Chöre hingegen fand ich recht mittelmäßig, nicht stark genug besetzt und wenig nuanciert. Sie sangen ständig mezzoforte und machten einen gelangweilten Eindruck. Auch die Solisten waren nur biederer Durchschnitt. – Ich besinne mich auf keinen ihrer Namen. Die Primadonna (Agathe) hat eine klangvolle, aber harte und wenig biegsame Stimme; die zweite Sängerin (Ännchen) hat mehr Anlage zur Koloratur, singt aber oft unrein; der Bariton (Kaspar) ist, glaube ich, die beste Kraft des Stuttgarter Theaters. Ich habe nachher diese Sänger in der »Stummen von Portici« gehört, ohne daß ich meine Meinung über sie ändern konnte. Zu meiner Verwunderung nahm Lindpaintner in beiden Opern bei manchen Stücken allzu rasche Tempi.

Ich habe später beobachtet, daß viele deutsche Dirigenten, unter anderen Mendelssohn, Guhr und Krebs, zum Hetzen neigen. Zu den Tempi im »Freischütz« möchte ich mich nicht äußern, denn es mag da berechtigte Traditionen geben, aber was die »Stumme von Portici«, die »Vestalin«, »Moses« und die »Hugenotten« betrifft, die in Anwesenheit der Komponisten in Paris einstudiert wurden und deren Tempi sich von den ersten Aufführungen her erhalten haben, so kann ich versichern, daß die oft überstürzte Art, in der diese Opern in Stuttgart, Leipzig, Hamburg und Frankfurt wiedergegeben wurden, nicht gerechtfertigt ist und der Wirkung schadet. Und doch glaubt man in Frankreich, daß die Deutschen alle Tempi verschleppen.

Das Stuttgarter Orchester umfaßt 16 Violinen, 4 Bratschen, 4 Violoncelli, 4 Kontrabässe und die zur Aufführung der meisten modernen Opern notwendigen Blas- und Schlaginstrumente. Außerdem gibt es einen ausgezeichneten Harfenisten, und das ist in Deutschland eine wahre Seltenheit. Das Studium dieses schönen Instruments wird dort in einer lächerlichen, ja geradezu barbarischen Weise vernachlässigt, ohne daß man den Grund dafür entdecken könnte. Ich neige sogar zu der Annahme, daß es damit von jeher so bestellt gewesen ist, wenn ich daran denke, daß keiner von den Meistern der deutschen Schule Gebrauch von dem Instrument gemacht hat. Man findet keine Harfe bei Mozart, weder in den Opern noch in den Messen oder Symphonien; das gleiche gilt für Haydn, Beethoven und Weber. (Nur Gluck schrieb im »Orfeo« einen übrigens leicht zu spielenden Harfenpart.) Ich finde das unbegreiflich und auch ein bißchen ärgerlich. Und die deutschen Orchester sollten doch mindestens zwei Harfen besitzen, zumal sie jetzt die neueren italienischen Opern aufführen, in denen die Harfe so häufig verwendet wird.

Die Stuttgarter Geiger sind vortrefflich; man merkt, daß sie zum größten Teil Schüler des Konzertmeisters Molique sind, dessen kraftvolles und diszipliniertes, wenn auch nicht sehr nuancenreiches Spiel und dessen gut gearbeitete Kompositionen wir vor einigen Jahren im Konservatorium zu Paris bewundert haben. Molique, der im Theater und in den Konzerten am ersten Violinpult sitzt, hat also zum großen Teil die eigenen Schüler anzuführen, die ihm willig folgen. Daher diese herrliche Exaktheit in der Ausführung, eine Exaktheit, die ebenso sehr der Übereinstimmung in Technik und Schule zu verdanken ist wie der Aufmerksamkeit der Spieler. Die übrigen Streicher können, wenn auch nicht den Violinen gleichwertig, so doch zumindest gut genannt werden. Das gleiche gilt für die Bläser. Der erste Flötist und der erste Fagottist sind ausgesprochene Virtuosen, nur spielen sie leider auf sehr alten und minderwertigen Instrumenten. Beim Blech fiel mir auf, daß man in Stuttgart bereits ausschließlich die modernen Ventilhörner und -trompeten verwendet, deren Vorzüge gegenüber den Klappen-Instrumenten Adolphe Sax in Paris zur Genüge bewiesen hat und die sich jetzt überall einzubürgern scheinen – außer in Paris; dort werden wir erst in etwa zehn Jahren dazu kommen.

Zu den erstaunlichsten Musikern im Stuttgarter Orchester gehört der erste Posaunist, Schrade; er kennt sein Instrument genauestens, spottet der größten Schwierigkeiten und entlockt der Tenorposaune einen herrlichen Ton; ich könnte sogar sagen Töne, denn er versteht es, durch einen noch unerklärten Kunstgriff drei oder vier Noten gleichzeitig herauszubringen, ähnlich wie der junge Hornist Vivier, jener hochbegabte und geistreiche Exzentriker, mit dem sich kürzlich die ganze musikinteressierte Presse von Paris beschäftigt hat. Schrade hat in einer Phantasie, die er in Stuttgart öffentlich spielte, zum allgemeinen Erstaunen auf einer Fermate die vier Noten des Dominantseptakkords von B-Dur gleichzeitig ertönen lassen. Es ist Sache der Akustiker, diese neue Resonanzerscheinung bei Schallröhren zu erklären; wir Musiker haben sie zu studieren und Nutzen daraus zu ziehen.

Ein anderer Vorzug des Stuttgarter Orchesters besteht darin, daß seine Mitglieder sicher vom Blatt spielen, sich durch nichts verwirren und aus der Fassung bringen lassen, mit der Note zugleich auch die Nuance ablesen und schon beim ersten Abspielen auch die dynamischen Zeichen genau beachten. Sie sind außerdem allen Launen des Rhythmus und des Taktes gewachsen, klammern sich nicht immer an den guten Taktteil, verstehen es, ohne ins Schleppen zu kommen, den schwachen Taktteil zu betonen und von einer Synkope zu der andern überzugehen, ohne Verlegenheit und ohne den Eindruck zu erwecken, als führten sie ein schwieriges Kunststück aus. Mit einem Wort, ihre musikalische Schulung ist in jeder Beziehung vollkommen. Schon bei der ersten Probe zu meinem Konzert konnte ich diese kostbaren Eigenschaften an ihnen wahrnehmen. Ich hatte für das Programm die Phantastique und die »Francs-Juges«-Ouvertüre gewählt, Werke, wie Sie wissen, voller rhythmischer Schwierigkeiten, mit synkopierten Phrasen, sich kreuzenden Synkopen, Überlagerungen dreiteiliger und vierteiliger Taktarten usw.; alles Dinge, die wir heutzutage im Konservatorium dem Publikum mit Bravour an den Kopf werfen, die wir aber doch haben studieren müssen und zwar tüchtig und lange. Ich hatte also Grund, an verschiedenen Stellen der Ouvertüre und der Symphonie (vor allem im Finale) auf eine Menge Fehler gefaßt zu sein; aber es gab keine. Meine Überraschung war groß, und Sie werden nicht weniger überrascht sein, wenn ich Ihnen sage, daß wir diese verdammt schwierige Symphonie und den Rest des Programms in nur zwei Proben einstudiert hatten. Die Wirkung wäre sogar sehr zufriedenstellend gewesen, hätten mir nicht wahre und vorgeschützte Krankheiten am Konzerttag die Hälfte der Violinen geraubt. Können Sie sich ein Bild von mir machen, wie ich mit vier ersten und vier zweiten Geigern gegen all diese Blas- und Schlaginstrumente anzukämpfen hatte? Denn die Epidemie hatte das übrige Orchester verschont, es fehlte nichts als die Hälfte der Violinen! Gern hätte ich, wie Max im »Freischütz«, einen Pakt mit dem Teufel geschlossen, nur um Violinen zu bekommen. Die Sache war um so ärgerlicher, als gegen Lindpaintners Voraussage der König und der Hof gekommen waren. Trotz des Ausfalls einiger Pulte war die Ausführung wenn auch nicht gewaltig (das war unmöglich), so doch wenigstens verständig, exakt und voll Wärme. Von den Sätzen der »Phantastique« wirkten am stärksten das Adagio und der Hexensabbat. Die Ouvertüre fand warme Aufnahme; der Pilgermarsch aus »Harold« hingegen, ebenfalls auf dem Programm, blieb fast unbemerkt. Es ist mir bei einem anderen Konzert, als ich so unklug war, ihn separat aufzuführen, ebenso ergangen, während man überall dort, wo ich den ganzen »Harold« oder wenigstens die drei ersten Sätze im Programm hatte, dem Marsch applaudierte und oft sogar eine Wiederholung verlangte: ein neuer Beweis für die Notwendigkeit, symphonische Werke nicht zu zerstückeln und sie nur in ihrem Zusammenhang aufzuführen.

Soll ich Ihnen sagen, daß ich nach dem Konzert alle möglichen Glückwünsche von Seiten des Königs, des Grafen Neipperg und des Prinzen Jérôme Bonaparte empfangen habe? Warum auch nicht? Man weiß ja, daß die Fürsten im allgemeinen gegen fremde Künstler äußerst wohlwollend sind, und ich würde nur dann gegen das Gebot der Bescheidenheit verstoßen, wenn ich Ihnen jetzt wiederholen sollte, was mir einige von den Musikern an demselben Abend und während der folgenden Tage gesagt haben. Übrigens, warum nicht gegen die Bescheidenheit verstoßen? Um einige bösartige Kettenhunde, die nach jedem, der kettenlos vorübergeht, schnappen möchten, nicht zum Knurren zu bringen? Lohnt es wirklich die Mühe, sich hinter hohlen Formeln und Phrasen zu verstecken, Komödie zu spielen, von der sich doch keiner anführen läßt? Die wahre Bescheidenheit sollte darin bestehen, nicht nur nicht von sich zu reden, sondern auch nicht von sich reden zu machen, nichts zu tun, nichts zu sagen, nichts zu schreiben, kurz: nicht zu leben. Wäre das nicht absurd? ... Außerdem habe ich mir vorgenommen, alles zu gestehen, Glück und Unglück; ich habe schon in meinem vorhergehenden Brief damit angefangen und bin bereit, in diesem Sinne fortzufahren. So glaube ich stark, daß Lindpaintner, ein Meister, um dessen Beifall ich eifrig besorgt war, die Symphonie gründlich verabscheute, denn er lobte nur die Ouvertüre; ich möchte wetten, daß Molique gar nichts gut geheißen hat. Was den Doktor Schilling betrifft, so bin ich sicher, daß er alles verdammungswürdig gefunden hat und recht beschämt war, die ersten Schritte getan zu haben, um in Stuttgart einen Schurken meines Schlages vorzuführen, der stark im Verdacht steht, die Musik vergewaltigt zu haben, und der, wenn es ihm gelingt, ihr seine Leidenschaft für freie Luft und Vagabundentum einzuflößen, aus der keuschen Muse eine Art Zigeunerin machen wird, weniger Esmeralda als Helen Mac Gregor(52), eine Amazone mit im Winde flatternden Haaren, auf deren dunklem Kriegsmantel glänzende Flitter funkeln, die mit nackten Füßen über rauhe Felsen hüpft, bei Sturm und Gewitter Träumereien nachhängt und deren finsterer Blick die Frauen erschreckt und die Männer verwirrt, ohne ihnen Liebe einzuflößen.

Auch hat Schilling, in seiner Eigenschaft als Berater des Fürsten von Hohenzollern-Hechingen, nicht verfehlt, an Seine Hoheit zu schreiben und ihr zu ihrer Zerstreuung den sonderbaren Wilden vorzuschlagen, der sich im Schwarzwald besser ausnehmen würde als in einer zivilisierten Stadt. Und als der Wilde eine von einem anderen intimen Berater des Fürsten, dem Baron von Billing, in ebenso verbindlichen wie gewählten Worten abgefaßte Einladung erhielt, machte er sich in seiner unersättlichen Neugier auf den Weg und fuhr durch verschneite Fichtenwälder nach Hechingen, ohne sich allzusehr darüber zu beunruhigen, was er dort würde tun können. Diese Fahrt in den Schwarzwald hat mir ein wirres Gemisch von freudigen, traurigen, lieblichen und schmerzhaften Erinnerungen hinterlassen, die ich nicht ohne eine fast unerklärliche Beklemmung des Herzens wachrufen kann. Die Kälte, das zwiefache Trauerkleid in Schwarz und Weiß, das auf den Bergen lag, der Sturm, der durch die erbebenden Fichten heulte, das heimliche Wirken des Kummers, der mir in der Einsamkeit so stark am Herzen nagte, eine traurige Episode aus einem trübseligen Roman, den ich auf der Reise las ... Dann die Ankunft in Hechingen, die frohen Gesichter, die Liebenswürdigkeit des Fürsten, die Neujahrsfeierlichkeiten, der Ball, das Konzert, das tolle Gelächter, die Pläne, sich in Paris wiederzusehen, und ... das Lebewohl ... und die Abreise ... O! Das schmerzt! ... Welcher Teufel treibt mich, Ihnen das zu erzählen? Und von einer Episode anzufangen, die keine aufregenden oder romantischen Pointen hat, wie Sie gleich sehen werden? Aber Sie wissen, lieber Girard, daß ich manchmal ohne ersichtlichen Grund leide, wie bei gewissen elektrischen Spannungen in der Atmosphäre die Blätter der Bäume sich bewegen, ohne daß ein Wind geht, und da Sie mich gut kennen, werden Sie diese Exposition ohne Höhepunkt, diese Einleitung ohne Allegro, dieses Thema ohne Fuge nicht allzu lächerlich finden. Ein Thema ohne Fuge ist ein seltenes Glück, das müssen Sie zugeben. Und wir beide haben mehr als tausend Fugen gelesen, die kein »Thema« haben, abgesehen von denen, die nur schlechte Themen behandeln. Nun, da fliegt ja meine Melancholie davon, dank der Dazwischenkunft der Fuge (dieser alten Schwätzerin, die schon so oft die Langweile mit sich gebracht hat), ich komme wieder zu guter Laune und ... erzähle Ihnen von Hechingen.

Wenn ich soeben sagte, Hechingen sei eine kleine Stadt, so habe ich damit seine geographische Bedeutung überschätzt. Hechingen ist nicht einmal ein Dorf, höchstens ein Marktflecken, auf einem ziemlich steilen Abhang erbaut, ähnlich dem Teil von Montmartre, der den Hügel krönt, oder, noch besser, wie das Dorf Subiaco im Kirchenstaat. Oberhalb des Fleckens, und diesen vollständig beherrschend, liegt die Villa Eugenia, die der Fürst bewohnt. Zur Rechten dieses kleinen Palastes ein tiefes Tal und ein wenig weiter eine rauhe unbewachsene Bergkuppe, von der alten Festung Hohenzollern gekrönt, vormals Lehnssitz der Fürsten, heute Jagdschloß. Der jetzige Regent dieser romantischen Szenerie ist ein geistreicher, lebhafter, gutmütiger junger Mann, den nur zwei Dinge zu beschäftigen scheinen: der Wunsch, die Einwohner seines kleinen Staates so glücklich wie möglich zu machen, und die Liebe zur Musik. Können Sie sich ein glücklicheres Dasein vorstellen? Alles in seiner Umgebung ist zufrieden; die Untertanen verehren ihn, die Musik liebt ihn. Er versteht etwas von Dichtung und von Komposition; er schreibt recht hübsche Lieder, unter denen mich zwei, »Der Fischerknabe« und »Schiffers Abendlied«, durch ihre ausdrucksvolle Melodie wirklich gerührt haben. Er singt sie mit Komponistenstimme, aber durchaus ansprechend und empfindungsvoll; er hat wenn auch kein Theater, so doch wenigstens ein kleines Orchester unter der Leitung eines hervorragenden Musikers, Thomas Täglichsbeck – eine seiner Symphonien ist am Pariser Konservatorium wiederholt aufgeführt worden –, der ihm ohne großen Aufwand, aber in sorgfältiger Einstudierung die nicht zu schwierigen Meisterwerke der Instrumentalmusik vorführt.

Ich hatte ihn fünf Jahre zuvor in Paris kennengelernt; er überhäufte mich nun bei sich mit Zuvorkommenheiten und mit jenen Beweisen wirklicher Güte, die man nie vergißt. Sehr rasch orientierte er mich über die musikalischen Kräfte, die uns zur Verfügung standen. Das waren im ganzen acht Violinen, darunter drei sehr schwache, drei Bratschen, zwei Violoncelli, zwei Kontrabässe. Dazu zweifaches Holz; erste Flöte, erste Oboe und erste Klarinette sind ausgezeichnet, die zweiten Bläser durchschnittlich. Was die Trompeten, die Posaune (es ist nur eine vorhanden) und den Paukenschläger betrifft, so wünscht man, jedesmal wenn sie spielen, man hätte sie gebeten, still zu sein. Sie können gar nichts.

Ich sehe Sie lachen, mein lieber Girard, und sehe die Frage auf Ihren Lippen, was ich mit einem so kleinen Orchester habe ausrichten können. Nun, mit Geduld und gutem Willen haben wir die Stimmen eingerichtet, einige Stellen vereinfacht oder uminstrumentiert und in fünf Proben die »König Lear«-Ouverture, den Pilgermarsch, den ›Ball‹ aus der Phantastique und verschiedene andere Stücke, die sich in diesen Rahmen fügten, zusammengefaßt. Alles ist sehr gut gegangen, mit Präzision und sogar mit Schwung.

Ich hatte in die Bratschenstimmen mit Bleistift die wesentlichen Noten der dritten und vierten Hörner eingetragen, da wir ja nur über zwei Hörner verfügten; Täglichsbeck spielte auf dem Klavier die erste Harfenstimme im ›Ball‹ und übernahm das Bratschen-Solo im Pilgermarsch aus »Harold«. Der Fürst saß neben dem Paukenschläger, um für ihn die Pausen zu zählen und ihm die Einsätze zu geben; in den Trompetenstimmen hatte ich die Stellen gestrichen, die den beiden Spielern unzugänglich waren. Nur die Posaune blieb sich selbst überlassen; da sie aber klugerweise nur die Töne von sich gab, die ihr sehr vertraut waren (B, D, F), und alle anderen fürsorglich mied, glänzte sie beinahe durch Schweigen. Bei alledem hätten Sie sehen sollen, wie lebhaft der Fürst und die vielen Zuhörer, die er in dem hübschen Konzertsaal versammelt hatte, auf die Musik reagierten. Indessen werden Sie ohne Zweifel erraten, daß diese Kundgebungen mir nur eine mit Unzufriedenheit vermengte Freude verursachten; und als der Fürst kam, um mir die Hand zu drücken, konnte ich mich nicht enthalten, zu ihm zu sagen: »Ach, Hoheit, ich schwöre Ihnen, daß ich zwei Jahre meines Lebens dafür gäbe, wenn ich jetzt mein Orchester vom Konservatorium da hätte und es vor Ihnen mit den Werken, die Sie so nachsichtig beurteilen, ins Treffen führen könnte.« – »Ja, ja, ich weiß, Sie haben ein königliches Orchester, das Sie mit ›Majestät‹ anredet, und ich bin nur eine Hoheit; aber ich werde nach Paris kommen, um es zu hören, ich werde kommen!« – Möge er Wort halten! Sein Beifall, an den ich mich gern erinnere, schien mir dennoch nicht ehrlich verdient.

Nach dem Konzert fand ein Souper in der Villa Eugenia statt. Die Heiterkeit des Fürsten hatte sich all seinen Gästen mitgeteilt; er wollte mich mit einer seiner Kompositionen für Tenor, Klavier und Violoncello bekannt machen; Täglichsbeck setzte sich ans Klavier, der Komponist übernahm den Gesangspart, und ich wurde, unter dem Beifall der Versammlung, dazu ausersehen, den Cello-Part zu singen. Man spendete dem Stück viel Beifall und lachte fast ebensoviel über den eigenartigen Klang meiner A-Saite; besonders die Damen konnten sich kaum beruhigen.

Zwei Tage darauf mußte ich Abschied nehmen und nach Stuttgart zurückkehren. Die großen Fichten, auf denen der Schnee schmolz, standen in Tränen, der weiße Mantel der Berge bekam schwarze Flecken ... das war traurig ... der Kummer konnte wieder nagen.

Der Rest ist Schweigen ... Leben Sie wohl.

LIV.

Mannheim – Weimar
Dritter Brief – An Franz Liszt

Nach meiner Rückkehr von Hechingen blieb ich noch einige Tage in Stuttgart, neuen Verlegenheiten ausgeliefert. Auf alle Fragen, die man an mich wegen meiner Pläne und der zukünftigen Richtung meiner kaum begonnenen Reise stellte, hätte ich, ohne zu lügen, wie jene Gestalt aus Molières »Zwist der Verliebten« antworten können:

Nein, nicht komm' ich zurück, denn ich war gar nicht dort,
Auch geh' ich nicht von hier, denn man läßt mich nicht fort,
Und dennoch bleib' ich nicht, denn auf der Stelle jetzt
Behaupt' ich fortzugehn ...

Fortgehen? ..... wohin? Ich wußte es nicht. Ich hatte zwar nach Weimar geschrieben, aber die Antwort kam nicht, und ich mußte sie unbedingt abwarten, bevor ich einen Entschluß fassen konnte.

Du kennst diese Unruhe nicht, mein lieber Liszt; es liegt dir wenig daran, zu wissen, ob in der Stadt, die du besuchen willst, das Orchester gut zusammengesetzt ist, ob das Theater geöffnet ist, ob der Intendant es dir zur Verfügung stellt usw. In der Tat, was sollten dir alle diese Erkundigungen nützen? Du kannst den Ausspruch Ludwigs XIV. modifizieren und mit Zuversicht sagen: »Das Orchester bin ich! Der Chor bin ich! Der Dirigent bin ich auch. Mein Klavier singt, träumt, wettert, dröhnt; es wetteifert mit dem Fluge der behendesten Violinbögen; es hat, gleich dem Orchester, seine Blechinstrumente; es kann wie dieses, und ohne jeglichen Apparat, feenhafte Akkorde, unbestimmte Melodien hervorbringen, die der Abendwind gleich einem Wölkchen entführt; ich brauche kein Theater, keine Dekoration, kein großes Podium; ich brauche mich nicht durch langwierige Proben zu ermüden; ich verlange keine hundert, keine fünfzig, keine zwanzig Musiker; ja, ich verlange gar keine, ich brauche nicht einmal Noten. Gebt mir einen großen Saal, einen Flügel, und ich bin Herrscher über eine große Zuhörerschaft. Ich erscheine, man klatscht Beifall; mein Gedächtnis erwacht, blendende Phantasien entstehen unter meinen Fingern und werden mit begeisterten Zurufen aufgenommen; ich singe Schuberts ›Ave Maria‹, Beethovens ›Adelaide‹, und die Herzen werden weich ... Dann kommen die Raketen, die Glanzpunkte des virtuosen Feuerwerks, das Jubeln des Publikums; Blumen und Kränze fallen in dichter Fülle dem auf seinem Dreifuß schaudernden Priester der Muse zu; die jungen Schönen küssen unter Tränen den Saum seines Mantels; er gewinnt sich die aufrichtige Verehrung ernster Geister; er entreißt dem Neid fieberhaften Beifall, die engen Herzen, überrascht, öffnen sich ... «

Am nächsten Tag reist das junge Genie ab, verschwindet wie ein Komet und hinterläßt einen blendenden Glanz von Ruhm und Begeisterung ... Das ist ein Traum, einer jener goldnen Träume, die man hat, wenn man Liszt oder Paganini heißt. Auf welche Mühseligkeiten dagegen, auf welche undankbare und immer neu erwachsende Arbeit muß sich ein Komponist gefaßt machen, der es, gleich mir, unternehmen wollte, zu reisen, um seine Werke zu Gehör zu bringen! ... Weiß man, welche Tortur für ihn die Proben sein können? ... Zunächst muß er den kalten Blick all dieser Musiker ertragen, die wenig darüber entzückt sind, seinetwegen eine unerwartete Störung zu erleben und sich ungewohnten Studien zu unterwerfen.

»Was will dieser Franzose? Warum bleibt er nicht zu Hause?« Doch nimmt jeder an seinem Pulte Platz; aber beim ersten Blick auf das versammelte Orchester entdeckt der Komponist bedenkliche Lücken. Er fragt den Kapellmeister nach dem Grund. »Der erste Klarinettist ist krank; die Frau des Oboisten liegt im Wochenbett, das Kind des ersten Geigers hat die Bräune, die Posaunen sind auf der Parade, sie haben vergessen, sich für diesen Tag vom Militärdienst dispensieren zu lassen; der Paukenschläger hat sich das Handgelenk verrenkt, der Harfenspieler kann zur Probe nicht erscheinen, weil er seinen Part noch üben muß ...«

Man beginnt indessen; man spielt, so gut und so schlecht es gehen will, vom Blatt und nimmt dabei die Tempi doppelt so langsam, wie sie sein sollten; nichts ist für den Komponisten schrecklicher. Nach und nach gewinnt sein musikalisches Gefühl die Oberhand, sein erhitztes Blut reißt ihn mit, er beschleunigt das Tempo und gerät wider Willen in das natürliche Zeitmaß; dann geht das Durcheinander los, entsetzliche Mißtöne zerreißen ihm Ohren und Herz; er muß anhalten und die langsame Bewegung wieder aufnehmen und Stück für Stück diese langen Perioden üben, deren freien, ungebremsten Lauf er so oft mit anderen Orchestern erlebt hat. Damit noch nicht genug; trotz des langsamen Tempos lassen sich sonderbare Mißtöne in gewissen Stellen der Blasinstrumente hören; er will ihre Ursache entdecken: »Hören wir einmal die Trompeten allein! ... Was machen Sie denn da? Ich will eine Terz hören, und Sie bringen eine Sekunde. Die zweite Trompete hat ein D, geben Sie das D an! ... Sehr gut! ... Die erste, in F, hat ein C, das also F ergibt. Bitte, Ihr C ... Pfui, das ist ja Es ...« – »Ich spiele, was geschrieben steht.« – »Hören Sie denn nicht? Sie sind einen Ganzton zu tief!« – »Ich bin aber sicher, daß ich C spiele.« – »Aha. In welcher Tonart ist denn Ihre Trompete?« – »In Es.« – »Und steht da nicht: Trompete in F?« – »Entschuldigen Sie, ich habe mich verlesen.« – Nach einer Weile: »Herr Paukenschläger, was machen Sie denn hier für ein Höllenspektakel?« – »Bei mir steht ein fortissimo-Zeichen.« – »Sie irren sich, es heißt mezzoforte. Außerdem benutzen Sie Holzschlägel; ich habe aber Schlägel mit Schwammköpfen vorgeschrieben, das macht einen Unterschied wie Tag und Nacht.« – »Was nennen Sie Schlägel mit Schwammköpfen? Wir kennen nur eine Sorte Schlägel.« – »Das habe ich mir gedacht und deshalb welche aus Paris mitgebracht. Nehmen Sie das Paar, das ich dort auf den Tisch gelegt habe. So, jetzt weiter ... Mein Gott, die Streicher sind viel zu laut! Sie haben ja keine Dämpfer aufgesetzt ... « – »Der Orchesterdiener hat vergessen, sie auf die Pulte zu legen. Morgen werden welche da sein ... « Und so geht es fröhlich weiter. Nach drei oder vier Stunden solchen nicht gerade harmonischen Hin- und Herzerrens hat man noch keinen vernünftig gespielten Takt gehört.

Alles ist zerrissen, verstümmelt, falsch, nichtssagend, lärmend, unrein, abscheulich! Und unter diesem Eindruck muß man sechzig oder achtzig Musiker lassen, die ermüdet und unzufrieden fortgehen und überall erzählen, diese Musik sei eine Hölle, ein Chaos, und nie in ihrem Leben hätten sie etwas Ähnliches ertragen müssen.

Am nächsten Tag ist der Fortschritt kaum merklich; erst bei der dritten Probe wird er wirklich erkennbar. Dann, und erst dann, atmet der arme Komponist wieder auf. Die Harmonien werden bei ruhiger Ausführung klar, die Rhythmen kommen heraus, die Melodien weinen und lachen; die Spieler, endlich koordiniert, drängen vorwärts; nach so vielem Hin- und Hertasten, so vielem Stammeln wächst das Orchester, es kommt in Fahrt, es spricht, es wird Mensch! Man hat begonnen, die Noten zu verstehen, und das gibt frischen Mut; der Komponist bittet um eine vierte Probe; die Spieler, im Grunde genommen großartige Leute, bewilligen sie ihm mit Freuden. Diesmal: fiat lux! »Achtung auf die Feinheiten ... Ihr habt keine Angst mehr?« – »Nein! Geben Sie uns das endgültige Tempo, und los!« Und es wird Licht, die Kunst erscheint, der Gedanke erstrahlt, das Werk ist verstanden! Das Orchester erhebt sich, klatscht Beifall, der Kapellmeister kommt und gratuliert ihm; die Neugierigen, die sich in den dunklen Winkeln des Saales versteckt hielten, nähern sich, steigen auf das Podium, wechseln mit den Musikern Ausrufe des Vergnügens und der Überraschung und betrachten mit erstauntem Blick diesen fremden Meister, den Sie zuerst für einen Wahnsinnigen oder einen Barbaren gehalten hatten.

Jetzt würde er der Ruhe bedürfen. Er hüte sich aber davor, der Unglückliche! Die Stunde ist für ihn gekommen, doppelt vorsichtig und aufmerksam zu sein. Er muß vor dem Konzert wiederkommen, um die Aufstellung der Pulte zu überwachen, die Orchesterstimmen zu kontrollieren und sich zu überzeugen, daß sie nicht verwechselt worden sind. Er muß kontrollieren, ob bei den Bläserstimmen die französischen Bezeichnungen überall durch deutsche ersetzt sind und nicht noch irgendwo »en mi bémol« steht statt »in Es«. Da es im Orchester kein Englischhorn gibt und der Oboist Schwierigkeiten beim Transponieren hat, wird er das große Solo sicherheitshalber noch rasch für Oboe umschreiben.

Doch schon kommt das Publikum, die Stunde hat geschlagen; müde, geistig und körperlich erschöpft, erscheint der Komponist am Dirigentenpult; kaum hält er sich aufrecht, er fühlt sich unsicher, kraftlos, angewidert, bis zu dem Augenblick, da die Beifallsrufe des Publikums, das Feuer der Mitwirkenden und die Liebe zu seinem Werk ihn in eine elektrische Maschine verwandeln, die unsichtbare und doch wirkliche, blitzartige Strahlen wirft. Und es beginnt die Entschädigung. Dann, ich gebe es zu, dann lebt der Komponist und Dirigent ein den Virtuosen unbekanntes Leben! Mit welcher rasenden Freude gibt er sich der Wonne hin, auf dem Orchester zu spielen! Er umfaßt das großartige Instrument, er drängt es vorwärts, er zieht alle Register. Er entfaltet wieder eine allseitige Aufmerksamkeit; er sieht überall hin; mit einem Blick gibt er den Sängern und Musikern ihre Einsätze an, oben, unten, links, rechts, mit einer Bewegung des rechten Armes wirft er Akkorde hin, die wie harmonische Geschosse in der Ferne zu platzen scheinen; dann läßt er in den Fermaten die ganze durch ihn entstandene Bewegung anhalten; er hält jeden Arm, jeden Atemzug in seinem Bann, er lauscht einen Augenblick der Stille und gibt den bezähmten Wirbelsturm zu noch tollerem Laufe wieder frei.

Und im großen Adagio! Wie ist er da glücklich, sich auf dem Meer seiner Harmonien sanft zu wiegen, den tausend verschlungenen Stimmen lauschend, die seine Liebeshymnen singen oder seine Klagen über die Gegenwart, seine Sehnsucht nach der Vergangenheit der Einsamkeit und der Nacht anzuvertrauen scheinen. Dann geschieht es oft, aber nur dann, daß der Komponist und Dirigent das Publikum ganz vergißt; er belauscht sich, und wenn er, mit den Künstlern, die ihn umgeben, ergriffen ist, legt er keinen Wert mehr darauf, welchen Eindruck das Publikum, das ihm nun zu sehr in die Ferne gerückt ist, empfangen hat. Und am Ende des Abends, wenn der große Erfolg errungen ist, freut er sich hundertfach, weil sein ganzes Heer in befriedigtem Selbstgefühl die Freude mit ihm teilt. So seid ihr, ihr großen Virtuosen, Fürsten und Könige von Gottes Gnaden; ihr seid auf den Stufen des Thrones geboren; die Komponisten dagegen müssen kämpfen, siegen und erobern, um zu herrschen; doch wird der Glanz, die Wonne ihres Sieges durch die Mühseligkeiten und Gefahren ihres Kampfes nur erhöht, und sie würden vielleicht noch glücklicher sein als ihr . . . wenn sie immer Soldaten hätten.

Dies waren, lieber Liszt, lange Umschweife, und fast hätte ich über dem Plaudern mit Dir die Fortsetzung meiner Reisebeschreibung vergessen. Ich komme darauf zurück.

Während der wenigen Tage, die ich, auf Nachricht aus Weimar wartend, in Stuttgart zubrachte, gab die Redouten-Gesellschaft unter Lindpaintners Leitung ein Konzert, bei dem ich wieder einmal beobachten konnte, mit welcher Kühle das deutsche Publikum die erhabensten Schöpfungen Beethovens aufnimmt. Die große Leonoren-Ouverture, ein fulminantes Werk, mit Präzision und Verve aufgeführt, wurde kaum beklatscht, und später hörte ich einen Herrn sich darüber beklagen, daß man nicht eine Haydn-Symphonie gegeben habe statt dieser »gewalttätigen Musik ohne jede Melodie«! Aufrichtig gesagt, solche Philister gibt es bei uns in Paris nicht mehr...

Als mir endlich eine günstige Antwort aus Weimar zugekommen war, reiste ich nach Karlsruhe ab. Gern hätte ich dort im Vorübergehen ein Konzert gegeben; der Kapellmeister, Strauß,* teilte mir mit, daß ich dazu acht bis zehn Tage würde warten müssen, da die Theaterdirektion mit einem Flötisten aus Piemont einen Kontrakt abgeschlossen habe. Ich begab mich daher, voller Respekt vor der Flöte, eiligst nach Mannheim. Dies ist eine recht ruhige, kalte, ebene, säuberlich in Quadrate eingeteilte Stadt. Ich glaube nicht, daß die Leidenschaft für die Musik ihren Einwohnern den Schlaf raubt. Doch gibt es dort einen Gesangverein mit zahlreichen Mitgliedern, ein ziemlich gutes Theater und ein kleines, sehr intelligentes Orchester. Mit der Leitung des Gesangvereins und des Orchesters ist der jüngere Lachner, der Bruder des berühmten Komponisten, betraut. Er ist ein sanfter, schüchterner Künstler, sehr bescheiden und talentvoll.

Äußerst rasch organisierte er ein Konzert für mich. Im Mittelpunkt des Programms sollte die komplette »Harold«-Symphonie stehen, aber schon bei der ersten Probe mußte ich beschließen, das Finale zu streichen, da die Posaunisten ihren Part in diesem Satz nicht ausführen konnten. Lachner zeigte sich betrübt, weil es sein Wunsch gewesen war, das gesamte Werk kennenzulernen; aber ich mußte auf der Streichung bestehen, zumal auch mit den wenigen Violinen die Wirkung des Satzes allzu blaß gewesen wäre. Die drei ersten Sätze der Symphonie wurden gut wiedergegeben und machten auf das Publikum einen starken Eindruck. Die Großherzogin Amalie, die dem Konzert beiwohnte, sprach sich besonders über den ›Pilgerzug‹ und den Serenaden-Satz aus; im Kolorit dieser Musik glaubte sie die heitere Ruhe schöner italienischer Nächte wieder zu entdecken. Das Bratschensolo wurde mit Verständnis von einem Bratschisten des Orchesters gespielt, der indessen keinen Anspruch darauf erhebt, ein Virtuose zu sein.

---

* Noch ein Strauß. Der komponiert aber keine Walzer.

In Mannheim fand ich einen ziemlich guten Harfenspieler, einen ausgezeichneten Oboisten, der mittelmäßig Englischhorn bläst, einen geschickten Cellisten und tüchtige Trompeter. Es gibt dort keine Ophikleïde; um dieses in allen modernen Partituren angewandte Instrument zu ersetzen, sah sich Lachner gezwungen, eine Ventilposaune spielen zu lassen, die bis zum tiefen C bzw. H reicht. Mir scheint, es wäre einfacher und vom musikalischen Standpunkt aus besser gewesen, eine Ophikleïde kommen zu lassen, denn jene beiden Instrumente haben fast keine Ähnlichkeit. Ich habe vom Gesangverein nur eine Probe gehört; seine Mitglieder haben im allgemeinen recht gute Stimmen, doch sind sie bei weitem nicht alle musikalisch und imstande, vom Blatt zu singen.

Ich habe mich in Mannheim sehr gelangweilt, trotz der Fürsorge und der Aufmerksamkeiten eines Franzosen, M. Désiré Lemire, den ich vor acht oder zehn Jahren manchmal in Paris getroffen hatte. Das kommt daher, daß man dem Wesen der Einwohner, ja schon der Stadt selbst leicht ansieht, daß man hier den Kunstströmungen ganz fremd gegenübersteht und daß man die Musik als eine angenehme Erholung betrachtet, mit der man gern die Zeit ausfüllt, die die Geschäfte freilassen. Übrigens regnete es unaufhörlich; ich wohnte in der Nähe einer Turmuhr, deren Schlag im Nachklang die kleine Terz gab,* und eines Turmes, in dem ein abscheulicher Sperber hauste, der mir von morgens bis abends mit seinem durchdringenden, unharmonischen Geschrei die Ohren marterte. Auch war ich ungeduldig, die Dichterstadt zu sehen, nach der ich dringend gerufen wurde, durch Briefe von meinem Landsmann, Kapellmeister Chélard, und von Lobe, diesem typisch deutschen Musiker, dessen Eifer und Warmherzigkeit Du, wie ich weiß, schon zu schätzen Gelegenheit hattest.

Zu Schiff auf dem Rhein. – Dann der Main. – Ich treffe Guhr. – Er fängt wieder an zu fluchen. – Ich verlasse ihn. – Ich sehe einen Augenblick in Frankfurt unsern Freund Hiller. – Er teilt mir mit, daß sein Oratorium aufgeführt werden soll ... – Ich reise ab, mit einem ganz hübschen Halsweh versehen. – Unterwegs schlafe ich ein. – Schrecklicher Traum ... den Du nicht erfahren wirst. – Wir sind in Weimar. Ich bin

* Ich habe in Deutschland viele Beobachtungen über den Widerhall der Glocken machen können und bin jetzt mehr und mehr davon überzeugt, daß die Natur den Theorien unserer Schulen spottet. Gewisse Professoren behaupten, daß alle Schallkörper eine große Terz hören lassen; ein Mathematiker hingegen stellte die These auf, zumindest Glocken, und zwar alle, ertönten in kleinen Terzen. In Wirklichkeit findet man alle möglichen Intervalle. Offenbar hängt der harmonische Nachklang einer Glocke von der Form ab, die der Gießer ihr gegeben hat, von den verschiedenen Stärkegraden des Metalls bei gewissen Punkten der Biegung und unberechenbaren Zufällen beim Schmelzen und Gießen.

sehr krank. – Umsonst versuchen Lobe und Chélard, mich aufzurichten. – Man bereitet sich auf das Konzert vor. – Die erste Probe wird angekündigt. – Die Freude kehrt mir zurück. – Ich bin geheilt.

Gott sei Dank, hier atme ich auf! Ich spüre in der Luft etwas, das mich eine literarische, eine kunstsinnige Stadt ahnen läßt! Ihr Anblick entspricht vollkommen der Vorstellung, die ich mir von ihr gemacht hatte, sie ist ruhig, hell, lustig, hat etwas Friedliches, Verträumtes; eine reizvolle Umgebung, schöne Gewässer, schattige Hügel, liebliche Täler. Wie schlägt mir das Herz, während ich sie durchstreife! Hier ist Goethes Gartenhaus! Dort pflegte der verstorbene Großherzog gern hinzukommen, um an einer gelehrten Unterhaltung mit Schiller, Herder und Wieland teilzunehmen! Die lateinische Inschrift auf diesem Felsen wurde vom Dichter des »Faust« eingegraben! ... Wie, ist es möglich? Jene winzigen Fenster ließen Luft in Schillers Dachstube ein? In dieser armseligen Behausung schrieb der Sänger aller edlen Begeisterung seine großen Dramen? Da lebte er also wie ein armer Student. Wie konnte Goethe das dulden, er, der wohlhabende Minister ... hätte er nicht das Los des Dichters, den er seinen Freund nannte, erleichtern können? ... oder war an dieser berühmten Freundschaft nichts Wahres? ... Ich fürchte, daß sie nur auf Schillers Seite wirklich bestanden hat. Goethe liebte sich selber zu sehr, liebte auch allzu sehr seinen verruchten Sohn Mephisto; er ist zu alt geworden und hatte zu große Angst vor dem Tode ...

Ach, Schiller! Du hättest einen echten Freund verdient!

Meine Blicke können sich nicht trennen von diesen schmalen Fenstern, diesem unscheinbaren Hause, diesem ärmlichen, schwarzen Dach; es ist ein Uhr morgens, der Mond scheint, es herrscht eine schneidende Kälte. Alles schweigt. Alles ist gestorben ... Ich zittre; überwältigt von Ehrfurcht, Mitgefühlen und jenen unermeßlichen Empfindungen, zu denen das Genie manchmal noch vom Grabe aus unbedeutende Nachkommen zwingt, sinke ich vor der Schwelle aufs Knie und rufe in Leid, Bewunderung, Liebe und Anbetung: Schiller! ... Schiller! ...

Was soll ich Dir nun, Lieber, von dem eigentlichen Thema meines Briefes sagen? Ich habe mich so weit davon entfernt. Warte ... um zur Prosa zurückzukehren und mich ein wenig zu beruhigen, will ich an einen andern Einwohner von Weimar denken, an einen Mann von großem Talent, der einige schöne Messen und Septette komponierte und es mit dem Klavierspiel ernst nahm, an Hummel ... So, nun bin ich wieder vernünftig!

Chélard hat, vor allen Dingen als Künstler und außerdem als Landsmann und alter Freund, alles getan, um mir zur Erreichung meines

Zweckes zu verhelfen. Der Intendant, Baron von Spiegel, ging auf seine wohlwollenden Absichten ein und stellte mir Theater und Orchester zur Verfügung; ich spreche nicht von den Chören, denn er hätte sich wahrscheinlich nicht getraut, sie vor mir zu erwähnen. Ich hatte sie bei meiner Ankunft in Marschners »Vampyr« gehört; man kann sich eine derartige Sammlung von falsch und außer Takt kreischenden Unglücksraben nicht vorstellen. Dergleichen hatte ich noch nicht gehört. Und die Sängerinnen ... Wir wollen galant sein und darüber schweigen. Aber einen Bassisten gibt es dort, der als Vampyr auftrat. Du hast erraten, daß ich Genast meine! Ist er nicht ein Künstler in der ganzen Bedeutung des Wortes? ... Er ist vor allen Dingen auch ein großer tragischer Schauspieler, und ich bedauerte sehr, nicht länger in Weimar bleiben zu können, um ihn in Shakespeares »Lear«, der gerade einstudiert wurde, die Hauptrolle spielen zu sehen.

Das Orchester ist gut zusammengesetzt. Um mich aber besonders zu erfreuen, machten sich Chélard und Lobe auf die Suche nach Streichern, durch die man das Orchester verstärken konnte, und boten mir einen Gesamtbestand von zweiundzwanzig Violinen, sieben Bratschen, sieben Celli und sieben Kontrabässen. Die Blasinstrumente waren nahezu vollzählig; es sind mir unter ihnen eine ausgezeichnete erste Klarinette und eine Ventiltrompete (Sachse) von ungewöhnlicher Kraft aufgefallen. Es gab kein Englischhorn: ich mußte seinen Part für eine Klarinette transponieren; keine Harfe: ein sehr liebenswürdiger junger Mann, Herr Montag, talentvoller Klavierspieler und vollkommener Musiker, war gern bereit, die beiden Harfenstimmen für Klavier einzurichten und selbst zu spielen; keine Ophikleïde: sie wurde durch ein ziemlich starkes Bombardon ersetzt. Alsdann fehlte nichts mehr, und wir fingen mit den Proben an. Ich muß dir sagen, daß ich in Weimar unter den Musikern eine ausgesprochene Begeisterung für meine »Francs-Juges«-Ouverture, die sie schon mehrere Male aufgeführt hatten, feststellte. Sie waren also höchst entgegenkommend, und ich fühlte mich während der Proben zur »Symphonie fantastique«, die ich gleichfalls auf ihren Wunsch gewählt hatte, wirklich glücklich. Es ist eine große, aber recht seltene Freude, so vom ersten Augenblick an verstanden zu werden. Ich entsinne mich des Eindrucks, den der erste und dritte Satz auf die Mitwirkenden und einige Zuhörer bei der Generalprobe hervorbrachten. Der dritte besonders schien gegen das Ende jede Brust bedrückt zu haben; und an der Stelle, wo nach dem letzten Donnerrollen und dem Solo des verlassenen Hirten das Orchester mit einem tiefen Seufzer einsetzt und dann zu erlöschen scheint, hörte ich um mich herum ebenfalls Seufzer. Chélard wiederum begeisterte sich am meisten für den vierten Satz, den ›Gang zum Richtplatz‹. Die Ouverture wurde wie eine alte Bekannte aufgenommen, die man sich wiederzusehen freut. Gut. Nun bin ich wieder nahe daran, unbescheiden zu werden; und wenn ich Dir von dem vollen Saal erzähle, von dem anhaltenden Applaus, den Hervorrufen, den Kammerherren, die im Auftrag ihrer Hoheiten dem Komponisten gratulieren, den neuen Freunden, die ihn am Ausgang des Theaters erwarten, um ihn zu umarmen und ihn, mag er wollen oder nicht, bis drei Uhr morgens festhalten – wenn ich Dir, mit einem Wort, einen Erfolg beschreibe, so hält man mich gewiß für unschicklich, für lächerlich, für . . .

Sieh, ich erschrecke davor, trotz meiner Philosophie, und höre hier auf. Adieu.

LV.

Leipzig
Vierter Brief – An Stephen Heller

Mein lieber Heller! Gewiß haben Sie über den Irrtum gelacht, den ich in meinem letzten Brief begangen habe, als ich der Großherzogin Stephanie den Namen Amalia gab? Nun, ich muß Ihnen gestehen, daß ich über die Vorwürfe der Unwissenheit und Oberflächlichkeit, die mir dieser Irrtum zuziehen wird, nicht allzu untröstlich bin. Wenn ich den Kaiser Napoleon François oder George genannt hätte, ließe ich sie gelten. Aber es mag doch erlaubt sein, den Namen, wie reizend er auch sei, einer badischen Herzogin zu verwechseln. Wie sagt Shakespeare: »Was ist schon ein Name? Hieße die Rose nicht Rose, ihr Duft wäre nicht weniger süß . . .« Auf jeden Fall bitte ich ihre Hoheit untertänigst um Verzeihung, und wenn sie mich, wie ich hoffe, absolviert, werde ich, lieber Heller, Ihren Spott verspotten.

Die Musikstadt, die ich nach Weimar am leichtesten besuchen konnte, war Leipzig. Ich zögerte noch, trotz der unumschränkten Herrschaft, die Mendelssohn dort ausübte, und der freundschaftlichen Beziehungen, die wir 1831 in Rom angeknüpft hatten. Seitdem haben wir in der Kunst zwei so weit auseinandergehende Richtungen verfolgt, daß ich fürchtete, bei ihm keine sehr lebhafte Sympathie zu finden. Chélard, der ihn kennt, machte mich über meine Zweifel erröten, und ich schrieb an ihn. Seine Antwort ließ nicht auf sich warten; hier ist sie:

»Mein lieber Berlioz, ich danke Ihnen von Herzen für Ihren gütigen

Brief und auch dafür, daß Sie sich unserer römischen Freundschaft noch entsinnen! Ich werde sie im Leben nicht vergessen und freue mich, es Ihnen bald persönlich sagen zu können. Alles, was ich tun kann, um Ihnen den Aufenthalt in Leipzig glücklich und angenehm zu machen, werde ich als ein Vergnügen und eine Verpflichtung betrachten. Ich glaube, Ihnen die Versicherung geben zu können, daß Sie mit der Stadt, das heißt mit Musikern und Publikum, zufrieden sein werden. Ich wollte Ihnen nicht schreiben, bevor ich mich mit mehreren Personen beraten hatte, die Leipzig besser kennen als ich, und alle haben meine Ansicht bestätigt, daß Sie hier ein ausgezeichnetes Konzert veranstalten werden. Die Kosten für Orchester, Saal, Inserate usw. betragen 110 Taler: die Einnahme kann auf 600 bis 800 Taler steigen. Sie werden mindestens 10 Tage vorher hier sein müssen, um das Programm und alles, was nötig ist, zu bestimmen. Außerdem haben mich die Direktoren der Gesellschaft für die Abonnements-Konzerte beauftragt, Sie zu fragen, ob Sie in einem Konzert, das am 22. Februar zugunsten der Stadtarmen stattfinden soll, eins Ihrer Werke aufführen lassen wollen. Ich hoffe, daß Sie nach Ihrem eigenen Konzert diesen Vorschlag annehmen werden. Ich rate Ihnen also, hierher zu kommen, sobald Sie Weimar verlassen können. Ich freue mich darauf, Ihnen die Hand drücken und ›Willkommen in Deutschland!‹ zurufen zu können. Lachen Sie nicht über mein schlechtes Französisch, wie Sie in Rom zu tun pflegten, sondern bleiben Sie mein Freund,* wie Sie es damals waren und wie ich es immer sein werde

Ihr ergebener
Felix Mendelssohn-Bartholdy.«

Konnte ich einer in solchen Ausdrücken verfaßten Einladung widerstehen? Ich reiste also nach Leipzig, nicht ohne Bedauern, von Weimar und den neuen Freunden, die ich dort zurückließ, Abschied zu nehmen. Meine Beziehungen zu Mendelssohn hatten in Rom auf ziemlich eigentümliche Art angefangen. Bei unserer ersten Zusammenkunft sprach er mit mir über meine vom Institut in Paris preisgekrönte Kantate »Sar-

* (25. Mai 1864.) Soeben habe ich in dem Band von Mendelssohns Briefen, den sein Bruder kürzlich veröffentlicht hat, gesehen, worin seine römische Freundschaft für mich bestand. Er sagt zu seiner Mutter, nachdem er mich deutlich bezeichnet hat: »... verzerrt, ohne einen Funken von Talent ... manchmal möchte ich ihn totbeißen.« (Brief vom 29. März 1831) – Als Mendelssohn diesen Brief schrieb, war er einundzwanzig Jahre alt und kannte keine einzige meiner Partituren; ich hatte bis dahin nur den ersten Entwurf zu meiner »Symphonie fantastique« geschrieben, den er noch nicht gelesen hatte; erst wenige Tage vor meiner Abreise aus Rom zeigte ich ihm die eben beendete Ouvertüre zum »König Lear«.

danapal«, aus der mein Kollege Montfort ihm einige Passagen vorgespielt hatte. Als ich mich sehr kritisch über das erste Allegro dieser Kantate äußerte, rief er freudig aus: »Das lasse ich mir gefallen! Ich gratuliere Ihnen ... zu Ihrem Geschmack! Ich fürchtete, Sie könnten mit diesem Allegro zufrieden sein; offen gestanden, es ist recht erbärmlich!«

Tags darauf hätten wir uns beinahe gestritten, weil ich mit Begeisterung von Gluck gesprochen hatte und er mir in spöttischem, überraschtem Ton darauf antwortete: »So? Sie lieben Gluck!« Was ungefähr heißen sollte: »Wie kann ein Musiker Ihres Schlages genügend Sinn für hohen Stil und wahren Ausdruck besitzen, um Gluck zu lieben?« Ich hatte bald Gelegenheit, mich für diesen kleinen Stich zu rächen. Ich hatte aus Paris die Arie der Asteria aus Glucks »Telemaco« mitgebracht, ein großartiges, aber wenig bekanntes Stück. Eines Tages, als wir Mendelssohns Besuch erwarteten, legte ich eine Abschrift des Stückes, auf der Titel und Komponist nicht verzeichnet waren, auf Montforts Klavier. Mendelssohn kam, und sobald er die Noten erblickte, machte er sich daran, sie zu spielen. Wie erwartet glaubte er, es mit einem Bruchstück aus irgendeiner typisch italienischen Oper zu tun zu haben. Als er bei den letzten vier Takten die Worte: *»O giorno! O dolce sguardo! O rimembranza! O amor!«* deren musikalischer Ausdruck wirklich erhaben ist, in grotesker Weise parodierte und dabei Rubini nachahmte, unterbrach ich ihn und sagte, als ob ich vor Erstaunen bestürzt sei: »Aha! Sie lieben Gluck also nicht!« – »Was? Wieso Gluck?« – »Ja, mein Lieber, diese Arie ist von Gluck und nicht, wie Sie wahrscheinlich meinten, von Bellini; Sie sehen, ich kenne ihn besser als Sie und bin noch mehr als Sie selbst ... Ihrer eigenen Meinung!«

Eines Tages kam ich auf das Metronom und dessen Zweckmäßigkeit zu sprechen.

»Wozu ein Metronom?« warf Mendelssohn ein, »das ist ein recht überflüssiges Instrument. Ein Musiker, der bei dem Anblick eines Musikstückes nicht sofort dessen Zeitmaß errät, ist ein Stümper.«

Ich hätte ihm erwidern können, daß es viele Stümper gibt; doch ich schwieg. Ich hatte damals fast noch nichts komponiert. Mendelssohn kannte nur meine »Mélodies Irlandaises« mit Klavierbegleitung. Eines Tages wünschte er die Partitur der Ouvertüre zu »König Lear«, die ich schon in Nizza geschrieben hatte, zu sehen; er las sie zuerst aufmerksam und langsam durch, dann setzte er die Finger auf das Klavier, um sie zu spielen (was er mit unvergleichlichem Geschick tat), und sprach:

»Geben Sie mir doch Ihr Tempo an.«

»Wozu? Haben Sie mir nicht neulich gesagt, jeder Musiker, der beim Anblick eines Stückes das Tempo nicht errät, sei ein Stümper?«

Er wollte es sich nicht merken lassen, aber dieser Nachhieb oder vielmehr diese unerwarteten Kolbenstöße mißfielen ihm sehr.* Er sprach nie den Namen Johann Sebastian Bachs aus, ohne in ironischem Ton hinzuzufügen: »Ihr kleiner Zögling!« Kurz, er benahm sich, sobald von Musik die Rede war, wie ein Stachelschwein; man wußte nicht, wo man ihn anfassen sollte, um sich nicht zu verletzen. Da er eine sanfte und gutmütige Natur hatte, ertrug er leicht den Widerspruch bei allem übrigen, und ich mißbrauchte meinerseits seine Toleranz in den philosophischen und religiösen Auseinandersetzungen, die sich manchmal zwischen uns erhoben.

Eines Abends durchstreiften wir zusammen die Thermen des Caracalla und stritten dabei über die Frage des Verdienstes oder Unverdienstes der menschlichen Handlungen und ihrer Belohnung in diesem Leben. Als ich mit – ich weiß nicht mehr welcher – Ungeheuerlichkeit auf die Darstellung seiner religiös-orthodoxen Meinung antwortete, machte er einen Fehltritt und kugelte eine zerfallene, recht steile Treppe hinab. »Bewundern Sie die himmlische Gerechtigkeit«, sagte ich zu ihm, indem ich ihm half, sich aufzurichten, »ich lästere, und Sie fallen.«

Diese Gottlosigkeit, von schallendem Gelächter begleitet, kam ihm scheinbar zu stark vor, und seitdem wurden religiöse Auseinandersetzungen gemieden. In Rom lernte ich zum erstenmal jenes zarte, feine musikalische Gewebe schätzen, das mit so reichen Farben geschmückt ist und den Titel »Hebriden-Ouvertüre« führt. Mendelssohn hatte sie eben vollendet und gab mir davon einen ziemlich genauen Begriff – so fabelhaft ist seine Geschicklichkeit, die schwierigsten Partituren auf dem Klavier wiederzugeben. An schwülen Schirokko-Tagen ging ich oft zu ihm und unterbrach ihn in seiner Arbeit (denn er ist ein unermüdlicher Komponist); mit großer Liebenswürdigkeit legte er dann die Feder beiseite, und wenn er sah, daß mir der *Spleen* das Herz bedrückte, versuchte er ihn dadurch zu mildern, daß er mir alles vorspielte, was ich ihm aus den Werken der Meister bezeichnete, die wir beide liebten. Wie oft habe ich, mürrisch auf seinem Sofa liegend, die Arie aus »Iphigenie auf Tauris«: ›Ewig werd ich dein gedenken!‹ gesungen, während er, sittsam am Klavier sitzend, begleitete. Und er rief: »Das ist schön! Das ist schön! Ich könnte es von morgens bis abends hören, ohne davon müde zu werden, immer, immer!« Und wir fingen von vorn an. Er liebte es auch, wenn ich mit meiner gelangweilten Stimme und in horizontaler Lage zwei oder drei Melodien summte, die ich zu Versen von Moore geschrieben hatte und die ihm gut gefielen. Mendelssohn hat stets eine gewisse Achtung

* Vielleicht kam ihm daher die Lust, mich totzubeißen (1864).

für meine ... kleinen Liedchen gehabt. Nach einem Monat eines solchen Verkehrs, der für mich so interessant geworden war, verschwand Mendelssohn, ohne mir Lebewohl zu sagen, und ich sah ihn nicht mehr. Sein Brief mußte mir daher eine sehr angenehme Überraschung verursachen. Er schien eine Seelengüte, ein liebenswürdiges Wesen zu verraten, die ich an ihm nicht gekannt hatte; bald sollte ich bei meiner Ankunft in Leipzig erkennen, daß diese ausgezeichneten Züge ihm in der Tat eigen geworden waren. Er hat nichts von der unbeugsamen Strenge seiner Kunstprinzipien verloren, aber er sucht sie nicht anderen aufzudrängen und begnügt sich damit, in seiner Stellung als Kapellmeister das, was er für schön hält, ans Licht zu stellen und das im Dunkel zu lassen, was ihm schlecht oder als ein verderbliches Beispiel erscheint. Nur liebt er die Toten noch zu sehr.

Die Gesellschaft für Abonnements-Konzerte, von der er mir schrieb, hat einen hervorragenden Gesangverein, ein ausgezeichnetes Orchester und einen Saal mit vollkommener Akustik, das Gewandhaus. In diesem geräumigen, schönen Raum sollte ich mein Konzert geben. Ich besichtigte ihn, als ich in Leipzig ausstieg, und traf gerade mitten in der Generalprobe zu Mendelssohns neuestem Werk (der »Walpurgisnacht«) ein. Ich fühlte mich wirklich im ersten Augenblick wie von einem Wunder umfangen, durch die schöne Klangfarbe der Stimmen, die Intelligenz der Sänger, die Präzision und Verve des Orchesters und vor allen Dingen durch die herrliche Komposition.

Ich neige sehr dazu, dieses Werk (eine Art von Oratorium) als das vollendetste zu betrachten, was Mendelssohn bis zu diesem Tage geschaffen hat.* Das Gedicht ist von Goethe und hat mit der Walpurgisnacht im »Faust« nichts gemein. Es handelt sich darin um die nächtlichen Zusammenkünfte, die in der ersten Zeit des Christentums eine den alten Gebräuchen getreue religiöse Sekte selbst dann noch auf den Bergen hielt, als ihr das Opfern auf den Höhen verboten worden war. Während der Nächte, die zur heiligen Handlung bestimmt waren, pflegte sie an den Zugängen zu dem Gebirge eine große Anzahl von bewaffneten, eigentümlich vermummten Schildwachen aufzupflanzen. Auf ein verabredetes Zeichen und im Augenblick, da der Priester, zum Altar tretend, den heiligen Gesang anstimmte, machte diese dämonisch aussehende Truppe, ihre Gabeln und Fackeln furchtbar schwingend, allerlei schreckenerregendes Getöse und Geschrei, um die Stimmen des frommen Chores zu übertönen und die Profanen zu verscheuchen, die

* Als ich diese Zeilen schrieb, kannte ich seine zauberhafte »Sommernachtstraum«-Musik noch nicht.

in die Versuchung geraten wären, diese Zeremonie zu stören. Daher ist ohne Zweifel der französische Sprachgebrauch entstanden, mit dem Worte Sabbat auch einen großen nächtlichen Lärm zu bezeichnen. Man muß Mendelssohns Musik hören, um einen Begriff von dem reichen Stoff zu haben, den diese Dichtung einem geschickten Komponisten bot. Er hat die Möglichkeiten genützt auf bewunderungswürdige Art. Bei aller Komplexität herrscht völlige Durchsichtigkeit; Gesangsstimmen und Instrumente sind miteinander verwoben; sie kreuzen sich in jeder Richtung, streiten, stoßen zusammen, alles in scheinbarer Unordnung, die der Gipfel der Kunst ist. Zwei Teile daraus möchte ich als Prachtstücke ganz verschiedener Art besonders hervorheben: den geheimnisvollen Satz bei der Aufstellung der Schildwachen und den Schlußchor, in dem die Stimme des Priesters sich von Zeit zu Zeit ruhig und feierlich über den Höllenlärm der vermeintlichen Dämonen und Zauberer erhebt. Man weiß nicht, was man an diesem Finale am meisten loben soll, das Orchester, den Chor oder die wirbelnde Bewegung des Ganzen!

In dem Augenblick, da Mendelssohn, hocherfreut über das Erreichte, vom Dirigentenpult herabstieg, ging ich auf ihn zu, froh, das Stück gehört zu haben. Der Moment hätte für eine derartige Begegnung nicht besser gewählt werden können, und doch befiel uns beide nach den ersten Worten der gleiche traurige Gedanke.

»Wie! Es ist zwölf Jahre her! Zwölf Jahre, seit wir zusammen in der römischen Ebene geträumt haben!«

»Ja, und auch in den Thermen des Caracalla!«

»Ach! Immer noch spöttisch! Immer noch bereit, über mich zu lachen!«

»Nein, nein ich spotte nicht mehr; ich wollte nur Ihr Gedächtnis prüfen und sehen, ob Sie mir meine Lästerungen verziehen haben. Ich spotte so wenig, daß ich Sie gleich bei unserm ersten Wiedersehen um ein Geschenk bitten muß, auf das ich den größten Wert lege.«

»Was ist es?«

»Geben Sie mir den Taktstock, mit dem Sie soeben die Probe Ihres neuen Werkes dirigiert haben.«

»O! Sehr gern, unter der Bedingung, daß Sie mir Ihren Taktstock überlassen.«

»Ich würde Ihnen auf diese Weise Kupfer für Gold geben; doch immerhin: ich willige ein.«

Und Mendelssohns musikalisches Szepter wurde mir sofort gebracht. Tags darauf schickte ich ihm mein schweres Stück Eichenholz mit folgendem Brief, den der letzte der Mohikaner, wie ich hoffe, nicht verleugnen würde:

»Dem großen Häuptling Mendelssohn!

Großmächtiger Häuptling! Wir haben einander geschworen, unsere Tomahawks auszutauschen; anbei der meinige. Er ist ungehobelt; auch Deiner ist einfach. Nur Squaws und Bleichgesichter lieben Schmuckwaffen. Sei mein Bruder, und wenn uns der Große Geist ins Land der Seelen zur Jagd schicken wird, so mögen unsere Krieger unsere Tomahawks an die Tür des hohen Rats hängen.«

Das sind die simplen Fakten, aus denen der Klatsch, in aller Naivität natürlich, eine hochdramatische Opernszene zu machen versuchte.

Als es sich einige Tage später darum handelte, mein Konzert zu organisieren, hat sich Mendelssohn mir gegenüber in der Tat wie ein Bruder benommen. Der erste Künstler, den er mir als einen *fidus Achates** vorstellte, war der Konzertmeister David, ein hervorragender Musiker, talentierter Komponist und ausgezeichneter Geiger. David, der übrigens sehr gut französisch spricht, war mir von großem Nutzen.

Das Leipziger Orchester ist nicht größer als das von Frankfurt oder Stuttgart; da es aber in der Stadt nicht an instrumentalen Kräften mangelt, wollte ich es ein wenig verstärken, und die Zahl der Violinen wurde infolgedessen auf vierundzwanzig erhöht – eine Neuerung, die, wie ich später erfuhr, eine Ursache der Entrüstung für zwei oder drei bereits gewonnene Kritiker wurde. Vierundzwanzig Violinen statt der sechzehn, die für die Symphonien von Mozart und Beethoven genügt hatten! Welch eine freche Anmaßung! ... Umsonst versuchten wir, noch drei Instrumente zu beschaffen, die in mehreren meiner Stücke angegeben und hervorgehoben sind (wiederum ein ungeheuerliches Verbrechen); es war unmöglich, ein Englischhorn, eine Ophikleïde und eine Harfe zu finden. Das Englischhorn war ein so schlechtes, abgenutztes und infolgedessen so falsch klingendes Instrument, daß wir, obwohl der Musiker, der es spielte, sehr talentiert war, darauf verzichten und das Solo der ersten Klarinette geben mußten.

Die Ophikleïde oder vielmehr das jammervolle Blechstück, das mir unter diesem Namen vorgeführt wurde, hatte keinerlei Ähnlichkeit mit einer französischen Ophekleïde und gab nur fast unhörbare Töne von sich. Wir erklärten es für nichtexistent und ersetzten es, recht und schlecht, durch eine vierte Posaune.

An eine Harfe brauchten wir erst gar nicht zu denken, denn als Mendelssohn sechs Monate zuvor Fragmente aus seiner »Antigone« in Leip-

---

* Der treue Begleiter des Aeneas.

zig aufführen wollte, mußte er aus Berlin Harfen kommen lassen. Da man mir versicherte, er sei nur mäßig befriedigt davon gewesen, schrieb ich nach Dresden: Lipinski, ein großer und würdiger Künstler, über den ich bald Gelegenheit haben werde, zu sprechen, schickte mir den Harfenspieler vom Theater. Es handelte sich aber nur darum, das Instrument zu finden. Nach vielen vergeblichen Nachfragen bei Instrumentenbauern und Musikalienhändlern erfuhr Mendelssohn endlich, daß ein Amateur eine Harfe besitze, und erreichte, daß sie uns auf einige Tage überlassen wurde. Aber – man bewundere mein Mißgeschick – als die Harfe gebracht und schön mit neuen Saiten versehen worden war, stellte sich heraus, daß Herr Richter (der Dresdener Harfenist, der sich auf Lipinskis Aufforderung so hilfsbereit nach Leipzig begeben hatte) ein hervorragender Pianist war, daß er außerdem sehr gut Violine spielte, aber die Harfe kaum beherrschte. Er spielte das Instrument erst seit achtzehn Monaten, und zwar, um die einfachsten Arpeggien ausführen zu können, die gewöhnlich in den italienischen Opern dem Gesang als Begleitung dienen, sodaß ihn beim Anblick der diatonischen Läufe und Melodieführung, die oft in meiner Symphonie vorkommen, der Mut verließ und Mendelssohn sich am Konzertabend ans Klavier setzen mußte, um die Soli der Harfe zu markieren und ihre Einsätze sicher zu bringen. Welch Aufwand für eine Lappalie!

Trotz allem, und nachdem ich mich in diese Unannehmlichkeiten gefügt hatte, begannen die Proben. Die Aufstellung des Orchesters in diesem schönen Saal ist so ausgezeichnet, der Kontakt zwischen dem Dirigenten und jedem der Mitwirkenden so einfach, und die Künstler – im übrigen hervorragende Musiker – sind von Mendelssohn und David an so konzentriertes Arbeiten gewöhnt, daß zwei Proben genügten, um ein langes Programm einzustudieren, das unter anderen schwierigen Kompositionen die Ouvertüren zu »König Lear« und zu den »Francs-Juges« sowie die Phantastique enthielt. David hatte außerdem eingewilligt, das Violinsolo »Rêverie et Caprice« zu spielen, das ich vor zwei Jahren für Artôt schrieb und dessen Orchesterbegleitung kompliziert ist. Eine meisterhafte Aufführung, die großen Applaus erntete.

Wenn ich von dem Orchester sage, daß es nach nur zwei Proben die eben erwähnten Stücke tadellos spielte, ist das ein großes Lob. Alle Pariser Musiker, und viele andere, werden mir darin beipflichten, glaube ich.

Dieser Abend brachte das musikalische Gewissen der Leipziger in Aufruhr und entfachte Auseinandersetzungen, die, soviel ich aus den Zeitungen entnehmen konnte, mindestens ebenso heftig waren wie die vor ungefähr zehn Jahren bei der Aufführung der gleichen Werke

Hector Berlioz, 1832
(Gemälde von Émile Signol)

Das Elternhaus in La Côte-Saint-André. Der Vater: Dr. med. Louis-Joseph Berlioz

Die Schwestern: Adèle Berlioz und Nanci Berlioz

Camille (Marie) Moke (-Pleyel) und Harriet Smithson als Ophelia

Der Sohn: Louis Berlioz

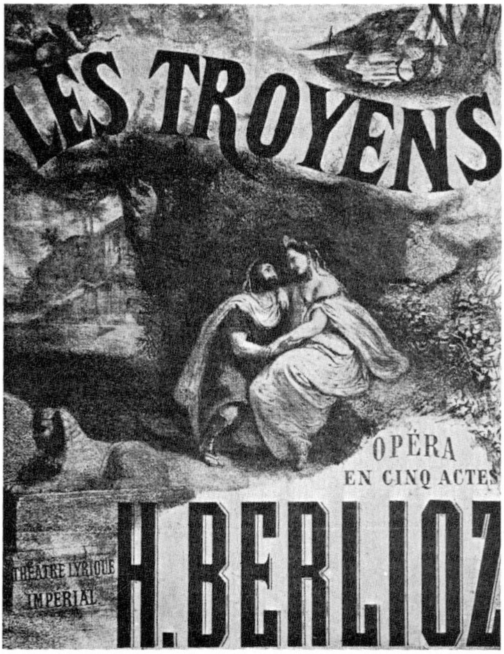

Oben: Titelblatt zu »Les Troyens«, 1862, und »Mélodies Irlandaises«
Unten: »Requiem« und »Sara la baigneuse« (Lithographien von Fantin-Latour)

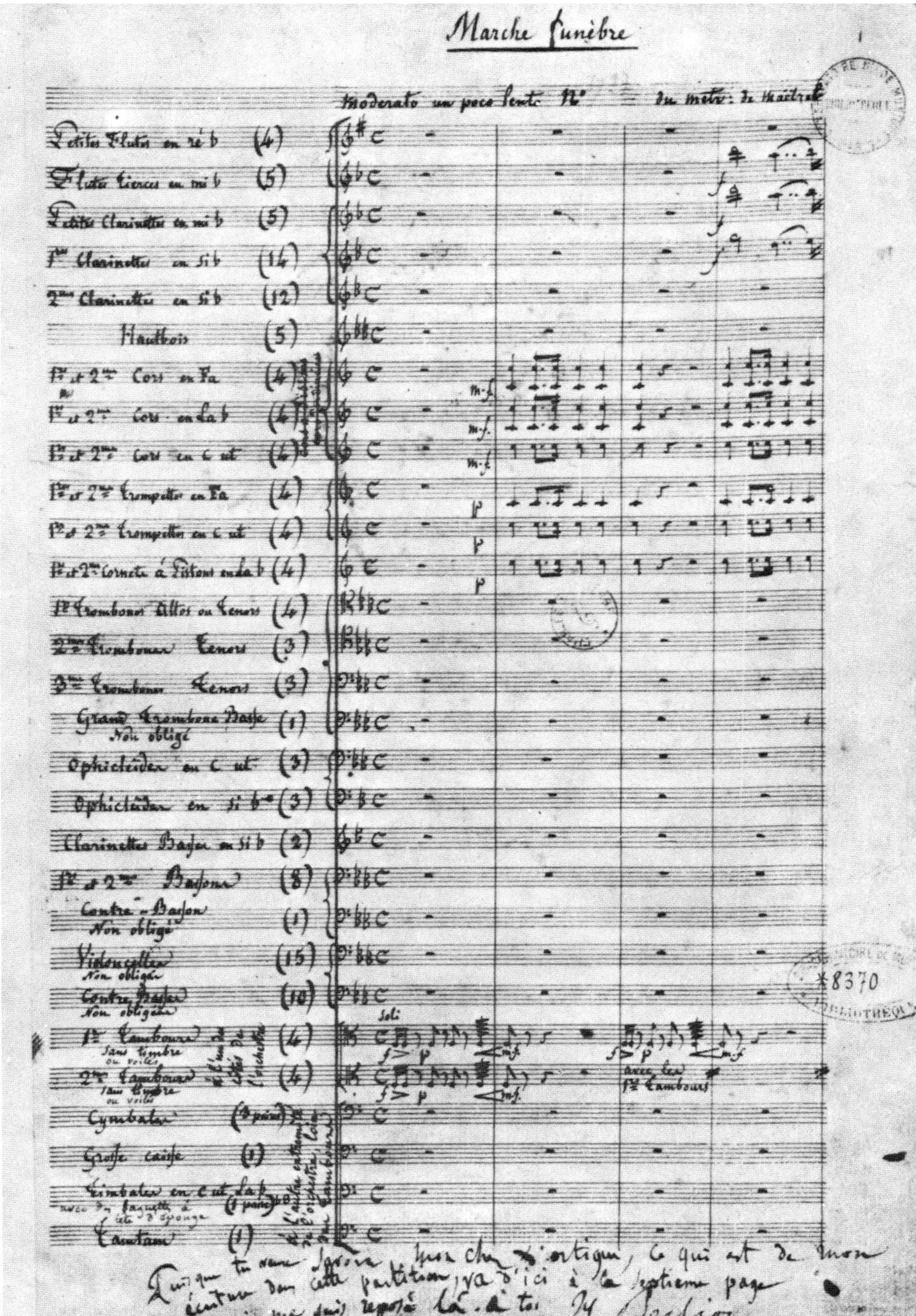

»Marche funèbre«: Autograph der ersten Partitur-Seite

Hector Berlioz, 1856
(Photographie von Nadar)

Der junge Berlioz
(Zeichnung von Ingres)

Eine Matinée bei Liszt

Die letzte Aufnahme, 1868

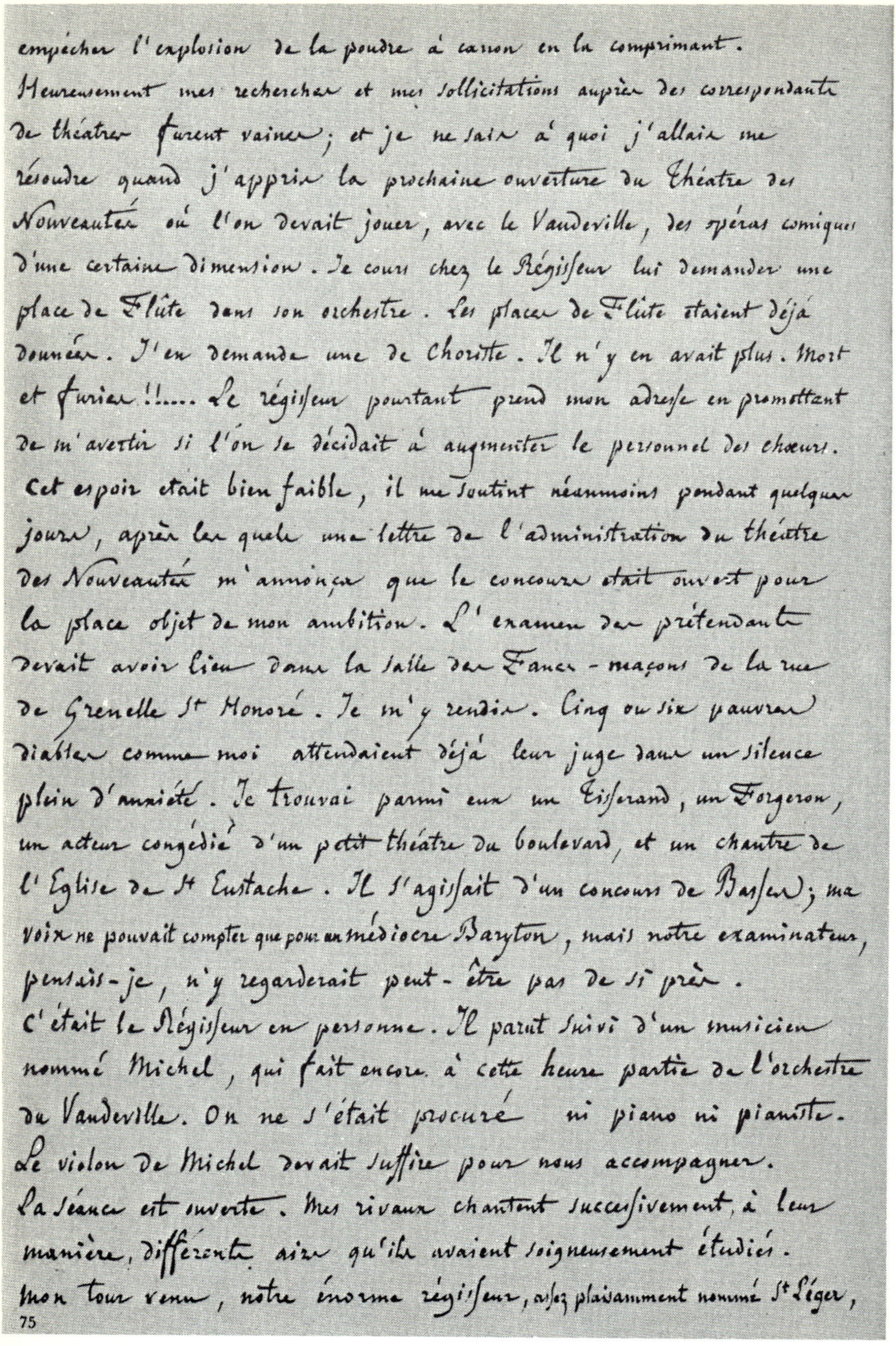
empêcher l'explosion de la poudre à canon en la comprimant.
Heureusement mes recherches et mes sollicitations auprès des correspondants
de théâtre furent vaines; et je ne sais à quoi j'allais me
résoudre quand j'appris la prochaine ouverture du Théâtre des
Nouveautés où l'on devait jouer, avec le Vaudeville, des opéras comiques
d'une certaine dimension. Je cours chez le Régisseur lui demander une
place de Flûte dans son orchestre. Les places de Flûte étaient déjà
données. J'en demande une de Choriste. Il n'y en avait plus. Mort
et furies!!..... Le régisseur pourtant prend mon adresse en promettant
de m'avertir si l'on se décidait à augmenter le personnel des chœurs.
Cet espoir était bien faible, il me soutint néanmoins pendant quelques
jours, après lesquels une lettre de l'administration du théâtre
des Nouveautés m'annonça que le concours était ouvert pour
la place objet de mon ambition. L'examen des prétendants
devait avoir lieu dans la salle des Francs-maçons de la rue
de Grenelle St Honoré. Je m'y rendis. Cinq ou six pauvres
diables comme moi attendaient déjà leur juge dans un silence
plein d'anxiété. Je trouvai parmi eux un Tisserand, un Forgeron,
un acteur congédié d'un petit théâtre du boulevard, et un chantre de
l'Eglise de St Eustache. Il s'agissait d'un concours de Basses; ma
voix ne pouvait compter que pour un médiocre Baryton, mais notre examinateur,
pensais-je, n'y regarderait peut-être pas de si près.
C'était le Régisseur en personne. Il parut suivi d'un musicien
nommé Michel, qui fait encore à cette heure partie de l'orchestre
du Vaudeville. On ne s'était procuré ni piano ni pianiste.
Le violon de Michel devait suffire pour nous accompagner.
La séance est ouverte. Mes rivaux chantent successivement, à leur
manière, différents airs qu'ils avaient soigneusement étudiés.
Mon tour venu, notre énorme régisseur, assez plaisamment nommé St Léger,
75

Manuskriptseite aus den Memoiren

in Paris. Während man so über mein musikalisches Tun und Treiben und dessen Moralität herumstritt, indem die einen es als gute Tat, die anderen als wohlüberlegtes Verbrechen hinstellten, unternahm ich die Reise nach Dresden, wovon ich bald erzählen werde.

Um aber den Bericht meiner Leipziger Erfahrungen nicht zu unterbrechen, will ich Ihnen, lieber Heller, sagen, wie bei meiner Rückkehr das Wohltätigkeitskonzert ausfiel, von dem mir Mendelssohn in seinem Brief geschrieben und an dem teilzunehmen ich versprochen hatte.

Da dieser Abend von der gesamten Konzertgesellschaft veranstaltet wurde, stand mir der prachtvolle Gesangverein zur Verfügung, dessen Qualitäten ich schon gepriesen habe. Ich hütete mich, wie Sie sich denken können, wohl, diese herrliche Masse von guten Stimmen ungenutzt zu lassen, und bot den Direktoren der Gesellschaft das Finale mit drei Chören aus »Romeo und Julia« an, dessen Text von Professor Duesberg in Paris ins Deutsche übertragen worden war. Die Worte mußten nur noch unter die Noten der Singstimmen gesetzt werden. Das war eine langwierige, mühsame Arbeit; und da die Kopisten bei der Verteilung der langen und kurzen Silben die deutsche Betonung nicht berücksichtigt hatten, entstanden für die Sänger so große Schwierigkeiten, daß Mendelssohn viel Zeit damit verlor, den Text durchzusehen und die störendsten Fehler zu korrigieren. Außerdem brauchte er beinahe acht Tage, um die Chöre einzustudieren. (Acht Proben mit einem so großen Chor würden in Paris viertausendachthundert Francs kosten, und trotzdem fragt man mich manchmal, warum ich in meinen Konzerten nicht »Romeo und Julia« aufführe!) Die Mitglieder dieses Vereins, zu dem allerdings auch einige Theatersänger und Thomasschüler gehören, stammen fast alle aus den besseren Gesellschaftskreisen Leipzigs. Deshalb ist es auch möglich, sobald es sich um die Einstudierung eines schweren Werkes handelt, viele Proben zu veranstalten. Als ich von Dresden zurückkam, war man jedoch mit den Proben bei weitem nicht zu Ende, besonders der Männerchor ließ noch viel zu wünschen übrig. Ich litt darunter, einen so großen Meister und Virtuosen wie Mendelssohn die untergeordnete Tätigkeit eines Chordirektors ausüben zu sehen, eine Aufgabe, die er, man muß es sagen, mit unerschütterlicher Geduld erfüllte. Jede seiner Bemerkungen wurde mit einer Sanftmut und vollendeter Höflichkeit vorgebracht, für die man ihm noch dankbarer wäre, wüßte man, wie selten diese Eigenschaften in solchen Fällen sind. Ich selbst bin oft genug der Unhöflichkeit gegen die Damen unserer Oper beschuldigt worden, und ich muß zugeben, nicht zu unrecht. Sobald es sich um die Einstudierung eines großen Chores handelt und bevor ich überhaupt begonnen habe, schnürt mir eine Art vorempfundener Wut die

Kehle zu. Ohne jeden Grund packt mich die schlechte Laune, und mein grimmiger Blick läßt alle Choristen an jenen Gascogner denken, der einem kleinen Jungen, der harmlos an ihm vorbeigeht, einen Fußtritt versetzt und auf dessen Bemerkung, er habe ihm doch gar nichts getan, antwortete: »Nun stell dir erst vor, wenn du mir wirklich etwas getan hättest!«

Nach zwei weiteren Proben endlich waren die drei Chöre gelernt, und das Finale wäre, mit der Unterstützung des Orchesters, sehr gut vonstatten gegangen, wenn nicht ein Opernsänger, der schon seit mehreren Tagen über die Schwierigkeiten seiner Partie ein Geschrei erhob, unser ganzes, so mühsam errichtetes harmonisches Gebäude zerstört hätte.

Ich hatte bereits bei den Klavierproben gemerkt, daß dieser Herr (ich habe seinen Namen vergessen) zu den zahlreichen Musikern gehörte, die unmusikalisch sind. Er zählte keine Pausen, er setzte nicht rechtzeitig ein, er intonierte falsch usw.; aber ich sagte mir: »Vielleicht hat er keine Zeit gehabt, seine Partie zu studieren; er lernt für die Bühne schwierige Rollen, warum sollte er mit dieser nicht fertig werden?« Ich dachte oft an Alizard, der diese Szene immer so gut wiedergegeben hat, und bedauerte sehr, daß er in Brüssel war und kein Deutsch beherrschte. Als dieser Herr aber bei der Generalprobe, am Vorabend des Konzerts, noch nicht weiter war und noch dazu jedesmal, ich weiß nicht was für deutsche Flüche zwischen den Zähnen murmelte, wenn das Orchester seinetwegen unterbrechen mußte oder wenn Mendelssohn oder ich ihm seine Sätze vorsangen, ging mir schließlich die Geduld aus; ich dankte dem Orchester und bat es, sich nicht mehr um mein Werk zu bemühen, da diese Baßpartie offenbar die Aufführung unmöglich machte. Als ich nach Hause ging, kam mir folgender trauriger Gedanke: Zwei Komponisten, die lange Jahre hindurch die ihnen von der Natur geschenkte Intelligenz und Phantasie dem Studium ihrer Kunst widmeten, und zweihundert aufmerksame, tüchtige Musiker, sowohl Sänger wie Instrumentalisten, haben sich acht Tage lang umsonst abgeplagt und sehen sich durch die Unzulänglichkeit eines einzigen Menschen dazu gezwungen, das vorgenommene Werk aufzugeben! O! Sänger, die nicht singen können, sind also auch Götter! . . . Die Gesellschaft war in großer Verlegenheit, wie sie dieses Finale, das eine halbe Stunde dauert, auf dem Programm ersetzen sollte; mit einer eingeschobenen Probe, die Orchester und Chor freundlicherweise noch am Morgen des Konzerttages mitmachten, brachten wir es zustande. Die Ouvertüre zu »König Lear«, die das Orchester gut beherrschte, und das ›Offertorium‹ aus meinem »Requiem«, in dem der Chor nur einige Noten zu singen hat, wurden an Stelle des Bruchstückes aus »Romeo« gesetzt und am Abend auf das befriedigendste ausgeführt. Ich muß sogar hinzufügen, daß der Satz aus dem »Requiem« eine Wirkung hervorbrachte, die ich nicht erwartet hatte und mir das unschätzbare Lob Robert Schumanns eintrug, eines der mit Recht berühmtesten Komponisten und Kritiker Deutschlands.*

Einige Tage später erntete ich mit diesem ›Offertorium‹ ein Lob, auf das ich noch viel weniger hatte rechnen können. Das kam so: Ich war in Leipzig wieder krank geworden, und als ich bei meiner Abreise den Arzt fragte, was ich ihm für seine Behandlung schuldig sei, antwortete er mir: »Schreiben Sie mir auf dieses Blatt Papier das Thema Ihres Offertoriums mit Ihrer Unterschrift, und ich werde trotzdem Ihr Schuldner bleiben; nie hat mir ein Musikstück solchen Eindruck gemacht!«

Ich zögerte etwas, die Bemühungen des Doktors auf solche Art zu bezahlen, doch er bestand darauf; der Zufall gab mir Gelegenheit, sein Kompliment durch ein anderes, besser verdientes zu erwidern, und – werden Sie es glauben können – ich war einfältig genug, sie nicht auszunützen. Ich schrieb oben auf die Seite: »Herrn Clarus.«

»Carus«, sagte er, »Sie schreiben meinen Namen mit einem überflüssigen l.« Sofort dachte ich: *Patientibus* Carus *sed* Clarus *inter doctos*** und wagte nicht, es zu schreiben ... Es gibt Augenblicke, in denen ich von seltener Dummheit bin.

Ein kultivierter Komponist wie Sie, mein lieber Heller, interessiert sich lebhaft für alles, was mit unserer Kunst zusammenhängt; ich finde es deshalb ganz natürlich, daß Sie in Bezug auf Leipzigs musikalischen Reichtum so viele Fragen an mich gestellt haben; ich will einige davon kurz beantworten. Sie fragen mich, ob die große Pianistin, Frau Klara Schumann, irgendeine Konkurrentin in Deutschland hat, die sich in etwa mit ihr vergleichen ließe.

Ich glaube nicht.

Sie bitten mich, Ihnen zu sagen, ob der musikalische Geschmack der Leipziger Dickköpfe gut ist oder wenigstens dem zugeneigt, was für Sie und mich als das Schöne gilt?

Ich will nicht.

Ob es wahr ist, daß das Glaubensbekenntnis eines jeden, der darauf Anspruch erhebt, die erhabene und ernste Kunst zu lieben, folgendes sei: »Es gibt keinen andern Gott als Bach, und Mendelssohn ist sein Prophet?«

Ich darf nicht.

---

* Bei der Probe trat Schumann aus seiner gewohnten Einsilbigkeit heraus und sagte zu mir: »Dieses Offertorium übertrifft alles.« Mendelssohn lobte einen Einsatz der Kontrabässe in der Begleitung meines Liedes ›L'Absence‹, das ebenfalls an diesem Abend zum Vortrag kam.

** Den Patienten teuer, doch berühmt unter den Gelehrten.

Ob die Besetzung des Theaters gut ist und ob das Publikum sehr unrecht hat, sich mit den kleinen Lortzingschen Opern, die man oft dort gibt, zu unterhalten?

Ich kann nicht.

Ob ich einige von jenen alten fünfstimmigen Messen mit Generalbaß, die so sehr gepriesen werden, gehört oder gelesen habe?

Ich weiß nicht.

Adieu, fahren Sie fort, schöne Capriccios wie Ihre zwei letzten zu schreiben, und behüte Sie Gott vor Fugen mit vier Themen über einen Choral.

LVI.

Dresden
Fünfter Brief – An Heinrich Wilhelm Ernst

Sie hatten mir zwar anempfohlen, lieber Ernst, mich auf meiner Reise durch Deutschland nicht in den kleinen Städten aufzuhalten, und versicherten mir, daß nur die Hauptstädte mir die Aufführungsmöglichkeiten bieten könnten, die meine Konzerte erfordern.

Noch andere, darunter einige deutsche Kritiker, hatten mir dasselbe geraten und tadelten mich später dafür, daß ich auf ihren Rat nicht gehört habe und nicht zuerst nach Berlin oder Wien gegangen sei. Doch Sie wissen, daß es immer leichter ist, Ratschläge zu erteilen als sie zu befolgen, und wenn ich mich nicht an den Reiseplan gehalten habe, der allen Leuten am vernünftigsten erschien, so, weil ich nicht konnte. Vor allem stand es nicht in meiner Macht, den Ablauf meiner Reise zu bestimmen. Nachdem ich, wie oben berichtet, vergebens nach Frankfurt gefahren war, konnte ich nicht einfach nach Paris zurückkehren. Ich wäre gern nach München weitergereist, aber ein Brief von Bärmann informierte mich, daß meine Konzerte erst einen Monat später stattfinden könnten(53); andererseits schrieb mir Meyerbeer, daß die Wiederaufnahme von mehreren bedeutenden Werken das Berliner Theater so lange in Anspruch nehmen würde, daß meine Anwesenheit in Preußen zur Zeit zwecklos sei. Ich durfte jedoch nicht müßig bleiben; und da ich von dem Wunsch erfüllt war, alles kennen zu lernen, was Ihr harmonisches Vaterland an musikalischen Institutionen besitzt, nahm ich mir vor, alles zu sehen, alles zu hören und meinen Anspruch an Chöre und Orchester stark zu vermindern, um allgemein bekannt zu werden. Ich wußte wohl, daß ich in den kleineren Städten nicht mit den musikalischen Kräften, die einige meiner Partituren erfordern, rechnen konnte, doch wollte ich solche Werke für das Ende der Reise aufsparen; sie sollten den Höhepunkt des *Crescendo* bilden; auch dachte ich mir dieses zunehmende Vorwärtsschreiten weder unvorsichtig noch uninteressant. Jedenfalls habe ich diese Entscheidung nicht bereut.

Nun aber zu Dresden. Ich war für zwei Konzerte verpflichtet und sollte dort einen Chor, ein Orchester, eine Militärkapelle und noch dazu einen berühmten Tenor finden: seit meiner Ankunft in Deutschland hatte ich noch nicht solche Reichtümer vereint angetroffen. Außerdem sollte ich in Dresden einem warmherzigen, aufopfernden, energischen und begeisterungsfähigen Freund begegnen, Karl Lipinski, den ich aus Paris kannte. Es ist mir unmöglich, Ihnen zu sagen, lieber Ernst, mit welchem Eifer dieser großartige Mann mir behilflich gewesen ist. Seine Stellung als erster Konzertmeister und die allgemeine Achtung, die seiner Person und seinem Talent entgegengebracht werden, geben ihm eine große Autorität über die anderen Musiker, und er verfehlte keineswegs, davon Gebrauch zu machen. Da ich von dem Intendanten, Herrn von Züllichau, eine Zusage für zwei Abende hatte, stand mir das gesamte Opernhaus zur Verfügung, und es ging nur noch darum, für eine gute Aufführung zu sorgen, was uns gelang, zumal auch das Programm herrlich war: die Ouvertüre zu »König Lear«, die »Symphonie fantastique«, das Offertorium, das Sanctus und das Quaerens me aus meinem »Requiem«, die zwei letzten Sätze meiner »Symphonie funèbre«, wie Sie wissen für zwei Orchester und Chor geschrieben, sowie einige Gesangsstücke. Ich hatte keine Übersetzung des Chortextes aus der Symphonie, aber der Theaterregisseur, Herr Winkler, ein geistvoller und gelehrter Mann, hatte die außerordentliche Liebenswürdigkeit, die nötigen deutschen Verse sozusagen zu improvisieren, und das Einstudieren des Finale konnte beginnen. Die Gesangsoli waren in lateinischer, französischer und deutscher Sprache. Tichatscheck, der Tenor, den ich vorhin erwähnte, verfügt über eine reine, leuchtende Stimme, die bei dramatischen Höhepunkten eine seltene Wärme und Kraft erreicht. Seine Art zu singen ist einfach und geschmackvoll, er ist musikalisch und singt ausgezeichnet vom Blatt. Er übernahm sofort das Tenorsolo im Sanctus, ohne es vorher sehen zu wollen, ohne Zögern, ohne Umstände, ohne sich zu zieren; er hätte, wie manche Kollegen es in solchen Fällen tun, verlangen können, eine Bravour-Arie in mein Programm zu schmuggeln; er tat es nicht: alle Hochachtung!

Aber die Kavatine aus »Benvenuto«, die ich mir einfallen ließ, aufs Programm zu setzen, machte mir mehr Mühe als das ganze übrige Konzert. Man hatte sie der Primadonna, Frau Devrient, nicht geben können, weil für sie die Tonart zu hoch und die Koloraturen zu leicht waren; Fräulein Wüst, die zweite Sängerin, der die Kavatine angeboten worden war, fand die deutsche Übertragung schlecht, das Andante zu hoch und zu lang, das Allegro zu tief und zu kurz, sie verlangte Striche, Änderungen, sie war erkältet usw. usw., Sie kennen ja die Tricks einer Sängerin, die nicht kann und nicht will.

Frau Schubert, die Frau des ausgezeichneten Konzertmeisters, den Sie kennen, half mir aus der Verlegenheit, indem sie, nicht ohne Besorgnis, diese unglückselige Kavatine übernahm, die sie sich in ihrer Bescheidenheit viel schwieriger vorstellte. Sie erntete großen Beifall. Es scheint in der Tat schwieriger zu sein, die »Romanze vom Tajofluß« singen zu lassen, als die C-moll-Symphonie aufzuführen.

Lipinski hatte den Ehrgeiz der Musiker derart angestachelt, daß es ihr Wunsch und ihr Bestreben war, ihr Bestes zu geben und vor allen Dingen, Besseres zustande zu bringen als die Leipziger Künstler (es herrscht zwischen beiden Städten eine geheime musikalische Rivalität), infolgedessen mußten wir gewaltig arbeiten. Vier lange Proben schienen kaum ausreichend, und die Kapelle hätte gern eine fünfte verlangt, wenn es uns nicht an Zeit gefehlt hätte. Das war der Aufführung kaum anzumerken, die ausgezeichnet war. Nur die Chöre hatten mich in der Generalprobe beunruhigt, aber zwei noch vor dem Konzert erteilte Übungsstunden gaben ihnen die fehlende Sicherheit, und die Bruchstücke aus dem »Requiem« wurden ebenso gut wiedergegeben wie alles übrige. Die »Symphonie funèbre« löste die gleiche Reaktion aus wie in Paris. Am folgenden Morgen brachten mir die Musiker voller Freude ein Ständchen, beraubten mich der Ruhe, deren ich doch so sehr bedurfte und zwangen mich, mit ihnen ein Fäßchen Punsch zu leeren, obwohl ich an Kopfweh und meinen ständigen Halsschmerzen litt. Bei diesem Dresdner Konzert erlebte ich die Vorliebe des deutschen Publikums für mein »Requiem« zum ersten Male. Wir hatten uns indessen nicht an die großen Sätze, wie das Dies irae, das Lacrymosa usw. gewagt (dazu war der Chor nicht groß genug). Die »Symphonie fantastique« gefiel einem Teil meiner Richter bei weitem nicht so gut. Die höheren Kreise, besonders der König von Sachsen und der Hof waren, wie mir gesagt wurde, recht wenig entzückt von der Heftigkeit dieser Leidenschaften, der Traurigkeit dieser Träume und aller ungeheuerlichen Halluzinationen des Finale. Der ›Ball‹ und das Adagio ›Auf dem Lande‹ fanden, glaube ich, allein Gnade. Das eigentliche Publikum ließ sich von der musikalischen Strömung mitreißen und spendete dem ›Gang zum Richtplatz‹ und dem ›Sabbat‹ wärmeren Beifall als den drei andern Sätzen. Alles in allem war jedoch leicht zu sehen, daß dieses Werk, das in

Stuttgart so gut aufgenommen, in Weimar so wohl verstanden, in Leipzig so vielfach besprochen worden war, wenig in die musikalischen und poetischen Gewohnheiten der Dresdner hineinpaßte, daß es sie durch seine Unähnlichkeit mit den ihnen bekannten Symphonien verwirrte und daß sie davon mehr überrascht als entzückt, weniger gerührt als betäubt waren.

Das Dresdner Orchester, das lange von dem Italiener Morlacchi und dem berühmten Komponisten des »Freischütz« dirigiert wurde, steht jetzt unter der Leitung von Karl Reißiger und Richard Wagner. In Paris kennen wir von Reißiger kaum etwas anderes als den sanften, melancholischen Walzer »Webers letzter Gedanke«. Während meines Aufenthaltes in Dresden wurde eine seiner Kirchenmusiken aufgeführt und in meiner Gegenwart auf das höchste gepriesen. Ich konnte mich an diesem Lob nicht beteiligen; am Tage der Feier, bei der dieses Werk geboren wurde, fesselten mich quälende Schmerzen ans Bett.

Richard Wagner, der junge Kapellmeister, der lange in Paris gelebt hat, aber dort nur durch einige Artikel in der ›Gazette musicale‹ bekannt geworden ist, mußte zum ersten Male seine Autorität geltend machen, als er mich in den Proben unterstützte; er tat es mit Eifer und großer Energie. Die Zeremonie, bei der er der Kapelle vorgestellt und vereidigt wurde, hatte am Tage nach meiner Ankunft stattgefunden, und ich traf ihn im vollen Rausche einer sehr begreiflichen Freude. Nachdem er in Frankreich tausend Entbehrungen und alle mit dem Unbekanntsein verbundenen Schmerzen erduldet hatte, kam Richard Wagner in sein Vaterland, nach Sachsen, zurück; er war kühn genug, um Dichtung und Komposition zu einer fünfaktigen Oper »Rienzi« zu unternehmen, und hatte das Glück, beides zu vollenden. Dieses Werk errang in Dresden einen glänzenden Erfolg. Bald darauf folgte der »Fliegende Holländer«, eine dreiaktige Oper, zu der er ebenfalls Musik und Text geschrieben hatte. Wie man auch über diese Werke denken mag – man muß zugeben, daß Männer, welche die Fähigkeit besitzen, gleich zweimal diese musikalische und literarische Arbeit mit Erfolg durchzuführen, nicht häufig sind und daß Wagner einen Beweis seiner Fähigkeiten gegeben hat, die genügen müßten, um die Aufmerksamkeit und das Interesse auf ihn zu lenken. Das hat der König von Sachsen genau begriffen; und am Tage, an dem er seinem ersten Kapellmeister Richard Wagner als Kollegen gab und damit des letzteren Existenz sicherte, werden wohl die Freunde der Kunst dem König das gesagt haben, was Jean Bart Ludwig XIV. antwortete, als er dem unerschrockenen Seebären ankündigte, er habe ihn zum Befehlshaber eines Geschwaders ernannt: »Majestät haben wohl getan!«

Da »Rienzi« die in Deutschland für eine Oper festgesetzte Zeitdauer bei weitem überschreitet, wird das Werk jetzt auf zwei Abende aufgeteilt: am ersten zwei, am zweiten drei Akte. Ich habe nur den letzten Teil gesehen; ich konnte ihn beim einmaligen Hören nicht gründlich genug kennenlernen, um mich darüber zu äußern; ich entsinne mich nur eines schönen Gebets, das Rienzi (Tichatschek) im letzten Akt singt, und eines Triumphmarsches, der ohne sklavische Nachahmung nach dem prächtigen Marsch aus Spontinis »Olympia« gebildet ist. Die Partitur des »Fliegenden Holländers« schien mir bemerkenswert durch ein dunkles Kolorit und gewisse Sturmeffekte, die der Gegenstand vollkommen motivierte; aber ich habe auch einen Mißbrauch des Tremolo bemerkt, der um so bedenklicher ist, als er mir schon in »Rienzi« aufgefallen war und bei dem Komponisten eine Gedankenträgheit verrät, gegen die er sich nicht genug in acht nimmt. Das anhaltende Tremolo wirkt am schnellsten ermüdend; außerdem erfordert es vonseiten des Komponisten keine Erfindungsgabe, wenn es weder in den oberen noch in den unteren Stimmen von einem hervortretenden musikalischen Gedanken begleitet ist. Wie dem auch sei, man muß den Entschluß des Königs ehren, der einen jungen, mit kostbaren Fähigkeiten begabten Künstler engagiert und damit sozusagen gerettet hat.

Die Verwaltung des Dresdner Theaters hat nichts vernachlässigt, um die Aufführung der beiden Wagnerschen Werke so glänzend wie möglich auszustatten; Dekorationen, Kostüme und Inszenierung können sich mit dem besten messen, was man auf diesem Gebiet in Paris geleistet hat. Frau Devrient, über die ich anläßlich ihres Auftritts in Berlin ausführlicher zu reden haben werde, spielt in »Rienzi« die Rolle eines Jünglings, was kaum mehr zu den etwas mütterlichen Formen ihrer Person paßt. Sie schien mir im »Fliegenden Holländer« viel besser, trotz einiger affektierter Posen und jener gesprochenen Ausrufe, die sie überall einführen zu müssen glaubt. Aber ein wirkliches, recht reines, recht vollkommenes Talent, das auf mich einen sehr nachhaltigen Eindruck machte, ist Wächter, der die Rolle des fluchbeladenen Holländers sang. Seine Baritonstimme ist eine der schönsten, die ich je gehört habe, und er weiß sie als hervorragender Sänger gut einzusetzen; sie hat jenen weichen und zugleich vibrierenden Klang, dessen Ausdrucksfähigkeit so mächtig ist. Tichatschek ist agil, leidenschaftlich, glänzend, heroisch und hinreißend in der Partie des Rienzi, in der ihm seine schöne Stimme und seine feurigen Augen prächtig zustattenkommen. Fräulein Wüst spielt Rienzis Schwester; sie hat fast nichts zu singen. Der Komponist hat diese Rolle den Mitteln der Dame genau angepaßt.

Nun möchte ich Ihnen eingehend über Lipinski sprechen; doch könnten Sie, mein lieber Ernst, ein so sehr bewunderter, von ganz Europa mit Beifall überschütteter Geiger, von mir nichts Neues über die Natur des Talentes erfahren, das diesem großen Virtuosen, Ihrem Vorgänger in der Ruhmeslaufbahn, eigen ist. Sie wissen ebensogut und noch viel besser als ich, wie er auf der Geige singt, was er ihr an zartem oder leidenschaftlichem Ausdruck abgewinnt, und Sie haben schon lange die schönen Stellen aus seinen Concerti in Ihr nie versagendes Gedächtnis sich eingeprägt. Außerdem ist Lipinski während meines Aufenthaltes in Dresden so eifrig, so aufopfernd für mich tätig gewesen, daß mein Lob in den Augen vieler Leute der Unparteilichkeit entbehren würde; man würde es (obwohl zu Unrecht) eher der Dankbarkeit als einer wirklichen Bewunderung zuschreiben. Er erntete in meinem Konzert ungeheuren Beifall mit meiner Violinromanze, die David einige Tage vorher in Leipzig gespielt hatte, und in dem Bratschensolo meiner zweiten Symphonie (»Harold«).

An diesem zweiten Abend war der Erfolg größer als am ersten; die melancholischen und religiösen Szenen des »Harold« schienen von vornherein alle Sympathien zu vereinen, und die Bruchstücke aus »Romeo und Julia« (Adagio und Festszene) hatten dasselbe Glück. Was aber auf das Publikum und die Künstler Dresdens den tiefsten Eindruck gemacht hat, ist die Kantate »Der fünfte Mai«, die von Wächter und dem Chor auf bewundernswerte Art vorgetragen wurde, in einer deutschen Übertragung, die der unermüdliche Herr Winkler in liebenswürdiger Weise für diese Gelegenheit angefertigt hatte. Die Erinnerung an Napoleon ist heute dem deutschen Volk fast ebenso teuer wie den Franzosen; dies mag wohl die Ursache des tiefen Eindrucks sein, den dieser Gesang in allen Städten, in denen ich ihn nachher aufführen ließ, hervorbrachte. Besonders der Schluß ist manches Mal Veranlassung zu eigentümlichen Kundgebungen geworden:

> Weit von dem Fels fliehen eilig wir schweigend,
> Denn auch der Tag gehet nunmehr zur Ruh.

In Dresden lernte ich den großartigen englischen Harfenvirtuosen Parish-Alvars kennen, dessen Name noch nicht so bekannt ist, wie er es verdient. Er kam gerade aus Wien. Er ist der Liszt der Harfe! Man kann sich nicht vorstellen, was er an graziösen oder energischen Effekten, an originellen Läufen, an unerhörten Klangwirkungen zu erreichen vermag, mit einem Instrument, das in mancher Hinsicht doch so beschränkt ist. Seine Phantasie über Rossinis »Moses«, deren Form von Thalberg mit soviel Glück nachgeahmt und dem Klavier angepaßt worden ist, seine Variationen in Flageolett-Tönen über den Chor der Meermädchen aus »Oberon« und zwanzig andere Stücke der gleichen Art haben mir größtes Vergnügen bereitet. Der Vorzug der neuen Harfen, daß man mittels einer zweifachen Bewegung der Pedale zwei Saiten auf denselben Ton stimmen kann, hat ihn auf Kombinationen gebracht, die, wenn man sie geschrieben sieht, unausführbar erscheinen.

Parish-Alvars hat während seines Aufenthaltes in Wien einige gute Schüler ausgebildet. Er ließ sich eben in Dresden, in Leipzig, in Berlin und in vielen anderen Städten hören, in denen sein außergewöhnliches Talent stets Begeisterung hervorgerufen hat. Worauf wartet er, um nach Paris zu kommen? . . .

Im Dresdner Orchester befindet sich, außer den hervorragenden Künstlern, die ich erwähnt habe, der ausgezeichnete Professor Dotzauer; er steht an der Spitze der Cellisten und muß allein die Verantwortung für die Einsätze der Kontrabässe tragen, denn der erste Bassist, der mit ihm am Pult sitzt, ist zu alt, um auch nur wenige Noten seiner Partie spielen zu können, und gerade noch kräftig genug, um das Gewicht seines Instruments zu tragen. Ich habe in Deutschland oft Beispiele jener falsch aufgefaßten Ehrerbietung für Greise gesehen, die Kapellmeister veranlaßt, ihnen eine musikalische Tätigkeit, die schon längst ihre physischen Kräfte übersteigt, zu überlassen, und zwar leider so lange, bis sie den Tod davon haben. Mehr als einmal mußte ich mich mit meiner ganzen Gefühllosigkeit wappnen und mit grausamer Beharrlichkeit einen Ersatz für diese armen Invaliden verlangen. Es gibt in Dresden einen sehr guten Englischhornspieler. Der erste Oboist hat einen schönen Ton, aber eine altmodische Spielweise und eine Manie, Triller und Grupetti anzubringen, die mich, ich gestehe es, tief beleidigt hat. Er erlaubte sich besonders blödsinnige Verzierungen im Solo am Anfange des Adagio ›Auf dem Lande‹. In der zweiten Probe drückte ich ihm meinen Abscheu gegen seine schwülstigen Schnörkel aus; er unterließ sie in den nächsten Proben, aber es war nur eine Hinterlist, und am Tag des Konzerts, überzeugt, daß ich nicht das Orchester anhalten und ihn vor dem Hof und dem Publikum persönlich zur Rede stellen würde, begann der tückische Oboist seine Niederträchtigkeiten aufs neue und sah mich dabei so spöttisch an, daß ich vor Entrüstung und Wut fast geplatzt wäre.

Unter den Hornisten fällt Herr Levy auf, ein Virtuose, der in Sachsen einen guten Ruf genießt. Er bedient sich, wie seine Kollegen, eines Ventilhorns, während die Leipziger Kapelle, als einzige unter den norddeutschen Kapellen, noch keines hat. Auch die Trompeten sind in Dresden Ventiltrompeten; sie ersetzen unsere Cornets à pistons vorteilhaft.

Die Militärkapelle ist sehr gut; selbst die Trommler sind Musiker; aber die Rohrblatt-Instrumente, die ich gehört habe, lassen zu wünschen übrig, und der Kapellmeister würde wohl daran tun, bei unserem unvergleichlichen Instrumentenbauer Adolphe Sax einige seiner Klarinetten zu bestellen. Es gibt keine Ophikleïden; die Bässe werden von russischen Fagotten, Schlangenhörnern und Tuben gespielt.

Während ich dieses Dresdner Orchester dirigierte, habe ich oft an Weber gedacht, der es einige Jahre lang geleitet hatte; es war damals umfangreicher als heute. Weber hatte es so gedrillt, daß er manchmal im Allegro der »Freischütz«-Ouvertüre nur die Bewegung der vier ersten Takte angab und das Orchester dann bis zu den Orgelpunkten des Schlusses allein spielen ließ. Wie stolz müssen Musiker sein, wenn sie bei einer solchen Gelegenheit erleben, wie ihr Dirigent die Hände in den Schoß legt.

Können Sie glauben, mein lieber Ernst, daß es während der drei Wochen, die ich in dieser so musikliebenden Stadt zugebracht habe, keinem Menschen eingefallen ist, mit mir über Webers Familie zu sprechen oder mir nur zu sagen, ob sie in Dresden lebt? Ich wäre so glücklich gewesen, sie kennen zu lernen und meine Bewunderung auszusprechen für den großen Komponisten, der ihren Namen berühmt gemacht hat! ... Ich erfuhr zu spät, daß ich diese kostbare Gelegenheit verpaßt hatte, und muß hier Frau Weber und ihre Kinder wenigstens bitten, nicht an meinem Bedauern zu zweifeln.

Man hat mir in Dresden einige Partituren des berühmten Hasse, genannt der Sachse, gezeigt, der früher ebenfalls und während einer langen Zeit über das Schicksal dieser Kapelle zu bestimmen hatte. Ich habe darin, wie ich gestehen muß, nichts sehr Bemerkenswertes gefunden; nur ein Te Deum, das für eine Gedächtnisfeier des sächsischen Hofes komponiert worden war, schien mir helltönend wie das Geläut großer Glocken. Denjenigen, die mit einer mächtigen Klangwirkung zufrieden sind, muß dieses Te Deum für schön gelten; mir aber scheint diese Eigenschaft nicht ausreichend. Ganz besonders gern möchte ich, aber nur in guter Aufführung, einige der zahlreichen Opern kennenlernen, die Hasse für die Theater Italiens, Deutschlands und Englands schrieb und die ihm seinen weitverbreiteten Ruf verschafften. Warum versucht man in Dresden nicht, wenigstens eine davon neu zu inszenieren? Es wäre ein interessantes Experiment, vielleicht eine Auferstehung. Hasses Leben muß sehr ereignisreich gewesen sein; vergebens habe ich versucht, es kennen zu lernen. Ich habe über ihn nichts gefunden als gewöhnliche Biographien, die das wiederholten, was ich schon wußte, und von dem, was ich erfahren wollte, kein Wort sagten. Er ist soviel gereist, hat solange in der heißen Zone und an den Polen, das heißt in Italien und England, gelebt! In seinen Beziehungen zu dem Venezianer Marcello, in seiner Liebe zu Faustina, die er heiratete und die in seinen Opern die Hauptrollen sang; in ihren ehelichen Zwisten, einem Krieg zwischen Komponist und Sängerin, in dem stets der Herr der Sklave war und die Vernunft unrecht hatte; in dem allem muß ein interessanter Roman stecken. Vielleicht ist alles nur ein Gerücht? Faustina mag als sehr menschliche Diva, als bescheidene Sängerin und tugendhafte Gattin gelebt haben; sie mag musikalisch und ihrem Gatten und ihren Rollen treu gewesen sein, ihren Rosenkranz gebetet und Strümpfe gestrickt haben, wenn sie nichts zu tun hatte. Hasse komponierte, Faustina sang; sie verdienten beide viel Geld und gaben es nicht aus. Man hat das schon erlebt, man erlebt es noch; wenn Sie heiraten, wünsche ich, daß Sie es auch so treffen.

Als ich Dresden verließ, um nach Leipzig zurückzukehren, schrieb mir Lipinski, der gehört hatte, daß Mendelssohn für das Wohltätigkeitskonzert mein Finale aus »Romeo und Julia« einstudiere, er habe die Absicht, dazuzukommen, wenn der Intendant ihm einige Tage Urlaub bewilligen würde. Ich hielt dieses Versprechen nur für eine sehr liebenswürdige Schmeichelei; aber stellen Sie sich meinen Ärger vor: Am Tage des Konzerts, in dem, wie ich in meinem letzten Brief erwähnte, das Finale nicht aufgeführt werden konnte, sehe ich Lipinski ankommen ... Er war fünfunddreißig Meilen gefahren, um dieses Stück zu hören! ... Das ist ein Musiker, der die Musik noch liebt! ... Doch Sie, lieber Ernst, wird das nicht erstaunen; Sie würden dasselbe tun, das weiß ich sicher; Sie sind ein Künstler!

Adieu, Adieu.

LVII.

Braunschweig – Hamburg
Sechster Brief – An Heinrich Heine

Es sind mir in dieser guten Stadt Braunschweig allerlei Annehmlichkeiten begegnet; deshalb hatte ich zuerst daran gedacht, einen meiner persönlichen Feinde mit diesem Bericht zu beglücken, er würde ihm Vergnügen bereitet haben! ... während Ihnen, mein lieber Heine, die Beschreibung dieses Musikfestes vielleicht Kummer verursachen wird. Die Immoralisten behaupten, es läge in jedem Glück, das uns begegnet, etwas Unangenehmes für unsere besten Freunde; aber ich glaube nicht daran! Es ist eine niederträchtige Verleumdung, und ich kann beschwören, daß einigen meiner Freunde ebenso unerwartete wie glänzende Glücksgaben in den Schoß gefallen sind, ohne daß mir das im geringsten etwas ausgemacht hätte!

Genug! Wir wollen das dornige Feld der Ironie nicht betreten, wo im Schatten der Riesennesseln Wermut und Wolfsmilch blühen, wo Vipern zischen und Kröten quaken, wo das Wasser der Seen siedet, die Erde erzittert, der Abendwind brennt und Abendwolken geräuschlose Blitze entsenden! Denn wozu sollte man sich die Lippen zerbeißen, unter halbgeschlossenen Lidern grünliche Augäpfel verbergen, leise mit den Zähnen knirschen und dem Gesprächspartner einen Sitz anbieten, der mit einem heimtückischen Stachel versehen oder mit einem Klebstoff beschmiert ist, wenn die Seele ohne Bosheit und voll der reizenden Erinnerungen ist, wenn das Herz Dankbarkeit und Freude fühlt und man sich hundert Posaunen wünscht, um unseren Liebsten zu verkünden: Einen Tag bin ich glücklich gewesen! Kindische Eitelkeit hat mich verleitet, in dieser Weise meinen Brief zu beginnen; ohne es zu merken, versuchte ich, Sie nachzuahmen, Sie, den Meister der Ironie. Es soll nicht mehr vorkommen. Im Laufe unserer Unterhaltung habe ich zu oft bedauert, daß ich nicht imstande war, Sie zu einem ernsten Stil zu zwingen oder die krampfhafte Bewegung Ihrer Krallen gerade in den Augenblicken festzuhalten, in denen Sie die schönsten Sammetpfötchen zu machen glaubten, Sie Löwenkatze, *leo quaerens quem devoret.**

Und doch, wieviel Empfindung, wieviel Phantasie ohne Bitterkeit ist in Ihren Werken! Wie gut können Sie, wenn es Ihnen gefällt, in Dur singen! Wie groß und aufrichtig ist Ihre Begeisterung, wenn unversehens Bewunderung Sie ergreift und Sie sich vergessen! Welch unendliche Zärtlichkeit atmet in einer geheimen Ecke Ihres Herzens für dieses Land, das Sie so oft verspottet haben, für das Land der Poeten, des verträumten Genies, mit einem Wort für dieses Deutschland, das von Ihnen alte Großmutter geschimpft wird und Sie trotz allem liebt!

Ich habe dies wohl an dem traurig zärtlichen Ton gespürt, mit dem man mir während meiner Reise von Ihnen gesprochen hat. Ja, es liebt Sie; seine ganze Zuneigung gehört Ihnen. Ihre älteren berühmten Brüder sind tot; es rechnet nur noch auf Sie, den es lächelnd sein unartiges Kind nennt. Von ihm, von den ersten romantischen Gesängen, die Ihre Kinderjahre gewiegt haben, ist Ihnen die reine erhabene Empfindung für die Musik eingegeben worden; und erst als Sie Deutschland verlassen, die Welt durchreist und viel gelitten haben, sind Sie unbarmherzig und spöttisch geworden.

---

* Löwe, der da suchet, welchen er verschlinge.

Es würde Ihnen leicht sein, ich weiß es, aus der Beschreibung, die ich über meinen Aufenthalt in Braunschweig beginnen will, eine abscheuliche Karikatur zu machen; und doch, sehen Sie, welches Vertrauen ich in Ihre Freundschaft setze oder wie wenig ich Ihre Ironie fürchte, wenn ich ausgerechnet Ihnen diesen Bericht widme.

... Im Augenblick meiner Abreise aus Leipzig erhielt ich von Meyerbeer einen Brief, der mich benachrichtigte, daß man sich vor einem Monat nicht um meine Konzerte kümmern könne. Der große Meister empfahl mir, diese Verzögerung zu einer Reise nach Braunschweig zu benutzen, wo ich, wie er sagte, ein Eliteorchester finden würde. Ich befolgte diesen Rat, ohne jedoch zu ahnen, daß ich mich nachher so freuen würde, es getan zu haben. Ich kannte in Braunschweig keinen Menschen; auch wußte ich gar nichts von der Einstellung der Künstler zu mir und von der Geschmacksrichtung des Publikums. Aber schon der Gedanke, daß die Gebrüder Müller an der Spitze der Kapelle standen, hätte genügt, um mir volles Vertrauen einzuflößen, abgesehen von der so ermutigenden Meinung Meyerbeers. Ich hatte sie auf ihrer letzten Reise nach Paris gehört und betrachtete die Aufführung der Beethovenschen Quartette durch diese vier Virtuosen als eins der größten Wunder der modernen Kunst.

Die Familie Müller ist in der Tat für Beethoven ein Idealquartett wie die Familie Bohrer ein Idealtrio. Die Vollkommenheit des Zusammenspiels, die Einheitlichkeit in der Empfindung, die Tiefe des Ausdrucks, die Reinheit des Stils, die Erhabenheit, Kraft und Leidenschaft sind noch nie und an keinem Ort der Welt auf eine solche Höhe getrieben worden. Eine derartige Wiedergabe dieser großen Werke gibt uns, glaube ich, den genauesten Begriff von dem, was Beethoven dachte und empfand. als er sie schrieb.

Diese Musikerfamilie ist übrigens größer, als ich dachte; ich habe im Braunschweiger Orchester sieben Künstler, Söhne und Neffen Müller gezählt. Georg Müller ist Kapellmeister; sein älterer Bruder Karl ist nur Konzertmeister, doch sieht man an der Ehrerbietung, mit der ein jeder auf ihn hört, wenn er eine Bemerkung macht, daß man ihn als Primarius des berühmten Quartetts bewundert. Der zweite Konzertmeister ist Herr Freudenthal, ein verdienstvoller Violinvirtuose und Komponist; als ich in Braunschweig aus dem Wagen stieg, kam mir ein sehr liebenswürdiger junger Mann entgegen, Herr Zinkeisen, einer der ersten Geiger, der so gut Französisch spricht wie Sie und ich und mich auf der Poststation erwartete, um mich gleich nach der Ankunft zum Kapellmeister zu bringen. Diese Aufmerksamkeit, diese Zuvorkommenheit schienen mir von günstiger Bedeutung. Herr Zinkeisen hatte mich manchmal in Paris gesehen und erkannte mich trotz des erbärmlichen Zustandes, in den ich durch die Kälte geraten war; denn ich hatte die Nacht in einem Coupé zugebracht, das jedem Winde offen stand, um dem Geruch und dem Rauch von sechs abscheulichen Pfeifen, die im Innern beständig qualmten, zu entgehen. Ich bewundere die in Deutschland herrschenden Polizeivorschriften: Es ist bei Strafe verboten, auf den Straßen und öffentlichen Plätzen zu rauchen, wo diese angenehme Beschäftigung keinen Menschen belästigen kann; geht man aber ins Kaffeehaus, so wird da geraucht; zur Table d'hôte, so wird geraucht; in den Postwagen, so wird geraucht; kurz, überall wird man von der höllischen Pfeife verfolgt. – Sie sind ein Deutscher, lieber Heine, und rauchen nicht, das ist nicht das größte Ihrer Verdienste, glauben Sie mir, die Nachwelt wird es ihnen nicht anrechnen, aber viele Zeitgenossen und alle Zeitgenossinnen werden Ihnen dafür dankbar sein.

Karl Müller empfing mich mit jenem ernsten, ruhigen Wesen, das mich manchmal in Deutschland erschreckt hat, weil ich darin ein Zeichen der Gleichgültigkeit und Kälte zu finden glaubte; doch hat man ihm weniger zu mißtrauen als unserer französischen Überschwänglichkeit, mit der wir einen Fremden empfangen, der nach fünf Minuten wieder vergessen ist. Nachdem der Konzertmeister mich gefragt hatte, auf welche Art ich mein Orchester zusammenstellen wolle, ging er sogleich zu seinem Bruder und verständigte sich mit ihm über die Mittel und Wege, die Zahl von Streichinstrumenten, die ich für notwendig erachtet hatte, zusammenzubringen. Schon am folgenden Tage hatte er mir ein Orchester gebildet, größer als das der Pariser Oper, dessen Mitglieder nicht nur sehr geschickt, sondern auch von unvergleichlichem Eifer und Feuer beseelt waren. Die Frage, wie Harfe, Ophikleïde und Englischhorn zu beschaffen seien, tauchte wieder auf wie in Weimar, Leipzig und Dresden. (Ich erzähle Ihnen all diese Einzelheiten, um Ihnen einen Ruf als Musiker zu machen.) Ein Mitglied des Orchesters, Herr Leibrock, ein vortrefflicher, in der Musikliteratur sehr bewanderter Künstler, hatte sich erst seit einem Jahr mit dem Studium der Harfe befaßt und fürchtete sich infolgedessen sehr vor der Probe, auf die ihn meine zweite Symphonie stellen sollte. Glücklicherweise ist die Harfenpartie in »Harold« außerordentlich leicht, und Herr Leibrock übte während fünf oder sechs Tagen so fleißig, daß er seine Aufgabe mit Ehren bis . . . zur Generalprobe durchführte. Am Konzertabend jedoch wurde er im entscheidenden Augenblick von panischer Angst ergriffen, blieb im Vorspiel stekken und ließ Karl Müller, der das Bratschensolo ausführte, allein spielen.

Das war die einzige Panne, die das Publikum übrigens nicht bemerkte, worüber sich Herr Leibrock aber noch mehrere Tage bittere Vorwürfe machte, trotz meiner Bemühungen, ihm seine Gewissensbisse auszureden. Es gab in Braunschweig keine Ophikleïde; als Ersatz bot man mir zunächst eine Baßtuba an, doch der junge Mann, der darauf spielte, schien den Mechanismus nicht sehr gut zu beherrschen und kannte nicht einmal den wirklichen Umfang des Instruments; dann wurde mir ein russisches Fagott gezeigt, das der Spieler ein Kontrafagott nannte. Ich hatte viel Mühe, ihn über das Wesen und den Namen seines Instruments aufzuklären, dessen Töne so herauskommen, wie sie geschrieben sind, und das wie die Ophikleïde mit einem Mundstück gespielt wird; während das Kontrafagott, ein transponierendes Instrument mit Rohrblatt, nichts anderes ist als ein großes Fagott, das fast die ganze Skala des gewöhnlichen Fagotts um eine Oktave tiefer spielt. Wie dem auch sei, das russische Fagott wurde angenommen, um, so gut oder schlecht es gehen wollte, die Ophikleïde zu ersetzen. Es war kein Englischhorn vorhanden, die Soli wurden für eine Oboe eingerichtet, und wir begannen mit den Orchesterproben, während der Chor in einem andern Saale übte. Ich muß hier sagen, daß ich bis zu diesem Tag in Frankreich, Belgien oder Deutschland noch keine Vereinigung von hervorragenden Künstlern gesehen habe, die so aufopfernd, so aufmerksam und der unternommenen Aufgabe so leidenschaftlich ergeben waren. Nach der ersten Probe, in der sie sich von den Schwierigkeiten meiner Symphonie einen Begriff machen konnten, wurde die Losung für die nächsten Proben ausgegeben: man kam überein, mich über deren Anfangsstunde zu täuschen, und jeden Morgen (ich erfuhr es erst nachher) versammelte sich die Kapelle eine Stunde vor meiner Ankunft, um die gefährlichsten Stellen und Rhythmen zu üben. Deshalb fiel ich von einem Erstaunen ins andere, als ich Tag für Tag die raschen Fortschritte in der Ausführung sah und die stürmische Sicherheit, mit der sich die gesamte Besatzung auf Schwierigkeiten warf, an die mein Pariser Orchester, diese junge Garde der großen Armee, sich lange Zeit nur mit einer gewissen Vorsicht gewagt hat. Ein einziges Stück beunruhigte Karl Müller sehr: das Scherzo aus »Romeo und Julia« (die Königin Mab). Ich hatte den Bitten des Herrn Zinkeisen, der dieses Scherzo in Paris gehört hatte, nachgegeben und, zum ersten Male seit meiner Ankunft in Deutschland, es auf das Programm zu setzen gewagt.

»Wir werden so viel arbeiten«, hatte er mir gesagt, »daß wir damit fertig werden.« In der Tat traute er dem Können des Orchesters nicht zuviel zu, und die Königin Mab, in ihrem winzigen Wagen, begleitet von den summenden Insekten einer Sommernacht und im rasenden Galopp ihrer winzigen Pferde dahinfliegend, konnte dem Braunschweiger Publikum ihre munteren Streiche vorführen. Sie werden aber meine

Unruhe in dieser Beziehung verstehen, Sie, der Dichter der Feen und Gespenster; Sie, der Bruder jener graziösen und boshaften Kreaturen; Sie wissen zu gut, aus welch dünnem Faden die Gaze ihres Schleiers gewoben ist und wie klar der Himmel sein muß, damit ihr bunter Schwarm sich im blauen Schimmer des Nachtgestirns frei ergehen kann. Nun, trotz unserer Befürchtungen wußte sich das Orchester völlig der zauberischen Shakespeareschen Phantasien anzupassen und machte sich so klein und so behende, so fein und so zart, daß die winzige Königin, wie ich glaube, nie glücklicher und von zarteren Harmonien begleitet wurde.

Im Finale von »Harold« dagegen, in dieser rasenden Orgie, in welcher die Wonnen des Weines, des Blutes, der Freude und der Wildheit zusammenwirken, in welcher der Rhythmus bald zu stolpern, bald wild vorwärtszudrängen scheint, in der wie aus metallenem Munde Flüche geschleudert werden und Gotteslästerungen auf flehende Stimmen antworten, in der man lacht, trinkt, schlägt, zerstört, tötet und schändet, kurz sich nach Räuberart vergnügt, war das Orchester zu einem wirklichen Pandämonium geworden; Violinen, Bässe, Posaunen, Pauken und Becken, alles sang, stürzte, brüllte in teuflischer Ordnung und Einigkeit, während die Solobratsche, der träumerische Harold, vor Schrecken die Flucht ergriff und aus der Ferne noch einige zitternde Töne seines Abendgesanges hören ließ. Ach, wie mein Herz klopfte und ich am ganzen Körper zitterte, als ich dieses erstaunliche Orchester dirigierte, in dem ich alle meine Pariser Löwen, feuriger als je, wiederzufinden glaubte!!! Ihr kennt das nicht, Ihr Dichter, die Ihr nie von solchen Stürmen des Lebens mitgerissen werdet! Ich hätte das ganze Orchester umarmen mögen und konnte nur (allerdings auf Französisch, doch mußte mich der Tonfall verständlich machen) ausrufen: »Großartig! Ich danke Ihnen, meine Herren, und bewundere Sie! Sie sind vollkommene Räuber!«

Die gleichen heftigen Eigenschaften kamen in der Ouvertüre zu »Benvenuto« zum Ausdruck; und doch waren Stücke von entgegengesetztem Stil, wie die Einleitung zu »Harold«, der Pilgerzug und die Serenade, niemals mit mehr ruhiger Erhabenheit und religiöser Klarheit wiedergegeben worden. Das Stück aus »Romeo« (Fest bei Capulet) gehört zu den stürmischen Stücken; es wurde daher, wie wir in Paris sagen, »im Sturm genommen«.

Sie hätten in den Pausen während der Proben die erhitzten Gesichter sehen sollen! ... Einer der Musiker, Schmidt (der dröhnende Kontrabaß), hatte sich am Anfang der Pizzikatostelle der Orgie die Haut des rechten Zeigefingers geritzt; aber ohne auf das fließende Blut zu achten, spielte er einfach mit einem anderen Finger weiter.

Während wir uns diesen Vergnügen hingaben, studierte der Chor, ebenfalls mit großer Anstrengung, aber mit anderem Resultat die Bruchstücke meines »Requiems«. Das Offertorium und das Quaerens me waren schließlich in Ordnung; aber das Sanctus, dessen Solo von dem ersten Operntenor Schmetzer, einem ausgezeichneten Musiker, gesungen werden sollte, bot ein unüberwindliches Hindernis. Das Stück enthält für den hier dreistimmigen Frauenchor einige harmonische Modulationen, welche die Dresdener Choristinnen sehr gut begriffen hatten, die aber, wie es scheint, die Musikalität der Braunschweiger Sängerinnen überfordert. Nachdem sie drei Tage lang vergeblich versucht hatten, die harmonischen Vorgänge zu begreifen und die Töne richtig zu treffen, schickten mir diese Unglücklichen in ihrer Verzweiflung eine Deputation, um mich anzuflehen, sie nicht einer öffentlichen Blamage auszusetzen und mich zu veranlassen, das schreckenerregende Sanctus vom Anschlagzettel zu streichen. Ich mußte nachgeben, tat es aber nur mit Bedauern, besonders Schmetzers wegen, dessen sehr hoher Tenor für diesen Engelsgesang sehr gut paßt und der großes Vergnügen daran fand.

Nun ist alles bereit, und trotz Karl Müllers Besorgnis um das Scherzo, das er noch üben möchte, gehen wir ins Konzert, um endlich die Wirkung meiner Musik zu erleben. Ich muß Ihnen vorher sagen, daß ich auf Anraten des Kapellmeisters etwa zwanzig Personen zu den Proben eingeladen hatte, alles bekannte Braunschweiger Musikfreunde.

Sie waren eine lebende Reklame, die sich in der Stadt verbreitete und die Neugier des Publikums aufs höchste reizte; daher das eigentümliche Interesse, das selbst Leute aus dem Volk für die Vorbereitungen zu dem Konzert zeigten, und die Fragen, die sie an die Auserwählten stellten: – »Was ist heute morgen in der Probe passiert? ... Ist er zufrieden? ... Er ist also Franzose? ... Aber die Franzosen komponieren doch nur komische Opern? ... Die Choristen finden ihn sehr unwirsch! ... Er hat gesagt, die Damen sängen wie Tänzerinnen! ... Wußte er denn, daß die Soprane des Chors zum Ballett gehören? ... Ist es wahr, daß er sich mitten im Stück vor den Posaunen verbeugt hat? ... Der Orchesterdiener behauptet, er habe in der gestrigen Probe zwei Flaschen Wasser, eine Flasche Weißwein und drei Gläser Kirschwasser getrunken! ... Warum sagt er so oft zum Konzertmeister: Cäsar! Cäsar! (c'est ça, c'est ça! usw.«

Kurzum, das Theater war lange vor der festgesetzten Zeit von einer ungeduldigen, bereits zu meinen Gunsten gestimmten Menge bis auf den letzten Platz besetzt. Nun, mein lieber Heine, ziehen Sie Ihre Krallein ein, da Sie hier versucht sein könnten, mich Sie fühlen zu lassen. Die Stunde schlägt; das Orchester ist schon an seinem Platz; ich trete auf das Podium, gehe durch die Reihen der Violinen, nähere mich dem Dirigentenpult. Denken Sie sich meinen Schrecken, als ich sehe, daß es mit einer großen Blättergirlande geschmückt ist.

»Das werden wohl die Musiker sein«, sagte ich mir, »die mich kompromittiert haben. Welche Unvorsichtigkeit, die Bärenhaut zu verkaufen, bevor man das Tier erlegt hat! Und wenn nun das Publikum nicht ihrer Meinung ist, bin ich schön dran! Diese Kundgebung würde in Paris genügen, um einen Künstler unmöglich zu machen.«

Indessen, die Ouvertüre wird mit lautem Beifall aufgenommen; man verlangt zum zweiten Mal den ›Gang zum Richtplatz‹; die ›Orgie‹ berauscht den ganzen Saal; das ›Offertorium‹ mit seinem auf zwei Noten geschriebenen Chor und das ›Quaerens me‹ scheinen die frommen Seelen sehr zu rühren; Karl Müller wird nach der Violinromanze applaudiert; die ›Fee Mab‹ erregt höchstes Erstaunen; ein Lied mit Orchesterbegleitung wird da capo verlangt, und das ›Fest bei Capulet‹ beschließt feurig den Abend. Kaum war der letzte Akkord verklungen, als der Saal von einem furchtbaren Getöse erschüttert wurde: das Publikum schrie, im Parkett, in den Logen, überall; die Trompeten, Hörner und Posaunen des Orchesters schmetterten, jedes in einer beliebigen Tonart, Fanfaren, während die Streicher mit dem Bogen auf dem Holz ihrer Geigen und Kontrabässe klapperten und auch die Schlaginstrumente so laut wie möglich mitmachten.

Es gibt in der deutschen Sprache einen Ausdruck (Tusch) für diese eigentümliche Art des Beifalls. Als ich sie unvorbereitet zum ersten Male hörte, war meine spontane Reaktion Zorn und Abscheu; man verdarb mir damit den ganzen musikalischen Eindruck, und ich trug es beinahe den Künstlern nach, daß sie mir ihre Befriedigung durch solchen Spektakel bezeugten. Wie hätte mich aber ihre Huldigung nicht rühren sollen, als der Kapellmeister Karl Müller, mit Blumen beladen, sich mir näherte und auf Französisch sagte: »Erlauben Sie mir, Ihnen im Namen der herzoglichen Kapelle diese Sträuße zu überreichen und auf Ihre Partituren zu legen!«

Bei diesen Worten schrie das Publikum doppelt so laut, das Orchester wiederholte seine Fanfaren ... Der Taktstock fiel mir aus den Händen, ich wußte nicht mehr, wie mir war.

Lachen Sie ruhig! Genieren Sie sich nicht. Es wird Ihnen wohl tun, und mir kann es nicht schaden; übrigens bin ich noch nicht zu Ende, und es würde Ihnen zu schwer fallen, meinen Lobgesang bis zum Schluß zu hören, ohne mich ein bißchen mit Ihren Krallen zu ritzen ... Sie sind heute nicht allzu boshaft; ich fahre fort.

Ich war eben aus dem Theater getreten, schwitzend und dampfend, als ob ich in den Styx getaucht worden sei, und wußte in meiner Verwirrung und meinem Entzücken nicht, welchem der Gratulierenden ich zuerst antworten sollte, als man mir mitteilte, daß eine Gesellschaft von Künstlern und Musikfreunden mir zu Ehren ein Festessen von hundertfünfzig Gedecken in meinem Hotel bestellt hatte. Ich mußte wohl hingehen.

Bei meinem Eintreten fängt der Applaus von neuem an, französische und deutsche Ansprachen folgen aufeinander; ich tue mein Bestes, um auf die, welche ich verstehe, zu antworten, und bei jedem Hoch erschallt aus hundertfünfzig Kehlen ein mehrstimmiges Hurra. Zuerst setzen die Bässe mit D ein, die Tenöre folgen mit A, dann intonieren die Damen mit Fis und lassen so den D-dur-Akkord hören, dem gleich darauf die vier Akkorde: Unterdominante, Tonika, Dominante, Tonika folgen, deren Verkettung also erst einen plagalen und dann einen Hauptschluß bildet. Diese harmonische Salve ertönt majestätisch und sehr schön, eines musikalischen Volkes wahrhaft würdig.

Was soll ich Ihnen sagen, lieber Heine? Auf die Gefahr hin, daß Sie mich für höchst naiv und einfältig halten, muß ich Ihnen gestehen, daß mich all diese wohlwollenden Kundgebungen, all dieses sympathievolle Getöse doch außerordentlich glücklich machten. Diese Freude kann natürlich nicht mit derjenigen verglichen werden, die ein Komponist empfindet, wenn er ein wunderbares Orchester dirigiert, das mit Begeisterung eines seiner geliebten Werke aufführt; allein das eine schließt das andere nicht aus, und nach einem solchen Konzert kann ein derartiges Beisammensein nichts verderben. Sie sehen, ich bin den Künstlern und Musikfreunden der Stadt Braunschweig zu großem Dank verpflichtet; ich stehe auch tief in der Schuld ihres ersten Musikkritikers, Herrn Robert Griepenkerl, der durch einen gelehrten Aufsatz über mich mit einer Leipziger Zeitung in eine lebhafte Auseinandersetzung geraten ist und, wie ich glaube, von der Kraft und Richtung der musikalischen Strömung, die mich fortreißt, einen richtigen Begriff gegeben hat.

Es tut mir leid, lieber Dichter, aber nun sind Sie als Musiker kompromittiert.

Jetzt kommt Ihre Geburtsstadt an die Reihe, Hamburg, diese gleich dem alten Pompeji verwüstete Stadt, die aber mächtig aus ihrer Asche neu ersteht und ihre Wunden mutig verbindet! . . . Gewiß, auch über sie kann ich mich nur lobend aussprechen. Hamburg hat reiche musikalische Möglichkeiten, Gesangvereine, philharmonische Gesellschaften, Militärkapellen usw.

Das Theaterorchester ist zwar aus Sparsamkeitsgründen äußerst knapp gehalten und eingeschränkt worden, doch ich hatte dem Direktor im voraus meine Bedingungen gestellt, und man bot mir ein Orchester, das in Bezug auf Anzahl und Talent der Künstler recht gut war, dank einer reichlichen Verstärkung der Streichinstrumente sowie meiner erfolgreichen Bemühungen, für zwei oder drei fast hundertjährige Invaliden, denen das Theater seine Treue bewahrt, einen Urlaub zu erwirken. Ich muß gleich eine Besonderheit hervorheben: in Hamburg gibt es einen ausgezeichneten Harfenisten mit einem sehr guten Instrument! Ich hatte diese Hoffnung längst aufgegeben. Ich fand dort auch eine starke Ophikleïde, aber ich mußte auf das Englischhorn verzichten.

Der erste Flötist (Cantal) und der erste Geiger (Lindenau) sind Künstler ersten Ranges. Der Kapellmeister (Krebs) waltet seines Amtes mit jener Strenge, die ich bei Dirigenten schätze. Er hat mich während unserer langwierigen Proben sehr freundlich unterstützt. Die Sängertruppe des Theaters war ziemlich gut zusammengesetzt; sie hatte drei hervorragende Künstler: einen Tenor, der, wenn auch keine außergewöhnliche Stimme, so doch Geschmack und Methode hat; einen guten Sopran, Fräulein ... Fräulein ... ich habe ihren Namen vergessen (diese junge Göttin hätte mir die Ehre angetan, in meinem Konzert zu singen, wenn ich berühmter gewesen wäre – *Hosanna in excelsis!*), und endlich Reichel, den gewaltigen Baß, dessen Stimme mit einer ungeheueren Kraft und Klangfarbe über einen Umfang von zweieinhalb Oktaven verfügt! Reichel ist außerdem ein Bild von einem Mann und für Rollen wie Sarastro, Moses und Bertram wie geschaffen. Frau Cornet, die Gattin des Direktors, eine hochmusikalische Sängerin, deren umfangreiche Sopranstimme einen ungewöhnlichen Glanz hatte, war nur für ganz bestimmte Vorstellungen engagiert. Ich habe sie in der »Zauberflöte« als Königin der Nacht bewundert, eine schwierige Partie, die in jenem höchsten Register geschrieben ist, das nur wenige Sängerinnen beherrschen.

Der Chor, obwohl ziemlich schwach und dünn besetzt, fand sich doch mit den Stücken, die ich ihm anvertraut hatte, gut zurecht. Der Zuschauerraum des Hamburger Opernhauses ist sehr groß; ich fürchtete seine Dimensionen, da ich ihn dreimal leer gefunden hatte (bei Mozarts »Zauberflöte«, Rossinis »Moses« und Donizettis *»Linda di Chamounix«*.) Ich war daher angenehm überrascht, ihn so gut besetzt zu sehen, als ich mich dem Hamburger Publikum vorstellte.

Eine ausgezeichnete Aufführung, eine zahlreiche und verständige Zuhörerschaft machten dieses Konzert zu einem der Höhepunkte in Deutschland. »Harold« und die Kantate »Der fünfte Mai«, die Reichel mit tiefem Gefühl sang, waren die Glanzpunkte. Nach der Kantate richteten zwei Musiker, die in der Nähe meines Pultes saßen, in Französisch folgende Worte an mich, von denen ich sehr gerührt war: »Ach, mein Herr, unsere Hochachtung, unsere Hochachtung! ...« Mehr konnten sie in dieser Sprache nicht sagen.

Alles in allem ist das Hamburger Orchester mir zugeneigt geblieben, worauf ich nicht wenig stolz bin, das kann ich Ihnen versichern. Nur Krebs hat in sein Lob einen eigentümlichen Vorbehalt gelegt: »Mein Lieber«, sagte er, »in einigen Jahren wird Ihre Musik in ganz Deutschland bekannt sein, sie wird populär werden, und das ist ein großes Unglück! Welche Nachahmungen wird sie mit sich bringen, welchen Stil, welche Torheiten! Für die Kunst wäre es besser, wenn Sie nie geboren wären!«

Laßt uns hoffen, daß er nicht recht behält und daß diese armen Symphonien nicht so ansteckend sind wie Gelbfieber oder Cholera.

Und nun, Heine, Heinrich Heine, berühmter Gedankenhändler, Neffe des Herrn Salomon Heine, des Verfassers so vieler Gedichte in Form von Goldbarren, ich habe Ihnen nichts mehr zu sagen und ... empfehle mich Ihnen.

LVIII.

Berlin
Siebenter Brief – An Louise Bertin

Vor allen Dingen muß ich Sie, mein Fräulein, um gütige Nachsicht anflehen, für den Brief, den ich so frei bin, an Sie zu schreiben; ich habe allzugroße Ursache, die Gemütsstimmung zu fürchten, in der ich mich befinde. Seit einigen Tagen hat mich ein Anfall von *schwarzer Philosophie* ergriffen, und Gott weiß, zu welchen trüben Gedanken, verrückten Ansichten und sonderbaren Erzählungen ich mich hinreißen lasse ... wenn das anhält. Sie wissen vielleicht noch nicht genau, was die schwarze Philosophie ist? ... Das Gegenteil der weißen Magie, nicht mehr und nicht weniger.

Durch die weiße Magie errät man, daß Viktor Hugo ein großer Dichter ist; daß Beethoven ein großer Musiker war; daß Sie zugleich musikalisch und sprachbegabt sind; daß Janin ein geistreicher Mann ist; daß, wenn eine schöne und gut aufgeführte Oper durchfällt, das Publikum nichts davon verstanden hat; daß, wenn die Oper Erfolg hat, das Publikum ebensowenig verstanden hat; daß das Schöne selten ist; daß das Seltene nicht immer schön ist; daß recht hat wer Macht hat; daß Abd-el-Kader unrecht hat und O'Connell auch; daß die Araber keine

Franzosen sind; daß die Friedensbewegung eine Dummheit ist; und vieles mehr.

Die schwarze Philosophie läßt einen an allem zweifeln, sich über alles wundern; man sieht liebliche Bilder falsch, aber alles Häßliche um so deutlicher; man murrt unaufhörlich, lästert das Leben, verflucht den Tod; man empört sich, wie Hamlet, darüber, daß die Asche des großen Cäsar dazu dienen könne, ein Mauerloch zu verstopfen; man würde sich noch mehr entrüsten, wenn nur die Asche der Elenden sich zu dieser erbärmlichen Verwendung eignen sollte; man bedauert den armen Yorick, weil er über das dumme Gesicht, das er nach seinem fünfzehnjährigen Aufenthalt unter der Erde macht, selber nicht lachen kann, und wirft seinen Schädel mit Abscheu weg; oder man nimmt ihn mit, zersägt ihn und macht daraus ein Trinkgefäß; und der arme Yorik, der nicht mehr trinken kann, dient dazu, den Durst der Rheinweintrinker zu löschen, die sich über ihn lustig machen.

In der Einsamkeit von Les Roches, wo Sie sich jetzt friedlich Ihren Gedanken überlassen, würde ich zum Beispiel in dieser Stunde bei der schwarzen Philosophie* nur tödliche Unzufriedenheit und Langweile empfinden. Wollten Sie mich einen schönen Sonnenuntergang bewundern lassen, wäre ich imstande, ihm die Gasbeleuchtung in der Avenue des Champs-Elysées vorzuziehen; wenn Sie mir auf dem See Ihre Schwäne und deren elegante Bewegungen zeigen würden, so wäre meine Antwort: Der Schwan ist ein blödes Tier. Er denkt nur ans Wühlen im Schlamm und ans Fressen, sein Gesang ist ein dummes, abscheuliches Schnarren; wenn Sie sich ans Klavier setzten, um mir von Ihren Lieblingskomponisten, Mozart und Cimarosa**, einige Partien vorzuspielen, würde ich Sie vielleicht ärgerlich unterbrechen und finden, daß es bald an der Zeit sei, dieser Bewunderung für Mozart ein Ende zu machen, weil seine Opern sich alle ähnlich sind und seine schöne Kaltblütigkeit ermüdet und zur Ungeduld reizt! . . . Was Cimarosa betrifft,

---

* Gestern, mein Fräulein, war ich Beute eines Anfalls von solcher Philosophie und befand mich in einem Hause, in dem die Autographenmanie herrscht. Die Königin des Salons verfehlte auch nicht, mich um einen Beitrag in ihr Album zu ersuchen. »Wenn ich bitten darf«, fügte sie hinzu, »keinen Gemeinplatz«. Diese Ermahnung reizte mich, und ich schrieb sofort:

»Die Todesstrafe ist eine sehr schlechte Einrichtung, denn wenn sie nicht bestünde, so hätte ich wahrscheinlich schon viele Leute umgebracht, und wir würden zu dieser Stunde nicht so viele Schurken von Dummköpfen haben, die für Kunst und Künstler eine Plage sind.«

Man lachte sehr über meinen Aphorismus und ist überzeugt, daß ich kein Wort davon ernst meinte.

** Mademoiselle Bertin versicherte mir kürzlich, es sei eine Verleumdung, daß ich Cimarosa zu ihren Lieblingskomponisten zähle. Ich muß also meinen Irrtum bekennen und bereuen. Jedenfalls ist es, glaube ich, keine sehr schwere Verleumdung, und man kann sich darüber trösten.

so würde ich seine ewige und einzige »Heimliche Ehe«, die fast ebenso langweilig ist wie »Figaros Hochzeit«, ohne auch nur annähernd die gleiche musikalische Qualität zu haben, zum Teufel schicken; ich würde Ihnen beweisen, daß die ganze Komik dieses Werkes nur in den Späßen der Schauspieler liegt; daß es an melodischer Erfindung ziemlich ärmlich ist: daß die perfekte Kadenz sich dauernd wiederholt und nahezu zwei Drittel der Partitur ausmacht; kurz, daß diese Oper sich zu Karnevals- und Jahrmarktsvorstellungen eignet. Wenn Sie, um ein Beispiel entgegengesetzten Stiles zu wählen, irgendein Werk von Johann Sebastian Bach zu Hilfe nehmen würden, wäre ich imstande, vor seinen Fugen die Flucht zu ergreifen und Sie mit seiner »Passion« allein zu lassen.

Da sehen Sie die Folgen dieser schrecklichen Krankheit! ..... Man hat, wenn man von ihr besessen ist, weder Höflichkeit noch Lebensart noch Vorsicht noch Diplomatie noch Schlauheit noch Vernunft; man sagt allerlei Ungeheuerlichkeiten, und, was noch schlimmer ist, man denkt, was man spricht, man kompromittiert sich, man verliert den Kopf.

Zur Hölle mit der schwarzen Philosophie! Der Anfall ist vorüber; ich bin jetzt ruhig genug, um vernünftig mit Ihnen zu sprechen; und nun folgt, mein Fräulein, was ich in Berlin gehört und gesehen habe; was ich selbst dort habe hören lassen, werde ich später sagen.

Ich beginne mit der Oper; Ehre, wem Ehre gebührt!

Der ehemalige Saal des deutschen Opernhauses, der vor kaum drei Monaten durch eine Feuersbrunst so schnell zerstört wurde, war ziemlich dunkel und schmutzig, aber von guter Akustik und geschickt angelegt. Der Raum, den das Orchester einnahm, erstreckte sich nicht, wie in Paris, so weit in die Reihen der Zuhörer hinein, sondern dehnte sich nach links und rechts aus; infolgedessen waren die lauten Instrumente, wie Posaunen, Trompeten, Pauken und große Trommel, ein wenig durch die ersten Logen abgeschirmt, und ihr aufdringlicher Ton wurde gedämpft. Das Orchester, eines der besten, das ich gehört habe, ist bei großen Aufführungen folgendermaßen zusammengesetzt: vierzehn erste, vierzehn zweite Violinen, acht Bratschen, zehn Celli, acht Kontrabässe, vier Flöten, vier Oboen, vier Klarinetten, vier Fagotte, vier Hörner, vier Trompeten, vier Posaunen, ein Paukenschläger, eine große Trommel, ein Paar Becken und zwei Harfen.

Die Streichinstrumente sind fast alle ausgezeichnet; an erster Stelle müssen die Gebrüder Ganz (erster Geiger und erster Cellist) und der Violinist Ries erwähnt werden. Die Holzblasinstrumente sind ebenfalls gut und, wie Sie sehen, doppelt so stark besetzt wie bei uns in Paris.

Diese Besetzung ermöglicht, im fortissimo zwei Flöten, zwei Oboen, zwei Klarinetten und zwei Fagotte ripieni einzusetzen und damit den rauhen Klang der Blechinstrumente, die sonst immer alles übertönen, bedeutend zu mildern. Die Hörner sind kräftig und alle mit Ventilen versehen, zum großen Bedauern Meyerbeers, der diesem neuen Mechanismus feindselig gesinnt ist, weil er glaubt, der Klang sei nicht mehr der gleiche wie beim einfachen Horn. Ich habe das oft geprüft, indem ich die Töne eines einfachen Hornes und die eines chromatischen oder Ventil-Hornes abwechselnd hörte, und muß zugeben, daß es mir unmöglich gewesen ist, in Klangfarbe oder Klangstärke den geringsten Unterschied zwischen beiden zu finden. Man hat außerdem gegen das neue Horn einen Einwand erhoben, der begründet scheint, aber leicht zu widerlegen ist. Seit der Einführung dieses (meiner Ansicht nach verbesserten) Instruments finden es einige Hornisten, die nun die Partien für das einfache Horn mit Hilfe der Ventile spielen, bequemer, gewisse Töne *offen* zu blasen, die der Komponist absichtlich als *gestopfte* Töne bezeichnet hatte. In der Tat ein Mißbrauch, aber er muß den Ausübenden und nicht dem Instrument zugeschrieben werden. Das Ventilhorn, von einem Könner gehandhabt, kann nicht nur alle gestopften Töne des gewöhnlichen Horns, sondern sogar die ganze Skala wiedergeben, ohne daß eine einzige Note offen gespielt wird. Die Hornisten müssen also lernen, mit der Hand im Schalltrichter zu spielen, als ob der Ventilmechanismus nicht vorhanden wäre, und die Komponisten werden von nun an in ihren Partituren die Noten, die gestopft gespielt werden sollen, mit irgendeinem Zeichen versehen müssen, damit der Bläser nur die Töne offen spielt, die nicht besonders bezeichnet sind.

Dasselbe Vorurteil hat eine Zeitlang den in Deutschland jetzt allgemeinen Gebrauch der Ventiltrompeten bekämpft, doch mit geringerer Heftigkeit als beim Horn. Das Problem der gestopften Töne gab es nicht, weil kein Komponist sie verlangte. Man hat behauptet, der Trompetenklang verliere durch den Ventilmechanismus viel von seinem Glanz; das trifft nicht zu, zumindest nicht für mein Gehör. Und wenn man, um den Unterschied zwischen beiden Instrumenten zu bemerken, ein noch feineres Ohr als das meine haben muß, wird man hoffentlich zugeben, daß der aus diesem Unterschied entstehende Nachteil für die Ventiltrompete in keinem Vergleich zu dem Gewinn steht, nämlich zur Fähigkeit, eine ganze chromatische Skala von zweiundeinhalb Oktaven ohne Schwierigkeit und ohne die geringste Ungleichheit im Ton zu durchlaufen. Ich kann es nur begrüßen, daß man die einfachen Trompeten heute in Deutschland fast völlig aufgegeben hat. In Frankreich haben wir fast keine chromatischen Trompeten (Ventiltrompeten); die unglaubliche Beliebtheit des Cornet à pistons macht ihnen siegreiche Konkurrenz, die aber meiner Ansicht nach ungerechtfertigt ist, da das Cornet bei weitem nicht den vornehmen und glänzenden Klang der Trompete besitzt. Es fehlt uns nicht an Instrumenten; Adolphe Sax stellt gegenwärtig große und kleine Ventiltrompeten in allen möglichen gebräuchlichen und ungebräuchlichen Tonarten her, deren Vollkommenheit in Klang und Mechanismus unbestreitbar ist. Sollte man glauben, daß dieser junge erfinderische Künstler alle Mühe hat, sich durchzusetzen und sich in Paris zu halten? Man verfolgt ihn mit Methoden, die des Mittelalters würdig sind und genau an das Treiben der Feinde des Florentiner Goldschmiedes Benvenuto Cellini erinnern. Man wirbt seine Arbeiter ab, man stiehlt ihm seine Entwürfe, man beschuldigt ihn des Wahnsinns, man führt Prozesse gegen ihn; wäre man kühn genug – man würde ihn ermorden. So groß ist der Haß, der immer gegen die Erfinder unter den Rivalen entsteht, die nichts erfinden. Die Protektion und die Freundschaft, mit der der General de Rumigny den genialen Instrumentenbauer stets auszeichnete, haben ihm bis jetzt in diesem erbärmlichen Kampf beigestanden. Aber wie lange noch? ... Es wäre Sache des Kriegsministers, einem Manne, der so nützlich ist und in einem so seltenen Fach arbeitet, zu der Stellung zu verhelfen, die er durch sein Talent, seine Ausdauer und seine Anstrengungen verdient. Unsere Militärkapellen haben noch keine Ventiltrompeten und Baß-Tuben. Die Anschaffung solcher Instrumente wird unvermeidlich werden, wenn die französischen Militärkapellen mit den in Preußen und Österreich Schritt halten wollen; eine Bestellung von dreihundert Trompeten und hundert Baß-Tuben durch das Ministerium würde Adolphe Sax retten.

Berlin ist die einzige deutsche Stadt (von denen, die ich besucht habe), wo man die große Baß-Posaune (in Es) findet. In Paris besitzen wir noch keine, weil die Bläser sich weigern, ein Instrument zu gebrauchen, das die Brust anstrengt. Die preußische Lunge ist wohl kräftiger als die unsrige. Das Orchester der Berliner Oper hat zwei von diesen Instrumenten, deren Klang so laut ist, daß die Stimmen der andern Posaunen, Alt und Tenor, fast ganz untergehen. Der rauhe, beherrschende Ton einer einzigen Baßposaune würde genügen, um den dreistimmigen Posaunensatz, den die Komponisten heute schreiben, aus dem Gleichgewicht zu bringen und seine Harmonie zu zerstören. Nun gibt es an der Berliner Oper keine Ophikleïde, und statt sie in den französischen Opern, die fast alle eine Partie für die Ophikleïde enthalten, durch eine Baßtuba zu ersetzen, ist man auf den Gedanken gekommen, diese Stimme von einer zweiten Baßposaune spielen zu lassen. Wenn die Stimme der Ophikleïde, die oft in der tieferen Oktave der dritten Posaune geschrieben ist, in dieser Weise besetzt wird, hat das Zusammenspiel dieser beiden furchtbaren Instrumente verhehrende Folgen. Man hört nichts anderes als den tiefen Klang der Blechinstrumente; auch die Trompeten sind kaum imstande, sich darüber zu halten. In meinen Konzerten, in denen ich doch (für die Symphonien) nur eine Baßposaune verwendet hatte, mußte ich, als ich merkte, daß man sie heraushörte, den Künstler bitten, sitzend zu spielen, sodaß der Schalltrichter des Instruments gegen das Pult gerichtet war, das eine Art Dämpfer bildete, während die anderen Posaunen, Tenor und Alt, stehend bliesen. Dann erst konnte man die drei Stimmen hören. Durch die Berliner Erfahrung bin ich zu der Ansicht gekommen, daß die beste Besetzung der Posaunen doch die im Pariser Opernhaus ist, die drei Tenorposaunen zusammen. Die kleine Posaune (Alt) ist schrill, und ihre hohen Töne sind zu dünn. Ich würde daher auch für deren Abschaffung im Orchester stimmen und wünschte eine Baßposaune nur für einen vierstimmigen Satz, kombiniert mit drei Tenor-Posaunen, die imstande wären, gegen sie aufzukommen.

Ist meine Rede nicht golden, so habe ich wenigstens viel über Blech geredet; doch ich bin überzeugt, mein Fräulein, daß diese Einzelheiten über Instrumentation Sie viel mehr interessieren werden als meine menschenfeindlichen Ausbrüche und meine Totenkopfgeschichten. Sie sind in Melodie und Harmonie sehr gut, in der Anatomie aber, wenigstens soviel ich weiß, recht wenig bewandert. Ich fahre also in meiner Abhandlung über die musikalischen Möglichkeiten der Berliner Oper fort.

Der Paukenschläger ist ein guter Musiker, hat aber nicht viel Behendigkeit im Handgelenk, seine Wirbel rollen nicht schnell genug. Außerdem sind seine Pauken zu klein und haben wenig Klang, ferner kennt er nur eine einzige Art Schlegel von mittelmäßiger Wirkung, ein Mittelding zwischen unseren Schlegeln mit Leder- und denen mit Schwammköpfen. In dieser Hinsicht ist man in ganz Deutschland weit hinter Frankreich zurück. Auch was die Ausführung betrifft, habe ich, mit Ausnahme von Wiprecht, dem Oberkapellmeister der Berliner Militärmusik, der die Pauken wie ein Donnerwetter spielt, keinen Musiker gefunden, der in Bezug auf Präzision, Schnelligkeit des Wirbelns und seine Nuancierung mit Poussard, dem ausgezeichneten Paukenschläger der Pariser Oper, verglichen werden könnte. Soll ich Ihnen auch von den Becken sprechen? Ja, und zwar um Ihnen zu sagen, daß ein Paar fehlerlose Becken, das heißt solche, die weder Risse noch Beulen haben, die, mit einem Wort, ganz sind, eine Seltenheit ist, die ich weder in Weimar noch in Leipzig noch in Dresden noch in Hamburg noch in Berlin gefunden habe. Dies war für mich immer eine Ursache heftigen Zornes, und es ist vorgekommen, daß ich das Orchester eine halbe Stunde warten ließ und mit der Probe nicht anfangen wollte, bis man mir zwei Becken brachte, wie ich sie wünschte, so recht neu, recht dröhnend, recht türkisch. Damit wollte ich dem Kapellmeister zeigen, ob ich unrecht hatte, die Scherben, die man mir unter dem Namen Becken vorführte, lächerlich und abscheulich zu finden. Im allgemeinen muß man sagen, daß gewisse Abteilungen des Orchesters bis jetzt in Deutschland auffallend zurückgeblieben sind. Man scheint nicht zu ahnen, welche Wirkungen man verschenkt. Die Instrumente taugen nichts, und die Spielenden haben keine Ahnung, was sie alles aus ihnen herausholen könnten. Dies gilt für die Becken, die Pauken, ja sogar die große Trommel; es gilt ebenso für das Englischhorn, die Ophikleïde und die Harfe. Doch daran sind die Komponisten schuld, die nie bedeutende Ansprüche an diese Instrumente gestellt haben, so daß ihre Nachfolger, die anders komponieren, nichts mit den Instrumenten anfangen können.

Wie überlegen sind uns die Deutschen auf den Blechinstrumenten, besonders auf der Trompete. Wir haben keine Vorstellung davon. Auch ihre Klarinetten sind besser als die unsrigen; nicht so ihre Oboe, da sind, glaube ich, beide Schulen gleich verdienstvoll; auf der Flöte sind wir ihnen überlegen: nirgends wird so gut Flöte gespielt wie in Paris. Ihre Kontrabässe sind kräftiger als die französischen: ihre Celli, Bratschen und Geigen haben vorzügliche Eigenschaften; doch wäre es ungerecht, sie mit unseren jungen Streichern auf gleiche Höhe stellen zu wollen. Die Geigen, Bratschen und Celli des Pariser Konservatoriums sind ohne Konkurrenz. Mir scheint, ich habe die Seltenheit der guten Harfen in Deutschland mehr als zur Genüge erwähnt; die Berliner bilden leider keine Ausnahme, und man könnte einige Schüler von Parish-Alvars hier sehr gut gebrauchen. Dieses großartige Orchester steht unter der Leitung folgender Dirigenten:

Meyerbeer, preußischer Generalmusikdirektor. Er ist ... Meyerbeer (ich glaube, Sie kennen ihn!); Hennig (erster Kapellmeister), ein geschickter Mann, dessen Talent bei den Musikern in hoher Achtung steht; und Taubert (zweiter Kapellmeister), glänzender Klavierspieler und Komponist. Ich habe ihn mit den Brüdern Ganz ein Klaviertrio eigener Komposition spielen hören, das in einem neuen Stil vorzüglich abgefaßt war. Taubert hat soeben zu der kürzlich in Berlin inszenierten griechischen Tragödie »Medea« die Chöre in Musik gesetzt und mit großem Erfolg zu Gehör gebracht. Die Herren Ganz und Ries teilen sich in den Titel und in die Tätigkeit eines Konzertmeisters.

Nun wollen wir die Bühne betreten. An gewöhnlichen Vorstellungstagen besteht der Chor aus nur sechzig Stimmen; wenn aber in Gegenwart des Königs große Opern aufgeführt werden, wird er durch sechzig Hilfschoristen aufs doppelte verstärkt. Alle diese Stimmen sind ausgezeichnet, frisch und klangvoll. Die meisten Choristen, Männer, Frauen und Kinder, sind musikalisch; sie lesen zwar nicht so gut vom Blatt wie die der Pariser Oper, aber sie sind besser ausgebildet, aufmerksamer, sorgfältiger und werden besser bezahlt. Es ist der schönste Chor, den ich je angetroffen habe. Er wird von Elßler, dem Bruder der berühmten Tänzerin, geleitet. Dieser intelligente und geduldige Dirigent könnte sich viele Mühe sparen und würde mit dem Einstudieren der Chöre viel rascher vorwärts kommen, wenn er, statt mit den hundertzwanzig Stimmen auf einmal in einem Saal zu üben, sie vorerst in drei Gruppen (Sopran und Alt, Tenöre, Bässe) verteilte, die in drei verschiedenen Räumen gleichzeitig üben würden, unter Leitung von drei von ihm ausgewählten und von ihm beaufsichtigten Unterdirigenten. Diese praktische Methode, die man an den Theatern aus erbärmlichen Gründen der Sparsamkeit und der Trägheit unbedingt nicht einführen will, ist doch die einzige Möglichkeit, jede der Stimmen eines Chores gründlich zu studieren und eine sorgfältige und gut nuancierte Ausführung zu erzielen; ich habe es schon anderwärts gesagt, und ich werde nicht müde werden, es zu wiederholen.

Die Opernsänger der Berliner Bühne nehmen in der Rangordnung der Virtuosen keinen so hohen Platz ein, wie ihn Orchester und Chor unter den Europas erreicht haben. Es gibt jedoch bemerkenswerte Talente wie zum Beispiel:

Fräulein Marx, ausdrucksfähiger, sehr sympathischer Sopran, dessen äußerste Töne in der Höhe und der Tiefe leider verlieren.

Fräulein Tutcheck, weicher, beweglicher Sopran von ziemlich reiner Klangfarbe.

Fräulein Hähnel, ausgesprochene Altstimme.

Böticher, ausgezeichneter Baß von großem Umfang und edlem Klang: erfahrener Sänger, schöne Erscheinung, sehr musikalisch, liest vortrefflich vom Blatt.

Zsische, lyrischer Baß von wirklichem Talent, dessen Stimme und Methode, wie es scheint, im Konzert noch besser zur Geltung kommen als auf der Bühne.

Mantius, erster Tenor: seiner nicht sehr umfangreichen Stimme fehlt es etwas an Flexibilität.

Frau Schröder-Devrient, die erst seit einigen Monaten engagiert ist: eine in der Höhe abgesungene, nicht sehr flexible, aber durchdringende und dramatische Sopranstimme. Frau Devrient singt jetzt immer zu tief, wenn sie den Ton nicht forcieren darf. Ihre Verzierungen sind recht geschmacklos, und sie vermischt ihren Gesang mit gesprochenen Sätzen und Ausrufen wie unsere Vaudeville-Schauspieler in ihren Couplets, was von abscheulicher Wirkung ist. Diese Art des Singens muß den Anfängern als die unmusikalischste und gemeinste bezeichnet werden, damit sie sich vor deren Nachahmung hüten.

Pischeck, der ausgezeichnete Bariton, von dem ich gelegentlich in der Stadt Frankfurt gesprochen habe, soll, wie man sagt, auch von Meyerbeer engagiert worden sein, eine wertvolle Errungenschaft, zu der man der Berliner Operndirektion gratulieren kann.

Dies, mein Fräulein, ist alles, was ich über die Möglichkeiten weiß, die in der preußischen Hauptstadt der dramatischen Musik zu Gebote stehen. Ich habe keine einzige Vorstellung im Italienischen Theater gehört und muß infolgedessen davon absehen, Ihnen darüber zu schreiben. In meinem nächsten Brief, und bevor ich mich mit dem Bericht meiner Konzerte beschäftige, werde ich meine Erinnerungen an die Vorstellungen der »Hugenotten« und der »Armida«, denen ich beigewohnt habe, sowie an die Singakademie und an die Militärkapellen zu sammeln haben; diese beiden Institutionen sind, obwohl grundverschieden, ungeheuer wertvoll, und ihre Pracht, verglichen mit dem, was wir in dieser Art besitzen, muß unseren eigenen nationalen Ehrgeiz tief demütigen.

LIX.

Berlin
Achter Brief – An François Habeneck

In einem Brief an Fräulein Bertin, deren musikalisches Wissen und ernste Liebe zur Kunst Sie ja kennen, habe ich kürzlich die vokalen und instrumentalen Möglichkeiten der Berliner Großen Oper aufgezählt. Nun sollte ich über die Singakademie und die Militärkapellen berichten; da Ihnen aber vor allem daran gelegen ist, zu erfahren, was ich über die von mir besuchten Vorstellungen denke, will ich die Reihenfolge in meiner Erzählung umkehren und Ihnen mitteilen, was die preußischen Künstler in den Opern von Meyerbeer, Gluck, Mozart und Weber geleistet haben.

Leider gibt es in Berlin, wie in Paris, wie überall, gewisse Tage, an denen es, durch ein stillschweigendes Übereinkommen zwischen Künstlern und Publikum, erlaubt zu sein scheint, die Aufführung mehr oder weniger zu vergessen. Man sieht dann im Zuschauerraum viele leere Plätze, im Orchester viele unbesetzte Pulte. Die verschiedenen Dirigenten sind an diesen Abenden auswärts zu Tisch gebeten, sie geben Bälle, sie sind auf der Jagd usw. Die Musiker spielen dösend die Noten ihrer Partitur; einige sogar spielen überhaupt nicht: sie schlafen, sie lesen, sie zeichnen Karikaturen, sie reißen Witze mit ihren Nachbarn, sie reden ganz laut; ich brauche Ihnen nicht zu sagen, was in solchem Fall alles im Orchester vorgeht. . . . Die Darsteller sind zu sehr den Blicken ausgesetzt, um sich solche Freiheiten zu erlauben (und doch kommt es manchmal vor), aber die Choristen nehmen sie sich nach Herzenslust heraus. Sie kommen nacheinander, in unvollständigen Gruppen, auf die Bühne; mehrere sind zu spät im Theater angekommen und noch nicht angezogen; einige haben tagsüber anstrengenden Dienst in der Kirche gehabt und treten auf mit dem festen Entschluß, keinen Ton von sich zu geben. Jedermann macht es sich bequem; man transponiert die hohen Noten in die tiefere Oktave oder bringt sie, so gut und so schlecht es gehen will, mit halber Stimme heraus; man setzt keine Akzente mehr; das mezzo-forte wird für den ganzen Abend angenommen; man blickt nicht mehr auf den Taktstock, was drei oder vier falsche Einsätze und ebensoviele Verstümmelungen der Melodie zur Folge hat. Aber was liegt daran? Merkt das Publikum so etwas? Der Direktor weiß nichts davon, und wenn der Komponist sich beklagt, lacht man ihm ins Gesicht und schimpft ihn einen Intriganten. Die Damen zerstreuen sich auf besonders reizende Art. Sie lächeln den Orchestermitgliedern und Abonnenten des Balkons beständig zu und tauschen mit ihnen telegraphische Zeichen. Sie waren am Morgen bei Fräulein N., einer ihrer Kolleginnen, zur Kindstaufe gewesen; man hat von dort Süßigkeiten mitgebracht, die nun auf der Bühne gegessen werden. Unter diesem Geplauder werden nebenbei an die Knaben des Chores einige Maulschellen ausgeteilt, weil sie frech werden:

»Wirst du wohl aufhören, du Schlingel, oder ich rufe den Chordirigenten.«

»Sieh' mal, was für eine schöne Rose Herr M. im Knopfloch trägt, die hat er von Florence bekommen.«

»Sie ist also noch immer so toll mit ihrem Geldwechsler?«

»Ja, aber das ist ein Geheimnis; nicht jede kann einen Advokaten haben.«

»Oh! Wie komisch! Übrigens, gehst du ins Hofkonzert?«

»Nein, ich habe etwas anderes vor.«

»Was denn?«

»Ich heirate.«

»Ei! Welcher Einfall!«

»Achtung! Vorhang!«

Auf diese Weise wird der Akt zu Ende gespielt, das Publikum zum Narren gehalten und das Werk verstümmelt. Ach was! Man muß sich doch etwas ausruhen, man kann nicht immer erhaben sein, und durch solche unordentlichen Vorstellungen kommen die anderen mehr zur Geltung, für die man Sorgfalt, Eifer, Aufmerksamkeit und Talent aufwendet. Das gebe ich zu; doch werden Sie mir einräumen, daß es traurig ist, Meisterwerke mit einer solchen Familiarität behandelt zu sehen. Ich begreife, daß man nicht Tag und Nacht vor den Denkmälern großer Männer Weihrauch brennt; würde es Sie aber nicht erzürnen, die Büste Glucks oder Beethovens bei einem Friseur als Perückenhalter zu sehen? Spielen Sie nicht den Philosophen, ich bin überzeugt, es würde Sie empören.

Aus alledem will ich nicht schließen, daß man es sich an der Berliner Oper bei vielen Vorstellungen in demselben Maße bequem mache; nein, man ist dort bescheidener, und so bleibt uns in dieser Beziehung wie in mancher anderen der Vorrang. Wenn es in Paris vorkommt, daß man ein Meisterwerk in tiefstem Negligé aufführen sieht, so erlaubt man sich in Preußen höchstens, es in einem etwas leichten Gewand zu zeigen. Ich habe solche Vorstellungen des »Figaro« und des »Freischütz« gesehen. Es war nicht schlecht, ohne jedoch gut zu sein. Man bemerkte eine gewisse Gleichgültigkeit, eine Verwaschenheit und Schlaffheit, eine matte Lebhaftigkeit, eine laue Wärme; man hätte sich jenes Kolorit, jene Beseelung gewünscht, die wirkliches Leben verraten, und auch jenen Luxus, der für gute Musik eigentlich notwendig ist; und dann noch etwas Wesentliches . . . die Inspiration!

Als es sich aber um »Armida« und die »Hugenotten« handelte, konnte man eine völlige Wandlung wahrnehmen. Ich glaubte einer von jenen Premieren in Paris beizuwohnen, zu der Sie sich schon früh einfinden, um noch einmal nach all Ihren Leuten zu sehen und Ihre letzten Mahnungen zu erteilen, wo jeder vor der Zeit auf seinem Posten ist, wo alle Gemüter voller Erwartung sind, wo die ernsten Gesichter eine starke, gespannte Aufmerksamkeit zeigen, wo man, mit einem Worte, sieht, daß ein musikalisches Ereignis bevorsteht.

Das große Orchester mit seinen achtundzwanzig Violinen und seinen Blasinstrumenten in doppelter Besetzung, der große Chor von hundertundzwanzig Stimmen waren vollständig erschienen, und Meyerbeer herrschte am Dirigentenpult. Ich hatte mir immer gewünscht, ihn dirigieren und zwar sein eigenes Werk dirigieren zu sehen. Er löst diese Aufgabe, als ob er seit zwanzig Jahren daran gewöhnt sei; er hat das Orchester in der Hand, er macht damit, was er will. Er nimmt in den »Hugenotten« dieselben Tempi wie Sie, mit Ausnahme des Eintritts der

Mönche im vierten Aufzug und des Marsches, der den dritten beschließt; diese beiden nimmt er langsamer, was für meinen Geschmack die Wirkung des ersten Stückes, für das ich eine weniger breite Bewegung vorgezogen hätte, etwas beeinträchtigt, während ich ihn für das zweite, von der Militärmusik auf der Bühne gespielte Stück von großem Vorteil fand; es gewinnt dadurch in jeder Beziehung.

Ich kann die Leistung des Orchesters in Meyerbeers Meisterwerk nicht Szene für Szene analysieren; ich möchte nur sagen, daß sie mir von Anfang bis zu Ende prächtig schön, vollkommen nuanciert und selbst in den schwierigsten Sätzen unvergleichlich klar und präzis vorgekommen ist. So wurde das Finale im zweiten Aufzug, mit seinen über verminderte Septimenakkorde dahinrollenden Passagen und seinen enharmonischen Modulationen bis in seine verstecktesten Stimmen mit außerordentlicher Schärfe und untadelhafter Tonreinheit wiedergegeben. Das gleiche muß ich vom Chor sagen. Die Sätze mit Koloratur, die kontrastierenden Doppelchöre, die imitierenden Einsätze, der plötzliche Übergang vom forte zum piano, die Zwischennuancen, alles wurde rein, kräftig, mit seltener Wärme und einem noch selteneren Gefühl des wahren Ausdrucks ausgeführt. Die »Schwerterweihe« traf mich wie ein Blitzschlag, und ich brauchte lange, um mich von der Erregung, die sie in mir verursacht hatte, zu erholen. Das große Ensemble auf der Studentenwiese, der Weiberstreit, die Litaneien an die Jungfrau, das hugenottische Soldatenlied boten ein musikalisches Gewebe von erstaunlicher Pracht, dessen Fäden aber der Zuhörer leicht erkennen konnte, ohne daß der komplexe Gedanke des Komponisten ihm einen einzigen Augenblick verborgen blieb. Dieses Wunder des dramatisierten Kontrapunktes ist für mich bis jetzt auch das Wunder der chorgesanglichen Ausführung geblieben. Meyerbeer kann, glaube ich, von keiner Stadt Europas besseres erhoffen. Ich muß noch hinzufügen, daß die Inszenierung genial ist. In dem Rataplan-Lied markieren die Soldaten eine Art Marsch unter Trommelbegleitung mit gewissen Bewegungen nach vor- und rückwärts, die die Szene beleben und sich zudem der musikalischen Wirkung gut anpassen.

Die Militärkapelle ist nicht, wie in Paris, im Hintergrund der Bühne aufgestellt, wo sie, durch die Menge der Mitwirkenden vom Orchester getrennt, die Bewegungen des Kapellmeisters nicht sehen und infolgedessen nicht genau den angegebenen Takt halten kann; sie fängt schon in der vorderen Kulisse, rechts vom Publikum, zu spielen an, dann setzt sie sich in Bewegung und schreitet durch die Gruppen der Choristen, an der Rampe vorbei, über die Bühne. Auf diese Weise sind die Musiker fast bis zum Schluß des Stückes in nächster Nähe des Dirigenten; sie halten streng das gleiche Tempo wie das Orchester im Graben, und es kommt zwischen beiden Kapellen keinerlei Ungleichheit im Rhythmus vor.

Bötticher ist ein ausgezeichneter Saint-Bris; Zsische spielt mit Talent die Rolle des Marcel, allerdings ohne jenen dramatischen Humor, der unseren Levasseur in dieser Partie so originell und überzeugend macht. Fräulein Marx zeigt Empfindung und eine gewisse bescheidene Würde, die wesentlichen Eigenschaften der Valentine. Ich muß ihr jedoch zwei oder drei gesprochene Ausrufe vorwerfen, die sie sich leider in der Schule von Frau Devrient angeeignet hat. Letztere habe ich einige Tage später in der gleichen Rolle gesehen, und da meine offene Art, mich über ihre Wiedergabe kritisch zu äußern, mehrere sehr kluge Personen überrascht, ja empört hat, weil sie, wahrscheinlich aus Gewohnheit, die berühmte Künstlerin ohne jede Einschränkung bewundern, so muß ich hier erklären, warum ich so ganz anderer Meinung bin. Ich war weder für noch gegen Frau Devrient eingenommen. Ich erinnerte mich nur, daß sie mir vor vielen Jahren in Paris als Leonore in Beethovens »Fidelio« bewunderungswürdig erschienen war, daß ich dagegen vor kurzem in Dresden sehr schlechte Gewohnheiten in der Gesangsweise und ein oft übertriebenes und affektiertes Spiel an ihr bemerkt hatte. Diese Fehler sind mir in den »Hugenotten« um so mehr aufgefallen, als das Drama und die Musik viel erhabener und ergreifender sind. Ich habe die Sängerin und Schauspielerin aus folgenden Gründen streng getadelt: in der Verschwörungsszene, in der Saint-Bris dem Nevers und seinen Freunden den Plan zur Niedermetzelung der Hugenotten vorlegt, hört Valentine schaudernd das blutige Vorhaben ihres Vaters, doch hütet sie sich wohl, ihren Abscheu merken zu lassen; Saint-Bris ist in der Tat nicht der Mann, bei seiner Tochter solche Ansichten zu dulden. Wenn Valentine in dem Augenblick, da ihr Gemahl seinen Degen zerbricht und sich weigert, am Komplott teilzunehmen, ihre Begeisterung durch eine leidenschaftliche Bewegung verrät, ist dieser Moment um so schöner, je länger die schüchterne Frau schweigend gelitten, je mühsamer sie ihre Verwirrung zurückgehalten hat. Statt nun ihre Unruhe zu verbergen und fast passiv zu bleiben, wie alle verständigen Tragödinnen es tun, holt Frau Devrient Nevers herbei, zwingt ihn, ihr nach dem Hintergrund der Bühne zu folgen, geht dort mit großen Schritten an seiner Seite auf und ab, als ob sie ihm Verhaltungsmaßregeln gebe und ihm vorsage, was er Saint-Bris antworten soll. Infolgedessen verliert der Ausruf von Valentinens Gatten

> Und wenn sich euer Blick auf meine Ahnen wendet,
> Zähl ich der Krieger viel, doch einen Mörder nicht.

das ganze Verdienst seines Widerstandes; seine Reaktion hat keine Ursprünglichkeit mehr; er sieht einfach aus wie ein ergebener Ehemann, der eine von seiner Frau eingelernte Lektion hersagt. Wenn Saint-Bris den berühmten Satz anstimmt:

Geheiligt sei die Rache ...

vergißt sich Frau Devrient so weit, daß sie sich ihrem Vater in die Arme wirft, ob er will oder nicht und obgleich seine Rolle voraussetzt, daß er ihre Gefühle nicht kennt; sie fleht ihn an, sie beschwört ihn, kurz, sie quält ihn durch ein solch lebhaftes Gebärdenspiel, daß Boeticher, der das erste Mal auf diese unzeitigen Ausbrüche nicht gefaßt war, nicht wußte, wie er frei atmen und singen sollte, und durch Bewegungen des Kopfes und des rechten Armes zu bedeuten schien: »Um Gott, meine Gnädige, lassen Sie mich doch in Ruhe und erlauben Sie, daß ich meine Partie zu Ende singe!« Frau Devrient zeigt dadurch, wie sehr sie vom Dämon der Egozentrik besessen ist. Sie betrachtet sich augenscheinlich als den Mittelpunkt des Dramas, als die einzige Person, die würdig ist, die Zuschauer zu beschäftigen. »Ihr hört jenem Darsteller zu! Ihr bewundert den Komponisten! Dieser Chor interessiert euch! Ihr seid albern! Seht doch her, seht mich; denn ich bin das Libretto, ich bin die Poesie, ich bin die Musik, ich bin alles; es gibt heute abend nichts Aufregenderes als mich, und ihr sollt nur meinetwegen ins Theater gekommen sein.« In dem großartigen Duett, das auf jene unsterbliche Szene folgt, stützt Frau Devrient ihre Hand auf einen Lehnstuhl und neigt graziös den Kopf, um auf der linken Seite die schönen Locken ihres blonden Haares frei hängen zu lassen: sie spricht einige Worte; während Raouls Antwort nimmt sie eine andere Pose ein und läßt den sanften Schimmer ihres Haares von der rechten Seite bewundern. Ich glaube indessen nicht, daß gerade diese kindische Koketterie in einem solchen Augenblick Valentinens Seele beschäftigen dürften.

Was Frau Devrients Gesang betrifft, so habe ich ja schon gesagt, daß er oft der Reinheit und des guten Geschmacks entbehrt. Die Fermaten und zahlreichen Änderungen, die sie jetzt in ihre Rollen einführt, sind schlechter Stil und ungekonnt. Ich kenne nichts Störenderes als ihre gesprochenen Ausrufe. Niemals singt Frau Devrient die Worte: »Gott, o mein Gott! Ja! nein! ist es wahr, ist's möglich! usw.« Alles wird mit voller Stimme gesprochen und geschrien. Ich vermag nicht zu sagen, welchen Widerwillen ich gegen diese antimusikalische Art der Deklamation empfinde. Meiner Ansicht nach ist es hundertmal schlimmer, in der Oper zu sprechen als in der Tragödie zu singen.

Die in gewissen Partituren mit *canto parlato* bezeichneten Noten sind nicht dazu bestimmt, von den Sängern auf solche Art hinausgeschleudert zu werden; zumindest in ernsten Opern müssen die Tonhöhen eingehalten werden, denn Sprechgesang gehört noch in den Bereich der Musik. Wer sollte sich nicht daran erinnern, wie Mlle. Falcon im *canto parlato* die Worte am Schluß des Duetts:

Raoul, sie töten dich!

zu singen wußte? Das war musikalisch und natürlich zugleich und brachte eine wunderbare Wirkung hervor.

Wenn dagegen Frau Devrient auf Raouls Flehen dreimal mit gesteigerter Kraft: nein! nein! nein! spricht oder schreit, glaube ich Mdm. Dorval oder Mlle. Georges in einer Schauermär zu hören und frage mich, warum das Orchester weiterspielt, da ja die Oper aus ist. Dies ist eine ungeheure Lächerlichkeit. Ich habe mir den fünften Aufzug nicht mehr angehört, so wütend war ich, den vierten, dieses Meisterwerk, auf solche Art entstellt zu sehen. Ist es Verleumdung, lieber Habeneck, wenn ich behaupte, daß Sie dasselbe getan hätten? Ich glaube es kaum. Ich kenne Ihre Art, die Musik zu erleben; ist die Aufführung eines Werkes ganz schlecht, so finden Sie sich tapfer darein; Sie sind sogar in diesem Fall um so tapferer, je erbärmlicher sie ist. Wenn aber im Gegenteil mit einer einzigen Ausnahme alles nach Wunsch geht, o! dann versetzt Sie diese Ausnahme in einen Zustand der Gereiztheit, der Aufregung, der Wut; Sie geraten in eine zornige Entrüstung, in der Sie kaltblütig, ja freudig die Vernichtung der störenden Ursache mit ansehen könnten, und während der Philister über Ihren Zorn staunt, teilen ihn alle Künstler, und ich knirsche alle meine Zähne mit Ihnen.

Gewiß hat Frau Devrient hervorragende Eigenschaften, nämlich: Wärme und hinreißende Gewalt; aber selbst diese Eigenschaften schienen mir nicht immer in den Grenzen zu bleiben, die ihnen die Natur und der Charakter gewisser Rollen vorschreiben. Valentine zum Beispiel (abgesehen von den oben gemachten Bemerkungen), Valentine, die junge, gestern angetraute Gattin, das starke, aber schüchterne Herz, Nevers' edle Gemahlin, die keusche und zurückhaltende Geliebte, die dem Raoul ihre Liebe nur gesteht, um ihn vom Tode zu erretten, Valentine wird besser mit verhaltener Leidenschaft, bescheidenem Spiel und ausdrucksvollem Gesang dargestellt als mit Frau Devrients dreifach geladenen Salven und verteufelter Egozentrik.

Einige Tage nach den »Hugenotten« sah ich »Armida«. Die Neueinstudierung dieses berühmten Werkes war mit der ganzen Sorgfalt und Achtung vorgenommen worden, die ihm gebühren. Die Inszenierung war prachtvoll, ja blendend, und das Publikum hat sich der Gunst, die man ihm erwies, würdig gezeigt. Das kommt daher, daß von allen alten Komponisten Gluck derjenige ist, dessen Macht, wie mir scheint, die unaufhörlichen Revolutionierungen der Kunst am wenigsten zu fürchten hat. Nie hat er den Launen der Sänger, den Wünschen der Zeit und den eingefleischten Gewohnheiten Opfer gebracht, gegen die er streiten mußte, als er, noch müde von dem Kampf, den er gegen sie in den Theatern Italiens ausgefochten hatte, nach Frankreich kam. Statt ihn zu schwächen, hatte ihm dieser Krieg gegen die dilettanti von Mailand, Neapel und Parma viel eher seine Kräfte verdoppelt; denn trotz des Fanatismus, der damals in unserem französischen Kunstgehabe herrschte, nahm er beinahe spielend die erbärmlichen Hindernisse, die man ihm entgegensetzte. Das Geschrei der Kritiker erreichte es nur einmal, ihn zur Ungeduld zu reizen; aber dieser Zornesausbruch, in dem er die Unvorsichtigkeit beging, ihnen zu antworten, war der einzige, den er sich vorzuwerfen hatte; und von da an schritt er weiter schweigend seinem Ziele zu; wir alle kennen es und wissen, daß er es mehr als erreicht hat. Hätte er weniger Überzeugung oder Festigkeit besessen, würden seine Werke, trotz des Genies, mit dem die Natur ihn begabt hatte, ihre wahre Größe verloren und die seiner mittelmäßigen, längst vergessenen Nebenbuhler nicht lange überlebt haben. Aber die Wahrheit des Ausdrucks, die Reinheit des Stils und die großartigen Formen sind zeitlos; die schönen Seiten aus Glucks Partituren werden immer schön bleiben. Viktor Hugo hat recht: »Das Herz hat keine Runzeln.«

In »Armida« schien mir Fräulein Marx edel und leidenschaftlich, ohne jedoch ihrer epischen Aufgabe ganz gewachsen zu sein. Talent allein genügt nicht, um Glucks Frauengestalten darzustellen; wie die Frauen bei Shakespeare, stellen auch Glucks Frauen hohe Ansprüche an Seele, Herz, Stimme, Gesichtsausdruck, Haltung. Man könnte ohne Übertreibung sagen, diese Rollen erfordern außerdem noch Schönheit und . . . Genie.

Welch glücklichen Abend verlebte ich in dieser von Meyerbeer geleiteten Aufführung der »Armida«! Das Orchester und die Chöre, begeistert von zwei berühmten Meistern, dem Komponisten und dem Dirigenten, zeigten sich des einen wie des andern würdig. Das berühmte Finale:

Bringt ihm Schwert und Martertod . . .

war eine wahre Explosion. Der Aufzug des Hasses, mit den wunderbaren Pantomimen, die, wenn ich nicht irre, von Taglioni, dem Ballettmeister der Berliner Hofoper einstudiert waren, schien mir nicht minder bemerkenswert: eine scheinbar ungeordnete Lebhaftigkeit, deren Bewegungen jedoch alle den Eindruck einer höllischen Harmonie erweckten. Man hatte die Tanzweise im 6/8-Takt (A dur), die wir aufführen, gestrichen und dafür die große Chaconne in H moll, die man in Paris nie hört, wieder eingesetzt. Dieses lange Stück hat sehr viel Glanz und Wärme. Was für eine Eingebung ist dieser Aufzug des Hasses! Nie hatte ich ihn so gut verstanden und so sehr bewundert. Ein Schauder ergriff mich bei der Anrufung:

Ach! errettet mein Herz.
Vor der Liebe Gefahr.

Nach dem ersten Vers lassen die zwei Oboen die schmerzliche Dissonanz einer großen Septime hören, einen weiblichen Schrei, darin sich Schrekken und höchste Angst offenbaren. Aber wie zärtlich singen diese beiden, nun in Terzen vereinten Stimmen, beim folgenden Vers:

Wider einen Feind, dem ich entbrenne!

Wieviel Leid in diesen wenigen Tönen! Und wie genau fühlt man, daß die so beklagte Liebe die stärkere sein wird! In der Tat, kaum hat der Haß, der mit seinem schauerlichen Gefolge herbeigeeilt ist, sein Werk begonnen, als Armida ihn unterbricht und auf seine Hilfe verzichtet. Daher der Chor:

So folg' ihm nach,
Unglückliche Armide,
Dem Gesang der Sirenen
In des Verderbens Schmach!

In Quinaults Dichtung endete damit der Aufzug: Armida tritt schweigend mit dem Chor ab. Gluck fand diesen Schluß zu gewöhnlich und unnatürlich; er wollte, daß die Zauberin einen Augenblick allein bleibt und dann, über die eben gehörten Worte in Gedanken versunken, hinausgeht; eines Tages improvisierte er nach der Probe im Opernhaus Noten und Worte zu dieser Szene, mit folgenden Versen:

Welch ein Drohn! Welch ein Gramerwecken!
Bang erstarrt all mein Blut dem Schrecken!
O Gott der Zärtlichkeit, dem die Schwache sich weiht,
Ich flehe, wend es ab, das unerhörte Leid!

Die Schönheit der Musik dazu liegt in der Melodie, in der Harmonie, in dem Ausdruck unbestimmter Unruhe und zärtlicher Sehnsucht, in allem Schönsten, was die dramatische und musikalische Eingebung schaffen kann. Zwischen jedem der Ausrufe in den beiden ersten Versen entwickeln die Bässe, während die zweiten Violinen mit einer Art von intermittierendem Tremolo begleiten, einen langen chromatischen Satz, der dumpf rollt und droht, bis sich die süßeste Melodie bei den Worten: ›O Gott der Zärtlichkeit!‹ am Anfang des dritten Verses langsam und träumerisch entfaltet und das Halbdunkel der vorausgegangenen Takte durch ihr sanftes Licht vertreibt. Dann erlischt alles.... Armida entfernt sich mit niedergeschlagenen Augen, während die zweiten Violinen, vom übrigen Orchester verlassen, ihr Tremolo noch leise weiterspielen. Gewaltig ist das Genie, welches diese Szene schuf!...

Bei Gott, ich bin wirklich naiv mit meiner bewundernden Analyse! Sieht es nicht so aus, als wollte ich Sie, Habeneck, in die Schönheiten von Glucks Partitur einweihen? Aber Sie wissen, es kam unwillkürlich! Ich spreche hier mit Ihnen, wie wir es manchmal auf den Boulevards tun, wenn wir aus den Konzerten des Konservatoriums kommen und unser Enthusiasmus sich unbedingt artikulieren muß.

Über die Inszenierung dieses Stückes in Berlin noch eine Bemerkung: Der Maschinist läßt den Vorhang zu früh herab; er muß warten, bis der letzte Takt des Nachspiels verklungen ist; sonst kann man nicht sehen, wie Armida sich mit langsamen Schritten bis zum Hintergrund der Bühne entfernt, während das Orchester immer leiser bebt und seufzt. Diese Wirkung war sehr schön in der Pariser Oper, wo in den Aufführungen von »Armida« der Vorhang nie heruntergelassen wurde. Andrerseits muß ich, obwohl, wie Sie wissen, kein Freund von Änderungen, die der Dirigent in dem Werk eines andern anbringt, während er lediglich für eine gute Aufführung sorgen sollte, doch Meyerbeer zu dem glücklichen Gedanken gratulieren, den er in betreff des vorhin erwähnten intermittierenden Tremolos gehabt hat. An dieser Stelle spielen die zweiten Violinen das tiefe d; um es besser hervorzuheben, ließ es Meyerbeer einstimmig auf zwei Saiten spielen (das d auf der leeren d-Saite und das d auf der vierten Saite). Das erweckt natürlich den Eindruck, als ob die Anzahl der zweiten Violinen plötzlich verdoppelt sei, und außerdem entsteht aus der Verbindung dieser zwei Saiten ein eigenartiger Klang, der hier die glücklichste Wirkung hervorbringt. Solange Gluck nur derartige Korrekturen erfährt, kann man sie freudig begrüßen.* Es ist wie Ihr Einfall, in der Orakelszene aus »Alceste« das be-

* Nein, man kann nicht! Ich hätte das nicht schreiben sollen. Gluck kannte so gut wie Meyerbeer die Wirkung zweier gleichgestimmter Saiten, und wenn er keinen Gebrauch davon hat machen wollen, ist niemand befugt, sie in sein Werk einzuführen. Übrigens hat Meyerbeer in »Armida« noch andere Effekte angebracht, die man nicht scharf genug tadeln kann, so zum Beispiel die Posaunen in dem Duett ›Der Rache

rühmte anhaltende Tremolo dicht am Steg und mit einem kräftigen Druck des Bogens auf die Saite spielen zu lassen. Gluck hat diesen Gedanken nicht ausgesprochen; er muß ihn aber gehabt haben.

Vom Ausdruck her fand ich die Szene im Liebesgarten über alles andere erhaben. Mir war, als hätte mich eine wollüstige Sehnsucht, ein schmeichelnder Zauber in diesen von beiden Dichtern (Gluck und Tasso) erträumten Liebespalast getragen und ihn mir zum märchenhaften Aufenthalt geschenkt. Ich schloß die Augen, und während ich jener himmlischen Gavotte mit ihrer so einschmeichelnden Melodie und dem sanften, eintönigen Rauschen ihrer Harmonie lauschte und dem Chor:

In diesem sel'gen Hain,

dem der Ausdruck der Glückseligkeit mit soviel Anmut entströmt, sah ich um mich her reizende Arme sich umschlingen, entzückende Füße sich kreuzen, duftendes Haar sich lösen, Augen wie Diamanten funkeln und berauschendes Lächeln tausendfach erstrahlen. Die Blume der Wonne, sanft bewegt vom melodischen Hauch, erschloß sich, und aus ihrem lieblichen Kelch ergoß sich eine harmonische Flut von Tönen, Farben und Düften. Und es war Gluck, der dies schrieb, Gluck, der alle Schmerzen besang, den Tartarus heulen ließ, die öde Küste von Tauris und die wilden Sitten ihrer Bewohner schilderte, es war Gluck, der es so verstand, jenes eigentümliche Ideal der träumerischen Wollust, der friedlichen Liebe durch die Musik auszudrücken! . . . Warum auch nicht? Hatte er nicht vorher die elysischen Gefilde erschlossen? . . . War er es nicht, der jenen unsterblichen Chor der seligen Geister fand:

Aus dem Reich beglückter Schatten
Komm zurück zu deinem Gatten,
Laß ihn deines Blicks sich freun.

Und sind, wie unser großer moderner Dichter auch gesagt hat, die Stärksten nicht die Sanftesten?

Doch ich bemerke, daß das Vergnügen, mit Ihnen über alle Dinge zu reden, mich zu weit geführt hat und daß ich heute noch nicht dazu kommen werde, über weitere musikalische Institutionen, die in Berlin noch blühen, zu berichten. Sie werden das Thema eines neuen Briefes sein

---

nächtliche Geister‹; es sind unglaubliche Irrtümer. Spontini erwähnte sie einmal in meiner Gegenwart und warf mir vor, sie nicht angegeben zu haben. Und doch hatte auch er den Orchesterstimmen in »Iphigenie auf Tauris« Blasinstrumente hinzugefügt . . . Er vergaß, daß er diese Schwäche gehabt hatte, und rief eines Tages aus: »Es ist abscheulich! Wird man mich wohl auch uminstrumentieren, wenn ich gestorben bin? . . .«

und mir ein Vorwand, einen anderen als Sie mit meinem unermüdlichen Geschwätz zu belästigen.

Sie sind über diese Epistel nicht allzu ungehalten, nicht wahr?

Auf jeden Fall, leben Sie wohl!

LX.

Berlin (Fortsetzung)
Neunter Brief – An Monsieur Desmarest(54)

Ich würde mit dieser königlichen Stadt Berlin nicht fertig werden, wenn ich ihren Reichtum an musikalischen Möglichkeiten bis ins einzelne studieren wollte. Es gibt wenige Hauptstädte, wenn es überhaupt solche gibt, die in dieser Beziehung mit ihr verglichen werden können. Die Musik schwebt dort in der Luft, man atmet sie ein, man wird von ihr durchdrungen. Man findet sie im Theater, in der Kirche, im Konzert, auf der Straße, in den öffentlichen Gärten, überall; immer groß und stolz, stark und behende, strahlend jung und schön, edel und ernst wie ein Erzengel, der wohl manchmal geruht, auf der Erde zu wandeln, aber mit zitternden Schwingen und stets bereit, wieder zum Himmel emporzufliegen.

Die Musik wird aber in Berlin auch von jedem geehrt. Reiche und Arme, Berufsmusiker und Amateure, Kirche und Militär, Volk und König, alle zollen ihr gleiche Verehrung. Der König besonders huldigt ihr mit jener wirklichen Inbrunst, die ihn auch bei der Pflege der Wissenschaften und der anderen Künste beseelt, und das will viel heißen. Er beobachtet neugierig die Fortschritte, ich möchte sogar sagen die plötzlichen Sprünge der neuen Kunst, ohne die Erhaltung der alten Kunstwerke zu vernachlässigen. Sein Gedächtnis ist erstaunlich und setzt seine Bibliothekare und Kapellmeister in Verlegenheit, wenn er sie plötzlich beauftragt, Stücke von alten Meistern, die niemand mehr kennt, aufzuführen. Nichts entgeht ihm; er will alles hören und alles prüfen. Daher die mächtige Anziehungskraft, die Berlin auf die großen Künstler ausübt; daher die außergewöhnliche Popularität der Musik in Preußen; daher die unzähligen vokalen und instrumentalen Institutionen.

Zu den letztern gehört die Singakademie. Wie die in Leipzig, wie alle ähnlichen Gesangvereine in Deutschland, besteht sie, bis auf einige Opernsänger, fast nur aus Musikliebhabern, und die Damen der Gesellschaft glauben nicht, sich etwas zu vergeben, wenn sie in einem Oratorium von Bach neben Mantius, Bôticher und Fräulein Hähnel singen.

Die meisten Mitglieder der Berliner Singakademie sind musikalisch, und fast alle haben frische, klangvolle Stimmen; der Sopran und der Baß besonders scheinen mir ausgezeichnet. Außerdem werden die Proben von Herrn Rungenhagen mit Ausdauer und Geduld in geschickter Weise geleitet; daher erzielt man auch, wenn ein großes Werk öffentlich aufgeführt wird, eine prächtige Wirkung, mit der sich nichts von dem, was wir in Paris hören können, irgendwie vergleichen läßt.

An dem Tage, als ich einer Einladung des Dirigenten in die Singakademie folgte, wurde die Matthäus-Passion von Joh. Seb. Bach aufgeführt. Diese berühmte Partitur, die Sie zweifellos kennen, ist für zwei Chöre und zwei Orchester geschrieben. Die Sänger, mindestens dreihundert, waren stufenweise auf einem amphitheatralischen Podium aufgestellt, ganz ähnlich dem Hörsaal für Chemie in unserem Botanischen Garten; ein Zwischenraum von höchstens drei bis vier Fuß trennte die beiden Chöre. Die zwei nicht sehr großen Orchester befanden sich oben auf den letzten Stufen hinter den Chören, ziemlich weit entfernt vom Dirigenten, der unten neben dem Klavier stand. Ich wollte eigentlich nicht Klavier, sondern Cembalo sagen, denn es hatte beinahe den erbärmlichen Klang dieser Instrumente aus Bachs Zeit. Ich weiß nicht, ob absichtlich, aber in den Singschulen und bei den Theaterproben, überall wo Stimmen zu begleiten sind, wird stets das abscheulichste Klavier benutzt, das man finden kann. Das Instrument, das Mendelssohn im Gewandhaus gebrauchte, bildet die einzige Ausnahme.

Sie werden mich wohl fragen, was das cembaloartige Klavier während der Aufführung eines Werkes zu tun hat, in dem der Komponist dieses Instrument nicht verwendete! Es begleitet gleichzeitig mit den Flöten, Oboen, Violinen und Bässen und dient wahrscheinlich dazu, die ersten Reihen des Chores auf der Tonhöhe zu halten, da man wohl annimmt, daß diese in den *tutti* das zu weit entfernte Orchester nicht hören. Jedenfalls will es so der Brauch. Das beständige Klappern der Akkorde auf dieser schlechten Klaviatur ist von einschläfernder Wirkung, weil es dem Ganzen einen überflüssigen Anstrich von Monotonie gibt; ohne Zweifel ein Grund mehr, nicht davon zu lassen. Wie heilig ist eine alte Sitte, wenn sie schlecht ist!

Die Sänger sitzen während der Pausen und erheben sich in dem Augenblick, da sie singen müssen. Es ist, glaube ich, für die Stimmentfaltung ein wirklicher Vorteil, stehend zu singen, nur ist es bedauerlich, daß die Choristen der durch das Stehen bewirkten Ermüdung zu leicht nachgeben und sich, wenn ihr Satz zu Ende ist, sogleich wieder setzen wollen; denn in einem Werk wie dem von Bach, darin die beiden alternierenden Chöre noch außerdem jeden Augenblick durch Solorezitative unterbrochen sind, sieht man immer irgendeine Gruppe aufstehen oder eine andere sich setzen, und dieses fortwährende Auf und Ab wirkt auf die Dauer recht lächerlich; übrigens verlieren gewisse Einsätze der Chöre ihre ganze Wirkung, da die Augen den Punkt, woher der Klang kommen wird, vor dem Ohr bezeichnen. Ich würde noch lieber die Choristen die ganze Zeit sitzen lassen, wenn sie nicht stehen bleiben können. Aber dieses Problem wäre augenblicklich gelöst, wenn ein Dirigent zu sagen versteht: Ich will oder Ich will nicht.

Wie dem auch sei, die Aufführung hatte durch diese Masse von Stimmen für mich etwas Imponierendes, das erste *tutti* der beiden Chöre nahm mir den Atem; ich war nicht im geringsten auf die Gewalt dieses vielstimmigen Sturms gefaßt. Ich muß jedoch gestehen, daß man gegen diese schöne Klangfülle viel schneller gleichgültig wird als gegen die des Orchesters, da die Stimmen nicht so abwechslungsreich klingen wie die Instrumente. Das ist begreiflich: es gibt kaum mehr als vier Gattungen von Stimmen, während die verschiedenartigen Instrumente über dreißig an der Zahl sind.

Ich hoffe, lieber Desmarest, Sie erwarten von mir keine Analyse des Bachschen Werkes; diese Aufgabe würde die Grenzen überschreiten, die ich mir habe setzen müssen. Übrigens kann das Bruchstück, das vor drei Jahren im Konservatorium aufgeführt worden ist, als typisch für den Stil und die Art des Komponisten betrachtet werden. Die Deutschen legen für seine Rezitative eine unbegrenzte Bewunderung an den Tag, wozu ich mich nicht äußern kann, da ich die Sprache, in der sie geschrieben sind, nicht verstehe.

Wenn man von Paris kommt und unsere musikalischen Sitten kennt, muß man, um es zu glauben, selbst erleben, mit welcher Aufmerksamkeit, Achtung und Andacht ein deutsches Publikum bei einer derartigen Aufführung zuhört. Jeder liest im Textbuch die Worte mit; keine Bewegung im Publikum, kein Gemurmel des Lobes oder Tadels, kein Beifallsklatschen; man ist bei der Predigt, man lauscht dem Gesang wie dem Evangelium, man wohnt schweigend nicht dem Konzert, sondern dem Gottesdienst bei. Und nur so darf diese Musik gehört werden. Man betet Bach an, man glaubt an ihn, ohne auch nur einen Augenblick an seiner Göttlichkeit zu zweifeln. Die kleinste Kritik an seinem Werk käme einer Ketzerei gleich. Bach ist Bach, wie Gott eben Gott ist.

Einige Tage nach der Aufführung des Bachschen Meisterwerks kündigte die Singakademie den »Tod Jesu« von Graun an, ebenfalls eine geweihte Partitur, ein heiliges Buch, das jedoch seine Anbeter vornehmlich in Berlin findet, während man sich zur Religion Johann Sebastian Bachs in ganz Norddeutschland bekennt. Sie können sich vorstellen, wie gespannt ich auf diesen Abend war und wie gern ich das Lieblingswerk des Kapellmeisters Friedrichs des Großen kennengelernt hätte. Da sehen Sie mein Pech! Ausgerechnet an diesem Tage werde ich krank; der Arzt (ein großer Musikliebhaber, der kluge und liebenswürdige Doktor Gaspard) verbietet mir, das Zimmer zu verlassen; vergebens will man mich bewegen, hinzugehen, um noch einen berühmten Organisten zu bewundern; der Arzt bleibt unerbittlich; erst nach der Osterwoche, als es keine Oratorien, keine Fugen, keine Choräle mehr zu hören gibt, schenkt mir der Liebe Gott die Gesundheit wieder. Darum mein Schweigen, das ich über den als so beachtenswert gepriesenen musikalischen Gottesdienst in den Berliner Kirchen bewahre. Wenn ich je nach Preußen zurückkehre, muß ich, krank oder nicht, Grauns Musik hören, und ich werde sie hören, sollte ich auch daran sterben. Aber in diesem Fall würde es mir ja wieder unmöglich sein, Ihnen davon zu berichten... Es ist also entschieden, daß Sie durch mich nie etwas darüber erfahren werden; also reisen Sie selbst hin, und es wird an Ihnen sein, dann mir davon zu erzählen.

Was die Militärkapellen anbelangt, so müßte man es böswillig darauf abgesehen haben, nicht wenigstens einige von ihnen zu hören, da sie zu jeder Tageszeit durch die Straßen Berlins ziehen. Diese kleinen vereinzelten Trupps können indessen keinen Begriff von der Majestät der großen Ensembles geben, die Wiprecht, der Dirigent und Instrukteur der Berliner und Potsdamer Militärkapellen, zusammenbringen kann, wenn er will. Stellen Sie sich vor, daß er mehr als sechshundert Musiker unter sich hat, die alle gut vom Blatt lesen, den Mechanismus ihrer Instrumente gründlich kennen, sauber spielen und von der Natur mit unermüdlichen Lungen und ledernen Lippen bedacht worden sind. Daher die außerordentliche Leichtigkeit, mit der die Trompeten, Hörner und Cornets die hohen Noten blasen, die unsere Musiker nicht erreichen können. Es sind nicht Regimentsmusiker, sondern Regimenter von Musikern. Der Prinz von Preußen erfüllte meinen Wunsch, seine musikalischen Truppen mit Muße zu hören und zu studieren; er hatte die huldvolle Güte, für mich eine Matinee zu veranstalten und Wiprecht dahingehende Instruktionen zu erteilen.

Wir waren nur etwas zwölf bis fünfzehn Gäste. Ich wunderte mich, das Orchester nicht zu sehen; kein Geräusch verriet seine Gegenwart; da hörte ich einen langsamen, Ihnen und mir wohlbekannten Satz in F-moll und wandte den Kopf nach der Seite des größten Saales im Palais, der durch einen Vorhang unseren Blicken entzogen war. Seine Königliche Hoheit hatte die liebenswürdige Aufmerksamkeit gehabt, das Konzert mit der »Francs-Juges«-Ouvertüre eröffnen zu lassen, die ich noch nie auf diese Weise, für Blasinstrumente arrangiert, gehört hatte. Da standen dreihundertundzwanzig Mann unter Wiprechts Leitung und spielten dieses schwierige Stück mit wunderbarer Präzision und mit jener wütenden Begeisterung, die Sie und Ihre Kollegen in den Sternstunden unseres Konservatoriums an den Tag legen.

Das Solo der Blechinstrumente in der Einleitung war besonders beeindruckend: es wurde von fünfzehn Baßposaunen, achtzehn bis zwanzig Tenor- und Altposaunen, zwölf Baßtuben und einer riesigen Menge von Trompeten ausgeführt.

Die Baßtuba, die ich schon mehrfach in meinen vorhergehenden Briefen erwähnte, hat in Preußen die Ophikleïde vollständig entthront, wenn sie überhaupt, was mir zweifelhaft scheint, jemals dort geherrscht hat. Sie ist ein großes Blechinstrument, eine Abart des Bombardons, mit fünf Ventilen, die ihr in der Tiefe einen mächtigen Umfang geben.

Die äußersten Noten der tieferen Skala sind allerdings etwas unbestimmt; doch erreichen sie, wenn in der höheren Oktave durch eine andere Baßtuba verdoppelt, eine unglaubliche Rundung und Tonstärke. Die mittlere und hohe Lage ist übrigens sehr schön, nicht matt, wie bei der Ophikleïde, sondern vibrierend und klingt gut zusammen mit Posaunen und Trompeten, wozu die Baßtuba den richtigen Kontrabaß bildet. In Preußen ist dieses Instrument durch Wiprecht eingeführt worden. A. Sax baut jetzt in Paris wunderbare Exemplare.

Die Klarinetten schienen mir ebenso gut wie die Blechinstrumente, besonders in einer Schlacht-Symphonie für zwei Orchester, komponiert vom englischen Gesandten, dem Grafen von Westmoreland.

Darauf folgte ein brillantes Stück für Blechinstrumente von Meyerbeer, »Fackeltanz«, mit einem langen Triller auf D, von achtzehn Ventiltrompeten sechzehn Takte lang ausgehalten und ebenso schnell geschlagen, als Klarinetten es vermocht hätten.

Das Konzert endete mit einem sehr gut komponierten, stilvollen Trauermarsch von Wiprecht. Man hatte nur eine Probe gehabt!!!

In den Pausen hatte ich die Ehre, einige Augenblicke mit der Kronprinzessin von Preußen zu sprechen, deren Lob durch ihren ausgezeichneten Geschmack und ihre Kenntnisse in der Kompositionslehre so wertvoll ist. Außerdem spricht ihre Königliche Hoheit Französisch mit einer Eleganz und Reinheit, die mich im Gespräch mit ihr sehr verwirrten. Ich wünschte, eine Shakespeare-Darstellung der Prinzessin geben zu können oder wenigstens eine Skizze ihrer sanften Schönheit; ich würde es vielleicht wagen ... wenn ich ein großer Dichter wäre.

Ich habe einem der Hofkonzerte beigewohnt. Meyerbeer saß am Klavier; es gab kein Orchester, und die Sänger waren keine anderen als die der Oper, über die ich schon gesprochen habe. Obgleich Meyerbeer ein großer Pianist ist oder vielleicht gerade deshalb, fühlte er sich gegen Ende des Abends vom Begleiten müde und trat seinen Platz ab. Raten Sie an wen? ... an den Ersten Kammerherrn des Königs, den Grafen von Rödern, der als vollkommener Pianist und Musiker Frau Devrient beim »Erlkönig« von Schubert begleitete! Was sagen Sie dazu? Ist das nicht der Beweis einer erstaunlichen Verbreitung musikalischen Könnens? Herr von Rödern besitzt noch ein Talent anderer Art, von dem er eine glänzende Probe ablegte, als er den berühmten Maskenball »Ein Fest am Hofe von Ferrara« arrangierte und ganz Berlin in Bewegung setzte. Auch Meyerbeer hat eine Menge Stücke dafür geschrieben.

Diese Hofkonzerte sind immer etwas steif, und man freut sich auf's Ende, weil man danach unter den Versammelten stets einige findet, mit denen es lohnt, sich einen Moment zu unterhalten. So traf ich bei einer Königlichen Soirée Alexander von Humboldt wieder, diesen Genius der Wissenschaften, diesen großen Anatom des Erdballs.

Mehrere Male während des Abends kamen der König, die Königin und die Prinzessin von Preußen zu mir, sprachen mit mir von dem Konzert, das ich im Opernhaus gegeben hatte, baten um meine Meinung über die bedeutendsten preußischen Künstler, befragten mich über meine Instrumentierungsmethoden usw. usw. Der König behauptete, seit meiner Anwesenheit hätten alle Musiker seiner Kapelle den Teufel im Leibe. Nach dem Abendessen wollte er sich gerade in seine Gemächer zurückziehen, als er plötzlich auf mich zukam und fragte:

»Übrigens, was werden Sie uns in Ihrem nächsten Konzert bieten?«

»Majestät, ich werde die Hälfte des letzten Programms wiederholen; dazu kommen fünf Stücke aus meiner Symphonie »Romeo und Julia.«

»Aus ›Romeo und Julia‹! Und ich verreise! Das müssen wir doch hören! Ich werde zurück sein!«

Und in der Tat, am Abend meines Konzerts steigt der König fünf Minuten vor der angekündigten Stunde aus dem Wagen und betritt seine Loge.

Soll ich Ihnen jetzt von diesen beiden Abenden erzählen? Ich habe viele Mühe damit gehabt, das versichere ich Ihnen. Zwar ging es mit den Musikern recht gut; sie waren gegen mich zuvorkommend, und Meyerbeer schien, um mir behilflich zu sein, seine Kräfte zu verdoppeln. Aber der Apparat eines so großen Theaters wie der Berliner Oper stellt Anforderungen, die sehr störend und mit den Vorbereitungen eines Konzerts unverträglich sind. Meyerbeer mußte, um die ganzen Schwierigkeiten zu umgehen oder zu überwinden, gewiß mehr Kraft und Geschicklichkeit aufwenden, als wenn es sich darum handelte, die »Hugenotten« zum ersten Mal in Szene zu setzen. Dann wollte ich in Berlin die großen Sätze aus dem »Requiem« (Dies irae, Lacrymosa usw.) aufführen, an die ich mich in den anderen Städten Deutschlands noch nicht hatte wagen können; und Sie wissen, wieviele Stimmen und Instrumente dazu nötig sind. Glücklicherweise hatte ich Meyerbeer von meiner Absicht benachrichtigt, und er hatte sich schon vor meiner Ankunft bemüht. Die vier separaten Gruppen von Blechinstrumenten waren leicht zu finden, man hätte dreißig haben können, wenn es nötig gewesen wäre; aber die Becken und Beckenschläger machten große Mühe. Endlich gelang es uns, mit der Hilfe des ausgezeichneten Wiprecht, sie aufzutreiben.

Man gab uns für die ersten Proben einen mächtigen Konzertsaal, der dem zweiten Theater gehört und leider eine so schlechte Akustik besitzt, daß ich schon beim Betreten des Raumes ahnte, was wir zu leiden haben würden. Die außerordentlich lange hallenden Töne brachten eine unerträgliche Verwirrung hervor und machten die Orchesterproben äußerst schwierig. Wir mußten sogar auf ein Stück (das Scherzo aus »Romeo und Julia«) verzichten, weil es uns nach einer Stunde nicht gelungen war, mehr als die Hälfte durchzunehmen. Und doch war das Orchester, ich wiederhole es, aufs beste zusammengesetzt. Aber es fehlte uns an Zeit. Schließlich gewöhnte ich mich etwas an den Spektakel, den wir machten, und auch daran, aus diesem Chaos von Tönen herauszuhören, was gut oder schlecht wiedergegeben war; wir setzten also unsere Proben fort, ohne uns um die Wirkung zu kümmern, die glücklicherweise nachher im Opernhaus ganz anders war. Die Ouvertüre zu »Benvenuto«, »Harold«, die Webersche »Aufforderung zum Tanz« und die Sätze aus dem »Requiem« wurden vom Orchester allein studiert, während die Chöre in einem anderen Saal für sich arbeiteten. In der Extraprobe, die ich für die vier Orchester von Blechinstrumenten im Dies irae und im Lacrymosa verlangt hatte, beobachtete ich zum dritten Male folgendes Phänomen, das mir bis heute unerklärlich ist:

In der Mitte des Tuba mirum müssen die vier Posaunengruppen nacheinander mit den vier Tönen des G-dur-Dreiklangs einsetzen. Das Tempo ist sehr breit. Die erste Gruppe soll auf den ersten Taktschlag das G spielen, die zweite auf den zweiten das H; die dritte auf den dritten das D und die vierte auf den vierten das obere G. Nichts leichter als eine solche Folge, auch nichts leichter als diese Noten. Nun! Als das »Requiem« zum ersten Mal im Invalidendom zu Paris aufgeführt wurde, war es unmöglich, diese Stelle hinzubekommen. Als ich später Bruchstücke davon in der Opéra aufführte, mußte ich diesen Takt, nachdem ich ihn eine Viertelstunde lang hatte proben lassen, aufgeben; eine oder zwei der vier Gruppen verfehlten immer den Einsatz und zwar stets entweder die H-Gruppe oder die D-Gruppe oder beide. Als ich in Berlin den Blick auf diese Stelle der Partitur warf, dachte ich sofort an die widerspenstigen Posaunen von Paris und sagte zu mir selbst:

»Ich will doch sehen, ob es den preußischen Künstlern gelingen wird, dieses vermeintliche Hindernis zu überwinden!«

Ach nein, vergebliche Anstrengung! Weder Wut noch Geduld, nichts hilft! Es bleibt unmöglich, von der zweiten und dritten Gruppe die Einsätze zu bekommen; die vierte, die von den anderen abhängt, legt auch nicht los. Ich versuche es einzeln. Ich bitte Nr. 2, das H anzugeben; sehr gut. Ich wende mich an Nr. 3 und verlange das D. Ohne Schwierigkeiten. So! Nun die vier Noten nacheinander, in der Reihenfolge, in der sie geschrieben sind! ... Unmöglich! Ganz unmöglich! Und ich muß es aufgeben! ... Können Sie das verstehen? Möchte man da nicht mit dem Kopf gegen die Wand rennen? ...

Und als ich die Pariser und Berliner Posaunenbläser fragte, warum sie ihre fatalen Einsätze nicht spielten, konnten sie mir nichts antworten, sie wußten selbst nicht warum; diese zwei Noten schienen magische Wirkungskraft zu haben.*

Ich muß an Herrn Romberg, der dieses Stück in Petersburg aufgeführt hat, schreiben, um zu erfahren, ob es den russischen Posaunen gelungen ist, den Bann zu brechen.

In allen übrigen Teilen des Programms hat das Orchester meine Absichten hervorragend gut verstanden und interpretiert; bald konnten wir im Opernhaus eine Generalprobe halten und zwar auf der Bühne, die extra für das Konzert stufenweise erhöht war. Symphonie, Ouvertüre, Kantate, alles klappte nach Wunsch; als aber die Sätze aus dem »Requiem« an die Reihe kamen, entstand eine allgemeine Panik; die Chöre, die ich nicht selbst hatte leiten können, waren in anderen Tempi einstudiert worden, und als die Sänger sich plötzlich mit dem Orchester zurechtfinden sollten, verloren sie die Nerven. Falsche, unsichere Einsätze, und im Lacrymosa sangen die Tenöre überhaupt nicht mehr. Ich wußte nicht ein noch aus. Meyerbeer war an jenem Tag leidend und konnte das Bett nicht verlassen. Der Chordirigent Elssler war ebenfalls krank; das Orchester verlor den Mut, als es die Verwirrung unter den Choristen spürte ...

Gebrochen, vernichtet, setzte ich mich einen Augenblick und fragte mich, ob ich alles hinschmeißen und noch am gleichen Abend Berlin ver-

* Bei den zwei letzten Aufführungen des »Requiems« in der Eglise de Saint-Eustache zu Paris wurde diese Stelle endlich doch ohne Fehler wiedergegeben.

lassen solle. In dieser schlimmen Minute habe ich an Sie gedacht und mir gesagt: »Beharrlichkeit ist Wahnsinn! Oh! Wenn Desmarest hier wäre, er, der mit unseren Proben am Konservatorium nie zufrieden ist, und wenn er mich entschlossen sähe, das Konzert für morgen anzukündigen, dann weiß ich wohl, was er tun würde; er würde mich in mein Zimmer einsperren, den Schlüssel in die Tasche stecken, zum Intendanten gehen und ihm frischweg melden, das Konzert könne am nächsten Tage nicht stattfinden.«

Und das hätten Sie auch wirklich getan, nicht wahr? Nun, Sie hätten unrecht gehabt. Hier den Beweis. Nachdem ich mich vom ersten Schauder erholt, den ersten kalten Schweiß von der Stirn gewischt hatte, raffte ich mich auf und sagte:

»Es muß gehen.«

Die beiden Konzertmeister, Ries und Ganz, waren bei mir und wußten nicht recht, was sie sagen sollten, um mich zu ermuntern; ich fragte sie eindringlich:

»Bürgen Sie für das Orchester?

»Ja! Von dieser Seite ist nichts zu befürchten; wir sind sehr müde, aber wir haben Ihre Musik verstanden, und morgen sollen Sie zufrieden sein.«

»Dann gibt es nur eine Möglichkeit: man muß auf morgen früh eine Chorprobe ansetzen und mir, da Elssler krank ist, einen guten Begleiter geben; Sie, Ganz, oder Sie, Ries, kommen mit Ihrer Geige, und wir nehmen, wenn nötig, die Chöre drei Stunden lang durch.«

»Gut; wir werden da sein; die Anordnungen sollen sofort getroffen werden.«

Am folgenden Morgen machen wir uns in der Tat an die Arbeit, Ries, der Begleiter und ich; wir nehmen die Kinder, die Frauen, die ersten Soprane, die zweiten Soprane, den ersten Tenor, den zweiten Tenor, die ersten und zweiten Bässe, nacheinander vor; wir lassen sie in Gruppen von zehn, dann von zwanzig singen; dann vereinigen wir zwei, drei, vier und schließlich sämtliche Stimmen. Und wie Phaëton in der Fabel rufe ich endlich:

Mein Wagen läuft nach Wunsch!*

Ich halte den Choristen eine kleine Ansprache, die ihnen Ries Satz für Satz ins Deutsche übersetzt; und da leben meine Leute auf, fassen neuen Mut und sind entzückt, diese große Schlacht, die ihnen wie mir so viel bedeutet, nicht verloren zu haben. Im Gegenteil wir haben sie gewonnen

* La Fontaine: Der Fuhrmann in der Klemme. (VI. Buch, XVIII. Fabel.)

und sogar auf glänzende Art. Ich brauche nicht zu sagen, daß am Abend die Ouvertüre, die Symphonie und die Kantate »Der fünfte Mai« königlich aufgeführt wurden. Mit einem solchen Orchester und einem Sänger wie Bötticher konnte es nicht anders sein. Als aber das »Requiem« dran kam, waren alle besonders aufmerksam, konzentriert und von dem Wunsch erfüllt, mir beizustehen; die Orchester und Chöre waren in vollkommener Ordnung verteilt, jeder stand auf seinem Posten, nichts fehlte; wir begannen das Dies irae. Kein Fehler, keine Unreinheit; der Chor ließ sich von dem Ansturm des Orchesters nicht verwirren; die vierfache Fanfare schallte aus den vier Ecken der Bühne, die unter den Wirbeln der zehn Paukenschläger, unter dem Tremolo der fünfzig losgelassenen Violinbögen erzitterte; inmitten dieser Flut von trauervollen Harmonien, von Klängen aus einer anderen Welt, schmetterten die hundertzwanzig Stimmen ihre furchtbare Weissagung hinaus:

Judex ergo cum sedebit
Quidquid latet apparebit!

Das Publikum übertönte einen Augenblick mit seinem Klatschen und seinem Geschrei den Anfang des Liber scriptus, und wir gelangten zu den letzten sotto voce-Akkorden des Mors stupebit, zitternd, doch siegreich. Und welche Freude unter den Mitwirkenden! Welche Blicke wurden getauscht, von einem Ende des Theaters zum andern! Ich hatte 1000 Glocken in der Brust, ein Mühlrad im Kopf, meine Knie zitterten, ich grub meine Nägel in das Holz meines Pultes, und wenn ich mich nach dem letzten Takt nicht bemüht hätte, mit Ries, der mich stützte, möglichst laut zu lachen und schnell zu sprechen, wäre ich gewiß zum erstenmal in meinem Leben auf recht lächerliche Art einfach umgefallen.

Nach der ersten Feuerprobe war alles übrige ein Kinderspiel, und das Lacrymosa beschloß zur vollen Befriedigung des Komponisten diesen apokalyptischen Abend.

Nach dem Konzert sprachen mich viele Leute an; sie gratulierten, sie drückten mir die Hand; ich aber verstand nichts ... fühlte nichts ... Gehirn und Nervensystem hatten eine zu große Anstrengung hinter sich; ich hatte abgeschaltet, um auszuruhen. Nur Wiprecht hatte das Talent, mich durch eine kürassiermäßige Umarmung wieder zu beleben. Er drückte mir schier den Brustkorb ein und vermischte seine Ausrufe mit deutschen Flüchen, gegen die sich die Guhr'schen wie ein Ave Maria ausnehmen.

Wer in diesem Augenblick das Senkblei in die Wogen meiner stürmischen Freude geworfen hätte, würde sie bodenlos gefunden haben.

Sie müssen also zugeben, daß es manchmal weise ist, eine Torheit zu begehen; denn ohne meine Tollkühnheit hätte das Konzert nicht stattgefunden, und die Termine im Theater waren auf lange Zeit so geplant, daß man die Proben zum »Requiem« nicht wieder hätte aufnehmen können.

Für das zweite Konzert kündigte ich, wie schon erwähnt, fünf Sätze aus »Romeo und Julia« an, darunter ›Die Königin Mab‹. Während der vierzehn Tage, die den zweiten musikalischen Abend vom ersten trennten, hatten Ganz und Taubert die Partitur dieses Scherzos aufmerksam studiert; und als sie mich entschlossen sahen, es aufzuführen, war es nunmehr an ihnen, in Angst zu geraten.

»Wir werden es nicht schaffen. Sie wissen, daß wir nur zwei Proben halten können, es wären mindestens fünf oder sechs nötig; kein Stück ist schwieriger und tückischer, ein musikalisches Spinnengeweb, das ohne außergewöhnliche Perfektion in Fetzen gerissen wird.«

»Ach was! Ich wette, man wird es zustande bringen; wir haben zwar nur zwei Proben, aber es sind nur fünf Stücke zu lernen, von denen vier keine großen Schwierigkeiten bieten. Übrigens hat das Orchester schon eine Vorstellung von diesem Scherzo, weil wir es schon einmal teilweise durchgenommen haben; und Meyerbeer hat dem König davon gesprochen, und der König will es hören, und ich will, daß die Musiker es auch kennenlernen, und es wird gehen.«

Und es ging fast ebenso gut wie in Braunschweig. Man kann mit solchen Musikern viel wagen, mit Musikern, die, nebenbei bemerkt, bevor sie von Meyerbeer geleitet wurden, so lange Zeit unter Spontinis Szepter gestanden hatten.

Dieses zweite Konzert war so erfolgreich wie das erste; die Bruchstücke aus »Romeo« wurden sehr gut ausgeführt. Die ›Königin Mab‹ erweckte viele Fragen beim Publikum und selbst bei Sachverständigen, wie z. B. bei der Prinzessin von Preußen, die unbedingt wissen wollte, wie ich die Wirkung der Begleitung im allegretto erreicht habe, und nicht ahnte, daß sie durch mehrfach geteilte Violinen und Harfenflageoletts bewirkt wird. Der König bevorzugte das ›Fest bei Capulet‹ und ließ mich um ein Exemplar bitten; ich glaube, daß das Orchester seine Symphathien der ›Liebesszene‹ (dem *Adagio*) schenkte. Trifft dies zu, dann würden die Berliner Musiker so empfinden wie die von Paris. In der Probe hatte Fräulein Hähnel die Strophen der Altstimme im Prolog einfach und unaffektiert vorgetragen; im Konzert fühlte sie sich aber verpflichtet, am Ende der beiden folgenden Verse

Wo aus dem Strauche tönet
Der Nachtigall süßes Flehn

die Fermate mit einem langen Triller zu schmücken, um die Nachtigall zu markieren! O, Fräulein!!! Was für ein Verrat! und Sie sehen so sympathisch aus!

Es gab Leute, die dem Dies irae, dem Tuba mirum, dem Lacrymosa, dem Offertorium im »Requiem«, den Ouvertüren zu »Benvenuto« und »König Lear«, dem »Harold« mit seiner Serenade, seinen Pilgern und seinen Räubern, den Szenen aus »Romeo und Julia«, dem Konzert und dem Ball bei Capulet, der mutwilligen Königin Mab, kurz allem, was ich in Berlin zu Gehör gebracht, einfach die Kantate: »Der fünfte Mai« vorgezogen haben! Die Reaktionen sind so verschieden wie die Gesichter, das weiß ich; doch muß ich, als mir das gesagt wurde, eine sonderbare Grimasse geschnitten haben. Glücklicherweise sind das nur ganz vereinzelte Ansichten.

Adieu, mein lieber Desmarest; Sie wissen, daß wir in einigen Tagen im Konservatorium dem Publikum ein alte Leier vorzutragen haben; bringen Sie mir Ihre sechzehn Cellisten mit; ich werde glücklich sein, diese großen Sänger wiederzuhören und Sie an ihrer Spitze zu sehen. Es ist so lange her, daß wir zusammen gesungen haben! Und sagen Sie ihnen, daß ich, um ihnen Mut zu machen, mit Mendelssohns Taktstock dirigieren werde.

Ganz der Ihre.

LXI.

Hannover – Darmstadt
Zehnter Brief – An George Osborne[55]

Ach, mein lieber Osborne, jetzt naht sich meine Reise ihrem Ende! Ich verlasse Preußen, von Dankbarkeit erfüllt für den Empfang, der mir dort bereitet wurde, für die Sympathie, die die Künstler mir bewiesen haben, für die Nachsicht der Kritiker und des Publikums, aber müde, gebrochen, erschöpft durch dieses übermäßig angestrengte Leben, durch diese beständigen Proben mit immer anderen Orchestern. So sehr, daß ich für diesmal darauf verzichte, Breslau, Wien und München zu besuchen. Ich kehre nach Frankreich zurück; und schon fühle ich an einer unbestimmten Erregtheit, an einer Art von Fieber, die mein Blut in Wallung bringt, an einer grundlosen Unruhe, die mir Herz und Gemüt erfüllt, daß ich mit dem elektrischen Strom der Stadt Paris in Verbindung stehe. Paris! Paris! das unser großer Auguste Barbier allzu getreu geschildert hat:

. . . der große Hexenkessel,
Die Grube steingefügt, in ungeheurem Bogen
Von erdig gelber Flut dreifachem Lauf umzogen;
Ein rauchender Vulkan, der, stets in Tätigkeit,
In einem langen Strom die Menschenlava speit.
. . . .
Dort findet niemand Schlaf, und immer straff gezogen,
Hält des Gedankens Kraft die Sehne an dem Bogen.

Bald wiegt sich unsere Kunst in stumpfen Schlaf ein, bald schäumt sie wieder auf; dort ist sie zugleich erhaben und minderwertig, stolz und kriecherisch, Bettlerin und Königin; dort wird sie erhöht und verachtet, angebetet und gelästert; in Paris hat sie treue, begeisterte, verständnisvolle, ergebene Anhänger, aber in demselben Paris spricht sie nur allzu oft zu Schwerhörigen, zu Dummköpfen, zu Barbaren. Bald schreitet sie vorwärts und bewegt sich frei, bald werden ihre nervigen Glieder von der Routine, dieser zahnlosen Megäre, in schmierigen Fesseln gehalten und sind kaum eines Ganges fähig. In Paris wird sie bekränzt und als Göttin behandelt, vorausgesetzt, daß man auf ihrem Altar nur spärliche Opfer darzubringen braucht. In Paris wird auch ihr Tempel mit prächtigen Gaben überfüllt, unter der Bedingung, daß die Göttin zum irdischen Wesen, manchmal zur Gauklerin wird. In Paris trägt der Bastardbruder der Kunst, das Gewerbe, mit Flitter bedeckt, seine spießbürgerliche Frechheit vor aller Augen zu Schau. Die Kunst selbst allerdings, die lichte Göttin in ihrer herrlichen Nacktheit, verharrt in ihren hochgestimmten Gedanken und würdigt den Bastard kaum eines Blickes oder gar eines verächtlichen Lächelns. Doch manchmal, o Schande, wird sie von ihm so sehr belästigt, daß sie ihm Gunst erweist; dann sieht man, wie er sich in den Sonnenwagen hineinschleicht, die Zügel ergreift und den Wagen in die umgekehrte Richtung zu wenden sucht; woraufhin der legitime Lenker, überrascht durch solch wahnwitzige Kühnheit, den Bastard ergreift und hinabstürzt.

Der Urheber dieser unheiligen, wenn auch jeweils kurzlebigen Allianz ist das Geld – die Gier nach raschem Gewinn, die gelegentlich sogar wahrhaft künstlerische Menschen korrumpiert, wie Barbier sagt:

Geld, Geld! Der höchste Gott, der das Geschick bestimmt,
Am Haar den Menschen faßt, ihn bei den Händen nimmt
Und treibt zu übler Tat; ihm dienend, setzt der Sohn
Auf seines Vaters Leib den Fuß, um schnöden Lohn.

Und jene hohen Geister unterliegen in der Regel nur, weil sie die traurige, aber unbestreitbare Tatsache ignorieren, daß in heutiger Zeit und unter der heutigen Regierungsform ein Künstler, je mehr er wahrhaft Künstler ist, umso Schlimmeres ertragen muß; je neuartiger und origineller sein Werk, umso härter die Strafe; je höher der Flug seiner Gedanken, umso kürzer der Blick der Menge.

Die Medici sind tot. Unsere Abgeordneten werden sie nicht ersetzen. Erinnern Sie sich bitte an jenen weisen Provinz-Lykurgos, der, nachdem er Verse eines unserer größten Dichter, Lamartine (des Autors von »La Chute d'un Ange«) gehört hatte, mit wohlwollender Miene den bedeutenden Ausspruch tat: »Tja, mein Neffe kritzelt auch so kleine Zoten wie diese da.« Und nun suche man Ermutigung bei solchen Beschützern der Künste ...

Ihr Virtuosen, die Ihr nicht mit Massen von Musikern zu tun habt, die Ihr für ein zweihändiges Orchester schreibt und ohne Riesensäle und hundertfache Chöre auskommt, Ihr habt von der Berührung mit der bürgerlichen Kultur weniger zu befürchten, und dennoch spürt Ihr ebenfalls deren Einfluß. Wischt ein paar brillante Nichtigkeiten aufs Notenpapier, und die Verleger werden sie mit Gold überschütten und sich darum reißen; habt Ihr aber eine wirkliche Idee und entwickelt sie in großangelegter Form, so könnt Ihr sicher sein, Ihr bringt das Werk nicht an, oder zumindest wird es nicht gekauft, wenn es gedruckt erscheint.

Zwar muß man, um Paris und den Konstitutionalismus ein wenig zu rechtfertigen, sagen, daß es fast überall so zugeht. In Wien zahlt man, wie hier, 1000 Francs für ein Lied oder einen Walzer der Modekomponisten, während Beethoven seine C-moll-Symphonie um weniger als 100 Thaler hergeben mußte.

Sie haben in London einige Trios und Klavierstücke durchaus anspruchsvollen Charakters veröffentlicht, und man braucht nicht einmal an Ihre großen symphonischen Werke zu denken: Ihre unprätentiösen Lieder wie »The beating of my own heart«, »My lonely home« oder auch »Such things were« (die Ihre Schwester, Mrs. Hampton, so poesievoll singt) sind höchst reizvolle Sachen. Ich muß sagen, nichts regt meine Phantasie so sehr an wie diese reinen, einfachen und zugleich originellen Melodien, die die grünen Hügel Irlands suggerieren und auf den sanft wogenden Seen von Killarney, von der Abendbrise getragen, daherzuschweben scheinen, diese entsagungsvollen Liebeslieder, bei deren Klang man gerührt wird, ohne zu wissen, warum, und mit Gedanken erfüllt wird an Einsamkeit, an die große Natur, an geliebte Wesen, die nicht mehr sind, an die Helden der alten Zeit, an das leidende Vaterland, ja an den Tod, der, wie Ihr Nationaldichter Thomas Moore sagt, träumerisch und ruhevoll ist wie die Nacht. Nun, vergleichen Sie all diese Eingebungen, all diese traurig lächelnde Poesie nach ihrem pekuniären Erfolg mit irgendeinem lärmenden geist- und herzlosen *Capriccio* über die mehr oder weniger ordinären Motive der neuen Opern, wie sie die Musikalienhändler oft bei Ihnen bestellen, darin die Noten sich drängen, aufeinanderrollen wie Schellen, die man in einem Sack schüttelt, und Sie werden sehen, was mehr einträgt. Nein, man muß sich damit abfinden: abgesehen von einigen zufälligen Umständen, von gewissen Verbindungen mit minderwertigen Künsten, durch die sie immer mehr oder minder gedemütigt wird, ist unsere Kunst nicht einträglich; sie wendet sich zu ausschließlich an eine intelligente Minorität; sie verlangt zu viel, um sich allen offenbaren zu können. Daher müssen jene, die sie betreiben, ohne sich im geringsten um die ihr fremden Interessen zu kümmern, notwendigerweise ein ehrenvolles Scherbengericht über sich ergehen lassen. Selbst die größten Nationen gleichen jenem Abgeordneten, den ich vorhin erwähnte: neben die Riesen des menschlichen Genius stellen sie immer Neffen, die auch . . . usw.

In den Archiven eines Londoner Theaters befindet sich ein Brief, der von einer Schauspielertruppe an die Königin Elisabeth gerichtet wurde; die Unterschrift enthält neben zwanzig unbekannten Namen auch den William Shakespeares und trägt die Gesamtbezeichnung: your poor players. Shakespeare war einer jener armen Schauspieler . . . Und doch konnte die dramatische Kunst zu Shakespeares Zeit von der Menge besser gewürdigt werden als in unseren Tagen die Musik von jenen Nationen, die behaupten, Verständnis dafür zu besitzen. Die Musik ist durchaus aristokratisch; sie ist eine Tochter von edlem Geblüt, die heutzutage nur von Fürsten versorgt werden kann, und die es verstehen muß, lieber arm und jungfräulich zu leben als eine Mesalliance einzugehen. All diese Betrachtungen haben Sie zweifellos tausendmal angestellt, und ich nehme an, Sie werden mir dankbar sein, wenn ich damit ein Ende mache, um Ihnen über die letzten Konzerte zu berichten, die ich, nach meiner Abreise von Berlin, in Deutschland gegeben habe.

Ich fürchte jedoch, dieser Bericht wird Ihnen in Bezug auf mich nichts sehr Interessantes bieten; ich werde gezwungen sein, Werke noch einmal zu erwähnen, über die ich in meinen vorhergehenden Briefen vielleicht schon zuviel gesprochen habe; immer und ewig »Der fünfte Mai«, »Harold«, die Bruchstücke aus »Romeo und Julia« usw. Immer die gleichen Schwierigkeiten, für die seltener verwendeten Instrumente geeignete Musiker zu finden, und überall die anderen Teile des Orchesters, die das bilden, was ich das alte Orchester, das Mozartsche Orchester, nennen werde; und auch immer die gleichen Fehler, die prompt an den selben Stellen in den gleichen Stücken wieder vorkommen.

Ich habe mich nicht in Magdeburg aufgehalten, und doch erwartete mich dort ein recht eigenartiger Erfolg. Ich wurde da beinahe beleidigt, weil ich die Kühnheit hatte, mich bei meinem eigenen Namen zu nennen, und zwar von einem Postbeamten, der, als er mein Gepäck registrieren ließ und die Aufschrift desselben betrachtete, mich mit mißtrauischer Miene fragte:

»Berlioz? Komponist?«

»Ja!«

Darob großer Zorn des guten Mannes, weil ich die Frechheit habe, mich für den Komponisten Berlioz auszugeben. Er hatte sich ohne Zweifel eingebildet, dieser ohrenbetäubende Musiker könne nicht anders reisen als auf einem geflügelten Roß, inmitten einer Feuerwolke oder zumindest inmitten einer Karawane, umgeben von luxuriösem Reisegepäck und vielen dienstbaren Geistern. Stattdessen hatte er einen Mann vor sich, der aussah wie jeder andere Sterbliche, genauso her- und zugerichtet wie jene, die in der Eisenbahn eingefroren und eingeräuchert worden waren, der selber seinen Koffer wiegen ließ, selber ging und stand, selber französisch sprach und auf deutsch nur »ja« sagen konnte – also zwangsläufig ein Hochstapler sein mußte. Wie Sie sich vorstellen können, war ich von seinem Murren und Brummen und ständigem Achselzucken begeistert; je deutlicher sein Mienenspiel und der Ton seiner Stimme äußerste Skepsis ausdrückten, um so mehr blühte ich auf, und hätte er mich tätlich angegriffen, ich würde ihn zweifellos umarmt haben. Ein anderer Beamter, der etwas französisch sprach, schien zwar eher geneigt, mir das Recht, ich zu sein, zu gewähren, aber die Freundlichkeiten, die er mir sagte, schmeichelten meiner Eitelkeit weitaus weniger als die Ungläubigkeit und die wunderbar schlechte Laune seines Kollegen. Jedenfalls, eine halbe Million in der Tasche hätte mich um diesen Erfolg gebracht; ich will auch in Zukunft darauf achten, keine bei mir zu tragen und werde weiterhin auf meine übliche Art reisen. Dies stimmt indessen nicht mit den Ansichten unseres geistreichen Theaterkritikers Perpignan überein; als von einem Mann die Rede war, dem in einem Duell eine Fünffranc-Münze in der Tasche das Leben rettete (weil an ihr die Kugel des Gegners abprallte), rief er aus: »Nur reiche Leute haben Glück. Ich wäre auf der Stelle tot gewesen.«

Schließlich kam ich in Hannover an. Anton Bohrer holte mich ab. Der Operndirektor, ein Herr von Meding, hatte mir freundlicherweise Orchester, Chor und Saal zur Verfügung gestellt, und ich wollte bereits mit den Proben beginnen, als der Hof wegen des Todes des Herzogs von Sussex, eines Verwandten des Königs, Trauer anlegte und das Konzert um eine Woche verschoben werden mußte. Ich hatte daher etwas mehr

Zeit, die wichtigsten jener Künstler kennenzulernen, die bald unter den bösen Eigenarten meiner Kompositionen zu leiden haben sollten.

Ich habe mit dem Kapellmeister Heinrich Marschner in keine näheren Beziehungen treten können; die Schwierigkeit, mit der er sich auf Französisch ausdrückt, machte unsere Unterhaltungen ziemlich mühsam; überdies ist er außerordentlich beschäftigt. Er ist gegenwärtig einer der ersten Komponisten Deutschlands, und Sie schätzen, wie wir alle, seine Opern »Der Vampyr« und »Der Templer und die Jüdin«. Bohrer kannte ich schon: die Beethovenschen Trios und Quartette hatten uns in Paris in Kontakt gebracht, und die Begeisterung, die uns damals entflammte, war seither nicht erkaltet. Bohrer gehört zu den Menschen, die am besten jene Beethovenschen Werke zu verstehen und zu empfinden scheinen, die als verschroben und unverständlich gelten. Ich sehe ihn noch in den Proben zu den Quartetten, in denen sein Bruder Max (der berühmte, jetzt in Amerika weilende Cellist), Claudel, zweite Violine, und Urhan, Bratsche, ihn so gut unterstützten. Beim Hören und Studieren dieser transzendenten Musik pflegte Max vor Stolz und Freude zu lächeln; man sah ihm an, daß er sich in seinem Element befand. Urhan, voller Anbetung, schlug die Augen wie vor der Sonne nieder; er schien zu sagen:

»Gott hat gewollt, daß es einen so großen Mann wie Beethoven gebe und daß es uns vergönnt sei, ihn anzuschauen; Gott hat es gewollt!!!« Claudel bewunderte vor allem diese tiefen Bewunderer. Anton Bohrer, erste Violine, war höchste Leidenschaft, verzückte Liebe. Eines Abends, in einem jener übermenschlichen Adagios, in denen Beethovens Genie in seiner Größe einsam schwebt wie der Riesenvogel über die schneeigen Gipfel des Chiborasso, schien Bohrers Violine, als sie die erhabene Melodie sang, vom epischen Hauche beseelt; ihr Klang war noch einmal so ausdrucksvoll, sie gab Töne, die ihm selber unbekannt waren; die Inspiration strahlte auf des Künstlers Gesicht; wir hielten den Atem an; unser Herz schwoll; plötzlich hielt Anton inne, legte seinen heißen Bogen hin und floh in das anstoßende Zimmer. Frau Bohrer folgte ihm beunruhigt, und Max sagte, immer noch lächelnd: »Es ist nichts; er konnte nicht mehr an sich halten; er wird sich beruhigen, und dann können wir weiterspielen; Ihr müßt ihm verzeihen!«

Ihm verzeihen . . . teurer Künstler!

Anton Bohrer bekleidet in Hannover das Amt eines Konzertmeisters; er komponiert jetzt wenig; seine Lieblingsbeschäftigung besteht darin, die musikalische Ausbildung seiner Tochter zu leiten. Sie ist ein reizendes Kind von zwölf Jahren, dessen wunderbare Anlagen seiner ganzen Umgebung leicht begreifliche Sorgen machen. Erstens gehört ihr Talent als Klavierspielerin zu den außergewöhnlichsten, dann ist sie mit einem derartigen Gedächtnis begabt, daß ihr Vater in den Konzerten, die sie voriges Jahr in Wien gegeben hat, den Zuhörern, statt eines Programms, eine Liste vorlegte, auf welcher zweiundsiebzig Stücke, Sonaten, Concerti, Phantasien, Fugen, Variationen, Etüden, von Beethoven, Weber, Cramer, Bach, Händel, Liszt, Thalberg, Chopin, Döhler usw. verzeichnet sind, die die kleine Sophie auswendig beherrscht und ohne Zögern nach Belieben des Publikums aus dem Gedächtnis spielen konnte. Es genügt ihr, ein Stück, wie lang und schwierig es auch sei, drei- oder viermal zu spielen, um es zu behalten und nicht wieder zu vergessen. Daß so viele Kombinationen unterschiedlichster Art sich diesem jungen Gehirn einprägen! Liegt darin nicht etwas Beängstigendes, das ebensoviel Schrecken wie Bewunderung einflößt?

Es ist zu hoffen, daß in einigen Jahren die kleine Sophie als Fräulein Bohrer wieder zu uns kommen wird, damit das Pariser Publikum dieses phänomenale Talent, von dem es bis jetzt nur einen sehr schwachen Begriff hat, kennenlernen kann.

Das Hannoversche Orchester ist gut, aber zu arm an Streichinstrumenten. Es besitzt im ganzen nur sieben erste und sieben zweite Violinen, drei Bratschen, vier Celli und drei Kontrabässe. Einige der Geiger sind Invaliden, die Celli kompetent, die Bratschen und Kontrabässe gut. Die Blasinstrumente können nur gelobt werden, besonders die erste Flöte, die erste Oboe (Eduard Rose) mit ausgezeichnetem pianissimo und die erste Klarinette, die einen edlen Ton hat. Die beiden Fagotte (es gibt nur zwei) spielen rein, was sonst schmerzlich selten ist. Die Hörner sind keine ersten Kräfte, aber sie gehen an; die Posaunen sind fest, die einfachen Trompeten recht gut; es ist eine ganz ausgezeichnete Ventiltrompete vorhanden; der Künstler, der dieses Instrument spielt, heißt, wie sein Nebenbuhler in Weimar, Sachse; ich weiß nicht, wem ich den Preis zuerkennen soll. Der erste Oboist spielt Englischhorn, aber sein Instrument klingt sehr falsch. Es gibt keine Ophikleïde, die Baßtuben der Militärkapelle sind gut zu gebrauchen. Der Paukenschläger ist minderwertig; der Musiker, der die große Trommel zu schlagen hat, ist kein Musiker; der Beckenschläger ist sehr unsicher, und seine Becken sind so zerschlagen, daß nur noch ein Drittel von jedem vorhanden ist. Es ist eine Harfe da, die von einer Choristin ziemlich gut gespielt wird. Die Dame ist keine große Virtuosin, aber sie beherrscht ihr Instrument und bildet mit den Harfenisten von Stuttgart, Berlin und Hamburg die einzigen Ausnahmen, die ich in Deutschland, wo die Harfenspieler im allgemeinen die Harfe nicht spielen können, angetroffen habe. Leider ist sie sehr schüchtern und wenig musikalisch: wenn man ihr aber einige

Tage Zeit läßt, um ihre Partie zu studieren, kann man sich auf ihre Genauigkeit verlassen. Sie spielt die Flageolett-Töne hervorragend schön; ihre Harfe, ein ausgezeichnetes Instrument, hat doppelten Mechanismus.

Der Chor besteht nur aus vierzig Mitgliedern, singt aber sehr sauber, und speziell die Tenöre haben einen schönen Ton. Das Solo-Personal hingegen ist eher unterdurchschnittlich; mit Ausnahme der Bassisten Steinmüller, eines ausgezeichneten Musikers, der seine schöne Stimme geschickt zu führen versteht, aber sie manchmal ein wenig forciert, habe ich nichts gehört, was mir erwähnenswert erschiene.

Wir konnten nur zwei Proben abhalten; das wurde schon als außergewöhnlich angesehen, und einige der Orchestermitglieder murrten laut. Es ist das einzige Mal, daß mir diese Unannehmlichkeit in Deutschland begegnet ist: die Musiker haben mich sonst stets wie einen Bruder aufgenommen, haben sich nie über die harte Arbeit, die ich ihnen abverlangte, beschwert. Er wollte vier oder zumindest drei Proben für mich durchsetzen; es gelang ihm nicht. Die Aufführung war dennoch erträglich, wenn auch ohne Wärme und Impetus. Und stellen Sie sich vor: drei Kontrabässe! Und je sechseinhalb Geigen!! Das Publikum applaudierte höflich, das war alles; ich glaube, es fragt sich heute noch, was zum Teufel dieses Konzert zu bedeuten hatte. Der Doktor Griepenkerl war eigens dazu von Braunschweig gekommen; der gewaltige Unterschied in der künstlerischen Einstellung der beiden Städte muß ihm aufgefallen sein. Er, einige Braunschweiger Offiziere und ich belustigten uns damit, den armen Bohrer zu quälen, indem wir ihm von dem musikalischen Fest erzählten, das mir drei Monate zuvor in Braunschweig gewährt worden war; diese Einzelheiten schnitten ihm ins Herz. Herr Griepenkerl schenkte mir dann ein Exemplar des Buches, das er über mich geschrieben hatte, und bat mich dagegen um den Taktstock, mit dem ich die Aufführung der Kantate »Der fünfte Mai« geleitet hatte.

Wir wollen hoffen, daß die Stöcke, die auf diese Weise in Deutschland und Frankreich gepflanzt wurden, Wurzel schlagen und zu Bäumen heranwachsen mögen, die mich eines Tages beschatten werden ...

Der Erbprinz von Hannover wohnte diesem Konzert bei; ich hatte die Ehre, mich vor meiner Abreise einige Augenblicke mit ihm zu unterhalten, und schätze mich glücklich, diesem liebenswerten und geistvollen Mann begegnet zu sein, dessen Heiterkeit ein schreckliches Unglück (der Verlust des Augenlichts) nicht zu trüben vermochte.

Nun wollen wir nach Darmstadt reisen. Morgens um sieben Uhr fahre ich durch Kassel.

Spohr* schläft, es wird gut sein, ihn nicht zu wecken.

Setzen wir unseren Weg fort. Ich komme zum vierten Male in Frankfurt an. Dort treffe ich Parish-Alvars wieder, der mir eine Phantasie in Flageolett-Tönen über den Meermädchenchor aus »Oberon« vorspielt und mich damit in starres Erstaunen versetzt. Dieser Mann ist entschieden ein Zauberer: Seine Harfe ist eine Sirene mit schön geneigtem Nakken, langem flatterndem Haar, die unter dem leidenschaftlichen Druck seiner kräftigen Arme berückende, aus einer andern Welt stammende Töne erklingen läßt.

Da kommt Guhr, besorgt wegen der Restaurationsarbeiten am Opernhaus, was mich daran erinnert, daß ich diesem gefürchteten Dirigenten ein paar Zeilen schreiben muß; entschuldigen Sie mich, lieber Osborne, wenn ich Sie für einen Augenblick verlasse; ich bin sofort wieder zurück.

»Mein lieber Guhr!

Wissen Sie, daß einige Leute mir eingeredet haben, Sie könnten die Scherze, die ich mir in meinem Bericht über unser erstes Zusammentreffen erlaubt habe, übel aufnehmen? Ich bezweifelte es, weil ich Ihren Sinn für Humor zu kennen glaube, und doch betrübte mich die Ungewißheit. Bravo! Ich höre, daß Sie nicht nur über die Dissonanzen, die ich von der Euphonie Ihres Gesprächsstils abgehoben hatte, herzlich lachten, sondern auch eine deutsche Übersetzung des betreffenden Briefes in einer Frankfurter Zeitung veröffentlichten. Wunderbar! Sie verstehen einen Scherz, und außerdem: wer ein bißchen flucht, gerät noch nicht in ewige Verdammnis. Vivat! Terque quaterque vivat! Sacré nom te Tieu! Halten Sie mich für einen Ihrer besten Freunde und lassen Sie sich zu Ihrem Frankfurter Orchester gratulieren; es ist würdig, von einem Künstler Ihrer Grade geleitet zu werden. Leben Sie wohl! S. n. t. T.«

Nun also; es ist von Darmstadt die Rede. Dort werden wir einige Freunde finden, unter anderen den Konzertmeister Ludwig Schlösser, der früher, während seines Aufenthaltes in Paris, mein Mitschüler bei Lesueur gewesen ist. Ich brachte übrigens Briefe des Barons von Rothschild in Frankfurt an den Prinzen Emil mit, der mich sehr freundlich empfing und beim Großherzog mehr, als ich zu hoffen gewagt, für mein Konzert erreichte. In den meisten deutschen Städten, wo ich mich bis dahin hatte hören lassen, war die Übereinkunft mit den Theaterintendanten ungefähr immer dieselbe gewesen; sie trugen die Kosten und gaben mir die Hälfte der reinen Einnahme. (Das Theater in Weimar

* Spohr war in Kassel Kapellmeister. (Fußnote zu S. 331 unten)

allein war so liebenswürdig, mir die gesamte Einnahme zu überlassen. Ich habe es schon gesagt: Weimar ist eine kunstsinnige Stadt, und die herzogliche Familie versteht es, die Kunst zu ehren.)

Nun, in Darmstadt erwies mir der Großherzog nicht nur die gleiche Gunst, sondern hielt mich außerdem noch frei von jeglichen sonstigen Kosten. Gewiß hat dieser großmütige Herrscher keine Neffen, die auch ... schreiben usw.

Das Konzert war gut vorbereitet, und statt sich zu den Proben bitten zu lassen, hätte das Orchester gewünscht, ich könnte eine Woche mehr auf die Einstudierung verwenden. Wir hielten fünf Proben ab. Alles ging gut, bis auf den Doppelchor der vom Fest heimkehrenden jungen Capulets am Anfang der Liebesszene in »Romeo und Julia«. Die Aufführung dieses Stückes war eine völlige gesangliche Niederlage; die Tenöre des zweiten Chores sanken um fast einen halben Ton, und die des ersten verfehlten den Einsatz bei der Wiederkehr des Themas. Der Chorleiter befand sich in einer Wut, die um so begreiflicher ist, als er sich acht Tage lang unendliche Mühe gegeben hatte, die Sänger einzuüben.

Das Darmstädter Orchester ist etwas größer als das Hannoversche: es besitzt ausnahmsweise eine ausgezeichnete Ophikleïde. Mit der Harfenpartie ist ein Maler betraut, dem farbreicher Vortrag, trotz Mühe und gutem Willen, kaum je gelingt. Im übrigen ist das Orchester sehr ausgeglichen, ist klanglich ausbalanciert und von wirklichem Musiziergeist beseelt. Man findet darin einen hervorragenden Virtuosen. Er heißt Müller, gehört aber nicht zu der berühmten Familie Müller in Braunschweig. Seine fast riesenhafte Statur erlaubt ihm, auf einem echten viersaitigen Kontrabaß mit außergewöhnlicher Leichtigkeit zu spielen. Ohne, wie er es könnte, zu versuchen, Läufe und Arpeggien von unnötiger Schwierigkeit und lächerlicher Wirkung auszuführen, läßt er sein Rieseninstrument ernst und edel singen und weiß ihm Töne von seltener Schönheit zu entlocken, die er mit viel Gefühl und großer Kunst nuanciert. Ich habe ihn ein sehr schönes Adagio, komponiert von dem jüngeren Mangold, dem Bruder des Kapellmeisters, so gesangvoll spielen hören, daß ein kritisches Publikum davon tief ergriffen wurde. Es war in einem von Doktor Huth veranstalteten musikalischen Abend. Dieser erste Musikliebhaber Darmstadts tut in seinen Kreisen für die Kunst dasselbe wie in London Thomas Alsager(56); sein Einfluß auf den musikalischen Geschmack des Publikums ist daher groß. Müller ist eine Aquisition, die viele Komponisten und Kapellmeister locken muß, aber der Großherzog wird sie ihnen mit allen Kräften streitig machen, das ist sicher.

Der Kapellmeister Mangold, ein tüchtiger und ausgezeichneter Mann, hat seine musikalische Ausbildung größtenteils in Paris erhalten, wo er zu den besten Schülern Reichas zählte. Er war also mein Mitschüler und hat mich als solchen behandelt. Schlösser, der schon erwähnte Konzertmeister, hat sich als so guter Kamerad erwiesen und mich mit so viel Eifer unterstützt, daß es mir wirklich unmöglich ist, über die Kompositionen, die er mir zu lesen erlaubte, so zu sprechen, wie sie es verdienen: es würde aussehen, als wollte ich mich für seine Gastfreundschaft dankbar zeigen, während ich ihm nur Gerechtigkeit widerfahren ließe. Ein neuer Beweis für das Antisprichwort: »Eine Wohltat ist immer verloren!«

Darmstadt besitzt eine Militärkapelle von etwa dreißig Musikern; ich habe den Großherzog sehr darum beneidet. Alle spielen sie rein, stilvoll und mit einem Gefühl für Rhythmus, das selbst die Trommelpartien interessant macht.

In Darmstadt fand ich auch den Bassisten Joseph Reichel vor (dessen voluminöse Stimme mir in Hamburg so nützlich gewesen war). Er trat schon seit einiger Zeit mit größtem Erfolg als Marcel in den »Hugenotten« auf und erklärte sich bereit, wieder das Solo in meiner Kantate »Der fünfte Mai« zu übernehmen, das er dann besser meisterte und mit mehr Sensibilität sang als beim ersten Mal. In der letzten Strophe

Wie? Sterben er? O Ruhm, wie verwaist bist du!

die im Ausdruck die schwierigste ist, war er besonders bewundernswert. Die Arie aus Mozarts »Figaro«, die wir dem Programm hinzugefügt hatten, zeigte die Vielseitigkeit seines Talents, das hier in einem ganz andern Licht erstrahlte: sie wurde vom gesamten Publikum zum zweiten Mal verlangt und trug dem Sänger am folgenden Tage ein sehr vorteilhaftes Engagement an das Darmstädter Theater ein. Ich enthalte mich, Ihnen das übrige zu erzählen. Wenn Sie in diese Gegend kommen, wird man Ihnen einfach sagen, daß ich in meiner naiven Eitelkeit das Publikum und die Künstler sehr intelligent fand.

Nun sind wir, mein lieber Osborne, am Ende dieser Pilgerfahrt angelangt; sie war vielleicht die schwierigste, die je ein Musiker unternommen hat, und ich fühle, daß die Erinnerung daran über meinem ganzen Leben schweben wird. Ich habe, wie die frommen Männer des alten Griechenland, das Orakel zu Delphi befragt. Habe ich den Sinn seiner Antwort richtig verstanden? Soll ich an das glauben, was in ihr für meine Wünsche günstig scheint? . . . Gibt es keine trügerischen Orakel? Die Zukunft allein wird es entscheiden. Wie dem auch sei – ich muß nach

Frankreich zurückkehren und von Deutschland, dieser zweiten Heimat aller Musiker, Abschied nehmen. Doch wo finde ich Worte, die meine Dankbarkeit, meine Bewunderung, mein Bedauern ausdrücken könnten? Welche Hymne könnte ich singen, die seiner Größe und seines Ruhmes würdig wäre? ... Ich kann also beim Scheiden mich nur in Verehrung verneigen und mit bewegter Stimme sprechen:

Vale, Germania, alma parens!

LXII.

Ich führe den »Freischütz« im Opernhaus auf – Meine Rezitative – Die Sänger – Dessauer – Léon Pillet – Verstümmelungen der Weberschen Partitur durch seine Nachfolger

Ich war eben von dieser langen Reise durch Deutschland zurückgekehrt, als Léon Pillet, der Direktor der Grand' Opéra, den Plan faßte, den »Freischütz« in Szene zu setzen. Da jedoch die Gesangsnummern in diesem Werk, ähnlich wie in unseren »opéra-comiques«, von gesprochenen Dialogen umrahmt sind und die Tradition der Grand' Opéra ausschließlich gesungenes Wort zuläßt, mußte der gesprochene Text in Rezitative umgesetzt werden. Pillet trug mir diese Aufgabe an.

»Ich bin nicht der Ansicht«, antwortete ich ihm, »daß die Rezitative, die Sie von mir verlangen, dem ›Freischütz‹ hinzugefügt werden sollten. Allein, da er nur unter dieser Bedingung aufgeführt werden darf und da Sie, wenn ich die Rezitative nicht schreibe, mit der Komposition einen andern beauftragen werden, der vielleicht mit Weber weniger vertraut und jedenfalls diesem Meisterwerk nicht so ergeben wäre wie ich, nehme ich Ihr Anerbieten unter einer Bedingung an: Der ›Freischütz‹ soll genau so, wie er komponiert wurde, ohne irgendeine Änderung in Text oder Musik aufgeführt werden.«

»Das ist natürlich auch meine Absicht«, erwiderte Pillet; »halten Sie mich für fähig, den Skandal von ›Robin des Bois‹ zu wiederholen?«

»Gut, wenn dem so ist, werde ich mich sofort an die Arbeit machen. Wie werden Sie das Stück besetzen?«

»Die Partie der Agathe gebe ich der Stoltz, die des Ännchen der Dobré; Duprez wird den Max singen.«

»Ich wette, er tut es nicht!« unterbrach ich ihn.

»Warum sollte er ihn nicht singen?«

»Das werden Sie bald erfahren.«

»Bouché wird einen ausgezeichneten Kaspar geben.«

»Und wen haben Sie als Eremiten?«

»Ach«, sagte Pillet, sichtlich verlegen, »das ist eigentlich eine überflüssige Rolle, die zudem das Ganze in die Länge zieht. Ich dachte schon daran, jenen Teil des Werkes, in dem der Eremit auftritt, zu streichen.«

»So? Weiter nichts? Und das nennen Sie, den ›Freischütz‹ respektieren und anders als Castil-Blaze verfahren? Wir sind weit davon entfernt, einig zu sein; ich trete von der Sache zurück, denn es ist mir unmöglich, mich wie auch immer an dieser neuen ›Verbesserung‹ zu beteiligen.«

»Mein Gott! Was sind Sie doch halsstarrig in Ihren Ansichten! Gut, wir werden den Eremiten beibehalten, wir werden alles beibehalten, ich gebe Ihnen mein Wort darauf.«

Da Émilien Pacini, der den deutschen Text übersetzen sollte, mir seinerseits die gleiche Versicherung gab, willigte ich, allerdings nicht ohne Mißtrauen, ein, die Komposition der Rezitative zu übernehmen. Meine Haltung, die mich dazu getrieben hatte, die vollständige Wiedergabe des »Freischütz« zu fordern – eine Haltung, die von vielen Leuten als blinder Götzenkult bezeichnet wurde – vereitelte auf diese Weise jeden Vorwand zu Umarbeitungen, Verschiebungen, Strichen und Korrekturen, wie man sie sonst ohne Zweifel mit großem Eifer vorgenommen hätte. Es sollte jedoch meine Unerbittlichkeit auch einen ernstlichen Übelstand zur Folge haben: trotz aller von mir getroffenen Maßregeln, den sonst gesprochenen Text so fließend wie möglich wiederzugeben, erschien er, vollständig in Musik gesetzt, viel zu lang. Es gelang mir nie, die Sänger von ihrem langsamen, schwerfälligen und hochtrabenden Vortrag der Rezitative abzubringen; und besonders in den Szenen zwischen Max und Kaspar hatte die gesangliche Wiedergabe ihres eigentlich einfachen und familiären Zwiegesprächs den ganzen Pomp und die Feierlichkeit einer Szene aus einer barocken Tragödie. Dies beeinträchtigte ein wenig den Gesamteindruck des »Freischütz«, der trotz alledem einen glänzenden Erfolg hatte. Ich wollte nicht als Komponist dieser Rezitative genannt werden, obwohl Musiker und Kritiker in ihnen dramatische Kraft sowie vollkommenen Einklang mit Webers Stil fanden; auch wurde meine Zurückhaltung in der Instrumentierung selbst von meinen Feinden anerkannt.

Es kam, wie ich vorausgesehen hatte. Duprez, der zehn Jahre vorher als lyrischer Tenor mit seiner kleinen Stimme den Max (Tony) aus dem Pasticcio »Robin des Bois« im Odéon gesungen hatte, konnte seine nun große Heldentenorstimme dieser selben, allerdings etwas tief geschriebenen Partie nicht mehr anpassen. Er schlug die eigentümlichsten Transponierungen vor, die notwendigerweise die tollsten Modulationen, die wunderlichsten Übergänge verursachten. Ich machte diesen Torheiten ein Ende, indem ich Pillet erklärte, Duprez könne, wie er selbst zugebe, die Partie nicht singen, ohne sie völlig zu entstellen. Sie wurde dann Marié, dem zweiten Tenor, anvertraut, dessen Stimme in der tiefen Lage nicht ohne Wohlklang, der aber, obgleich sehr musikalisch, ein schwerfälliger Sänger war.

Auch die Stoltz konnte die Agathe nicht singen, ohne die zwei Hauptarien zu transponieren. Ich mußte die erste, die in E-dur geschrieben ist, nach D-dur und das Gebet in As-dur des dritten Aufzuges um eine kleine Terz tiefer transponieren, wodurch letzteres drei Viertel seiner originalen Klangfarbe einbüßte. Im Schlußsextett dagegen konnte die Originaltonart beibehalten werden, und die Stoltz sang die Sopranpartie mit einer Verve, mit einer Begeisterung, die jeden Abend das Publikum zu stürmischem Applaus hinriß.

Diese Abneigung der Sänger, gewisse Partien so wiederzugeben, wie sie geschrieben sind, hat zur Ursache ein Viertel wirkliche Schwierigkeiten, ein Viertel Unwissenheit und eine gute Hälfte Launenhaftigkeit.

Ich erinnere mich, daß Duprez sich hartnäckig weigerte, in der Romanze aus meiner Oper »Benvenuto Cellini«, ›Dem Ruhm allein galt mein Streben ...‹ ein mittleres G zu singen, den bequemsten Ton seiner und jeder Stimme. Den Noten G-D, die unter den Worten »Sei gnädig ...« gesetzt sind und pikanter Weise zur Schlußkadenz überleiten, zog er D-D vor, wodurch eine grobe Trivialität entsteht. In der Arie ›Du meiner Väter Hütte ...‹ aus »Wilhelm Tell« hat er nie das mit Fis enharmonische Ges singen wollen, das Rossini so treffend dahingesetzt hat, um das Thema in die ursprüngliche Tonart zurückzuführen. Er hat das Ges stets durch ein F ersetzt, das nüchtern und hart klingt und den ganzen Reiz der Modulation zerstört.

Eines Tages fuhr ich mit Duprez vom Lande zurück; als ich so neben ihm im Wagen saß, kam mir der Gedanke, jene Stelle mit dem Ges in sein Ohr zu summen. Duprez, leicht errötend, sah mir ins Gesicht und sagte:

»So! Sie kritisieren mich?«

»Ja, ich kritisiere Sie! Warum, in Teufels Namen, singen Sie die Stelle nicht so, wie sie geschrieben ist?«

»Ich weiß nicht, diese Note ist mir unbequem, sie beunruhigt mich ...«

»Ach was! Sie spaßen! Mit welchem Recht sollte sie Ihnen unbequem liegen, wenn sie Tenören, die weder Ihre Stimme noch Ihr Talent besitzen, keine Schwierigkeiten macht?«

»Vielleicht haben Sie recht ...«

»Ich habe sogar sicherlich recht.«

»Nun, so will ich in Zukunft Ihretwegen Ges singen.«

»Nein, tun Sie es sich selbst und dem Komponisten und dem musikalischen Verständnis zuliebe, das man nicht ohne Befremden von einem Künstler wie Sie beleidigt sieht.«

Aber ach, weder mir noch sich selbst noch Rossini noch dem gesunden Menschenverstand zuliebe hat Duprez jemals in den Aufführungen des »Wilhelm Tell« das Ges gesungen. Teufel und Engel werden ihn nicht von seinem abscheulichen F abbringen. Bis zu seinem Tode wird er in seiner Verstocktheit beharren.

Der Bassist Serda, den man in »Benvenuto Cellini« mit der Partie des Kardinals betraut hatte, behauptete, in seiner Arie ›Gnade den Sündern allerwegen‹ das hohe Es nicht singen zu können; und da er diesen Ton in der tieferen Oktave sang, machte er, statt einer Terzenbewegung nach oben, einen Sextensprung nach unten, was die Melodie völlig entstellte. Eines Tages war er verhindert, zur Probe zu kommen. Man bat Louis Alizard, ihn zu vertreten. Mit seiner wunderbaren Stimme, deren Ausdrucksfähigkeit und Schönheit man noch nicht anerkennen wollte, sang er meine Arie ohne die geringste Änderung vom Blatt und zwar so, daß die Choristen, die ihn umgaben, begeistert applaudierten. Serda hörte von diesem Erfolg, und am folgende Tage fand er das Es. Dabei muß man wissen, daß dieser selbe Serda, der behauptete, in meiner Arie das Es nicht singen zu können, als Saint-Bris in den »Hugenotten« das hohe E, ja sogar das hohe Fis erreichte.

O,diese Sänger! Was für Krämer ...

Ich komme auf den »Freischütz« zurück.

Natürlich wollte man ein Ballett einschieben. Da alle meine Bemühungen, es zu verhindern, vergeblich waren, schlug ich vor, eine Tanzszene zusammenzustellen, wie sie von Weber selbst in dem Klavierrondeau »Aufforderung zum Tanz« angegeben ist, und instrumentierte das Stück. Doch der Ballettmeister, anstatt den musikalischen Figurationen zu folgen, produzierte nichts als eine zusammenhanglose Reihe von abgestandenen Tanzschritten und Ballett-Clichés, für die sich das Publikum nicht erwärmen konnte. Um nun mangelnde Qualität durch Quantität zu ersetzen, beschloß man, drei weitere Nummern hinzuzufügen. Und nun beginnt es, in den Köpfen der Tänzer zu spuken: in meinen Symphonien gebe es doch Sätze, die sich für diesen Zweck gut eignen und das Ballett aufs beste vervollständigen würden. Sie reden darüber mit Pillett; der geht auf die Idee ein und will von mir verlangen, ich sollte in Webers Partitur die Ballszene aus meiner »Symphonie fantastique« und das Fest aus »Romeo und Julia« einschieben.

Der deutsche Komponist Dessauer befand sich damals in Paris und besuchte regelmäßig die Proben in der Opéra. Als Pillet mir jenen Vorschlag machte, versuchte ich, mich zurückzuhalten und sagte nur: »In den ›Freischütz‹ Stücke einzuschieben, die nicht von Weber sind, kann ich nicht verantworten. Um Ihnen aber zu beweisen, daß ich nicht aus übertriebener Anbetung des Meisters so denke, schlage ich vor, daß Sie Herrn Dessauer, der eben jetzt hinter der Bühne auf und ab geht, Ihren Plan unterbreiten. Billigt er ihn, dann will ich mich fügen; wenn nicht, möchte ich kein Wort mehr darüber hören.«

So geschah es. Und Pillet hatte kaum ausgeredet, da unterbrach Dessauer ihn und sagte, mich scharf anblickend: »Berlioz, das können Sie nicht tun!«

»Da hören Sie's«, sagte ich zu Pillet, und fortan war keine Rede mehr davon. Wir entnahmen Tanzweisen aus »Oberon« und »Preziosa«, und so wurde das Ballett mit Weberschen Kompositionen vervollständigt. Nach einigen Vorstellungen jedoch verschwanden die Stücke aus »Preziosa« und »Oberon«; dann wurde unbekümmert in der »Aufforderung zum Tanz« gestrichen, obwohl sie in der Umarbeitung für Orchester großen Erfolg gehabt hatte. Als Pillet sein Amt als Direktor des Opernhauses niedergelegt hatte und ich in Rußland war, kam man mit dem »Freischütz« wieder so weit, einen Teil des Finale im 3. Aufzug zu streichen; man wagte es schließlich, diesen Akt um das ganze erste Bild zu kürzen, in dem Agathens herrliches Gebet, die Szene der Brautjungfern und Ännchens so romantische Arie mit Begleitung der Solobratsche enthalten sind. Und in so schimpflicher Entstellung wird der »Freischütz« heutzutage an der Opéra aufgeführt. Dieses Meisterwerk an Poesie, Originalität und Leidenschaft dient als Vorspiel zu den elendsten Balletten und muß infolgedessen verstümmelt werden, um ihnen Platz zu machen. Sollte ein neues choreographisches Werk von größerem Umfang als seine Vorgänger entstehen, so wird man ohne Zögern den »Freischütz« wieder verkürzen. Und wie wird das, was noch davon übrig bleibt, ausgeführt! Welche Sänger! Welch ein Dirigent! Welche niederträchtige Schlaffheit im Tempo und Rhythmus, welch miserables Zusammenspiel! Welch eine abgeschmackte, geistlose, empörende Wiedergabe von allem durch alle! ... Sei ein Neuerer, ein Erfinder, ein Genie, wenn du gequält, beschmutzt, verunglimpft werden willst. Gemeine Händler! Bis die Geißel eines neuen Christus euch aus dem Tempel zu treiben vermag, nehmt die Versicherung hin, daß alles, was in Europa auch nur das mindeste Kunstverständnis besitzt, Euch tiefste Verachtung zollt.[57]

LXIII.

Ich bin gezwungen, Feuilletons zu schreiben – Meine Verzweiflung – Anwandlungen zum Selbstmord – Das Industrie-Musikfest – 1022 Mitwirkende – 32 000 Francs Einnahme – 800 Francs Reingewinn – Der Polizeipräfekt Delessert – Es wird eine Zensur für Konzertprogramme eingeführt – Die Steuereinnehmer – Doktor Amussat – Ich reise nach Nizza – Konzert in der Arena der Champs-Elysées

Mein Leben bietet in der auf diese Episode folgenden Zeit kein nennenswertes musikalisches Ereignis. Ich blieb in Paris und beschäftigte mich fast ausschließlich mit meinem Beruf als – ich sage nicht ›Kritiker‹, sondern, was etwas ganz anderes ist, als Feuilletonist. Der Kritiker (angenommen, er ist intelligent und ehrlich) schreibt nur, wenn er einen Gedanken hat, eine Frage beleuchten, ein System bekämpfen, etwas loben oder tadeln will. Er hat dann Gründe, die er für richtig hält und die ihn veranlassen, seine Meinung auszusprechen, Lob und Tadel zu erteilen. Der unglückliche Feuilletonist ist gezwungen, über alles zu schreiben, was in den Bereich des Feuilletons gehört (ein trauriger Bereich, ein Sumpfland, in dem Heuschrecken und Kröten wimmeln), er will nur die Erfüllung der ihm auferlegten Aufgabe; sehr oft hat er keine Meinung in bezug auf die Dinge, über die er schreiben muß; jene Dinge erregen weder seinen Zorn noch seine Bewunderung, sie sind gar nicht vorhanden. Und doch muß er sich den Anschein geben, als glaubte er an ihre Existenz, als hätte er einen Grund, ihnen seine Aufmerksamkeit zu widmen, als müßte er dafür oder dagegen Partei ergreifen. Die meisten meiner Kollegen verstehen es, sich mühelos, oft sogar mit erstaunlicher Leichtigkeit, aus dieser Klemme zu helfen. Mir gelingt es immer nur unter ebenso langen wie schmerzlichen Anstrengungen. Einmal bin ich drei Tage lang in meinem Zimmer geblieben, um über eine Premiere an der Opéra-Comique zu schreiben, ohne einen Anfang finden zu können. Ich entsinne mich des Werkes nicht mehr, über das ich zu sprechen hatte (eine Woche nach der ersten Aufführung hatte ich den Namen auf immer vergessen), aber die Qualen, die ich während jener drei Tage gelitten habe, bis ich die drei ersten Zeilen meines Artikels gefunden hatte, auf die besinne ich mich gewiß! Mein Gehirn schien zerspringen zu wollen. Mir war, als hätte ich heiße Asche in den Adern. Bald stützte ich die Ellbogen auf den Tisch und hielt meinen Kopf mit beiden Händen; bald ging ich mit großen Schritten auf und ab wie eine Schildwache bei einer Kälte von fünfundzwanzig

Grad. Ich trat ans Fenster, betrachtete die umliegenden Gärten, die Höhen von Montmartre, die untergehende Sonne ... gleich trug mich die Träumerei hinweg, tausend Meilen weit von meiner verdammten Komischen Oper. Und als ich mich umsah und mein Blick den verdammten Titel auf dem verdammten weißen Blatt prangen sah, das hartnäkkig weiterer Worte harrte, die es bedecken sollten, da fühlte ich, wie die Verzweiflung sich meiner bemächtigte. Gegen meinen Tisch gestützt stand eine Gitarre; mit einem Fußstoß trat ich ihr in den Leib ein. ... Auf meinem Kamin starrten mich zwei Pistolen mit ihren runden Augen an ... Ich betrachtete sie sehr lange ... Dann fing ich an, mit den Fäusten auf meinen Schädel zu schlagen. Endlich weinte ich vor wütender Entrüstung und raufte mir das Haar wie ein Schüler, der seine Aufgabe nicht lösen kann. Die salzige Flut, die aus meinen Augen stürzte, schien mich etwas zu erleichtern. Ich kehrte die Läufe meiner Pistolen, die mich immer noch ansahen, zur Wand. Ich hatte Mitleid mit meiner armen Gitarre und bat sie um einige Akkorde, die sie ohne Groll hergab. Mein Sohn, der damals sechs Jahre alt war, klopfte in diesem Augenblick an die Tür; infolge meiner schlechten Laune hatte ich mit ihm am Morgen ungerechterweise gezankt. Da ich nicht öffnete, rief er:

»Vater, wollen wir wieder Freunde sein?«

Ich sprang auf und ließ ihn ein:

»Ja, mein Junge, wir wollen wieder Freunde sein! Komm!«

Ich nahm ihn auf meinen Schoß, lehnte seinen Kopf an meine Brust, und wir schliefen beide ein. Ich hatte es aufgegeben, den Anfang meines Artikels zu finden: es war am Abend des dritten Tages. Am folgenden Tage gelang es mir endlich, ich weiß nicht wie, ich weiß nicht was, ich weiß nicht über wen zu schreiben.

. . . .

Dies war vor fünfzehn Jahren ... und meine Qual währt noch ... Tod und Teufel! Immer noch erst soweit zu sein! Gebt mir doch Partituren zu schreiben, Orchester zu führen, Proben zu leiten, zwingt mich dazu, acht, ja zehn Stunden lang zu stehen, den Taktstock in der Hand, ohne Begleitinstrumente Chöre einzustudieren, selbst die Stichworte vorzusingen und dabei Takt zu schlagen, bis aus meinem Munde Blut fließt und mein Arm in einem Krampf erlahmt; zwingt mich dazu, Pulte, Kontrabässe, Harfen zu schleppen, ein Konzertpodium umzubauen, Bretter anzunageln wie ein Tagelöhner oder ein Zimmermann; verlangt nachher von mir, daß ich zu meiner Erholung während der Nacht die Arbeit von Kopisten und Stechern korrigiere; ich habe es getan, tue es, werde es tun; dies hängt mit meinem gesamten musikalischen Dasein zusammen, und ich ertrage es, ohne zu klagen, wie der

Jäger Kälte, Hitze, Hunger, Durst, Sonne, Regen, Staub, Schlamm und alle Strapazen der Jagd erträgt. Aber ewig und ewig, um leben zu können, Feuilletons zu verfertigen, nichtssagende Dinge über nichtssagende Sachen zu schreiben, unerträglichen Plattheiten ein laues Lob zu erteilen, heute abend über einen großen Meister und morgen über einen Dummkopf mit gleichem Ernst, in der gleichen Sprache zu reden, meine Zeit, meine Intelligenz, meinen Mut, meine Geduld an diese Fron zu vergeuden mit der Gewißheit, daß man der Kunst nicht einmal den Dienst erweisen kann, einige Mißbräuche und Vorurteile abzuschaffen, die Meinungen zu erleuchten, den allgemeinen Geschmack zu heben, Menschen und Dinge nach Verdienst an ihren Platz zu setzen – o, das ist die tiefste Erniedrigung! Besser wäre es ... Finanzminister einer Republik zu sein. Hätte ich nur die Wahl!

Ich ertrug mit weniger Ergebung als je die Unannehmlichkeiten meines Daseins, als im Jahre 1844 die Industrieausstellung in Paris stattfand. Sie näherte sich ihrem Ende. Der Zufall (dieser unbekannte Gott, der in meinem Leben eine so große Rolle spielt) wollte es, daß ich in einem Kaffeehaus mit Isaac Strauß, dem Geiger und Leiter einer Tanzkapelle, zusammentraf. Die Unterhaltung fiel auf den Schluß der Ausstellung und die Möglichkeit, in dem riesengroßen Gebäude, in dem sie sich befand und das bald frei werden sollte, ein wirkliches Musikfest zu veranstalten.

»Ich habe schon lange daran gedacht«, sagte ich zu Strauß, »aber nachdem ich alles, was die musikalische Seite betrifft, berechnet hatte, hielt mich eine Schwierigkeit zurück, nämlich die, zur Benutzung des Saales die Erlaubnis zu erwirken.«

»Diese Schwierigkeit ist nicht unüberwindlich«, entgegnete Strauß, »ich bin gut bekannt mit Sénac, dem Sekretär des Handelsministers; er kann uns sicher helfen.«

Trotz seiner Begeisterung blieb ich ziemlich kühl. Wir beschlossen nur, bevor wir uns trennten, daß wir am folgenden Tage Sénac aufsuchen und, falls er uns die Möglichkeit in Aussicht stellen würde, über das Ausstellungsgebäude zu verfügen, die Sache näher ins Auge fassen wollten. Ohne sich wirklich zu verpflichten, nahm uns Sénac nicht jede Hoffnung. Er versprach eine baldige Antwort, die wir in der Tat nach einigen Tagen erhielten und die positiv ausfiel. Jetzt mußte noch der Polizeipräfekt, Delessert, seine Einwilligung geben.

Wir gaben ihm Kenntnis von unserem Plan, der darin bestand, ein dreitägiges Fest zu veranstalten. Diese Festlichkeiten sollten folgende sein: Ein Konzert, ein Ball und ein Bankett für die Aussteller. Strauß' Gedanke, nach dem Konzert tanzen, essen und trinken zu lassen, hätte uns zweifellos viel Geld eingetragen; aber Delessert, der hinter allem und jedem Aufruhr und Komplotte witterte, wollte weder Gastmahl noch Ball noch Musik und untersagte klipp und klar das ganze Fest. Diese Vorsicht schien mir überspannt bis zur Abgeschmacktheit. Ich sprach darüber mit Bertin; er teilte meine Ansicht und verstand es, den Minister des Innern, Duchâtel, dafür zu gewinnen. Letzterer ließ sofort dem Präfekten den Befehl zukommen, uns wenigstens Musik machen zu lassen, und Delessert sah sich gezwungen, für den ersten Tag zu einem großen, ernsten Konzert und für den zweiten zu einem sogenannten populären Konzert unter Strauß' Leitung seine Einwilligung zu geben; letzteres sollte ein Promenadenkonzert sein, in dem man Tanzmusik – Walzer, Polka, Galopp – spielen, aber nicht tanzen würde.

Damit würde für uns der sichere Reingewinn des Unternehmens wegfallen; doch Delessert fürchtete noch immer, unsere Orchester, unsere Chöre und die Musikliebhaber, die am hellichten Tage zu den Champs-Elysées strömen würden, könnten dem Staat Gefahren bringen. Wußte man denn überhaupt, ob Strauß und ich nicht Verschwörer waren, die sich als Musiker verkleidet hatten? Dennoch war ich froh, ein Riesenkonzert veranstalten und leiten zu können, und meine Wünsche beschränkten sich darauf, einen musikalischen Erfolg zu erzielen, ohne alles, was ich noch besaß, dabei zu verlieren.

Mein Plan war rasch entworfen. Ich überließ Strauß die Sorge für sein Tanzorchester, das nicht zum Tanz aufspielen sollte, und engagierte für das große Konzert ungefähr alles, was in Paris als Chorist oder Instrumentalist etwas taugte, sodaß es mir gelang, ein Personal von 1022 Mitwirkenden zusammenzubringen. Alle waren bezahlt, mit Ausnahme der Solosänger von unseren Opernhäusern. An sie hatte ich durch einen Brief appelliert, in dem ich sie bat, sich meinen Sängermassen hinzuzugesellen, um sie mit ›Seele und Stimme‹ zu führen.

Duprez, Stoltz und Chollet waren die einzigen, die sich weigerten; aber ihre Abwesenheit beim Konzert wurde bemerkt und von der Presse laut getadelt. Fast alle Mitglieder der Konservatoriumskonzerte hatten geglaubt, sich davon fernhalten zu müssen und mir wieder einmal, gemeinsam mit ihrem ›alten General‹, zu grollen. Selbstverständlich sah Habeneck diese große Feierlichkeit, die er nicht selber leitete, höchst ungern.

Um die Kosten nicht auf eine ungeheure Summe steigern zu müssen, verlangte ich von den Mitwirkenden nur zwei Proben, eine geteilte und eine allgemeine. So nahm ich im Saal Herz, den wir dazu gemietet hatten, nacheinander folgende Gruppen vor:

die Geigen;

die Bratschen und Celli;
die Kontrabässe;
die Holzblasinstrumente;
die Blechinstrumente;
die Harfen;
die Schlaginstrumente;
die Frauen und Kinder des Chores;
die Männer des Chores.

Diese neun Proben, an denen jeder einzelne nur einmal teilnahm, hatten wunderbare Resultate, die man mit fünf Gesamtproben gewiß nicht erreicht hätte. Die der sechsunddreißig Kontrabässe war besonders merkwürdig. Als wir in der Beethovenschen c-moll-Symphonie, die auf dem Programm stand, die Tonleiterpassage im Scherzo durchgingen, glaubten wir das Grunzen von fünfzig wild gewordenen Schweinen zu hören, so chaotisch und unrein war die Ausführung dieser Stelle. Nach und nach jedoch wurde sie besser, das Zusammenspiel festigte sich, und der Satz trat in seiner ganzen rauhen Wildheit hervor.

Zuerst ging es schlecht, dann besser, dann gut,
Und schließlich fehlte garnichts.

Wir hatten achtzehn- oder zwanzigmal von vorn angefangen, was bei Anwesenheit des gesamten Orchesters nicht möglich gewesen wäre. Darin liegt der Vorteil der geteilten Proben. Man nimmt rasch die Nummern des Programms durch, die für den Teil des Chores oder des Orchesters, mit dem man gerade arbeitet, keine Schwierigkeiten bieten, und verwendet dagegen auf das Studium der schwerverständlichen und unbequemen Stellen all die nötige Zeit und Aufmerksamkeit. Es ist nur für den Dirigenten außerordentlich ermüdend. Aber – ich habe es, glaube ich, schon gesagt – in solchem Falle fühle ich außergewöhnliche Kräfte in mir und nehme es an Energie mit einem Ackerpferd auf.

Ich hatte, wie man sich denken kann, das Programm vor allem aus Stücken zusammengestellt, die sich für eine so große Besetzung besonders gut eignen oder zumindest den Mitwirkenden schon bekannt waren. Hier das Programm:

Ouverture zu »Vestalin« (Spontini), Gebet aus »Stumme von Portici« (Auber), Scherzo und Finale aus der V. Symphonie (Beethoven), Gebet aus »Moses« (Rossini).

»Hymne à la France«, die ich eigens für diese Gelegenheit komponiert hatte. (Text von Jules Barbier)

Ouverture zu »Freischütz« (Weber), Gesang an Bacchus aus »Antigone« (Mendelssohn), Gang zum Richtplatz aus meiner »Symphonie fantastique«.

»Lied der Industriellen«, ebenfalls für dieses Fest geschrieben, Text von Adolphe Dumas, Musik von Amédée Méraux.

Chor aus »Karl VI.« (Halévy), Schwerterweihe aus »Hugenotten« (Meyerbeer).

Szene im Zaubergarten aus »Armide« (Gluck), die Grabrede und die Apothese aus meiner »Symphonie funèbre et triomphale«.

Wir sollten die Generalprobe im großen Mittelcarré des Ausstellungsgeländes, dem ›Maschinensaal‹ (den ich auch für das Konzert ausgewählt hatte) abhalten. Doch am Tage vor dieser höchst wichtigen Probe, während die Zimmerleute bereits an der Errichtung des Podiums arbeiteten, war der Saal noch nicht geleert; unzählige Maschinen füllten den für das Publikum bestimmten Raum, und man hatte nicht einmal Maßregeln getroffen, um die stählernen Ungeheuer fortzuschaffen.

Ich will nicht versuchen, meine Gefühle bei diesem Anblick zu schildern. In Paris prangten an allen Mauern die Plakate, die das Fest ankündigten; ich war enorme finanzielle Verpflichtungen eingegangen und sah mich durch das unüberwindliche und unerwartete Hindernis in meinem Vorhaben gehemmt. Wir konnten das Konzert nicht um einen einzigen Tag aufschieben; der Befehl, das Gebäude spätestens am 5. August abzureißen, war bereits erteilt, und da die Besitzer des Baumaterials das Recht hatten, am 1. August, am Tag des ersten Konzerts, mit dem Abbruch zu beginnen, willigten sie nur gegen eine Entschädigung ein, es einige Stunden länger stehen zu lassen. Sie waren die eigentlichen Herren des Gebäudes und bewiesen uns in sehr entschiedener Weise, daß der Handelsminister uns etwas geliehen hatte, was ihm nicht mehr gehörte. Ich geriet in Panik und wollte fortrennen, um das Fest abzusagen. Strauß hielt mich fast mit Gewalt zurück und versicherte mir, daß am nächsten Tag fünfzig Lastwagen kommen würden, um den Saal zu räumen. Da ich mich nach allen Richtungen hin verloren sah, ließ ich den Dingen ihren Lauf. Tags darauf begaben sich meine tausend Künstler in die Generalprobe, die unter dem Geschrei der Fuhrleute, dem Knallen ihrer Peitschen, dem Wiehern ihrer Pferde stattfand. Aber wenigstens waren die Fuhrleute da, die Pferde zogen nach und nach die Maschinen fort, der Raum wurde frei, und ich fühlte, wie der Druck auf meiner Brust abnahm. Nach der Probe, zu der sich auch zahlreiche Interessenten eingestellt hatten, befällt mich ein neuer Albdruck. Die Zuhörer erklären einstimmig, das Podium müsse umgebaut werden, es sei infolge der Aufstellung des Chores vor dem Orchester unmöglich, auch nur einen Ton von den Instrumenten zu hören. Kann man sich vorstellen, daß ein Orchester von fünfhundert Instrumenten unhörbar bleibt! Sechzig Arbeiter machen sich sogar ans Werk, sägen das Podium entzwei, machen den vorderen, für den Chor bestimmten Teil um drei Meter niedriger, so daß das Orchester, für das außerdem die letzten Reihen noch erhöht werden, genügend exponiert ist. Durch diese Aufstellung mußten alle Instrumente zu hören sein, trotz der etwas mangelhaften Akustik des Saals (ein weiterer Fehler, gegen den aber nichts mehr unternommen werden konnte). Kaum war diese Ursache der Unruhe beseitigt, als eine neue, ebenso ernste entstand. Strauß und ich benutzten einige Stunden der Rast, die uns inmitten von sovielem Durcheinander blieben, um in die verschiedenen Musikalienhandlungen, wo unsere Konzertbillets lagen, zu fahren und zu sehen wie es mit dem Verkauf stand.

Als wir alles zusammengerechnet hatten, erkannten wir mit Schrekken, daß die bisher erzielte Summe von 12 000 Francs nicht die Hälfte der allgemeinen Kosten decken würde. Nun mußten wir auf eine außergewöhnliche Kasseneinnahme am nächsten Tage hoffen oder uns darauf vorbereiten, für ein größeres Defizit aufkommen zu müssen.

Welch eine Nacht verbrachten wir beide nach dieser Entdeckungsreise!

Doch wir konnten nicht mehr zurück.

Tags darauf, am 1. August, begebe ich mich gegen zwölf Uhr in das Ausstellungsgebäude. Das Konzert war auf ein Uhr angesetzt. Zuerst bemerke ich mit einer Freude, der ich mich kaum hinzugeben wage, die ungewöhnliche Anzahl von Wagen, die in Richtung Champs-Elysées fahren. Ich trete ein, ich finde alles in vollkommener Ordnung; meine Anweisungen waren genauestens befolgt worden. Musiker, Choristen, Hilfsdirigenten für Orchester und Chor begeben sich ohne Gedränge auf den ihnen angewiesenen Posten. Ich werfe einen fragenden Blick auf Rocquemont, meinen treuen Kopisten und Bibliothekar, der mir ebenso aufrichtig zugetan ist wie ich ihm und der mir seine Freundschaft bei mancher ähnlichen Gelegenheit durch Dienstleistungen bewiesen hat, die man nie vergißt; er versichert mir, die Noten seien aufgelegt, und es fehle nichts. Das musikalische Feuer fängt an, in meinen Adern zu fließen; ich denke nicht mehr an das Publikum, auch nicht an die Einnahme, auch nicht an das Defizit. Ich will eben das Zeichen zum Beginn der Ouvertüre geben, da ertönt ein heftiges Krachen brechenden Holzes, begleitet von einem langen Geheul.

Es war die Menge, die eine Schranke zerbrochen hatte und, mit an der Kasse gekauften Billetts bewaffnet, laut jubelnd in den Saal eindrang.

»Sehen Sie sich diesen Menschenstrom an!« sagte ein Musiker, indem er auf den Saal wies, der sich plötzlich füllte.

»Ha!!! Wir sind gerettet!« rief ich und schlug so freudig wie noch nie mit dem Taktstock auf mein Pult. »Nun werden wir etwas Schönes leisten!«

Wir beginnen; die Ouvertüre zur »Vestalin« entfaltet ihre weiten Melodienbögen, und von diesem Augenblick an werden Erhabenheit, Macht und Gesamtwirkung dieser ungeheuren Masse von Instrumenten und Stimmen immer eindrucksvoller. Meine 1022 Mitwirkenden musizieren wie aus einem Guss, mit der Exaktheit eines erstklassigen Streichquartetts. Ich hatte zwei Hilfsdirigenten: Tilmant, der Kapellmeister der Opéra-Comique, hatte die Leitung der Blasinstrumente, und mein Freund Auguste Morel, jetzt Direktor des Konservatoriums in Marseille, dirigierte die Schlaginstrumente. Außerdem waren fünf Chordirigenten in der Mitte und an den vier Ecken des Chores aufgestellt und damit betraut, mein Taktieren den Sängern zu übermitteln, da sie mir den Rücken zuwandten und mich nicht sehen konnten. Es waren also sieben Taktschläger, deren Blick mich nie verließ, und obgleich unsere acht Arme sehr weit voneinander entfernt waren, bewegten sie sich zusammen mit unglaublicher Präzision. Daher dieses wunderbare Zusammenspiel, das das Publikum so sehr in Erstaunen setzte.

Folgende Stücke erzielten die größte Wirkung:

Die Ouvertüre zum »Freischütz«, deren Andante von vierundzwanzig Hörnern vorgetragen wurde; das Gebet aus »Moses«, dessen Wiederholung verlangt wurde und in dem die fünfundzwanzig Harfenisten die Arpeggien nicht mit einfachen Noten, sondern mit vierstimmigen Akkorden ausführten, was die Menge der berührten Saiten vervierfachte und die Anzahl der Harfen auf hundert zu erhöhen schien; ferner die »Hymne an Frankreich«; sie wurde ebenfalls zum zweiten Mal verlangt, doch ließ ich sie nicht wiederholen; und endlich die Schwerterweihe aus »Hugenotten«, die das Publikum überwältigte. Ich hatte die Soli dieses grandiosen Stückes zwanzigfach besetzt; die vier Partien des Saint-Bris und der drei Mönche wurden also von 80 Baßstimmen vorgetragen. Der Eindruck auf die Mitwirkenden und die Zuhörer, die ganz in der Nähe des Orchesters saßen, übertraf alle bekannten Grenzen. Mich befiel, während ich dirigierte, ein so starkes nervöses Zittern, daß meine Zähne klapperten wie im heftigsten Fieber. Trotz der schlechten Akustik des Raumes glaube ich nicht, daß das Stück je eine vergleichbare musikalische Wirkung erzielt hat, und ich habe damals bedauert, daß Meyerbeer nicht Zeuge davon sein konnte. Dieses gewaltige Stück, das mit einer voltaischen Säule und elektrischem Fluidum geschrieben zu sein scheint, klang, als ob es, vom Blitzschlag begleitet, von einem Sturm gesungen würde.

Nach dieser Szene befand ich mich in einem solchen Zustand, daß man das Konzert auf längere Zeit unterbrechen mußte. Man brachte mir Punsch und frische Kleidung. Dann wurde auf dem Podium, aus etwa zwölf mit ihrem leinenen Überzug bedeckten, aneinandergereihten Harfen, eine Art Kabine gebildet, in der ich, ein wenig gebückt, Anzug und Hemd wechseln konnte, ohne gesehen zu werden.

Von den anderen Stücken des Programms gelangen dann am besten die ›Grabrede‹ und die ›Apotheose‹ aus meiner »Symphonie funèbre et triomphale«, in der das Posaunensolo von Dieppo sehr eindrucksvoll gespielt wurde, und die Szene aus »Armide«, deren sinnlicher Zauber allgemeines Entzücken hervorrief.

Mein ›Gang zum Richtplatz‹, der doch so voll instrumentiert ist und im normalen Konzertsaal so kraftvoll wirkt, klang dumpf und schwach. Dasselbe galt vom Scherzo und Finale der fünften Symphonie von Beethoven. Der ›Gesang an Bacchus‹ von Mendelssohn schien schwerfällig und farblos; eine Zeitung schrieb einige Tage darauf, die Priester des Bacchus hätten zweifellos Bier anstatt Zypernwein getrunken.

Das »Lied der Industriellen« wurde sehr schlecht aufgenommen, besonders von den Mitwirkenden.

Ich hatte mich verpflichtet, zu diesem Text von Adolphe Dumas die Musik zu schreiben; aber es war mir unmöglich, damit fertig zu werden; um nun seine Verse nicht unbenutzt zu lassen und ihm meinen guten Willen zu zeigen, mußte ich mich dazu verstehen, sie von einem Komponisten seiner Wahl in Musik setzen zu lassen. Er bevorzugte seinen Schwager, Amédée Méraux, Klavierlehrer in Rouen.

Die Ouvertüre zur »Vestalin« und der A-capella-Chor aus der »Stummen von Portici« wurden lebhaft beklatscht. Der Gesang aus »Karl VI.«, den ich auf die dringende Bitte Schlesingers, des Verlegers dieses Halévyschen Werkes, nachträglich in das Programm aufgenommen hatte, brachte eine ganz besondere Wirkung hervor. Er erweckte den instinktiven Hang zur Opposition, der stets in der Pariser Bevölkerung gärt; und bei dem so sehr bekannten Refrain

Krieg den Tyrannen! Nimmer soll
In Frankreich England herrschen!

fingen drei Viertel des Publikums an, mitzusingen. Es war eine Kundgebung von groteskem Nationalismus gegen die zu jener Zeit von König Louis-Philippe geführte Politik(58) und schien die Voreingenommenheit des Präfekten gegen das Musikfest zu rechtfertigen. Dieser lächerliche Zwischenfall hatte Folgen, über die ich bald sprechen werde.

Mit einem Wort, meine musikalische Ausstellung fand statt, nicht nur ohne Unfall, sondern noch mit glänzendem Erfolg und dem Beifall des überaus zahlreichen Publikums. Beim Hinausgehen hatte ich das Vergnügen, zu sehen, wie die Herren Steuereinnehmer damit beschäftigt waren, auf einem großen Tisch meine Einnahmen zu zählen. Sie betrugen zweiunddreißigtausend Francs; die Herren nahmen den achten Teil dieser Summe, das heißt viertausend Francs. Die Einnahmen des von Strauß geleiteten Tanzmusikfestes waren höchst mäßig; um die Kosten dieses Konzerts, das wenig Erfolg hatte, zu decken, mußten wir das fehlende Geld von dem Gewinn des großen Konzertes nehmen, sodaß mir bei der endgültigen Abrechnung, nachdem ich so viele Mühseligkeiten erlitten hatte, eine Quittung über viertausend Francs von den Herren Steuereinnehmern und ein Reingewinn von achthundert Francs übrig blieb ... O süßes Land der Freiheit, in dem die Künstler Sklaven sind, empfange unseren aufrichtigen Segen für deine gerechten, liberalen Gesetze!

Kaum waren wir, Strauß und ich, mit der Bezahlung unserer Musiker, Kopisten, Drucker, Instrumentenbauer, Maurer, Dachdecker, Schreiner, Zimmerleute, Tapezierer, Kassierer und Aufseher fertig, als der Herr Polizeipräfekt, der uns für seine Agenten und Schutzleute die bescheidene Summe vom 1238 Francs (der Polizeidienst im Opernhaus kostet nur 80 Francs) abgenommen hatte, uns wegen einer dringenden Angelegenheit zu sprechen wünschte.

»Um was handelt es sich«, sagte ich zu Strauß. »Haben Sie eine Ahnung?«

»Nicht die geringste.«

»Sollte M. Delessert Gewissensbisse haben, weil er uns den Dienst seiner unnötigen Agenten so teuer hat bezahlen lassen? Will er uns einen Teil der Summe zurückerstatten?«

»Ja, das wird es sein.«

Wir kommen in der Polizeipräfektur an.

»Mein Herr«, sagt Delessert zu mir, »ich bedaure, Ihnen einen schweren Vorwurf machen zu müssen!«

»Welchen denn?« antwortete ich, außerordentlich überrascht.

»Sie haben heimlich in das Programm Ihres Konzerts ein Stück aufgenommen, das dazu geeignet war, politische Leidenschaften zu erregen, die die Regierung zu ersticken und zurückzuhalten sucht. Ich meine den Chor aus »Karl VI.«, der auf den ersten Ankündigungen des Musikfestes fehlte. Der Minister des Innern hat Grund, über die Kundgebungen, die dieser Gesang hervorgerufen hat, höchst unzufrieden zu sein, und ich teile ganz und gar seine Gefühle.«

»Herr Präfekt«, sagte ich, mit der ganzen Ruhe, die mir zu Gebote stand, »Sie befinden sich in einem Irrtum. Der Chor aus ›Karl VI.‹ war zwar nicht auf meinen ersten Programmen verzeichnet; als ich aber hörte, daß Halévy sich beleidigt fühlte, bei einer Feierlichkeit, in der Werke von fast allen zeitgenössischen Komponisten zu Gehör kommen sollten, nicht vertreten zu sein, willigte ich, auf den Vorschlag seines Verlegers, ein, den Chor aus ›Karl VI.‹ aufzunehmen, weil er in großer Besetzung leicht aufzuführen ist. Dieser Grund allein bestimmte meine Wahl. Ich bin nicht im geringsten ein Freund jener patriotischen Anwandlungen, die sich 1844 wegen einer Szene aus der Epoche Karls VI. kundgeben; und ich habe so wenig daran gedacht, dieses Stück heimlich in mein Programm einzuschieben, daß dessen Titel mehr als acht Tage lang auf allen Anschlagzetteln zum Musikfeste geprangt hat, auf Anschlagzetteln, die auch auf den Mauern der Präfektur angebracht waren. Haben Sie die Güte, Herr Präfekt, darüber keinen Zweifel zu hegen und den Herrn Minister aufklären zu wollen.«

Delessert, über seinen Irrtum etwas verlegen, akzeptierte meine Erklärung und entschuldigte sich sogar, weil er mir einen Vorwurf gemacht hatte, dessen Ungerechtigkeit er einsah.

Von diesem Tage an wurden jedoch die Konzertprogramme der Zensur unterworfen, und man darf jetzt nicht einmal mehr ein Liedchen von Bérat oder Puget an einem öffentlichen Ort singen ohne eine vom Ministerium des Innern herrührende und vom Polizeipräsidenten unterschriebene Erlaubnis.

Ich hatte dieses wahnsinnige Unternehmen, das zu versuchen ich mich heute wohl hüten würde, gerade zu Ende gebracht, als mein früherer Anatomielehrer, mein Freund Doktor Amussat, mich besuchte. Als er mich erblickte, machte er einen Schritt zurück:

»Aber was fehlt Ihnen, Berlioz? Sie sind gelb wie altes Pergament; ich schließe auf extreme Erschöpfung und Gereiztheit.«

»Sie sprechen von Gereiztheit«, sagte ich zu ihm, »welche Ursache hätte ich, gereizt zu sein? Sie haben das Musikfest miterlebt; Sie wissen, wie alles abgelaufen ist; ich habe das Vergnügen gehabt, den Herren Steuereinnehmern viertausend Francs zu bezahlen; es sind mir achthundert Francs übrig geblieben; worüber sollte ich mich beklagen? Ist nicht alles in Ordnung?«

Amussat fühlt meinen Puls. »Mein Lieber«, sagt er, »Sie werden Gelbsucht bekommen. Man müßte Sie zur Ader lassen.«

»Nun, warten wir nicht bis morgen, lassen Sie mich zur Ader!«

Ich ziehe meinen Rock aus; Amussat läßt mein Blut reichlich fließen und sagt:

»Jetzt tun Sie mir den Gefallen und verlassen Sie schleunigst Paris. Gehen Sie nach Hyères, nach Cannes, nach Nizza, wohin Sie wollen, aber gehen Sie nach dem Süden, atmen Sie Seeluft ein, und denken Sie nicht mehr an alle diese Dinge, die Ihr Blut erhitzen und Ihr ohnehin so reizbares Nervensystem aufregen. Leben Sie wohl, Sie dürfen nicht zögern.«

Ich befolgte seinen Rat; ich ging auf einen Monat nach Nizza, dank der achthundert Francs, die das Musikfest mir eingetragen hatte, um soviel wie möglich den Schaden, den es an meiner Gesundheit angerichtet hatte, wieder gutzumachen.

Ich sah nicht ohne Rührung die Orte wieder, an denen ich mich dreizehn Jahre vorher befunden hatte, zur Zeit einer anderen Genesung, am Anfang meines Aufenthaltes in Italien ..... Ich schwamm viel im Meer; ich machte zahlreiche Ausflüge in die Umgebung von Nizza, nach Villefranche, nach Beaulieu, nach Cimiès, zu dem Leuchtturm. Ich begann wieder meine Forschungen in den Felsen der Küste und fand dort alte bekannte Kanonen wieder, die immer noch in der Sonne schlummerten; ich sah wieder die schönen, mit Seepflanzen bedeckten Buchten, in denen ich ehemals zu baden pflegte. Weil das Zimmer, in dem ich im Jahre 1831 die Ouvertüre zu »König Lear« geschrieben hatte, von einer englischen Familie bewohnt war, hatte ich mich in einem an den Felsen von Les Ponchettes angebauten Turm, über dem Hause, eingenistet.

Dort genoß ich mit Freuden eine wunderbare Aussicht auf das Mittelmeer und eine Ruhe, deren Wert ich besser als je empfand. Als ich dann, so gut es ging, von meiner Gelbsucht geheilt und am Ende meiner 800 Francs war, verließ ich den malerischen Küstenstrich, der auf mich stets einen so mächtigen Zauber ausgeübt hat, und kehrte nach Paris zurück, um dort meine Sisyphus-Arbeit wieder aufzunehmen.

Verführt durch die ungewöhnliche Höhe, zu der die Einnahmen des Industrie-Musikfestes gestiegen waren, schlug mir der Theaterdirektor Franconi einige Monate nach dieser Nizza-Reise vor, eine Reihe von ähnlich monumentalen Konzerten in der Arena der Champs-Elysées zu geben.

Ich entsinne mich der Vereinbarung nicht, die wir über diesen Gegenstand trafen. Ich weiß nur, daß es für ihn ein schlechtes Geschäft war. Wir gaben vier Konzerte, für die wir fünfhundert Musiker engagiert hatten; und die durch dieses überzahlreiche Personal entstandenen Kosten konnten von den Einnahmen nicht ganz gedeckt werden. Außerdem war auch diesmal der Raum für die Musik untauglich. Der Klang rollte in diesem kreisförmigen Gebäude mit einer verzweifelnden Langsamkeit, die bei jedem auch nur einigermaßen komplexen Musikstück die schauerlichsten Konglomerate von Harmonien zur Folge hatte. Ein einziges Stück brachte eine nachhaltige Wirkung hervor: das Dies irae aus meinem »Requiem«. Durch die Breite seiner Bewegung und seiner Akkorde schien es, besser als irgendein andres Stück, in diesem weiten, wie eine Kirche dröhnenden Rund am rechten Platze zu sein. Der Erfolg, den es errang, zwang uns, es auf das Programm aller Konzerte zu setzen.

Dieses für mich nicht einträgliche Unternehmen verursachte mir außerordentliche Strapazen. Es bot sich Gelegenheit, mich abermals in den wohltuenden Wassern des Mittelmeeres zu kräftigen. Man forderte mich nämlich auf, in Marseille und Lyon zwei Konzerte zu geben, deren Erlös nicht verfehlen konnte, zumindest die Reisekosten zu decken. So wurde ich dazu gebracht, meine Kompositionen zum ersten Mal in einigen französischen Provinzen zu Gehör zu bringen.

Die Briefe, die ich 1848 in der ›Gazette musicale‹ an meinen Mitarbeiter Edouard Monnais richtete, enthalten, trotz ihres wenig ernsten Tones, den genauen Bericht dessen, was mir bei diesem Ausflug nach dem Süden und in einem anderen, den ich bald darauf nach Lille unternahm, begegnete. Sie befinden sich in meinem Band: »Groteske Musikantengeschichten«.

Einige Monate später reiste ich zum ersten Mal nach Süddeutschland, d. h. nach Österreich, Ungarn und Böhmen. Hier folgt die Beschreibung dieser Reise, wie ich sie für meinen Freund Humbert Ferrand im ›Journal des Débats‹ niederschrieb.

ZWEITE REISE NACH DEUTSCHLAND

LXIV.

Wien
Erster Brief – An Humbert Ferrand

Zum zweiten Mal kehre ich aus Deutschland zurück, mein lieber Humbert, und habe, kaum angekommen, das Bedürfnis, Ihnen zu erzählen, was ich dort getan habe. So oft haben Sie mich in meinen Kämpfen unterstützt, in Stunden der Niedergeschlagenheit ermutigt, über die Zukunft durch einen Vergleich mit der Vergangenheit beruhigt; Sie haben eine so rege und edle Empfindung für das Schöne, eine so heilige Achtung für das Wahre, Sie sind von der Größe und der Bedeutung der Kunst so fest überzeugt, daß es Sie, wie ich hoffe, interessieren wird, zu hören, was ich in Europa erlebt, entdeckt und erfahren habe; dieser Bericht könnte keinem liebenswürdigeren und verständnisvolleren Beschützer empfohlen werden als Ihnen. Trotz der tiefen Leidenschaften, die Ihr Herz einschließt, trotz der Arbeiten, die Sie in jenem abgelegenen Winkel ausführen, wo königliches Wohlwollen Ihnen einen so freundlichen Aufenthalt bereitet hat, werden Dichtung und Musik, ich weiß es, von Ihnen nicht vergessen. Ihre Liebe zu ihnen war zu tief und zu rein, um nicht unwandelbar zu sein, und ich bin überzeugt, daß Sie von den Bergeshöhen Ihrer Insel lauschen auf das, was von musikalischen und literarischen Dingen zu Ihnen dringt, vom Nordwind aus Paris herübergetragen. Und doch – wie traurig und öde erscheint mir Paris, besonders nach dieser letzten Reise! Und wie beneide ich Sie, in diesen Hundstagen, um Ihre Träumereien in den weiten Orangenwäldern Sardiniens und um den nächtlichen Gesang des Mittelmeeres und selbst um die deftigen Lieder Ihrer sardinischen Bauern, dieser europäischen Afrikaner, dieser antiken Menschen der gegenwärtigen Zeit!

Unsere Hauptstadt finde ich wieder vor allen Dingen mit materiellen Interessen beschäftigt, blind und gleichgültig gegen das, was Dichter und Künstler begeistert, lüstern nach Skandal und Spott, jede Gelegenheit, bei der sie diese eigentümliche Vorliebe befriedigen kann, mit ihrem schrillen, kurzen Lachen begrüßend; ich finde wieder ihre verdammten Asphaltkessel, deren Gestank durch den säuerlichen Geruch schlechter Regie-Zigarren gemildert wird, ihre gelangweilten und langweiligen Gesichter, ihre entmutigten Künstler, ihre ermüdeten Denker, ihre wimmelnden Dummköpfe, ihre erschöpften, ausgehungerten, sterbenden oder toten Theater; der gleiche Leierkasten kommt zur gleichen Stunde und spielt mir dieselbe barbarische Melodie vor, ich höre immer noch dieselben banalen Meinungen aussprechen und verteidigen, dieselben banalen Werke und Menschen rühmen wie ehemals.

Kurz, dies alles scheint mir ein ziemlich trostloses Ganzes zu bilden, und außerdem bin ich nicht in einer Verfassung, die es mir in rosigeren Farben zeigen könnte. Erinnern Sie sich an die tieftraurigen Anwandlungen, die uns in der Jugend, wenn wir an einem Ball oder irgendeinem Fest teilgenommen hatten, am nächsten Tage befielen? Ein gewisses Umschlagen der Seele, ein unbestimmter Schmerz im Herzen, ein unmotivierter Kummer, ein grundloses Leid, ein heißes Sehnen nach dem Unbekannten, eine unaussprechliche Unruhe des gesamten Wesens, das war es, was wir empfanden. Ich schäme mich, es zu gestehen, aber ich empfinde es jetzt wieder. Mir ist wie am Tage nach einem Fest, das mir das Ausland bereitet hätte. Es fehlen mir die großen, ergebenen, eifrigen, feurigen Orchester und Chöre, die ich täglich mit so großer Freude leitete; es fehlt mir dieses schöne, so höfliche, so glänzende, so aufmerksame und so begeisterte Publikum; es fehlen mir jene heftigen Erschütterungen der großen Konzerte, in denen man, wenn man dirigiert, selber zu der Menge spricht, durch die tausend Stimmen des Orchesters und des Chors; es fehlt mir jenes Studium der verschiedenen Eindrücke, die die neuesten Versuche der modernen Kunst auf ein unvoreingenommenes Publikum ausüben; mit einem Wort, diese Unbeweglichkeit nach so viel Aktivität verursacht mir ein solches Unbehagen, daß ich seit meiner Rückkehr einen einzigen Gedanken habe, einen Gedanken, der mich verfolgt und gegen den ich Tag und Nacht ankämpfe, der Gedanke nämlich, mich in ein Boot zu setzen und um die Welt zu reisen. Und hat mir nicht gerade vorgestern der Zufall, als wollte auch er sich gegen meine guten Vorsätze verschwören, Versuchung gespielt, indem er mich mit einem unserer alten Freunde zusammentreffen ließ, dem Geiger Halma, der direkt aus Kanton kommt? Sie können sich vorstellen, wie ich ihn über China, die Malaiischen Inseln, das Kap Horn, Brasilien, Chile und Peru, die er besuchte, befragt, mit welcher Begierde ich die seltenen und interessanten Gegenstände, welche er von dort mitgebracht, geprüft habe. Mir klopfte wirklich das Herz, und wenn ich ein Königreich besäße, hätte ich gewiß die Worte Richards III. parodiert und ausgerufen: »Mein Königreich für ein Schiff!« Da ich aber weder Schiff noch Königreich besitze, bleibe ich in dieser kleinen Stadt, die sich nach der Aussage unseres charmanten Dichters Méry von der Rue du Mont-Blanc bis zum Faubourg Montmartre erstreckt und Paris heißt, gehe jeden Abend darin spazieren und wiederhole dabei in allen erdenklichen Tonarten

Nur fort! Man langweilt sich zu Tode dort. (Ruy-Blas)

Glücklicherweise hat das neue Sprichwort: Langeweile macht erfinderisch nicht unrecht; es hat mich auf ein Mittel gebracht, Paris zu vergessen, ohne es zu verlassen, nämlich alles in Gedanken wiederzusehen: die fernen Städte, die ich durchreist, die fremden Künstler, die ich kennengelernt, die Denkmäler, die ich besucht, die Institutionen, die ich studiert habe, mit einem Wort, Ihnen zu schreiben; dazu muß ich jedoch die Tage und die Stunden aussuchen, an denen mich der *Spleen* vergißt, damit ich Sie so wenig wie möglich langweile. Aber wer weiß, ob Sie es lesen werden? Ich sehe von hier, wie Sie, dem glücklichen Greis des römischen Dichters gleich, im Schatten eines Zitronenbusches schlummern, beim sanften Summen fleißiger Bienen, die um Sie her die Blüten aussaugen; in der Hand halten Sie einen offenen Band von Vergil oder Horaz; diese unsterbliche Poesie wiegt Sie in den Schlaf ein, und Sie machen sich nichts aus meiner Prosa. Zum Glück kenne ich ein Mittel, Sie zu wecken, ohne mir Ihre Vorwürfe zuzuziehen; hören Sie: Ich will Ihnen von Gluck sprechen; von Gluck, verstehen Sie? Von seiner Heimat, die ich eben gesehen, und von Mozart, Haydn und Beethoven, die alle, wie Gluck, lange in Wien gelebt haben ... Ich wußte wohl, daß Sie mir um dieser zauberhaften Namen willen meine unzeitige Anrede verzeihen würden. Nun beginne ich.

Von meiner Reise von Paris nach Wien sind mir nur zwei bemerkenswerte Erinnerungen zurückgeblieben: zunächst die Erinnerung an einen heftigen Schmerz (keinen romantischen, also versuchen Sie nicht zu raten; es war einfach ein prosaischer Seitenschmerz), der mich zwang, in Nancy Aufenthalt zu machen, wo ich zu sterben glaubte; dies wäre ein sehr gewöhnlicher Zwischenfall gewesen, denn eigentlich leben wir zu diesem Zweck; sodann die Erinnerung an einen Gott, den ich in Augsburg von dem Fenster eines Gasthauses aus erblickte. Dieser biedere Mann hat eine Art von Neo-Christentum gegründet, das in Bayern und Sachsen schon recht beliebt ist; blaß vor Erregung, zeigte ihn mir der Wirt, als er in den Wagen stieg; ich habe seinen Namen vergessen; er schien mir aber ein lebhaftes, intelligentes Gesicht und im ganzen das Aussehen eines eher guten Teufels zu haben. Diese Reise, die ich wie in Italien im Mietswagen zurücklegte, dauerte um so länger, als bei meiner Ankunft in Regensburg das letzte Dampfboot abgefahren war und ich, nach einem erzwungenen Aufenthalt von zwei Tagen in dieser großen Kleinstadt, den Verdruß hatte, an der Donau entlang bis nach Linz schwer durchgerüttelt zu werden, statt in einer Wolke auf dem Flusse abwärtszugleiten. Wieviele Jahrhunderte liegen zwischen diesen beiden

Arten, zu reisen? Als ich Regensburg verließ, konnte ich mich für einen Zeitgenossen Barbarossas halten; als ich in Linz auf die Brücke eines eleganten und schnellen Dampfers meinen Fuß setzte, befand ich mich wieder im Jahre 1845. Die Namen dieser beiden Städte erinnern mich an eine Betrachtung, die ich oft über die in Europa übliche Gewohnheit angestellt habe, gewisse Städtenamen bei der Übertragung von einer Sprache in die andere zu entstellen oder abzuändern. Wir Franzosen sagen zum Beispiel Londres anstatt London, und wozu brauchen die Italiener Parigi statt Paris zu sagen? Ich hatte auf dieser Reise eine Karte von Deutschland, die ich oft befragte; Linz fand ich darauf sehr gut, weil wir in Frankreich die Güte haben, diesen Namen wie die Deutschen zu schreiben und auszusprechen; dagegen fand ich nie Regensburg, aus dem einfachen Grunde, weil die französische Bezeichnung Ratisbonne von dem wirklichen Namen der Stadt, die ich suchte, grundverschieden ist. Gewissen Namen, und zwar solchen, die am schwersten auszusprechen sind, tun wir die Ehre an, sie beizubehalten, andere entstellen wir, ohne zu wissen, warum. Wir sprechen die Namen Stuttgart, Karlsruhe, Darmstadt, Württemberg so aus wie die Leute, die sie erfunden haben, und im Augenblick darauf sagen wir Bavière statt Bayern, Munich statt München, Danube statt Donau! Aber wenigstens besteht zwischen diesen französischen Übersetzungen und den Originalausdrücken eine gewisse Ähnlichkeit, während zwischen Regensburg und Ratisbonne keine vorhanden ist. Und doch würden wir die Deutschen sehr abgeschmackt finden, wenn es ihnen eingefallen wäre, unsere Stadt Lyon Miltenberg und Paris Triffenstein zu nennen.

Als ich in Wien ausstieg, bekam ich gleich einen Begriff von der Leidenschaft der Österreicher für die Musik: meine Kisten und Koffer wurden gerade aus dem Schiff getragen, als einer der Zollbeamten, der sie durchsah, meinen Namen bemerkte und sogleich (selbstverständlich auf Französisch) ausrief:

»Wo ist er, wo ist er?«

»Hier bin ich.«

»Ach, mein Gott, Herr Berlioz, was ist Ihnen denn begegnet? Seit acht Tagen warten wir auf Sie: alle unsere Zeitungen haben Ihre Abreise von Paris und Ihre bevorstehenden Konzerte in Wien angekündigt. Wir waren sehr beunruhigt, Sie nicht zu sehen.«

Ich dankte dem wackeren Zollbeamten aufs beste und dachte so bei mir, daß ich durchaus sicher sei, den Zollbeamten an den Toren von Paris niemals solche Unruhen zu verursachen.

Kaum hatte ich mich in dieser fröhlichen Stadt Wien niedergelassen, als ich zum ersten jährlichen Konzert in der Reitschule eingeladen wurde. Dieses Konzert wird zum Besten des Konservatoriums gegeben, und die große Menge von Mitwirkenden (es sind über tausend) besteht fast ganz aus Laien. Da die Regierung sehr wenig oder fast nichts tut, um das Konservatorium zu unterstützen, war es vernünftig, daß die wirklichen Freunde der Kunst dieser Anstalt zu Hilfe kamen; aber gerade weil es mir vernünftig und schön erschien, war ich darüber äußerst erstaunt. Jedes Jahr zu dieser Zeit stellt der Kaiser den riesigen Saal der Reitschule dieser Gesellschaft zur Verfügung. Eine Einschreibeliste liegt für die Mitwirkenden bei den Musikalienhändlern auf, und die Zahl der mehr oder minder begabten Amateure, Instrumentalisten oder Sänger ist in Wien so groß, daß man jedes Jahr über fünfhundert abweisen muß und zur Bildung dieses Chores von sechshundert Sängern und dieses Orchesters von vierhundert Instrumentalisten nur um die Wahl verlegen ist. Die Einnahme dieser Riesenkonzerte (es finden immer zwei statt) ist bedeutend, da der Saal, trotz des ungeheuren Raumes, den das für die Mitwirkenden errichtete Podium einnimmt, nahezu viertausend Menschen faßt. Die Billette werden indessen nur zum ersten Konzert alle verkauft; das zweite ist weniger gut besucht, weil das Programm an diesem Abend nur die Wiederholung des ersten ist. Sollte wirklich eine große Anzahl Wiener unfähig sein, in acht Tagen dieselben Meisterwerke zweimal nacheinander ohne Langweile zu hören? . . .

Jedes Publikum der Welt ist sich in dieser Beziehung gleich.

Man muß allerdings sagen, daß die Programme fast immer nur aus den bekanntesten Werken der alten Meister bestehen und daß das Publikum wahrscheinlich ebenso gern in die zweite Aufführung wie in die erste gehen würde, wenn man dort ein Werk zu hören bekäme, das speziell für diesen Anlaß und für die Vielzahl der Mitwirkenden geschrieben wäre. Dies würde sogar ein musikalischer Vorschlag von großem Interesse sein. Gewiß gewinnen breit angelegte Stücke, wie die Oratorien von Händel, Bach, Haydn und Beethoven, viel, wenn sie durch große Massen wiedergegeben werden, allein es handelt sich eigentlich nur um eine mehr oder minder starke Besetzung der Stimmen; dagegen müßte ein Komponist, der für ein Riesenorchester und einen ungeheuer umfangreichen Chor schreiben würde und mit den vielseitigen Wirkungen einer solchen Anhäufung von Aufführungsmitteln vertraut wäre, etwas zustande bringen, das ebenso neu in den Einzelheiten als großartig in der Gesamtwirkung wäre.

Das hat man noch nicht getan. In allen sogenannten monumentalen Werken sind Form und Gewebe gleich geblieben. Man führt sie mit Pomp in großen Sälen auf, aber man könnte sie in einem kleineren Raum mit einer geringeren Anzahl von Mitwirkenden zu Gehör bringen, ohne daß sie viel von ihrer Wirkung einbüßen würden. Sie verlangen nicht unbedingt einen ungewöhnlichen Aufwand von Stimmen und Instrumenten; und wenn ein solcher Aufwand gemacht wird, erhalten diese Werke dadurch lediglich eine stärkere Betonung, aber sie machen keinen außergewöhnlichen oder unerwarteten Eindruck. Nichtsdestoweniger gebe ich zu, daß dieses Konzert mich tief bewegte, besonders durch die Chöre. Die Sopranstimmen schienen mir unvergleichlich schön, und der Gesamteindruck war ausgezeichnet. Als ich auf dem Programm Mozarts Ouvertüre zur »Zauberflöte« sah, fürchtete ich, dieses wunderbare Stück mit seinem raschen Tempo und seinem so engen und delikaten Gewebe könnte von einem so großen Orchester nicht gut wiedergegeben werden; aber meine Besorgnis war von kurzer Dauer, und das Orchester (ein Orchester von Laien) führte es mit einer Präzision und Verve auf, die man selbst bei Berufsmusikern nicht oft antrifft.

Eine Motette von Mozart, eine andere von Haydn, die eben erwähnte Ouvertüre und Beethovens Oratorium »Christus am Ölberg« bildeten das Programm. Joseph Staudigl und Frau Hasselt-Barth sangen die Soli. Staudigl hat eine sammetweiche, angenehme und zugleich mächtige Baßstimme von fast zweiundeinhalb Oktaven Umfang (vom tiefen E zum hohen G), die er niemals hart, sondern ohne die geringste Anstrengung ansetzt; sie strömt aus, sie dehnt sich und füllt auch einen übergroßen Raum wie den der Reitschule aus. Diese Stimme hat in sich etwas sehr Ergreifendes, obwohl der Künstler selbst im allgemeinen etwas kühl wirkt; sie durchdringt und entzückt uns. Obwohl Staudigl mit jener geschmackvollen Einfachheit singt, die den Meistern des Gesanges im großen Stile eigen ist, führt er Koloraturen und schnelle Läufe mühelos aus. Er ist schließlich von Grund aus musikalisch und liest alles, was man ihm vorlegt, mit solch unerschütterlicher Ruhe vom Blatt, daß diese außergewöhnliche Leichtigkeit manchmal sogar unangenehme Folgen hat. Es schmeichelt Staudigls Eitelkeit, damit zu prahlen; deshalb wirft er auf ein Stück, das er nicht auswendig singen muß, keinen Blick, bis er vor dem Orchester steht. Wenn also eine Generalprobe angekündigt ist, kommt er, nimmt sein Heft, das er noch nicht angesehen hat, und singt geläufig Noten und Text, ohne sich in einem Ton oder in einem Wort zu irren. Er liest das wie ein Buch, das man ihm zum ersten Male in die Hände legen würde, aber er liest es nicht besser, und gerade dieses ›besser lesen‹ ist in einer Generalprobe unentbehrlich, weil es sich dabei nicht nur um wörtliche Genauigkeit handelt, sondern um eine verständnisvolle, frische, lebendige Wiedergabe des Werkes. Und wie kann man in ein solches Ablesen diese Seele, dieses Feuer, dieses Leben hineinlegen, wenn der Künstler nicht vorbereitet ist, wenn ihm die allgemeine Stimmung, die Nuancen und selbst die Tempi der Komposition noch unbekannt sind? Diese leichte Kritik, nicht über das Talent, sondern über die Gewohnheiten dieses großen Künstlers ist in Wien in meiner Gegenwart von Komponisten ausgesprochen worden, die bei wichtigen Gelegenheiten mehrmals durch sie beunruhigt worden waren. Ludwig XVIII. sagte einmal: »Man muß nicht königlicher sein als der König!« Von Staudigl könnte man sagen: »Man muß nicht musikalischer sein wollen als die Musik!«

Die Arie in D-dur aus der »Schöpfung«, die er im Reitschule-Konzert sang, begeisterte das ganze Publikum, und Staudigl, der nach seiner Arie den Saal verlassen wollte, weil seine Gegenwart nicht mehr nötig war, sah sich gezwungen, wieder hineinzugehen und von vorn anzufangen. Staudigl ist zu gleicher Zeit erster Sänger und Regisseur des Theaters an der Wien (das von Herrn Pokorny mit ebensoviel Talent wie Redlichkeit geleitet wird). Sein wunderbarer Baß gehört trotz der großen Schönheit seiner Klangfarbe nicht zu jenen zarten Stimmen, die gesundheitliche Maßregeln und eine besondere Lebensweise erfordern; ganz im Gegenteil, Staudigl erlaubt sich, in der strengsten Winterzeit ganze Tage lang mit bloßem Halse seiner Gewohnheit gemäß im Schnee zu jagen, und singt, wenn er abends zurückkehrt, Bertram, Marcel oder Kaspar ohne die geringste Indisposition. Dieses kleine Theater an der Wien, so benannt nach seiner Lage am Ufer des gleichnamigen Flusses, steht seit kaum drei Jahren unter Pokornys Leitung und hat in dieser Zeit einen solchen Aufschwung genommen, daß es seinem Nebenbuhler, dem Theater am Kärntnertor, ernste Sorgen macht; dorthin wenden sich fast alle berühmten Künstler, die sich in Wien hören lassen wollen; dort trat im Winter 1846 Pischek und einige Zeit darauf Jenny Lind zum ersten Male auf; und Gott weiß, zu welch rasender Begeisterung und fabelhaften Einnahmen beide Veranlassung gaben.

Der Chor ist, obwohl relativ klein, sehr kräftig; er besteht fast gänzlich aus jungen Mitgliedern beiderlei Geschlechts, deren Stimmen frisch und klangvoll sind. Sie lesen nicht alle gut vom Blatt. Das Orchester, über das mir bei meiner Ankunft viel Übles mitgeteilt wurde, kann natürlich nicht so hoch eingeschätzt werden wie das vom Theater am Kärntnertor, wovon ich bald sprechen werde; es ist indessen tüchtig, und die jungen Künstler, die dazu gehören, sind von jenem Eifer und guten Willen beseelt, die, wenn es darauf ankommt, Wunder schaffen. Ich habe unter der Sängertruppe eine Frau bemerkt, deren Talent für zärtliche und leidenschaftliche Rollen kostbar ist, deren Namen ich aber leider nicht angeben kann. Die Dame sang vortrefflich die Agathe im »Freischütz«.

Außerdem muß ich noch eine lyrische Sängerin, Fräulein Treffs, erwähnen und eine Koloratursängerin, Fräulein Marra, in deren Talent zugleich Schwung und Anmut liegt und deren Stimme glänzend und leicht ist, wenn auch nicht ganz sicher in der Koloratur; die Dame ist aber leider so wenig musikalisch, daß sie manchmal bedenklich aus dem Takt kommt, was trotz der Geistesgegenwart der Kapellmeister Verwirrung ausrichten kann. Fräulein Marra ist hervorragend als Lucia in der Oper von Donizetti; noch in diesem Winter hat sie in Norddeutschland und einigen Städten Rußlands schöne Erfolge gehabt.

Aber die Tenöre, die Tenöre! Das ist die schwache Seite des Theaters an der Wien wie gegenwärtig beinahe aller Theater der Welt; und ich fürchte sehr, daß es Herrn Pokorny trotz seiner Anstrengungen nicht sobald gelingen wird, diese Lücke in seinem Opernpersonal auszufüllen.

Das Theater am Kärntnertor ist in dieser Beziehung besser dran; es hat Erl, einen Tenor mit hoher, flacher Stimme, der etwas kalt im Ausdruck ist und sich eher für ruhevolle Stücke und lyrischen Gesang als für leidenschaftliche Szenen und dramatischen Gesang eignet. Dieses Theater wird von einem Italiener, Signor Balochino, geleitet; Stadt und Hof, Fachleute und Laien beurteilen seine Verwaltung sehr streng. Ich kann über die Gründe dieser Mißbilligung nicht urteilen; mir schien sie die Wirkung zu haben, das Publikum vom Theater am Kärntnertor fernzuhalten, trotz der Anstrengungen eines vortrefflichen Künstlers, Otto Nicolai[(59)], der die gesamte musikalische Leitung unter sich hat; denn Signor Balochino hat natürlich, in seiner Eigenschaft als Operndirektor, nichts damit zu tun. Doch man sollte anerkennen, daß er keine Schneider* als Kontrabassisten genommen hat und daß er auf den Gedanken gekommen ist, zum Violinspielen Geiger zu engagieren. In Frankreich leidet man auch unter der schmerzlichen Notwendigkeit, sich zum Musizieren fast stets an Musiker wenden zu müssen; man ist aber damit beschäftigt, eine Lösung zu finden, die gestatten wird, sich dieser Notwendigkeit gänzlich zu entziehen.

Außer einer tiefen, klangvollen Baßstimme zählt Herr Balochino zu seiner Truppe noch die oben erwähnte Sängerin, Frau Hasselt-Barth. Sie ist in gesanglicher und dramatischer Hinsicht ein Talent erstes Ranges. Ihrer Stimme fehlt es etwas an Frische, aber sie ist sehr umfangreich, von seltener Kraft, sehr rein und von ergreifender Klangfarbe, vielleicht gerade deshalb, weil sie ein wenig verschleiert ist. Ich habe Frau Hasselt die so schwierige und schöne Sopran-Arie aus »Oberon« singen hören und zwar mit glänzendem Erfolg. Ich glaube nicht, daß

---

* Wie mir gesagt wurde, ist er selbst Schneider gewesen.

unter hundert Primadonnen eine einzige imstande wäre, dieses Stück aus der Weberschen Partitur mit soviel Treue, Feuer, Größe und Kühnheit wiederzugeben. Zum Schluß des letzten Allegros, wo bei der Geliebten Hüons die Freude stürmisch ausbricht, entstand zwischen Orchester und Sängerin ein wirklicher Kampf. Frau Hasselt trug den Sieg davon; ihre durchdringende Stimme schwebte über dem Sturm der Instrumente und schien ihm zu trotzen, ohne indessen einen einzigen Ton zu forcieren oder unrein zu geben. Der Eindruck, welchen diese Szene aus »Oberon«, so im Konzert gesungen, auf mich gemacht hat, ist einer der stärksten, deren ich mich entsinne. Einige Zeit darauf bot sich mir die Gelegenheit, Frau Hasselts Verdienst als Tragödin kennenzulernen; es war in Nicolais Oper »Der Verbannte«, deren letzter Aufzug bewunderungswürdig ist und, meiner Ansicht nach, Nicolai sehr hoch unter die Komponisten einreiht.

Zu dieser Oper, deren Stoff einem Drama von Frédéric Soulié entnommen ist, hat sich eine Frau, in dem Glauben, ihr Gatte sei in der Verbannung gestorben, mit einem anderen Mann, den sie liebte, verheiratet. Bei der Rückkehr ihres ersten Gatten, den sie achtet, ohne ihn je geliebt zu haben, sieht sie sich gezwungen, um seinetwillen den zweiten zu verlassen. Die Kräfte versagen ihr, um diese furchtbare Pflicht zu erfüllen. Die Unglückliche ist entschlossen, sich ihr zu entziehen; nachdem sie die Nebenbuhler versöhnt hat, nimmt sie Gift und stirbt, die Hände beider Männer ans Herz drückend. Frau Hasselt spielte und sang diese Rolle wie eine vollkommene dramatische Sängerin, und ich fand in ihr jene schönen Momente der Hingabe wieder sowie jene Vereinigung kluger Kalkulation und plötzlicher Eingebungen, die vor vierzig Jahren Frau Branchus wohlverdienten Ruhm begründeten.

Ach, mein lieber Humbert! Wie die Tenöre, so verschwinden auch jene Tragödinnen des Gesangs, ohne die das musikalische Drama verloren ist. Wenn man sieht, wie die Anzahl der Sänger, die noch fähig sind, mit unserer Kunst die großen und edlen Leidenschaften des menschlichen Herzens wiederzugeben, immer mehr abnimmt, so könnte man glauben, diese Leidenschaften seien eine Erfindung der Dichter und Musiker, und die Natur habe ausnahmweise einige Wesen geschaffen, denen es gegeben war, diese Gefühle zu verstehen und auszudrücken, und weigere sich nun, neue erstehen zu lassen, weil sie sie als Luxusgegenstände, als dem menschlichen Geschlecht nicht zukommend, betrachtet.

LXV.

Wien (Fortsetzung)
Zweiter Brief – An Humbert Ferrand

Wenn ich Ihnen kürzlich schrieb, die dramatischen Sängerinnen würden ebenso selten wie die Tenöre und es scheine, als ob die Natur keine mehr schaffen wolle, so liegt das nicht daran, daß die mächtigen und umfangreichen Sopranstimmen wie die wirklichen Tenöre unbezahlbare Diamanten seien. Nein, man trifft noch schöne, sogar sehr gut geschulte Frauenstimmen, aber was läßt sich mit diesen Instrumenten anfangen, wenn sie nicht von Empfindung, Intelligenz und Eingebung beseelt werden? Ich meinte wirkliche und vollkommene dramatische Talente. Wir finden ziemlich viele Sängerinnen, die beim Publikum sehr beliebt sind, weil sie wertlose Glanznummern mit Bravour singen, aber von den großen Meistern verabscheut werden, weil sie unfähig wären, ihre Werke angemessen wiederzugeben. Sie haben Stimme, musikalische Kenntnisse, einen beweglichen Kehlkopf, aber es fehlt ihnen Seele, Hirn, Herz; solche Frauen sind wirkliche Ungeheuer und um so schlimmer für die Komponisten, als diese Ungeheuer oft sehr charmant sind. Diese Tatsache erklärt die Schwäche gewisser Meister, falsch empfundene Rollen zu schreiben, die durch äußeren Glanz das Publikum bestechen; sie erklärt jene Erzeugnisse einer Bastardkunst, die wir entstehen sehen, das immer weitere Absinken des Stils, das Abhandenkommen des Verständnisses für den Ausdruck, das Außerachtlassen der dramatischen Bedingungen, die Geringschätzung des Wahren, Großen, Schönen, den Zynismus und den Verfall der Kunst in gewissen Ländern.

Ich habe Ihnen noch nichts von dem Orchester und den Chören des Theaters am Kärntnertor gesagt: es besitzt Kräfte ersten Ranges; das Orchester besonders – von Nicolai zusammengestellt, trainiert und geleitet – wird vielleicht von anderen Orchestern erreicht, doch von keinem übertroffen. Außer Sicherheit, Brillanz und einer außerordentlichen Technik hat dieses Orchester einen ausgezeichneten Klang; ihn verdankt es zweifellos sowohl der streng genauen Stimmung der Instrumente unter sich wie dem vollkommen sauberen Spiel jedes einzelnen Mitglieds. Man weiß nicht, wie ungewöhnlich diese Eigenschaft ist, und welches Unheil unreine Töne (mögen sie auch noch so selten vorkommen) in einem Instrumentalkörper hervorbringen, selbst wenn er in anderer Beziehung zu den besten gehört. Das Orchester am Kärntnertor versteht den Gesang jedes Stiles zu begleiten; es weiß hervorzutreten, sobald ihm die erste Rolle zukommt; seine *forti* sind nie lärmend, außer wenn es irgendeinen von jenen erbärmlichen Notensalaten ausführen muß, die es zwingen, ebenso schlecht zu sein wie der Komponist. Dieses Orchester ist vollkommen in der Oper; es feiert Triumphe in der Symphonie; außerdem – und damit soll meine Lobrede ihr Ende finden – sind unter den Mitgliedern dieses Orchesters keine von jenen Musikern, die, von Einbildung aufgebläht, sachliche Kritik zurückweisen, jeden Vergleich zwischen sich und fremden Virtuosen als Beleidigung betrachten und Beethoven eine große Ehre zu erweisen glauben, wenn sie ihn zu spielen geruhen. Nicolai hat Feinde in Wien; dies ist schlimm für die Wiener, denn ich betrachte ihn als einen der hervorragendsten Dirigenten, die ich je angetroffen habe, und als einen jener Menschen, deren Einfluß genügt, um der Stadt, in der sie leben, eine musikalische Überlegenheit zu geben, wenn man ihnen die Mittel gibt, die zur Entfaltung ihrer Kraft und Intelligenz nötig sind. Nicolai besitzt, meiner Ansicht nach, die drei Eigenschaften, die unentbehrlich sind, um einen vollkommenen Dirigenten zu bilden. Er ist ein gescheiter und inspirierter Komponist; er besitzt Gefühl für Rhythmus und eine vollständig klare und deutliche Zeichengebung; endlich ist er ein erfinderischer und unermüdlicher Organisator, der in den Proben weder mit seiner Mühe noch mit seiner Zeit kargt und der weiß, was er tut, weil er nur das tut, was er weiß. Daher die vorzüglichen materiellen und moralischen Eigenschaften, das Vertrauen, die Ergebenheit, die Geduld und auch die wunderbare Sicherheit und die einheitliche Wirkung des Orchesters vom Kärntnertor.

Die geistlichen Konzerte, die Nicolai jedes Jahr im Redoutensaal veranstaltet und leitet, bilden das würdige Gegenstück zu unseren Konservatoriumskonzerten in Paris. Dort hörte ich die Szene aus »Oberon«, von der ich in meinem letzten Brief gesprochen habe, ferner die Arie aus »Iphigenie auf Taurus« »Unis dès la plus tendre enfance«, die der Tenor Erl recht mäßig sang, eine schöne Symphonie von Nicolai und Beethovens unvergleichbare Vierte Symphonie in B-dur. Dies alles wurde mit jener Wärme und Treue, mit jener Ausarbeitung der Einzelheiten und Macht des Zusammenspieles vorgetragen, die, wenigstens für mich. ein solches Orchester unter solcher Leitung zum schönsten Produkt moderner Kunst gestalten und zur echtesten Darstellung dessen, was wir heute ›Musik‹ nennen. In diesem großen und schönen Redoutensaal brachte vor dreißig Jahren Beethoven die Meisterwerke zu Gehör, die jetzt von ganz Europa bewundert werden, damals aber von den Wienern mit tödlicher Verachtung aufgenommen wurden. Der Graf Michael Wielhorski erzählte mir, er habe 1820, mit etwa *fünfzig* Zuhörern, der Aufführung der Siebenten beigewohnt!!! Die Wiener drängten sich damals in die Vorstellungen von Salieris Opern! ... Arme, unverständige Menschen, denen ein Riese geboren war! ... Sie zogen die Zwerge vor.

Sie verstehen, mein lieber Humbert, daß ich unsicheren Schrittes zum erstenmal das Podium bestiegen habe, auf das ehedem sein mächtiger Fuß sich stützte. Nichts hat sich seit Beethoven verändert, das Dirigentenpult, dessen ich mich bediente, war das seine: dort an jenem Platz stand das Klavier, auf dem er improvisierte; durch diese zum Künstlerzimmer führende Treppe kam er wieder herunter, wenn nach der Aufführung seiner unsterblichen Werke einige hellsehende Schwärmer sich die Freude gönnten, ihn durch ihren begeisterten Beifall wieder hervorzurufen, zum großen Erstaunen der übrigen Zuhörer, die eine müßige Neugier dahingeführt hatte und die in dem erhabenen Drang seines Genies nur die Zuckungen und rohen Überspanntheiten einer irrenden Phantasie verspürten. Einige stimmten den Schwärmern bei, getrauten sich aber nicht, sich ihnen anzuschließen. Sie wollten nicht gegen die öffentliche Meinung verstoßen. Man mußte abwarten. Und Beethoven litt indessen. Wie oft ist er wie Christus unter einem Pontius Pilatus gekreuzigt worden!!!

Der zweite Redoutensaal ist zum Musizieren sehr günstig. Er ist in der Form eines Parallelogramms gebaut, doch bilden seine Winkel kein Echo. Er hat nur ein Parkett und eine Galerie. In einem der Konzerte, die ich dort gab, wollte sich der berühmte Bariton Pischek zum ersten Male in Wien hören lassen. Da ich ihn drei Jahre zuvor in Frankfurt gekannt und bewundert hatte, war ich über seinen Vorschlag begeistert. Er wählte zu diesem Tage Uhlands Ballade »Des Sängers Fluch«, von Heinrich Esser in Musik gesetzt, die ihm sehr gut gelang. Da dieses Stück mit Klavierbegleitung geschrieben ist, bat ich Seymour-Schiff, einen wendigen und routinierten deutschen Pianisten, zu begleiten; als echter Künstler willigte Seymour-Schiff ein. Wir gingen also zusammen zu Pischek, um seine Ballade durchzunehmen. Ich brauchte nicht zu sagen, daß es sich hier nicht um eine jener musikalischen Spielereien handelt, die wir in Paris Ballade nennen; die von Uhland ist ein ziemlich umfangreiches Gedicht, das der Komponist auf Schubertsche Art weitläufig behandelt hat; Essers Werk ist durchaus abwechslungsreich, kraftvoll und dramatisch und gleicht in keiner Beziehung unseren kleinen, mehr oder minder altmodisch gefärbten Liedchen. Ich vermag Ihnen, mein lieber Humbert, den Eindruck nicht zu schildern, den Pischeks unvergleichliche Stimme und ergreifender Vortrag auf mich ausübten – so große Fortschritte hatte er in drei Jahren gemacht. Es war eine Art von Berauschung, derjenigen ziemlich ähnlich, in die Duprez am Tag seines ersten Auftretens in »Wilhelm Tell« das Publikum versetzte.

Man hat keinen Begriff von dieser Baritonstimme, von ihrer Kraft, ihrer Fülle in den Brusttönen, ihrer Weichheit in den Kopfnoten, ihrer Flexibilität. Ihr Umfang ist außerdem bedeutend: sie erstreckt sich als freie Bruststimme vom tiefen bis zum hohen A. Und von welch heißem Atem wird dieses seltene Instrument beseelt! Welch mächtige, bald kunstvoll verhaltene, bald schrankenlos ausbrechende Leidenschaft! Wie rasch erkennt man in Pischek, wenn man ihm lauscht, den Künstler, den großen Musiker! Er erregt seinen Zuhörer und beruhigt ihn, nach Belieben; er bezaubert ihn, er reißt ihn mit. Während er seine Ballade sang, packte mich seine Begeisterung schon bei den ersten Takten. Ich fühlte, wie ich bis zu den Augen errötete; meine Adern pochten, als wollten sie zerspringen, und ich rief, außer mir vor Freude: »Das ist Don Juan, das ist Romeo, das ist Cortez!« Pischek hat außerdem ein vorteilhaftes Äußeres. Er ist groß und gut gebaut, sein Gesichtsausdruck lebhaft und beseelt. Er singt fehlerlos vom Blatt, spielt gut Klavier und ist im Kontrapunkt bewandert genug, um mühelos über jedes beliebige Thema fugenartig zu improvisieren. Für unsere Pariser Oper ist es wirklich bedauerlich, daß Pischek kein Wort Französisch kann. Er ist in Prag geboren und sprach zuerst böhmisch; dann lernte er Deutsch, später Italienisch; augenblicklich ist er mit dem Studium der englischen Sprache beschäftigt, und in diesem Winter wird er in London englisch singen.

Sein Erfolg mit der Esserschen Ballade in meinem Konzert war spontan und allgemein. Ein Lied, das er auf Verlangen des Publikums zugab und selbst begleitete, brachte die Zuhörer vollends in rasende Begeisterung; ein größerer Triumph war nicht vorstellbar. Wenige Tage darauf erschien er im Theater an der Wien, zuerst in Lortzings »Zar und Zimmermann«, dann in Bellinis »Die Puritaner«, darin das berühmte Duett ihm Gelegenheit gab, mit Staudigl zu wetteifern. Er sollte den ›Don Giovanni‹ singen, als ich nach Prag abreiste; ich bedauerte lebhaft, ihn nicht in der Rolle dieses Helden der Verführung und Kühnheit zu hören, den er, ich bin davon überzeugt, in idealer Weise personifiziert. Pischek hat jedoch in Wien und zwar unter ausgezeichneten Rezensenten strenge Kritiker gefunden, die seinem Gesang Geziertheit und Unnatur vorwarfen. Ich gestehe, daß ich an ihm nie etwas beobachtet habe, was mir diesen ernsten Vorwurf, den man übrigens auch Rubini oft gemacht hat, zu verdienen schien. Und ich wiederhole es, wenn es Pischek gelänge, vollkommen französisch zu sprechen (was ich heute nicht mehr für möglich halte) und man schriebe für ihn eine dankbare und leidenschaftliche Partie, würde er mit Leichtigkeit das Publikum erschüttern und die Pariser zu seinen Füßen sehen.

Der Redoutensaal verdankt seinen Namen den großen Bällen, die während des Winters dort häufig gegeben werden. Dort lebt die Jugend Wiens ihre Leidenschaft für den Tanz aus, eine echte und reizende Leidenschaft, die die Wiener dazu gebracht hat, aus dem Salontanz eine wirkliche Kunst zu machen, die über der Routine unserer Bälle ebenso hoch steht wie die Straußschen Walzer und Orchester über den Polkas und dem Gefiedel der Pariser Tanzböden. Ganze Nächte habe ich damit hingebracht, diese Tausende von unvergleichlichen Walzertänzern wirbeln zu sehen, die choreographische Ordnung dieser Kontertänze von zweihundert, in nur zwei Reihen aufgestellten Personen und die pikanten Figuren der Charaktertänze zu bewundern, deren Originalität und Präzision ich nur in Ungarn habe übertreffen sehen. Und dann ist Strauß da und dirigiert sein schönes Orchester; und wenn die neuen Walzer, die er für jeden vornehmen Ball speziell schreibt, Erfolg haben, halten die Tänzer manchmal ein, um ihm Beifall zu spenden, die Damen nähern sich dem Podium und werfen ihm ihre Blumensträuße zu, und man applaudiert »noch einmal« und ruft ihn am Schlusse der Quadrille hervor. Auf diese Weise ist der Tanz nicht neidisch und gibt der Musik ihren Teil der Freude und des Erfolgs. Dies ist gerecht, denn Strauß ist ein Künstler. Man schätzt den Einfluß nicht hoch genug, den er auf das musikalische Gefühl ganz Europas dadurch ausgeübt hat, daß er in die Walzer das Zusammenspiel verschiedenartiger Rhythmen einführte. Diese Wirkung ist so prickelnd, daß die Tänzer selbst sie schon haben nachahmen wollen, indem sie den Zweischrittwalzer geschaffen haben, obwohl die Musik zu diesen Walzern die dreiteilige Taktgliederung beibehalten hat. Wenn es außerhalb Deutschlands gelingt, dem Publikum begreiflich zu machen, welch eigentümlicher Reiz in manchen Fällen dadurch entsteht, daß man verschiedene Rhythmen gegeneinander oder übereinander anwendet, so wird man das Strauß zu verdanken haben. Beethovens Wunder in dieser Art stehen zu hoch und haben bis jetzt nur auf einzelne Zuhörer gewirkt: Strauß dagegen hat sich an das große Publikum gewandt, und seine zahlreichen Nachahmer haben ihm durch diese Nachahmung selbst unterstützen müssen.

Die simultane Anwendung unterschiedlicher Takteinteilungen und synkopischer Akzente in der Melodik verhalten sich (selbst wenn das symmetrische Schema erhalten bleibt) zum einfachen Rhythmus wie kontrapunktische, aus selbständigen Stimmen zusammengesetzte Passagen zu einfachen Akkordfolgen, ich möchte sogar sagen, wie die Harmonie zum Unisono und zu den Oktaven. Doch ist hier nicht der Ort, diese Frage genauer zu erörtern; schon vor zwölf Jahren wagte ich mich an sie heran, in einer Studie über den Rhythmus, die mir die Verwünschungen einer Menge von Leuten zuzog, die größtenteils nicht ahnen konnten, was ich meinte. Sie wissen, mein Freund, daß Frankreich, ohne in dieser Beziehung soweit zurück zu sein wie Italien, noch immer der Herd des Widerstandes gegen die Emanzipation des Rhythmus ist.

Nachdem man im Konservatorium so und so oft Weber und Beethoven gehört hat, beginnt erst heute ein kleiner Teil des Pariser Publikums zu vermuten, daß die beständige Anwendung eines einzigen Rhythmus Eintönigkeit und manchmal schlimme Plattheiten hervorbringt. Aber ich habe nicht die geringste Lust, die Rückständigen deshalb zu behelligen. Unsere französischen Bauern singen nur einstimmig. Wenn die fanatischen Verehrer des einfachen Rhythmus, der achttaktigen Sätze und der immer nur auf den ersten Taktteil fallenden Schläge der großen Trommel es je dahin bringen, die Harmonie der Rhythmen zu fühlen und zu lieben, so wird das, davon bin ich jetzt fest überzeugt, gewiß nicht früher geschehen, als die nämlichen Bauern imstande sein werden, sechsstimmig zu singen. Dies sagt zur Genüge, daß sie nie soweit kommen werden. Überlassen wir sie also ihren primitiven Genüssen.

Ich war bei einem jener nächtlichen Feste in melancholische Träumereien versunken (denn die Straußschen Walzer, mit ihren feurigen, einem Liebesruf gleichenden Melodien, haben die Gabe, mich tief traurig zu stimmen), als ein kleiner Mann mit klugem Gesicht sich durch die Menge drängte und in meine Nähe kam; es war am Tage nach einem meiner Konzerte. »Mein Herr«, sprach er lebhaft, »Sie sind Franzose, ich bin Ire, in meinem Lob verbirgt sich also kein Nationalstolz, und« (er griff nach meiner linken Hand) »ich bitte Sie um die Erlaubnis, Ihnen die Hand zu drücken, die die ›Romeo‹-Symphonie geschrieben hat. Sie verstehen Shakespeare!« – »In diesem Fall verwechseln Sie die Hände«, antwortete ich, »ich schreibe immer mit dieser.« Der Ire lächelte, nahm meine rechte Hand, die ich ihm bot, schüttelte sie herzlich und sprach, indem er sich entfernte: »O! Diese Franzosen! Über alles und alle müssen sie sich lustig machen, selbst über ihre Bewunderer!«

Ich habe nie erfahren, wer der liebenswürdige Insulaner war, der meine Symphonien für Töchter linker Hand hielt.

Über den bewunderungswürdigen Geiger Heinrich Wilhelm Ernst, der zu jener Zeit in Wien soviel Aufsehen erregte, habe ich Ihnen nichts gesagt: ich behalte mir vor, in dem Bericht über meine Rußland-Reise von ihm zu sprechen, denn ich traf ihn wieder in Petersburg, wo seine fabelhaften Erfolge in stetem Wachsen waren. Im Augenblick ruht er sich am Ostseestrand aus und läßt sich von den erhabenen Klängen der See inspirieren. Ich hoffe wohl, ihm in irgendeinem Winkel der Welt wieder zu begegnen, denn unter den Musikern sind, glaube ich, Liszt, Ernst und ich die drei größten Wanderer, die jemals durch die Lust, sich umzuschauen, und ihr unstetes Wesen aus der Heimat getrieben wurden.

Man muß schon ein solch enormes Talent wie besagter Ernst haben, um in Wien Aufsehen zu erregen, einer Stadt, in der so viele hervorragende Geiger aufgetreten sind und noch auftreten. Unter den letzteren möchte ich vor allen Mayseder erwähnen, dessen längst gesicherte Berühmtheit groß und wohlverdient ist, den jungen Joseph Joachim, der bekannt zu werden beginnt,* und den jungen Hellmesberger, Sohn des Konzertmeisters am Kärntnertor-Theater.(60)

Mayseder ist ein hervorragender Geiger, korrekt, elegant, tadellos, stets seiner Sache sicher; die beiden andern, besonders Joachim, sind feurig, kühn, wie man es in ihrem Alter ist, streben nach neuen Wirkungen, entfalten eine unbezwingliche Energie und glauben nicht an das Unmögliche. Mayseder ist Primarius des ausgezeichneten Quartetts des Fürsten Czartoryski; er hat als zweiten Geiger Strebinger, als Bratschisten Durst und als Cellisten Borzaga. Alle vier sind Mitglieder der kaiserlichen Hofkapelle. Dieses Quartett gehört zum Besten, was man in Wien hören kann, und ist wohl der andächtigen Aufmerksamkeit würdig, mit der der Fürst und einige auserwählte Zuhörer jede Woche seinen Aufführungen der Meisterwerke von Beethoven, Haydn und Mozart lauschen. Die Fürstin Czartoryska, eine kenntnisreiche und geschmackvolle Musikerin und überdies eine ausgezeichnete Pianistin, wirkt gelegentlich bei diesen Konzerten mit. Nach einem Quintett von Hummel, dessen Klavierpart sie gerade meisterhaft gespielt hatte, sagte jemand zu mir: »Es gibt entschieden keine Dilettanten mehr!« – »O!« antwortete ich, »wenn Sie eifrig suchen, werden Sie vielleicht welche finden ... sogar unter Professionellen ... Aber die Fürstin ist jedenfalls eine Ausnahme!«

Die Kaiserliche Kapelle, deren Instrumentalisten und Sänger unter Wiens besten Kräften ausgewählt werden, ist natürlich hervorragend. Sie zählt einige Chorknaben mit recht hübschen Stimmen. Ihr Orchester ist nicht sehr groß, aber exquisit; die meisten Soli werden Staudigl übertragen. Alles in allem hat mich diese Kapelle an die der Tuilerien in den Jahren 1828 und 1829, d. h. in ihrer Glanzperiode, erinnert. Ich habe von ihr eine Messe gehört, die aus Bruchstücken von verschiedenen Meistern wie Assmayer, Joseph Haydn und seinem Bruder Michael zusammengesetzt war. Früher machte man auch in Paris solche Potpourris für den Gottesdienst der Königlichen Kapelle, aber nur selten; ich

---

* Joachim ist jetzt der erste Geiger Deutschlands, vielleicht Europas und ein perfekter Künstler.

glaube, daß es in Wien auch so sein muß und daß der Zufall mich (trotz der bemerkenswerten Schönheit der Stücke, die ich hörte) schlecht bedacht hat. Der Kaiser hatte damals, wenn ich nicht irre, drei Kapellmeister, die gelehrten Kontrapunktisten Eybler und Asmayer sowie Weigl, der einige Tage vor meiner Abreise aus Wien starb. Letzterer ist uns in Frankreich durch seine Oper »Die Schweizer Familie« bekannt, die 1828 in Paris aufgeführt wurde. Dieses Werk hatte wenig Erfolg; es schien den Musikern matt und farblos, und ein schlechter Witz behauptete, es sei ein mit Milch geschriebenes Pastorale.

Etwas ist mir in Wien aufgefallen und hat mich peinlich berührt: nämlich die unglaubliche Unwissenheit, die im allgemeinen über Glucks Werke herrscht. Wie viele Musiker und Musikfreunde habe ich nicht gefragt, ob sie »Alceste«, »Armide« oder eine der beiden »Iphigenien« kennen, und stets bekam ich zur Antwort: »Diese Opern werden in Wien nie aufgeführt, daher kennen wir sie nicht.« Ihr Unglückseligen! Ob sie aufgeführt werden oder nicht, Ihr müßtet sie auswendig können. Natürlich werden Musik-Agenten wie die Herren Balochino und Pokorny, die sich weniger um schöne Partituren kümmern als um große Einnahmen, den König von Preußen nicht nachahmen und sich nicht den Luxus leisten, ältere Meisterwerke aufführen zu lassen, wenn sie dem Publikum modische Produkte wie Flotows »Stradella« oder »Indra« anbieten können.

Man erwähnte sogar als bemerkenswertes Ereignis der Saison die soeben gemachte Entdeckung von Glucks Grab! Die Entdeckung! Begreifen Sie das? Es war also unbekannt? ... Ganz richtig. O meine Herzens-Wiener! Ihr seid würdig, Paris zu bewohnen! Diese Tatsache hat indessen nichts sehr Eigentümliches an sich, wenn man bedenkt, daß man zu dieser Stunde gar nicht weiß, wo Mozarts Überreste ruhen!

In meinem ersten Brief schrieb ich einiges, was Ihnen keinen sehr günstigen Eindruck vom Wiener Konservatorium gegeben haben kann. Trotz der Verdienste des Direktors Preyer und der Talente der Herren Joseph Fischhoff, Boehm und noch andrer ausgezeichneter Professoren entspricht das Konservatorium an Bedeutung und Anzahl seiner Klassen nicht dem, was man in einer musikalischen Metropole wie Wien erwarten sollte. Wie es scheint, befand es sich sogar vor einigen Jahren in einem solchen Zustand der Zerrüttung, daß es ohne die außergewöhnliche Energie, die Intelligenz und die Hingabe des Dr. J. Bacher, der es wieder auf die Füße brachte, nicht mehr existieren würde. Bacher ist kein Künstler; er gehört zu den Freunden der Musik, von denen in Europa zwei bis drei zu finden sind, die einfach aus Liebe zur Kunst die schwierigsten Aufgaben auf sich nehmen und bisweilen auch gut durchführen, die sich durch ihren reinen Geschmack eine wirkliche Macht über die Meinung verschaffen und sogar oft das zu vollbringen vermögen, was Herrscher tun sollten und nicht tun. Ungeheuer aktiv, ausdauernd, energisch und großzügig, ist Bacher die festeste Stütze der Musik in Wien und ein Segen für die Musiker.

In dem kleinen, aber vorzüglichen Saal des Konservatoriums finden unter der geschickten Leitung des Barons von Lannoy die philharmonischen Konzerte statt sowie die Zusammenkünfte des Männerchors, einer vorzüglichen Vereinigung, die ein Herr Barth mit ebensoviel Eifer wie Verständnis leitet. Dort hörte ich auch fünf- oder sechsmal den erstaunlichen Pianisten Dreyschock, einen hochtalentierten, brillanten jungen Mann voller Energie, mit außerordentlichem technischem Geschick und hervorragendem musikalischem Empfinden, der in die eigene Klaviermusik eine Menge von äußerst wirkungsvollen Kombinationen eingeführt hat.

Ich bitte so und so viele bemerkenswerte Künstler um Verzeihung, weil ich mich gezwungen sehe, nur kurz über sie zu sprechen. Es mangelt mir an Raum; um jedem volle Gerechtigkeit widerfahren zu lassen und um alle musikalischen Schätze Wiens einzeln aufzuzählen, müßte ich ein Buch schreiben.

Und doch habe ich noch nichts von einigen seiner hervorragendsten künstlerischen Persönlichkeiten gesagt, von jenen, deren Talent besonders zur Komposition von Kammermusik neigt wie Quartette und Lieder mit Klavierbegleitung. Zu ihnen gehört Alfred Becher, eine träumerische, in sich verschlossene Seele; seine Kühnheit in der Harmonie übertrifft alles, was man bis jetzt versucht hat, er strebt danach, die Form des Quartetts zu erweitern und ihm einen neuen Charakter zu geben. Herr Becher ist außerdem ein ausgezeichneter Schriftsteller, und seine Kritiken werden von der Wiener Presse hochgeschätzt.*

Auch Rat Wesque von Putlingen, der seine Werke unter dem Namen Hoven veröffentlicht, hat mir recht angenehme Stunden bereitet durch den Vortrag seiner Lieder, die so einschmeichelnd melodiös, so humorvoll und von solch pikanten Harmonien begleitet sind. Dieselben Eigenschaften habe ich in zwei von ihm komponierten Opern bemerkt, die ich leider nur am Klavier habe hören können.

Herr Dessauer ist bei uns, glaube ich, durch seinen zweijährigen Aufenthalt in Paris von 1840 bis 1842 besser bekannt. Damals setzte er eine ganze Anzahl Stücke von unseren ersten Dichtern in Musik. Er

* Unglücklicher Becher! Ich erfahre, daß er sich in die Glut des letzten Aufstandes in Wien gestürzt hat, daß er gefangen, vor Gericht gestellt, verurteilt und erschossen worden ist! ...

fährt fort, seine Sammlung von Liedern zu bereichern, von denen die meisten in der kunstsinnigen Gesellschaft unbestreitbaren Erfolg haben. Dessauers Element ist ausschließlich das elegische; er fühlt sich nur behaglich im Unbehagen der Seele; die Leiden des Herzens sind sein süßester Genuß und die Tränen seine ganze Freude. In Wien wie in Paris war Dessauer stets mit mir in höflichem Kampf. Seine fixe Idee ist, mich zu einer musikalischen Lehre zu bekehren, die ich noch nicht kenne, denn er hat sich nie entschließen können, sie mir zu offenbaren. Sobald sich nämlich die Gelegenheit zu einer »gründlichen Aussprache«, wie er es nannte, bot und er zu seiner Predigt ansetzen wollte, sah ich ihm mit so ernster Miene ins Gesicht, daß er meinte, ich wollte mich über ihn lustig machen; dann fiel er in sein übliches Schweigen zurück und verschob meine Bekehrung auf bessere Zeiten. Wenn alle Prediger so gehandelt hätten, würden wir noch in der Nacht des Heidentums stecken.

Ich darf hier nicht vergessen, die Herzlichkeit zu erwähnen, mit der mich in Wien die meisten Journalisten empfangen haben, die gleich mir das harte und steinige Feld der Kritik bebauen, allzu oft nur, um Disteln und Brennesseln darauf wachsen zu sehen. Sie haben mich als Kollegen behandelt, und ich danke ihnen dafür. Einer von ihnen, Moritz Saphir, hält jedes Jahr einen literarischen und musikalischen Vortrag, in dem es seinem sprühenden Geist trotz der Fesseln der Zensur gelingt, Menschen und Mißstände zu geißeln, zur Freude seiner Zuhörer, die wie alle Zuhörer in der Welt es lieben, wenn jemand verrissen wird.

Ich sagte noch nichts über den Taktstock*, den mir meine Freunde in Wien bei einem Abendessen nach meinem dritten Konzerte so liebenswürdig überreichten, noch auch von dem schönen Geschenk des Kaisers noch von vielen Dingen, über die die Zeitungen damals bis zum Überdruß berichtet haben. Alles Angenehme, was mir auf dieser Reise begegnete, ist Ihnen ja bekannt, es wäre also zum mindesten unnötig, darauf zurückzukommen.

---

* Dieser Taktstock ist aus vergoldetem Silber, trägt die Namen all derer, die ihn mir überreichten, und ist mit einem Lorbeerzweig umwunden, auf dessen Blättern die Titel meiner Werke verzeichnet sind. Der Kaiser sandte mir nach einem Konzert im Redoutensaal hundert Dukaten (1100 Francs). Dagegen beauftragte er jemanden, mir folgendes eigentümliche Kompliment zu übermitteln: »Sagen Sie Berlioz, daß ich mich gut amüsiert habe.«

LXVI.

Budapest
Dritter Brief – An Humbert Ferrand

Wenn man in Österreich reist, muß man unbedingt drei von seinen Hauptstädten besuchen, nämlich Wien, Pest[(61)] und Prag. Es behaupten allerdings gewisse grämliche Gemüter, Pest liege in Ungarn und Prag in Böhmen; nichtsdestoweniger bilden aber diese beiden Staaten einen wesentlichen Teil des österreichischen Kaiserreichs und sind ihm mit Leib und Seele, mit Hab und Gut ergeben, ungefähr wie Irland den Engländern, Polen den Russen, Algerien den Franzosen ergeben ist, wie zu allen Zeiten alle eroberten Völker ihren Eroberern ergeben waren. Reisen wir also nach Pest, einer österreichischen Großstadt in Ungarn. In meinen Beziehungen zur Donau habe ich kein Glück. Wie ich Ihnen schon sagte, hatte sie, als ich mich in Regensburg nach Wien einschiffen wollte, ihren letzten Dampfer davongetragen; sie hüllte sich in Nebel, um mich daran zu hindern, ihren Lauf bis Pest zu verfolgen, und Sie werden sehen, daß sich der alte Fluß in der schlechten Behandlung meiner Person damit noch nicht zufrieden gab. Offenbar sah er mich höchst ungern in seinen Bereich gelangen, und er schien mir den Eintritt nicht nur erschweren, sondern sogar verbieten zu wollen. Und wie habe ich diesen mächtigen, großartigen Strom bewundert und gelobt! Er hätte für meine Bewunderung empfänglich sein sollen. Aber im Gegenteil, je mehr ich vor seiner Pracht in Ekstase geriet, desto feindseliger wurde er; und ich konnte von ihm wie Lafontaine von seinem Löwen sagen:

Der große Herr, der Löwe da
Verwandt war mit Caligula.

Bevor ich Wien verließ, gab ich dem Wunsche Ausdruck, dem Fürsten Metternich vorgestellt zu werden: aber selbst hochgestellte Freunde, die am ehesten in der Lage waren, mir Zutritt zu verschaffen, schienen über meine Bitte in Verlegenheit zu geraten, und ich war nahe daran, zu verzichten. Ich sollte einen Offizier besuchen, der mit einem Rat bekannt war, der mit einem Mitglied der Hofkanzlei reden würde, dessen Position es ihm ermöglichte, mich bei einem Gesandtschaftssekretär einzuführen, der den Gesandten bitten könnte, mit dem Minister zu sprechen, damit dieser mich einführe. Ich fand den Umweg denn doch etwas zu lang, und so kam mir der Gedanke, den Offizier, den Rat, den Kanzler, den Sekretär, den Gesandten und den Minister ganz allein zu vertreten und mich selber vorzustellen. Als meine Freunde erfuhren, in welches

Abenteuer ich mich da stürzen wollte, müssen sie mich für närrisch oder zumindest für einen Anderthalb-Franzosen gehalten haben. Wie dem auch sei – ich trotzte der österreichischen Etikette oder auch der Ansicht, die man vor ihrer Strenge hat, und machte mich auf den Weg zum Palais des Fürsten. Ich steige hinauf, treffe im Salon einen wachhabenden Offizier, überreiche ihm meine Karte und teile ihm meinen Wunsch mit. Er entfernt sich und kommt wenige Augenblicke später wieder, um mir zu melden, daß Seine Hoheit in einigen Minuten frei sein werde und mich gern empfangen wolle. In der Tat wurde ich ohne weitere Umschweife vorgelassen. Der Fürst war sehr liebenswürdig, fragte mich über Musik aus, besonders über meine eigene, die er nur vom Hörensagen kannte, und es schien mir, daß er eine sehr eigenartige Vorstellung von ihr hatte; ich versuchte also, ihm einen anderen Begriff zu geben. Kurz, es war ein herzlicher Empfang, und ich wunderte mich nur, wie leicht es mir gefallen war, die Gesetze der deutschen Etikette umzustoßen, und war nicht wenig stolz darauf, für ein paar Augenblicke und ohne in Verlegenheit zu geraten die Funktionen eines Offiziers, eines Rates, eines Kanzleibeamten, eines Gesandtschaftssekretärs, eines Gesandten und eines Ministers ausgeübt zu haben. Und so erkannte ich wieder einmal die Wahrheit des Wortes im Evangelium: »Klopfet an, und es wird euch aufgetan«, wie auch das außerordentliche Taktgefühl, mit dem manche hohe Herrschaften gelegentlich sagen: »Sinite parvulos venire ad me«[62] – selbstverständlich unter der Voraussetzung, daß die »parvuli« Fremde sind, egal ob gewitzt oder nicht, und daß sie jener Klasse von zwar überflüssigen, aber gern aus der Nähe besichtigten Leuten angehören, die man jetzt Dichter, Musiker, Maler, mit einem Wort: Künstler nennt, während man sie im Mittelalter in ziemlich unhöflicher Weise als Spielleute, Troubadours, Komödianten und Zigeuner bezeichnete.

Sie werden sich vielleicht darüber wundern, mein lieber Humbert, daß ich meinen mächtigen Einfluß nicht dazu benutzt habe, mich bei der kaiserlichen Familie einführen zu lassen und ihr meine Huldigung darzubringen, und Sie werden recht haben. Tatsächlich war meine Zurückhaltung durch einen Umstand verursacht, den ich Ihnen im Vertrauen mitteilen will. Es war mir gleich in der ersten Zeit meines Aufenthaltes in Wien zu Ohren gekommen, daß die Kaiserin, dieser Engel an Frömmigkeit, Sanftmut und Aufopferung, eine noch kauzigere Meinung von mir hatte als der Fürst Metternich von meiner Musik. Gewisse allzu barbarische Passagen in meinen »Reisen in Italien«, die überdies von guten Freunden in entsprechender Weise kommentiert worden waren – Sie wissen ja, allerorten kann man das Opfer guter Freunde werden, sogar am österreichischen Hof – hatten mir bei den allerhöchsten Herrschaften allen Ernstes die Reputation eines Berufs-Banditen eingetragen. Nun fühlte ich mich nicht nur geschmeichelt, um es mild auszudrücken, sondern war wirklich stolz auf diesen eigentümlichen Ruhm, der mir da so in den Schoß gefallen war. Ich sagte mir, was Sie sich an meiner Stelle auch gesagt haben würden, daß nämlich ein kleiner Glorienschein von Missetaten, seitdem Byron ihn in Mode brachte, etwas zu Vornehmes ist, um ihn nicht sorgsam zu hüten, wenn man das Glück hat, ihn zu besitzen, und sollte er auch eine ganz unwürdige Stirn schmücken. Ich zog also folgenden Schluß: Wenn ich mich am Hofe vorstelle, dann ist anzunehmen, daß die Kaiserin geruhen wird, das Wort an mich zu richten; ich werde natürlich, so gut ich kann, antworten müssen, und wenn die Unterhaltung einmal im Gange ist, weiß Gott, wohin sie mich führen wird. Ihre Majestät könnte ihr Urteil über mich revidieren, in mir nur noch, wie in tausend anderen, einen Verehrer ihrer Anmut und Grazie erblicken; in meinen Augen wird sie keine Blutrünstigkeit, in meiner Haltung nichts Mörderisches, in meiner Stimme nichts Tigerhaftes entdecken; zwar wird meine Nase noch immer wie eine Adlernase wirken, aber im ganzen wird für sie mein Äußeres so gar nicht meiner eigentlichen Tätigkeit entsprechen, und ich werde einfach als ehrlicher Mensch gelten, der außerstande ist, Unheil anzurichten oder auch nur eine Postkutsche zum Halten zu zwingen. Nein, beim Teufel! Lieber will ich Bandit bleiben und schleunigst abreisen, denn die Entfernung kann dem Blühen und Gedeihen meines Glorienscheines nur günstig sein.

Deshalb habe ich mich hartnäckig geweigert, mir die Ehre einer Audienz am Wiener Hof anzutun, und bin eines schönen Morgens so plötzlich nach Ungarn abgefahren. Hier soll nun der Bericht meiner Auseinandersetzungen mit der Donau Platz finden. Jeden Tag hüllte sie sich in eine Wolke, wie die Götter Homers, wenn sie irgend eine böse Tat zu begehen hatten; daher Unterbrechung der Fahrt und die Notwendigkeit für die Reisenden, nach Pest die Landstraße zu benutzen. Ich drücke mich da recht anständig aus. Sie müssen wissen, mein Freund, daß in jener weiten Ebene, die sich von Wien bis nach Pest erstreckt, einfache Kieselsteine ebenso selten sind wie Smaragde; daß der Boden aus einem feinen, wie durch ein Sieb getriebenen Staub besteht, in dem, wenn er vom Regen durchweicht wird, Löcher entstehen, durch die man sich mit Hilfe vieler Pferde schleppen muß und in die man jeden Augenblick hineinsinkt, auf die Gefahr, nicht mehr herauszukommen. Ich hätte also Schlammstraße und nicht Landstraße sagen sollen. Sie können sich wohl die Reize einer solchen Fahrt vorstellen. Allein dies ist noch nichts.

Fällt es da doch der Donau ein, über die Ufer zu treten und mit ihren wilden Fluten den schwarzen Graben zu bedecken, in dem wir seit fünfzehn Stunden wateten und den man mit Beharrlichkeit in dieser Gegend Landstraße nennt!

Um Mitternacht wurde ich aus meinem resignierten Dahinschlummern geweckt: der Wagen hatte gehalten, und das Wasser umrauschte uns mit lautem Getöse. Der Kutscher, der aufs Geratewohl durch die Gegend gefahren war, hatte uns in das Flußbett gebracht und getraute sich nicht mehr, eine weitere Bewegung zu machen.

Indessen stieg das Wasser. Einer der Mitreisenden, ein ungarischer Offizier, hatte schon ein- oder zweimal durch das kleine, in der Zwischenwand des unglückseligen Wagens angebrachte Fenster zu mir gesprochen.

»Herr Hauptmann!« sagte ich nun meinerseits.

»Mein Herr?«

»Glauben Sie nicht, daß wir gleich ertrinken werden?«

»Doch, mein Herr, ich glaube es. Darf ich Ihnen eine Zigarre anbieten?«

Seine Kaltblütigkeit machte mir Lust, ihm einen Faustschlag zu versetzen, und aus Wut nahm ich seine Zigarre und begann schleunigst zu rauchen.

Das Wasser stieg noch immer.

Dann riskiert der Kutscher eine verzweifelte Anstrengung, wendet plötzlich um, auf die Gefahr hin, uns in den Strom zu werfen, es gelingt ihm, das rechte Ufer zu erklimmen, dem wir zum Glück ziemlich nahe gewesen waren, nimmt den Weg durch die Felder und fährt uns geradewegs – in einen See. Diesmal war ich sicher, nun sei alles aus, und so sprach ich auf's neue den Offizier an:

»Herr Hauptmann, haben Sie noch eine Zigarre?«

»Jawohl!«

»Nun, geben Sie mir sie schnell her, denn diesmal werden wir ganz gewiß ertrinken!«

Glücklicherweise kam ein braver Bauer vorbei (weiß der Teufel, wohin der zu solcher Stunde und auf solchen ›Wegen‹ gehen mochte), der uns aus dem See heraushalf und unserem unglücklichen Phaëton Anweisungen gab, mit deren Hilfe er seinen Weg wiederfand. Geschüttelt und gestoßen, durch Gräben und Löcher, abwechselnd durch Wasser in den Schlamm und durch Schlamm ins Wasser fahrend, erreichten wir am folgenden Tage Pest; das heißt, wir befanden uns gegenüber von Pest, am anderen Ufer der Donau, die uns in Ermangelung einer Brücke gütig gestattete, sie im Boot zu überqueren. An jenem Ufer lag eine größere Stadt, und ich fragte den Hauptmann nach ihrem Namen.

»Das ist Buda«, sagte er.

»Wie, Buda? Auf meiner Karte von Österreich heißt die Stadt, die gegenüber von Pest liegt, ganz anders. Da, sehen Sie, sie heißt Ofen.«

»Richtig, das ist Buda; Ofen ist die deutsche, recht freie Übersetzung des ungarischen Namens.«

Nun begriff ich: die deutschen Karten sind, wie es scheint, ebenso schlau verfaßt wie die französischen. Nur sollte man auf die einen: »Ratisbonne, sprich Regensburg« und auf die anderen: »Ofen, sprich Buda« setzen!

Als ich ankam, leistete ich mir ein Vergnügen, das ich mir versprochen hatte, falls ich der Donau und dem Schlamm entgehen sollte; ich nahm ein Bad, trank zwei Glas Tokaier und schlief zwanzig Stunden lang, nicht ohne vom Ertrinken und von Schlammseen zu träumen. Alsdann mußte ich mich wohl oder übel um die Vorbereitungen zu meinem ersten Konzert kümmern, mit den Direktoren ein Übereinkommen treffen, nach Violinspielern sehen, den Kapellmeister, die Sänger besuchen usw. usw. Man hatte mir geraten, für die Aufführung meiner Konzerte dem National-Theater vor dem Deutschen Theater den Vorzug zu geben. Dank dem Wohlwollen und dem Einfluß des Intendanten Graf Raday waren die Hauptschwierigkeiten bald überwunden. Ich war nur wegen der Zusammenstellung meines Orchesters in Unruhe, denn es ist so schwach besetzt, daß ich nicht daran denken konnte, meine Symphonien mit so wenig Streichern auszuführen. Andererseits war es unmöglich, Musiker vom Deutschen Theater zu Hilfe zu nehmen wegen einer Bestimmung, die Ihnen von der rührenden Zärtlichkeit der Ungarn für alles, was aus Deutschland zu ihnen kommt, einen Begriff geben wird. Es ist im National-Theater verboten, irgendeinen Künstler vom Deutschen Theater, sei er Sänger, Chorist oder Orchestermitglied, zuzuziehen, und wenn eine Hilfe noch so notwendig wäre. Noch mehr, es ist im ungarischen Theater erlaubt, in allen modernen und alten Sprachen zu singen, mit der einzigen Ausnahme der deutschen, deren Gebrauch in aller Form untersagt ist. Mit dieser eigentümlichen Regel in einem unter österreichischer Herrschaft stehenden Land ahmen die Ungarn Napoleons Kontinentalsystem nach, wenden es auf Deutschland im allgemeinen und Österreich im besonderen an: So werden auch die Produkte deutscher Industrie verworfen, und es wird in allen Klassen der Bevölkerung als Pflicht betrachtet, nur Waren zu kaufen, die in Ungarn und von Ungarn verfertigt werden. Daher in den Läden von Pest die in großen Lettern prangende Bezeichnung »hony«, die mich am ersten Tage so sehr befremdet hatte und gleichbedeutend ist mit national.

Es war ein großes Glück, daß ein Musikverleger aus Wien, Heinrich Müller (der zuvorkommendste aller Menschen, der mich während meines Aufenthaltes in Österreich mit Beweisen der Ergebenheit überhäuft hat), mir einen Brief für einen seiner Kollegen in Pest namens Treichlinger, einen der großen Geiger der alten deutschen Schule, mitgegeben hatte. Herr Treichlinger brachte mich mit den Hauptmitgliedern der Pester Philharmonischen Gesellschaft in Verbindung, verschaffte mir schnell einen Zuwachs von etwa zwölf ausgezeichneten Violinspielern und erbot sich, sie selber anzuführen. Alle erfüllten ihre so bereitwillig übernommene Aufgabe aufs glänzendste, und die Aufführung soll zu den besten gehört haben, die man seit langem in Pest gehört hatte. Auf dem Programm stand auch jener Marsch, der jetzt den Abschluß des zweiten Teils meiner »Faust«-Legende bildet. Ich hatte ihn in der Nacht vor meiner Abreise nach Ungarn geschrieben. Ein Wiener Musikliebhaber, der die Sitten des Landes, das ich besuchen wollte, genau kannte, war einige Tage vorher zu mir gekommen und hatte einen Band alter Melodien mitgebracht. »Wenn Sie den Ungarn eine Freude machen wollen«, sagte er, »dann komponieren Sie ein Stück über eine ihrer Nationalmelodien; Sie werden sie damit in Entzücken versetzen, und bei ihrer Rückkehr müssen Sie mir von ihrem Applaus und ihren Eljen-(Hoch!)-Rufen erzählen. Sie brauchen sich nur etwas aus diesem Band herauszugreifen.« Ich befolgte den Rat und wählte das Rákóczy-Thema, über das ich den Ihnen bekannten großen Marsch schrieb.

Kaum hatte sich in Pest die Ankündigung dieses hony-Musikstückes verbreitet, als die nationale Phantasie zu gären begann. Man fragte sich, wie ich dieses berühmte und sozusagen heilige Thema, das seit langem die ungarischen Herzen in Begeisterung für Freiheit und Ruhm höher schlagen läßt, behandeln würde. Es herrschte sogar eine gewisse Unruhe darüber – man fürchtete eine Entheiligung. Diese Unruhe war übrigens nur zu gut durch eine Menge von erbärmlichen Potpourris und Arrangements berechtigt, in denen Melodien, die alle Achtung verdienen, auf schreckliche Art geschändet sind. Vielleicht waren auch so manche Ungarn Zeugen jener Barbarei gewesen, mit der in Paris an Nationalfeiertagen unsere unsterbliche Marseillaise in den Schlamm niedriger Musikproduktion gezogen wird!

Schließlich kann einer von ihnen, ein Herr Horvath, der Chefredakteur einer ungarischen Zeitung, seine Neugierde nicht mehr bezähmen, er geht zu dem Verleger, mit dem ich wegen der Veranstaltung des Konzerts in Verbindung stand, fragt nach der Wohnung des Kopisten, der die Orchesterstimmen aus meiner Partitur herauszuschreiben hat, stürzt zu ihm, verlangt mein Manuskript und liest es aufmerksam durch. Von dieser Prüfung wenig befriedigt, konnte mir Herr Horvath am folgenden Tage seine Unruhe nicht verbergen:

»Ich habe Ihre Partitur vom Rákóczy-Marsch gesehen«, sagte er.

»Nun?«

»Nun, ich habe Angst.«

»Aber nein ... «

»Sie haben unser Thema *piano* eingeführt, während wir gewohnt sind, es *fortissimo* spielen zu hören.«

»Ja, von Ihren Zigeunern. Übrigens ist das alles? Seien Sie ruhig, Sie werden ein *forte* haben, wie Sie in Ihrem Leben noch keins gehört haben. Sie haben nicht richtig gelesen. Bei jeder Sache muß man, wie Lafontaine sagt, ans Ende denken.«

Am Konzerttag schnürte mir eine gewisse Angst die Kehle zu, als der Augenblick kam, mit diesem Teufelsstück herauszurücken. Nach einem Trompetenmotiv, das im gleichen Rhythmus gehalten ist wie die ersten Takte der Melodie, erscheint, wie Sie sich wohl erinnern, das Thema, von Flöten und Klarinetten *piano* gespielt und von den Streichinstrumenten *pizzicato* begleitet. Bei dieser unerwarteten Einführung blieb das Publikum schweigsam und ruhig, als aber in einem langen *crescendo* Bruchstücke des Themas sich fugenartig wieder hören ließen, unterbrochen von dumpfen, einem fernen Kanonenschuß ähnlichen Schlägen der großen Trommel, fing es im Saale an, mit einem unbeschreiblichen Getöse zu gären, und in dem Augenblick, da das entfesselte Orchester wie in einem wilden Handgemenge sein solang zurückgehaltenes *fortissimo* losließ, wurde der Saal von unerhörtem Geschrei und Getrampel erschüttert, die gestaute Erregung all jener glühenden Seelen kam zum Ausbruch in Tönen, die mich vor Schrecken schaudern machten; ich glaubte zu fühlen, wie mein Haar sich sträubte, und von jenem verhängnisvollen Takt an mußte ich dem Schluß meines Stückes Ade sagen, denn der Sturm im Orchester war nicht imstande, gegen den Ausbruch jenes Vulkans aufzukommen, dessen Heftigkeit durch nichts gehemmt werden konnte. Wir mußten von vorn anfangen, das kann man sich leicht denken, und das zweite Mal konnte sich das Publikum nur mit Mühe zwei bis drei Sekunden länger als das erstemal beherrschen, um einige Takte der *coda* zu hören. Herr Horvath gebärdete sich in seiner Loge wie ein Besessener; ich konnte mich nicht enthalten, zu lachen und ihm einen Blick zuzuwerfen, der besagte: »Nun, haben Sie immer noch Angst? Sind Sie mit Ihrem *forte* zufrieden?« Ich hatte wohlgetan, die Rákóczy-indoló (so heißt das Stück in ungarischer Sprache) an das Ende des Konzerts zu setzen, denn alles, was man nachher hätte zu Gehör bringen wollen, wäre verloren gewesen.

Nach diesem Orkan war ich selber, wie man sich vorstellen kann, heftig bewegt, und ich wischte mir gerade in einem kleinen Zimmer hinter der Bühne die Stirn ab, als ich noch folgendes Nachspiel erlebte:

Ich sehe plötzlich einen ärmlich gekleideten Mann mit sonderbarem Gesichtsausdruck eintreten. Sobald er mich erblickt, stürzt er auf mich zu; er umarmt mich leidenschaftlich; seine Augen füllen sich mit Tränen, und er stößt mühsam hervor: »Ach! Mein Herr, mein Herr ... ich Ungar ... ich armer Teufel ... spreche nicht französisch ... *un poco l'italiano* ... Verzeihen Sie ... meine Aufregung ... Oh! Ich habe Ihre Kanone verstanden ... ja, ja ... die große Schlacht ... Hunde, die Deutschen!« Und indem er mit der Faust auf seine Brust schlug: »Ich trage Sie ... in meinem Herzen. ... Ha! Die Franzosen ... revolutionär ... können Revolutionsmusik schreiben!«

Ich will nicht versuchen, die furchtbare Aufregung dieses Menschen, seine Tränen, sein Zähneknirschen zu beschreiben: es war beinahe erschreckend, es war jedenfalls großartig!

Sie können sich wohl denken, mein lieber Humbert, daß von da an die Rakoczy-indulo auf allen Programmen stand und stets die gleiche Wirkung erzielte. Ich mußte sogar, als ich abreiste, der Stadt Pest mein Manuskript lassen, das man behalten wollte und wovon ich einen Monat später in Breslau eine Abschrift erhielt. Der Marsch wird jetzt in Ungarn bei großen Gelegenheiten gespielt. Aber ich muß hier den Kapellmeister Ferenc Erkel(63) darauf aufmerksam machen, daß ich seither die Instrumentierung dieses Stückes an manchen Stellen geändert und die *coda* um etwa dreißig Takte verlängert habe, was mir deren Wirkung zu erhöhen scheint. Ich werde ihm, sobald es mir der Verleger erlaubt, die revidierte, verbesserte und vermehrte Auflage meiner Partitur zuschicken.* Erkel ist ein ausgezeichneter und hochbegabter Mann; während meines Aufenthalts in Pest hörte ich seine Oper »Hunyadi Lászlo«, deren Handlung der Heldengeschichte Ungarns entnommen

---

* (6. März 1861.) Ich habe soeben diese Partitur nach Ungarn geschickt. Ein Verein von jungen Ungarn hat mir vor einigen Wochen eine köstlich gearbeitete silberne Krone zugesandt, die auf einem Schild mit dem Wappen der Stadt Raab (Györ) folgende Worte trägt: »Für Hector Berlioz – die Jugend von Györ«. Das Geschenk war von einem Brief begleitet. In meiner Antwort schrieb ich: »Ich habe Ihr schönes Geschenk erhalten sowie den schmeichelhaften Brief, den Sie beifügten. Dieser Freundschaftsbeweis aus einem Land, an das ich mich so gern erinnere, hat mich tief berührt. Die Wirkung meines Stücks ist ohne Zweifel den Empfindungen zu verdanken, die Ihr Nationalthema in Ihnen erweckt, in all denen, die es (um Ihr poetisches Wort anzuwenden) ›zum Leben führen‹ soll, und von denen man mit Vergil sagen könnte: ›Wut und Erbitterung spornen die Sinne an, und schön scheint's, in Waffen zu sterben ...‹ Wenn Sie aber in meiner Musik auch nur einen Funken von jener Begeisterung gefunden haben, die in den edlen ungarischen Seelen brennt, muß ich mich sehr glücklich schätzen und dies als einen Erfolg betrachten, den ein Künstler nur höchst selten erringen kann ... «

ist. Vieles in der Partitur fällt durch Originalität und mehr noch durch Tiefe der Empfindung auf; zudem ist sie sauber gearbeitet und in einer sehr intelligenten und delikaten Weise instrumentiert, womit nicht gesagt sein soll, daß es dem Klangbild an Kraft fehle. Frau Schodel, eine echt lyrische Tragödin aus der Schule von Madame Branchu (eine ausgestorbene Schule, aus der ich keinen Nachwuchs in Ungarn zu finden erwartete), spielte und sang sehr schön die weibliche Hauptpartie. Ich muß noch in der ungarischen Truppe einen ausgezeichneten Tenor namens Feredy erwähnen. Besonders schön singt er jene nationalen Lieder und Romanzen, die den Ungarn so teuer sind und denen er durch seine Art der Akzentuierung solch eigentümlichen Reiz verleiht, daß sie, so gesungen, gewiß jedem Volk gefallen würden. Der Konzertmeister ist ein sehr talentvoller Geiger namens Kohne, der sich lange in Paris aufhielt und sogar, wenn ich nicht irre, an unserem Konservatorium ausgebildet wurde. Der Chor am Nationaltheater in Pest ist sehr schwach, sowohl in Bezug auf Quantität wie auf Qualität und Ausbildung der Stimmen. Die ungarische Sprache ist für die Musik nicht ungünstig, sie ist sogar meiner Ansicht nach viel weniger hart als das Deutsche. Das Ungarische ist doch wirklich einmal eine richtige Sprache, eine, die keiner versteht ... ohne sie gelernt zu haben. Man darf keine Ähnlichkeiten zwischen dem Ungarischen und irgend einer anderen bekannten Sprache suchen, man würde keine finden. Selbst einige Ausdrücke in der Musik, die dem Italienischen entstammen und in allen europäischen Sprachen fast unverändert beibehalten wurden, werden im Ungarischen durch besondere Vokabeln wiedergegeben, die zusammengesetzt oder einfach sein können, jedenfalls aber eine andere Wurzel haben. Nehmen wir als Beispiel: Konzert. Man findet dieses Wort in fast gleicher Gestalt wie im Italienischen auch in spanisch, französisch, deutsch, englisch, russisch. Aber raten Sie einmal, was man auf ungarischen Anschlagzetteln sieht? »Hangverseny«, nicht mehr und nicht weniger. Es bedeutet wörtlich: Zusammenwirken von Tönen. (Oder auch: Wettbewerb von Tönen.)

Meine musikalischen Aktivitäten hinderten mich nicht, an zwei von ungarischen Adligen veranstalteten Bällen sowie an einem politischen Bankett teilzunehmen. Ich habe nie eine solche originelle Pracht erlebt wie bei diesen Bällen; ich sage das nicht nur wegen des ungeheuren Luxus, der dort entfaltet wird, sondern auch wegen der malerischen, originellen Nationalkostüme und der Schönheit der stolzen Rasse der Magyaren. Die Tänze unterscheiden sich in ihrem Charakter wesentlich von denen, die im übrigen Europa bekannt sind. Unsere kühlen französischen »Contre-danses« spielen dort nur eine untergeordnete Rolle. Mazurka, Tarsalgo, Keringo und Csardas hingegen herrschen fröhlich und unumschränkt. Der Csardas besonders, ein Import vom Lande, den die Bauern mit solch überströmender Freude und vehementem Schwung tanzen, schien mir die besondere Gunst der aristokratischen Tänzer zu genießen und zwar trotz der schüchternen Bemerkungen eines unglücklichen Kritikers, dem es eingefallen war, die Figuren und Bewegungen des Czardas allzu locker zu finden und sie, meiner Ansicht nach zu Unrecht, mit den Ausschweifungen jenes Tanzes zu vergleichen, den die Pariser Polizei untersagt hat.(64) Deshalb wurde er auch mit Gott weiß welcher Salve von Vorwürfen und so und so vielen niederschmetternden Blicken aus schönen Augen empfangen, als er nach der Veröffentlichung seines Artikels sich getraute, auf dem Ball zu erscheinen. Der Schreiber, obwohl *echter* Ungar, wurde *geächtet*.(65) (Den Kalauer habe ich genau vor 48 Stunden ausgebrütet.) Bei dem politischen Bankett, zu dem ich zugelassen wurde, hatte ich Gelegenheit, den berühmten Redner Deak zu sehen und zu hören, jenen ungarischen O'Connell, dessen Name in jedem Munde ist, dessen Bild man in jedem Hause antrifft. Gleich dem bekannten Verteidiger Irlands will Deak nur stufenweise und auf gesetzlichem Wege zu den Reformen gelangen, die seinem Lande not tun, und er hat große Mühe, die bebende Ungeduld seiner Partei zu zügeln. Er sprach an jenem Abend wenig, und ich erriet den Inhalt seiner Rede aus den Worten »*Fabius cunctator!*«, die einer meiner Nachbarn mit finsterem und unzufriedenem Aussehen vor sich hinwarf.

Man zeigte mir unter den Gästen einen jungen Mann mit sehr charakteristischem Gesicht. »Er gleicht dem Atlas«, sagte Horvath. – »Wieso dem Atlas?« – »Er ist ein Dichter, er heißt . . . Hugo . . . «

Während der Tafel spielte ein kleines Orchester von dunkelhäutigen Zigeunern auf die eigene, ursprüngliche, wildeste Art ungarische Volksmelodien, die im Wechsel mit Ansprachen und Toasts sowie unterstützt durch die feurigen Ungarnweine das Revolutionsfieber der Eingeladenen noch steigerten.

Am folgenden Tage mußte ich von meinen ungarischen Gastgebern Abschied nehmen. Ich reiste also ab, noch bebend von so vielen verschiedenen Erregungen und voll Sympathie für diese heißblütige, ritterliche, großmütige Nation. Während meines Aufenthaltes in Pest hatte sich der Donaustrom beruhigt, jede Spur des Zornes war von seinem ehrwürdigen Antlitz verschwunden, und er erlaubte mir diesmal, ohne Hindernis stromaufwärts bis nach Wien zu fahren. Kaum war ich dort angekommen, als ich den Besuch jenes Mannes empfing, der mich durch seinen wohlmeinenden Rat veranlaßt hatte, den Rákóczy-Marsch zu schreiben. Er war von einer höchst ergötzlichen Unruhe erfüllt.

»Die Wirkung Ihres Stückes über das ungarische Thema hat bis hierher Widerhall gefunden«, sagte er, »und ich eile, um Sie zu beschwören, mich in dieser Sache mit keinem Wort zu erwähnen. Wenn man in Wien wüßte, daß ich Sie, auf welche Art auch immer, zu dieser Komposition angeregt habe, wäre ich auf's äußerste kompromittiert, und es könnte für mich ein Unheil daraus entstehen.«

Ich versprach ihm, zu schweigen. Wenn ich jetzt seinen Namen nenne, so geschieht es, weil diese ernste Angelegenheit, wie ich meine, nun Zeit gehabt hat, einzuschlafen. Er hieß ... Doch nein, ihn zu nennen, wäre entschieden indiskret; ich wollte ihm nur Angst einjagen.

LXVII.

Prag
Vierter Brief – An Humbert Ferrand

Ich hatte Deutschland schon nach allen Richtungen durchreist, bis mir der Gedanke kam, Böhmen zu besuchen. Als es mir in Wien endlich einfiel, hätte ich nach dem Rat mehrerer wohlunterrichteter Personen vorsichtshalber darauf verzichten sollen. »Gehen Sie nicht nach Prag«, wurde mir gesagt, »das ist eine Pedantenstadt, wo man nur die Werke der Toten zu würdigen weiß; die Böhmen sind zwar außerordentlich musikalisch, aber eher nach Art der Professoren und Schulmeister; alles Neue dünkt sie abscheulich, und es ist anzunehmen, daß Sie an ihnen keine Freude haben würden.«

Ich hatte mich also dreingefunden, zu verzichten und diese Reise aufzugeben, als man mir eine Nummer der »Prager Musikalischen Zeitung« brachte, die drei längere Artikel über meine »König Lear«-Ouverture enthielt. Ich ließ sie mir übersetzen und erkannte mit Freude, daß diese Besprechung statt der Unfreundlichkeit und Pedanterie, die den Böhmen zugeschrieben wurden, gerade die entgegengesetzten Eigenschaften verriet. Der Kritiker, Dr. A. W. Ambros[66], schien mir wirkliches Verständnis mit gesundem Urteil und glänzender Vorstellungsgabe zu verbinden. Ich schrieb an ihn, um ihm meinen Dank auszusprechen und ihn zu fragen, wie seine Landsleute auf mich reagieren würden. Seine Antwort widerlegte alle Zweifel und machte mir eben so viel Lust, Prag zu besuchen, als ich vorher Angst gehabt hatte, mich dort zu zeigen. Als man in Wien erfuhr, daß ich entschlossen war, hinzureisen, wurden mir Spöttereien nicht erspart, »Die Prager behaupten, Mozart entdeckt zu haben, sie schwören nur auf ihn, sie wollen nichts anderes als seine

Symphonien hören, sie werden bös mit Ihnen umgehen usw.« Allein Doktor Ambros hatte mir Vertrauen eingeflößt, nichts konnte es diesmal erschüttern, und ich reiste trotz der traurigen Weissagungen der Spaßvögel ab.

Wenn man in einer fremden, fünfhundert Meilen von seinem Heim entfernten Stadt aus dem Postwagen steigt, ist es da nicht angenehm, einen unbekannten Freund zu finden, der uns an der Station erwartet und uns sofort an unserer so wunderbar charakteristischen Physiognomie erkennt, uns entgegenkommt, uns die Hand schüttelt und in unserer Sprache ankündigt, daß alles zu unserem Empfang bereit ist? ...

Genau so ging es mir mit Dr. Ambros, als ich in Prag ankam, nur daß meine so wunderbar charakteristische Physiognomie ihre Wirkung vollkommen verfehlte und er mich nicht erkannte. Im Gegenteil, ich erkannte ihn. Ich bemerkte nämlich einen kleinen Mann von lebhaftem und gutmütigem Aussehen und hörte, wie er zu seinem Begleiter in französischer Sprache sagte: »Aber wie soll ich Berlioz in diesem Gedränge entdecken? Ich habe ihn doch nie gesehen!« Und ich war es, wie gesagt, der unglaublichen Scharfsinn an den Tag legte und den unbekannten Freund erkannte. Ich näherte mich den beiden und sagte:

»Da bin ich!«

»Sie sind Monsieur Berlioz?«

»Nicht mehr und nicht weniger.«

»Also dann guten Tag! Wir freuen uns sehr, Sie endlich zu sehen. Kommen Sie, kommen Sie, wir haben Ihnen eine Wohnung und ein Orchester vorbereitet, die beide bereits angewärmt sind. Sie werden mit uns zufrieden sein. Ruhen Sie sich heute abend aus; morgen soll es an die Arbeit gehen.«

Nachdem ich tags darauf mit den musikalischen Autoritäten der Stadt Bekanntschaft gemacht hatte, begannen wir mit den Vorbereitungen zu meinem ersten Konzert. Ambros stellte mich dem Direktor des Konservatoriums, Johann Friedrich Kittl, vor, der mich seinerseits mit den Brüdern Scraub (Kapellmeistern an der Oper bzw. am Dom) und dem Konzertmeister Mildner zusammenbrachte. Dann kamen die Sänger, Journalisten und die wichtigsten Musikfreunde der Stadt an die Reihe; als nun all diese Besuche gemacht waren, sagte ich zu Ambros:

»Wie wäre es, wenn Sie mir jetzt die Stadt zeigten: ich sehe da einen Berg, der mit prachtvollsten Bauten buchstäblich zugedeckt ist, und ich verspüre, gegen meine Gewohnheit, eine außerordentliche Neugierde, dies alles in der Nähe zu sehen.«

»Wir wollen hingehen«, antwortete der gefällige Doktor.

Es ist vielleicht das einzige Mal, daß mich die Mühe einer solchen

Besteigung nicht gereut hat (selbstverständlich mit Ausnahme des Vesuvs; den Ätna habe ich nicht gesehen). Spaß beiseite, der Aufstieg ist hart, aber welche Pracht bietet diese ununterbrochene Reihe von Gotteshäusern, Palästen, Zinnen, Kirchtürmen, Türmchen, Säulengängen, weiten Höfen und Bogen! Welche Aussicht vom Gipfel dieses marmorbestückten Berges! Nach der einen Seite zieht sich der Wald bis zu einer ziemlich weiten Ebene hinab; nach der anderen scheinen die Häuser sich gleich einem Strom mit dampfenden Wogen in die Moldau zu stürzen; diese zieht, begleitet vom Getöse der von ihr belebten Mühlen und Werkstätten aller Art, majestätisch durch die Stadt, passiert eine Schranke, die die böhmische Industrie ihr gesetzt hat, um ihrem Lauf an diesem Punkt eine bestimmte Richtung zu geben, läßt zwei kleine Inseln hinter sich und verliert sich in der Ferne zwischen Hügeln von rötlicher, warmer Färbung, die sie in Wellenlinien liebevoll bis zum Horizont zu geleiten scheinen.

»Dies ist die Jägerinsel«, sagte mein Führer, »wahrscheinlich so benannt, weil man kein Wild darauf antrifft. Dahinter, stromaufwärts, sehen Sie die Sophieninsel; dort steht der Sophiensaal, in dem Sie Ihr erstes Konzert geben werden und der hauptsächlich den Aufführungen eines Gesangvereins, der Sophienakademie, dient.«

»Und wer ist diese Sophie, auf deren Insel, in deren Akademie und deren Saal ich die Ehre haben werde, mein Konzert zu geben? Ist sie eine Nymphe der Moldau, die Heldin irgend eines Romans, der sich auf dieser Insel abgespielt hat, oder einfach eine Wäscherin mit roten, aufgesprungenen Händen, die, gleich einer modernen Kalypso, ihren Gesang und das Schlagen ihrer Waschbleuel ertönen ließ?«

»Ihre letzte Vermutung ist, glaube ich, die wahrscheinlichste. Indessen sagt die Tradition nicht, daß sie aufgesprungene Hände hatte.«

»Ha, Doktor! Mir scheint, Sie haben bei Sophie den Ulysses gespielt! Gibt es eine Eucharis? Nun? Ich biete mich an, als Telemach auf die Insel der Kalypso zu gehen und nach Ihnen zu suchen.«

Der Doktor antwortete nicht, er errötete nur, und ich sah, daß man diese Saite nicht länger berühren durfte. ... Und so kam es, daß ich über jene Sophie, Patronin eines Gesangvereins, eines Konzertsaales und einer Insel, nichts Bestimmtes erfuhr.

In diesem lieblichem Winkel, der, mitten im rauschenden Wasser der Moldau gelegen, im Sommer mit grünem Laub umgürtet und mit Blumen bekränzt ist, verbergen sich leider, unweit vom Musentempel, zwei oder drei von jenen abscheulichen Tingeltangel-Kneipen, für die ich nie genug Flüche gefunden habe, wo schlechte Musikanten in dicker, schlechter Luft schlechte Musik machen, wo Mädchen und Burschen von schlechtem Lebenswandel Tänze von schlechtem Geschmack aufführen, während Müßiggänger schlechten Tabak rauchen, ein kaum besseres Bier dazu trinken, und schlechte Hausfrauen mit ihren Stricknadeln und ihren bösen Zungen eifrig arbeiten. Welch bedauernswerter Gedanke, eine solche Laube von Blättern und Blumen ihrer Poesie zu berauben, ihren Duft mit solch ekelerregenden Gerüchen, ihre sanften Melodien mit solchem Lärm zu untermischen! ... Ist nicht die Jägerinsel da, mit ihren Schenken, ihren klappernden Mühlen und Gerbereien? Ist sie nicht in jeder Hinsicht für solche Volksbelustigungen besser geeignet? Unter uns gesagt, ich fürchte entschieden, daß Sophie aufgesprungene Hände gehabt hat. ...

Ich kehre unvermittelt zur Musik zurück und behalte mir vor, sie zu verlassen und wieder abzuschweifen, wenn es mir einfällt. Sie beanspruchen hoffentlich nicht, lieber Freund, daß ich Ihnen über die Wandlungen der Musik in Böhmen, über die besonderen Neigungen des slavischen Geistes und die mutmaßliche Epoche, in der die alten Meister dieses Landes den Gebrauch des unvorbereiteten Dominantseptakkords gestattet haben, eine Dissertation schreibe, die mehr langweilig als gelehrt, ebenso anmaßend wie nichtssagend und eher wertlos als nutzbringend wäre? Ich muß gestehen, daß ich in Bezug auf diese hohen und ernsten Fragen von einer unheilbaren Unwissenheit bin; und selbst wenn meine Faulheit, was das Studium von Geschichte (oder auch Geschichten) angeht, nicht so eingewurzelt wäre, würde ich gewiß lieber Forschungen anstellen über die berühmte, mit Elfenbein verzierte Gitarre, mit deren Hilfe der Philosoph Kung-fu-Tse, gemeinhin Konfuzius genannt, versuchte, dem chinesischen Reich Ethik beizubringen. Denn ich spiele ebenfalls Gitarre und habe dennoch nie auch nur die Bevölkerung eines Schlafzimmers von drei Quadratmetern Fläche bekehren können; im Gegenteil. Allerdings ist meine Gitarre sehr einfach, und der Elefantenzahn hat nicht zu ihrem Schmuck beigetragen. Gleichviel, die folgende Stelle, die ich gestern mindestens zum hundersten Male wieder durchlas, ist ein schöner Gegenstand der Betrachtung für philosophierende Musiker (die musizierenden Philosophen rechne ich nicht; seit Leibniz hat man keine mehr gesehen); ich glaube, ich habe sie schon in einer anderen Schrift einmal zitiert. »Da Kung-fu-Tse das Lied ›Li-Po‹ gehört hatte, dessen Alter sich nach allgemeiner Ansicht auf vierzehntausend Jahre belief (behaupten Sie nach so etwas, die Musik sei eine Modekunst), wurde er von solcher Begeisterung ergriffen, daß er sieben Tage und sieben Nächte verblieb, ohne zu essen, zu trinken und zu schlafen. Er brachte sofort seine erhabene Lehre in Worte und verbreitete sie ohne Mühe, indem er die Lehrsätze auf die Melodie von ›Li-Po‹ sang, und bekehrte auf diese Weise ganz China vermittelst einer fünfsaitigen, mit Elfenbein verzierten Gitarre.« Da sehen Sie mein Pech. Meine Gitarre hat nicht nur fünf Saiten, wie die des Konfuzius; sie hat des öfteren sogar sechs, und doch habe ich, ich wiederhole es, noch nicht den geringsten Ruf eines Moralisten. Ach! Wäre sie mit Elfenbein verziert gewesen! Wieviele Wohltaten hätte ich da nicht ausgeteilt! Wieviele Irrtümer wären da zerstört, wieviele Wahrheiten eingeprägt, welch schöne Religion gegründet worden, und wie glücklich wären wir alle zu dieser Stunde! Und doch – nein, es ist nicht möglich, daß ein fehlender Elfenbeinstreifen an soviel Unglück schuld ist. Er wird dazu, und in hohem Maße, beigetragen haben, daran zweifle ich nicht; aber diese Kalamitäten haben noch eine andere Ursache, die sich meinem Scharfsinn entzieht und wahrscheinlich viel würdiger wäre, eine Reihe menschlicher Existenzen zu ihrer Entdeckung zu beanspruchen als die Fragen bezüglich der Böhmen und des Dominantseptakkords.

Wie dem auch sei – wir wollen zur modernen europäischen Musik zurückkehren; sie hindert keinen Menschen, zu trinken, zu essen und zu schlafen, wie die alte chinesische Melodie, und hat dennoch ihren Wert. Das heißt, – wir wollen uns recht verstehen – sie hindert weder am Trinken noch am Essen, und doch habe ich ausgezeichnete Musiker oft sagen hören, daß die Ausübung ihrer Kunst nicht einmal Trinkwasser eintrug und daß dieser oder jener berühmte Komponist oder Instrumentalist am Verhungern war. Was das Verscheuchen des Schlafes betrifft, so haben die ältesten Komponisten unter unseren Meistern offenbar in dieser Richtung nicht die geringsten Ambitionen gehabt. Doch nun soll ich meine Meinung über die musikalischen Institute Prags und über Geschmack und Verständnis seiner Einwohner aussprechen. Man müßte die schöne Hauptstadt länger bewohnt haben, als ich es tat, um sie in dieser Beziehung gründlich zu kennen; ich will indessen versuchen, meine Erinnerungen zu sammeln, und erzählen, was ich wahrnahm. Berichten kann ich über das Theater, die Sängertruppe, das Orchester und die Chöre, die ich dort gehört habe; das Konservatorium, den versierten Komponisten, der es leitet, die Professoren und Schüler, denen ich begegnete;
den Gesangverein;
das Musikpersonal der Kathedrale;
die Militärkapellen;
die Virtuosen und Komponisten, die nicht den genannten Instituten angehören;
und endlich das Publikum.

Als ich (1845) das Theater sah, schien es mir dunkel, klein, nicht sehr sauber zu sein und eine schlechte Akustik zu besitzen. Es ist seitdem restauriert worden, ich weiß es, und sein neuer Direktor, Herr Hoffmann, macht lobenswerte Anstrengungen, um es auf eine Stufe des Gedeihens zu bringen, von der es unter der vorhergehenden Leitung rasch abzusinken schien. Allerdings verfügte er über ein besseres Gesangsensemble als die meisten deutschen Bühnen; der erste Tenor, der Bariton (Stracaty), die Damen Grosser, Kirchberger und Podhorsky waren erstklassig, mit kostbaren Stimmen, was Klangfarbe und Reinheit der Intonation betrifft, und außerdem, wie alle Böhmen, hochmusikalisch – was mehr kann man verlangen? Leider stand das Orchester- und Chorpersonal in einem zu genauen Verhältnis zu den beschränkten Dimensionen des Saales und schien den Direktor wegen seiner Knauserei zu mißachten. Mit einer so geringen Anzahl von Mitwirkenden ist es wirklich nicht erlaubt, sich an die Meisterwerke der klassischen Schule zu wagen; und doch tat dies das Prager Theater von Zeit zu Zeit. Dann kam es zu kläglichen Verstümmelungen, über die sich jeder Künstler beklagte. Bühnenbildner und Inszenierung waren in diesen Fällen ebenso stilgerecht und glanzvoll wie die musikalische Ausführung. Ich erinnere mich, in Glucks »Iphigenie auf Tauris« im Finale des vierten Aktes ein Schiff gesehen zu haben, das mit einer Reihe von – Kanonen geschmückt war; es sollte nach Griechenland absegeln.

Das tägliche Repertoire war gewöhnlich von der Inszenierung besser bedacht und hatte nur wenig oder gar nicht unter der Unzulänglichkeit von Chor und Orchester leiden; es bestand aus kleinen, leicht aufzuführenden, aus dem Französischen übersetzten ordinären Possen, die bereits in den Tiefen der Pariser Gleichgültigkeit versunken und vom Zettel unserer Opéra-Comique schon längst verschwunden waren. Alle Direktoren sind sich gleich. Nichts kommt ihrem Scharfsinn für die Entdeckung von Plattheiten gleich – es sei denn ihr instinktiver Widerwille gegen Werke, denen man ein Streben nach Freiheit des Stils, nach Größe und Originalität nachsagt. In dieser Beziehung zeigen sie sich in Deutschland, Italien, England und anderswo dem Publikum noch ähnlicher als das Publikum selbst. Ich will gar nicht erst von Frankreich sprechen; man weiß, daß unsere Opernhäuser ausnahmslos von grandiosen Persönlichkeiten geleitet werden und stets geleitet worden sind. Und wenn sich die Gelegenheit bot, zwischen einem ernsthaften, hochwertigen Werk und einer Nichtigkeit zu wählen, zwischen einem schöpferischen Künstler und einem erbärmlichen Kopisten, zwischen einer kühnen Erfindung und einer zaghaften, albernen Plattheit, dann sind diese großen Männer von ihrem ausgezeichneten Taktgefühl nie irregeleitet worden. Deshalb gebührt ihnen der Ruhm!

Tausendmal habe ich mich gefragt, warum in fast allen Ländern die meisten Theaterdirektoren eine so ausgesprochene Vorliebe für Werke haben, die von wirklichen Künstlern, kultivierten Menschen und auch von einem Teil des Publikums als billige, armselige Produkte betrachtet werden, Produkte, an denen die Arbeit nicht mehr taugt als das Rohmaterial und deren Lebensfähigkeit im allgemeinen so beschränkt ist. Es kommt nicht daher, daß Plattheiten stets einen größeren Erfolg erzielen als große Werke, man erlebt ja oft das Gegenteil; es kommt auch nicht daher, daß sorgfältig ausgearbeitete Kompositionen größere Ausgaben erfordern als Schundstücke, es geht ja häufig umgekehrt. Es hängt vielleicht damit zusammen, daß die ersteren von allen Mitwirkenden im Theater, vom Direktor bis zum Souffleur, Sorgfalt, Studium, Aufmerksamkeit, Geduld und von einigen sogar Intelligenz, Talent, Einfühlsamkeit erfordern, während die Werke der zweiten Gattung, da sie speziell für die Faulen, Mittelmäßigen, Oberflächlichen, Unwissenden, Dummen verfertigt sind, natürlich eine große Anzahl von Lobrednern finden. Nun liebt aber ein Direktor vor allem Stücke, die ihm rasch gute Worte und befriedigte Blicke seines Personals eintragen, Stücke die jeder kann, ohne sie zu lernen, die keine eingebürgerten Ideen, keine Gewohnheiten stören, sanft und gemütlich auf den Wellen der Vorurteile schwimmen und kein Selbstbewußtsein dadurch beleidigen, daß sie Unfähigkeiten ans Licht bringen, und ganz besonders Stücke, deren Einstudierung nicht allzuviel Zeit beansprucht. Besonders liebt er jene Kompositionen, die sich nicht sträuben, Kompositionen, die ihm wie brave Mädchen, besser noch: wie leichte Mädchen, entgegenkommen. Ferner gibt es ehrgeizige Direktoren, die alles selbst tun wollen und schon aus diesem Grunde jenen unbedachtsamen Leuten feindselig gestimmt sind, die ihnen Werke anbieten, bei deren Inszenierung die Hilfe der Autoren notwendig ist. Was diese unbescheidenen Komponisten dann an Bedeutung gewinnen, büßt der Direktor an Bedeutung ein; er leidet darunter und ist entrüstet. Der Kapitän, der so vor seiner Mannschaft gedemütigt wird, verzeiht dem Steuermann nicht, der ihn zur Untätigkeit zwingt und ihn, ohne auf seine Eitelkeit Rücksicht zu nehmen, zum Leutnant oder gar Unteroffizier degradiert hat. Infolgedessen verflucht er Tag und Nacht und zu jeder Stunde die eigene Unvorsichtigkeit: wie konnte er sich nur in Gegenden vorwagen, deren Klippen ihm unbekannt waren? und schwört, daß er in Zukunft nur noch auf Gewässern segeln wird, die bereits in sämtlichen Richtungen durchkreuzt sind. Man findet außerdem monomane oder – um höflicher zu sein – monophile Direktoren. Sie lieben über alles einen gewissen Gedankengang, eine gewisse Reihenfolge von Handlungen, eine gewisse Epoche, gewisse Irrtümer, gewisse Dekorationen, gewisse Effekte in der Inszenierung oder eine gewisse Sängerin oder eine gewisse Tänzerin oder etwas anderes. Dann müssen sie wohl oder übel ihr Steckenpferd anbringen. So z. B. der Direktor unserer Grand Opéra, Duponchel, dessen Steckenpferd der Kardinal mit rotem Hut und Baldachin war, ist und bleiben wird. Opern ohne Baldachin, ohne Kardinal und ohne roten Hut – und es gibt deren viele – haben für ihn nie den geringsten Reiz gehabt. Und (wie ich eines Tages Méry sagen hörte) wenn der liebe Gott in einem neuen Stück eine Rolle hätte, würde ihn Duponchel auch mit seiner Lieblingsbedeckung herausputzen wollen. Vergebens würde jener sagen: »Aber lieber Herr Direktor, ich bin der liebe Gott, es schickt sich nicht, daß ich als Kardinal verkleidet erscheine.« – »Verzeihen Eure Ewigkeit«, würde Duponchel erwidern, »Eure Unendlichkeit müssen unbedingt geruhen, sich in das schöne Kostüm zu hüllen und unter dem Baldachin zu schreiten, sonst hätte meine Oper keinen Erfolg!« Und der liebe Gott müßte sich darein ergeben! Ich spreche nicht von seiner Liebe zu den Pferden; solch eine Leidenschaft ist zu sehr der Achtung würdig.

Das alles hat keine Beziehung auf den früheren Direktor des Prager Theaters; ich habe vielleicht unrecht getan, dies nicht eher zu sagen. Er war ein ehrlicher Mann, war in musikalischen Dingen, wie alle seine Kollegen, wenig bewandert, aber ausnahmweise bei seinen Angestellten beliebt und geschätzt; sie drückten ihm lebhaft ihr Bedauern aus, als er infolge seiner schlechten finanziellen Lage die Direktion in andere Hände legen mußte. Auch in der österreichischen Hauptstadt gibt es eine rühmliche Ausnahme: den Direktor des Theaters an der Wien, Herrn Pokorny. Selten sind auch in deutschen Landen jene Fälle, da Direktoren auf eigene Rechnung und eigene Gefahr ihr Unternehmen führen. Ich kenne nur fünf oder sechs: es sind die von Leipzig, Prag und Wien, der vom Deutschen Theater in Pest und der von Hamburg. Die anderen Opernhäuser werden im Auftrag der Landesfürsten von Adelspersonen verwaltet. Im allgemeinen und trotz der aristokratischen Kälte, mit der mehrere von ihnen ihre Untergebenen behandeln, muß man zugeben, daß die Künstler diese Grafen und Barone bei weitem jenen Unternehmern vorziehen, die Kapital aus ihnen schlagen. Erstere haben auch in vielen Fällen zumindest höfliche Manieren, worauf letztere wenig Wert legen, und besitzen den Vorzug einer literarischen, manchmal einer musikalischen Bildung, was bei den Unternehmern noch seltener ist. Der Graf von Rödern, der lange Zeit das Schicksal des Berliner Opernhauses in Händen hatte, ist dafür ein Beispiel. Wohl wird man in Deutschland unter den Direktoren, mögen sie Intendanten oder Unternehmer sein, Männer antreffen, die wenig intelligent und in Sachen der Kunst höchst unwissend sind; indessen glaube ich nicht, daß man sie in dieser Hinsicht mit einigen französischen Direktoren der letzten dreißig Jahre vergleichen könnte. Ich möchte wetten, es hat keinen deutschen, adligen oder nichtadligen, Direktor gegeben, der die Namen Gluck und Mozart und die Titel ihrer Meisterwerke nicht gekannt hätte. In Frankreich dagegen könnte man eine gute Anzahl von mehr oder weniger glaubwürdigen Ungeheuerlichkeiten dieser Art anführen. Ein Direktor der Opéra beispielsweise, Duplantys, fragte Cherubini, der bei ihm vorsprach, auf ziemlich schroffe Art, was sein Beruf denn sei (obwohl jener sich vorgestellt hatte), ob er zum Personal des Opernhauses gehöre und ob er beim Ballett oder bei der Maschinerie beschäftigt sei. Etwas später befand sich dieser gleiche Cherubini, der soeben eine neue Messe mit glänzendem Erfolg hatte aufführen lassen, beim Oberintendanten der Schönen Künste, der ihm folgendes eigentümliche Kompliment machte: »Ihre Messe ist sehr schön, lieber Cherubini; ihr Erfolg ist unbestreitbar; aber warum haben Sie sich nur auf die religiöse Musik beschränkt? Sie müßten einmal eine Oper schreiben!« Man kann sich vorstellen, in welche Verwirrung der Komponist von »Medea«, vom »Wasserträger«, von »St. Bernard«, »Faniska«, »Abencerages«, »Anacreon« und vieler anderer dramatischer Werke bei diesem unerwarteten Hieb geriet. Ein Direktor des Théatre-Français, Buloz, fragte eines Tages, von wem eine gewisse Komödie mit dem Titel »Der Arzt wider Willen« eigentlich sei, und war beleidigt, als der Gefragte in Lachen ausbrach und ihm kundtat, sie sei von einem gewissen Molière ...

In Paris gibt es überdies einen Direktor, dessen Büro noch viel schwerer zugänglich ist als das eines Ministers; wenn man ihm schreibt, antwortet er nicht und treibt die Anmaßung so weit, daß er Leute, die er notwendig braucht, wer sie auch seien, bittet, bei ihm vorsprechen zu wollen. Der Herr Direktor muß sie um eine Gefälligkeit bitten und findet es ganz natürlich, daß sie sich bemühen. Freilich, der Antworten, die er in solchem Falle erhält, rühmt er sich nicht immer ...

Man muß indessen anerkennen, daß wir an der Spitze von gewissen Pariser Theatern Männer gehabt haben, die wirklich Liebenswürdigkeit, Vernunft und Intelligenz mit einem unbestreitbaren literarischen Verständnis verbanden (ich sage nicht »musikalischem Verständnis«, denn das hat man nie erlebt). Unter den geistreichsten, wenn auch nicht unter den glücklichsten und uneigennützigsten sei Harel erwähnt, der vor zwei Jahren gestorben ist, nachdem er von der Akademie den Preis für die Lobrede auf Voltaire erhalten hatte. Seine Witze genossen einen gewissen Ruf. Keiner von diesen kann sich jedoch mit dem vergleichen, den der berühmte Schauspieler Frédéric Lemaitre bei folgender Gelegenheit über ihn machte. Harel hatte die Leitung des Theaters an der Porte-Saint-Martin. Einer von unseren hochedlen Schreibern, de Custine, der sehr reich und für Kunst und Poesie durchaus eingenommen war, hatte auf dieser Bühne eine Tragödie (»Beatrice Cenci«) aufführen lassen, für deren Inszenierung ihm bedeutende Geldopfer abverlangt waren. Eines Tages befand er sich gleichzeitig mit dem berühmten Schauspieler in Harels Büro; er hatte soeben die Rechnung für Dekorationen, Kostüme, Requisiten usw. bezahlt und glaubte sich endlich erlöst, als ihm der unersättliche Direktor noch eine Rechnung über drei- oder viertausend Francs für eine Seilwerkanlage vorlegte. Vergebens empörte sich de Custine gegen diese – wie er es nicht ganz zu Unrecht nannte – Erpressung; er mußte nachgeben: er zahlte und verließ indigniert den Raum. Frédéric hatte der Szene schweigend zugesehen; jetzt klopfte er dem Direktor auf die Schulter und sagte: »He, das war keine gute Arbeit! Sie haben ihm ja noch seine Uhr gelassen!«

LXVIII.

Prag (Fortsetzung)
Fünfter Brief – An Humbert Ferrand

Heute kann ich genügend Ernst aufbringen, um Ihnen etwas über das Konservatorium in Prag und Konservatorien im allgemeinen zu erzählen. Wie immer unvollkommen diese Institutionen auch sein mögen, scheinen sie mir im Bereich der Musik die einzigen zu sein, bei deren Gründung die gesunde Vernunft mitsprach. Alle Konservatorien Europas werden jetzt (es war nicht immer so) von Musikern geleitet. Man muß darüber staunen und der Vorsehung dafür danken. Da noch immer die Ansicht vorherrscht, die von den Regierungen zur Lösung von künstlerischen Problemen betrauten Männer müßten dem betreffenden Kunstzweig um so ferner stehen, je gewichtiger die Probleme und je schwieriger ihre Lösung – unter der Vorherrschaft jener Ansicht, die man als eine Ausgeburt des Wahnsinnes ansehen würde, wenn nicht das Werk des Neides so leicht darin zu erkennen wäre, muß man sich gratulieren, daß der Unterricht in den verschiedenen Zweigen der Musik besonderen Lehrern anvertraut wird, die auf ihrem Gebiet mehr oder weniger bewandert sind. Viele Leute, besonders in Paris, werden nicht verfehlen, zu sagen, dies sei ein Unglück, und man täte unendlich viel besser daran, Mathematiker zum Violinunterricht zu nehmen, Schriftsteller an die Spitze der Kompositionsklassen zu setzen oder Mediziner als Gesangslehrer zu wählen. Andere wiederum meinen – und in unserer Akademie der Schönen Künste vertritt man diesen Standpunkt –, Musik werde generell nur von Malern, Bildhauern, Architekten und Kupferstechern richtig beherrscht, empfunden, verstanden und infolgedessen richtig beurteilt. Viele endlich, und sie bilden wohl die Majorität, huldigen in rührender Einmütigkeit der Anschauung, daß man nicht nur für den Musikunterricht und für die Leitung von Opernhäusern und Konservatorien keine Musiker nehmen sollte, sondern daß auch Mathematiker, Schriftsteller, Ärzte, Kupferstecher, Maler, Bildhauer und Architekten einer gefährlichen Gattung angehören, gefährlich wegen ihrer Intelligenz und einer besonders suspekten Eigenschaft: ihrer Achtung vor Kunst und Wissenschaft. Demzufolge will man jenen Leuten den größten Einfluß auf Gegenwart und Zukunft der musikalischen Kunst einräumen, denen jede Kunst und jede Wissenschaft, jede Empfindung für das Schöne, jedes Streben nach einem Ideal, alles Gedankliche und alles Schöpferische fernliegt, die nie etwas vollbracht haben, nichts wissen, nichts glauben, nichts lieben, nichts wollen und nichts können und diese unentbehrlichen Bedingungen der Unwissenheit, der Inkompetenz und der Gleichgültigkeit mit einer solchen Denkfaulheit vereinen, daß es schon an Schwachsinn grenzt. Die Zahl derer, die ein Interesse daran haben, solche Thesen zu unterstützen, ist kaum mehr abzuschätzen, und man braucht sich über die Menge der Anhänger, die sie täglich hinzugewinnen, nicht zu wundern. Ich bin nur überrascht, daß ihr Triumph nicht vollkommener ist und daß sie auf der ihnen geöffneten Bahn so langsam vorangelangen. Deshalb ist meine Bemerkung über die Konservatorien, die jetzt ausschließlich Musikern überlassen sind, durchaus zeitgemäß.

Mehr noch, das Konservatorium zu Prag, über das ich hier besonders zu sprechen habe, wird von einem talentvollen Komponisten geleitet; er ist von der Liebe zu seiner Kunst erfüllt, rührig, eifrig, unermüdlich, gelegentlich streng, mit seinem Lob verschwenderisch, wenn es verdient ist, und ... jung. Das ist Herr Kittl. Man hätte leicht eine jener durch ihr Greisenalter legitimierten, schwerfälligen und unbedeutenden Persönlichkeiten finden können, von denen es in Böhmen ebenso viele gibt wie anderswo, und hätte ihr zur Aufgabe machen können, das musikalische Leben in Prag allmählich zu lähmen. Durchaus nicht. Man hat das Gegenteil getan. Man wählte den fünfunddreißigjährigen Kittl, und die Musik lebt, sie bewegt sich und gedeiht in Prag. Offenbar waren die Mitglieder des Komitees, das diese Wahl getroffen hat, ausschließlich Leute von Gefühl und Geist.

Meiner Ansicht nach sollte ein Konservatorium dazu bestimmt sein, die Ausübung der musikalischen Kunst in all ihren Zweigen, die dazu gehörigen Kenntnisse, die die großen Werke, die sie hervorgebracht hat, zu konservieren; ferner sollte eine solche Anstalt sich an die Spitze der fortschrittlichen Bewegung, die einer so jungen Kunst wie der europäischen Musik inhärent ist, setzen, sollte das Schöne und Gute, das uns die Vergangenheit vermacht hat, erhalten und zugleich mit Bedacht zu neuen zukunftsträchtigen Leistungen schreiten. Ich glaube nicht, einer Regung von nationaler Parteilichkeit nachzugeben, wenn ich erkläre, daß unter den mir bekannten Konservatorien das Pariser diesen Forderungen am ehesten nahekommt; gleich nach ihm rangiert das Prager Konservatorium;* und diese Erteilung des zweiten Ranges ist ein schönes Lob, wenn man den gewaltigen Unterschied in Rechnung zieht, der zwischen den Mitteln einer Stadt wie Prag und denen der Hauptstadt von Frankreich naturgemäß bestehen muß. Infolgedessen ist das Prager Konservatorium in jeder Beziehung weniger reich als das unsrige, die Zahl der Professoren und Schüler ist kleiner, und die Anstrengungen der Prager Regierung zu seiner Unterstützung lassen sich mit der beständigen und energischen Hilfe nicht vergleichen, die die Direktion der Schönen Künste dem Pariser Konservatorium zuteil werden läßt; aber die Ausbildung ist recht gut, und es herrscht in der Schule ein ausgezeichneter Geist. Von den Professoren, die unter Kittls Leitung unterrichten, möchte ich vor allen die Herren Mildner und Gordigiani erwähnen. Ersterer, ein geschickter Violinist, der auch, wie ich schon sagte, das Amt eines Konzertmeisters und Sologeigers am Prager Theater versieht, hat eine bedeutende Anzahl von guten Schülern herangebildet. Letzterer genießt seit langer Zeit den Ruf eines der besten italienischen Gesangslehrer; er ist außerdem ein vorzüglicher Komponist. Ich kenne von ihm ein Stabat mater mit zwei Chören in sehr schönem Stil und eine Oper, »Consuelo«, zu der er auch den Text geschrieben hat und deren Musik sowohl durch natürliche Melodik bemerkenswert ist wie auch durch eine vornehme Schlichtheit in der Instrumentierung, die man heute nur selten findet. Man hat manchmal, und ich glaube, mit Recht gesagt, es sei für einen Komponisten von Nutzen, singen zu können; es ist vielleicht noch wichtiger für einen Gesangslehrer, komponieren zu können. Denn gerade in der genauen Beurteilung der Eigenschaften, die ein Komponist von dem ihn vertretenden Sänger fordern kann und muß, wird der Gesangslehrer die sicherste Stütze finden, um die Studien seiner Schüler richtig zu leiten. Ein Gesangslehrer, der komponieren kann,

* Ich kenne noch nicht die innere Organisation des unter Fétis' geschickter Leitung stehenden Konservatoriums in Brüssel. Ich weiß nur, daß es eins der bedeutendsten ist.

wird, wenn er kein Pfuscher ist, nicht in die Fehler verfallen, die heute in drei Vierteln des musikalischen Europa die Gesangskunst gänzlich zu zerstören drohen. Er wird seine Schüler nicht lehren, Rhythmus und Takt zu verachten; er wird ihnen nie erlauben, mit frecher Anmaßung Melodien aufs Geratewohl zu verzieren oder gar zu ändern, wenn Ausdruck der Phrase, Charakter der Rolle und Stil des Komponisten eine exakte Wiedergabe fordern; er wird nicht erlauben, daß sie sich daran gewöhnen, nur durch das persönliche Interesse für ihr Organ geleitet zu werden, wenn sie öffentlich singen; seine Schüler werden infolgedessen nicht die schönsten Werke verunstalten, um einige klanglose Töne ihrer Stimme zu vermeiden oder mit den günstigeren Tönen, die ihnen die Natur gegeben hat, möglichst lang und in möglichst lächerlicher Weise zu prahlen. Ein solcher Lehrer wird seinen Schülern einen richtigen Begriff von der Gesangskunst geben und ihnen die feste Überzeugung beibringen, daß es nicht darum geht, mit mehr oder weniger Glück sinnlose Kunststücke auszuführen, die nicht den geringsten musikalischen Wert haben, und noch weniger darin, aus einem menschlichen Kehlkopf unnatürliche Töne hervorzubringen, sei es durch zu hohes oder zu tiefes Intonieren, durch Überstärke oder Überdauer. Er wird über jede Akzentverteilung von ihnen Rechenschaft verlangen, wird ihnen klar machen, daß falscher Ausdruck nicht weniger peinlich ist als falsche Intonation; daß eine zu hohe oder zu tiefe Note zwar dem Ohre weh tun, daß aber eine Passage, die überlaut anstatt zart, schwächlich anstatt energisch oder pompös anstatt einfach wiedergegeben wird, das Empfinden intelligenter Zuhörer noch schmerzlicher berührt, dem derart widersinnig ausgeführten Werk noch mehr Schaden zufügt und offenbar nur beweist, daß der Sänger nichts als ein Flachkopf ist, gleichgültig, ob er über eine strahlende Stimme oder eine brillante Technik verfügt. Die Schüler eines solchen Lehrers werden nicht, wie man es heute überall tut, die Geduld der Kapellmeister mißbrauchen und sie dazu zwingen, ihnen in den abgeschmacktesten rhythmischen Improvisationen zu folgen, alle Augenblicke Hilfstaktteile einzuschieben, die Hälfte eines Satzes oder selbst eines einzelnen Taktes um das dreifache zu verlangsamen, um die zweite Hälfte unsinnig zu überstürzen, mit erhobenem Arm auf den Sänger zu warten, der seine Lieblingsnote bis zur Bewußtlosigkeit ausdehnt: mit einem Wort, an einer Beleidigung gegen Vernunft und Kunst mitschuldig zu werden und sie zum schaudernden Sklaven einer mit despotischen Lungen bewaffneten Dummheit zu machen. Ein solcher Lehrer wird auch nicht dulden, daß seine Schüler an das Studium schöner Partituren gehen, ohne daß sie den Gegenstand der Dichtung verstehen, ihre geschichtliche Situation kennen, über die Leidenschaften, die die Autoren in Szene setzen, nachgedacht und sich bemüht haben, deren Charakter richtig zu erfassen. Er wird sich schämen, daß ein von ihm ausgebildeter Sänger keine Achtung hat vor der Sprache, in der er singt, und vor den Regeln, die sich beim Einteilen der Worte aus dem innersten Wesen von Rhythmus und Wohlklang ergeben. Außerdem wird er seinen Schülern wohl begreiflich machen, daß, wenn sie sich bei Fermaten oder anderswo herausnehmen, die vom Komponisten angegebenen Passagen zu ändern, diese Änderungen wenigstens mit der Begleitung harmonieren müssen und daß der Virtuose, der seine Partie verbessert oder vergrößert, nicht auf den Tönen des Quartsext-Akkords herumturnen soll, während das Orchester den Dominant-Akkord aushält, und umgekehrt.

Meine Gespräche mit Gordigiani sowie die Resultate, die er mit seinen Studenten erzielte, bewiesen mir, daß er völlig diese Ansichten teilt.

Wie ich sogleich zeigen werde, fehlen am Pariser Konservatorium viele Klassen für besondere Fächer; man braucht sich also nicht darüber wundern, daß es sich am Prager Konservatorium ebenso verhält. Tatsächlich ist dort der Unterricht keineswegs vollständig. Es hat indessen eine hinreichende Anzahl von tüchtigen Schülern hervorgebracht, sodaß man schwierige Werke wie die Beethovensche Neunte fast ausschließlich mit eigenen Kräften befriedigend aufführen kann. Dies ist zweifellos eins der schönsten Resultate, die Herr Kittl erzielt hat.

Wenn ein Konservatorium alle Zweige der musikalischen Kunst und alle damit in direktem Zusammenhang stehenden Kenntnisse konservieren soll, dann ist es befremdend, daß es selbst am Pariser Konservatorium noch nicht gelungen ist, ein solches Programm zu verwirklichen. Lange Zeit hindurch besaß unsere Instrumentalschule keine Klassen für das Studium der unentbehrlichsten Instrumente wie Kontrabaß, Posaune, Trompete und Harfe. Seit einigen Jahren sind diese Lücken ausgefüllt. Es bleiben leider noch viele andere, die hier angegeben seien. Meine Bemerkungen werden das Entsetzen vieler Leute erregen; man wird sie verrückt, lächerlich, abgeschmackt finden ... wenigstens glaube ich es. Ich habe also folgendes zu sagen:

1. Der Violinunterricht ist nicht vollständig; man lehrt die Schüler kein Pizzicato, was zur Folge hat, daß viele Passagen, die in schnellem Tempo auf den vier Saiten arpeggiert oder auf einer Saite mit zwei oder drei Fingern gezupft werden sollen, von den Violinisten für unspielbar erklärt und daher den Komponisten untersagt werden, obwohl diese Läufe und Arpeggien perfekt ausgeführt werden können, wie Gitarristen (auf der Violine) bewiesen haben. Wahrscheinlich wird in fünfzig Jahren irgendein Direktor die Kühnheit so weit treiben, daß er von den

Violinklassen den Unterricht im Pizzicato verlangt. Dann werden die Künstler, nun Herren über die neuen und pikanten Wirkungen, die damit zu erzielen sind, unsere Violinisten genau so auslachen, wie diese ihre Vorväter, die da riefen: »Achtung! jetzt kommt das C!«, und sie werden recht haben. Die Anwendung der Flageolett-Töne wird auch nicht offiziell und vollständig studiert. Das wenige, was unsere jungen Violinisten in dieser Beziehung wissen, haben sie seit Paganini allein gelernt.

2. Es ist zu bedauern, daß keine Einzelklasse für Bratsche vorhanden ist. Dieses Instrument erfordert trotz seiner Verwandtschaft mit der Violine eigene Studien und regelmäßiges Üben. Ein altes, bedauerliches und lächerliches Vorurteil ist Schuld daran, daß zweit- oder drittklassige Geiger mit der Ausführung der Bratschenpartien betraut werden; heißt es doch, wenn einer schlecht Geige spielt: er wird einen guten Bratschisten abgeben. Eine solche Folgerung ist vom Standpunkt der modernen Musik falsch; denn diese läßt (wenigstens bei den großen Meistern) im Orchester keine Füllstimme zu; vielmehr hat jeder Part ein eigenes Interesse und einen Anteil an der Gesamtwirkung; keiner hat gegenüber den anderen eine untergeordnete Stellung.

3. Ein weiterer Mangel liegt darin, daß in den Klassen für Klarinette nicht auch das Bassetthorn gelehrt wird. Daher konnten bisher viele Mozartsche Kompositionen bei uns nicht ohne Eingriffe in die Instrumentierung aufgeführt werden. Inzwischen hat Adolphe Sax die Baßklarinette soweit verbessert, daß sie als Ersatz für das Bassetthorn betrachtet werden darf; sie kann sogar mehr als bloßer Ersatz sein, denn ihr Umfang ist, nach der Tiefe zu, um eine kleine Terz größer als der des Bassetthorns; außerdem hat sie eine ähnliche Klangfarbe, nur noch reizvoller als jenes. Aus all diesen Gründen sollte in den Konservatorien die Baßklarinette gelehrt werden, gleichzeitig mit den gewöhnlichen und den kleinen Klarinetten in Es, F und hoch As.

4. Das Saxophon, ein neues Mitglied der Klarinettenfamilie und von hohem Wert, sofern die Ausführenden seine Eigenschaften zur Geltung bringen können, müßte heut im Unterricht an den Konservatorien seine besondere Stelle finden, denn der Augenblick ist nicht fern, da alle Komponisten es werden anbringen wollen.

5. Wir haben keine Klasse für die Ophikleïde, woraus folgt, daß es unter hundert oder hundertfünfzig Leuten, die in Paris auf diesem schwierigen Instrumente blasen, kaum drei gibt, die man in ein gut zusammengesetztes Orchester zulassen kann. Ein einziger, Caussinus, ist eine bedeutende Kraft.

6. Wir besitzen keine Klasse für Baßtuba, ein mächtiges Instrument mit Ventilen, das sich von der Ophikleïde durch Klang, Mechanismus

und Umfang unterscheidet und in der Trompetenfamilie genau dieselbe Rolle spielt wie der Kontrabaß unter den Streichern. Und doch wenden die meisten Komponisten in ihren Partituren eine Ophikleïde oder eine Baßtuba und manchmal beides an.

7. Man sollte an unserem Konservatorium auch Unterricht im Saxhorn und Cornet à piston erteilen, da beide, besonders das letztere, jetzt allgemein gebraucht werden.

8. Der Unterricht für die gesamte Familie der Schlaginstrumente fehlt; und doch: gibt es in Europa ein einziges kleines oder großes Orchester, das nicht einen Paukenschläger hat? Nein, alle Orchester haben einen Mann, der diesen Namen führt; aber wieviele wirkliche Paukenschläger kann man aufzählen? das heißt: ausgebildete Künstler, die mit allen Schwierigkeiten des Rhythmus vertraut sind, den Mechanismus ihres Instruments, der nicht so einfach ist, wie man glaubt, gründlich kennen und deren Gehör so geübt ist, daß sie die Pauken haargenau stimmen und selbst während der Aufführung, inmitten des Orchestergetöses, wo nötig, haargenau umstimmen können? Wieviele solche Paukenschläger kann man aufzählen? Außer Monsieur Poussard, an der Pariser Oper, kenne ich nicht mehr als drei in ganz Europa. Und Sie wissen, wieviele verschiedene Orchester ich seit neun oder zehn Jahren zu hören bekam. Die meisten Paukenschläger, denen ich begegnet bin, konnten nicht einmal ihre Schläger halten und waren infolgedessen nicht imstande, ein wirkliches Tremolo oder einen Wirbel auszuführen. Ein Paukenschläger aber, der nicht in allen Tonstärken wirbeln kann, taugt nichts.

Es sollten also an Konservatorien Kurse für Schlagzeug eingerichtet werden, in denen begabte Musiker den Gebrauch der Pauken, des Tamburins und der Militärtrommel gründlich erlernen könnten. Eine alte unerträgliche Gewohnheit (die von Beethoven und von anderen bereits fallen gelassen wurde), die Schlaginstrumente mit Nachlässigkeit oder auf eine ebenso grobe wie sinnlose Art zu behandeln, hat ohne Zweifel dazu beigetragen, eine für sie ungünstige Meinung solange aufrechtzuerhalten. Da die Komponisten sie bis jetzt nur dazu verwendet hatten, mehr oder weniger nutzlose, überflüssige oder unangenehme Geräusche hervorzubringen oder die starken Taktteile auf banale Weise zu betonen, hatte man daraus geschlossen, sie eigneten sich nur dazu, hätten keine andere Aufgabe im Orchester zu erfüllen, keine anderen Ansprüche zu erheben, und es sei infolgedessen nicht nötig, sich eine Schlagtechnik anzueignen oder etwas von Musik zu verstehen. In Wirklichkeit braucht man sogar für die Becken- und Trommelparts in modernen Kompositionen erstklassige Musiker. Und dies bringt mich auf einen weiteren erheblichen Mangel, den schlimmsten vielleicht in den Lehrplänen der Konservatorien, inklusive Paris.

9. Es gibt keinen *Rhythmus*-Unterricht, der dazu dienen würde, alle Studenten ohne Ausnahme, ob Sänger oder Instrumentalisten, in die verschiedenen Möglichkeiten der Zeiteinteilung einzuführen und mit ihnen die komplizierteren Rhythmen zu üben. Daher bei den meisten italienischen und französischen Musikern die unerträgliche Neigung, starke Taktteile überzubetonen, mechanisch zu skandieren anstatt der melodischen Linie nachzugehen, so daß sie bei synkopischen Passagen versagen, beispielsweise bei spanischen Volksmelodien (die bei uns als »bizarr« gelten). Französische und italienische Sänger haben meist keine Ahnung, was »mit dem Rhythmus spielen« bedeutet, und wenn sie es versuchen, kommen sie in solche Verlegenheit, zeigen sich so ungeschickt, so schwerfällig, daß das Resultat ihrer Anstrengung eine schlechte musikalische Wirkung, statt einer guten, ist. Daher ihr Haß gegen alles, was nicht, wie sie sagen, »quadratisch« ist (was eher mit dem Wort »banal« zu bezeichnen wäre). Daher der kindisch-naive Begriff, den sie sich von »Quadratur« machen, das Erstaunen über Melodiebildungen, die in Anlage und Akzentverteilung von dem in Frankreich und Italien gewohnten Schema abweichen, und die Lauheit bei den ausübenden Künstlern generell, die es gewohnt sind, von der stets vorausschaubaren Takteinteilung gestützt und geleitet zu werden, wie unsere Babies, die noch nicht laufen können, von den Stäben ihrer Spielgitter.

Die Beethovenschen Symphonien haben eine große Anzahl unserer Pariser Instrumentalisten heftig aus diesen kindischen Gewohnheiten herausgerissen und ihnen außerdem Geschmack für prickelnde und originelle Rhythmen gegeben. Es ist aber nichts derartiges versucht worden, um auch die Sänger aus ihrem Schlummer aufzuschrecken, das Blut in ihren Adern in Bewegung zu bringen und sie an Aufmerksamkeit, Geschicklichkeit und rasche Bewegungen zu gewöhnen; infolgedessen dauert ihr schläfriger Zustand fort, und man wird sie, um sie daraus zu wecken, lange Zeit einer besonderen Behandlung unterwerfen müssen. Es wäre also besonders für sie von großem Vorteil, eine Klasse für Rhythmus einzurichten, aus der überdies eine große Anzahl von Instrumentalisten ihren Nutzen ziehen könnte.

Ein Konservatorium, das seinen Ehrgeiz dransetzt, Traditionen fortzuführen, die Kenntnis bedeutender Werke der Vergangenheit und wichtiger historischer Fakten, der mannigfachen Revolutionen in der Entwicklung der Künste usw. zu bewahren, sollte einen Lehrstuhl für Musikgeschichte besitzen, womit die Kompositionen, die es wert sind, in der Erinnerung zu bleiben, nicht nur durch aufgeklärte Darstellung im Unterricht, sondern auch durch werkgetreue, sorgfältig vorbereitete Aufführungen begreiflich gemacht werden müßten. Dann würde man nicht mehr Musikern begegnen, die den großen Werken noch lebender Meister so verständnislos gegenüberstehen wie Hottentotten. Ihr Geschmack würde, auf diese Weise erhellt, sich ändern, ihr Denken würde sich erweitern, und wir hätten in der musikalischen Praxis mehr Künstler und weniger Kunstgewerbler.

LXIX.

Prag (Fortsetzung und Schluß)
Sechster Brief – An Humbert Ferrand

Es fehlt an allen bestehenden Konservatorien eine weitere Klasse; sie scheint mir von Wichtigkeit und von Tag zu Tag notwendiger: nämlich eine Klasse für Instrumentation. Dieser Zweig der Kompositionskunst hat sich in der jüngsten Zeit so stark entwickelt und so überzeugende Resultate hervorgebracht, daß er mehr und mehr die Aufmerksamkeit der Kritik und des Publikums auf sich lenkt; er dient allerdings auch allzu oft gewissen Komponisten dazu, Armut an Gedanken zu verbergen, Kraft vorzuspiegeln und Einfälle zu simulieren; er ist selbst in den Händen von Komponisten, deren Bedeutung und Verdienst unbestreitbar ist, zu einem Vorwand geworden für unqualifizierbare Mißbräuche, ungeheuerliche Übertreibungen, lächerlichen Widersinn und Unsinn; und es läßt sich leicht denken, zu welchen Ausschweifungen das Beispiel jener Meister ihre Nachahmer führen mußte. Allein diese Ausschweifungen bestätigen den geregelten und ungeregelten Gebrauch, den man heute von der Instrumentation macht: einen im allgemeinen blinden Gebrauch, der, wenn nicht der Zufall sein Führer ist, von der erbärmlichsten Routine geleitet wird. Denn wenn auch mehr Instrumente als früher eingesetzt werden und sich daher auch mehr Klangvarianten erzielen lassen, heißt das noch nicht, daß die Mehrzahl der Komponisten das Volumen, den Charakter, die Spieltechnik aller Mitglieder der Instrumentengruppen sowie ihre klanglichen Affinitäten besser kennen als ihre Vorgänger. Im Gegenteil: es fehlt an elementarem Wissen. Der genaue Umfang vieler Instrumente ist so manchem der berühmten Komponisten von heute unbekannt; einer von ihnen, davon habe ich mich selber überzeugt, kann nicht einmal den Umfang der Flöte angeben. Von den Blechinstrumenten im allgemeinen und den Posaunen im besonderen haben sie nur eine recht unbestimmte Vorstellung; deshalb merkt man fast bei allen modernen wie alten Partituren, mit welch vorsichtiger Zurückhaltung sich die Komponisten an die Mittellage dieser Instrumente halten und sorgfältig die hohen und tiefen Töne vermeiden, aus Furcht vor dem Unbekannten, und weil sie nicht ahnen, welchen Vorteil man aus jenen tiefen und hohen Noten ziehen kann, die an beiden Enden der Skala unbenutzt bleiben. Die Instrumentation gleicht also heute einer modischen Fremdsprache, die viele Leute zu sprechen vorgeben, ohne sie gelernt zu haben oder zu verstehen, und daher mit vielen Fehlern sprechen.

An einem Konservatorium wäre ein solches Fach nicht nur für die Kompositionsschüler, sondern auch für angehende Kapellmeister äußerst nützlich. Man begreift wohl, daß ein Kapellmeister, der nicht sämtliche Möglichkeiten der Instrumentation gründlich beherrscht, keine großen musikalischen Fähigkeiten besitzt und daß es für ihn eine absolute Notwendigkeit ist, wenigstens den genauen Umfang und den Mechanismus aller Instrumente ebenso gut, wenn nicht besser, zu kennen als seine Musiker. Sonst wird er nur recht schüchterne Bemerkungen machen können, namentlich wenn es sich um irgend eine wenig gebräuchliche Verbindung, um eine gewagte oder schwierige Stelle handelt und gewisse Mitwirkende aus Faulheit oder Unfähigkeit rufen: »Das geht nicht! Diese Note existiert nicht! Das ist nicht spielbar!« Dann muß der Dirigent antworten können: »Sie irren sich, das geht ganz gut. Wenn Sie es so oder so anfangen, werden Sie diese Schwierigkeiten überwinden.« Oder: »Es ist allerdings schwer; doch wenn es nach einigem Üben für Sie unmöglich bleibt, wird man daraus schließen müssen, daß Sie Ihr Instrument nur unvollkommen beherrschen, und man wird gezwungen sein, sich nach einem tüchtigeren Künstler umzusehen.« In dem umgekehrten, wie ich gestehen muß, nur allzu häufigen Fall, wo der Komponist aus Mangel an speziellen Kenntnissen die Künstler und selbst die auf ihrem Instrument durchaus perfekten Virtuosen sinnlos quält, wird der gute Dirigent für die Musiker gegen den Komponisten Partei ergreifen und ihn auf die Fehler aufmerksam machen, die ihm unterlaufen sind. Da ich auf Dirigenten zu sprechen kam, möchte ich noch bemerken, daß es in einem gut organisierten Konservatorium durchaus angebracht wäre, den Kompositionsschülern alles beizubringen, was sich von der schwierigen Kunst, Instrumente und Stimmen zu dirigieren, erklären läßt, damit sie bei Gelegenheit zumindest die Aufführung ihrer eigenen Werke leiten könnten, ohne sich lächerlich zu machen und den Musikern hinderlich statt behilflich zu sein. Man nimmt im allgemeinen an, jeder Komponist sei ein geborener Dirigent, das heißt, er verstünde, ohne sie erlernt zu haben, die Kunst, ein Orchester zu dirigieren. Beethoven war ein berühmtes Beispiel von der Unrichtigkeit dieser Annahme, und wir könnten viele andere Meister anführen, deren Kompositionen allgemeine Achtung genießen, die aber, sobald sie den Taktstock ergreifen, statt den Takt zu schlagen, nach allen Seiten ausschlagen, weder die Taktteile noch die Nuancen im Tempo angeben können und die Musiker buchstäblich daran hindern würden zu spielen, wenn jene nicht recht bald die Unerfahrenheit ihres Leiters erkennen und sich entschließen würden, ihn nicht mehr anzusehen und auf das ziellose Herumfuchteln seines Armes nicht achtzugeben. Das Amt des Dirigenten enthält übrigens zwei sehr verschiedene Aufgaben. Die eine (und leichtere), ist die Aufführung eines Werkes zu leiten, das die Musiker bereits kennen oder (wie man am Theater sagt) schon im Griff haben. Bei der zweiten geht es darum, eine Partitur einzustudieren, die den Mitwirkenden unbekannt ist, den Gedanken des Komponisten herauszuarbeiten und zu interpretieren und von den Musikern jene Eigenschaften der Genauigkeit, des Zusammenspiels und des Ausdrucks zu erreichen, ohne die es keine Musik gibt; und wenn die technischen Schwierigkeiten einmal überwunden sind, muß er die Musiker motivieren, sie mit seinem Feuer erwärmen, mit seiner Begeisterung beleben, mit einem Wort, seine Empfindungen auf sie übertragen.

Daraus folgt: Abgesehen von den elementaren Kenntnissen, die sich durch Studium und Übung erwerben lassen, abgesehen von jenen Eigenschaften der Empfindung, des Instinkts, die man keinem Menschen beibringen kann, die allein von der Natur geschenkt werden und den Dirigenten zum hervorragendsten Interpreten oder aber zum schlimmsten Feind des Komponisten machen, je nachdem er mit jenen seltenen Eigenschaften begabt ist.

Wer sich eines Klavierauszugs oder einfach einer Violinstimme bedient, wie es noch heutzutage manchenorts, besonders in Frankreich, geschieht, kann viele Irrtümer in der Ausführung gar nicht bemerken; wenn er dann einen Musiker auf einen Fehler aufmerksam macht, kann es vorkommen, daß er zur Antwort bekommt: »Was wissen Sie davon? Sie haben ja meine Stimme nicht vor Augen!« Und das ist noch der geringste Nachteil dieses erbärmlichen Systems.*

Um also wirkliche und vollkommene Dirigenten heranzubilden, sollte man die Schüler auf jeden Fall mit dem Partiturenlesen vertraut machen. Wem es nicht gelungen ist, diese Schwierigkeit zu überwinden, beherrscht nur die Hälfte dieser Kunst, mag er auch in der Instrumentierung, ja selbst in der Komposition noch so sehr bewandert sein.

---

* Als Habeneck die Konzerte im Konservatorium dirigierte, bediente er sich einfach einer ersten Violinstimme. Und seine Nachfolger haben es ebenso gemacht.

Nun muß ich Ihnen vom Prager Gesangverein erzählen, der ungefähr wie alle Gesangvereine Deutschlands organisiert ist und fast nur aus Musikliebhabern der mittleren Gesellschaftsschicht besteht. Dirigent ist Herr Scraub jun. Der Chor zählt etwa neunzig Mitglieder, von denen die meisten musikalisch sind, vom Blatt lesen können und unverbrauchte, klangvolle Stimmen haben. Der Zweck dieses Vereins ist nicht, wie so oft, unter unbedingter Ausschließung aller zeitgenössischen Produktionen nur die alten Werke zu studieren und aufzuführen, also nichts anderes als – man verzeihe den Ausdruck – musikalisches Sektierertum zu betreiben, wobei man, unter dem Vorwand einer wahrhaftigen oder geheuchelten Verehrung für die Toten, die Lebenden, die man nicht kennt, ganz sanft verunglimpft und gegen Baal predigt, indem man alle goldenen Kälber der Harmonie mit ihren Anbetern der Ächtung preisgibt. In jenen Tempeln des musikalischen Protestantismus behauptet sich in bissiger Eifersucht und Intoleranz ein Kult, der nicht das Schöne, ohne Rücksicht auf sein Alter, sondern das Alte, ohne Rücksicht auf seinen Wert, zum Gegenstand hat. Dort gibt es eine Bibel und die Werke von zwei oder drei Evangelisten, die die Getreuen ausschließlich lesen und immer wieder lesen, wobei sie gewisse Stellen, deren unmittelbarer und wirklicher Sinn an sich vollkommen klar ist, kommentieren und auf tausend verschiedene Arten auslegen; sie finden einen mystischen und tiefen Gedanken, wo die übrige Menschheit nur Schrecken und Barbarei erblickt, und sind immer bereit, *»Hosianna!«* zu singen, selbst dann, wenn der Moses-Gott ihnen befiehlt, »die kleinen Kinder gegen die Steine zu werfen, ihr Blut von den Hunden auflecken zu lassen, und verbietet, daß bei diesem Anblick eine Träne des Mitleids die Augen seines Volkes benetze«.

Hüten wir uns vor solchen Fanatikern, denn sie könnten es fertig bringen, aus allen frommen Seelen die Achtung und Bewunderung zu vertreiben, die den Werken der Vergangenheit gebührt.

Der Prager Gesangverein, ich wiederhole es, hat mit jenen Fanatikern nichts gemein; sein Dirigent ist ein aufgeschlossener Künstler und nimmt ins Programm nicht nur die Modernen, sondern sogar die Lebenden auf. Gleichzeitig mit einem Oratorium von Bach oder Händel studiert er »Moses« von Adolf Marx, dem klugen, quicklebendigen Berliner Kritiker und Theoretiker, ein Bruchstück aus einer Oper oder eine Hymne, Werke also, die von Alters wegen noch keinen Anspruch auf akademische Rücksichten erheben können. Als ich zum ersten Male einer Aufführung des Prager Gesangvereins beiwohnte, fiel mir sogar eine von Scraub komponierte, choralartige Phantasie über böhmische Volkslieder auf, die mich durch ihre Originalität entzückte. Solch pikante Verbindungen von Stimmen, mit soviel kühner Verve, soviel Schwung, sovielen unerwarteten Kontrasten, solch genauem Zusammensingen, solcher Reinheit und solch schöner Klangfarbe hatte ich bis dahin nie gehört und habe sie auch seitdem nicht wieder zu hören bekommen.

Durch die Erinnerung an die schwerfälligen Akkordfolgen, die ich nur zu oft bei ähnlichen Gelegenheiten hatte über mich ergehen lassen müssen, wirkte dieses phantasievolle Werk in solcher Ausführung auf mein Ohr wie die Waldluft einer schönen Sommernacht auf die Lunge eines Gefangenen, der soeben seiner dumpfen Zelle entflohen ist.

Der Sophienverein (so heißen die Prager) veranstaltet jedes Jahr unter der Leitung der Gebrüder Scraub eine Anzahl von öffentlichen Konzerten, bei denen der ältere Scraub mit seinem Opernorchester die Choristen seines Bruders unterstützt. Diese großen Aufführungen werden mit vorbildlicher Sorgfalt und Geduld lange vorbereitet und ziehen immer eine zahlreiche Zuhörerschaft an; eine auserwählte Zuhörerschaft, für die Musik weder Zerstreuung noch Anstrengung ist, sondern eine edle und ernste Leidenschaft, der man sich hingibt mit der ganzen Kraft der Intelligenz, der ganzen Empfindung, der ganzen Begeisterungsfähigkeit der Seele.

Ich habe versprochen, Ihnen von der Maîtrise, d. h. vom Prager Kirchenchor und von den Prager Militärkapellen zu erzählen; wenn ich sie aber in meine Aufzählung einreihte, so geschah es ganz einfach, ich muß es gestehen, der Vollständigkeit halber. Kirchenmusik! Militärmusik! Diese Termini nehmen sich in einem Bericht über Musik, wie dieser hier, wunderschön aus. Es war nie meine Absicht, in bezug auf diese beiden Quellen musikalischen Reichtums der Böhmen mein Versprechen zu halten, und zwar aus einem guten Grund: Ich weiß nichts von dem, was man wissen müßte, um schicklich darüber zu sprechen. Ich habe es noch nicht über mich gebracht, Worte aneinanderzureihen über Dinge, die ich nicht kenne. Vielleicht komme ich anhand guter Beispiele noch darauf zurück. Einstweilen müssen Sie mir mein Schweigen verzeihen. Trotz der wiederholten Aufforderungen von Scraub habe ich während der ganzen Dauer meines Aufenthalts in Prag keinen Fuß in eine Kirche gesetzt, obwohl ich eigentlich sehr fromm bin; also muß meine scheinbare Gleichgültigkeit der Kirchenmusik gegenüber irgendeinen ernsten Grund gehabt haben, der mir entfallen ist. Vielleicht auch hatte sich die Furcht vor Gigues auf der Orgel und Fugen über das Wort Amen ganz und gar meiner bemächtigt.

Um mein Schweigen über die Militärkapellen zu rechtfertigen, könnte ich folgendes anführen: An einem Festtag habe ich, und zwar von zwölf bis vier Uhr nachmittags, zugehört, wie die Kapelle des damals in Prag stationierten Regiments die Hymne spielte, die Haydn für den Kaiser von Österreich komponiert hat. Dieses Stück ist in seiner rührenden und patriarchalischen Majestät so einfach, daß ich beim Zuhören kaum die Qualität der Ausführenden habe beurteilen können. Ein Orchester, das nicht imstande wäre, ein derartiges Stück erträglich aufzuführen, müßte meiner Ansicht nach aus Musikern zusammengesetzt sein, die nicht einmal die Tonleiter kennen. Doch diese spielten rein, was besonders bei Militärkapellen außerordentlich selten vorkommt. Überdies weiß ich nicht, ob das betreffende Regiment aus Böhmen oder aus einem andern Teil des Österreichischen Kaiserreichs stammte, und es wäre daher zu naiv, irgendeine Theorie aufzustellen, die besser informierte Leute mit den wenigen Worten lächerlich machen könnten: »Die böhmischen Musiker, von denen Sie sprechen, sind Ungarn, Österreicher oder Mailänder.«

Von den Virtuosen und Komponisten Prags, die weder zum Theater noch zum Konservatorium noch zum Gesangverein gehören, will ich Dreyschock, Pischek und den ehrwürdigen Tomaschek erwähnen. Von den beiden ersteren, die europäischen Ruf genießen, habe ich schon oft zu sprechen Gelegenheit gehabt. Ich habe sie alle beide verschiedene Male in Wien, Pest, Frankfurt und an anderen Orten, nur nicht in Prag, gehört. Da sie, wie es scheint, von ihren Landsleuten schlecht aufgenommen wurden, als sie zum ersten Mal vor ihnen auftraten, haben Dreyschock und Pischek beschlossen, ihr Talent nie mehr der Würdigung oder Mißbilligung der Böhmen auszusetzen. Keiner ist Prophet in seinem Vaterland; diese Weisheit gilt für alle Zeiten und Länder. Indessen kommen den Pragern aus allen Teilen Europas Elogen zu Ohren wie: »Dreyschock ist ein bewunderungswürdiger Klavierspieler! Pischek ist einer der ersten Sänger Europas«, und sie ahnen, daß sie vielleicht doch ungerecht gegen ihre begabten Landsleute gewesen sind.

Der Komponist Tomaschek ist in Böhmen und selbst in Wien, wo seine Werke hoch geschätzt werden, sehr bekannt. Da er keinen Grund hat wie Pischek und Dreyschock, den Pragern zu grollen, ist er bei jeder Gelegenheit bereit, seine Kompositionen vorzuführen. Ich habe ein Konzert gehört, in dem von zweiunddreißig Stücken einunddreißig von Herrn Tomaschek waren. Man bezeichnete mir im voraus – ich hätte sie ohnedies bemerkt – eine neue Vertonung des »Erlenkönigs«, die von dem Schubertschen Lied ganz verschieden ist. Jemand (es gibt Leute, die an allem zu nörgeln haben) verglich die Begleitung dieser Ballade mit der Schubertschen, die so gut ausdrückt, wie das Pferd wild dahinjagt, und behauptete, Herr Tomaschek habe die gemächliche Gangart eines Kleppers, den ein Landpfarrer reitet, dargestellt; doch ein Kritiker, der intelligenter war als sein Kollege und besser imstande, über die Kunst zu philosophieren, machte diese ironische Bemerkung zunichte, indem er sehr vernünftig antwortete: »Gerade weil das Pferd bei Schubert so hart zu laufen hatte, ist es lahm geworden und muß nun im Schritt geführt werden!« Tomaschek komponiert seit mindestens dreißig Jahren; der Katalog seiner Werke muß infolgedessen beträchtlich sein.

Nun bleibt mir noch eine liebenswerte Virtuosin zu erwähnen, deren Gaben in deutschen Landen eine Rarität sind und die mir persönlich von großem Nutzen gewesen ist. Fräulein Claudius ist eine Harfenistin ersten Ranges, außerordentlich musikalisch und die beste Schülerin von Parish-Alvars. Die Dame besitzt außerdem eine bemerkenswerte Stimme und singt oft mit Erfolg die Soli im Gesangverein, dem sie angehört.

Was soll ich Ihnen vom Publikum sagen? . . . Man erzählt, daß Ludwig XIV., als er Boileau wegen seiner Verse über den Rheinübergang ein Kompliment machen wollte, zu ihm sagte: »Ich würde Sie loben, wenn Sie mich nicht so sehr gelobt hätten.« Ich befinde mich in der gleichen Verlegenheit wie der große König; ich würde eine schöne Lobrede darüber halten, wie genau und rasch das Prager Publikum auffaßt, wie zugänglich es allen Eindrücken ist, wenn ich von ihm nicht so gut behandelt worden wäre. Ich kann indessen sagen, denn das ist überall bekannt, daß die Böhmen die besten Musiker Europas sind und daß aufrichtige Liebe und lebhafte Begeisterung für die Musik in allen Schichten der Gesellschaft zu finden sind. Zu meinem Konzert kamen nicht nur Städter, sondern auch Bauern, was ihnen ermöglicht wurde durch billige Plätze, und nach den eigentümlich naiven Ausrufen, die ihnen bei besonders überraschenden Wendungen entfuhren, habe ich beurteilen können, welches Interesse diese Zuhörer meinen musikalischen Versuchen entgegenbrachten und wie sie vermöge ihres wohl ausgerüsteten Gedächtnisses imstande waren, Vergleiche anzustellen zwischen Bekanntem und Unbekanntem, Altem und Neuem, Gutem und Schlechtem. Sie werden nicht verlangen, lieber Freund, daß ich hier meine Ansichten über das Publikum im allgemeinen darlege; ein Buch würde nicht genügen zum eingehenden Studium jenes vielfältigen Wesens, das gerecht oder ungerecht, vernünftig oder launisch, naiv oder boshaft, schwärmerisch oder spöttisch, bald hingerissen und bald widerspenstig ist und Publikum heißt. Und hätte man auch diesem Thema ein ganzes Buch gewidmet, würde man sehr wahrscheinlich auf der letzten Seite nicht weiter sein als auf der ersten. Selbst Voltaires Ironie wurde daran zuschanden, und nachdem er gefragt hatte, wieviele Dummköpfe nötig sind, um ein Publikum auszumachen, schloß er seine Laufbahn damit ab, daß er sich von diesen gleichen Dummköpfen im Théâtre Français krönen ließ und ihre Huldigungen als ein übergroßes Glück empfand.

Wir wollen also hier kurz abbrechen und das Publikum sein lassen, was es ist, ein stets mehr oder minder bewegtes Meer, aber dessen regungslose Stille die Künstler tausendmal ärger zu fürchten haben als seine Stürme.

Ich habe in Prag sechs Konzerte gegeben, teils im Theater, teils im Sophiensaal. Ich erinnere mich, daß ich bei dem letzten die Freude hatte, daß Liszt meine Symphonie »Romeo und Julia« zum ersten Male hörte. Man kannte in Prag schon mehrere Bruchstücke dieses Werkes, das zu keiner heftigen Polemik Veranlassung gab, vielleicht weil es in Wien sehr lebhafte Diskussionen hervorgerufen hatte; denn die Rivalität dieser beiden Städte auf dem Gebiet der Musik ist eine unbestreitbare Tatsache. Chor und Solostimmen waren ausgezeichnet und großartig bis auf einen einzigen Zwischenfall. Die junge Dame, die das Altsolo sang, war noch nie öffentlich aufgetreten. Trotz ihrer großen Schüchternheit ging alles gut, solange sie sich von einigen anderen Stimmen oder von den Instrumenten unterstützt fühlte; als sie aber an die Stelle kam:

Erste und unvergess'ne Wonne

ein wirkliches Solo ohne jegliche Begleitung, fing ihre Stimme an zu zittern und so stark zu schwanken, daß sie am Ende des Satzes, wo die Harfe mit dem E-dur-Akkord einsetzt, um fünfviertel Ton tiefer als E-dur gesunken und in eine unbekannte Tonart geraten war. Fräulein Claudius, die neben meinem Pult ihren Platz hatte, getraute sich nicht, in die Saiten ihrer Harfe zu greifen. Nach einem Augenblick des Zögerns fragte sie mich schließlich mit leiser Stimme: »Soll ich den E-dur-Akkord geben?« – »Natürlich, wir müssen doch weiter.«

Und der Akkord erschallte, unerbittlich, brausend und zischend, wie ein Löffel geschmolzenes Blei, das man in kaltes Wasser gießt. Die arme kleine Sängerin war einer Ohnmacht nahe, als sie sich so plötzlich auf den rechten Weg zurückgebracht fühlte, und da sie kein Französisch verstand, hätte ich sie mit all meiner Beredsamkeit nicht beruhigen können. Glücklicherweise gelang es ihr, noch vor dem Lied

Nur der junge Romeo in schwermutvollen Träumen beklagend sein Geschick,

ihre Fassung wiederzugewinnen, und sie sang die Stelle mit viel Empfindung und makelloser Reinheit. Strakaty gab aufs beste den Pater

Lorenzo. Er sang die Partie mit Inbrunst und das Finale mit wirklicher Begeisterung. Nachdem das Publikum an jenem Tag mehrere Stücke hatte wiederholen lassen, wurde die Zeit knapp, und als wieder einmal »Da capo« gerufen wurde, beschworen mich die Musiker, nicht nachzugeben. Da aber das Geschrei fortdauerte, zog Herr Mildner seine Uhr aus der Tasche und hob sie in auffallender Weise in die Höhe. Man begriff, daß die vorgerückte Stunde dem Orchester nicht gestatten würde, bis zum Schluß des Konzertes zu bleiben, wenn das verlangte Stück wiederholt würde; es war nämlich abends um 7 Uhr eine Vorstellung im Opernhaus. Als ich am Schluß der Aufführung Liszt bat, mein Dolmetscher zu sein, um den ausgezeichneten Sängern zu danken, die meinen Chören drei Wochen gewissenhaften Studiums gewidmet und sie dann so wacker gesungen hatten, traten mehrere von ihnen vor, um ihm im Namen ihrer Kollegen den entgegengesetzten Vorschlag zu machen. Nachdem sie einige Worte in deutscher Sprache gewechselt hatten, wandte sich Liszt zu mir: »Mein Auftrag geht jetzt an Dich. Die Herren bitten mich, dir für das Vergnügen zu danken, das du ihnen bereitet hast, indem du die Aufführung deines Werkes ihnen anvertrautest, und dir ihre Freude darüber auszusprechen, daß sie dich befriedigt sehen.«

Das war für mich ein Tag, wie ich wenige in meinen Erinnerungen zählen kann.

Nach dem Vorbild des Banketts, bei dem mir die Wiener Musiker den goldenen Taktstock verehrten, von dem ich Ihnen erzählt habe, fand auch hier nach dem Konzert ein Souper statt, wobei mir die Prager in liebenswürdiger Weise einen silbernen Pokal überreichten. Die meisten Künstler, Kritiker und Musikliebhaber der Stadt waren anwesend; ich hatte sogar das Vergnügen, unter ihnen einen Landsmann zu sehen, den geistreichen und freundlichen Prinzen de Rohan. Liszt wurde einstimmig dazu ausersehen, an Stelle des Präsidenten das Wort zu führen, da letzterem das Französische nicht geläufig genug war. Beim ersten Toast richtete er im Namen der Versammlung eine Ansprache an mich, die mindestens eine Viertelstunde dauerte; er sprach mit Wärme, Phantasie und einer Vornehmheit des Ausdrucks, um die ihn viele Redner beneiden würden. Ich war tief gerührt. Leider zeigte er sich nicht minder tüchtig im Trinken als im Reden; so flossen aus dem von der Versammlung eingeweihten Pokal solche Fluten von Champagner, daß seine ganze Beredsamkeit darin ertrank. Belloni, Liszts Sekretär, und ich waren noch um zwei Uhr morgens in den Straßen von Prag und redeten ihm zu, das Tageslicht abzuwarten für ein Pistolenduell auf zwei Schritt Abstand, das er unbedingt mit einem Böhmen ausfechten wollte, weil dieser mehr getrunken hatte als er. Als der Tag anbrach, sorgten wir uns ernsthaft um Liszt, dessen Konzert auf zwölf Uhr mittags angesetzt war. Um halb zwölf schläft er noch; er wird endlich geweckt, steigt in den Wagen, kommt im Konzertsaal an, wird beim Eintreten mit einer dreifachen Salve von Applaus empfangen und spielt, glaube ich, besser denn je.

Es muß einen Gott geben für die ... Pianisten. Adieu, lieber Ferrand, Sie werden sich, wie ich fürchte, nicht über die Kürze meiner Briefe beklagen. Und doch habe ich noch nicht ganz gesagt, wie sehr ich mich nach Prag und zu dessen Einwohnern zurücksehne. Aber Sie wissen ja, daß ich für die Musik eine ernste Leidenschaft habe, und können danach beurteilen, ob ich die Böhmen liebe. *O Praga! quando te aspiciam!*

LXX.

Konzert in Breslau – Meine Legende »La damnation de Faust« – Das Textbuch – Die deutschen patriotischen Kritiker – Aufführung von »La damnation de Faust« in Paris – Ich entschließe mich, nach Rußland zu reisen – Güte meiner Freunde

In den vorhergehenden Briefen an Monsieur Ferrand habe ich nichts von meiner Reise nach Breslau gesagt. Ich weiß nicht, warum ich es unterlassen habe, denn mein Aufenthalt in der Hauptstadt Schlesiens war mir nützlich und angenehm zugleich. Mehrere Personen, unter anderen Herr Koettlitz, ein junger Künstler von hohem Verdienst, Herr Dr. Naumann, ein hervorragender Arzt und verständnisvoller Musikliebhaber, und der berühmte Organist Hesse halfen mir tatkräftig im Hörsaal der Universität (Aula Leopoldina) mit einem in jeder Beziehung vorzüglichen Ergebnis ein Konzert zu veranstalten. Von den benachbarten Gütern und Ortschaften waren Zuhörer nach Breslau geeilt; ich erzielte eine viel höhere Einnahme als gewöhnlich in deutschen Städten, und meine Kompositionen fanden beim Publikum beste Aufnahme.

Ich war um so glücklicher darüber, als ich am Tag nach meiner Ankunft einem Konzert beigewohnt hatte, wobei das Publikum keinen einzigen Augenblick aus seiner Zurückhaltung herausgekommen war, und ich hatte erlebt, wie selbst nach der Aufführung von Wunderwerken wie der C-moll-Symphonie von Beethoven tiefstes Schweigen herrschte. Ich wunderte mich über diese Kälte, die ich allerdings nie zuvor erlebt hatte, und kritisierte heftig die Breslauer Art, Beethoven aufzunehmen. Da sagte mir eine Dame, die selbst von dem großen Meister sehr begeistert war: »Sie irren sich, das Publikum bewundert dieses Meisterwerk, so sehr man es bewundern kann, und wenn man nicht Beifall klatscht, dann aus Achtung.« Dieser Ausdruck, der in Paris und überall, wo das schändliche Treiben der Claqueure vorherrscht, einen tiefen Sinn haben würde, verursachte mir, wie ich gestehen muß, lebhaftes Unbehagen. Ich war in großer Angst, ebenfalls geachtet zu werden. Glücklicherweise kam es nicht so, und am Tage meines Konzertes glaubte das Publikum, auf dessen Achtung ich wahrscheinlich noch keinen genügenden Anspruch hatte, mich auf jene gewöhnliche Weise behandeln zu dürfen, die in ganz Europa für beliebte Künstler üblich ist, und man applaudierte mir auf die respektwidrigste Art.

Während dieser Reise durch Österreich, Ungarn, Böhmen und Schlesien begann ich mit der Komposition meiner Legende »Faust«, über die ich schon seit langer Zeit nachgrübelte. Sobald ich mich dazu entschlossen hatte, mußte ich es auch auf mich nehmen, fast den ganzen Text selbst zu schreiben; die Bruchstücke aus der französischen Übertragung des Goetheschen »Faust« von Gérard de Nerval, die ich schon zwanzig Jahre zuvor vertont hatte und mit einigen Änderungen in meine neue Partitur aufzunehmen gedachte, und zwei oder drei andere Szenen, die Gandonnière vor meiner Abreise nach meiner Angabe geschrieben hatte, bildeten zusammen nicht einmal den sechsten Teil des Werkes.

Als ich nun in meiner alten deutschen Postkutsche dahinrollte, versuchte ich zu meiner Musik die nötigen Verse zu machen. Ich begann mit Fausts »Beschwörung der Natur«, wobei ich das Meisterwerk Goethes weder zu übersetzen noch nachzuahmen versuchte, sondern lediglich auf mich wirken ließ, in dem Bestreben, den musikalischen Gehalt seiner Sprache zu finden. Mein Versuch gelang und ich fuhr fort:

> Natur, du mächt'ge, ew'ge und allgewalt'ge,
> Die einzig du gewährest Rast meinem steten Schmerz,
> Lieg' ich dir an der Brust, fühl' mein Elend ich minder,
> Neu erfaßt mich das Leben, kräftigen Wollens Macht.
> Ja, wild heule, Orkan! und kracht, ihr Riesenwälder!
> Stürz' ein, du starrer Fels! Du Sturm, laß deine Wogen brausen!
> Freudig eint sich mein Ruf eures Tosens Gewalt!
> O Wald, o Fels, o Strom, euch bet' ich staunend an!
> Funkelndes Sternenheer, empor zu dir schwingt sich mein Wunsch,
> Das bange Sehnen einer Seele, die lechzt nach dem Glück, das sie floh.

Einmal notierte ich mir beim Komponieren gleich die fehlenden Verse dazu und schrieb meine Partitur mit einer Leichtigkeit, wie ich sie bei meinen anderen Werken sehr selten empfunden habe. Ich schrieb daran, wann und wo ich konnte, in der Kutsche, in der Eisenbahn, auf dem Dampfer und selbst in Städten, trotz der verschiedenartigen Sorgen, die meine Konzerte mit sich brachten. So schrieb ich in einem Gasthaus in Passau an der bayerischen Grenze die Einleitung:

Der Winter floh, der holde Lenz ist da!

und in Wien schrieb ich die Szene am Elbstrand, die Arie des Mephistopheles:

Sieh, diese Rosen!

und das Ballett der Sylphen. Ich habe gesagt, wie und bei welcher Gelegenheit ich gleichfalls in Wien und in einer Nacht den Marsch über das ungarische Rákóczy-Thema komponierte. Seine außergewöhnliche Wirkung bestimmte mich dazu, ihn im »Faust« aufzunehmen, und ich erlaubte mir deshalb, den Helden am Anfang der Handlung nach Ungarn zu versetzen, wo er sich auf einer weiten Ebene Träumereien hingibt und ein ungarisches Heer vorüberziehen sieht. Ein deutscher Kritiker hat es sonderbar gefunden, daß ich Faust an einen solchen Orte reisen lasse. Ich sehe nicht ein, warum ich davor hätte zurückschrecken sollen, und ich würde nicht gezögert haben, ihn auch sonst überall hinzuführen, wenn daraus irgendwelcher Vorteil für meine Partitur entstanden wäre. Ich hatte mich nicht dazu verpflichtet, Goethes Plan zu folgen, und man kann einer Persönlichkeit wie Faust die abenteuerlichsten Reisen zuschreiben, ohne im mindesten gegen die Wahrscheinlichkeit zu verstoßen. Andere deutsche Kritiker nahmen später dieses Thema wieder auf und griffen mich mit noch größerer Heftigkeit an, wegen der Änderungen, die ich in meinem Textbuch an den Worten und den Abläufen des Goetheschen »Faust« vorgenommen hatte (als ob es keinen anderen »Faust« gäbe als den von Goethe* und als ob man eine solche Dichtung in ihrem ganzen Umfang, und ohne die Szenenfolge zu ändern, in Musik setzen könne); ich beging die Dummheit, ihnen in dem Vorwort zu »La damnation de Faust« zu antworten. Ich habe mich oft gefragt, warum dieselben Kritiker mir keinen Vorwurf gemacht haben wegen des Textes zu meiner Symphonie »Romeo und Julia«, der mit der unsterblichen Tragödie wenig Ähnlichkeit hat. Weil Shakespeare kein Deutscher ist! Patriotismus! Fetischismus! Kretinismus!

Eines Abends, als ich mich in Pest verirrt hatte, schrieb ich beim Schein einer Gaslaterne den Refrain für den Chor zum Bauerntanz.

---

* Den »Faust« von Marlowe z. B. und die Oper von Spohr, die beide Goethes »Faust« nicht ähnlich sind.

In Prag stand ich in der Nacht auf, um einen Gesang zu schreiben, weil ich vor Angst zitterte, ihn zu vergessen, den Gesang der Engel in ›Margaretens Verklärung‹:

Steig auf zu Gott, kindliche Seele,
Die aus Liebe fehlend litt!

In Breslau machte ich Text und Musik zu dem lateinischen Studentenlied:

Jam nox stellata velamina pandit.

Nach meiner Rückkehr nach Frankreich, als ich einige Tage auf dem Landgut des Barons von Montville bei Rouen zubrachte, komponierte ich dort das große Terzett:

Dein himmlisch Bild, du hehrer, lichter Engel.

Das übrige ist in Paris geschrieben worden, doch immer, wie es der Augenblick eben eingab, zu Hause, im Café, in den Tuilerien, ja selbst auf einem Bordstein auf dem Boulevard du Temple. Ich suchte die Gedanken nicht, ich ließ sie kommen, und sie stellten sich ein in ganz unerwarteter Reihenfolge. Als endlich die Partitur vollständig entworfen war, machte ich mich daran, das Ganze zu bearbeiten, an den verschiedenen Teilen zu feilen, sie zu verbinden, sie ineinanderzufügen, mit der ganzen Zähigkeit und Geduld, deren ich fähig bin; ferner die Instrumentierung zu beenden, die nur hier und da angedeutet war. Ich betrachte dieses Werk als eines meiner besten; bis jetzt scheint das Publikum diese Ansicht zu teilen.

Das Werk geschrieben zu haben genügte nicht, ich mußte es aufführen; und da begannen für mich die Enttäuschungen und die Widerwärtigkeiten. Das Abschreiben der Orchester- und Singstimmen kostete mich eine ungeheure Summe; dann kamen die zahlreichen Proben und der unerhörte Preis von sechszehnhundert Francs, den ich für die Opéra-Comique, den einzigen Saal, der mir damals zur Verfügung stand, zu bezahlen hatte – dies alles verwickelte mich in ein Unternehmen, das meinen Ruin herbeiführen mußte. Allein ich gab nicht auf, unterstützt von einer scheinbar richtigen Überlegung, die jeder angestellt hätte. »Als ich ›Romeo und Julia‹ zum ersten Mal im Konservatorium aufführen ließ«, sagte ich zu mir selbst, »war das Publikum so begierig, das Werk zu hören, daß man Billetts für den Korridor ausgeben mußte, um, nachdem der Saal voll war, der übrigen Menge Plätze zu verschaffen; und trotz der ungeheuren Kosten der Aufführung blieb mir ein kleiner Gewinn. Seit dieser Zeit ist mein Name in der Öffentlichkeit bekannter geworden, meine Erfolge im Ausland verleihen ihm überdies eine Autorität, die er vorher nicht besaß; der Stoff des ›Faust‹ ist ebenso berühmt wie der von ›Romeo‹; man glaubt im allgemeinen, daß er mir liege und ich ihn gut behandelt haben müsse. Alles läßt mich darum hoffen, daß man sehr begierig sein wird, dieses neue Werk zu hören, das großzügiger angelegt und im Ton abwechslungsreicher ist als die vorhergehenden, und daß die mir dadurch verursachten Kosten wenigstens gedeckt werden.«

Illusion! Seit der ersten Aufführung von »Romeo und Julia« waren Jahre vergangen, in denen die Gleichgültigkeit des Pariser Publikums für alles, was Musik und Literatur betrifft, unglaubliche Fortschritte gemacht hatte. Es war zu wenig Interesse, besonders an einem musikalischen Werk, um sich am hellen Tag (ich konnte meine Konzerte nicht abends geben) in der Opéra-Comique einzusperren, die überdies von den höheren Kreisen gemieden wird. Es war Ende November (1846), der Schnee fiel, es war ein abscheuliches Wetter; ich hatte für die Partie der Margarete keine Mode-Sängerin; Roger, der den Faust, und Hermann Léon, der Mephistopheles sang, hörte man alle Tage in diesem Theater, auch sie waren nicht fashionable. Die Folge davon war, daß ich »Faust« zweimal vor einem halbgefüllten Saal gab. Das vornehme Publikum von Paris, das ins Konzert geht und in dem Ruf steht, sich mit Musik zu beschäftigen, blieb zu Hause und kümmerte sich ebensowenig um meine Partitur, als wäre ich der unbekannteste Schüler des Konservatoriums; und es waren bei diesen beiden Aufführungen nicht mehr Leute in der Opéra-Comique, als bei der schwächsten Oper des Repertoirs.

Nichts hat mich in meiner Künstlerlaufbahn so tief gekränkt wie diese unerwartete Gleichgültigkeit. Die Erfahrung war schmerzlich, aber zumindest soweit nützlich, als ich daraus etwas lernte, und es ist seitdem nicht mehr vorgekommen, daß ich für den Glauben an die Liebe des Pariser Publikums für meine Musik auch nur zwanzig Francs aufs Spiel gesetzt habe. Ich hoffe auch, daß es in Zukunft nicht mehr vorkommen wird,* und sollte ich hundert Jahre alt werden. Ich war ruiniert; ich schuldete eine ungeheure Summe, die ich nicht besaß. Nach zwei Tagen unbeschreiblicher moralischer Qualen erblickte ich in einer Rußlandtournée die Rettung. Allein zu diesem Unternehmen

* Ich habe es nicht über mich gebracht; nachdem ich »L'enfance du Christ« geschrieben hatte, konnte ich der Versuchung nicht widerstehen, dieses Werk in Paris hören zu lassen; der Erfolg war spontan und sehr groß; er stellte sogar meine früheren Werke in den Schatten. Ich habe auch im Saal Herz mehrere Konzerte gegeben, die, statt mich wie die »Faust«-Aufführung zu ruinieren, mir einige Tausend Francs eintrugen (1858).

brauchte ich Geld und um so mehr Geld, als ich nicht die geringste Schuld in Paris hinterlassen wollte. In dieser schwierigen Zeit war die Herzlichkeit meiner Freunde ein großer Trost. Sobald man erfuhr, daß ich gezwungen sei, nach Petersburg zu reisen, um die durch die Aufführung meines letzten Werkes in Paris erlittenen Verluste wieder einzubringen, wurde mir von allen Seiten Hilfe angeboten. Monsieur Bertin ließ mir durch die Kasse des ›Journal des Débats‹ tausend Francs vorstrecken; von meinen Freunden liehen mir die einen fünfhundert, andere sechs- und siebenhundert Francs; ein junger Deutscher, Herr Friedland, den ich auf meiner letzten Reise durch Böhmen in Prag kennengelernt hatte, streckte mir zwölfhundert Francs vor; Sax tat dasselbe, trotz seiner eigenen Bedrängnisse; der Buchhändler Hetzel endlich, der seither eine sehr ehrenwerte Rolle in der republikanischen Regierung gespielt hat und damals einfach ein Bekannter von mir war, sagte zu mir, als er mich zufällig in einem Kaffeehaus traf:

»Sie wollen nach Rußland?«

»Ja ... «

»Das ist eine kostspielige Reise, besonders im Winter; wenn Sie eine Tausend-Francs-Note brauchen, so gestatten Sie mir, sie Ihnen anzubieten! ... «

Ich nahm es ebenso freimütig an, wie der liebenswürdige Hetzel es mir anbot, und so konnte ich alle Schulden begleichen und den Tag meiner Abreise bestimmen.

Ich glaube schon erwähnt zu haben, doch scheue ich mich nicht, es zu wiederholen, daß ich zwar in meinem Leben vielen Schurken und vielen Lumpen begegnet bin, daß ich aber auf der anderen Seite vom Schicksal ganz besonders begünstigt wurde und daß wenige Künstler so viel herzliche Zuneigung und großzügige Unterstützung gefunden haben wie ich.

Liebe gute Menschen, die ihr ohne Zweifel euer edles Betragen mir gegenüber längst vergessen habt, laßt mich euch hier daran erinnern, euch herzlich dafür danken, euch die Hand drücken und sagen, mit welch tiefem Glück ich voller Dankbarkeit an euch denke!!!

REISE NACH RUSSLAND

LXXI.

Der preußische Kondukteur – Herr Nernst – Die Schlitten – Der Schnee – Dummheit der Raben – Die Grafen Wielhorski – General Lwoff – Mein erstes Konzert – Die Zarin – Ich werde reich – Reise nach Moskau – Lächerliches Hindernis – Der Großmarschall – Die jungen Melomanen – Die Kanonen des Kreml

Um Konzerte wie die meinigen mit Erfolg in Petersburg geben zu können, muß man die Fastenzeit wählen, die den ganzen Monat März andauert und während der die Theater geschlossen sind. Ich reise also am 14. Februar 1847 von Paris ab. 15 cm hoch lag dort der Schnee, und bis St. Petersburg, wo ich vierzehn Tage später ankam, verlor ich ihn keinen Augenblick aus dem Auge. In Belgien war sogar so viel Schnee gefallen, daß mein Zug mehrere Stunden lang in Tirlemont halten mußte, während Arbeiter die Geleise freimachten. Man kann sich vorstellen, was ich in der Woche darauf, als ich auf die andere Seite des Njemen gelangt war, unter der Kälte zu leiden hatte.

Ich hielt mich nur wenige Stunden in Berlin auf, wo ich den König von Preußen um einen Empfehlungsbrief an seine Schwester, die Zarin von Rußland, bat.

Während ich im Postwagen von Berlin nach Tilsit fuhr, hatte ich das Unglück, daß der Kondukteur ein Musikbesessener war, der mich während der ganzen Zeit, die ich neben ihm in seinem Wagen zubrachte, beträchtlich quälte. Kaum hatte dieser Mensch auf seiner Liste der Reisenden meinen Namen gelesen, als er auf den Gedanken kam, mich unterwegs auszubeuten, und zwar folgendermaßen. Er besaß eine wahre Wut, Polkas und Walzer für das Klavier zu komponieren. Infolgedessen machte er, und manchmal recht lange, auf den Poststationen Halt, und während man ihn damit beschäftigt glaubte, mit dem Vorsteher seine Rechnungen zu begleichen, nutzte er die Zeit, um Notenlinien zu ziehen, in die er die Tanzmelodie schrieb, die er während der letzten drei Stunden zwischen den Zähnen gepfiffen hatte. Darauf stieg er wieder in den Wagen, geruhte das Zeichen zur Abfahrt zu geben und legte mir sogleich seine Polka oder seinen Walzer mit einem Bleistift vor, damit ich den Baß und die Harmonie dazu schreibe. War der Baß geschrieben, gab es Kommentare ohne Ende, Fragen nach dem Warum und dem Wie, Erstaunen, Entzücken, das mich das erste Mal sehr belustigt hatte; beim zweiten und dritten Male aber verfluchte ich von ganzem Herzen das wenige, was mein biederer Kondukteur von Musik und vom Französischen verstand. So etwas wäre mir in Frankreich nicht passiert!

Bei meiner Ankunft in Tilsit fragte ich nach dem Postmeister, einem Herrn Nernst; ich werde gleich sagen, durch welchen Zufall ich seinen Namen kannte und weshalb ich auf sein Wohlwollen rechnete. Man zeigt mir sein Bureau, ich trete ein und sehe einen dicken Mann mit einer Tuchmütze auf dem Kopf, dessen strenges Gesicht jedoch Klugheit und Güte verriet. Er saß auf einem hohen Stuhl, den er bei meinem Eintritt nicht verließ.

»Herr Nernst?«, sagte ich grüßend.

»Der bin ich; mit wem habe ich die Ehre zu sprechen?«

»Mit Hector Berlioz.«

»Ah! sonst nichts?« ruft er aus, wobei er von seinem Sitz in die Höhe fährt und mit beiden Füßen auf den Boden springt, sodaß er nun, die Mütze in der Hand, vor mir steht.

Und der biedere Mann überhäufte mich sogleich mit Höflichkeiten und Zuvorkommenheiten, die er verdoppelte, als ich ihm mitgeteilt hatte, auf wessen Empfehlung ich mich vorstellte.

»Wenn Sie durch Tilsit kommen«, hatte mir in Paris einer meiner Freunde gesagt, »dann verfehlen Sie nicht, nach dem Postmeister Nernst zu fragen; er ist ein ausgezeichneter Mann, überdies gebildet und gelehrt, und könnte Ihnen sehr nützlich sein.«

Der Freund, der mir am Vorabend meiner Abreise an einer Straßenecke, wo ich ihm um elf Uhr noch begegnet war, diese Empfehlung gab, war Honoré de Balzac, der kurz zuvor selbst die Reise nach Rußland gemacht hatte. Als er erfuhr, daß ich nach Petersburg reiste, um dort Konzerte zu geben, hatte er mir sehr ernsthaft gesagt: »Sie werden mit hundertfünfzigtausend Francs zurückkommen; ich kenne das Land, es ist unmöglich, daß Sie weniger von dort mitbringen.« Dieser große Geist hatte die Schwäche, daß er überall Goldminen sah, die ihm so sicher vorkamen, daß er gern einen Bankier um Anleihen darauf gebeten hätte. Er träumte nur von Millionen, und die zahllosen Enttäuschungen, die er sein Leben lang in dieser Beziehung erlitten hat, waren nicht imstande gewesen, ihm über diesen beständigen Wahn die Augen zu öffnen. Ich lächelte, als er das Ergebnis meiner Reise so hoch schätzte, als bezweifelte ich nicht, daß er recht habe. Wenn meine Konzerte in St. Petersburg und Moskau mir auch mehr eintrugen, als ich erhofft hatte, brachte ich aus Rußland doch weniger zurück als die von Balzac prophezeiten hundertfünfzigtausend Francs.

Dieser außerordentliche Schriftsteller, dieser unvergleichliche Anatom der verborgensten Gefühle unserer damaligen französischen Gesellschaft war, wie man sich wohl denken kann, für Herrn Nernst und mich ein ergiebiges Thema der Unterhaltung. Herr Nernst teilte mir über Balzac, über seine heimlichen Heiratspläne und seine Liebesaffairen in Galizien Einzelheiten mit, die mich lebhaft interessierten.(67) Er gehört übrigens zu den wenigen Ausländern, die Balzac leidenschaftlich verehren, denn er kennt die französische Sprache so gut, daß er Balzac lesen kann. Nach meiner Rückkehr nach Frankreich erzählte ich in meiner Familie diese Episode meiner Reise, und ich erinnere mich, daß bei den Worten: »Sonst nichts?«, die Herrn Nernst entfuhren, als er meinen Namen hörte, mein Vater laut auflachte, obgleich er damals schon recht schwach, recht leidend und traurig war. Aber der naive Stolz, den er trotz all seiner Philosophie bei diesem komischen Beweis der Berühmtheit seines Sohnes empfand, verriet sich dabei fast wider seinen Willen.

»Sonst nichts?«, wiederholte er und lachte noch mehr. »Es war in Tilsit, sagst du?«

»Ja, am Njemen, an der äußersten Grenze von Preußen.«

»Sonst nichts?«

Und er fing von neuem an zu lachen.

Nachdem ich mich in Tilsit einige Stunden auf diese Weise erholt hatte, begann ich, ausgerüstet mit Ratschlägen von Herrn Nernst und erwärmt durch einige Gläser eines ausgezeichneten Curaçao, den er mir unermüdlich anbot, den mühsamsten Teil der Reise. Ein Postwagen brachte mich bis nach Tauroggen an der russischen Grenze; dort mußte ich mich in einen eisernen Schlitten einsperren, den ich vor Petersburg nicht verlassen sollte und darin ich während vier schlimmer Tage und ebensovieler schrecklicher Nächte Qualen erleiden sollte, deren Härte ich nicht vorausahnte.

In diesem metallenen, hermetisch verschlossenen Kasten, in den der Schneestaub dennoch eindringt, sodaß er einem das Gesicht dicht mit Weiß bedeckt, wird man fast unaufhörlich heftig geschüttelt wie Bleikörner in einer Flasche, die gereinigt werden soll. Daher eine Menge Quetschungen am Kopf und an den Gliedern, weil man hin und her gegen die Wände des Schlittens geschleudert wird. Überdies leidet man an Übelkeit und fühlt ein Unbehagen, das ich wegen seiner Ähnlichkeit mit der Seekrankheit durchaus mit dem Namen Schneekrankheit charakterisieren darf.

In unseren Breitengraden glaubt man im allgemeinen, daß die russischen Schlitten, von schnellen Pferden gezogen, auf dem Schnee dahin gleiten wie auf der Eisdecke eines Sees; man macht sich von dieser Art zu reisen ein verlockendes Bild. Nun, die Wirklichkeit sieht anders aus: Wenn man das Glück hat, auf einem Stück ebener Erde zu fahren, das mit frisch gefallenem oder gleichmäßig verwehtem Schnee bedeckt ist, läuft der Schlitten freilich rasch und waagerecht. Auf einer Strecke von hundert Meilen aber findet man keine zwei Meilen solchen Wegs; der Rest ist aufgewühlt; die Bauernwagen, die zu dieser Jahreszeit Holzmassen auf Schlitten transportieren, haben Quertäler gegraben, sodaß die Straße einem sturmbewegten Meer gleicht, dessen Wogen in der Kälte erstarrt sind. Zwischen diesen Schneewellen bilden sich tiefe Gräben, in die der Schlitten, nachdem er zuerst mit Mühe den Gipfel der Welle erklommen hat, plötzlich wieder hinabfällt, mit einer Wucht und einem Getöse, die dem Fahrgast das Gehirn erschüttern können, besonders nachts, wenn er einen Augenblick eingeschlummert und nicht mehr auf die schrecklichen Stöße gefaßt ist. Wenn die Wellen gleichmäßiger und niedriger sind, kann der Schlitten über sie hinweggleiten, indem er, wie ein Boot auf dem Meer, regelmäßig auf- und abwiegt. Daher die Übelkeit und auch das Erbrechen, von dem ich gesprochen habe. Ich sage nichts von der Kälte, die gegen Mitternacht unerträglich wird, trotz der Pelzsäcke, Mäntel und Felle, die den Reisenden bedecken und obwohl der Schlitten mit Heu isoliert ist. Man hat dann das Gefühl, daß der ganze Körper von tausend Nadeln gestochen wird, und man zittert fast ebensosehr aus Furcht vor dem Erfrieren wie vor Kälte.

Wenn gelegentlich die Sonne leuchtete und ich diese öde und blendende Wüste mit einem Blick umfassen konnte, mußte ich an den nur allzu berühmten Rückzug unseres armen, zerschlagenen, blutenden Heeres denken: ich glaubte unsere unglücklichen Soldaten zu sehen, die ohne Kleider, ohne Schuhe, ohne Brot, ohne Branntwein, geistig und körperlich entkräftet, in den meisten Fällen verwundet, sich am Tage wie Gespenster dahinschleppten, in der Nacht wie Leichen auf dem Schnee lagen, obdachlos, bei einer noch fürchterlicheren Kälte als die, die mich marterte. Und ich fragte mich, wie es möglich war, daß ein einziger von ihnen solchen Leiden widerstand und lebend aus dieser eisigen Hölle herauskam . . . Der Mensch muß unglaublich zäh sein.

Dann lachte ich über die Dummheit der hungrigen Raben; sie folgten mit trägen Flügeln meinem Schlitten, stießen von Zeit zu Zeit auf die Straße nieder, um sich am Pferdemist satt zu fressen, dann legten sie sich auf den Bauch und wärmten, so gut und schlecht es ging, ihre halberstarrten Füße; und wenn sie nur einige Stunden lang gen Süden geflogen wären, hätten sie ohne Anstrengung mildes Klima, fruchtbare Felder und reichliches Futter gefunden. Sollte der Rabenseele das Vaterland teuer sein? Wenn man überhaupt, wie unsere Soldaten sagten, eine solche Gegend ›Vaterland‹ nennen kann.

Vierzehn Tage nach meiner Abreise von Paris kam ich endlich, vor Kälte ganz zusammengeschrumpft, eines Sonntag abends in der stolzen Metropole des Nordens, St. Petersburg, an. Nach dem, was man mir in Frankreich über die strengen Vorschriften der zaristischen Polizei gesagt hatte, war ich darauf gefaßt gewesen, daß meine Notenpakete für mindestens eine Woche konfisziert würden; sie waren an der Grenze kaum geöffnet worden. Im Gegenteil, man fragte mich auf dem Polizeibureau nicht einmal nach ihrem Inhalt, und ich konnte sie sofort ins Hotel mitnehmen. Dies war, ich muß es gestehen, eine angenehme Überraschung.

Kaum eine Stunde, nachdem ich mich in einem warmen Zimmer eingerichtet hatte, kam ein sehr liebenswürdiger und verständnisvoller Musikliebhaber, der mir einige Jahre zuvor in Paris begegnet war, Herr von Lenz, und hieß mich willkommen.

»Ich komme eben vom Grafen Michael Wielhorski«, sagte er, »wir haben vorhin erfahren, daß Sie angekommen sind. Heute abend findet bei ihm eine große Soirée statt, alle musikalischen Autoritäten von Petersburg werden dort versammelt sein, und der Graf schickt mich, um Ihnen zu sagen, daß er entzückt wäre, Sie bei sich zu sehen.«

»Aber wie kann man schon erfahren haben, daß ich hier bin?«

»Nun ... man weiß es eben ... kommen Sie, kommen Sie.«

Ich nahm mir nur Zeit, mein Gesicht abzutauen, mich zu rasieren und umzuziehen, und folgte meinem freundlichen Protektor zum Grafen Wielhorski.

Ich sollte sagen, zu den Grafen, denn es sind zwei Brüder, die zusammen leben, beide gleich intelligent sind und die Musik mit gleicher Wärme verehren. Ihr Haus ist in St. Petersburg ein kleines Zentrum der Schönen Künste; das verdanken die Grafen Wielhorski der Autorität, die ihnen ihr mit Recht gerühmter Geschmack gibt, dem Einfluß, den sie durch ihren großen Reichtum und ihre zahlreichen Beziehungen haben, und endlich ihrer offiziellen Stellung am Hof des Zaren.

Ihr Empfang war überaus liebenswürdig; in einigen Stunden wurde ich den bedeutendsten Persönlichkeiten, Künstlern und Schriftstellern vorgestellt, die sich in ihrem Salon einfanden. Ich machte gleich die Bekanntschaft des vortrefflichen Heinrich Romberg, damals Kapellmeister am Italienischen Theater, der von Stund an mit unvergleichlicher Freundlichkeit die Stelle eines musikalischen Führers durch Petersburg und eines Managers meines mitwirkenden Personals übernahm. Der Tag meines ersten Konzerts wurde am selben Abend von dem kaiserlichen Intendanten, General Guédéonoff, bestimmt. Man wählte dazu den Versammlungssaal des Adels, besprach den Preis der Plätze und setzte ihn auf drei Silberrubel (12 Francs) an, und so gelange ich, kaum vier Stunden nach meiner Ankunft, *in medias res*.

Romberg holte mich am folgenden Tage ab, und ich fing an, mit ihm in der Stadt herumzulaufen, um die für mich wichtigsten Musiker zu besuchen und zu engagieren. Mein Orchester war bald beisammen. Der General Lwoff, Adjutant des Zaren und Dirigent der Hofkapelle, ein Komponist und Künstler von großem Verdienst, hatte mir von Anbeginn Beweise der aufrichtigsten musikalischen Gemeinsamkeit gegeben; mit seiner Hilfe gelang es uns auch bald, einen guten Chor zusammenzubringen. Es fehlten mir nur noch zwei Solisten, ein Baß und ein Tenor für die zwei ersten Teile des »Faust«, die ich auf das Programm gesetzt hatte. Versing, der Bassist des Deutschen Theaters, übernahm die Rolle des Mephistopheles, und Ricciardi, ein italienischer Tenor, den ich aus Paris kannte, die des Faust. Einziger Nachteil: er konnte nur Französisch singen, während Mephistopheles Deutsch sang. Aber das russische Publikum, das mit beiden Sprachen vertraut ist, fand sich recht gut mit dieser Eigentümlichkeit ab. Für die Choristen, die in deutscher Sprache sangen, mußte der gesamte Text in Russisch abgeschrieben werden. Ferner erklärte Romberg gleich bei der ersten Probe, die deutsche Übersetzung meines »Faust«, die ich mit großem Kostenaufwand in Paris hatte machen lassen, sei abscheulich und so schlecht in der Betonung der Silben, daß sie so nicht gesungen werden könne. Damit mein Konzert nicht aufgeschoben werden mußte, beeilte er sich, die gröbsten Fehler dieses schlechten Textes zu verbessern; einige Wochen später mußte ich mich aber dazu entschließen, einen neuen Übersetzer zu suchen, und hatte das Glück, Herrn Minzlaff zu finden, der als intelligenter Musiker seine Aufgabe in vollendeter Weise löste und mir aus der Verlegenheit half. Mein erstes Konzert im Versammlungssaal des Adels war ein gelungener Abend. Orchester und Chor waren groß und gut eingeübt, ferner hatte ich eine Militärkapelle, die der General Lwoff mir dadurch verschafft hatte, daß er Musiker der Leibgarde aussuchte. Romberg und Maurer, die beiden Kapellmeister von St. Petersburg, hatten sogar die Partien für die kleinen antiken Becken im Scherzo der »Fee Mab« selbst übernommen. Es herrschte unter allen meinen Mitwirkenden eine fröhliche Stimmung, eine Lebhaftigkeit, ein Eifer, die mir eine gute Aufführung zu versprechen schienen, und überdies hatte ich in ihrer Mitte einen Landsmann wiedergefunden, den hervorragenden Cellisten Tajan-Rogé, einen wirklichen Künstler, der mich aus ganzem Herzen unterstützte. Mein Programm, das sich aus der Ouvertüre »Carnaval romain«, aus den beiden ersten Teilen von »Faust«, dem Scherzo der »Fee Mab« und der Apotheose meiner »Symphonie funèbre et triomphale« zusammensetzte, wurde sehr gut ausgeführt. Die Begeisterung des ausgezeichneten und zahlreichen Publikums, das den ungeheuer weiten Saal füllte, überstieg meine höchsten Erwartungen, besonders bei »Faust«. Das war ein Beifallklatschen, ein Hervorrufen, ein *da capo*-Verlangen, daß mir schwindelte. Nach dem ersten Teil des »Faust« ließ mich die Zarin, die dem Konzerte beiwohnte, durch den Grafen Michael Wielhorski holen, und ich mußte vor Ihrer Majestät erscheinen, in einem wenig hoffähigen Zustand, das Gesicht gerötet, schwitzend, schnaufend, mit gelöster Halsbinde, kurz, wie man nach einer musikalischen Schlacht aussieht. Die Zarin empfing mich in schmeichelhafter Weise, stellte mich den Prinzen, ihren Söhnen, vor, sprach mit mir von ihrem Bruder, dem König von Preußen, von seinem Interesse für mich, das er in seinen Briefen bekundete, spendete meiner Musik hohes Lob und gab ihrem Erstaunen darüber Ausdruck, daß mir eine so außergewöhnliche Aufführung gelungen war. Nach einer Viertelstunde der Unterhaltung sagte sie:

»Ich gebe Sie Ihrem Publikum zurück, es ist so begeistert, daß Sie es nicht zu lange auf den zweiten Teil des Konzertes warten lassen dürfen.«

Und ich verließ den Salon, voll der Dankbarkeit für all diese kaiserlichen Liebenswürdigkeiten. Nach dem Sylphenchor erreichte die Erregung des Publikums ihren Höhepunkt; man war nicht auf eine derartige Musik gefaßt, die so fein, so leicht und so zart ist, daß man genau hinhorchen muß, um sie zu hören. Es war für mich, ich muß es gestehen, ein berauschender Augenblick. Ich war ein wenig beunruhigt, weil ich meine Militärkapelle nicht kommen sah, die für die ›Apotheose‹, mit der das Konzert abschloß, erscheinen sollte.

Ich fürchtete, sie könnte, wenn sie während eines Stückes in den Orchesterraum eintrat, durch irgendwelches Geräusch die Wirkung beeinträchtigen. Ich hatte ohne ihre Disziplin gerechnet . . . Als ich mich nach dem Scherzo der »Fee Mab«, das nur bei vollkommener Stille gehört werden kann, umsah, erblickte ich meine sechzig Musiker, die in Reih und Glied, mit ihren Instrumenten in der Hand, auf dem Posten standen. Sie hatten sich hereingeschlichen und aufgestellt, ohne daß irgendjemand sie bemerkt hatte. So etwas lasse ich mir gefallen!

Als endlich das Konzert zu Ende war und ich nach allen erlittenen Umarmungen eine Flasche Bier getrunken hatte, fiel es mir ein, nach dem finanziellen Resultat des Experimentes zu fragen: Achtzehntausend Francs. Das Konzert kostete sechstausend, es blieb mir ein Reingewinn von zwölftausend Francs.

Ich war gerettet!

Da wandte ich mich unwillkürlich gen Süd-Westen und konnte mich nicht enthalten, mit einem Blick nach Frankreich zu flüstern: »Ha! Ihr lieben Pariser!«

Zehn Tage darauf gab ich ein zweites Konzert mit demselben Ergebnis; ich war reich. Dann reiste ich nach Moskau; dort erwarteten mich ungewohnte praktische Schwierigkeiten, Musiker dritten Ranges, Choristen sonderbarer Art, aber ein Publikum, das in Bezug auf Begeisterungsfähigkeit und Empfindungsvermögen dem Petersburger Publikum in nichts nachstand, und dazu ein Reingewinn von achttausend Francs. Nach diesem Konzert wandte ich mich wieder gen Süd-Westen, dachte wieder an meine blasierten, gleichgültigen Landsleute und sagte ein zweites Mal: »Ha! Ihr lieben Pariser!« Glücklicherweise war es nicht das letzte Mal. Seither habe ich mich in London auch noch oft gen Süd-Osten wenden können ...

In den Augen vieler Leute ist ein Musiker jemand, der irgendein Instrument spielt. Es ist ihnen nie eingefallen, daß es Musiker gibt, die komponieren, und besonders, daß es Komponisten gibt, die Konzerte geben, um ihre Werke zu Gehör zu bringen. Diese Leute glauben zweifellos, daß man Kompositionen beim Musikverleger findet wie Brötchen beim Bäcker und daß man sie nur bei den richtigen Handwerkern bestellen muß. So ignorant diese Ansicht auch sein mag, ist sie doch in vielen Fällen begründet, das gebe ich zu; manchmal aber ist sie leichtfertig und ungerecht. Allein nichts ist so drollig wie das Erstaunen gewisser Leute, wenn man ihnen von einem Komponisten spricht.

In Breslau wurde ich eines Tages beinahe beschimpft von einem ehrenwerten Familienvater, der mich unbedingt dazu zwingen wollte, seinem Sohne Violinunterricht zu erteilen. Vergebens beteuerte ich ihm, daß es der größte Zufall wäre, wenn ich dieses Instrument spielen könnte, da ich in meinem Leben noch nie einen Fiedelbogen angerührt hätte; er nahm all meine Worte für falsche Münze und wollte darin nur eine grobe Verstellung erblicken:

»Mein Herr«, sagte ich, »Sie glauben den berühmten Violinisten de Bériot vor sich zu haben, dessen Name in der Tat dem meinigen sehr ähnlich ist.«

»Mein Herr, ich habe soeben Ihren Anschlagzettel gelesen, Sie geben übermorgen ein Konzert im Universitätssaal, also« ...

»Ja, ich gebe ein Konzert, aber ich werde dort nicht Violine spielen.«

»Was werden Sie also tun?«

»Ich lasse Violine spielen, ich dirigiere das Orchester; mit einem Wort ... gehen Sie hin, Sie werden ja sehen.«

Der Mann verharrte bis zum nächsten Tage in seinem Zorn, und es gelang ihm erst nach dem Konzert und durch vieles Nachdenken, sich einen Begriff davon zu machen, wie ein Musiker öffentlich auftreten könne, ohne selber als Instrumentalist mitzuwirken.

In Moskau kam es beinahe so weit, daß ein derartiger Irrtum ernste Folgen für mich gehabt hätte. Auch dort eignete sich nur der Versammlungssaal des Adels für mein Konzert. Um die Erlaubnis dafür zu erhalten, lasse ich mich zum Großmarschall, einem würdigen achtzigjährigen Greis, führen und lege ihm den Zweck meines Besuches dar.

»Welches Instrument spielen Sie?« fragt er mich.

»Ich spiele gar kein Instrument.«

»Wie fangen Sie es in solchem Fall an, ein Konzert zu geben?«

»Ich lasse meine Kompositionen aufführen und dirigiere das Orchester.«

»Ha! Ha! Das ist sehr originell; ich habe noch nie von solchen Konzerten gehört. Ich werde Ihnen unseren Saal gern leihen, aber als Gegenleistung verlangen wir ein Privatkonzert für den Adel.«

»Sie haben also ein Orchester, das sie mir zur Aufführung meiner Werke zur Verfügung stellen?«

»Keineswegs.«

»Ja, wie soll ich dann aber meine Werke zu Gehör bringen? Man wird doch nicht verlangen, daß ich dreitausend Francs ausgebe, um die Musiker zu bezahlen, die zur Aufführung einer meiner Symphonien erforderlich sind? Das wäre eine recht teure Saalmiete.«

»Dann bedauere ich, mein Herr, Ihnen den Saal verweigern zu müssen; ich kann nicht anders.«

Und ich mußte mit dieser Antwort abziehen und mit der Aussicht, daß die lange Reise, die ich gemacht hatte, nun eines eigentümlichen, unerwarteten Hindernisses wegen vergeblich sein sollte. Ein französischer Künstler, M. Marcou, der seit langer Zeit in Moskau lebt, fing an zu lachen, als ich ihm von meinem Mißgeschick erzählte; da er aber den Großmarschall kannte, schlug er mir vor, mit mir am folgenden Tage zu ihm zu gehen und einen neuen Angriff zu versuchen. Zweiter Besuch, zweite Weigerung; mein Landsmann gibt zwecklose Erklärungen: der Großmarschall schüttelt das Haupt und bleibt unerbittlich. Da er aber fürchtet, nicht gut genug französisch zu sprechen, holt er für den Fall, daß er in meinen Erklärungen irgendwelchen Ausdruck mißverstanden hätte, seine Frau. Die Frau Großmarschall, in einem fast ebenso würdigen Alter wie ihr Gemahl, ohne jedoch so wohlwollend auszusehen, kommt herein, sieht mich an, hört mir zu und macht den Unterhandlungen ein kurzes Ende, indem sie in fließendem, klarem, deutlichem Französisch sagt:

»Wir können und wollen nicht gegen das Reglement handeln. Wenn wir Ihnen den Saal überlassen, so werden Sie bei unserem Adelstreffen ein Solo auf einem Instrument spielen. Wenn Sie nicht spielen wollen, wird man Ihnen den Saal nicht geben.«

»Mein Gott, Frau Großmarschall, ich spielte früher mit ganz hübschem Talent das Piccolo, die Flöte und die Gitarre; bestimmen Sie, auf welchem von diesen drei Instrumenten ich mich hören lassen soll. Da ich aber seit fünfundzwanzig Jahren keins von ihnen angerührt habe, muß ich Sie darauf aufmerksam machen, daß ich sehr schlecht spielen werde. Aber wenn Sie sich mit einem Trommel-Solo begnügen wollten, würde ich wahrscheinlich besser damit fertig werden.«

Glücklicherweise war während dieser Szene ein höherer Offizier in den Salon eingetreten; man erklärte ihm die Schwierigkeit; er nahm mich beiseite und sagte:

»Bestehen Sie nicht darauf, Monsieur Berlioz, die Unterhaltung könnte für unseren würdigen Marschall ein wenig unangenehm werden. Schicken Sie mir morgen ein schriftliches Gesuch, und alles wird in Ordnung gebracht; ich nehme es auf mich.«

Ich befolgte diesen Rat, und dank dem freundlichen Obersten übertrat man, allerdings nur für dieses eine Mal, das Reglement; mein Konzert konnte stattfinden, und ich brauchte auf der Réunion der Adligen weder Flöte zu spielen noch Trommel zu schlagen. Bei Gott, sie sind gerade noch mit heiler Haut davongekommen, denn ich war entschlossen, eher auf dem Pikkolo zu spielen, wenn es sein mußte, als die Wolga wieder zu überschreiten, ohne mein Konzert gegeben zu haben. Nichtsdestoweniger hatte das eigentümliche Reglement vom Klub der Adligen in Moskau – leider hatte ich in Petersburg nichts von diesem Reglement gehört – für mich einen ziemlichen Geldverlust zur Folge; nach diesem Konzert, das ich als einziges angezeigt hatte, sprang nämlich eine große Anzahl von Musikliebhabern auf das Orchesterpodium und rief: »Noch ein Konzert! Noch ein Konzert! So können Sie nicht abreisen!« Nun, wenn ich ein zweites Konzert gegeben hätte, würde es mir vielleicht mehr als das erste eingebracht haben. Aber ich hatte keinen Saal; man hatte mir den Versammlungssaal des Adels nur mit der strengen Klausel bewilligt, daß man ausnahmsweise von dem Brauch des Privatkonzerts abgesehen hatte, aber nur für ein einziges Mal, in Anbetracht meiner Unkenntnis des Reglements und unter der Bedingung, daß ich es dabei bewenden ließe. Ich war eben nur ein Komponist!... Ein Mensch, der nichts spielt! ... zu nichts zu brauchen ist! Und doch, wieviele mehr oder weniger begabte Individuen gibt es in andern Gesellschaftsschichten, besonders in der Mittelklasse, denen diese mühselige, fast undurchführbare Laufbahn der liebste Traum ist!

Der hartnäckige Drang zum Musiker-Beruf erklärt sich in Künstlerfamilien ganz natürlich durch den Einfluß und das Beispiel der Eltern, durch die Erleichterung, welche die Kinder darin finden, einen bereits gebahnten Weg einzuschlagen, und durch Veranlagung, die manchmal wie Gesichtszüge von einer Generation auf die andere übergehen; unerklärlich bleibt hingegen jene eigentümliche Leidenschaft, die wie vom Mond herab in den Kopf so vieler junger Leute fällt.

Abgesehen von jenen Musikschwärmern, die mit eigensinniger Ausdauer und für unerhörte Preise zwecklose Stunden nehmen, und von jenen Querköpfen, die überzeugt sind, man könne die Musik wie die Mathematik einfach mit dem Verstand erlernen; abgesehen auch von jenen biederen Vätern, die den Gedanken hegen, aus ihrem Sohn einen Offizier oder einen großen Komponisten zu machen, begegnet man recht traurigen Beispielen von Melomanie bei Leuten, die man für immun halten würde gegen diese Geisteskrankheit.

Ich will nur zwei erwähnen, die ich zu beobachten Gelegenheit hatte; ich befürchte, es waren Fälle von unheilbarer Melomanie. Einer von diesen Kranken ist ein Franzose, der andere ein Russe.

Eines Tages war ich in Paris allein und recht beschäftigt, als der Erstere an die Tür meines Arbeitszimmers klopfte. Ich rief: »Herein«. Ein junger Mann von achtzehn Jahren trat auf mich zu, ganz außer Atem und ebensosehr von dem Gedanken, den er im Schilde führte, wie vom raschen Lauf erhitzt.

»Bitte, mein Herr«, sage ich zu ihm, »nehmen Sie Platz.«

»Es ist nichts ... ich bin ein wenig ... Ich komme ... (dann, wie aus der Pistole geschossen:) Mein Herr, ich habe eine Erbschaft gemacht!«

»Eine Erbschaft? Ich gratuliere.«

»Ja, ich habe eine Erbschaft gemacht und komme, um Sie zu fragen, ob ich sie zu meiner Ausbildung als Komponist verwenden soll?«

(Ich reiße die Augen auf ...) »Bitte, setzen Sie sich doch. Mein Gott, Sie halten mich für außergewöhnlich hellseherisch; selbst Prognosen für ziemlich bedeutende Werke täuschen oft sehr. Wenn Sie mir jedoch irgendeine Partitur gebracht haben ... «

»Nein, ich habe keine Partitur gebracht; aber ich will fleißig arbeiten, Sie werden sehen, ich habe soviel Sinn für die Musik!«

»Sie haben gewiß schon etwas geschrieben, ein Stück einer Symphonie, eine Ouvertüre, eine Kantate? ... «

»Eine Ouvertüre; ... N ... n ... nein, ich habe auch keine Kantate gemacht.«

»Nun! Haben Sie versucht, ein Quartett zu schreiben?«

»Ach nein ... ein Quartett?« ...

»Den Teufel auch! Verachten Sie nicht das Quartett! Es ist vielleicht von allen Kompositionsgattungen die schwierigste, und die Zahl der Meister, die darin Großes geleistet haben, ist sehr begrenzt. Doch ohne so hoch zu greifen, haben Sie mir ein einfaches Lied, einen Walzer, vorzulegen?« ...

(Mit fast beleidigter Miene:) »O! Ein Lied ... nein, nein, so etwas mache ich nicht.«

»Sie haben also noch nichts geschrieben?«

»Nein; aber ich werde tüchtig arbeiten ... «

»Wenigstens haben Sie Ihre Studien in Harmonie und Kontrapunkt abgeschlossen, Sie kennen den Umfang der Stimmen und Instrumente?« ...

»Was das betrifft ... was das betrifft ... nein, ich kenne weder Harmonie noch Kontrapunkt noch Instrumentierung, aber Sie werden sehen ... «

»Verzeihen Sie, mein Herr, Sie sind achtzehn oder neunzehn Jahre alt, es ist für Sie recht spät, solche Studien zu beginnen. Jedenfalls aber nehme ich an, daß Sie die Noten vom Blatt lesen, ein Notendiktat schreiben können?«

»*Solfeggio*? ... Was sonst noch! ... Nun ... nein, ich kenne nicht einmal die Noten, ich kann gar nichts; aber ich habe soviel Sinn für die Musik, ich möchte so gern Komponist sein! Wenn Sie mir Stunden geben wollten, käme ich zweimal täglich zu Ihnen, ich würde sogar nachts arbeiten.«

Nach einem ziemlich langen Schweigen, das ich dazu benutzte, meine Lachlust zu bezwingen, entwarf ich meinem jungen Komponisten ein genaues und wenig ermutigendes Bild der Schwierigkeiten, die er überwinden müßte, um zu einem noch so geringen Resultat zu gelangen, das heißt, um abscheuliche Musik schreiben zu können; ich vergaß nicht, die Hindernisse aufzuzählen, die ihn auch dann erwarten würden, wenn er ein Komponist ersten Ranges geworden wäre. Alles war umsonst; er hörte mir mit finsterer, ungeduldiger Miene zu und zog sich zurück mit dem offenbaren Vorsatz, einen anderen Lehrer zu suchen, um ihm seine Berufung und ... seine Erbschaft anzubieten. Gebe Gott, daß er ihn nicht gefunden hat!

Das andere Beispiel von Melomanie, das ich zu erwähnen habe, ist nicht komisch, im Gegenteil. Ich hatte gerade in Moskau das Konzert gegeben, von dem ich vorhin sprach, als man mir einen Brief brachte, der in ausgezeichnetem Französisch verfaßt war und in dem mich ein Unbekannter um eine Zusammenkunft bat. Ich beeilte mich, Tag und Stunde zu bestimmen. Diesmal hatte mein Unbekannter keine Erbschaft gemacht, ganz und gar nicht. Es war ein junger Russe von mindestens zweiundzwanzig Jahren, mit einem bemerkenswerten, etwas eigentümlichen Gesicht; er sprach mit jener gewählten Ausdrucksweise und jener inneren Glut, die den Schwärmer verraten. Gleich bei seinen ersten Worten fühlte ich ein lebhaftes Interesse für ihn.

»Mein Herr«, sagte er, »ich habe eine ungeheure Leidenschaft für die Musik. Ich habe sie allein studiert, aber recht unvollständig, wie Sie sich wohl denken können. Moskau bietet mir nicht viel Hilfe für meine Studien, und zum Reisen bin ich nicht reich genug. Meine Eltern haben vergeblich versucht, mich von dieser Laufbahn abzubringen. Jetzt will einer unserer vornehmen Moskauer mir zu Hilfe kommen. Er hat meinem Vater erklärt, daß er alle Kosten meiner Ausbildung übernehmen und mich zu ihrer Vervollständigung zu den besten Lehrern von Deutschland und Frankreich senden will, wenn ein angesehener und berühmter Komponist in mir wirkliche Anlagen zur Musik erkennt. Ich möchte Sie also bitten, meine Versuche zu prüfen und mir dann offenherzig zu schreiben, was Sie von meinen Fähigkeiten halten. Ich werde Ihnen auf jeden Fall zu ewigem Dank verpflichtet sein. Wenn Ihr Urteil günstig ist, werden Sie mir das Leben wieder schenken, denn ich komme um; der Zwang, den man mir auferlegt, tötet mich. Ich fühle, daß ich Flügel habe und sie nicht ausbreiten kann. Es ist eine Qual, die Sie verstehen müssen.«

»O gewiß! Ich errate alles, was Sie leiden, und Sie haben meine volle Sympathie. Verfügen Sie über mich.«

»Tausend Dank. Morgen werde ich die Werke bringen, die ich Ihnen vorlegen will.«

Darauf entfernte er sich; seine feurigen Augen glänzten in schwärmerischer Freude.

Am folgenden Tag erschien er völlig verändert. Sein Blick war traurig, matt, und alle Zeichen der Entmutigung waren auf seinem blassen Antlitz zu lesen.

»Ich bringe Ihnen nichts«, sagte er; »ich habe die Nacht damit zugebracht, meine Manuskripte durchzusehen. Keins davon scheint mir würdig, Ihnen gezeigt zu werden, und, offen gesagt, zeigt auch keines das, was ich zu leisten imstande bin. Ich will mich an die Arbeit machen, um Ihnen etwas Besseres vorzulegen.«

»Leider muß ich übermorgen nach Petersburg zurück.«

»Gleichviel, ich werde Ihnen mein neues Manuskript schicken. Ach! Wenn Sie wüßten, welche Glut meine Seele verzehrt! ... Mit welcher Stimme mich die Eingebung manchmal ruft! ... Dann kann ich es in der Stadt nicht mehr aushalten; es mag noch so kalt sein, ich gehe fort, hinaus in die Wälder, und dort, allein mit der Natur, höre ich eine ganze Welt von wunderbaren Harmonien; und es kommen mir die Tränen, ich schreie und verfalle in eine Verzückung, die mir einen Vorgeschmack der Himmelsfreuden gibt ... Man heißt mich einen Narren ... aber das bin ich nicht, glauben Sie mir, ich werde es Ihnen beweisen.«

Ich wiederholte dem jungen Schwärmer, daß ich mich für ihn interessiere und ihm nützlich zu sein wünsche. »Mein Gott«, sagte ich mir, nachdem er mich verlassen hatte, »sind das nicht Symptome einer außergewöhnlichen Begabung? ... Vielleicht ist er ein Genie? ... Es wäre ein Verbrechen, ihm nicht zu helfen; ich werde, wenn es sein muß, ihm mit Leib und Seele dienen; er soll mir nur den geringsten Anhaltspunkt geben.«

Ach, vergebens wartete ich mehrere Wochen in St. Petersburg; schließlich erhielt ich einen Brief, in dem der junge Russe sich wieder entschuldigte, mir keine Noten zu senden. Denn es hatte ihn, so schrieb er, zu seiner größten Verzweiflung und trotz aller Anstrengungen die Inspiration ganz verlassen.

Wie erklärt sich diese kalte, skeptische Beurteilung der eigenen Werke? ... Diese eingestandene Ohnmacht eines Menschen, der sonst an seine Macht und seine Berufung glaubt? Was ist das Ziel, nach dem er strebt? Was hat er schon getan, um diesem Ziel näher zu kommen? Was verbirgt sich in dieser wirren Seele? ... Gott weiß es. Was aber hat dieses glühende Streben nach der Musik, das sich später mehr oder minder rechtfertigen und erklären läßt, mit jener kleinlichen Berechnung und jenem prosaischen Ehrgeiz gemein, der so viele junge Leute in die Klassen des Konservatoriums treibt, um dort das Musiker-Handwerk zu erlernen wie das Handwerk eines Schneiders oder Schuhmachers? ... Wenn die Melomanen dem Wahnsinn noch so nahe sind, verletzen sie doch niemanden, und ihre Manie ist, wenn sie nicht lächerlich wirkt, rührend und poetisch; während die Musik-Handwerker der Kunst und den Künstlern wesentlichen Schaden bringen, zu andauernden, beklagenswerten Irrtümern Veranlassung geben und sowohl durch ihre große Zahl wie durch die Primitivität ihrer Instinkte den Geschmack einer ganzen Nation verderben können. Wie musikalisch ein Volk ist, hat nichts mit der Anzahl der mittelmäßigen Musiker zu tun, sondern mit der Frage: wieviele große Meister hat es hervorgebracht und wie entwikkelt ist sein Empfinden für gute Musik.

Von der eigentümlichen und interessanten Architektur der halbasiatischen Stadt Moskau habe ich während der drei Wochen, die ich dort zubrachte, wenig gesehen. Die Vorbereitungen zu meinem Konzert nahmen mich völlig in Anspruch. Allerdings machte auch das Tauwetter, das damals in seiner ganzen Lieblichkeit einsetzte, eine Besichtigung fast unmöglich. Die Straßen waren nur mehr Schlammgruben von Wasser und schmelzendem Schnee, in denen sich die Schlitten nur mit Mühe bewegten. Selbst den Kreml habe ich nur von außen gesehen. Ich habe mich damit begnügt, an der Kette von Kanonen, die ihn umgibt, die Glieder zu zählen ... traurige Trophäen unseres sterbenden Heeres ... Übrigens gibt es alle Arten und Größen jeder Nationalität. Inschriften in französischer Sprache (furchtbare Ironie!) bezeichnen sogar das Regiment unserer oder der verbündeten Truppen, dem das jeweilige Geschütz dieser trauervollen Sammlung gehört hatte. Eins trug eine eigentümliche Wunde am Rande seiner Mündung, den Abdruck einer russischen Kugel, die, nachdem sie die Öffnung getroffen hatte, in den Lauf eingedrungen war und das Innere durchrissen hatte. Wenn das Geschütz in jenem Augenblick geladen war, kann man sich das Erstaunen der darin steckenden Kugel vorstellen, als sie einen so heftigen Stoß erhielt ... sie mußte glauben, Napoleon sei wieder Artillerist geworden und lade selber.

Ich habe in Moskau eine Aufführung von Glinkas Oper »Das Leben für den Zaren« gehört. Der ungeheuer weite Saal war leer (ist er je gut besetzt? ... Ich bezweifle es), und man sah fast bei jeder Szene schneebedeckte Tannenwälder und Steppen und weißgeschneite Menschen. Ich zittere noch vor Kälte bei der Erinnerung. Es sind in diesem Werk wohlgeformte und durchaus originelle Melodien; sie wurden aber so schlecht gespielt, daß ich sie beinahe erraten mußte. Übrigens werden an diesem Theater Proben recht seltsam abgehalten, trotz des Eifers und des musikalischen Könnens seines Direktors Alexej Verstowski. Ich bemerkte es, als es sich darum handelte, die Chöre der zwei ersten Teile von »Faust«, die auf meinem Programm standen, einzustudieren.

Ich hatte mich in den Saal begeben, in dem gewöhnlich die Chorproben stattfanden; dort traf ich etwa sechzig Choristen, Männer und Frauen, schweigend in einer Gruppe, doch sah ich keinen Chordirigenten, keine Begleiter, ja nicht einmal ein Klavier.

»Wo ist das Klavier?« sagte ich, »und wo ist der Klavierspieler?«

»Die braucht man hier nie, um die Chöre einzustudieren«, wurde mir erwidert. »wir lernen ohne Begleitung, nach Gefühl.«

»Den Teufel auch! Was für Musiker! Sind denn Ihre Choristen die besten Notenleser der Welt?«

»O, gewiß nicht, aber es ist hier so üblich; man macht es eben, so gut es geht.«

»Aber das ist wohl ein Scherz! . . . Lassen Sie, bitte, ein Klavier bringen, es ist mir viel daran gelegen; man wird mir diese Forderung verzeihen, ich bin hier ein Fremder. Wir werden schon einen Begleiter finden; wenn nötig, kann ich ja selber einige Akkorde angeben, um die Stimmen zu führen und zu unterstützen; das wäre immerhin besser als gar nichts.«

Zum großen Erstaunen der Choristen wurde das Klavier gebracht. Herr Genista, ein vortrefflicher deutscher Professor, zufällig anwesend, war so gütig, die Aufgabe eines Begleiters zu übernehmen, und so gelang es uns, die Chöre aus »Faust« zu lesen; nach einigen solchen Proben waren sie, so gut und schlecht es gehen wollte, einstudiert. Meiner Treu, wenn es wahr ist, daß diese Choristen es fertig bringen, allein und nach vielem Herumtasten, vielem Gestacks, viel Zeit und Geduld ganze Opern zu erlernen, muß man annehmen, die Russen seien mit besonderen Fähigkeiten begabt, wovon andere Völker nichts ahnen. Sie sangen, wie ihre Kollegen von St. Petersburg, in russischer Sprache. Aber die Soli von Faust und Mephistopheles, die die Herren Léonoff und Slavik (zwei russische Sänger) übernommen hatten, wurden beide auf Französisch . . . wie man es im Norden spricht, gesungen. Es war ein Fortschritt, daß sich wenigstens die beiden Helden des Dramas in einer Sprache unterhielten. Herr Grassi, ein sardinischer Violinist, der in Rußland lebt, sowie Herr Marcou, von dem ich schon gesprochen habe, waren mir eine große Hilfe bei der Veranstaltung dieses Konzertes, und der berühmte Cellist Max Bohrer, der zur gleichen Zeit wie ich in Moskau eingetroffen war, erbot sich gern, in meinem Orchester mitzuspielen. Das war eine große Liebenswürdigkeit angesichts der geringen Anzahl von Cellisten, über die ich verfügte; im allgemeinen hüten sich Virtuosen vor einem solchen Akt künstlerischer Solidarität.

Ich hatte Auseinandersetzungen mit der Zensur wegen folgender Verse des Studentenliedes aus »Faust«:

Nobis subridente luna, per urbem quaerentes puellas eamus ut cras fortunati Caesares dicamus: Veni, vidi, vici.

(Während der Mond uns lächelt, laßt uns durch die Stadt gehen, Mädchen zu suchen, auf daß wir morgen als glückliche Cäsaren sagen können: Ich kam, sah und siegte.)*

---

* 1854 hat ein Dresdener Kritiker gegen dieses Lied feierlich protestiert und versichert, die deutschen Studenten seien gutgesittete junge Leute und unfähig, bei Mondschein auf den Mädchenfang auszugehen. Ließ es sich nicht derselbe naive Mann einfallen, mich in demselben Artikel der Verleumdung gegen Mephistopheles anzuklagen, weil er in meinem Textbuch Faust hintergeht? »Der deutsche Mephistopheles«, sagte er, »ist ehrlich und erfüllt die Bedingungen des Paktes, den er Faust hat unterschreiben lassen; in dem Werke des Herrn Berlioz aber führt er ihn zum

Der Herr Zensor erklärte, das Drucken eines so skandalösen Liedes nicht autorisieren zu können. Vergebens sagte ich ihm, daß das gesamte Textbuch zu »Faust« in Petersburg der Zensur unterworfen worden war; vergebens legte ich ihm ein mit der offiziellen Genehmigung versehenes Exemplar vor, er antwortete ärgerlich: »Der Herr Zensor von St. Petersburg tut, was ihm paßt, ich bin nicht dazu verpflichtet, es ihm nachzumachen. Die fragliche Stelle ist unmoralisch, sie muß gestrichen werden.« Und sie wurde gestrichen ... aber nur im Textbuch. Es kam mir nicht in den Sinn, meine Partitur zu verstümmeln, um Schamhaftigkeit vorzutäuschen, denn dies wäre wirklich unmoralisch gewesen. Der verbotene Vers wurde also trotzdem im Konzert gesungen, aber so, daß ihn niemand verstand. Die Bevölkerung von Moskau aber ist die moralischste der ganzen Welt geblieben, und die Studenten gehen, auch wenn der Mond noch so freundlich lacht, nicht durch die Stadt, um junge Mädchen zu suchen ... im Winter wenigstens nicht.

Es gibt in Moskau mehrere hervorragende Musikkenner und Professoren von bemerkenswertem Talent; unter ihnen möchte ich, neben den schon genannten, Signor Graziani erwähnen, den ältesten Sohn einer unserer besten Sänger von der alten Italienischen Oper in Paris.

In einem prachtvollen, unter dem unmittelbaren Protektorat der Zarin stehenden Institut für junge Mädchen erhalten die Schülerinnen, um ihre Erziehung zu vervollständigen, einen soliden, ja fast etwas zu strengen Musik-Unterricht. Drei der besten Pianistinnen spielten mir dort ein Tripelkonzert in D-moll für drei Cembali von X ...[68] vor; das ist, wie man zugeben wird, recht ernst. Und doch ist ihr Lehrer, Georg Reinhart, ein liebenswürdiger, geistreicher Mann und ein guter Musiker. Ich bin sogar überzeugt, daß er, als er dieses Stück von seinen Schülerinnen spielen ließ, mich nicht aus böser Absicht so streng behandelte.

Es gab damals auch in Moskau ein reizendes Wunderkind, den zehnjährigen Sohn der Fürstin Olga Dolgorouki, der mich durch seine Intelligenz und Leidenschaftlichkeit erschreckte, mit der er dramatische Szenen der großen Meister und Lieder eigener Komposition sang.

Nachdem ich von mehreren Moskauer Familien und von einer französischen, in Moskau lebenden Familie mit Zuvorkommenheiten überhäuft worden war, mußte ich gleich nach dem Konzert wieder nach der Reichshauptstadt abreisen. Ich wurde dort erwartet, um die Proben zu

---

Abgrund, indem er ihm vorspiegelt, er führe ihn zu Margaretens Gefängnis. Das ist abscheulich! ...« Ja, nicht wahr, es ist abscheulich ... von mir? Und nun bin ich überzeugt, daß ich den Geist des Übels und der Lüge verleumdet habe, daß ich schlimmer bin als Satan und nicht soviel wert wie der Teufel. Diese reizende Kritik hat während langer Zeit die Stadt Dresden belustigt, und man lacht, glaube ich, noch heut darüber.

meiner Symphonie »Romeo und Julia« zu leiten, die Herr Guédéonoff mir versprochen hatte, im Großen Theater besonders prächtig aufführen zu lassen.

LXXII.

Rückkehr nach St. Petersburg – Zwei Aufführungen von »Romeo und Julia« im Großen Theater – Romeo in seinem Wagen – H. W. Ernst – Die Natur seines Talents – Rückwirkungen der Musik

Als ich am Ufer der Wolga ankam, sah ich zum ersten Mal den Eisgang eines russischen Flusses bei Tauwetter. Ich mußte fünf Stunden lang am linken Ufer bleiben und warten, bis die Eismasse weniger fest war; endlich wurde die Überfahrt gewagt, in einem Boot, das man absichtlich von links nach rechts und von rechts nach links wechseln läßt, um seine Fahrt zwischen den Eisstücken zu erleichtern; dazu die langsame, aber unaufhaltsame Bewegung der Schollen, das leise heimliche Knistern, das sie beim Dahingleiten machen, der Tiefgang des mit Koffern überladenen Bootes, die beunruhigten Mienen und das Geschrei unserer Kondukteure, dies alles, ich gestehe es, entzückte mich recht wenig, und ich atmete erleichtert auf, als ich am anderen Ufer wieder den Fuß auf die Erde setzte.

Die Sonne zeigte sich schon mit etwas weniger Zurückhaltung, aber obwohl ihre Strahlen noch schwach waren, sah ich mehrmals in den Dörfern, durch die wir kamen, kleine Kinder, die im bloßen Hemd auf Schneehaufen spielten und sich tummelten wie die unsrigen im Sommer auf Heuhaufen. Die Russen müssen das Fegefeuer im Leib haben.

Sobald ich wieder in Petersburg war, begann ich mit den Chorproben im Opernhaus. Als General Guédéonoff meinen Plan, »Romeo und Julia« aufzuführen, akzeptiert hatte, war meine erste Frage gewesen, wieviel Proben ich haben könnte.

»Mein Gott, soviel Sie wollen. Sie können täglich proben, und erst, wenn Sie mir sagen: Alles geht gut, erst dann werden wir das Konzert ankündigen, keinen Tag früher.«

»Donnerwetter, das nenne ich großen Stil. Die Sache geht in Ordnung.« Tatsächlich kann diese Symphonie, wie ich schon anmerkte, nicht einmal mittelmäßig aufgeführt werden, wenn sie nicht systematisch und in regelmäßiger Probenarbeit einstudiert wird, genau wie eine Oper, die auswendig gesungen werden muß. Und daher ist sie selten mit einer solchen Souveränität, Verve und Größe erklungen wie in St. Petersburg.

Ich hatte einen prachtvollen Männerchor und für Sopran und Alt sechzig junge Damen, die mit frischen, klangvollen Stimmen begabt und recht musikalisch waren: Choristinnen vom Italienischen und vom Deutschen Theater und Schülerinnen der Theaterschule, einer Art Konservatorium, in dem die Schülerinnen in Musik, in der französischen Sprache und im dramatischen Spiel unterrichtet werden. Die ›Capulets‹ probten auf einer Seite, die ›Montagues‹ auf der andern; der Prolog wurde in einem dritten Saal einstudiert. Als endlich jeder Chorist seine Partie beinahe auswendig konnte, faßte ich die drei Chöre zusammen, und das tutti dieser vielen Stimmen war im Finale höchst befriedigend. Außerdem hatte ich Versing für die Rolle des Pater Lorenzo, Walcker für das Altsolo im Prolog und Holland (einen geistvollen Darsteller, der musikalische Sätze mit Intelligenz vorträgt) für das Lied von der Fee Mab. Alles war fürstlich organisiert; die Aufführung mußte wunderbar werden und war es auch. Ich erinnere mich daran als an eine der größten Freuden meines Lebens. Überdies war ich an jenem Tage in so guter Verfassung, daß ich beim Dirigieren das Glück hatte, keinen Fehler zu machen, was damals selten vorkam. Das große Haus war voll. Überall sah man Uniformen, Epauletten, Helme, Diamanten schimmern und glänzen. Ich wurde, ich weiß nicht wieviele Male, hervorgerufen, aber ich gestehe, daß ich an jenem Tag das Publikum wenig beachtete; und die göttliche Shakespearesche Dichtung, die ich mir selbst vorsang, machte auf mich einen solchen Eindruck, daß ich mich nach dem Finale zitternd in ein Zimmer des Theaters flüchtete, wo mich der Violinist H. W. Ernst später heftig weinend fand. »Ah!« sagte er, »die Nerven! Das kenne ich!« Er kam zu mir, hielt meinen Kopf und ließ mich eine Viertelstunde lang wie ein hysterisches Mädchen weinen. Stellen Sie sich vor, ein Pariser Spießer und ein Theaterdirektor (ebenfalls aus Paris) seien Zeuge einer solchen Szene gewesen. Versuchen Sie zu erraten, was diese von dem Sturm verstehen würden, der wie ein Gewitter im Sommer, mit Blitzschlägen und Regengüssen, im Herzen des Künstlers ausbrach; was würden sie verstehen von all jenen unbestimmten Erinnerungen an die Kindheit, an die erste Liebe, an den blauen Himmel Italiens, die unter den heißen Strahlen der Sonne Shakespeares in seiner Seele wieder aufblühten; was von der Erscheinung der immer erträumten, immer gesuchten und nie gefundenen Julia; was von jener Offenbarung des Unermeßlichen in der Liebe und im Leid; und was endlich von seiner Freude, daß es ihm gegeben war, von jenen himmlischen Stimmen der Poesie ein fernes Echo im Reich der Melodie zu erwecken ... alsdann machen Sie sich ... wenn Sie können! ... einen Begriff davon, wie jene Augen und Mund aufsperren würden! Nur wird der erste Spießbürger sagen: »Der Herr ist krank, ich werde ihm ein Glas Zuckerwasser schicken.« Und der zweite: »Er ist so affektiert, ich werde ihn dem ›Charivari‹ empfehlen ... «

Wenn ich alles sagen soll, so glaube ich, daß meine große Symphonie »Romeo und Julia«, obwohl sie sehr herzlich aufgenommen wurde, durch ihre breitangelegte Form und besonders durch die schwermütige Feierlichkeit der letzten Szenen das Publikum etwas ermüdete und daß »Faust« ihr bei weitem vorgezogen wurde. Ich hatte den Beweis, als wir die zweite Aufführung angekündigt hatten. Der Theaterkassierer, der mit der Einnahme des ersten Abends zufrieden war, gestand mir, daß er für den zweiten Abend in Sorge sei, wenn ich nicht außer »Romeo« mindestens zwei Szenen aus »Faust« gäbe. Und ich mußte seinen Rat befolgen.

Unter den Zuhörern dieser zweiten Aufführung befand sich, wie man mir erzählte, eine Abonnentin des Théâtre-Italien, die sich mit vorbildlicher Geduld langweilte. Sie konnte nicht ertragen, daß man sie für unfähig hielt, eine derartige Musik mit Freude zu hören. Als sie aus ihrer Loge kam, sagte sie, ganz stolz darauf, daß sie bis zu Ende des Konzerts geblieben war: »Es ist zwar ein sehr ernstes Werk, aber vollkommen verständlich. Und ich habe bei dem großen instrumentalen Effekt der Einleitung gleich herausgehört, daß Romeo in seinem Wagen daher gefahren kam! ... «

Diejenige meiner Partituren, die in St. Petersburg am wenigsten Glück hatte, war die Ouvertüre »Carnaval romain«. Sie blieb am Abend meines ersten Konzertes fast unbeachtet; und als mir der Graf Michael Wielhorski (der doch ein vortrefflicher Musiker ist) eingestanden hatte, auch er könne daraus nicht klug werden, spielte ich sie nicht mehr. Wenn man das einem Wiener sagen würde, hätte er Mühe, es zu glauben; allein, auch Partituren haben ihr Schicksal wie Dramen und Bücher, Disteln und Rosen.

Ich vergaß zu sagen, daß ich bei einer Benefizvorstellung für Versing im Großen Theater auch meine »Symphonie fantastique« dirigierte und daß bei dieser Gelegenheit der bekannte Komponist, Pianist, Dirigent und Kritiker Damcke die unglaubliche Liebenswürdigkeit hatte, wie ein einfacher Paukenschläger die zwei tiefen Noten (c–g) auf dem Klavier anzuschlagen, die im Finale dieses Werkes das Trauergeläute darstellen.

Von allen meinen Kompositionen ist in Österreich eine lange Zeit hindurch die Ouvertüre »Carneval Romain« die beliebteste gewesen; sie wurde überall gespielt. Ich erinnere mich, daß sie während meines Aufenthalts in Wien zu mehreren Zwischenfällen, die der Erwähnung wert sind, Veranlassung gab. Der Musikverleger Haslinger gab eine

Soirée, bei der unter anderem diese Ouvertüre in einer Bearbeitung für zwei Klaviere und eine Phisharmonika(69) gespielt werden sollte.

Als dieses Stück an die Reihe kam, saß ich bei einer Tür, die zu dem Salon führte, in dem sich die fünf Mitwirkenden befanden. Sie beginnen das erste Allegro in einem viel zu langsamen Tempo. Das Andante ging so leidlich. Im Augenblick aber, als sie das Allegro wieder beginnen und noch mehr schleppen als das erste Mal, steigt mir das Blut zu Kopfe, ich werde rot, ich werde purpurn, ich kann meine Ungeduld nicht mehr bezähmen und rufe: »Aber das ist kein Carneval, was Sie da spielen! Das ist die Fastenzeit, der Karfreitag in Rom!«

Man kann sich die Heiterkeit vorstellen, die diese Bemerkung im Publikum hervorrief. Die Ruhe konnte nicht wiederhergestellt werden, die Ouvertüre wurde unter dem Gelächter und Geschwätz der Gesellschaft zu Ende gespielt und zwar langsam und ohne daß irgendetwas die Gemächlichkeit meiner fünf Interpreten zu stören vermocht hätte.

Einige Tage darauf gab Dreyschock ein Konzert im Konservatoriumssaal und bat mich, die Aufführung dieser Ouvertüre, die auf seinem Programm stand, zu dirigieren.

»Ich will Sie«, sagte er zu mir, »die ›Fastenzeit‹ von neulich Abend bei Haslinger vergessen machen.« Er hatte das ganze Orchester vom Kärtnertor engagiert. Wir hatten nur eine Probe. Bei ihrem Beginn flüsterte mir einer der ersten Geiger auf Französisch ins Ohr: »Sie sollen den Unterschied sehen zwischen uns und den kleinen Kerlen vom Theater an der Wien« (Pockornys Theater, in dem ich meine Konzerte gab). Und er hatte recht. Nie ist diese Ouvertüre mit mehr Feuer, Präzision, Schwung und wohlgeordnetem Ungestüm aufgeführt worden. Und welch ein Klang des Orchesters! Welch harmonische Harmonie! Nur dieser scheinbare Pleonasmus kann meine Empfindung wiedergeben. Auch brach die Ouvertüre an jenem Konzertabend los wie eine Handvoll Schwärmer in einem Feuerwerk. Das Publikum verlangte sie zur Wiederholung mit einem Geschrei und einem Fußgetrampel, wie man es nur in Wien zu hören bekommt. Dreyschock, dessen persönlicher Erfolg durch diese unzeitige Begeisterung gestört wurde, zerriß vor Wut seine Handschuhe und sagte naiv: »Wenn man mich je wieder dazu kriegt, Ouvertüren in meinem Konzert spielen zu lassen! ... « Er sah mich wütend an, als ob ich mich ihm gegenüber einer unwürdigen Handlungsweise schuldig gemacht hätte. Ich muß aber schnell hinzufügen, daß diese drollige schlechte Laune nur kurz andauerte und ihn nicht hinderte, sich später in Prag sehr freundlich gegen mich zu zeigen.

Ich habe vorhin von Ernst gesprochen. Er war am gleichen Tage wie ich in Petersburg angekommen. Wir begegneten uns zufällig in Rußland, wie wir uns schon früher zufällig in Brüssel, in Paris, in Wien und seitdem in vielen Städten Europas begegnet sind; es scheint, als ob die verschiedenen Auf und Ab's unseres Künstlerlebens die Bande noch enger geknüpft hätten, die aus Sympathie zwischen uns entstanden waren. Ich hege für ihn die lebhafteste Bewunderung. Er besitzt ein so vortreffliches Herz und ist ein so würdiger Freund, ein so großer Künstler!

Man hat Ernst mit Chopin verglichen. In mancher Hinsicht ist dieser Vergleich begründet; in anderen, höchst wichtigen Beziehungen ist er es durchaus nicht. Diese beiden sind, als Interpreten wie als Komponisten, grundverschieden. Chopin ertrug nur schwer das Joch der Takteinteilung; er hat meiner Meinung nach die rhythmische Unabhängigkeit viel zu weit getrieben. Obgleich auch Ernst sich mit dem Takt vernünftige Freiheiten erlaubt, was die Musik durchaus zuläßt und leidenschaftliche Passagen sogar erfordern, bleibt er doch als Musiker in den Grenzen der Perioden, des Rhythmus, und wahrt bei den gewagtesten Äußerungen eine unerschütterlich sichere Bewegung. Chopin konnte nicht gleichmäßig spielen; Ernst mag, wenn er will, für einen Augenblick aus der Gleichmäßigkeit heraustreten, aber nur um – wenn er zu ihr zurückkehrt – ihre Macht noch besser zu verdeutlichen. Man muß seine Interpretation der Beethoven-Quartette hören, um ihn in dieser Beziehung zu schätzen.

Bei Chopin konzentriert sich das ganze Interesse auf den Klavierpart; das Orchester ist in seinen Klavierkonzerten nichts anderes als eine kalte, fast überflüssige Begleitung; die Werke von Ernst zeichnen sich durch die entgegengesetzten Eigenschaften aus. Die Stücke, die er für sein Instrument (Geige) mit Orchesterbegleitung geschrieben hat, vereinen, was früher als unvereinbar galt, glänzende Technik und anhaltendes symphonisches Interesse. Das Soloinstrument herrschen lassen, ohne daß das Orchester abdanken muß, war die Aufgabe, die Beethoven als Erster siegreich löste. Und doch überließ Beethoven dem Orchester vielleicht zu sehr die Oberhand zum Nachteil der Solostimme, während in dem System von Ernst, Vieuxtemps, Liszt, von einigen anderen übernommen, beide Teile, wie mir scheint, zu ihrem Recht kommen.

Ich bestehe also darauf: Ernst (übrigens ein Mann voller Humor), ist ein ebenso großer Dirigent wie Violinist und ein vollkommener Musiker, dessen vorherrschendes Talent in der Wiedergabe von Musik besteht, dem aber die Eigenschaften, die zum innersten Wesen der Komponierkunst gehören, nie fehlen. Er hat jene seltene Veranlagung, die es dem Künstler ermöglicht, Musik zu erleben und das Erlebte ohne viel Herumtasten wiederzugeben; er strebt vorwärts und bedient sich aller vorhandener Mittel. Er trägt auf der Violine schöne Gedichte in musikalischer Sprache vor, in jener Sprache, die er vollkommen beherrscht. Chopin war nur der Virtuose der eleganten Salons, der intimen Gesellschaften. Ernst schreckt vor den Opernhäusern, den riesigen Sälen, dem breiten Publikum, der Menschenmenge nicht zurück; im Gegenteil, er liebt sie, und wie Liszt ist er nie mächtiger, als wenn er zweitausend Zuhörer zu bannen hat. Seine Konzerte im St. Petersburger Theater hätten mir das spätestens bewiesen, wenn ich nicht schon davon überzeugt gewesen wäre. Da mußte man ihn erlebt haben, wenn er nach dem vollendeten Vortrag seiner so leidenschaftlichen, so groß angelegten Werke nochmals vor dem Publikum, das ihn mit Beifallsbezeugungen überschüttete, erschien und als Zugabe die Variationen über »Carnaval de Venice« nach Paganini spielte und ohne ihn nachzuahmen. In dieser großartigen Phantasie sind die Launen des Erfinders mit technischen Extravaganzen so geschickt und stürmisch, daß man schließlich über nichts mehr staunt und, eingelullt durch das wiegende Begleitthema, die höllischen Schwierigkeiten des Solo-Parts mit seinen perlenden Kaskaden und den irrwitzigen melodischen Sprüngen nicht so recht bemerkt. In solchen Kunststücken zeigt Ernst eine Souveränität, die in ihrer Leichtigkeit fast nachlässig wirkt; damit blendet und bezaubert er das Publikum. Wenn der Ratsherr Crespel, der kauzige Besitzer der Cremoneser Geige, ein Zeuge jener unglaublichen Virtuosität hätte sein können, wären dem armen Mann vermutlich das bißchen Vernunft, das er noch besaß, bald verloren gegangen, und er hätte um den Tod der Antonia nicht so sehr gelitten.

Diese Variationen, die ich seither mehrere Male – kürzlich noch in Baden-Baden – von Ernst gespielt hörte, machen jetzt auf mich einen eigentümlichen Eindruck. Sobald unter dem meisterhaften Violinbogen das venezianische Thema erscheint, ist es für mich Mitternacht, ich befinde mich wieder in St. Petersburg, in einem ungeheuren, taghell beleuchteten Saal, ich fühle jene angenehme nervöse Erschöpftheit, die man nach großartigen Konzerten empfindet; begeistertes Murmeln erfüllt die Luft, überall strahlende Gesichter; ich falle in eine romantische Melancholie, der ich nicht zu widerstehen vermag, ja, es würde schmerzlich sein, ihr zu widerstehen . . .

Keine andere Kunst als die Musik besitzt diese retroaktive Macht, keine, nicht einmal die Kunst Shakespeares kann Vergangenheit so poetisieren. Denn allein die Musik wirkt gleichzeitig auf die Phantasie, auf den Geist, auf das Herz und die Sinne, und aus der Rückwirkung der Sinne auf Geist und Herz, und umgekehrt, entstehen Wunder, die von besonders veranlagten Wesen empfunden, den andern aber (den Barbaren) unbekannt bleiben werden.

RÜCKKEHR NACH PARIS

LXXIII.

Meine Rückreise – Riga – Berlin – Die Aufführung von »Faust« – Ein Mittagessen in Sanssouci – Der König von Preußen

Die große Fastenzeit war zu Ende; es hielt mich nichts mehr in Petersburg zurück, und ich entschloß mich – mit lebhaftem Bedauern, muß ich sagen –, die glänzende Metropole zu verlassen, deren herzliche Gastfreundschaft mir so kostbar gewesen ist.[70] Als ich durch Riga kam, hatte ich den verrückten Einfall, dort ein Konzert zu geben. Die Einnahme deckte kaum die Kosten, aber ich lernte dabei mehrere Berufsmusiker und hervorragende Amateure kennen, unter anderen den Kapellmeister Schrameck, Herrn Martinson und den Postdirektor. Letzterer hatte für das von mir geplante Konzert eine recht skeptische Haltung gezeigt. »Unsere kleine Stadt kann sich durchaus nicht mit Petersburg vergleichen«, sagte er; »wir sind Kaufleute; jedermann ist jetzt mit dem Getreidehandel beschäftigt; Sie werden als Zuhörer höchstens hundert Frauen und keinen einzigen Mann haben.« Er irrte sich: ich hatte hundertzwei Frauen und sieben Männer. Ich glaube sogar, daß ich alles in allem drei Silberrubel (zwölf Francs) Reingewinn hatte. Dieser selbe Postdirektor behauptete, mein Äußeres passe nicht zu meinem Beruf: »Sie sehen nicht böse aus, mein Herr«, sagte er, »und nach Ihren Feuilletons, die ich fleißig lese, erwartete ich von Ihnen eine ganz andere Physiognomie; denn, hole mich der Teufel! Sie schreiben nicht mit einer Feder, sondern mit einem Dolch.« Jedenfalls ist die Spitze meines Dolches nicht vergiftet, und die *precious villains*,* deren Ermordung man mir so gern zuschreibt, befinden sich noch recht wohl. Außerdem hatte ich in Riga ein Glück, das mir ganz unerwartet zufiel; der vortreffliche deutsche Schauspieler Baumeister gastierte dort, und ich sah ihn ... als Hamlet.

Fünf Wochen zuvor hatte ich in Moskau von dem Grafen von Roedern einen Brief erhalten; er teilte mir darin mit, daß der König von Preußen meine Legende »Faust« kennenzulernen wünsche, und riet mir, auf meiner Rückreise einen Aufenthalt in Berlin einzulegen. Der König stellte mir das Opernhaus mit all seinen Mitteln zur Verfügung

---

* Auserles'ne Schurken. Ausdruck, den Othello für Jago gebraucht.

und garantierte mir die Hälfte der Bruttoeinnahme. Ich konnte von dieser königlichen Großzügigkeit nur gerührt sein. Ich blieb also etwa zehn Tage in Berlin, um »Faust« einzustudieren. Die Aufführung war, soweit es Orchester und Chöre angeht, wunderbar, doch in anderen Beziehungen recht schwach. Der Tenor, der die Rolle des Faust übernommen hatte, und die Sopranistin – sie war der Partie der Margarete nicht gewachsen – schadeten mir im höchsten Maße. Bei der Ballade vom König von Thule (die man seither überall mit Beifall aufnimmt) wurde gezischt, ich wußte aber nicht, ob diese Kundgebungen gegen den Komponisten oder gegen die Sängerin oder gegen beide zugleich gerichtet waren. Letzteres scheint am wahrscheinlichsten. Das gesamte Parkett war von übelwollenden Menschen besetzt, die, wie man mir sagte, darüber entrüstet waren, daß ein Franzose die Frechheit besessen hatte, eine Paraphrase über das deutsche Nationaldrama in Musik zu setzen. Auch befanden sich darunter Anhänger des Fürsten Radziwill, der mit Hilfe einer Anzahl von professionellen Komponisten die für Gesang bestimmten Szenen aus »Faust« vertont hatte. In meinem Leben habe ich nichts verrückteres gesehen als die Intoleranz von gewissen Fanatikern deutscher Nationalität ... Außerdem hatte ich diesmal einen Teil des Opernorchesters gegen mich, dessen Wohlwollen ich durch meine Briefe über Berlin verscherzt hatte, die einige Jahre zuvor von Herrn Gathy ins Deutsche übersetzt und in Hamburg veröffentlicht worden waren. Und doch enthalten jene Briefe, die in meinen Memoiren wiedergegeben sind, nichts Beleidigendes (wie man sich überzeugen kann) für die Berliner Instrumentalisten. Ja, ganz im Gegenteil, ich habe sie in jeder Hinsicht gelobt und nur in gewissen Details kritisiert und auch das mit großer Zurückhaltung. Ich sage von diesem Orchester, es sei großartig, ich erkläre, daß es präzise ist im Zusammenspiel, kraftvoll und sensibel; aber – und das ist mein Verbrechen – ich stelle einen Vergleich an zwischen Berliner Virtuosen und Parisern und gestehe (schaudert vor Entrüstung!), daß unsere Flötenspieler besser sind. Nun hatte sich durch diese harmlosen Worte im Herzen des Berliner Ersten Flötisten ein ganzer Vorrat von Wut angesammelt, und es war ihm gelungen, soweit ich verstanden habe, seinen Zorn auf viele seiner Kollegen zu übertragen, indem er ihnen einredete, ich hätte über das Berliner Orchester tausend Schlechtigkeiten gesagt. Dies ist ein Beweis für die Gefahr, die man läuft, wenn man über Musiker schreibt und sich dem Sturm aussetzt, der sofort aus dem Äolusschlauch ihres Selbstbewußtseins hervorbricht, wenn man das Unglück hat, es nur leicht zu verletzen. Kritisiert man hingegen einen Sänger, wird man sich kaum der Feindschaft seiner Kollegen aussetzen; im Gegenteil, diese finden im allgemeinen, daß man sich gegen den Betreffenden nicht streng genug gezeigt hat; aber das Mitglied eines berühmten Orchesters behauptet stets, daß mit der Kritik an ihm sein ganzes Orchester beleidigt wird, und erreicht manchmal, daß auch seine Kollegen diese Dummheit glauben. Während der Proben zu »Benvenuto Cellini« in Paris kam es einmal vor, daß ich den zweiten Hornisten (Joseph Meyfred, einen sonst recht klugen Mann) darauf aufmerksam machte, daß er sich an einer wichtigen Stelle irre. Bei dieser in Ruhe und aller Höflichkeit gemachten Bemerkung sprang Herr Meyfred zornig auf und rief ohne alle Vernunft: »Ich spiele, was da steht! Warum mißtrauen Sie dem Orchester?« Worauf ich noch ruhiger antwortete: »Mein lieber Herr Meyfred, erstens handelt es sich nicht um das Orchester, sondern um Sie allein; ferner mißtraue ich keinem Menschen, denn das Mißtrauen setzt einen Zweifel voraus, und ich bin absolut sicher, daß Sie sich irren.«

Um auf das Berliner Orchester zurückzukommen, so brauchte ich bei den Proben zu »Faust« nicht lange, um seine Abneigung gegen mich zu erkennen. Der eisige Empfang, den es mir täglich bereitete, sein feindseliges Schweigen nach den besten Stellen meiner Partitur, die wütenden Blicke, die mir besonders von den Flötisten zugeworfen wurden, endlich die Erklärung jener Musiker, die meine Freunde geblieben waren, konnte mir keinen Zweifel lassen. Die letzteren waren durch die wütende Feindseligkeit ihrer Kollegen eingeschüchtert und wagten es nicht, mir ihren Beifall auszudrücken, und nur mit leiser Stimme getraute sich einer von ihnen, der etwas Französisch sprach, als er nach einer Probe an mir vorüberkam, zu flüstern: »Monsieur! la mousik ... elle est souperbe! ... « Was jene betrifft, die die Ballade auszischten, so habe ich Veranlassung, einigen von ihnen zu mißtrauen (hier kann man es sagen) ihrer vertraulichen Beziehungen wegen zu den großen Flötisten, den gewaltigen Flötisten, den unvergleichlichen Flötisten des Berliner Orchesters. Wie dem auch sei, die Aufführung war vonseiten des Orchesters ebenso schön wie vonseiten der Chöre.

Böticher sang die Rolle des Mephistopheles wie ein guter Musiker und wirklicher Künstler. Nach der Sylphenszene rief das Publikum: *Da capo!* aber ich war schlechter Laune und wollte das Stück nicht wieder beginnen. Die Prinzessin von Preußen, die zweimal um acht Uhr morgens in den kalten und dunklen Saal des Opernhauses gekommen war, um meine Proben zu hören, sagte mir allerlei angenehme Dinge, der König schickte mir durch Meyerbeer das Kreuz des roten Adlerordens und lud mich für den nächstfolgenden Tag auf sein Schloß Sanssouci zum Mittagessen ein, und der große Kritiker Rellstab, seit langer Zeit der erbitterte Feind von Meyerbeer und Spontini, gab mir zwar zuerst mündliche Beweise der Freundschaft und Achtung, danach aber machte er in der ›Vossischen Zeitung‹ Hackfleisch aus mir ... Das sind einige Erfolge, wovon letzterer meiner Ansicht nach nicht der geringste ist. – Das Diner in Sanssouci war erfreulicher. Humboldt, der Graf Matthias Wielhorski und die Prinzessin von Preußen waren unter den Gästen. – Nach dem Dessert wurde im Garten der Kaffee eingenommen. Der König ging herum mit seiner Tasse in der Hand; als er mich auf der Treppe eines Pavillons bemerkte, rief er von weitem:

»He! Berlioz, kommen Sie doch her und erzählen Sie mir von meiner Schwester und von Ihrer Rußlandreise.«

Ich eilte herbei und erzählte meinem hohen Gastgeber ich weiß nicht mehr was für Narrheiten, die ihn in sehr fröhliche Laune versetzten.

»Haben Sie Russisch gelernt?« fragte er mich.

»Ja, Majestät, ich kann sagen: Na prava, na leva (rechts, links), um einen Schlittenführer zu dirigieren; ich kann außerdem sagen: Durack, wenn er sich verfährt.«

»Und was heißt ›Durack‹?«

»Dummkopf, Majestät!«

»Ha! ha! ha! Dummkopf, Majestät; Dummkopf, Reizend!«

Und der König lachte laut auf, wobei Bauch und Arme in so heftige Erschütterung gerieten, daß er fast den ganzen Inhalt seiner Tasse auf den Sand vergoß. Dieses Lachen, in das ich ohne Umstände einstimmte, machte plötzlich aus mir eine wichtige Persönlichkeit. Mehrere Höflinge, Offiziere, Edelleute oder Kammerherren hatten es vom Pavillon aus beobachtet, und man dachte sofort daran, sich mit einem Manne gut zu stellen, der den König so herzlich zum Lachen brachte und auch noch so ungeniert mitlachte. Als ich daher einen Augenblick später zum Pavillon zurückkam, sah ich mich von großen Herren umgeben, die mir vollständig unbekannt waren und sich mir mit tiefen Verbeugungen bescheiden vorstellten:

»Mein Herr, ich bin der Fürst von *** und schätze mich glücklich, Ihre Bekanntschaft zu machen – Mein Herr, ich bin der Graf von ***; gestatten Sie mir, Ihnen zu dem schönen Erfolg, den Sie eben hatten, zu gratulieren. – Mein Herr, ich bin der Baron ***; ich hatte die Ehre, Sie vor sechs Jahren in Braunschweig zu sehen, und bin entzückt ... usw. usw. ...« Ich begriff nicht, woher mir solches Ansehen am preußischen Hofe so unerwartet zufiel, bis mir endlich die Szene im ersten Aufzug der »Hugenotten« einfiel, wo sich Raoul, nachdem er den Brief der Königin gelesen hat, von Leuten umringt sieht, die ihm einen Kanon auf allen Stufen der Tonleiter singen mit den Worten: »Freunde sind wir, wie Ihr wißt, jederzeit.« Man hielt mich für einen einflußreichen Günstling des Königs! Was für eine drollige Welt ist doch ein Hof!

Ohne einflußreich oder ein Günstling zu sein, bin ich zumindest tief dankbar für die Liebenswürdigkeit, von der mir der König von Preußen so oft Beweise gegeben hat, und es lag mir fern, ihm im geringsten schmeicheln zu wollen, als ich ihm an jenem Tage in einem Augenblick ernster Unterhaltung sagte:

»Sie sind der wirkliche König der Künstler.«

»Wieso? Was habe ich für Sie getan?«

»Um nur von den Musikern zu sprechen, so haben Sie viel für sie getan, Majestät. Sie haben Spontini und Meyerbeer mit Ehren überschüttet und königlich belohnt; Sie haben ihre Opern herrlich aufführen lassen; Sie haben die Meisterwerke von Gluck, die man außer in Berlin nirgends mehr hört, auf großartige Weise neu inszenieren lassen; Sie haben die »Antigone« von Sophokoles aufführen und zu dieser Auferstehung der Antike von Mendelssohn Chöre schreiben lassen; Sie haben diesen Meister ferner beauftragt, die Musik zu Shakespeares zauberhaftem »Sommernachtstraum« zu komponieren usw. usw. Überdies muß das unmittelbare Interesse, das Sie an allen edlen Versuchen der Kunst nehmen, für die Künstler ein Antrieb zu neuen Werken, eine ständige Ermutigung zur Arbeit sein, und diese Unterstützung, die Eure Majestät dadurch den Anstrengungen der Künstler bietet, ist um so wertvoller, als sie in Europa einzig in ihrer Art ist.«

»Was Sie da sagen, ist vielleicht wahr; aber lassen Sie uns nicht soviel davon sprechen.«

Zu jener Zeit war es wahr, heute allerdings ist der König von Preußen nicht mehr der einzige Souverän in Europa, der sich für Musik interessiert. Es gibt noch zwei andere: der junge König von Hannover und der Großherzog von Weimar. Insgesamt also drei.

LXXIV.

Paris – Roqueplan und Duponchel werden auf meine Veranlassung zu Direktoren des Opernhauses ernannt – Ihre Dankbarkeit – »La nonne sanglante« – Ich reise nach London – Scribe – Der Priester muß vom Altar leben

Als ich wieder in Frankreich ankam, beeilte ich mich, einige Tage im Kreise meiner Familie, von der ich seit so langer Zeit getrennt war, zu verbringen und meinem Vater seinen Enkel, den er noch nicht kannte, vorzustellen. Armer Louis! Welch ein Glück für ihn, von allen so zärtlich empfangen zu werden, von seinen Großeltern, von unseren alten Dienern und, eine kleine Büchse in der Hand, mit mir durch die Felder zu streifen! Er sprach vorgestern davon in einem Brief, der von den Alandsinseln datiert ist, und nannte diese in La Côte-Saint-André verbrachten vierzehn Tage die glücklichsten seines Lebens ... Und nun ist er Matrose auf einem Schiff der englisch-französischen Flotte, die in der Ostsee die russischen Hafenstädte blockiert, in der täglichen Erwartung einer Seeschlacht, dieser Hölle auf dem Wasser. Der Gedanke daran verwirrt mir Herz und Sinne ... glücklich sind die Menschen, die nichts lieben ... Er hat diese Laufbahn selbst gewählt. Konnte ich mich widersetzen? ... Trotz allem ein edler und schöner Beruf. Man dachte damals nicht an Krieg ... O diese zahllosen, furchtbaren Zerstörungsmittel! Wir wollen hoffen, daß er mit heiler Haut davon kommt ... Und die schweren Geschütze, die er bedienen muß, die glühenden Kugeln, die Brandraketen, die Kartätschen, das um sich greifende Feuer, das einbrechende Wasser, die Dampfexplosionen.... Ha! ich werde noch wahnsinnig darüber!... ich kann nicht mehr darüber schreiben!...

Zwei Tage später. – Ich denke immer noch daran. Laßt uns von etwas anderem reden. Eine Seeschlacht ... in unserer Zeit ... meine Erzählung geht so langsam vorwärts. Es ist so langweilig zu schreiben und wahrscheinlich auch zu lesen. Was wird es nützen? ... Kürzen wir soviel wie möglich ab; weg mit Betrachtungen und Kommentaren. Armer Junge!

Nach diesem Ausflug in die Dauphiné kehrte ich wieder nach Paris zurück. Bomarsund ... wird bombardiert ... vielleicht steht er jetzt mitten im Feuer ...

Léon Pillet sollte die Direktion des Opernhauses abgeben. Der Nestor Roqueplan und der ewige Duponchel hatten sich zusammengetan und vereinten ihre Bemühungen, um seine Nachfolger zu werden. Sie suchten mich auf.

»Sie wissen«, sagten sie zu mir, »daß Monsieur Pillet nicht mehr am Opernhause bleiben kann; wir haben Chancen, seine Stellung zu bekommen« (Duponchel konnte sagen: wiederzubekommen); »aber der Minister des Innern ist uns nicht gut gesinnt, und nur Sie können ihn, durch die Vermittlung des Herausgebers vom ›Journal des Débats‹, zu unseren Gunsten umstimmen. Wollen Sie Monsieur Bertin bitten, beim Minister ein gutes Wort einzulegen? Wenn wir auf Grund dieser Empfehlung ernannt werden, wollen wir Ihnen die musikalische Oberleitung dieses Theaters und außerdem die Kapellmeisterstelle geben.«

»Verzeihung, aber diese Position hat jetzt Monsieur Girard, einer meiner alten Freunde, und ich möchte ihn um keinen Preis verdrängen.«

»Wir brauchen zwei Dirigenten am Opernhaus, wir wollen den zweiten nicht behalten, denn er taugt nichts; wir werden zwischen Monsieur Girard und Ihnen die Obliegenheiten gerecht aufteilen. Lassen Sie uns nur machen, es soll alles zu Ihrer Befriedigung eingerichtet werden.«

Verführt von diesen schönen Worten, ging ich zu Monsieur Bertin. Nach einigem Zögern, das von seinem geringen Vertrauen zu den beiden Bewerbern herrührte, willigte er ein, mit dem Minister zu sprechen. Sie wurden ernannt.

Gleich in den ersten Tagen nach ihrem Amtsantritt begannen für mich im Opernhaus Plackereien aller Art. Roqueplan bestellte mich zu Besprechungen und erschien nicht; Duponchel tat dasselbe. Man ließ mich zwei Stunden lang im Vorzimmer warten; und wenn dann endlich einer der Herren kam, bedauerte er die Abwesenheit seines Kollegen und erklärte, er könne ohne ihn keine Geschäfte regeln. Ich begriff bald, was die beiden im Schilde führten, und war begreiflicherweise verärgert; ich hielt aber mit meinem Ärger zurück, denn ich war entschlossen, abzuwarten, wie weit die Herren in ihrer Unverfrorenheit gehen würden. Ich bestand darauf, sie, wie man sagt, in die Enge zu treiben, und es gelang mir auch. Nach, ich weiß nicht, wievielem Hin und Her und geplatzten Verabredungen mußten wir wohl einmal alle drei zusammentreffen, und nun begannen sie ganz deutlich ihre früheren Worte zu widerrufen. Man wisse nicht, wie man mir eine Stellung im Opernhause schaffen solle; man könne mich vielleicht als Chordirigenten beschäftigen, aber ich spiele nicht Klavier, und das sei für die Proben nötig. Girard wolle für die Leitung des Orchesters keine zweite Kapazität zulassen, die seiner eigenen gleich komme: »Einen Thron«, habe er gesagt, »teilt man nicht« (O König von Yvetôt!) usw. usw. Kurz, man war in großer Verlegenheit. Doch das schönste kommt noch!

Schon vor langer Zeit hatte ich die Partitur einer großen fünfaktigen Oper (»La nonne sauglante«) begonnen, die Léon Pillet bei mir bestellt hatte. Scribe hatte den Text dazu geschrieben, und es war für dieses Werk zwischen uns beiden und Pillet ein Vertrag abgeschlossen worden. Sollte man glauben, daß Roqueplan die Frechheit hatte, mir mitten in der Unterhaltung folgende Worte ins Gesicht zu sagen:

»Sie haben einen Operntext von Scribe?«

»Ja.«

»Was wollen Sie damit machen?«

»Bei Gott, wahrscheinlich das, was man mit Operntexten macht.«

»Es ist aber, wie Sie wissen, den Künstlern, die an unserem Opernhause angestellt sind, von Staats wegen untersagt, ihre Werke an ihrem Arbeitsplatz aufführen zu lassen, und da Sie hier eine Stellung bekleiden wollen, werden Sie keine Opern schreiben können.«

»O, ich habe nicht die Absicht, sie dutzendweise zu produzieren, da können Sie beruhigt sein; wenn ich nur zwei gute Opern in meinem Leben schreibe, werde ich mich sehr glücklich preisen.«

»Gleichviel, es wird Ihnen unmöglich sein, auch nur eine einzige aufzuführen. Ihre ›Nonne‹ wird verloren sein; Sie sollten sie uns geben; wir werden sie von einem andern Komponisten vertonen lassen.«

Ich hielt noch an mich und sagte mit erstickter Stimme:

»Nehmen Sie sie!«

Von diesem Augenblick an wurde die Unterhaltung immer verworrener und sinnloser. Ich hatte diese Herren durchschaut. Mein Verdacht war offenbar begründet. Man zielte darauf ab, mich los zu werden. Und nicht genug damit, daß man keine von den gemachten Versprechungen halten wollte, man hielt mich auch für einen verrückten, gefährlichen Komponisten, der einem Theater nur Schaden zufügen konnte, und war deshalb fest entschlossen, keines meiner Werke im Opernhaus aufführen zu lassen, ja man ging so weit, daß man mir ein schon begonnenes und vom früheren Direktor in Auftrag gegebenes Werk wieder abnahm.

Duponchel, ziemlich verlegen über den Zynismus seines Kollegen, sagte kein Wort. Obgleich er zu meinem musikalischen Rang nicht mehr Zutrauen hatte als jener, schien er doch zu fühlen, daß Direktoren, die mir ihre Stellung zu verdanken hatten, wenigstens dazu verpflichtet seien, jede beleidigende Ansicht über meine Person vor mir zu verbergen, wenn sie schon nicht bereitwillig das Opfer bringen konnten, mein Werk, dessen Mißerfolg ihnen sicher schien, aufführen zu lassen.

Was mich entrüstete, war nicht die Meinung dieser Herren über meine Kompositionen, das kann man mir glauben; ich hatte sie oft mit aller Geringschätzung über Beethoven, Mozart, Gluck und die wirklichen Götter der Musik sprechen hören und hätte mich im Gegenteil sogar geschämt, wenn ich bei ihnen irgendwelche Spur von Sympathie gefunden hätte. Allein diese ungeheure Undankbarkeit übertraf alles, was ich in dieser Art bis dahin kennengelernt hatte. Am Tage nach diesem Gespräch, in dem nichts beschlossen wurde, ich aber erfuhr, was ich wissen wollte, nämlich wie weit die Dankbarkeit meiner zwei Günstlinge reichte, nahm ich das zufällige Angebot an: nach London zu fahren, um dort das Orchester des Drury Lane Theatre zu dirigieren.

Ich schrieb sofort an die Herren Duponchel und Roqueplan, teilte ihnen meinen Entschluß mit, enthob sie ihrer Versprechungen und wünschte ihnen alles Gute. Um sich nun in den Augen der Leute zu rechtfertigen, die wußten, was ich für sie getan hatte, und um mir den Schwarzen Peter zuzuschieben, erzählten die Herren überall, ich hätte die Stelle des ersten Kapellmeisters und Girards Entlassung verlangt. Das war eine zweifache Verleumdung, denn ich hatte von Anfang erklärt, nichts annehmen zu wollen, was Girard zum Nachteil gereichen könne. Girard schenkte der Lüge Glauben; ich nahm ihm seine Leichtgläubigkeit übel; und seitdem sind wir verfeindet, was für mich, wie ich zugebe, nur ein kleines Unglück ist. Im übrigen muß ich gestehen, daß ich den Ausgang dieser Geschichte sogar etwas verdient hatte. Die musikalische Gewissenhaftigkeit meiner beiden Aspiranten war mir genau bekannt: sie verstehen so viel von Musik wie von der chinesischen Sprache, und was noch schlimmer ist, sie glauben sich mit Verständnis und mit Geschmack begabt. Bei ihnen kommt also zur vollständigen Dummheit, zur tiefsten Barbarei noch ein ungetrübtes Selbstvertrauen hinzu. Es wäre deshalb meine Pflicht gewesen, sie mit allen Mitteln von unserer Grand Opéra fernzuhalten, anstatt ihnen den Weg dahin zu ebnen.

Doch ihr Versprechen, mir die musikalische Leitung des Opernhauses anzuvertrauen, hatte mich geblendet; ich dachte an all das, was man mit einem solchen Instrument vollbringen könnte, wenn man damit umzugehen weiß und sich das Große und den Fortschritt in der Kunst als einziges Ziel setzt. Ich sagte mir: Sie werden die Finanzen verwalten, sie werden sich um das Ballett, um die Dekorationen usw. kümmern, was aber die eigentliche Oper betrifft, so werde ich der wirkliche Direktor sein. Und ich ließ mich von ihnen fangen, und die Versprechungen, die die Herren aus freien Stücken gemacht hatten, wurden nicht besser eingehalten als so viele andere, und es ist auch nie wieder die Rede davon gewesen.

Ich war seit einigen Wochen in London, als ich daran dachte, meine zwei Direktoren noch einmal mit der »Blutenden Nonne« in die Enge zu treiben.

Wohl hatte ich, als Roqueplan die Oper von mir zurückverlangte, erwidert: »Nehmen Sie sie!« Doch hörte sich diese Antwort ein wenig an wie die des Leonidas, wenn Xerxes von ihm seine Waffen fordert: »Hole sie!«

Überdies handelte es ich ja um jene berühmte Vorschrift, die dem am Opernhaus angestellten Komponisten untersagt, für dieses Theater zu schreiben; wohl hatte der Chordirigent, Herr Dietsch, seinen »Fliegenden Holländer« dort aufführen lassen (Text von Richard Wagner, welcher ihn für fünfhundert Francs an Herrn Dietsch verkaufen mußte, weil letzterer dem Direktor als Komponist mehr Vertrauen einflößte als Richard Wagner!); wohl hatte der Korrepetitor, Monsieur Benoist, seine »Apparition« dort spielen lassen; wohl hatte Halévy ein weiteres Beispiel der Ausnahme gegeben, als er die Leitung des Chors am Opernhaus hatte und nichtsdestoweniger seine Opern, die »Jüdin«, den »Tuchmacher«, und »Guido und Ginevra« aufgeführt wurden.

Trotz alledem erklärte Roqueplan die Aufführung meiner »Blutenden Nonne« für unmöglich. Da ich mich nun in London niedergelassen hatte und einer Vorschrift, die auf mich keine Anwendung mehr fand, entronnen war, schrieb ich an Scribe und bat ihn, ein letztes Wort mit unseren beiden Direktoren zu sprechen. »Wenn sie sich bereit finden lassen«, schrieb ich, »den Kontrakt, den wir mit Pillet unterschrieben haben, aufrechtzuerhalten, dann ersuchen Sie sie bitte, mir zur Beendigung meiner Partitur die nötige Zeit zu lassen. Die Leitung des Orchesters von Drury Lane läßt mir zum Komponieren keine Zeit; Sie selbst haben das Textbuch nicht zu Ende geschrieben. Ich wünschte, dieses Werk nach seiner vollständigen Beendigung noch einmal langsam und mit Überlegung durchzusehen, und ich kann mich nicht verpflichten, es früher als in drei Jahren auf die Bühne zu bringen. Wenn die Herren Roqueplan und Duponchel uns diese Frist nicht gewähren wollen oder wenn sie sich, was wahrscheinlich ist, weigern, unseren Vertrag für gültig zu erklären, dann, mein lieber Scribe, werde ich Ihre Geduld nicht länger mißbrauchen und Sie bitten, Ihre Dichtung zurückzunehmen und nach Belieben darüber zu verfügen.«

Worauf Scribe, nachdem er die Direktoren gesprochen hatte, antwortete, daß die Herren, wohlwissend, daß wir bei weitem nicht fertig waren, die »Nonne« unter der Bedingung annehmen wollten, daß sie sofort einstudiert werden könne; er schloß seinen Brief wie folgt:

»Ich glaube also, daß die Sache für uns nicht sehr günstig steht, und da Sie die Güte und Billigkeit haben, mir unseren alten Text, der schon so lange wartet, zur Verfügung zu stellen, so will ich mitteilen, daß ich Ihr Angebot annehme und versuchen werde, es hier bei dem eben eröffneten Théatre National oder irgendwoanders unterzubringen.« Und so geschah es auch. Scribe nahm seine Dichtung zurück; er bot sie, wie mir gesagt wurde, Halévy, Verdi und Grisar an; doch wußten sie alle um die Geschichte, und da sie das Verhalten von Scribe mir gegenüber als eine recht gemeine Handlungsweise betrachteten, hatten sie Takt genug, sein Angebot zurückzuweisen. Charles Gounod nahm schließlich an, und seine Komposition soll demnächst aufgeführt werden.*

* Sie ist mit einem Viertelserfolg aufgeführt worden. Was das von Scribe und

Ich habe von meiner Partitur nur zwei Aufzüge vollendet. Von den Stücken, die ich in dieser Musik für gut halte, möchte ich das große Duett, die die Legende der »Blutenden Nonne« enthält, und das darauf folgende Finale an die erste Stelle setzen. Dieses Duett und zwei Arien sind vollständig instrumentiert; das Finale ist es nicht und wird sehr wahrscheinlich nie bekannt werden.*

Als ich bei meiner Rückkehr nach Paris Scribe wieder traf, schien er leicht verlegen darüber, daß er meinen Vorschlag angenommen und sein Gedicht zurückgezogen hatte. »Aber«, sagte er, »Sie wissen ja, il faut que le prêtre vive de l'antel (der Priester muß vom Altar leben).« Armer Mann! Er konnte in der Tat nicht warten: er hat kaum mehr als zwei- bis dreihunderttausend Francs jährliches Einkommen, ein Haus in der Stadt, drei Landhäuser usw.

Als ich Liszt Scribes Entschuldigung wiederholte, fand er ein reizendes Wortspiel; er sagte: »Oui, il faut qu'il vive de l'hotel« und verglich auf diese Weise Scribe mit einem Gastwirt.

Ich werde nicht weiter auf alle Einzelheiten meines ersten Aufenthalts in England eingehen; ich würde nicht damit zu Ende kommen. Übrigens ist es immer dasselbe Lied. Ich war von Jullien, dem berühmten Leiter der Promenadekonzerte, als Orchesterdirigent der »Grand English Opera« engagiert worden, die er, von einem sonderbaren Ehrgeiz getrieben, im Drury Lane-Theater gegründet hatte. In seiner unbestreitbaren und unbestrittenen Narrheit hatte Jullien ein gutes Orchester, einen Chor ersten Ranges, eine recht annehmbare Kollektion von Sängern engagiert und nur eins vergessen: das Repertoire. Das einzige, was er in Aussicht genommen hatte, war eine Oper »The Maid of honour«, die er bei Balfe bestellt hatte. Er wollte die Saison mit einer englischen Übersetzung der »Lucia di Lammermoor« von Donizetti eröffnen, und um bis zur ersten Aufführung der Oper von Balfe auch nur die Kosten zu decken, hätte seine »Novität«, die »Lucia«, bei jeder Vorstellung zehntausend Francs einbringen müssen.

Das Resultat war unvermeidlich; die Einnahmen der »Lucia« erreichten nie die Höhe von zehntausend Francs; die Oper von Balfe war ein halber Erfolg, und nach sehr kurzer Zeit war Jullien völlig ruiniert. Nur im ersten Monat habe ich mein Gehalt bezogen. Heute betrachte ich, ungeachtet der schönen Beteuerungen Julliens, der trotz allem ein ehrlicher Mensch ist, soweit man dies bei soviel Torheit sein kann, das, was er mir noch schuldet, als unwiederbringlich verloren.

Germain Delavigne endlich vollendete Gedicht betrifft, so hat es sich als so platt und langweilig erwiesen, daß ich mich glücklich schätzen muß, es nicht behalten zu haben.

* Bis auf die zwei Arien ist heute alles verbrannt.

Von ihm und seinem merkwürdigen Theater handelt ein Abschnitt über die englische Oper in meinem Buch »Abendunterhaltungen im Orchester«. Ich habe Jullien gemeint, als ich von jenem verzweifelten Impresario sprach, der mir im Ernst den Antrag machte, in sechs Tagen die Oper »Robert der Teufel« auf die Bühne zu bringen, von der er weder die Partitur noch die englische Übersetzung noch die Kostüme noch die Dekorationen besaß und von der die Sänger seines Theaters nicht eine Note kannten. Das war reiner Wahnsinn. Ich kann es mir nicht versagen, hier noch einen anderen verrückten Einfall von ihm mitzuteilen, der genau den Mann charakterisiert, der gewohnt war, sich stets an die kindischen Instinkte der Menge zu wenden und mit törichten Vorhaben zu reüssieren.

Als Julliens Mittel erschöpft waren, als er sah, daß die Oper von Balfe kein Geld einbrachte, und halbwegs zur Einsicht kam, daß man die Oper »Robert der Teufel« nicht in sechs Tagen in Szene setzen könne, auch wenn man sich am siebenten ausruhen würde, versammelte er seinen Verwaltungsrat, um dessen Meinung zu hören. Dieser Verwaltungsrat bestand aus Sir Henry Bishop, Sir George Smart, Monsieur Planchet (dem Verfasser des Textbuches zu »Oberon« von Weber), Mister Gye (dem Regisseur von Drury Lane), dem Korrepetitor Herrn Marezzek und mir. Jullien schilderte die Verlegenheit, in der er sich befand, und sprach von verschiedenen Opern, die er gern aufführen wollte (englische Übersetzungen und Notenmaterial waren, wie immer, noch gar nicht vorhanden). Da mußte man nun hören, was für Begriffe und Meinungen diese Herren von den Meisterwerken hatten, über die in diesem Kreis Gericht gehalten wurde! ... Ich hörte ihnen mit Bewunderung zu. Als endlich die Reihe an »Iphigenie auf Tauris« kam, die dem englischen Publikum in einem Prospekt des Mr. Jullien versprochen worden war (es entsprach dies einem Brauch der englischen Theaterdirektoren, die dieses Werk alljährlich ankündigen und niemals aufführen, stellte sich heraus, daß die Mitglieder des Verwaltungsrates auch nicht eine Note davon kannten, und Jullien, der nicht wußte, was er sagen sollte, und durch mein Schweigen in Ungeduld geriet, wandte sich lebhaft an mich mit den Worten:

»Zum Teufel, so sprechen Sie doch, Sie müssen das doch kennen!«

»O ja, ich kenne das, aber Sie fragen mich ja nichts. Was wollen Sie wissen? Sagen Sie es mir, und ich werde antworten.«

»Ich will wissen, wieviele Akte ›Iphigenie auf Tauris‹ hat, was für Personen darin vorkommen, in welchen Stimmlagen sie singen, und insbesondere, wie die Dekorationen und Kostüme beschaffen sein müssen.«

»Gut, nehmen Sie Papier und Feder und schreiben Sie, ich will Ihnen diktieren:

»Iphigenie auf Tauris«, Oper von Gluck (das wissen Sie ohne Zweifel), hat vier Akte. Es kommen darin drei Männerrollen vor: Orestes (Bariton); Pylades (Tenor); Thoas (Baß, der aber sehr weit in die Höhe geht); eine große Frauenrolle, Iphigenie (Sopran); eine andere kleine Rolle, Diana (Mezzosopran) und einige Chorführer. Die Kostüme werden Ihnen leider nicht vorteilhaft erscheinen; die Skythen und ihr König Thoas sind zerlumpte Wilde von den Ufern des Schwarzen Meeres. Orestes und Pylades treten auf in der einfachen Kleidung zweier Griechen, die Schiffbruch erlitten haben. Nur Pylades hat zwei Kostüme: er kommt im vierten Akt noch einmal auf die Bühne mit einem Helm auf dem Kopf ... «

»Er hat einen Helm!« schrie Jullien, indem er mich begeistert unterbrach. »Wir sind gerettet! Ich will gleich nach Paris schreiben und einen vergoldeten Helm bestellen mit einem Kranz von Perlen und einem Helmbusch von armlangen Straußfedern; und wir werden vierzig Aufführungen erreichen.«

Ich habe vergessen, wie diese wunderliche Sitzung ausgegangen ist, aber noch in hundert Jahren würde ich mich an die leuchtenden Blicke, die sonderbaren Gesten, die wilden Jubelrufe erinnern, die durch meine Bemerkung, daß Pylades einen Helm trägt, bei Jullien ausgelöst wurden, sowie an seinen genialen Einfall, diesen Helm aus Paris kommen zu lassen, weil seiner Meinung nach kein englischer Handwerker imstande war, ihn blendend genug herzurichten, und an seine Hoffnung, vierzig großartige Aufführungen des Gluckschen Meisterwerkes zu erzielen mit einem Perlenkranz, Gold und langen Federn auf dem Helm des Pylades.

Gewaltig, gewaltig! wie der gute Dominus Sampson sagt ...[71]

Ich brauche nicht hinzuzufügen, daß »Iphigenie« nicht einmal geprobt wurde. Jullien war einige Tage nach jenem lehrreichen Konzil von London abgereist und hatte sein bankrottes Theater zum Teufel gehen lassen. Übrigens hatten sich selbstverständlich Sänger und Korrepetitor gegen diese ›alte Partitur‹ ausgesprochen, und der Divo Tenore (Reeves) hatte sehr gelacht, als man ihm die Rolle des Pylades antrug.

LXXV.

Tod meines Vaters – Neue Reise nach La Côte-Saint-André – Ausflug nach Meylan – Gefühl der Vereinsamung, das mich wütend anfällt – Noch einmal ›la stella del monte‹ – Ich schreibe ihr

In einem der ersten Kapitel dieser Memoiren habe ich erzählt, in welchem Zustand ich Paris angetroffen habe, als ich nach der Revolution von 1848 aus London zurückkehrte.

Der Eindruck war traurig genug; aber ein anderer Schmerz sollte mich bald darauf ungleich tiefer verwunden; ich erhielt die Nachricht vom Tod meines Vaters.

Meine Mutter hatte ich schon vor zehn Jahren verloren, und diese endgültige Trennung war ein harter Schlag für mich gewesen. Aber neben der natürlichen Liebe zwischen Vater und Sohn hatte uns eine davon unabhängige und vielleicht viel tiefere Freundschaft verbunden. Wie innig war die Übereinstimmung unserer Anschauungen in so vielen Fragen, die man nur streifen muß, um die intellektuelle Phantasie gewisser Menschen zu elektrisieren! Wie kühn war sein Geist! Wie ausgeprägt sein ganzes Empfinden, wie natürlich seine Güte und seine Freude am Wohltun! Und wie glücklich war er, daß er mit seinen Prophezeiungen über meine musikalische Zukunft unrecht gehabt hatte!

Nach meiner Rückkehr aus Rußland gestand er mir, daß es sein lebhaftester Wunsch sei, mein »Requiem« kennen zu lernen.

»Ja, ich möchte es einmal hören, das schreckliche ›*Dies irae*‹, von dem man mir schon soviel erzählt hat, und dann würde ich gern wie Simeon sagen: *Nunc dimittis servum tuum, Domine.*«

Ach, es war mir nicht möglich, ihm diesen Wunsch zu erfüllen, und er ist gestorben, ohne auch nur eine Note meiner Musik gehört zu haben.

Die Trauer, die er hinterließ, war aufrichtig und tief, besonders unter unseren armen Bauern, deren Dank er sich so oft und auf so vielerlei Weise erworben hatte. Rührende Einzelheiten erfuhr ich darüber von meinen Schwestern, als sie mir von seinem Tode Mitteilung machten ...

Aber wie qualvoll lang war sein Todeskampf! ...

»Wir können im Interesse unseres guten Vaters«, schrieb mir meine Schwester Nancî, »ein Leben nicht mehr zurückwünschen, das ihm so sehr zur Last war. So schnell wie möglich zu sterben, war sein einziger Gedanke. Man sah, daß er an nichts mehr Anteil nehmen wollte auf dieser Welt; er hatte Eile, sie zu verlassen. Ein unübersehbarer Trauerzug all der Armen, denen er geholfen, all der Kranken, deren Leiden er gelindert hatte, geleitete ihn unter Tränen zu seiner letzten Ruhestätte. Zwei Reden wurden an seinem Grabe gehalten, und weinend hörten alle Anwesenden zu: die eine von einem jungen Arzt, der seine Begabung, sein Können und seine Tugenden würdigte ... die andere von einem Mann aus dem Volk, der in einfachen Worten die Gefühle dieser Leute aussprach, in deren Mitte unser Vater gelebt hatte, ein bescheidenes und nützliches Leben, wie es heutzutage so selten ist! Wenn irgendetwas Deinen tiefen Schmerz darüber lindern kann, daß Du nicht, wie wir, seinen letzten Seufzer miterlebt hast, so sei es das Bewußtsein, daß seine äußerste Schwäche ihn hinderte, irgendetwas deutlich wahrzunehmen. Er schlief fast unaufhörlich und sprach kaum zu uns ... Doch fragte er mich eines Tages, ob ich keine Nachrichten von Dir hätte und von Louis ... «

Ich kann es mir nicht versagen, fast den ganzen Brief von Adèle, meiner anderen Schwester, hier wiederzugeben, in dem sie ihr von Liebe glühendes Herz rückhaltlos ausschüttet:

Vienne, Samstag 4. August 1848.

»Wir wollen uns umarmen, mein Bruder, in unserem gemeinsamen Schmerz ... er ist furchtbar ... ich wußte, welch schrecklicher Schlag es für Dich sein würde ... ich habe Dich beklagt deiner Einsamkeit wegen ... Man hat das Bedürfnis, sich fest aneinander zu klammern in diesen Momenten qualvoller Zerrissenheit ... Du wärst nicht mehr rechtzeitig angekommen, um von unserem geliebten Vater erkannt zu werden ... Tröste Dich also über unser Stillschweigen und vergiß, daß wir Dich nicht benachrichtigt haben. Wir wußten nicht, ob Du in Paris warst, und sechs Tage lang glaubten wir jeden Augenblick, ihn sterben zu sehen ... wir waren wie gelähmt vor Schmerz, von Sonntag an bis zur Stunde seines Todes am Freitag (28. Juli) gegen Mittag. Er phantasierte ununterbrochen und erkannte seine Umgebung nur noch in seltenen Ruhepausen. Dieser Todeskampf der letzten Tage war entsetzlich ... ein galvanisierter Leichnam, hätte man meinen können ... Sein Kopf pendelte in nervösen Zuckungen unaufhörlich hin und her ... ebenso seine Arme ... Seine Augen starr und verstört, die Stimme so hohl, Unmögliches von uns verlangend ... Während der heftigsten Anfälle preßte ich ihn wie wahnsinnig in meine Arme ... Nanci flüchtete sich vor Schrecken ... aber er litt nicht mehr, wir hofften es wenigstens ... der junge Arzt, der ihn pflegte, glaubte es ebenfalls. Die nervösen Zuckungen seien, wie er uns sagte, eine Folge des Opiums, das er bis zum Schluß genommen hat. Eines Tages zeigte ihm unsere gute Monika dein Bild, Lieber: er nannte Deinen Namen und verlangte schnell, schnell eine Feder, Papier ... man tat ihm seinen Willen. – Gut, sagte er, gleich nachher werde ich ihm schreiben ... – Was er Dir mitteilen wollte? Niemand weiß es; aber das war das einzige Mal, daß er sich Deiner erinnerte. Uns erkannte er mehr instinktiv, glaube ich, als mit wirklichem Bewußtsein ... Eines Tages, als ich aus seinem unruhigen Blick erriet, daß er irgendetwas wünschte, fragte ich ihn nach seinem Willen ... Nichts, mein Kind, antwortete er, mit einem unsagbaren Ausdruck von Zärtlichkeit, ich suche deine Augen. Dieses so väterliche Wort löste in uns einen Strom von Tränen, und es wird nie aus meiner Erinnerung schwinden ... Mein Mann war der Letzte, der ihn verließ. Er hatte mir versprochen, ihm die Augen zuzudrücken, dich zu ersetzen in dieser schmerzlichen Pflicht. Er hat sein Wort gehalten, mein Herz wird es ihm nicht vergessen.«

Dieses Unglück brachte mich noch einmal zurück nach La Côte-Saint-André, um dort in dem väterlichen Haus mit meinen Schwestern zu trauern. Gleich nach meiner Ankunft lief ich in das Arbeitszimmer, wo mein Vater so viele Stunden in tiefem Nachdenken verbracht, wo er meine literarische Erziehung begonnen hatte, wo er mir die ersten Musikstunden gab, bevor er anfing, mich mit osteologischen Studien zu erschrecken.

Ich fiel halb ohnmächtig auf sein Kanapee, meine Schwestern umarmten mich jammernd. Ich berührte mit zitternder Hand alles, was mir in die Augen fiel: seinen Plutarch, sein Notizbuch, seine Schreibfedern, seinen Spazierstock, seinen Karabiner (eine unschuldige Waffe, deren er sich nie bediente), einen meiner Briefe, der noch auf seinem Schreibtisch lag ...

Dann öffnete Nanci eine Schublade:

»Schau, lieber Bruder, da ist seine Uhr, behalte sie ... ach, er hat oft genug darauf gesehen in seiner höchsten Qual, als wollte er erfahren, wieviele Stunden ihm noch zu leiden blieben ...«

Ich nahm die Uhr: sie ging, sie lebte ... und mein Vater lebte nicht mehr.

Bevor ich nach Paris zurückkehrte, wollte ich auch noch Grenoble und das Haus meines Großvaters mütterlicherseits, in Meylan, wiedersehen.

Ich wollte (seltsames Verlangen nach Schmerzen) den Schauplatz meiner ersten Leidenschaft begrüßen; ich wollte endlich meine ganze Vergangenheit mit einem Mal umarmen, mich berauschen an Erinnerungen, wie tief der Schmerz auch immer sein mochte, der mein Herz zerreißen würde. Meine Schwestern blieben in La Côte, denn sie begriffen wohl, daß ich allein sein wollte bei dieser frommen Pilgerfahrt, auf der so viele Empfindungen in mir erwachen mußten, die sich selbst vor den liebsten Zeugen schämen und fürchten. Ich fühle, wie mir das Blut in den Adern klopft bei dem Gedanken, diesen Ausflug zu beschreiben. Indes, ich will es tun – und wäre es auch nur, um festzustellen, wie ausdauernd alte Gefühle, die mit den neuen scheinbar unvereinbar sind, verharren, und wie doch beide zusammenleben in einem Herzen, das nichts vergessen kann.

Dieses unerbittliche Gedächtnis ist so mächtig, daß ich z. B. das Porträt meines Sohnes im Alter von zehn Jahren heute nicht ohne Schmerz betrachten kann. Ich leide bei seinem Anblick, als hätte ich zwei Söhne gehabt, und mir jetzt nur noch der große junge Mann geblieben wäre, während der Tod mir das liebliche Kind entrissen hat.

Ich kam um acht Uhr morgens in Grenoble an. Meine Vettern und mein Onkel waren auf dem Land. In meiner Ungeduld, Meylan wiederzusehen, eilte ich daher ohne Aufenthalt schnell durch die Vorstadt und machte mich dann zu Fuß auf den Weg nach jenem Dorf ... Es war ein schöner Herbsttag, so voll von Poesie und Heiterkeit.

Bald bin ich in Meylan vor dem Wohnhaus meines Großvaters, das inzwischen an einen seiner Pächter verkauft worden war, ich öffne die Tür, trete ein und finde niemanden zu Hause. Der neue Eigentümer hatte sich in einem Neubau eingerichtet, am anderen Ende des Gartens.

Ich gehe weiter in den Salon, wo sich früher die Familie zu versammeln pflegte, wenn wir auf einige Wochen zu Besuch bei unserem Großvater weilten. Der Salon war unverändert, mit seinen grotesken Malereien und den phantastischen Vögeln aus Papier in allen möglichen Farben, die an die Wände geklebt waren.

Hier ist der Sessel, in dem mein Großvater seinen Nachmittagsschlaf hielt, hier sein Trick-Track-Spiel; auf dem alten Büfett bemerke ich einen Käfig aus Weiden, den ich als Kind geflochten habe; hier sah ich meinen Onkel mit der schönen Estelle tanzen ... ich flüchte mich nach draußen.

Die Hälfte des Obstgartens ist umgepflügt worden ... ich suche die Bank, auf der mein Vater stundenlang abends zu sitzen pflegte, verloren in seine Träume, die Augen auf den Saint-Eynard gerichtet, jenen kolossalen Kalkfelsen, einen Sproß des letzten diluvialen Kataklysmus ... Die Bank ist zerbrochen, nur noch die beiden wurmstichigen Füße sind übrig geblieben ...

Dort war das Maisfeld, wo ich zur Zeit meines ersten Liebeskummers meine Traurigkeit zu verbergen pflegte. Dort ist der Baum, an dessen Fuß ich angefangen habe, Cervantes zu lesen.

Und nun auf den Berg.

Dreiunddreißig Jahre sind verflossen, seitdem ich ihn zum letzten Mal bestiegen habe. Ich bin wie ein Mensch, der lange tot war und jetzt wieder erwacht. Und beim Erwachen durchlebe ich alle Gefühle aus der Vergangenheit wieder, genauso jung und genauso glühend.

Ich klettere die einsamen Felsenwege hinauf in Richtung auf das weiße Haus, das ich damals, vor sechzehn Jahren, als ich aus Italien zurückkehrte, nur von fern erblickt hatte, das Haus, wo *»la stella«* leuchtete.

Ich klettere und klettere, und in dem Maße, wie der Anstieg sich in die Länge zieht, fühle ich mein Herz schneller und schneller klopfen. Ich glaube links eine Allee wiederzuerkennen, ich folge ihr einige Zeit; aber sie führt zu einer unbekannten Meierei – es war nicht die Allee, die ich suchte.

Ich gehe auf dem alten Weg weiter, aber er führte zu keinem Ziel und verlor sich zwischen Weingärten. Offenbar hatte ich mich verirrt. Ich sah in meiner Erinnerung den richtigen Weg vor mir, als ob ich ihn gestern erst gegangen sei. Ein kleiner Brunnen befand sich früher dort, auf den ich noch nicht gestoßen war ... Wo bin ich denn? ... Wo ist der Brunnen? ... Dieses Umherirren steigerte meine Aufregung noch.

Endlich entschließe ich mich, zur Meierei zu gehen, die ich eben gesehen hatte, und dort zu fragen ... Ich trete in die Scheune, wo einige Leute Heu dreschen. Bei meinem Anblick halten sie einen Augenblick ihre Dreschflegel an, und zitternd wie ein von Gendarmen verfolgter Dieb frage ich sie, ob sie mir den Weg zeigen könnten zu dem Hause, das früher von Madame Gautier bewohnt gewesen sei.

Einer der Drescher kratzt sich die Stirn:

»Madame Gautier«, sagt er, »es wohnt kein Mensch mit diesem Namen hier in der Gegend ... «

»Doch, eine alte Dame ..., sie hatte zwei junge Nichten,* die alle Jahre im Herbst zu ihr zu Besuch kamen ... !«

»Ich erinnere mich«, mischte sich die Frau des Dreschers ein; »weißt du nicht mehr? ... Mademoiselle Estelle, die so hübsch war, daß alle, Leute Sonntags an der Kirchentür stehen blieben, um sie vorbeigehen zu sehen.«

»Ah! jetzt fällt es mir wieder ein ... ja, ja, Madame Gautier ... Es ist eben schon so lange her, sehen Sie ... ihr Haus gehört jetzt einem

* Nein, ich irre mich, nicht zwei Nichten, sondern zwei Enkelinnen.

Kaufmann aus Grenoble . . . Da oben steht es; Sie müssen noch ein Stück den Weg zum Brunnen entlanggehen, hier hinter unserem Weingarten, und dann nach links abbiegen.«

»Der Brunnen ist dort? O jetzt, jetzt werde ich mich schon zurechtfinden. Danke, danke. Ich bin sicher, ich werde mich jetzt nicht mehr verirren . . . «

Und nachdem ich ein an die Meierei angrenzendes Feld überquert habe, gerate ich endlich auf den richtigen Weg.

Bald höre ich das Murmeln des kleinen Brunnens . . . ich bin da . . . Hier ist der Pfad, die Allee, ganz ähnlich der andern, die mich vorhin irregeführt hat . . . ich bin auf dem richtigen Weg . . . gleich werde ich dort sein . . . o Gott! . . . die Luft berauscht mich . . . der Kopf schwindelt mir . . . Ich halte einen Augenblick inne, das Klopfen meines Herzens gewaltsam unterdrückend . . . Ich komme an das Gartentor am Ende der Allee . . . Ein Mann in einer Jacke, ohne Zweifel der prosaische Besitzer meines Heiligtums, steht auf der Schwelle und zündet sich eine Zigarre an . . .

Er sieht mich erstaunt an.

Ich gehe an ihm vorbei, ohne ein Wort zu sagen, und steige weiter bergan . . . Ich muß bis zu einem alten Turm kommen, der sich früher auf dem Gipfel des Hügels erhob und von wo aus ich das Ganze mit einem Blicke erfassen kann.

Ich gehe, ohne mich umzudrehen, ohne einen Blick zurück zu werfen, ich will den Gipfel erreichen . . . Aber der Turm! Der Turm! Ich sehe ihn nicht . . Sollte er zerstört sein? . . . Nein, dort steht er . . . Der oberste Teil ist abgebrochen und die benachbarten Bäume, die größer geworden sind, haben ihn vor meiner Entdeckung geschützt.

Endlich bin ich angelangt.

Hier, ganz in der Nähe, wo jetzt die jungen Buchen grünen, haben wir gesessen, mein Vater und ich, und ich habe ihm auf der Flöte die Arie aus »Nina« vorgespielt.

Gewiß war Estelle hier . . . Vielleicht stehe ich jetzt da, wo sie gestanden hat. . . . Und nun wollen wir uns umsehen . . . Ich wende mich, und mein Blick umfaßt alles auf einmal . . . das geweihte Haus, den Garten, die Bäume, weiter unten das Tal, die Schlangenlinien der Isère und in der Ferne die Alpen, Schnee und Gletscher, alles, was sie gesehen, alles, was sie bewundert hat . . . Ah! . . . Ein Schrei, ein Schrei, den keine menschliche Sprache übersetzen kann, hallt wider im Echo des Saint-Eynard . . . Ja, ich sehe, ich sehe wieder, ich bete an . . . Die Vergangenheit wird mir zur Gegenwart, ich bin jung, ich bin zwölf Jahre alt! Leben, Schönheit, erste Liebe, unendliche Poesie! Ich falle auf die Knie und rufe in das Tal, in die Berge, in den Himmel: »Estelle! Estelle! Estelle!« Und ich halte die Erde in krampfhafter Umarmung, ich beiße in das Moos ... Das Gefühl unbeschreiblicher, entsetzlicher Einsamkeit überfällt mich ... Blute, mein Herz ..., blute, aber laß mir die Kraft, weiter zu leiden!

Endlich stehe ich auf und gehe weiter, und meine Augen durchforschen alles, was auf den benachbarten Hügeln zerstreut liegt ... ich schnuppere nach rechts und links wie ein verirrter Hund, der nach seinem Herrn sucht ... Hier, am Rand dieses steilen Abhanges ging ich damals, als sie mir zurief:

»Geben Sie acht! Gehen Sie nicht so nah am Rand! ...«

Hier ist der Brombeerstrauch, über den sie sich bückte, um Beeren zu pflücken ... Ach, irgendwo dort unten muß der Fels sein, auf den ihre schönen Füße traten ... ich sah sie stehen ... königlich ... sie blickte ins Tal ...

An jenem Tage hatte ich mir in naiv kindlicher Sentimentalität geschworen:

»Wenn ich groß bin, wenn ich ein berühmter Komponist geworden bin, werde ich eine Oper schreiben nach der Estelle von Florian, ich werde sie ihr widmen ... ich werde die Partitur auf diesen Felsen legen, und dort wird sie sie finden, eines Morgens, wenn sie kommt, den Sonnenaufgang zu bewundern.«

Wo ist der Fels? ... der Fels! ... ich kann ihn nicht finden ... er ist verschwunden ... Gewiß haben ihn die Winzer zerschlagen ... oder der Bergwind hat ihn mit Sand überdeckt.

Der schöne Kirschbaum! An seinen Stamm hat sich ihre Hand gestützt ...

Aber was war es denn, das hier noch ganz in der Nähe stand? ... Irgendetwas, das, wie mir scheint, meine Erinnerung an sie beleben muß, mehr als alles andere ... irgendetwas, das ihr glich an Grazie ... an edler Zierlichkeit ... was denn? Mein überlastetes Gedächtnis versagt ... Ah! eine junge Wicke war es, von der sie Blüten gepflückt hat ... das war dort an der Biegung des Weges ... ich eile dahin ... Ewige Natur! ... Die rosaroten Blüten sind noch da, und die Pflanze, reicher und dichter geworden als ehedem, bewegt im Wind ihre duftenden Zweige! ... Zeit ... launische Mäherin! ... der Fels ist verschwunden, und die Ranken sind geblieben ... Ich bin im Begriff, alles auszureißen, alles mitzunehmen ... Aber nein, liebe Pflanze, bleibe und blühe weiter in deiner stillen Einsamkeit ... bleibe als ein Symbol meiner Seele, von dem Teil, den ich hier zurückgelassen habe und der immer hier wohnen wird, solange ich lebe! ... Nur zwei von deinen Ranken laß mich mitnehmen ...

leuchtende Schmetterlingsblüten, treubleibende Schmetterlinge! ... Lebe wohl! ... lebe wohl! ... schöner, geliebter Baum, leb' wohl! ... Berge und Täler, lebt wohl! ... Du alter Turm, leb' wohl ... alter Saint-Eynard, leb' wohl! ... Himmel meines Sternes, lebe wohl! ... Lebe wohl, süße Kindheit, letzter Widerschein einer reinen Liebe! Der Strom der Zeit reißt mich hinweg; lebe wohl, Stella! ... Stella! ...

Und traurig wie ein Gespenst, das in sein Grab zurückkehrt, stieg ich den Berg hinunter. Ich kam wieder an Estelles Hause vorbei. Der Herr mit der Zigarre war verschwunden. Er befleckte nicht mehr den Säulengang meines Tempels ... aber ich wagte es nicht, einzutreten, so sehnlich mich auch danach verlangte ... Ich ging langsam, langsam, bei jedem Schritt hielt ich an, und mit schmerzlicher Gewalt mußte ich meinen Blick von jedem einzelnen Gegenstand losreißen ...

Ich brauchte das Klopfen meines Herzens nicht mehr zu unterdrükken ... es schien nicht mehr zu schlagen ... ich war wieder tot ...

Und rundum milder Sonnenschein, Einsamkeit und Schweigen ...

Zwei Stunden später wanderte ich über die Isère und gelangte auf dem anderen Ufer, kurz vor Sonnenuntergang, zu dem Weiler Murianette, wo ich meine Vettern und deren Mutter traf. Am nächsten Tage gingen wir miteinander nach Grenoble zurück. Ich wirkte, wie man sich wohl denken kann, sehr abwesend und sonderbar. Als ich einen Augenblick mit meinem Vetter Victor allein war, konnte er die Frage nicht zurückhalten:

»Was hast du? Ich habe dich nie so gesehen ... «

»Was ich habe? ... Du wirst mich auslachen, aber da du mich fragst, will ich dir auch antworten ... Übrigens wird es mich erleichtern, ich ersticke ... Gestern war ich in Meylan ... «

»Ich weiß; was gibt es dort?«

»Es gibt dort unter anderem das Haus von Madame Gautier ... kennst du ihre Nichte*, Madame F.?«

»Ja, die, die man früher die schöne Estelle D. nannte.«

»Ich habe sie wahnsinnig geliebt, als ich zwölf Jahr alt war, und ... ich liebe sie immer noch! ... «

»Aber du bist verrückt«, antwortete Viktor, in helles Gelächter ausbrechend, »sie ist jetzt einundfünfzig Jahre alt, ihr ältester Sohn zweiundzwanzig ... er hat mit mir zusammen Jura studiert!«

Und sein Lachen wird noch lauter, und ich stimme mit ein, aber mein Lachen ist kramphaft, verzerrt, trostlos, wie die Strahlen der Aprilsonne hinter dem Regen ...

---

* Ihre Enkelin.

»Ja, es ist absurd, ich weiß, und dennoch ist es so . . . es ist absurd, und es ist wahr . . . es ist kindisch und ungeheuerlich . . . Lache nicht mehr oder lache, wenn du willst, gleichviel. Wo ist sie jetzt? Wo ist sie? Du mußt es wissen! . . . «

»Seit dem Tode ihres Mannes wohnt sie in Vif . . . «

»Vif! Ist das weit?«

»Drei Meilen von hier . . . «

»Ich gehe hin, ich will sie sehen.«

»Hast du den Verstand verloren?«

»Ich werde irgendeinen Vorwand finden, um mich bei ihr einzuführen.«

»Ich bitte dich, mach' keine solche Dummheit!«

»Ich will sie sehen.«

»Du wirst nicht die Kaltblütigkeit besitzen, die nötig ist, um sich bei einem solchen Besuch mit Anstand aus der Affäre zu ziehen.«

»Ich will sie sehen.«

»Du wirst dumm, lächerlich und taktlos erscheinen – das ist alles.«

»Ich will sie sehen!«

»Aber bedenke doch . . . «

»Ich will sie sehen!«

»Einundfünfzig Jahre! . . . Mehr als ein halbes Jahrhundert . . . Was wirst du wiederfinden? . . . Ist es nicht besser, diese Erinnerung ungetrübt zu erhalten, dein Ideal zu bewahren?«

»O Zeit, verfluchte Zerstörerin! Nun gut, ich werde ihr wenigstens schreiben.«

»Schreibe! Mein Gott, was bist du für ein Narr!«

Er reicht mir eine Feder und läßt sich in einen Sessel fallen, überwältigt von einem neuen Heiterkeitsanfall, in den ich stoßweise einstimme; und unter Sonnenschein und Regen schreibe ich den folgenden Brief, den ich noch einmal abschreiben mußte, weil große Wassertropfen jede Zeile befleckt hatten.

»Madame,

Es gibt eine Verehrung, treu und beharrlich, die nur mit uns selbst stirbt . . . Ich war zwölf Jahre alt, als ich zu Meylan Fräulein Estelle zum ersten Male sah. Es konnte Ihnen damals nicht verborgen bleiben, welchen Aufruhr Sie in diesem Kinderherzen hervorgerufen hatten, das zu zerbrechen schien unter der Spannung unverhältnismäßiger Gefühle, ich glaube sogar, Sie hatten die durchaus verzeihliche Grausamkeit, mitunter darüber zu lachen. Sechzehn Jahre später (ich kam aus Italien zurück) füllten sich meine Augen mit Tränen, mit jenen kalten Tränen, die die Erinnerung fließen macht, als ich beim Eintritt in unser Tal, auf der romantischen Höhe, die der Saint-Eynard beherrscht, das Haus erblickte, das früher von Ihnen bewohnt war. Einige Tage darauf, als ich den neuen Namen, den Sie trugen, noch nicht kannte, wurde ich gebeten, einen Brief der Adressatin zu übergeben, einen Brief, der für Sie bestimmt war. Ich erwartete Madame F. auf einer Poststation, wo sie sich einfinden sollte ; ich überreichte ihr den Brief, ein heftiger Schlag, der mein Herz traf, ließ meine Hand erzittern, als ich sie der Ihren näherte ... Ich hatte Sie wiedererkannt ... Meine erste Schwärmerei ... *la stella del monte* ... deren strahlende Schönheit den Morgen meines Lebens erleuchtete. Gestern, gnädige Frau, nach langem und heftig erregtem Leben, nach weiten Reisen durch ganz Europa, nach Arbeiten, deren Widerhall vielleicht bis zu Ihnen gedrungen ist, gestern habe ich eine seit langem geplante Pilgerfahrt unternommen. Ich wollte alles wiedersehen, und ich habe alles wiedergesehen; das kleine Haus, den Garten, die Allee, den hohen Hügel, den alten Turm, das Gehölz, das ihn umgibt, den mächtigen Fels und die großartige Landschaft, würdig Ihres Blickes, der so oft darauf verweilte. Nichts hat sich verändert. – Die Zeit hat den Tempel meiner Erinnerungen geschont. Nur wohnen heute unbekannte Menschen dort: Ihre Blumen werden von fremden Händen gepflegt, und kein Mensch auf der Welt, selbst Sie nicht, hätte erraten können, warum ein Mann von düsterem Aussehen, die Züge zerfurcht von Leid und Arbeit, gestern die geheimsten Verstecke dort durchstreifte ... *O quante lagrime!* ... Leben Sie wohl, gnädige Frau, ich kehre zurück in den Strudel der Welt; Sie werden mich wahrscheinlich niemals sehen, Sie werden nicht erfahren, wer ich bin, und Sie werden mir, ich hoffe es, verzeihen, daß ich mir heute die seltsame Freiheit nehme, Ihnen zu schreiben. Ich verzeihe es Ihnen auch im voraus, wenn Sie über die Erinnerungen des Mannes lachen werden, wie Sie über die Schwärmerei des Kindes gelacht haben.

*Despised love.**

Grenoble, 6. Dezember 1946.«

Und trotz des Spottes meines Vetters schickte ich den Brief ab. Ich weiß nicht, was aus ihm geworden ist ... Ich habe seitdem nicht mehr von Madame F. sprechen hören. In einigen Monaten muß ich wieder nach Grenoble. Oh! diesmal, ich fühle es, werde ich nicht widerstehen können ... Ich werde nach Vif gehen.**

* Verschmähte Liebe. Ausdruck Shakespeares im »Hamlet«.

** Ich bin niemals hingepilgert. Ich habe nur vor fünf Jahren gehört, daß Madame F. in Lyon wohne. Lebt sie noch? ... Ich habe nicht den Mut, mich danach zu erkundigen. (Februar 1854.) – Sie lebt noch, ich weiß es. (August 1854.)

LXXVI.

Tod meiner Schwester – Tod meiner Frau – Ihr Begräbnis – Das Odéon – Meine Stellung in der musikalischen Welt – Es wird für mich fast unmöglich, am Theater dem Haß Trotz zu bieten – Die Kabale von Covent-Garden – Die Kumpanei des Konservatoriums in Paris – Die geträumte und wiedervergessene Symphonie – Liebenswürdiger Empfang in Deutschland – Der König von Hannover – Der Herzog von Weimar – Der Intendant des Königs von Sachsen – Mein Abschied

Ich beeile mich, diese Memoiren zu beenden. Ihre Niederschrift langweilt und ermüdet mich beinahe ebensosehr wie die eines Feuilletons; übrigens, wenn ich die paar Seiten geschrieben habe, die ich noch schreiben will, werde ich, wie ich glaube, genug erzählt haben, um einen nahezu vollständigen Begriff von den Hauptereignissen meines Lebens zu geben und von dem Kreis der Empfindungen, Arbeiten und Schmerzen, in dem ich mich drehen muß ... bis ich mich nicht mehr drehen werde.

Der Weg, der mir noch zu durchlaufen bleibt, wird sicherlich sehr viel Ähnlichkeit haben mit dem, den ich schon zurückgelegt habe; ich werde überall dieselben tiefen Radspuren finden, dieselben scharfen Kieselsteine, denselben aufgeweichten Boden, hie und da unterbrochen von irgendeinem klaren Bach, beschattet von friedlichem Gebüsch, überragt von einem grandiosen Felsen, den ich mit großer Mühe erklimmen werde, um in der untergehenden Sonne den kalten Regen zu trocknen, dem ich in der Ebene vom frühen Morgen an ausgesetzt war.

Die Dinge und die Menschen ändern sich allerdings, aber so langsam, daß in dem kurzen Zeitraum, den eine menschliche Existenz umfaßt, diese Änderung nicht auffallen kann. Man müßte zweihundert Jahre alt werden, um in den Genuß dieser Wohltat zu kommen.

Ich habe meine älteste Schwester Nanci verloren. Sie starb an Brustkrebs, nach sechs Monaten entsetzlicher Leiden, die ihr Tag und Nacht herzzerreißende Schreie entrissen. Meine andere Schwester, meine liebe Adèle, die sich nach Grenoble begeben hatte, um sie zu pflegen, und die sie bis zu ihrer letzten Stunde nicht verlassen hat, war nahe daran, den Anstrengungen und den furchtbaren Eindrücken, die dieser langsame Todeskampf für sie mit sich brachte, zu erliegen.

Und nicht ein einziger Arzt hat den Mut gehabt, menschlich genug zu sein, um diesem Martyrium dadurch ein Ende zu setzen, daß er meine Schwester ein Fläschchen Chloroform einatmen ließ. Man tut das, um einem Patienten den Schmerz eines chirurgischen Eingriffes zu ersparen, der eine Viertelminute dauert, und man verschmäht dasselbe Mittel, um ihn aus einer Qual von sechs Monaten zu befreien, wenn es mit Gewißheit bewiesen ist, daß kein Mittel, nicht einmal die Zeit, ein so schreckliches Leiden heilen kann, wenn der Tod offenbar das höchste Gut ist, die Befreiung, die Freude, das Glück! . . .

Aber da sind die Gesetze, die es verbieten, und die religiösen Vorstellungen, die sich nicht weniger entschieden dagegen auflehnen.

Und auch meine Schwester wäre zweifellos nicht damit einverstanden gewesen, sich auf diese Weise zu befreien, wenn man es ihr vorgeschlagen hätte. »Der Wille Gottes muß geschehen.« Als ob nicht alles, was geschieht, durch den Willen Gottes geschähe . . . und wie wenn die Befreiung der Leidenden durch einen sanften und raschen Tod nicht ebensogut das Resultat von Gottes Willen wäre wie ihre abscheuliche und zwecklose Folterung.

Welcher Unsinn, diese Fragen über Schicksal, über Gott, über Willensfreiheit usw.!! Das ist das unendlich Absurde; der menschliche Verstand windet sich darin um und um und kann sich nur darin verlieren.

Auf jeden Fall, das Schrecklichste auf dieser Welt für uns lebende und empfindende Wesen ist das unerbittliche Leiden, sind die Schmerzen ohne mögliche Kompensation, wenn sie bis zu einem solchen Grad der Intensität gesteigert sind; man muß ein Barbar oder ein Dummkopf sein oder beides zugleich, um nicht das sichere und sanfte Mittel anzuwenden, über das man heute verfügt, um dem ein Ende zu bereiten. Die Wilden sind klüger und menschlicher.

Auch meine Frau ist gestorben, wenigstens ohne große Schmerzen. Die arme Harriet, seit vier Jahren gelähmt und der Sprache beraubt, ist vor meinen Augen am 3. März 1854 entschlummert. Mein Sohn hatte sich glücklicherweise Urlaub nehmen und von Cherbourg herkommen können, um wenigstens einige Stunden bei ihr zu verweilen. Er war erst seit vier Tagen wieder abgereist, als sie verschied. Dieser Besuch hat ihren letzten Stunden etwas Trost gegeben, und ein glücklicher Zufall hat es gewollt, daß ich nicht verreist war.

Ich hatte sie für zwei Stunden verlassen . . . eine der Frauen, die sie pflegten, eilt, mich zu holen, bringt mich zurück . . . alles war zu Ende . . . ihr letzter Seufzer war eben verhaucht. Sie war schon bedeckt mit jenem Schmerzenstuch, das ich aufheben mußte, um ihre blasse Stirn zum letzten Mal zu küssen. Ihr Bild, das ich ihr im vorhergehenden Jahr noch geschenkt hatte, gemalt zur Zeit ihres Glanzes, zeigte sie mir strahlend von Schönheit und Genie neben dem Totenbett, auf dem sie, entstellt von ihrer Krankheit, lag.

Ich will nicht versuchen, die Schmerzen zu beschreiben, die dieses

Herausreißen aus meinem Herzen mir verursachte. Überdies mischte sich darin ein Gefühl, das, wenn es auch früher niemals bis zu diesem Grad von Heftigkeit gelangt war, doch für mich immer am schwersten zu ertragen war – das Gefühl des Mitleids. Inmitten der Trauer über diese erloschene Liebe fühlte ich mich nahe daran, in dem ungeheuren, entsetzlichen, unermeßlichen, unendlichen Mitleid zu vergehen, mit dem die Erinnerung an die Leiden meiner armen Henriette mich überwältigte: ihr finanzieller Ruin vor unserer Heirat; ihr Unfall; die Enttäuschung infolge ihres letzten dramatischen Wagnisses in Paris; ihr freiwilliger, aber stets schmerzlich empfundener Verzicht auf eine Kunst, der sie mit ganzer Seele verfallen war; die Verdunklung ihres Ruhmes; ihre mittelmäßigen Nachahmer und Nachahmerinnen, deren wachsendem Vermögen und Ruhm sie zugesehen hatte; unser inneres Entfremden; ihre krankhafte und schließlich begründete Eifersucht; unsere Trennung; der Tod all ihrer Verwandten; die notgedrungene Entfernung ihres Sohnes; meine häufigen und langen Reisen; ihr stolzer Schmerz darüber, daß sie für mich eine Ursache von Ausgaben war, denen ich, wie sie wohl wußte, immer fast erlag; ihre fixe Idee, sich durch ihre Liebe zu Frankreich die Zuneigung des englischen Publikums verscherzt zu haben; ihr gebrochenes Herz; ihre entschwundene Schönheit; ihre zerstörte Gesundheit; ihre zunehmenden physischen Schmerzen; der Verlust der Bewegung und der Sprache; ihre Unfähigkeit, sich auf irgendeine Weise verständlich zu machen; die lange trübe Aussicht auf Tod und Vergessenheit ...

Vernichtung, Blitz und Donner, Blut und Tränen, mein Gehirn krampft sich in meinem Schädel zusammen, wenn ich an diese Scheußlichkeiten denke.

Shakespeare! Shakespeare! Wo ist er? Wo bist du? Es scheint mir, daß allein er unter allen vernünftigen Wesen mich begreifen kann und uns alle beide begriffen haben muß; er allein kann Mitleid mit uns gehabt haben, mit zwei armen Künstlern, die sich liebten und gegenseitig zerfleischten. Shakespeare! Shakespeare! Du mußt menschlich gewesen sein; wenn du noch irgendwo lebst, so mußt du die Elenden zu dir aufnehmen! Du, du bist unser Vater, der du bist im Himmel, wenn es einen Himmel gibt.

Gott ist dumm und abstoßend in seiner kalten Gleichgültigkeit; du allein bist der wahre Gott der Künstlerseelen ... Nimm uns, Vater, an deine Brust, umarme uns! *De profundis ad te clamo.* Der Tod, das Nichts, was heißt das? Die Unsterblichkeit des Genies! ... What? ... O fool! fool! fool! ...

Ich mußte mich allein um die letzten traurigen Pflichten kümmern.

Der protestantische Pastor, der für die Zeremonie nötig war und dem der Dienst für die Vorstädte von Paris oblag, wohnte am anderen Ende der Stadt in der Rue M. le Prince. Abends um acht Uhr machte ich mich auf den Weg, um ihn zu benachrichtigen. Eine Straße war durch Pflasterarbeiter versperrt, und der Wagen mußte daher einen Umweg machen und am Odéon vorbeifahren. Es war erleuchtet, man spielte ein Modestück. Dort habe ich »Hamlet« zum erstenmal gesehen, vor sechsundzwanzig Jahren; dort strahlte der Ruhm der armen Toten eines Abends plötzlich auf wie ein glänzender Meteor; dort habe ich die Menge weinen sehen, überwältigt von der Erschütterung des Schmerzes, des poetischen und herzzerreißenden Wahnsinns von Ophelia. Dort habe ich erlebt, wie Harriet Smithson von einem auserlesenen Publikum, von den führenden geistigen Persönlichkeiten Frankreichs nach dem Schluß des »Hamlet« wieder und wieder auf die Bühne gerufen wurde und, beinahe erschrocken über die ungeheure Größe ihres Erfolges, sich zitternd vor ihren Bewunderern verneigte. Dort habe ich sie zum ersten und letzten Mal als Julia gesehen. Unter diesen Arkaden habe ich so oft in Winternächten meine fieberhafte Unruhe auf und ab getragen. Hier ist die Tür, durch die ich sie zu einer Othello-Probe eintreten sah. Sie wußte damals noch nichts von meiner Existenz, und wenn man ihr diesen blassen und ausgezehrten jungen Unbekannten gezeigt hätte, der sie von einem der Pfeiler des Odéons aus mit verstörtem Auge verfolgte, und ihr gesagt hätte: »Das ist dein zukünftiger Mann«, würde sie sicherlich diesen Unglückspropheten einen unverschämten Narren geheißen haben.

Und doch ... es ist derselbe, der jetzt deine letzte Reise vorbereitet, poor Ophelia! Derselbe, der bald, wie Laërtes, zu einem Priester sagen wird: »What ceremony else?« ... Der dich so sehr gequält hat; der so sehr durch dich gelitten hat, nachdem er so sehr für dich gelitten hatte; der trotz allen Unrechts, das er dir getan, wie Hamlet sagen kann:

»Vierzigtausend Brüder hätten sie nicht geliebt, wie ich sie liebte.«

Shakespeare! Shakespeare! Ich fühle die Fluten wieder über mich hereinbrechen, ich gehe unter in meinem Schmerz, und ich suche wieder nach dir ...

Father! Father! Where are you?

Am nächsten Morgen kamen zwei oder drei Schriftsteller, d'Ortigue, Briseux, Léon de Wailly, mehrere Künstler unter Führung des vortrefflichen Barons Taylor, und einige andere gute Seelen, aus Freundschaft zu mir, um Harriet zu ihrer letzten Wohnstatt zu geleiten.

Wäre sie fünfundzwanzig Jahre früher gestorben, hätte das ganze geistige Paris aus Bewunderung, aus Anbetung für sie ihrem Begräbnis beigewohnt; alle Dichter, alle Maler, alle Bildhauer, alle Schauspieler, denen sie noch gestern so herrliche Beispiele von Bewegung und Gestik gegeben hatte, alle Musiker, die die Melodie ihrer Liebestöne, die herzzerreißende Wahrheit ihrer Schmerzensschreie empfunden hatten, alle Liebenden, alle Träumer und auch ein Philosoph – sie alle wären unter Tränen hinter ihrem Sarge hergeschritten.

Und während sie fast ganz allein den Weg nach dem Kirchhof zurücklegt, wimmelt da unten das undankbare und vergeßliche Paris. Er, der sie geliebt hat und der nicht den Mut hat, ihr bis zum Grab zu folgen, weint in der Ecke eines einsamen Gartens, und ihr junger Sohn schaukelt hoch auf dem großen Mast eines Schiffes, im Kampf gegen den Sturm, auf dem düsteren Ozean.

Hic jacet. Auf dem kleinen Friedhof von Montmartre, am Abhang des Hügels, ruht sie, das Antlitz gen Norden gewandt, jenem England zu, das sie nie wiedersehen wollte. Ihr einfaches Grab trägt folgende Inschrift:

»Henriette Constance Berlioz-Smithson, geboren zu Ennis in Irland, gestorben zu Montmartre am 3. März 1854.«

Die Zeitungen teilten kurz, in den üblichen Phrasen, ihren Tod mit. Nur J. Janin zeigte Herz und Gedächtnis; hier die wenigen Zeilen, die er im ›Journal des Débats‹ schrieb:

»Sie werden uns so schnell und so grausam entführt, jene legendären Gottheiten. Sie sind so gebrechlich, jene geistigen Kinder des alten Shakespeare und des alten Corneille! Ach! es ist noch nicht so lange her, wir waren jung und selbstbewußt, als eines Abends Julia, auf ihrem Balkon sitzend, der nach der Straße von Verona geht, Julia an Romeos Seite, berauscht und zitternd, lauschte ... der Nachtigall, der Morgenlerche. Sie lauschte träumerisch und so licht, mit so viel liebreizendem Feuer in dem halbverschleierten Blick! Diese dunkle und reine Stimme, diese Stimme aus Gold, sprach die Prosa und die Poesie von Shakespeare triumphierend, anbetend und beseelt. Eine ganze Welt war gefesselt von der Grazie, von der Stimme, von dem Zauber dieser Frau.

Sie war kaum zwanzig Jahre alt, sie nannte sich Miß Smithson, sie eroberte im Handumdrehen die Sympathie und die Bewunderung des gesamten Parterres, das mit Entzücken die neue Wahrheit vernahm. Und so wurde diese junge Frau, ohne es zu wissen, ein unbekanntes Gedicht, eine neue Leidenschaft und eine wahre Revolution. Sie inspirierte Madame Dorval, Frédérick-Lemaître, Madame Malibran, Victor Hugo, Berlioz. Sie hieß Julia, sie hieß Ophelia. Sie inspirierte sogar

Eugène Delacroix, als er jenes zärtliche Bild von Ophelia malte. Sie fällt; ihre Hand, die herabsinkt, hält noch den Zweig; mit der andern Hand führt sie ihren lieblichen und letzten Kranz an ihre schöne Brust; der Rand ihres Kleides reicht bereits an das heraufsteigende Wasser; die Landschaft ist trüb und traurig; ganz in der Ferne sieht man die Flut heraneilen, die sie verschlingen wird; ihre feuchtschweren Kleider haben die arme Unglückliche und ihre süßen Lieder hinabgezogen in den Schlamm und in den Tod.

Sie nannte sich endlich, diese entzückende und rührende Miß Smithson, mit einem Namen, den Madame Malibran getragen hat; sie nannte sich Desdemona, und der Mohr, wenn er sie umarmte, sagte zu ihr: ›O meine holde Kriegerin. O my fair warroir!‹ Ich sehe sie noch vor mir, nach so langer Zeit, ebenso weiß, ebenso bleich wie die Venezianerin des Angelo, des Tyrannen von Padua. Sie ist allein und horcht auf den Regen und auf den Wind, der draußen stöhnt, die schöne junge Frau, so unselig und so liebreizend, die Shakespeare mit seiner Liebe und seiner Verehrung umgeben hat. Sie ist allein, sie fürchtet sich; sie fühlt auf dem Grunde ihrer aufgestörten Seele ein unerklärliches Mißbehagen; ihre Arme sind nackt, und man kann gerade noch ein kleines Stück ihrer weißen Schultern hervorschimmern sehen. O heilige Blöße der todgeweihten Frau! Sie war wunderbar in dieser Szene, Miß Smithson, und glich mehr einer himmlischen Erscheinung als einem irdischen Weib! – Und jetzt liegt sie da, tot, seit acht Tagen, und träumt noch von jenem Ruhm, der so rasch kommt und so rasch entflieht! O Träume! O Reue! O Schmerzen! ... Früher, in meiner Jugend, hörte ich einen Chor singen als Totenklage für Julia Capulet! Dieser Trauermarsch, begleitet von dem unaufhörlich wiederkehrenden Ruf: streut Blumen! streut Blumen!*, machte einen niederschmetternden Eindruck. Unter seinen Klängen stieg man in das düstere Gewölbe hinab, wo Julia schlief, und die düstere Melodie erzählte von den Schrecken dieser Totengewölbe. »Streut Blumen! Streut Blumen!« Julia ist tot, klagte der Trauergesang, im Stil einer Chorhymne vom alten Vater Äschylos; Julia ist tot (streut Blumen!), der Tod lastet auf ihr wie Frühlingsreif auf dem Rasen (streut Blumen!). So dienen die Instrumente, die zum Tanz aufspielen sollten, als Trauergeläut; das Hochzeitsessen wird zum Totenmahl; die Blumen des Festes bedecken ein Grab!« ...

Liszt schrieb mir bald darauf aus Weimar einen jener herzlichen Briefe, die er so gut zu schreiben versteht: »Sie hat dich inspiriert«, sagte

---

* Anspielung von Janin auf den Chor des Trauermarsches aus meiner Symphonie »Romeo und Julia«, wo diese Worte in der Tat anhaltend psalmodiert werden.

er mir, »du hast sie geliebt, du hast sie besungen, ihre Aufgabe war erfüllt.« . . .

Ich habe nun nichts mehr zu sagen über die beiden großen Liebesgeschichten, die mein Herz und meine Gedanken so mächtig und langwährend beeinflußt haben. Die eine ist eine Kindheits-Erinnerung. Sie kam über mich, strahlend mit jedem Lächeln, geschmückt mit jedem blendenden Glanz, geziert mit jedem Reiz einer unvergleichlichen Landschaft, deren Anblick allein schon genügte, mich tief zu erregen. Estelle war damals in Wahrheit die Dryade meines Tempeltales, und ich empfand zum ersten Mal und gleichzeitig, im Alter von zwölf Jahren, den Eindruck einer großen Liebe und den einer großen Natur.

Die zweite Liebe erschien mir zugleich mit Shakespeare in meinem Mannesalter aus einem brennenden Dornbusch auf Sinai, inmitten der Wolken, Donner und Blitze einer für mich unbekannten Poesie. Sie warf mich zu Boden, ich stürzte auf mein Angesicht, und mein Herz und mein ganzes Innere wurde überwältigt von einer wilden, verzehrenden Leidenschaft, in der, sich gegenseitig verstärkend, die Liebe zur großen Künstlerin und die Liebe zur großen Kunst miteinander verschmolzen.

Man wird die mächtige Wirkung eines solchen Gegensatzes, wenn überhaupt ein Gegensatz darin liegt, begreiflich finden. Auch hatte ich vor Harriet nichts geheimgehalten, weder meine Idylle von Meylan noch die Intensität der Erinnerung, die ich daran bewahrte. Wer von uns hat nicht irgendwann eine erste Leidenschaft erlebt? Trotz ihrer Eifersucht war sie zu klug, um sich dadurch verletzt zu fühlen. Sie hat nur mitunter sanft darüber gespottet.

Die Menschen, die das nicht begreifen, werden mich noch viel weniger begreifen, wenn ich eine andre Eigentümlichkeit meiner Natur gestehe: Ich empfinde ein unbestimmtes Gefühl von poetischer Liebe, wenn ich an einer schönen Rose rieche, und ich habe lange Zeit etwas Ähnliches empfunden beim Anblick einer schönen Harfe. Ich mußte mich damals, wenn ich ein solches Instrument erblickte, zurückhalten, um nicht niederzuknien und es zu umarmen.

Estelle war die Rose, die einsam geblüht hat.* Harriet war die Harfe. die hineinklang in all meine Musik, in meine Freude und in meine Trauer und von deren Saiten ich, leider, soviele zerrissen habe!

Jetzt bin ich angelangt, wenn nicht am Ende meiner Laufbahn, so doch an dem Abhang, der immer schneller und schneller aufs Ende führt; müde, versengt, aber immer noch glühend und voll von einer Energie, die zuweilen mit einer Heftigkeit ausbricht, vor der ich fast

* This the last rose of summer left blooming alone (Thomas Moore).

erschrecke. Ich lerne allmählich Französisch, ich lerne, eine Seite Partitur und eine Seite Verse oder Prosa passabel zu schreiben, ich kann dirigieren und ein Orchester mit fortreißen, ich liebe und verehre die Kunst zärtlich in all ihren Formen ... Aber ich gehöre einer Nation an, die sich heute für keine der edleren Betätigungen des Geistes mehr interessiert, für die das Goldne Kalb der einzige Gott ist. Die Pariser sind ein barbarisches Volk geworden; auf zehn reiche Häuser kommt kaum eins, in dem man eine Bibliothek findet. Ich rede nicht von einer musikalischen Bibliothek ... Nein, man kauft keine Bücher mehr, man leiht sich, für zwei Sous den Band, elende Romane aus den Leihbibliotheken; diese Nahrung genügt dem literarischen Bedürfnis aller Gesellschaftsschichten, so wie man sich auch bei den Musikverlegern für einige Francs pro Monat abonniert, um die Möglichkeit zu haben, aus der unendlichen Fülle seichter Nichtigkeiten, von denen die Läden überquellen, besonders köstliche Produkte jener Art herauszusuchen, die Rabelais mit einem so saftigen Ausdruck bedacht hat.

Der Industrialismus in der Kunst und mit ihm all die schlechten Instinkte, denen er schmeichelt und schön tut, marschiert an der Spitze seines lächerlichen Gefolges und läßt seinen Blick in albernem Stolz und voll von stupider Verachtung über seine besiegten Feinde hinschweifen ... Kurz, Paris ist eine Stadt, mit der ich nichts anfangen kann und wo ich für überglücklich gelte, wenn ich die einzige Aufgabe erfüllen darf, die man mir anvertraut hat, die des Feuilletonisten, die einzige Aufgabe, wenn man vielen Leuten glauben darf, für die ich auf die Welt gekommen bin.

Ich fühle wohl, was ich für die dramatische Musik schaffen könnte, aber es ist ebenso zwecklos wie gefährlich, den Versuch zu wagen. Zunächst sind die meisten unserer Opernhäuser recht übelberüchtigte Gebäude, musikalisch gesprochen, und besonders die Grand Opéra ist augenblicklich geradezu heruntergekommen. Ferner könnte ich auf diesem Gebiet meinen Gedanken nur dann freien Lauf lassen, wenn ich mich als den absoluten Herrscher über ein großes Theater betrachten könnte, wie ich der Herrscher über mein Orchester bin, wenn ich eine meiner Symphonien dirigiere. Ich müßte über den guten Willen aller Beteiligten verfügen können, über den Gehorsam aller, von der ersten Sängerin und dem ersten Tenor, den Choristen, den Orchestermusikern, den Tänzerinnen und den Statisten bis zum Bühnenbildner, den Maschinisten und dem Regisseur. Ein Opernhaus, wie ich es mir vorstelle, ist vor allem ein großes Musikinstrument; ich weiß darauf zu spielen, aber um gut zu spielen, muß es mir rückhaltlos anvertraut werden. Und genau das wird nie geschehen. Auch würden die Umtriebe, die Konspirationen, die Kabalen meiner Feinde zu leichtes Spiel haben. Sie wagen es nicht, mich in einem Konzertsaal auszuzischen, sie tun es auf jeden Fall in einem großen Theater wie der Opéra.

Ich hätte in einem solchen Fall nicht nur den Haß zu erdulden, den meine Kritiken aufgewühlt haben, sondern auch die nicht minder wütenden Ausbrüche des Zorns auf meinen musikalischen Stil, der für sich allein schon Kritik an einigen unserer populärsten Komponisten ist. Denn diese Herren Kollegen sagen sich mit Recht: »An dem Tag, an dem das Publikum solche Kompositionen versteht oder auch nur Geschmack daran findet, sind unsere wertlos.« Ich habe die Probe auf diese Wahrheit in London erlebt, wo eine Bande von Italienern in Covent-Garden die Vorstellung von »Benvenuto Cellini« fast unmöglich machte. Sie haben geschrien, gezischt und gepfiffen von Anfang bis zu Ende; sie wollten sogar die Aufführung meiner Ouvertüre »Carnaval romain« verhindern, die als Einleitung zum zweiten Akt gespielt wurde und in London schon mehrere Male in verschiedenen Konzerten, unter anderem erst vor vierzehn Tagen in der Philharmonischen Gesellschaft am Hanover Square, mit Beifall aufgeführt worden war. Die öffentliche Meinung – von meiner eigenen spreche ich nicht – bezeichnete als den Anführer dieser in ihrer Wut komisch wirkenden Kabale Herrn Costa, den Kapellmeister des Covent-Garden-Orchesters, den ich mehrere Male in meinen Feuilletons angegriffen habe wegen der Freiheiten, die er sich mit den Partituren der großen Meister herausnimmt, indem er sie zurechtstutzt, auch wohl verlängert, instrumentiert und auf alle mögliche Art verstümmelt. Wenn Herr Costa wirklich der Schuldige ist, was sehr gut möglich sein kann, hat er es jedenfalls mit seltener Geschicklichkeit verstanden, durch seine Eifrigkeit, Dienst- und Hilfsbereitschaft während der Proben mein Mißtrauen einzuschläfern.

Die Londoner Musiker, voll Entrüstung über diese Gemeinheit, beabsichtigten, mir ihre Sympathie in der Weise auszudrücken, daß sie, zweihundertunddreißig an der Zahl, für ein »Testimonial-Konzert« subskribierten, das ich auf ihre Einladung hin und unter ihrer freiwilligen Mitwirkung in der Exeter Hall dirigieren sollte, das gleichwohl nicht stattfinden konnte. Der Verleger Beale (heut einer meiner besten Freunde) brachte mir außerdem ein Geschenk von zweihundert Guineen, das mir von einer Vereinigung, an deren Spitze die berühmten Pianoforte-Fabrikanten Broadwood figurierten, angeboten wurde. Ich fühlte mich verpflichtet, ein Geschenk abzulehnen, dessen Annahme unseren französischen Sitten so sehr widersprochen hätte, wenn auch die Idee nur von wirklicher Güte und Großmut geleitet war. Nicht jeder ist eben ein Paganini.

Diese Beweise von Anhänglichkeit haben mich viel mehr gerührt, als die Beschimpfungen jener Clique mich verletzt hatten.

In Deutschland hätte ich ohne Zweifel nichts Derartiges zu befürchten. Aber ich kann kein Deutsch; ich müßte nach einem französischen Text komponieren, der nachträglich zu übersetzen wäre; das ist ein großer Nachteil. Auch müßte ich, um eine große Oper zu schreiben, mindestens achtzehn Monate dafür opfern, ohne mich mit irgendetwas anderem zu beschäftigen, also auch ohne etwas zu verdienen, und zwar ohne die Möglichkeit einer Entschädigung, da in Deutschland die Opernkomponisten keine Tantiemen beziehen. Und – man erinnert sich aus meinem Bericht über die erste Aufführung des »Faust« in Preußen, wieviel Feindseligkeit ich mir unter den Musikern des Berliner Orchesters durch eine unschuldige Bemerkung im ›Journal des Débats‹ zugezogen hatte.

Ebenfalls in Leipzig, wenn man auch meine Musik heute mit anderen Ohren anhört wie zur Zeit von Mendelssohn (soviel ich bemerken konnte und soviel mir Ferdinand David versichert), gibt es noch einige wenige Fanatiker, Schüler des Konservatoriums, die mich als einen Zerstörer, einen Etzel der Musik betrachten, mich infolgedessen mit einem wahnwitzigen Haß beehren, Injurieren an mich schreiben und mir in den Korridoren des Gewandhauses Grimassen schneiden, wenn ich den Rücken drehe. Dann gibt es noch gewisse Kapellmeister, deren Gemütsruhe ich störe und die sich deshalb hie und da recht einfältige Gemeinheiten mir gegenüber erlauben. Aber dieser unvermeidliche Antagonismus, selbst im Verein mit der ganz natürlichen Gegnerschaft eines kleinen Teiles der deutschen Presse*, ist verschwindend gering im Vergleich mit den Wutausbrüchen, die in Paris auf mich losstürmen würden, wenn ich mich ihnen in der Opéra aussetzen wollte.

Seit drei Jahren quält mich die Idee zu einer großen Oper, zu der ich den Text und die Musik schreiben möchte, wie ich es bei meiner geistlichen Trilogie »Enfance du Christ« getan habe. Ich widerstehe der Versuchung, diesen Plan zu verwirklichen, und ich werde ihr, so hoffe ich, bis zum Ende** widerstehen. Das Thema scheint mir großartig,

---

* Bei der Pariser Presse gibt es Menschen mit fixen Ideen, die beim bloßen Anblick meines Namens auf einem Plakat oder in einer Zeitung in Wut geraten wie Stiere, wenn man ihnen ein rotes Tuch vorhält, die mir eine ganze Welt von Absurditäten – Ausgeburten ihres eigenen kleinen Gehirns – vorwerfen, die aus meinen Werken herauszuhören glauben, was nicht darin ist, die mit edlem Feuer gegen Windmühlen kämpfen und die, wenn man sie um ihre Meinung fragen würde, über einen reinen D-Dur-Akkord, von dem man ihnen vorher gesagt hätte, er sei von mir, mit Entrüstung ausrufen würden: »Der Akkord ist scheußlich.« Die armen Teufel sind besessen, es gibt viele, und es hat überall und zu allen Zeiten ihresgleichen gegeben.

** Leider nein! Ich habe nicht widerstanden. Ich bin eben fertig geworden mit der

gewaltig und tief ergreifend, ein sicherer Beweis dafür, daß die Pariser es fade und langweilig finden würden. Und selbst wenn es ein Irrtum von mir wäre, dem Publikum einen »Geschmack so anders als der meine« (um mit dem großen Corneille zu sprechen) zuzuschreiben, würde ich doch niemals eine kluge und hingebende Frau finden, die der Hauptrolle gewachsen wäre, einer Rolle, die alles verlangt: Schönheit, eine große Stimme, ein wirkliches dramatisches Talent, großes Künstlertum, eine glühende Seele und ein glühendes Herz. Noch viel weniger würde ich die übrigen Hilfsmittel in die Hände bekommen, über die ich nach meinem Belieben, ohne Kontrolle und ohne Einmischung von irgendeiner Seite, müßte verfügen können. Schon die bloße Vorstellung, daß ich bei der Einstudierung und Inszenierung eines solchen Werkes auf die unsinnigen Hindernisse stoßen könnte, denen ich mich habe unterwerfen müssen und die ich Tag für Tag den anderen Komponisten, die für unsere Grand Opéra schreiben, entgegentreten sehe, bringt mein Blut zum Kochen. Ein Zusammenstoß mit den Böswilligen und Blödsinnigen bei solcher Gelegenheit wäre heut etwas außerordentlich Gefährliches, ich fühle mich diesen Leuten gegenüber zu allem fähig und würde sie abknallen wie Kaninchen. Die Zahl der nützlichen und angenehmen Fabrikationen zu vermehren, die man komische Opern nennt und die in Paris täglich, wie die kleinen Pastetchen, dutzendweise auf Bestellung produziert werden, dazu verspüre ich nicht die geringste Lust. Ich gleiche durchaus nicht jenem Korporal, der den Ehrgeiz hatte, ein Diener zu werden. Ich will lieber ein gemeiner Soldat bleiben.* Ich muß allerdings sagen, daß auch der Einfluß von Meyerbeer und der Druck, den er durch sein ungeheures Vermögen mindestens ebenso stark wie die Wirkungen seines eklektischen Talents auf die Direktoren, auf die Künstler, auf die Kritiker und infolgedessen auf das Pariser Publikum ausübt, noch dazu beitragen, jeden ernsthaften Erfolg an der Opéra fast unmöglich zu machen. Dieser verderbliche Einfluß wird vielleicht noch zehn Jahre nach seinem Tode fühlbar sein. Heinrich Heine behauptet, daß er dafür pränumerando bezahlt hat ...** Was

Dichtung und der Musik zu den »Trojanern«, Oper in fünf Akten. Was wird aus diesem ungeheuren Werk werden? ... (1858.)

* Ich hatte gleichwohl vor einigen Jahren mich bereit erklärt, ein Werk dieser Art zu schreiben. Carvalho, der Direktor des Théâtre Lyrique, der heut einer meiner besten Freunde ist, hatte sich schriftlich verpflichtet, mir zu einem bestimmten Termin ein Libretto zu liefern, das ich für sein Theater in Musik setzen sollte. Eine Konventionalstrafe von zehntausend Francs war in dem Vertrag festgesetzt. Als der Termin gekommen war, erinnerte sich Carvalho nicht einmal mehr an seine Verpflichtungen, infolgedessen wurde das Versprechen nicht besser gehalten als so viele andere, und von jenem Tage an ... usw. usw.

** Ich glaube, ich habe es schon anderswo einmal gesagt, und ich wiederhole es: Meyerbeer hat nicht nur das Glück, Talent zu haben, sondern auch im höchsten Grade das Talent, Glück zu haben.

die Konzerte betrifft, die ich in Paris geben könnte, so habe ich schon erzählt, in welche Lage ich mich versetzt fand und wie groß die Gleichgültigkeit des Publikums gegen alles, was nicht Theater ist, geworden war. Die Konservatoriums-Clique hat übrigens Mittel und Wege gefunden, mir die Benutzung ihres Saales verbieten zu lassen. Eines Tages erschien der Herr Minister des Innern bei einer Preisverteilung, um vor dem ganzen Auditorium zu erklären, daß dieser Saal, der einzige brauchbare, den es in Paris gibt, das ausschließliche Eigentum der Konservatoriums-Gesellschaft sei und in Zukunft niemandem mehr für Konzerte verliehen würde. Mit diesem ›niemand‹ war ich gemeint, denn seit zwanzig Jahren hatte, von zwei oder drei Fällen abgesehen, kein Mensch außer mir große musikalische Aufführungen dort veranstaltet.

Diese berühmte Gesellschaft, deren ausübende Mitglieder fast alle zu meinen Freunden und Anhängern gehören, steht unter der Leitung eines Dirigenten und einer kleinen Anzahl von ›Machern‹, die mir feindlich gesinnt sind. Sie würden sich also wohl davor hüten, in ihren Konzerten auch nur das kleinste Stück aus meinen Kompositionen zuzulassen. Ein einziges Mal, vor sechs oder sieben Jahren, kamen sie auf den Einfall, mich um Überlassung von zwei Fragmenten aus dem »Faust« zu bitten. Zum Ersatz dafür versuchte das Komitee, das damals noch etwas durch die Ansichten meiner Anhänger im Orchester beeinflußt worden war, mich dadurch ›tot‹ zu machen, daß sie mich auf dem Programm zwischen das Finale aus der »Vestalin« von Spontini und die C-moll-Symphonie von Beethoven setzten. Der Zufall wollte es glücklicherweise, daß das ›Totmachen‹ nicht gelang und die Herren in ihrer Erwartung enttäuscht wurden. Trotz dieser erdrückenden Nachbarschaft löste die Sylphen-Szene aus dem »Faust« einen wahren Begeisterungssturm aus und wurde da capo verlangt. Aber Narcisse Girard, der sie sehr plump und prosaisch dirigiert hatte, stellte sich so, als ob er die Anfangstelle in der Partitur nicht wiederfinden könnte, und fing wirklich nicht wieder an. Der Erfolg war deswegen nicht weniger auffallend. Auch meidet die Clique seitdem meine Werke wie die Pest.

Von den Millionären, die Paris im Überfluß hat, würde kein einziger auf die Idee kommen, irgendetwas für die große Musik zu tun. Wir besitzen nicht einen einzigen guten Saal für öffentliche Aufführungen; niemals würde einem unserer Krösusse der Gedanke kommen, einen bauen zu lassen. Das Beispiel von Paganini ist vergeblich gewesen, und was dieser große Künstler für mich getan hat, wird ein vereinzelter Zug in der Geschichte bleiben.

Man muß sich also auf seine eigene Kraft verlassen, wenn man in

Paris als Komponist lebt und ernsthafte Werke ohne Verbindung mit der Opéra aufführt. Man muß sich abfinden mit unvollständigen, unsicheren und infolgedessen mehr oder weniger ungetreuen Aufführungen – denn die nötigen Proben kann man nicht bezahlen* –, mit schlecht eingerichteten Konzertsälen, wo weder Ausführende noch Zuhörer bequem untergebracht werden können, mit allen möglichen Scherereien, die, ohne böse Absicht, durch die Opernbühnen veranlaßt werden, deren musikalisches Personal man verwenden muß und die notwendigerweise die Interessen ihres Repertoires wahrzunehmen haben; man ist machtlos gegenüber den unverschämten Brandschatzungen vonseiten der netten Herren Steuereinnehmer, die, ohne die Unkosten eines Konzerts in Rechnung zu ziehen, ein Achtel von der Bruttoeinnahme vorwegnehmen und so die Verluste des Konzertveranstalters noch verschlimmern; machtlos gegenüber vorschnellen Urteilen, die notwendigerweise falsch sein müssen, wenn großangelegte und komplizierte Werke unter so ungünstigen Verhältnissen und selten mehr als ein- oder zweimal zu Gehör gebracht werden; und zuguterletzt, man muß sehr viel Zeit und sehr viel Geld haben, nicht zu reden von der Erniedrigung, die darin liegt, daß man soviel Kraft der Seele und des Willens an derartige Widerstände verschwendet. Der Künstler, auch wenn er noch so reich mit diesen Eigenschaften ausgestattet ist, gleicht dann einer abgeschossenen Granate, die unbeirrt ihren Weg geradeaus fliegt, alles zu Boden wirft, was sich ihr entgegenstellt, die wohl eine Spur hinterläßt, aber nichtsdestoweniger am Ende ihrer Bahn in tausend Stücke zerplatzen muß. Und trotzdem würde ich alle möglichen Opfer bringen.

Es gibt allerdings Verhältnisse, in denen eine solche Aufopferung nicht mehr ein Zeichen von großer Gesinnung ist, sondern geradezu unverantwortlich wird.

Vor zwei Jahren, zu der Zeit, als der damals noch nicht völlig hoffnungslose Gesundheitszustand meiner Frau mir die größten Kosten verursachte, hörte ich eines Nachts im Schlaf die Klänge einer Symphonie, die ich im Traum komponiert hatte. Beim Erwachen am nächsten Morgen hatte ich noch fast den ganzen ersten Satz im Gedächtnis; es war (das ist das einzige, woran ich mich heute noch erinnere) ein Allegro mit zweiteiligem Takt in A-moll. Ich setzte mich an meinen Schreibtisch, um mit der Niederschrift zu beginnen, als mir plötzlich die folgende Überlegung kam: Wenn ich das Allegro niederschreibe, werde ich

* Der lächerlichste Schmarren auf dem Theater wird wenigstens einen Monat lang Tag für Tag probiert, und ich mußte meine Symphonie »Romeo und Julia« nach vier Proben dem Publikum vorführen und viele andere Werke nach nur zwei Proben.

mich dazu verführen lassen, auch den Rest zu komponieren. Bei meiner Veranlagung zur epischen Breite, kann diese Symphonie ungeheure Proportionen annehmen. Ich werde vielleicht drei oder vier Monate ausschließlich dieser Arbeit widmen müssen. (Habe ich doch sieben Monate gebraucht, um »Romeo und Julia« zu schreiben.) Ich werde keine oder fast keine Feuilletons mehr verfassen. Mein Einkommen wird sich entsprechend verringern, und wenn die Symphonie fertig ist, werde ich schwach genug sein, dem Drängen meines Kopisten nachzugeben; ich werde mir dadurch sofort eine Schuld von tausend oder zwölfhundert Francs aufladen. Sind die Stimmen einmal kopiert, wird mich die Versuchung, das Werk zu Gehör zu bringen, nicht mehr loslassen, ich werde ein Konzert geben, dessen Einnahme kaum die Hälfte der Kosten dekken wird; das ist heutzutage unvermeidlich. Ich werde also verlieren, was ich nicht besitze; es wird mir am nötigsten fehlen für die arme Kranke, und ich werde weder meine persönlichen Auslagen bestreiten noch den Unterhalt meines Sohnes auf dem Schiff bezahlen können, das er nächstens besteigen soll. Ein Schauder überlief mich bei diesen Gedanken, und ich warf die Feder hin mit den Worten: Pah! Bis morgen werde ich die Symphonie vergessen haben. In der folgenden Nacht kam die aufdringliche Symphonie wieder zu Besuch und fuhr klingend in meinem Kopf herum; ich hörte deutlich das Allegro in A moll, ja noch mehr, ich glaubte, es geschrieben vor mir zu sehen. Ich wachte auf in fieberhafter Erregung, ich sang mir das Thema vor, dessen Charakter und Form mir ausgezeichnet gefielen; ich war im Begriff, aufzustehen ... aber die Überlegungen von gestern hielten mich noch einmal zurück, ich stemmte mich gegen die Versuchung, ich klammerte mich krampfhaft an die Hoffnung, zu vergessen. Endlich schlief ich wieder ein, und am nächsten Morgen beim Erwachen war tatsächlich jede Spur von Erinnerung für immer verschwunden.
Feigling!, wird ein junger Fanatiker ausrufen, dem ich seine Beleidigung im voraus vergebe, du hättest den Mut haben müssen, du hättest die Symphonie schreiben müssen, dich ruinieren müssen. Man hat nicht das Recht, eine Inspiration so zu verjagen, ein Kunstwerk ins Nichts zurückzustoßen, wenn es daraus erstehen will und um Leben fleht. Ach, mein junger Mann, der du mich für einen Feigling hältst, du hast nie das Schauspiel erlebt, das ich damals vor Augen hatte, sonst wärst du etwas weniger streng. Ich bin nie zurückgewichen in den Tagen, wo man noch über die Folgen meiner Kühnheit im Zweifel sein konnte. Damals, als es in Paris noch ein kleines Elite-Publikum gab, als Prinzen aus dem Hause Orléans und die Königin selbst sich dafür interessierten. Auch meine Frau war damals noch in voller Lebenskraft und die Erste,

die mir Mut einsprach: »Du mußt dieses Werk vollenden«, sagte sie zu mir, »und es groß und angemessen aufführen lassen. Fürchte nichts, wir werden all die Entbehrungen ertragen, die wir uns dafür auferlegen müssen. Es muß sein! Nur vorwärts!« Und ich ging vorwärts. Aber später, als sie dalag, halb tot, und nichts mehr konnte als ächzen und stöhnen, als sie drei Pflegerinnen nötig hatte, als der Arzt ihr fast täglich einen Besuch machen mußte, als ich sicher wußte, daß die Pariser Barbaren sind und daß ich mich nach jedem musikalischen Unternehmen dem eben geschilderten vernichtenden Resultat gegenüber finden würde, da war es nicht Feigheit, junger Mann, was mich zurückhielt, nein, ich habe das Bewußtsein, nur als Mensch gehandelt zu haben; und während ich mich für einen ebenso hingebenden Diener der Kunst halte wie dich und viele andere, glaube ich, gerade ihr Ehre zu erweisen, wenn ich sie nicht als ein nach Menschenopfer dürstendes Ungeheuer betrachte und wenn ich zeige, daß sie mir genug Vernunft gelassen hat, um zwischen Mut und barbarischer Grausamkeit zu unterscheiden. Wenn ich allmählich meinem musikalischen Drang nachgegeben und kürzlich meine geistliche Trilogie »Enfance du Christ« geschrieben habe, so kommt das daher, daß sich meine Situation geändert hat, daß keine so zwingenden Pflichten mehr auf mir lasten. Außerdem habe ich die Gewißheit, daß ich dieses Werk leicht und oft in Deutschland aufführen kann, wo ich von mehreren bedeutenden Städten eingeladen bin. Ich fahre jetzt häufig hin; während der letzten achtzehn Monate habe ich vier Reisen nach Deutschland gemacht.* Ich finde dort immer besser Aufnahme; die Künstler bezeugen mir eine von Tag zu Tag wachsende Sympathie; in Leipzig, in Dresden, in Hannover, Braunschweig, Weimar, Karlsruhe und Frankfurt haben sie mich überhäuft mit Freundschaftsbezeugungen, für die mir jeder Ausdruck der Dankbarkeit fehlt. Auch das Entgegenkommen des Publikums, der königlichen Theater-Intendanten, der herzoglichen Kapellmeister und der meisten regierenden Fürsten kann ich nur rühmend erwähnen. Der König von Hannover, ein reizender Mensch, und die Königin, seine Antigone, ** interessieren sich für meine Musik in solchem Grade, daß sie oft

* Seit diese Zeilen geschrieben sind, hat mich der Spieldirektor von Baden-Baden, Bénazet, wiederholt aufgefordert, die jährlichen Festkonzerte dort zu organisieren und zu leiten, wobei er mir für die Aufführung meiner Werke alles, was ich nur verlangen konnte, zur Verfügung stellte. Seine Freigebigkeit übertraf bei weitem alles, was jemals in ähnlichen Fällen die Souveräne von Europa, denen ich am meisten verpflichtet bin, für mich getan haben. »Ich gebe Ihnen vollständig freie Hand«, sagte er mir noch in diesem Jahre, »lassen Sie die Künstler, die Sie brauchen, kommen von wo Sie wollen, bieten Sie ihnen die Honorare, die Sie für angemessen halten, ich billige alles im voraus.«

** Der König von Hannover ist blind.

um acht Uhr morgens zu meinen Proben kamen und mitunter bis zwölf Uhr blieben, um, wie mir der König kürzlich sagte, besser in die tiefere Bedeutung der Werke einzudringen und sich mit der Neuheit der angewandten Mittel und Formen vertraut zu machen! Mit welcher Freude, welchem Enthusiasmus sprach er über meine Ouvertüre zu »König Lear« mit mir:

»Das ist großartig, Herr Berlioz, großartig! Ihr Orchester redet, Sie haben keine Worte nötig. Ich konnte jede Szene verfolgen: den Eintritt des Königs in den Rat und den Sturm auf der Heide, die schreckliche Szene im Gefängnis und die Klagen von Cordelia*! O, diese Cordelia! Wie Sie sie gemalt haben! Wie zart und schüchtern sie ist! Herzzerreißend ist das und so schön!«

Die Königin ließ mich bei meinem letzten Besuch in Hannover bitten, zwei Sätze aus »Romeo und Julia« auf das Programm zu setzen, von denen ihr der eine, die Liebesszene (das Adagio), ganz besonders ans Herz gewachsen ist. Der König hat mich dann noch in aller Form ersucht, im nächsten Winter wiederzukommen, um im Theater eine Aufführung des ganzen Werkes »Romeo und Julia« zu organisieren, von dem ich bisher nur Bruchstücke in Hannover vorgeführt hatte. »Wenn Sie die Kräfte, über die wir verfügen, nicht für ausreichend halten«, fügte er hinzu, »werde ich Künstler kommen lassen aus Braunschweig, aus Hamburg und im Notfall aus Dresden; Sie werden zufrieden sein.« Und der neue Großherzog von Weimar hat mir bei meinem letzten Besuch zum Abschied gesagt: »Geben Sie mir Ihre Hand, Herr Berlioz, ich drücke sie mit aufrichtiger und lebhafter Bewunderung; und vergessen Sie nicht, daß das Theater in Weimar immer für Sie offen steht.« Herr von Lüttichau, der Intendant des Königs von Sachsen, schlug mir die Dresdener Kapellmeisterstelle vor, die in nicht allzuferner Zeit vakant sein wird. »Wenn Sie wollten« (das sind seine eigenen Worte), »was für schöne Sachen könnten wie hier fertigbringen! Mit unseren Künstlern, die Sie so bewundern und bei denen Sie so beliebt sind, würde ein Dirigent wie Sie, dem so wenige sich vergleichen können, aus Dresden das musikalische Zentrum Deutschlands machen!« Ich weiß nicht, ob ich mich entschließen kann, mich so vollständig an Sachsen zu fesseln ... Das muß wohl überlegt werden. Liszt ist der Meinung, daß ich annehmen soll. Meine Freunde in Paris sind entgegengesetzter Ansicht. Ich selbst bin noch nicht entschieden, und im übrigen ist der Platz vorläufig noch besetzt. Es ist die Rede davon, in Dresden meine Oper

* Ich habe Harriet niemals in dieser Rolle gesehen, die zu den herrlichsten Offenbarungen ihres Talentes gehörte, aber sie hat mir mitunter einzelne Szenen daraus vorgetragen (!!!!). Auch ohne dies hatte ich ihre Cordelia erraten.

»Benvenuto Cellini« in Szene zu setzen, die in Weimar schon der bewunderungswürdige Liszt zu neuem Leben erweckt hat.

Sicherlich würde ich in diesem Fall dort die ersten Vorstellungen dirigieren. Im übrigen will ich mich hier nicht mit der Zukunft beschäftigen, und über die Vergangenheit bin ich vielleicht etwas zu weitschweifig gewesen, wenn ich auch viele merkwürdige Episoden und manche traurigen Einzelheiten im Dunkel gelassen habe. Ich will schließen ... noch einmal meinen Dank aus tiefstem Herzen an das heilige Deutschland, wo die Pflege der Kunst noch ehrlich betrieben wird; an dich, großherziges England; an dich, Rußland, das mich gerettet hat; an euch, meine Freunde in Frankreich; an euch alle, große Herzen und Geister aller Nationen, die ich getroffen habe. Es war ein Glück für mich, euch kennenzulernen. Unverbrüchlich bewahre ich jetzt und für alle Zeit eine liebe Erinnerung an unsere Beziehungen. Was euch betrifft, ihr Besessenen, ihr stupiden Hunde und Ochsen, euch, meine Herren Rosenkranz und Güldenstern, meine Jagos, meine kleinen Osricks, Schlangen und Insekten aller Art, farewell ... my friends; ich verachte euch, und ich hoffe wohl, nicht zu sterben, ohne euch vergessen zu haben.

Paris, 13. Oktober 1854.

POST-SKRIPTUM

*Brief, den ich mit dem Manuskript meiner Memoiren an M. sandte als Antwort auf seine Bitte um Material für meine Biographie**

Geehrter Herr,

Sie wünschen die Ursachen des Widerstandes zu erfahren, den ich als Komponist fünfundzwanzig Jahre lang in Paris gefunden habe. Es waren zahlreiche Ursachen, glücklicherweise sind sie zum Teil erledigt.** Das Wohlwollen der gesamten Presse (mit Ausnahme der ›Revue des Deux Mondes‹, wo die musikalische Kritik einem Monomanen anvertraut ist und deren Herausgeber mich mit seinem Haß beehrt) bei meinem letzten Werk, »Enfance du Christ«, scheint dies zu beweisen. Man glaubte von verschiedenen Seiten in dieser Partitur einen vollständigen Wechsel meines Stiles und meiner Technik zu erkennen. Nichts ist weniger begründet als diese Ansicht. Das Sujet hat naturgemäß eine einfache und sanfte und eben dadurch ihrem Geschmack und ihrer Intelli-

* Er hat sich wohl gehütet, daraus Nutzen zu ziehen; sein Buch ist voll von absurden Erzählungen und extravaganten Urteilen.

** Sie sind jetzt wieder da, und der Widerstand ist erbitterter denn je (1864).

genz gefälligere Musik hervorgebracht, abgesehen davon, daß auch Geschmack und Intelligenz der Leute sich mit der Zeit entwickelt haben. Ich hätte »Enfance du Christ« vor zwanzig Jahren genau so geschrieben.

Die Hauptursache für den langen Krieg, den man gegen mich geführt hat, war der Widerstreit zwischen meiner Vorstellung von Musik und der des Pariser Publikums. Viele Leute mußten mich für verrückt halten, da ich sie selbst für Kinder oder für Dummköpfe hielt. Jede Musik abseits von dem ausgetretenen Pfad, auf dem die Fabrikanten der komischen Oper einhertrotten, mußte zwangsläufig unter diesen Leuten ein viertel Jahrhundert lang für Narren-Musik gelten. Das größte Werk von Beethoven, die Neunte Symphonie, und seine gewaltigen Klaviersonaten gelten bei ihnen heute noch als Narren-Musik.

Dann hatte ich noch die Professoren des Konservatoriums gegen mich, angestiftet von Cherubini und Fétis, die ich durch meine Heterodoxie in bezug auf Harmonie und Rhythmus heftig in ihrer Eigenliebe verletzt und in ihren Glaubenseifer empört hatte. Ich bin ein Atheist in der Musik, oder besser gesagt, ich gehöre der Religion von Beethoven, Weber, Gluck, Spontini an, die glauben, bekennen und durch ihre Werke beweisen, daß alles gut ist und daß alles schlecht ist; denn nur die Wirkung, die durch gewisse Kombinationen hervorgebracht wird, gibt allein das Recht, sie zu verdammen oder sie loszusprechen.

Heute machen sich selbst die Professoren, die am hartnäckigsten an den alten Regeln festhielten, in ihren Werken mehr oder weniger davon frei.

Zu meinen Gegnern muß man ferner die Anhänger der sensualistischen italienischen Schule zählen, deren Lehren ich oft angegriffen und deren Götter ich oft gelästert habe.

Heute bin ich etwas vorsichtiger. Ich verabscheue sie immer noch, wie ich sie von jeher verabscheut habe, jene Opern, die die Menge als Meisterwerke dramatischer Musik preist und die für mich nur elende Karikaturen wahren Gefühls und wahrer Leidenschaft sind; nur habe ich jetzt die Kraft, nicht mehr davon zu reden.

Immerhin verschafft mir auch meine Stellung als Kritiker zahlreiche Feinde. Und am hitzigsten in ihrem Haß sind weniger die, deren Werke ich getadelt habe, als vielmehr jene, von denen ich nicht gesprochen oder die ich schlecht gelobt habe. Andere werden mir ein paar billige Witze nie verzeihen. Ich war z. B. unvorsichtig genug, vor achtzehn oder zwanzig Jahren zu einem recht platten kleinen Werk von Rossini den folgenden zu machen. Es handelte sich um drei geistliche Gesänge, betitelt: »Glaube, Hoffnung, Liebe«. Ich hatte sie gehört und schrieb dann irgendwo, als ich von ihrem Verfasser sprach: »Seine ›Hoffnung‹ hat die unsrige enttäuscht, sein ›Glaube‹ wird keine Berge versetzen, und was die ›Liebe‹ betrifft, die seine Barmherzigkeit uns erwiesen hat, so wird er sich damit nicht ruinieren.«

Sie können sich die Wut der Rossinisten vorstellen, obschon ich anderswo eine lange bewundernde Analyse über »Wilhelm Tell« geschrieben und bis zum Überdruß wiederholt hatte, daß der »Barbier« eins der Meisterwerke unseres Jahrhunderts sei.

Monsieur Panseron schickte mir eines Tages einen lächerlichen Prospekt, im Waschweiber-Stil abgefaßt, der die Eröffnung eines musikalischen Auskunftsbureaus anzeigte, wo jeder liederkomponierende Dilettant für die Summe von hundert Francs seine Produkte korrigieren lassen konnte; ich veröffentlichte die Sache im ›Journal des Débats‹ und ließ sogar den ganzen Prospekt Panserons abdrucken, aber unter dem Titel:

»Cabinet de Consultations pour les Mélodies Secrètes.«*

Einige Jahre früher hatte Monsieur Caraffa eine Oper aufführen lassen mit dem Titel »Die Großherzogin«. Das Werk brachte es nur auf zwei Vorstellungen. Als ich nach der zweiten darüber zu berichten hatte, beschränkte ich mich darauf, die berühmten Worte Bossuet's in seiner Trauerrede auf Henrietta Maria von England zu zitieren: »Die hohe Frau stirbt, die hohe Frau ist gestorben!« Caraffa hat mir das nie verziehen. Ich muß gestehen, daß mir auch in der Unterhaltung mitunter Worte entschlüpften, die wie Dolchstiche empfunden wurden. Eines Abends war ich bei meinem Freunde d'Ortigue mit einigen andern Gästen, unter denen sich Monsieur de Lamennais und ein Ministerialdirektor befanden. Die Unterhaltung kam auf die Unzufriedenheit, die jeder mit der Lage empfindet, in die er gerade gestellt ist. Monsieur P., der Ministerialdirektor war nicht unzufrieden mit der seinigen: »Ich möchte lieber das sein, was ich bin«, sagte er, »als irgendetwas andres«. – »Wahrhaftig«, antwortete ich in meiner Unbesonnenheit, »ich bin nicht wie Sie, ich möchte etwas andres sein als was Sie sind.«

Mein Partner hatte Selbstbeherrschung genug, nichts zu erwidern, aber ich bin sicher, daß er das ausbrechende Gelächter von uns allen und besonders von de Lamennais nicht verwunden hat.

Neue Feinde verdanke ich seit einigen Jahren meiner Überlegenheit als Orchester-Dirigent, die man so freundlich ist, mir zuzugestehen. Durch die großartige Technik, die sie unter meiner Leitung entwickeln, durch ihre begeisterten Demonstrationen und durch Worte, die ihnen

* Wortspiel: Mélodies – Maladies.

gelegentlich entschlüpfen, haben die Orchestermusiker es in Deutschland erreicht, fast alle Dirigenten feindselig gegen mich zu stimmen. Lange Zeit auch in Paris. Sie werden aus meinen Memoiren die seltsamen Wirkungen der Verstimmung Habenecks und Girards ersehen. Das Gleiche ist der Fall in London, wo Costa überall, wo er seine Hand im Spiel hat, einen versteckten Krieg gegen mich führt.

Sie werden zugeben, ich habe gegen eine ganz schöne Phalanx zu kämpfen gehabt. Nicht zu vergessen die Sänger und die Virtuosen, die ich auf ziemlich unsanfte Weise zur Ordnung zu rufen pflege, wenn sie sich bei der Interpretation von Meisterwerken respektwidrige Eigenmächtigkeiten erlauben; und die Neidischen, die jedesmal in Wut geraten, wenn etwas Neues und Aufsehenerregendes geschieht.

Aber dieses Leben auf dem Kriegspfad hat auch seine Reize, wenn, wie es heut der Fall ist, die Opposition in vernünftigen Grenzen bleibt. Von Zeit zu Zeit durchbreche ich lieber einen Zaun, als vorsichtig drüber zu steigen. Das liegt in der Natur meiner Leidenschaft für die Musik – eine Leidenschaft, die immer nur in Weißglut und immer nur für Augenblicke zu befriedigen ist. Meine Liebe zum Geld hat sich bei keiner Gelegenheit in diese Leidenschaft eingemischt; ich war im Gegenteil stets bereit, jede Art von Opfer zu bringen, wenn ich nur auf der Suche nach dem Schönen bleiben und mich fernhalten konnte von den erbärmlichen Trivialitäten, die die Krone der Popularität erhalten. Man könnte mir hunderttausend Francs anbieten für die Komposition gewisser Werke, deren Erfolg sicher ist – ich würde das mit Entrüstung zurückweisen. So bin ich. Sie werden leicht einsehen, zu welchen Folgen eine derartige Konstitution führen mußte in einem Milieu, wie es vor zwanzig Jahren die musikalische Welt von Paris war.

Wie leicht könnte ich aber auch das Gegenbild zeichnen, wenn ich mich dazu verstehen wollte, gründlich unbescheiden zu erscheinen. Die Sympathien, die ich in Frankreich, in England, in Deutschland und in Rußland fand, haben mich über viele Enttäuschungen getröstet. Ich könnte sogar Momente höchsten Glücks anführen, wenn ich an Paganinis königliches Geschenk denke und auf seinen Brief dazu, so voll herzlicher künstlerischer Sympathie.

Ich will mich darauf beschränken, Ihnen ein treffendes Wort von Lipinski, dem Konzertmeister des Dresdner Theaters, mitzuteilen. Ich befand mich vor drei Jahren in der Hauptstadt von Sachsen. Nach einem glänzenden Konzert, in dem meine Legende »Damnation de Faust« aufgeführt worden war, stellte mir Lipinski einen Musiker vor, der, wie er sagte, mir seine Bewunderung ausdrücken wolle, aber kein Wort Französisch könne. Nun, da ich kein Wort Deutsch verstehe, wollte

Lipinsky sich eben als Dolmetscher anbieten, als der Künstler, ihn unterbrechend, lebhaft auf mich zutritt, meine Hand ergreift, einige Worte stammelt und in ein Schluchzen ausbricht, das er nicht mehr meistern konnte, worauf Lipinsky sich zu mir wendet, auf die Tränen seines Freundes zeigend, einfach sagt: »Das verstehen Sie!« ...

Und noch ein andres Wort, das an die Antike erinnert. In Braunschweig sollten kürzlich mehrere Sätze aus »Romeo und Julia« aufgeführt werden. Am Morgen des Konzerts erzählte mir ein Unbekannter, der an der Table d'hôte neben mir saß, daß er eine lange Reise gemacht habe, um dieses Werk in Braunschweig zu hören.

»Sie sollten eine Oper schreiben über dieses Thema«, sagte er zu mir, »nach der Art zu schließen, wie sie es als Symphonie bearbeitet haben und wie Sie Shakespeare verstehen, würden Sie etwas Unerhörtes, etwas Wunderbares daraus machen können.«

»Ach Gott«, antwortete ich, »wo sind die zwei Künstler, die fähig wären, diese zwei Hauptrollen zu singen und zu spielen? Die gibt es nicht; und gäbe es sie, dann würde ich ganz gewiß bei der Einstudierung einer solchen Oper, dank den musikalischen Sitten und Gebräuchen, die heute an allen Opernbühnen herrschen, noch vor der ersten Aufführung sterben.«

Am Abend geht mein Musikfreund ins Konzert und wiederholt einem Nachbarn, mit dem er sich in der Pause unterhält, was ich ihm am Morgen auf den Vorschlag einer Oper »Romeo und Julia« geantwortet hatte. Der Nachbar bewahrt einen Augenblick Schweigen, dann ruft er, mit der Faust heftig auf die Brüstung seiner Loge schlagend: »Gut, dann soll er sterben! Aber er soll sie schreiben!«

Sie, geehrter Herr, bitte ich, die Versicherung meiner lebhaften Dankbarkeit entgegenzunehmen für das Wohlwollen, das Sie mir bezeugen, und für Ihren Wunsch, mich zu rächen (wie Sie sich ausdrücken) an der Ungerechtigkeit so vieler Menschen und Umstände. Ich glaube, was die Rache betrifft, so müssen wir das der Zeit überlassen. Sie ist die große Rächerin; und die Menschen und Umstände, über die ich mich zu beklagen hatte und immer noch habe, sind Ihres Zornes nicht wert.

Ich bemerke, daß ich noch nichts über die Technik meiner Kompositionsweise gesagt habe, und vielleicht wünschen Sie hierüber etwas Genaueres zu hören.

Im allgemeinen ist mein Stil sehr kühn, aber er hat nicht die mindeste Tendenz, irgendetwas von den wesentlichen Elementen der Musik zu zerstören. Im Gegenteil, ich suche die Elemente zu vermehren. Ich habe nie daran gedacht, wie man es verrückterweise in Frankreich behauptet hat, Musik ohne Melodie zu machen. Eine solche Schule existiert gegenwärtig in Deutschland, und sie ist mir ein Greuel. Man kann sich leicht davon überzeugen, daß ich mich nicht einmal damit begnüge, wie es die größten Meister oft getan haben, eine sehr kurze Melodie zum Thema eines langen Stückes zu wählen, sondern daß ich mich immer bemühe, in meinen Kompositionen einen wahren melodischen Luxus zu entfalten. Man kann sich sehr wohl über den Wert, die Erhabenheit, die Neuheit, den Reiz dieser Melodien streiten; es kommt mir nicht zu, darüber zu urteilen; aber ihr Vorhandensein zu leugnen, das ist, und dabei bleibe ich, böse Absicht oder Dummheit. Nur sind meine Melodien häufig überdimensional, und einfältige Köpfe, mit kurzsichtigen Ohren, können daher ihre Formen nicht mehr klar erkennen; oder sie sind verwoben mit anderen Begleitmelodien, die für dieselben Einfaltspinsel ihre Umrisse verschleiern; oder sie sind so verschieden von den netten kleinen Spielereien, die der musikalische Pöbel Melodien nennt, daß er sich nicht dazu entschließen kann, beide Dinge beim gleichen Namen zu nennen.

Die dominierenden Eigenschaften meiner Musik sind: Leidenschaftlichkeit im Ausdruck, verhaltene innerliche Glut, rhythmische Energie und unerwartete Wendungen (l'imprévu). Wenn ich sage: Leidenschaftlichkeit im Ausdruck, so bedeutet das: ein Ausdruck, der mit leidenschaftlicher Hartnäckigkeit darauf besteht, den innersten Gehalt seines Themas wiederzugeben, auch dann, wenn dieses Thema das Gegenteil einer Leidenschaft ist, wie sanfte, zarte Gefühle oder der Zustand tiefster Ruhe. Dies letztere hat man in »Enfance du Christ« und vor allem in der Himmelsszene aus »Damnation de Faust« und im Sanctus aus meinem »Requiem« zu finden geglaubt.

A propos »Requiem«: es wird gut sein, Ihnen einige Andeutungen zu machen über ein Gebiet, in das ich fast als einziger der modernen Komponisten vorgedrungen bin und dessen Bedeutung die Alten nicht einmal geahnt haben. Ich meine jene kolossalen Werke, die einzelne Kritiker mit architektonischer oder monumentaler Musik bezeichnen und die Heinrich Heine veranlaßt haben, mich eine »kolossale Nachtigall« zu nennen, einen »Sprosser von Adlersgröße, wie es deren in der Urwelt gegeben haben soll«. »Ja«, fährt der Dichter fort, »die Berliozische Musik überhaupt hat für mich etwas Urweltliches, wo nicht gar Antediluvianisches, und sie mahnt mich an untergegangene Tiergattungen, an fabelhafte Königstümer und Sünden, an aufgetürmte Unmöglichkeiten: an Babylon, an die hängenden Gärten der Semiramis, an Ninive, an die Wunderwerke von Mizraim, wie wir dergleichen erblicken auf den Gemälden des Engländers Martin.«*

* Heine, »Französische Zustände«, II (Lutetia). Musikalische Saison von 1844, S. 1.

In demselben Absatz seines Buches (Lutetia) behauptet Heine, indem er den Vergleich mit dem »tollen Briten« fortsetzt, daß ich »wenig Melodie« habe und »gar kein Gemüt«. Drei Wochen nach dem Erscheinen von »Lutetia« fand die erste Aufführung von »Enfance du Christ« statt; und am folgenden Morgen erhielt ich einen Brief von Heine, worin er sich nicht genug tun konnte in Ausdrücken des Bedauerns darüber, daß er mich so falsch beurteilt habe. »Von allen Seiten«, schrieb er von seinem Schmerzenslager, »wird mir erzählt, daß Sie einen Strauß der lieblichsten melodischen Blüten gepflückt haben und daß Ihr Oratorium im ganzen ein Meisterwerk an gemütvoller Naivität ist. Ich werde mir es nie verzeihen, so ungerecht gegen einen Freund gewesen zu sein.« Ich machte ihm daraufhin einen Besuch, und als er wieder anfing mit seinen Selbstvorwürfen, sagte ich ihm: »Aber warum haben Sie sich auch dazu verführen lassen, wie ein gewöhnlicher Kritiker ein absolutes Urteil über einen Künstler auszusprechen, dessen Werke Ihnen so unvollständig bekannt sind? Sie denken an den ›Sabbat‹, an den ›Gang zum Richtplatz‹ aus meiner ›Symphonie Fantastique‹, an das Dies irae und das Lacrymosa aus meinem ›Requiem‹. Ich glaube aber doch auch Sachen von ganz anderem Charakter gemacht zu haben und machen zu können.« . . .

Die musikalischen Probleme, deren Lösung ich versucht habe und die den Irrtum von Heine veranlaßten, sind ungewöhnlich durch die Anwendung von ungewöhnlichen Mitteln. In meinem »Requiem« gibt es zum Beispiel vier Orchester von Blechinstrumenten, die getrennt voneinander aufgestellt sind und sich aus der Entfernung gegenseitig antworten, über das Hauptorchester und die Masse der Chorstimmen hinweg. Im »Te-Deum« ist es die Orgel, die vom einen Ende der Kirche die Wechselrede führt mit dem Orchester und zwei Chören am anderen Ende und mit einem dritten, sehr stark besetzten Chor, der als Vertreter des Volkes sich von Zeit zu Zeit an dem gewaltigen religiösen Konzert beteiligt. Aber hauptsächlich ist es die Form der einzelnen Sätze, die Breite der Darstellung, die außergewöhnliche Langsamkeit gewisser Entwicklungen, ohne daß man ihr Endziel erraten kann, was diesen Werken ihr seltsam gigantisches Aussehen, ihren kolossalen Charakter verleiht. Auf diese ungeheuerliche Form ist auch zurückzuführen, daß der Zuhörer entweder absolut gar nichts davon versteht oder durch ungeheuren Gefühlswirbel niedergeschmettert wird. Wie oft ist es bei einer Aufführung meines »Requiems« vorgekommen, daß neben einem Zuhörer, dessen Zittern seine Erschütterung bis auf den Grund der Seele verriet, ein anderer saß, mit großen, weitgeöffneten Ohren, der auch nicht eine einzige Note verstand. Er glich einem neugierigen Reisenden, der in die riesige Statue des San Carlo Borromeo zu Como hinaufsteigt und sehr überrascht ist, wenn er hört, daß der ›Salon‹, in den er sich eben gesetzt hat, die Kopfhöhle des Heiligen ist.

Als monumentale Musik bezeichnen die Kritiker unter meinen Werken: Meine »Symphonie funèbre et triomphale« für zwei Orchester und Chor; das »Te-Deum«, dessen Finale (*Iudex crederis*) ohne Zweifel das imposanteste ist, was ich geschrieben habe; meine Kantate »Kaiserhymne« (l'Impériale) für zwei Chöre, die 1855 in den Industrie-Konzerten aufgeführt wurde, und vor allem mein »Requiem«. Was jene Kompositionen betrifft, die in normalen Dimensionen gehalten sind und bei denen ich auf jedes außergewöhnliche Mittel verzichtet habe, so war es gerade ihr inneres Feuer, ihr intensiver Ausdruck und ihre rhythmische Orginalität, was ihnen am meisten geschadet hat, und zwar weil sie eine besonders sorgfältige und liebevolle Wiedergabe verlangen. Dazu gehört, daß jeder der Mitwirkenden, und vor allem der Dirigent, ebenso fühlt wie ich. Sie erfordern die peinlichste Präzision, vereint mit unwiderstehlicher Verve, sie verlangen ein leidenschaftliches Ungestüm, in sichere Grenzen gebannt, eine träumerische Weichheit der Empfindung, eine, man möchte sagen, krankhaft melancholische Stimmung; sonst werden die Hauptzüge meiner Gestalten entstellt oder völlig unkenntlich gemacht. Es ist mir infolgedessen bei den meisten meiner Kompositionen außerordentlich schmerzhaft, wenn ich sie unter einer anderen Leitung als der meinen anhören muß. Ich hätte beinahe einen Schlaganfall bekommen, als ich in Prag meine Ouvertüre zu »König Lear« von einem Kapellmeister dirigieren hörte, dessen Talent immerhin unbestreitbar ist. Es war alles beinahe richtig ... aber das ›beinahe richtig‹ bedeutet hier: vollständig verkehrt. Aus dem Kapitel über »Benvenuto Cellini« werden Sie ersehen, wie sehr ich bei dem langsamen Hinmorden dieser Oper in den Proben unter den Fehlgriffen Habenecks, selbst wo sie unbeabsichtigt waren, gelitten habe.

Wenn Sie mich nun fragen, welches von meinen Stücken ich am liebsten habe, so antworte ich: meine Meinung ist die der Mehrzahl aller Musiker, am liebsten ist mir das Adagio (die Liebesszene) aus »Romeo und Julia«. Eines Tages, in Hannover – der Satz war eben zu Ende gespielt –, fühle ich mich plötzlich, ich weiß nicht von wem, nach rückwärts gezogen; ich drehe mich um: es waren die Musiker in der Nähe meines Pultes, die die Rockschöße meines Frackes küßten. Aber ich werde mich wohl hüten, dieses Adagio in gewissen Konzertsälen und vor einem gewissen Publikum hören zu lassen ...

Zu den französischen Vorurteilen gegenüber meiner Musik könnte ich Sie noch an die Geschichte des Hirtenchores aus »Enfance du Christ« erinnern, der unter dem Pseudonym eines fingierten Kapellmeisters aus dem achtzehnten Jahrhundert, Pierre Ducré, in zwei Konzerten aufgeführt wurde. Was gab es da für Lobeshymnen auf diese einfache Melodie. Wieviele Leute sagten damals: »Berlioz hätte so etwas nie fertig gebracht!«

In einem Salon wurde eines Abends eine Arie gesungen, unter deren Titel der Name Schubert stand. Unter den Zuhörern war ein Musikliebhaber, dem die Musik einen frommen Schauder eingeflößt hatte. »Gott sei Dank«, rief er aus, »da ist doch Melodie, da ist wahre Empfindung, Klarheit und Vernunft! Berlioz wäre so etwas niemals eingefallen!« Es war die Arie des Cellini aus dem zweiten Akt meiner Oper dieses Namens.

Ein anderer Musikliebhaber beklagte sich einmal in einer Gesellschaft, auf folgende ungebührliche Weise mystifiziert worden zu sein:

»Eines Morgens«, erzählte er, »gehe ich zu einer Probe der Cäcilien-Konzerte, die François Seghers dirigiert. Ich höre ein glänzendes, höchst schwungvolles Orchesterstück, das sich aber in Stil und Instrumentation wesentlich von den mir bekannten symphonischen Werken unterscheidet. Ich gehe auf Seghers zu:

»Wie heißt denn«, frage ich, »die hinreißende Ouvertüre, die Sie eben gespielt haben?«

»Das war die Ouvertüre ›Carnaval romain‹ von Berlioz.«

»Aber Sie werden mir doch zugeben ... «

»Ja gewiß«, sagte einer meiner Freunde, ihm ins Wort fallend, »wir müssen zugeben, daß es unschicklich ist, einen ehrlichen Bürger so zu betrügen.«

Unbestritten wird mir, in Frankreich wie überall, die *maestria* in der Kunst der Instrumentation zugestanden, besonders seitdem ich ein Lehrbuch darüber verfaßt habe. Aber man machte mir den Vorwurf, zuviel Gebrauch von den Instrumenten von Sax zu machen (zweifellos, weil ich das Talent dieses geschickten Instrumentenbauers oft gelobt habe). Nun, ich habe seine Instrumente bis jetzt nur einmal angewendet, und zwar in einer Szene in »Les Troyens«, einer Oper, von der noch kein Mensch nur eine Note kennt. Ein anderer Vorwurf, den man mir macht, ist die Vorliebe für unmäßigen Lärm und für die große Trommel, obwohl ich sie nur in einigen wenigen Stücken benutzt habe, wo ihr Gebrauch durchaus motiviert ist; und überdies bin ich der einzige unter allen Kritikern, der seit zwanzig Jahren mit gleicher Hartnäckigkeit protestiert gegen den empörenden Mißbrauch des Lärms und die sinnlose Anwendung der großen Trommel, der Posaunen usw. in kleinen Theatern, von kleinen Orchestern, an kleinen Opern und bei kleinen Chansons, für die man jetzt auch die Trommel benutzt.

In Wirklichkeit war es Rossini, der mit seiner »Belagerung von Korinth« die lautstarke Instrumentation zuerst in Frankreich eingeführt hat, und doch vermeiden es die französischen Kritiker konsequent, seinen Namen bei dieser Gelegenheit zu erwähnen oder den Vorwurf geschmackloser Übertreibung gegen Auber, gegen Halévy, gegen Adam und zwanzig andere zu richten, um ihn allein gegen mich, ja noch mehr, um ihn auch gegen Weber zu schleudern! (Siehe auch das ›Leben von Weber‹ in der »Biographie universelle« von Michaut.) Gegen Weber, der nur ein einziges Mal die große Trommel in seinem Orchester benutzt hat und von allen Instrumenten nur mit unvergleichlichem Feingefühl und unvergleichlichem Talent Gebrauch gemacht hat!

Was mich betrifft, so glaube ich, daß dieser komische Irrtum durch die Festkonzerte kommt, bei denen man mich oft als Dirigenten besonders großer Orchester auftreten sah. So sagte mir auch der Fürst Metternich eines Tages in Wien:

»Das sind doch Sie, Herr Berlioz, der Musikstücke für fünfhundert Musiker komponiert?«

Worauf ich antwortete:

»Nicht immer, Durchlaucht, mitunter auch nur für vierhundertfünfzig.«

Aber was liegt daran? ..., meine Partituren sind heute gedruckt; die Richtigkeit meiner Angaben kann leicht geprüft und bestätigt werden. Und wenn man sich nicht diese Mühe nehmen sollte – was liegt daran!...

Mit vorzüglicher Hochachtung

Hector Berlioz. Paris, 25. Mai 1858.

NACHTRAG

Ich bin zu Ende – Das Institut – Konzerte im Industriepalast – Jullien – Der Kammerton der Ewigkeit – »Les Troyens« – Ihre Aufführung in Paris – »Béatrice und Bénédict« – Aufführungen in Baden und Weimar – Ausflug nach Löwenberg – Die Konservatoriums-Konzerte – Festkonzert in Straßburg – Tod meiner zweiten Frau – Letzte Kirchhofgeschichten – Alles zum Teufel

Fast zehn Jahre sind jetzt vergangen, seit ich diese Memoiren abgeschlossen habe. Während dieser Zeit habe ich kaum weniger ernste und tiefgehende Erlebnisse gehabt als diejenigen, über die ich schon berichtet habe. Ich glaube daher, einige davon in wenigen Worten hier aufzeichnen zu sollen, um dann nie mehr unter irgendeinem Vorwand zu dieser großen Arbeit zurückzukehren.

Ich stehe am Ende meiner Bahn, Othello's occupation's gone.* Ich komponiere nichts mehr, ich dirigiere keine Konzerte mehr, ich schreibe weder Verse noch Prosa mehr. Ich habe meine Stellung als Kritiker aufgegeben. Alle musikalischen Arbeiten, die ich begonnen hatte, sind beendet. Ich will keine neue Beschäftigung mehr, und ich habe keine andere Beschäftigung als Lesen, Nachdenken, Kämpfen gegen tödliche Langeweile und gegen die Schmerzen einer unheilbaren Neuralgie, die mich Tag und Nacht peinigt.

Zu meiner großen Überraschung bin ich zum Mitglied der Akademie der Schönen Künste in Paris ernannt worden, und obwohl die Bemerkungen, die ich über unsere akademischen Usancen zu machen pflege, wenn ich von Zeit zu Zeit das Wort ergreife, ziemlich nutzlos sind und ohne Folgen bleiben, sind doch die Beziehungen, die ich zu meinen Kollegen habe, durchaus freundschaftlich und in jeder Beziehung höchst angenehm.

Mancherlei wäre zu erzählen über die beiden Opern von Gluck, »Orpheus« und »Alceste«, mit deren Einstudierung – die erstere für das Théâtre Lyrique, die letztere für die Grand-Opéra – ich beauftragt war; aber darüber habe ich in meinem Buch »Musikalische Streifzüge« schon viel gesprochen, und was ich noch hinzufügen könnte ... will ich nicht sagen.

Prinz Napoleon hatte mir den Vorschlag machen lassen, ein großes Konzert im Industriepalast zu arrangieren für den Tag, an dem der

---

* Othellos Tagwerk ist getan. (III. Aufzug, III. Szene.)

Kaiser die feierliche Preisverteilung dort vornehmen sollte. Ich habe die schwere Aufgabe angenommen, aber jede pekuniäre Verantwortung abgelehnt. Ein kluger und kühner Unternehmer, Monsieur Ber, ist dafür eingetreten. Er hat sich mir gegenüber durchaus generös benommen, und diesmal haben mir die Konzerte (denn es fanden noch mehrere nach der offiziellen Feier statt) nahezu achttausend Francs eingetragen. Ich hatte auf einer erhöhten Galerie hinter dem Thronsessel zwölfhundert Musiker aufgestellt, von denen man sehr wenig hörte. Aber am Tage der Festaufführung spielte die musikalische Wirkung eine so minimale Rolle, daß ich mitten im ersten Stück (der »Kaiserhymne«, die ich für diese Feier komponiert hatte) unterbrochen und gezwungen wurde, das Orchester im interessantesten Moment anzuhalten, weil der Prinz seine Rede zu halten hatte und die Musik zu lange dauerte ... Am nächsten Tag war das zahlende Publikum zugelassen. Die Einnahme betrug fünfundsiebzigtausend Francs. Wir hatten das Orchester von der Galerie heruntergenommen und im unteren Teil des Saales gut verteilt; bei dieser Aufstellung war seine Wirkung vorzüglich. Diesmal wurde die Kantate nicht unterbrochen, und ich konnte mein musikalisches Feuerwerk ungehindert steigen lassen. Ich hatte von Brüssel einen mir bekannten Mechaniker herbestellt, der mir ein elektrisches Metronom mit fünf verschiedenen Leitungen eingerichtet hatte. Durch eine einfache Bewegung mit einem Finger der linken Hand konnte ich so, ohne den Dirigentenstab mit der Rechten loszulassen, an fünf verschiedenen und weit voneinander entfernten Stellen in dem großen, von den Musikern eingenommen Raum den Takt markieren. Fünf Unterdirigenten empfingen meine Bewegung durch den elektrischen Draht und teilten sie sofort den einzelnen Gruppen mit, deren Leitung ihnen anvertraut war. Die Gesamtwirkung war erstaunlich. Seitdem haben die meisten Opernbühnen den Gebrauch des elektrischen Metronoms adoptiert für Chöre, die hinter der Szene zu singen sind, und für den Fall, daß der Chordirigent weder den Taktstock sehen noch das Orchester hören kann. Nur die Grand-Opéra hatte es sich versagt; aber als ich dort die Proben zu »Alceste« dirigierte, erhielt ich die Erlaubnis, das kostbare Instrument einzuführen. – Bei diesen Konzerten im Industriepalast ergaben sich schöne Wirkungen besonders bei den Stücken, die in breit angelegter Harmonik und langsamem Tempo gehalten waren. Hauptsächlich waren es, soviel ich mich erinnere, der Chor aus »Armide«, ›In diesem sel'gen Hain‹, das ›Tibi omnes‹ aus meinem »Te–Deum« und die Apothese aus meiner »Symphonie funèbre et triomphale«.

Vier oder fünf Jahre nach diesem musikalischen Kongreß, wie man sagen könnte, kam Jullien, von dem ich schon gelegentlich der von ihm geleiteten englischen Aufführungen im Drury-Lane-Theater gesprochen habe, nach Paris, um in der Arena der Champs-Elysées eine Reihe von großen Konzerten zu geben. Infolge seines Bankrottes war er unfähig, gewisse Kontrakte rechtsgültig zu unterzeichnen; glücklicherweise gelang es mir, einen Vergleich für ihn zustandezubringen und ihm damit seine Geschäftsfähigkeit wieder zu verschaffen. Als der arme Mensch sah, wie leicht ich auf meine Forderungen an ihn verzichtete, überkam ihn plötzlich ein Anfall von Rührung, und er umarmte mich, vor versammeltem Handelsgericht, unter einem Strom von Tränen. Aber von diesem Moment an wurde sein geistiger Zustand, dessen Ernst weder in London noch in Paris irgendjemand anerkennen wollte, immer schlimmer und schlimmer. Und doch behauptete er schon seit vielen Jahren, daß er eine außerordentliche Entdeckung in der Akustik gemacht habe, und erzählte sie einem jeden, der ihm in den Weg kam. Wenn er einen Finger in jedes Ohr steckte, so hörte er natürlich das dumpfe Geräusch, das von dem in den Karotiden pulsierenden Blut hervorgebracht wird, und war nun fest überzeugt, ein kolossales A darin zu erkennen, das ›von dem Erdball in seinem rollenden Lauf durch den Weltraum angegeben werde‹. Dann pflegte er mit den Lippen irgendeinen scharfen, hohen Ton zu pfeifen, ein D oder ein Es oder ein F, und voll Begeisterung auszurufen: »Das ist das A, das wahre A, das A der Sphären! Das ist der Kammerton der Ewigkeit!«

Eines Tages kam er zu mir gelaufen: sein Aussehen war seltsam. Er habe Gott gesehen, behauptete er, in einer blauen Wolke, und Gott habe ihm befohlen, mein Glück zu machen. Infolgedessen wollte er mir zunächst die vor kurzem vollendete Partitur meiner »Trojaner« abkaufen: er bot mir fünfunddreißigtausend Francs dafür an. Dann wollte er, trotz meiner Verzichtleistung, seine Schuld von Drury-Lane begleichen. »Ich habe Geld, ich habe Geld«, fügte er hinzu und zog ein paar Handvoll Gold und Banknoten aus seiner Tasche, »hier, hier, nehmen Sie, machen Sie sich bezahlt!« Nur mit vieler Mühe konnte ich ihn bewegen, sein Gold und seine Banknoten wieder einzustecken, indem ich ihm sagte: »Ein andermal, lieber Jullien, wir wollen uns ein andermal mit dieser Sache beschäftigen und mit der Mission, die Gott Ihnen anvertraut hat. Dazu muß man ruhiger sein, als Sie es heute sind.« Tatsächlich hatte er bereits beträchtliche Summen für seine Konzerte in den Champs-Elysées erhalten, von einem Unternehmer, dem er großes Vertrauen eingeflößt hatte. In der folgenden Woche, nachdem er noch einen öffentlichen Skandal erregt hatte, dadurch, daß er auf dem Boulevard des Italiens aus seinem Wagen heraus Pikkolo spielte und die Vorübergehenden einlud, zu seinen Konzerten zu kommen, starb Jullien an einem Gehirnschlag. Wieviel Musiker gibt es wohl zu dieser Stunde in Europa, die man ebenso ernst nimmt und die ebenso irre sind wie er!

Ich war damals vollständig fertig geworden mit dem dramatischen Werk, von dem ich eben gesprochen habe und das ich auch in einer Anmerkung zu einem der vorhergehenden Kapitel erwähnt habe. Vier Jahre vorher, als ich mich in Weimar bei der Fürstin Wittgenstein befand (der treuen Freundin von Liszt, einer Frau von Herz und Geist, die mich oft genug in meinen traurigsten Stunden aufrechterhalten hat), kam ich zufällig auf meine Bewunderung für Virgil zu sprechen und auf meine Idee von einer großen Oper in Shakespeareschem Stil, deren Gegenstand das zweite und vierte Buch der »Aeneis« sein sollte. Ich fügte hinzu, daß ich zu gut wüßte, wieviel Schmerzen und Ärger mir ein solches Unternehmen zwangsläufig bereiten würde, als daß ich jemals dazu kommen könnte, den Versuch zu wagen. »Gewiß«, antwortete die Fürstin, »muß aus Ihrer Leidenschaft für Shakespeare, vereint mit einer solchen Liebe zur Antike, etwas Großartiges und Neues entspringen. Also nur Mut, Sie müssen sie schreiben, diese Oper, dieses lyrische Drama oder wie Sie es nennen wollen. Das Werk muß begonnen und vollendet werden.« Als ich fortfuhr, mich dagegen zu sträuben, sagte die Fürstin schließlich: »Hören Sie, wenn Sie zurückweichen vor den Schmerzen und Mühen, die Ihnen dieses Werk bereiten kann und muß, wenn Sie so schwach sind, sich davor zu fürchten und nicht allem Trotz zu bieten um Didos und Kassandras willen, dann brauchen Sie sich niemals wieder bei mir blicken zu lassen, ich will Sie nicht mehr sehen.« Das war mehr als genug, um mich zu einer Entscheidung zu zwingen. Nach Paris zurückgekehrt, begann ich, die Verse zu der dramatischen Dichtung »Les Troyans« niederzuschreiben. Dann machte ich mich an die Partitur, und nach dreieinhalbjährigem Korrigieren, Verändern, Hinzufügen usw. war alles vollendet. Während ich an dem Werk noch immer von neuem herumfeilte, und nachdem ich den Text an verschiedenen Stellen vorgelesen, Bemerkungen von dieser und jener Seite angehört und nach besten Kräften Nutzen daraus gezogen hatte, kam mir der Gedanke, den folgenden Brief an den Kaiser zu schreiben:

Sire,

Ich habe soeben eine große Oper vollendet, zu der ich Text und Musik geschrieben habe. Trotz der Kühnheit und Mannigfaltigkeit der dabei angewandten Mittel sind doch die Hilfsquellen, über die man in Paris verfügt, hinreichend, um eine Aufführung zu ermöglichen.* Ge-

* Das Werk war damals noch nicht in zwei Opern eingeteilt, es bildete eine einzige von fünfstündiger Dauer.

statten Sie mir, Sire, Ihnen die Dichtung vorzulesen und alsdann für das ganze Werk um Ihre hohe Protektion zu bitten, wenn es das Glück hat, sie zu verdienen. Der gegenwärtige Dirigent der Grand-Opéra ist ein alter Freund von mir*, der sich über meinen musikalischen Stil, den er niemals richtig kennen gelernt hat und über den er kein maßgebendes Urteil haben kann, zu den sonderbarsten Meinungen bekennt; die beiden anderen ihm unterstellten musikalischen Leiter sind Feinde von mir. Schützen Sie mich, Sire, vor meinem Freunde, vor meinen Feinden werde ich mich, wie das italienische Sprichwort sagt, selbst zu schützen wissen. Wenn Eure Majestät meine Dichtung, nachdem Sie sie angehört haben, einer Aufführung nicht für würdig halten, werde ich Ihre Entscheidung mit aufrichtigem und absolutem Respekt entgegennehmen; aber ich kann mein Werk nicht der Abschätzung durch Leute unterwerfen, deren Urteil durch Voreingenommenheit und vorgefaßte Meinung verdunkelt und deren Ansicht für mich infolgedessen ohne Bedeutung ist. Sie würden die Unzulänglichkeit der Dichtung zum Vorwand nehmen, um die Musik zurückzuweisen. Einen Augenblick hatte ich daran gedacht, mir die Gunst zu erbitten, Eurer Majestät während der Muße Ihres letzten Aufenthaltes zu Plombières mein Textbuch zu den »Trojanern« vorlesen zu dürfen. Aber damals war die Partitur noch nicht vollendet, und ich fürchtete für den Fall, daß das Resultat der Vorlesung nicht günstig gewesen wäre, eine Entmutigung, die mich daran gehindert hätte, sie zu beenden; und ich wollte sie niederschreiben, diese große Partitur, sie zu Ende führen mit stetig glühender Wärme und mit der unermüdlichsten Sorgfalt und Liebe. Jetzt mögen Entmutigung, Kummer und Ärger herankommen – nichts kann mehr verhindern, daß sie da ist. Es ist etwas Großes und Starkes und, trotz scheinbarer Kompliziertheit der Mittel, sehr Einfaches. Es ist unglücklicherweise nichts Alltägliches, aber das ist ein Fehler, den Eure Majestät zu verzeihen pflegt, und auch das Publikum von Paris fängt an zu begreifen, daß die Produktion von tönendem Spielzeug nicht das höchste Ziel der Kunst ist. Gestatten Sie mir also, Sire, mit einer der Personen aus dem antiken Epos, dem ich meinen Stoff entnommen habe, zu sagen: »Rasch, gebt Waffen dem Mann!«, und ich glaube, daß ich Latium erobern werde.

In tiefster Ehrfurcht und vollkommener Ergebenheit bin ich Eurer Majestät demütiger und gehorsamster Diener

Hector Berlioz

Paris, 28. März 1858 — Mitglied der Akademie.

---

* Alphonse Royer.

Nun, ich habe Latium nicht erobert. Allerdings haben sich auch die Herren der Opéra wohl davor gehütet, *properare arma viro*; und der Kaiser hat nie meinen Brief gelesen; Morny hat mir davon abgeraten, ihn ihm zu senden. »Der Kaiser«, sagte er mir, »würde ihn nicht sehr schicklich finden«; und als endlich die »Trojaner« aufgeführt wurden (wenn auch fragmentarisch), hat S. M. nicht einmal geruht, sie sich anzuhören.

Eines Abends in den Tuilierien fand ich die Gelegenheit, mich einen Augenblick mit dem Kaiser zu unterhalten; er gestattete mir, ihm die Dichtung der »Trojaner« zu überbringen, und versicherte mir, daß er sie lesen werde, sobald er eine freie Stunde finde. Aber hat man freie Stunden, wenn man Kaiser der Franzosen ist? Ich überreichte mein Manuskript Seiner Majestät; es wurde nicht gelesen und an die Theaterverwaltung weitergeschickt. Dort verleumdete man meine Arbeit als absurd und unsinnig. Man verbreitete das Gerücht, daß das Ganze acht Stunden dauern würde, daß ein Personal doppelt so groß wie das der Opéra nötig sei, daß ich dreihundert Choristen zur Verstärkung verlange usw. Ein Jahr später schien man sich einigermaßen mit meinem Werk beschäftigen zu wollen. Alphonse Royer nahm mich eines Tages beiseite und sagte zu mir: »Der Staatsminister hat mir befohlen, Ihnen anzukündigen, daß mit der Einstudierung Ihrer »Trojaner«-Partitur begonnen werden solle und daß er gewillt sei, Ihnen volle Genugtuung zu geben.«

Dieses Versprechen, welches Seine Exzellenz aus freien Stücken gemacht hatte, wurde nicht besser gehalten als so viele andere, und von jenem Augenblick an ist keine Rede mehr usw.

Und so kam es, daß ich nach langem vergeblichem Abwarten, der vielen Zurücksetzungen, die man mir angedeihen ließ, überdrüssig schließlich Carvalho's Verlangen nachgab und mich bereit erklärte, ihm die »Trojaner in Karthago«* zu einem Versuch der Aufführung am Théâtre Lyrique zu überlassen, obgleich er offenbar nicht die Möglichkeit hatte, eine gute Vorstellung zustandezubringen. Er hatte gerade von der Regierung eine jährliche Unterstützung von hunderttausend Francs erhalten. Trotzdem ging das Unternehmen über seine Kräfte: sein Theater ist nicht groß genug, seine Sänger sind nicht gut genug, und ebensowenig sind Chor und Orchester ausreichend. Er brachte beträchtliche Opfer; ich tat das Gleiche. Ich bezahlte mit meinen Groschen einige Musiker, um sein Orchester zu vervollständigen; ich kastrierte

* Zweiter Teil der »Trojaner«, zu dem ich noch ein Orchestervorspiel (Das Lamento) und einen Prolog schrieb.

selber meine Instrumentation an verschiedenen Stellen, um sie den Mitteln, über die er verfügte, anzupassen. Anne Charton-Demeur, die einzige Frau, die die Rolle der Dido singen konnte, beging mir zuliebe einen Akt großmütigster Freundschaft, indem sie von Carvalho weit weniger Gage forderte, als ihr von dem Direktor des Madrider Theaters angeboten war. Trotz alledem war die Aufführung, wie es nicht anders sein konnte, wenig befriedigend. Madame Charton hatte wunderbare Momente, Monjauze, der den Aeneas spielte, konnte an gewissen Tagen das Publikum mitreißen; aber die Inszenierung, die Carvalho mit aller Gewalt selbst hatte übernehmen wollen, war anders, als ich sie konzipiert hatte, ja sie war sogar absurd an einigen Stellen und lächerlich an anderen. Der Inspizient brachte bei der ersten Aufführung die ganze Vorstellung in Gefahr und das Stück beinahe zu Fall durch seine Ungeschicklichkeit in der Jagdszene während des Sturmes. Dieses Bild, das in der Grand Opéra von hinreißend wilder Schönheit wäre, erschien hier dürftig, und um danach die Dekoration zu wechseln, war eine Pause von fünfundfünfzig Minuten erforderlich. Die Folge war, daß am nächsten Tag die gesamte Szene gestrichen wurde.

Wie ich schon sagte, muß ich, um ein so gewaltiges Werk angemessen aufzuführen, ebenso absoluter Herrscher über das Theater sein, wie ich es über das Orchester bin, wenn ich eine Symphonie einstudiere. Ich muß sicher sein, daß mich der gute Wille aller Beteiligten unterstützt und daß jeder einzelne mir vorbehaltlos gehorcht; sonst erschöpft sich meine Energie im Kampf gegen jene, die anderen Willens sind, im Kampf gegen kindische Ansichten und noch kindischere Ängste, die man mir einjagt. Das endet schließlich damit, daß ich von dem Projekt zurücktrete, in völlige Resignation verfalle und alles zum Teufel gehen lasse. Ich kann gar nicht sagen, welche Qualen ich durch Carvalho auszustehen hatte, der mir ständig beteuerte, daß er einzig meine Absichten verwirklichen und alle meine Wünsche erfüllen wolle – nur um die Striche bei mir durchzusetzen, die er für nötig hielt. Wenn er nicht den Mut hatte, mich selbst darum anzugehen, ließ er mich durch einen unserer gemeinsamen Freunde darum ersuchen. Der eine schrieb mir, daß die und die Stelle gefährlich sei, ein zweiter bat mich dringend, ebenfalls schriftlich, irgendeine andere zu entfernen. Und Einwände, daß ich fast verrückt geworden wäre.

»Wenn Ihr Rhapsode eine viersaitige Leier in der Hand hält, so sind damit, ich weiß wohl, die vier Noten gerechtfertigt, die die Harfe im Orchester hören läßt. Sie wollten etwas Archäologie treiben.«

»Nun und?«

»Ja, das ist gefährlich, darüber wird gelacht werden.«

»Tatsächlich, das ist äußerst komisch. Ha! Ha! Ha! Ein Tetrachord, eine antike Lyra, die nur vier Töne spielt! Ha! Ha! Ha!«

»Sie gebrauchen ein Wort in Ihren Prolog, das mir Angst macht.«

»Welches?«

»Das Wort: triomphaux (Triumphierende).«

»Und warum haben Sie Angst davor? Ist das nicht der Plural von triomphal, wie chevaux (Pferde) von cheval, originaux von original, madrigaux von madrigal, municipaux von municipal?«

»Ja, aber es ist ein Wort, das ungewohnt klingt.«

»Bei Gott, wenn man bei einem epischen Stoff nur die Worte anwenden dürfte, die in Spelunken und an Variété-Theatern in Gebrauch sind, wäre die Zahl der verbotenen Ausdrücke sehr groß und die Sprache des Werkes zu seltsamer Armut verurteilt.«

»Sie werden sehen, es wird darüber gelacht werden.«

»Ha! ha! ha! triomphaux! wirklich sehr komisch! triomphaux! Beinahe so spaßig wie ›Tarte à la crême‹* bei Molière. Ha! ha! ha!«

»Äneas darf nicht im Helm auf die Bühne kommen.«

»Warum?«

»Weil Mangin, der bekannte Bleistift-Hausierer, ebenfalls einen Helm trägt; allerdings einen mittelalterlichen Helm, aber immerhin einen Helm, und die Spaßvögel auf der Galerie würden anfangen zu lachen und zu schreien: Hallo! Das ist ja der Mangin!«

»Ja gewiß, ein trojanischer Held darf keinen Helm tragen, er würde ausgelacht werden. Ha! ha! ha! Ein Helm! ha! ha! Mangin!«

»Hören Sie, wollen Sie mir einen Gefallen tun?«

»Was denn nun schon wieder?«

»Lassen wir den Merkur weg, er würde ausgelacht werden mit seinen Flügeln an den Fersen und am Kopf. Noch nie hat man anderswo Flügel gesehen als an den Schultern.«

»Ach so! Man hat Wesen in menschlicher Gestalt mit Flügeln an den Schultern gesehen? Das wußte ich nicht. Jetzt sehe ich ein, daß die Flügel an den Fersen ausgelacht würden; ha! ha! ha! und die am Kopf noch viel mehr; ha! ha! ha! Also, da man dem Merkur nicht oft in den Straßen von Paris begegnet, lassen wir den Merkur weg.«

Begreift man nun, was ich um solcher idiotischer Befürchtungen willen ausgestanden haben muß? Ich schweige von den musikalischen Einfällen Carvalhos, wenn er im Interesse einer Bühnenwirkung, die er sich ausgedacht hatte, mich verleiten wollte, einzelne Teile in schnellerem oder langsamerem Tempo zu nehmen, hier sechzehn Takte, acht Takte,

* L'Ecole des femmes, 1. Akt, 1. Szene.

vier Takte hinzuzufügen, dort zwei oder drei oder einen Takt zu streichen. In seinen Augen ist nicht die Inszenierung einer Oper für die Musik da, sondern umgekehrt die Musik für die Inszenierung. Wie wenn ich nicht die Anforderungen des Theaters, das ich seit vierzig Jahren an der Opéra studiere, bei meiner Partitur gründlich in Rechnung gezogen hätte. Nur die Darsteller wenigstens haben es unterlassen, mich zu quälen, und ich bin ihnen die Erklärung schuldig, daß sie alle ihre Rollen so gesungen haben, wie ich sie notiert habe, ohne auch nur eine Note zu ändern. Das ist vielleicht unglaublich, aber wahr, und ich danke ihnen dafür. Die erste Aufführung der »Trojaner in Karthago« fand statt am 4. November 1863, wie Carvalho angekündigt hatte. Das Werk hätte noch drei oder vier gründliche Gesamtproben nötig gehabt, nichts ging sicher und flott genug, besonders auf der Bühne. Aber der Direktor wußte nicht mehr, mit welcher Milchkuh er sein Repertoire säugen sollte, sein Theater blieb jeden Abend leer, und er wollte so rasch wie möglich aus dieser traurigen Situation herauskommen. In solchem Fall sind die Direktoren bekanntlich unbarmherzig. Meine Freunde dachten wie ich, daß der Abend stürmisch verlaufen würde, wir waren auf alle möglichen feindseligen Kundgebungen gefaßt; es kam nicht dazu. Meine Gegner hatten nicht den Mut, sich zu zeigen; ein schüchterner Pfiff ertönte zum Schluß, als man meinen Namen rief, und das war alles. Das Individuum, das gepfiffen hatte, stellte sich ohne Zweifel die Aufgabe, mich mehrere Wochen lang auf dieselbe Weise zu insultieren, denn es kam in Begleitung eines Kumpanen auch zu der dritten, fünften, siebenten und zehnten Vorstellung, um seinen Pfiff an derselben Stelle zu wiederholen. Andere hielten in den Gängen lange Reden von komischer Vehemenz, überhäuften mich mit Verwünschungen und behaupteten, eine solche Musik könne und dürfe nicht erlaubt werden. Fünf Zeitungen veröffentlichten die dümmsten Injurien, die sie finden konnten, um den Künstler in mir möglichst grausam zu verletzen. Aber dafür erschienen in den folgenden vierzehn Tagen mehr als fünfzig Artikel anerkennender Kritik, unter denen die von Gasperini, Fiorentino, d'Ortigue, Léon Kreutzer, Damcke, Joannes Weber und einer Anzahl anderer mit wahrem Enthusiasmus und mit seltenem Scharfblick geschrieben waren und mir eine Freude bereiteten, wie ich sie seit langem nicht empfunden hatte. Ich erhielt außerdem viele Briefe, einige beredt, andere naiv, aber alle mit Ergriffenheit geschrieben, die nicht verfehlten, eine tiefe Rührung in mir hervorzurufen. Bei mehreren Vorstellungen habe ich Leute weinen sehen. Oft wurde ich in den beiden folgenden Monaten nach der ersten Aufführung der »Trojaner« in den Straßen von Paris angehalten, von Unbekannten, die mich um die Erlaubnis baten, mir die Hand drücken zu dürfen und mir zu danken, daß ich dieses Werk geschaffen habe. War das nicht genug, um mich zu entschädigen für die Schmähungen meiner Feinde? Der Feinde, die ich mir weniger durch meine Kritiken zugezogen hatte als durch meine kompositorischen Tendenzen; deren Haß verwandt ist dem der öffentlichen Dirnen gegen die anständigen Frauen und durch den man sich nur geehrt fühlen muß. Die Muse dieser Leute heißt gewöhnlich Lais oder Phryne, sehr selten Aspasia*; die Muse, die von vornehmen Naturen und von Freunden der großen Kunst verehrt wird, heißt Julia, Desdemona, Cordelia, Ophelia, Imogen, Virgilia, Miranda, Dido, Kassandra, Alkeste – Namen, die Gedanken erwecken an ideale Liebe, an Reinheit und hingebungsvolle Treue, während die ersteren nur die Erinnerung an niedrige Sinnlichkeit und Käuflichkeit hervorrufen.

Ich gestehe, daß ich selbst beim Anhören der »Trojaner« von einzelnen, gut ausgeführten Stellen starke Eindrücke empfangen habe. Die Arie des Aeneas und vor allem der Monolog der Dido haben mich tief ergriffen. Madame Charton war an der Stelle:

»Aeneas! Wisse: Mit göttlicher Macht.«

wirklich großartig und voll dramatischer Kraft; und ebenso, wenn sie bei ihren unartikulierten Verzweiflungsschreien sich die Brust schlug und das Haar sich raufte, wie Virgil es geschildert.

Es ist sonderbar, daß keiner der kläffenden Kritiker mir einen Vorwurf daraus gemacht hat, daß ich einen solchen Vokaleffekt gewagt habe; und dennoch, glaube ich, ist er ihres Zornes würdig. Unter allem, was ich an schmerzvoll leidenschaftlicher Musik je schrieb, kenne ich nichts, das den Schmerzensakzenten der Dido in jener Szene und in der folgenden Arie vergleichbar wäre, ausgenommen die der Kassandra an einigen Stellen der »Einnahme von Troja«, jenem Teil, der noch nirgends aufgeführt worden ist ... O meine edle Kassandra, meine jungfräuliche Heldin, ich muß also verzichten, ich werde dich niemals hören! ... Und doch bin ich wie der junge Phöbus:

... *Insano Cassandrae incensus amore.* (Aeneis, II. Ges.)

Gestrichen wurden in den »Trojanern in Karthago« bei den Aufführungen am Théâtre Lyrique, teils während der Proben, teils nach der ersten Vorstellung, die folgenden Partien:

1. Der Einzug der Maurer

* Aspasia besaß zu viel Geist.

2. der der Matrosen
3. der der Landarbeiter
4. das Orchester-Zwischenspiel (königliche Jagd und Sturm)
5. der Auftritt und das Duett zwischen Anna und Narbal
6. das zweite Tanzlied
7. die Arie des Jopas
8. der Dialog der beiden Schildwachen
9. das Lied des Hylas und
10. das große Duett zwischen Aeneas und Dido:

»Ewiger Zeus! Er floh!«,

Was den Einzug der Bauleute, der Matrosen und der Ackerbauern betrifft, so fand Carvalho das Ganze zu kalt; übrigens war auch sein Theater nicht groß genug für die Entfaltung eines solchen Aufzuges. Das Jagdintermezzo war kläglich inszeniert. Ich bekam einen gemalten Strom an Stelle von mehreren wirklichen Wasserfällen; die tanzenden Satyrn wurden dargestellt durch eine Gruppe von zwölfjährigen kleinen Mädchen; diese Kinder hielten keineswegs lodernde Zweige in der Hand, die Feuerwehr erhob Einspruch dagegen, aus Furcht vor einem Brand; die Nymphen liefen nicht mit fliegenden Haaren, »Italia« rufend, durch den Wald, sondern die Choristinnen waren in den Kulissen aufgestellt, und ihr Ruf gelangte nicht in den Saal; die Donnermaschine blieb unhörbar, obwohl das Orchester dürftig war und energielos klang. Carvalho bestand trotz meines Widerstrebens und meiner Wutausbrüche mit unglaublicher Hartnäckigkeit auf Streichung der Szene zwischen Anna und Narbal, des Tanzliedes und Schildwachen-Szene, deren lockerer Charakter ihm mit dem epischen Stil unvereinbar schien. Die Arie des Jopas verschwand mit meiner Einwilligung, weil der Sänger sie ohnehin nicht schaffte. Dasselbe war der Fall bei dem Duett zwischen Aeneas und Dido; ich hatte erkannt, daß die Stimme von Madame Charton nicht ausreichend war für diese heftige Szene, die die Künstlerin so sehr ermüdete, daß sie nachher, im fünften Akt, nicht mehr die Kraft hatte, das gewaltige Rezitativ

»Die Angst trieb mich Dir nach.«

ihre letzte Arie und die Scheiterhaufenszene durchzuhalten. Das Lied des Hylas endlich, das bei den ersten Vorstellungen sehr gefallen hatte und dem jungen Cabel gut gelungen war, verschwand, während ich, von einer Bronchitis stark angegriffen, im Bett lag. Man brauchte Cabel für das Stück, das an den Tagen nach den Trojaner-Vorstellungen gegeben wurde, und da sein Kontrakt ihn nur verpflichtete, fünfzehnmal im Monat zu singen, hätte man ihm für jeden Abend zweihundert Francs extra zahlen müssen. Carvalho ließ infolgedessen aus Sparsamkeit, ohne mich zu benachrichtigen, das Lied weg. Ich war dermaßen abgestumpft durch diese lange Tortur, daß ich, statt mich mit allem, was mir noch an Kräften blieb, zu widersetzen, meine Einwilligung dazu gab, daß der Herausgeber des Klavierauszugs dem Gedankengang Carvalhos, der den Auszug möglichst übereinstimmend mit der Aufführung haben wollte, beistimmen und ebenfalls mehrere von den oben erwähnten Stücken in seiner Ausgabe weglassen dürfe. Glücklicherweise ist die Partitur noch nicht veröffentlicht; ich habe einen Monat darauf verwandt, sie wieder in Ordnung zu bringen und all ihre Wunden sorgfältig zu verbinden; sie wird erscheinen in ihrer ursprünglichen, unversehrten Fassung und genau so, wie ich sie geschrieben habe.

Ach! Zusehen zu müssen, wie ein derartiges Werk zum Verkauf kommt, mit all den Strichen und Änderungen, die der Verleger vorgenommen hat! Gibt es noch eine ähnliche Qual? Ein blutig zerstückeltes Werk, das im Schaufenster des Musikalienhändlers liegt wie ein totes Kalb auf der Fleischbank des Metzgers und von dem einzelne Fetzen verschachert werden, wie man Fleischabfälle verkauft als Leckerbissen für die Katzen von Portiersfrauen!!

Trotz Carvalhos ›Verbesserungen‹ brachten die »Trojaner« es nur auf 21 Vorstellungen. Da die Einnahmen nicht seinen Erwartungen entsprachen, kam Carvalho mit Madame Charton überein, ihren Kontrakt zu lösen, woraufhin sie nach Madrid abreiste, und zu meiner großen Erleichterung verschwand das Werk aus dem Repertoire. Immerhin, da die Tantiemen, die ich als Verfasser der Dichtung und der Musik während dieser 21 Vorstellungen bezog, noch recht beträchtlich waren und ich außerdem den Klavierauszug nach Paris und London verkauft hatte, konnte ich zu meiner unaussprechlichen Freude feststellen, daß mein Gesamtverdienst dabei ungefähr dem jährlichen Einkommen aus meiner Mitarbeiterschaft beim ›Journal des Débats; gleichkommen würde, und so konnte ich es mir leisten, meine Stellung dort aufzugeben. Endlich, endlich, nach dreißigjähriger Sklavenarbeit, bin ich ein freier Mensch! Ich brauche keine Feuilletons mehr zu schreiben, keine Platituden mehr zu verteidigen, keine mittelmäßigen Leute zu loben, keine Empörung in mir zurückzuhalten, keine Lügen, keine Komödien, keine feige Nachgiebigkeit mehr, ich bin frei! Ich brauche keinen Fuß mehr in ein Opernhaus zu setzen, nicht mehr davon zu reden, nicht mehr davon reden zu hören und nicht einmal mehr zu lachen über das, was man in diesen musikalischen Garküchen zusammenbraut! *Gloria in excelsis Deo et in terra pax hominibus bonae voluntatis!!*

Die »Trojaner« sind es gewesen, denen der unglückliche Feuilletonist wenigstens seine Befreiung zu verdanken hatte.

Nach der Fertigstellung dieses Werkes und vor seiner Aufführung schrieb ich auf Ersuchen von Edouard Benazet* die zweiaktige komische Oper »Béatrice et Bénédict«. Sie wurde am 9. August 1862 mit großem Erfolg unter meiner Leitung in dem neuen Theater von Baden-Baden gegeben. Einige Monate später wurde sie auf Verlangen der Großherzogin in der deutschen Übersetzung von Richard Pohl in Weimar aufgeführt, ebenfalls mit gutem Erfolg. Die großherzoglichen Herrschaften hatten mich eingeladen, die beiden ersten Vorstellungen zu dirigieren, und überhäuften mich wie immer mit allen möglichen huldvollen Aufmerksamkeiten.

Das Gleiche tat der Fürst von Hohenzollern-Hechingen, der während meines Weimarer Aufenthaltes seinen Kapellmeister zu mir schickte, um mich einzuladen, eins seiner Konzerte in Löwenberg, wo er gegenwärtig residierte, zu dirigieren. Er ließ mir mitteilen, daß sein Orchester alle meine symphonischen Werke auf dem Repertoire habe, und mich bitten, ihm ein Programm anzubieten, das ausschließlich aus meinen Instrumental-Kompositionen zusammengesetzt sein sollte.

Ich antwortete: »Durchlaucht, ich stehe zu Ihrer Verfügung, aber da Ihr Orchester alle meine Symphonien und Ouvertüren kennt, wollen Sie gütigst selbst das Programm bestimmen, ich werde alles dirigieren, was Sie wünschen.« Der Fürst wählte also die Ouvertüre zu »König Lear«, das Fest und die Liebesszene aus »Romeo und Julia«, die Ouvertüre »Römischer Karneval« und die ganze Symphonie »Harold in Italien«. Da der Fürst keine Harfe in seinem Orchester hatte, lud er gleichzeitig mit mir die Weimarer Harfenistin, Frau Pohl, ein, die sich mit ihrem Mann bereit erklärte, die Reise zu unternehmen. Der Fürst hatte sich stark verändert seit meinem letzten Abstecher nach Hechingen im Jahre 1842; die Gicht quälte ihn dermaßen, daß er nicht mehr das Bett verlassen und sogar dem Konzert, das ich veranstaltete, nicht beiwohnen konnte. Das verursachte ihm einen Kummer, den er nicht zu verbergen suchte. »Sie sind kein Orchesterdirigent«, sagte er, »Sie sind selbst das ganze Orchester; es ist ein wahres Unglück, daß ich von Ihrem Aufenthalt hier keinen Genuß haben kann.«

Er hat sich in seinem Schloß zu Löwenberg einen hübschen Konzertsaal mit ausgezeichneter Akustik bauen lassen und versammelt dort zehn- oder zwölfmal im Jahr etwas sechshundert Personen, die er unter dem glühendsten und kenntnisreichsten Musikliebhabern auswählt.

---

* Direktor des Spielkasinos in Baden-Baden.

Diese Konzerte sind unentgeltlich, man kommt dazu hergereist aus der ganzen Nachbarschaft der fürstlichen Residenz, ja selbst aus Bunzlau und Dresden und aus einer ganzen Anzahl ziemlich weit entlegener Schlösser. Das Orchester besteht nur aus 45 Musikern, aber es sind durchweg ausgezeichnete Instrumentalisten, routiniert, wachsam und intelligent, und ihr Chef, Max Seifrids, arbeitet mit ihnen auf vorbildliche Weise. Überdies brauchen sie keinen Unterricht zu geben, sind nicht so abgehetzt wie die Musiker bei uns, müssen auch keine Gelegenheitsdienste in Kirchen und Theatern annehmen; sie stehen ausschließlich dem Fürsten zu Verfügung. Dieser hatte mich auf dem Schloß einlogiert; am Morgen des ersten Probetages kommt ein Diener und meldet, das Orchester sei bereit und erwarte mich. Ich gehe durch einen Korridor, trete in den Konzertsaal ein, den ich vorher noch nicht kannte, und finde dort die fünfundvierzig Musiker schweigend versammelt, ihre Instrumente in der Hand; kein Präludieren, nicht das leiseste Geräusch, sie hatten bereits gestimmt!! Auf den Dirigentenpult die Partitur zu »König Lear«. Ich hebe den Arm und fange an; alles setzt mit einem Schlage, mit Verve und Präzision ein. Die heikelsten rhythmischen Irregularitäten des Allegro werden ohne Mühe überwunden, und ich sage mir beim Dirigieren dieser Ouvertüre, die ich seit zehn oder zwölf Jahren nicht mehr gehört hatte: »Aber das ist ja gewaltig! Wie, so etwas habe ich gemacht? . . . « Ebenso ging es mir mit allem übrigen, und ich sagte schließlich zu den Musikern: »Meine Herren, das ist ja ein Witz, wir proben nur zum eigenen Vergnügen, ich habe nicht die geringste Beanstandung zu machen.« Der Konzertmeister spielte das Bratschen-Solo im »Harold« unübertrefflich, mit einer Schönheit des Tones und einer rhythmischen Präzision, die mich entzückten; in den übrigen Werken nahm er seine Violine wieder in die Hand. Richard Pohl schlug die Becken. Ich kann ehrlich sagen, daß ich niemals die »Harold«-Symphonie so unwiderstehlich habe spielen hören. Aber erst das Adagio aus »Romeo und Julia« . . . Wie haben sie es gesungen! Wir waren in Verona, nicht in Löwenberg . . . Am Schluß dieses Satzes, den wir durch keinen noch so unbedeutenden Fehler beeinträchtigt hatten, erhob sich Max Seifrids, blieb einen Augenblick regungslos stehen, um seine Erregung zu meistern, und rief dann auf französisch: *»Non! il n'y a rien de plus beau!«* Und nun brach das ganze Orchester los mit Beifallsjubel, mit Tremolos auf den Violinen, den Bässen, mit Paukenwirbeln . . . Ich biß mir auf die Unterlippe . . . Boten gingen von Zeit zu Zeit mit Nachrichten über den Verlauf der Probe zum Fürsten, der schier verzweifelte in seinem Zimmer. Am Tag des Konzertes füllte ein glänzendes Publikum den Saal; es folgte den Stücken mit außerordentlichem

Verständnis, und man konnte spüren, daß meine Musik ihm seit langem vertraut war. Nach dem »Pilgermarsch« stieg ein Beauftragter des Fürsten auf das Podium und heftete mir vor versammeltem Publikum das Kreuz des Hohenzollern-Ordens an den Frack; daß man mich auf diese Weise auszeichnen wollte, hatte man so gut geheim gehalten, daß ich nicht die leiseste Ahnung davon gehabt hatte. Ich geriet daraufhin in so übermütige Laune, daß ich die ›Orgie‹ (den Schlußsatz aus »Harold«) nur noch für mich selbst spielte, in meinem speziellen ›Furioso‹-Stil, mit knirschenden Zähnen.

Am nächsten Tage gaben die Musiker mir zu Ehren ein großes Diner mit Ball. Ich mußte auf mehrere Toaste antworten. Richard Pohl diente mir als Dolmetscher und wiederholte meine Worte, Satz für Satz, in deutscher Sprache.

Ich hätte noch viel zu erzählen von diesem schönen Abstecher nach Löwenberg; ich beschränke mich darauf, an die besondere Liebenswürdigkeit des Empfanges zu erinnern, den mir die ganze Umgebung des Fürsten und vor allen die Familie eines seiner Offiziere, des Obersten Broderotti, bereitet hat. Ich muß hinzufügen, daß die Damen Broderotti und der Oberst selbst französisch sprechen, mit einer Vollendung und Feinheit, die unschätzbar ist für jemanden, der wie ich darunter leidet, schlechtes Französisch zu hören, und der kein Wort Deutsch versteht. Ich mußte am übernächsten Tag nach dem Künstlerball wieder abreisen, und bei der Abschiedsumarmung sagte mir der Fürst, der das Bett nicht hatte verlassen können: »Adieu, mein lieber Berlioz, Sie gehen nach Paris, Sie werden dort Leute finden, die Sie lieb haben, nun, sagen Sie ihnen, daß ich sie dafür liebe.« . . .

Ich komme zurück auf die Oper »Béatrice und Bénédict«.

Für das Libretto hatte ich mich auf Shakespeares Komödie »Viel Lärm um nichts« gestützt und nur die Kapellmeister-Episode und die Texte zu den Gesangsstücken hinzugefügt. In Baden-Baden erzielten das Frauen-Duett, das Terzett zwischen Hero, Béatrice und Ursula sowie die große Arie der Béatrice (von Madame Charton mit Verve, Ausdruck und in seltener Stilschönheit gesungen), einen besonders starken Eindruck. Die Kritiker, die zu diesem Anlaß aus Paris gekommen waren, lobten mit Nachdruck die ganze Musik und besonders die Arie und das Duett. Einige fanden, daß der Rest der Partitur viel ödes Gestrüpp enthalte und daß der gesprochene Dialog ziemlich geistlos sei. Nun, der Dialog ist fast wörtlich aus Shakespeare abgeschrieben . . .

Es ist schwierig, dieses Werk gut aufzuführen, besonders was die Männerrollen anbelangt. Nach meiner Meinung ist es eins der sprühendsten und originellsten, die ich geschaffen habe. Im Gegensatz zu den »Trojanern« sind keinerlei besondere Ausgaben nötig, um es auf die Bühne zu bringen. Man wird sich nichtsdestoweniger wohl davor hüten, in Paris mich darum anzugehen. Und man wird wohl daran tun, es ist keine Pariser Musik. Benazet zahlte mir mit seiner gewohnten Freigebigkeit zweitausend Francs pro Akt für den Text und ebensoviel für die Musik, das heißt achttausend Francs insgesamt. Außerdem gab er mir noch tausend Francs, um die Aufführung im folgenden Jahre zu dirigieren. Einen Klavierauszug habe ich stechen lassen. Die Partitur wird erst später erscheinen ebenso wie die drei andern: »Benvenuto Cellini«, »Die Einnahme von Troja« und »Die Trojaner in Karthago«, sobald ich Geld genug habe, um sie drucken zu lassen. Der Verleger Choudens hatte sich wohl schriftlich verpflichtet, als er mir meine »Trojaner« abkaufte, die Partitur ein Jahr nach dem Klavierauszug zu veröffentlichen, aber dieses Versprechen ist nicht besser gehalten worden als soviele andere, und seit dem Tag, an dem der Kontrakt unterschrieben wurde, ist keine Rede mehr ... usw.

Das Duett der beiden Mädchen aus »Béatrice und Bénédict« ist jetzt in Deutschland sehr verbreitet und wird dort häufig gesungen. Bei Gelegenheit dieses Duetts fällt mir ein, wie mich der Großherzog von Weimar bei meiner letzten Reise dorthin mitunter zum Abendessen in kleinem Kreise einlud und mich dann gern über mein Leben in Paris und tausend Einzelheiten ausfragte. Was ich ihm über die wirklichen Zustände in unserer musikalischen Welt erzählte, überraschte und deprimierte ihn. Aber einmal konnte ich ihm auch eine amüsante Überraschung bereiten. Er fragte mich, unter welchen Umständen ich jenes Duett geschrieben hätte. »Gewiß«, sagte er, »fiel es Ihnen bei Mondschein ein, an irgendeinem romantischen Fleck ... «

»Hoheit, wir sammeln solche Natureindrücke auf Vorrat, um sie später wieder aus der Erinnerung hervorzuholen, gleichgültig bei welcher Gelegenheit oder an welchem Ort. Die Musik zu diesem Duett habe ich eines Tages in der Akademie entworfen, während einer meiner Kollegen eine Rede hielt.«

»Donnerwetter!« sagte der Großherzog, »das spricht sehr zugunsten des Redners! Er muß von ungewöhnlicher Eloquenz gewesen sein!«

Das Duett wurde auch in einem der Konzerte unserer Konservatoriums-Gesellschaft aufgeführt und verursachte große Begeisterung. Der ganze Saal schrie *da capo* mit einem Beifallsgetöse, daß das Gebäude zu wanken schien, und meine getreuen Zischer hatten nicht den Mut, sich vernehmlich zu machen. Ich muß aber auch sagen, daß die Damen Viardot und Vadenheuvel-Duprez es hinreißend gesungen haben. Und das wunderbare Orchester – mit welcher Zartheit und Raffinesse es begleitet hat! Solche Aufführung hört man mitunter ... im Traum. Die Konservatoriums-Gesellschaft war so freundlich, auch dieses Jahr den zweiten Teil meiner biblischen Trilogie »L'Enfance du Christ« auf eins ihrer Programme zu setzen; auch dieses Fragment erzielte, in wunderbarer Aufführung, eine große Wirkung; nur hat das Publikum, ich weiß nicht wieso, die ›heilige Familie auf der Rast‹ nicht da capo verlangt, was es sonst überall zu tun pflegt, und meine beiden Gewohnheitszischer waren so gnädig, sich an diesem Abend bemerkbar zu machen und den gesamten Saal in Entrüstung zu versetzen. Die Konservatoriums-Gesellschaft, die jetzt von einem meiner Freunde, Georges Hainl, geleitet wird, ist nicht mehr feindselig gegen mich gesinnt. Sie hat sich vorgenommen, von Zeit zu Zeit Ausschnitte aus meinen Werken aufzuführen. Ich habe ihr das ganze Konvolut an Noten, die ich besaß, die gesamten gestochenen und kopierten Einzelstimmen für Orchester und Chor zu vollem Eigentum gegeben, und darin ist alles enthalten, was zu einer Aufführung meiner Werke, mit Ausnahme der Opern, nötig ist. Diese musikalische Bibliothek, die später einmal ihren Wert haben wird, könnte nicht in besseren Händen sein.

Nicht vergessen darf ich hier, das Festkonzert in Straßburg zu erwähnen, zu dem ich vor achtzehn Monaten eingeladen wurde, um eine Aufführung von »Enfance du Christ« zu dirigieren. Ein ungeheurer Saal, der sechstausend Personen faßte, war errichtet worden. Fünfhundert Mitwirkende standen zur Verfügung. Mein Oratorium, fast durchgehend in sanftem und zartem Stil gehalten, schien in dem großen Raum verloren gehen zu müssen. Zu meiner großen Überraschung hörte das Publikum gespannt zu; es schien von der Musik tief berührt zu sein, und der mystische a capella-Chor am Schluß »O meine Seele!« erregte sogar viele Tränen. Oh! Ich bin glücklich, wenn ich meine Zuhörer weinen sehe! ... Das Chorstück pflegt in Paris, wo es übrigens immer schlecht dargeboten wird, bei weitem nicht eine solche Wirkung hervorzubringen.

Wie ich erfahre, sind seit einem Jahr mehrere meiner Werke in Amerika, in Rußland und in Deutschland zu Gehör gebracht worden; um so besser! Entschieden würde meine musikalische Karriere schließlich noch ganz charmant verlaufen, wenn ich nur hundertvierzig Jahre am Leben bliebe.

Ich habe mich wiederverheiratet ... ich mußte es ... und am Ende des achten Jahres dieser zweiten Ehe ist meine Frau plötzlich gestorben, durch einen Herzschlag dahingerafft. Einige Zeit nach ihrer Beerdigung auf dem großen Friedhof von Montmartre kam mein getreuer Freund, Edouard Alexandre, der berühmte Orgelbauer, der sich mir gegenüber stets von unermüdlicher Güte erwiesen hatte, auf den Gedanken, ihr Grab allzu bescheiden zu finden, und bestand darauf, für mich und die Meinen eine Grabstätte ›auf Ewigkeit‹ zu kaufen, die er mir zum Geschenk machte. Eine Gruft wurde errichtet, und ich mußte dem Akt der Ausgrabung meiner Frau und ihrer Beisetzung in dem neuen Gewölbe beiwohnen. Das war von herzzerreißender Traurigkeit, und ich litt sehr darunter. Aber was war dies im Vergleich mit dem, was das Schicksal mir noch aufsparte? Es scheint, daß ich alles kennenlernen sollte, was eine solche Zeremonie an Entsetzlichem bieten kann. Denn bald darauf wurde ich benachrichtigt, daß der kleine Friedhof von Montmartre, auf dem meine erste Frau Harriet Smithson ruhte, beseitigt werden sollte und daß ich infolgedessen die Reste, die mir teuer waren, anderswohin zu bringen hätte. Ich gab die nötigen Anweisungen auf den beiden Friedhöfen, und eines Morgens machte ich mich bei trübem Wetter auf den Weg zu der traurigen Stätte. Ein städtischer Beamter, beauftragt bei der Ausgrabung zugegen zu sein, erwartete mich dort. Ein Totengräber hatte bereits die Grube geöffnet. Als ich ankam, sprang er hinein. Der Sarg, seit zehn Jahren unter der Erde, war noch erhalten, nur der Deckel durch die Feuchtigkeit beschädigt. Dann begann der Arbeiter, statt ihn aus der Erde zu heben, die verfaulten Balken auseinanderzureißen, die mit widerlichem Geräusch zersprangen und den Inhalt des Sarges sehen ließen. Der Totengräber bückte sich, ergriff mit beiden Händen den schon vom Rumpf losgetrennten Kopf, den fleischlosen Kopf – ach! ohne Kranz und ohne Haar – der armen Ophelia und legte ihn in einen neuen Sarg, der zu diesem Zweck am Rand der Grube bereit stand. Dann bückte er sich zum zweiten Mal und brachte mit großer Anstrengung auf seinen Armen den kopflosen Rumpf mit den Gliedern empor, eine schwärzliche Masse, um die das Leichentuch noch geschlungen war und die aussah wie ein in einen feuchten Sack eingehüllter Klumpen Pech ... ein matter Klang ging davon aus ... und ein Geruch ... Der Beamte, der einige Schritte daneben stand, betrachtete das schauervolle Bild ... Als er sah, wie ich mich an einen Zypressenbaum stützte, rief er mir zu: »Bleiben Sie nicht dort, Monsieur Berlioz; kommen Sie hierher, hierher.«

Wenige Augenblicke später stiegen wir hinter dem Wagen, der die traurigen Reste forttrug, den Berg hinunter und gelangten zu dem großen Friedhof von Montmartre, wo die neue Gruft uns schon entgegengähnte. Die Überreste von Harriet wurden hineingebracht. Dort ruhen nun die beiden Toten still nebeneinander und warten, bis auch ich meinen Teil an Verwesung in diese Modergruft hineintrage.

Ich stehe in meinem einundsechzigsten Lebensjahr; ich habe weder

Hoffnungen noch Illusionen noch große Ideen mehr; mein Sohn ist fast immer fern von mir; ich bin allein; meine Verachtung für die Dummheit und Unredlichkeit der Menschen, mein Haß gegen ihre scheußlich verhärtete Grausamkeit sind auf ihrem Gipfelpunkt angelangt, und zu jeder Stunde sage ich zum Tod: »Wann es dir gefällt!« Worauf wartet er noch?

DAS ALLERLETZTE KAPITEL

Reise in die Dauphiné – Zweite Wallfahrt nach Meylan – Vierundzwanzig Stunden in Lyon – Ich sehe Madame F. wieder – Seelische Erschütterungen – Briefwechsel

Selten habe ich so sehr unter Langeweile gelitten wie in den ersten Septembertagen des letzten Jahres, 1864. Fast alle meine Freunde hatten, wie es zu dieser Jahreszeit üblich ist, Paris verlassen. Nur Stephen Heller war zurückgeblieben, dieser humorvolle und gelehrte Musiker, der so viele bewunderungswürdige Klavierwerke geschrieben hat, voller Melancholie und für mich Zeugnisse seiner Verehrung der wahren Götter der Kunst. Zum Glück kam bald darauf mein Sohn aus Mexiko zurück und konnte mir einige Tage widmen. Auch er war nicht heiter gestimmt, und oft fanden wir uns in Traurigkeit vereint, Heller, Louis und ich. Eines Tages gingen wir zusammen nach Asnières, um dort zu speisen. Gegen Abend machten wir einen Spaziergang am Ufer der Seine, auf dem wir von Shakespeare und Beethoven sprachen, und ich erinnere mich, daß wir dabei in höchste Begeisterung gerieten; mein Sohn, der Beethoven noch nicht kannte, beteiligte sich daran nur, wenn von Shakespeare die Rede war. Im ganzen aber waren wir darin alle drei uns einig, daß es gut sei, zu leben, um das Schöne zu verehren, und daß, wenn wir das Gegenteil des Schönen nicht zerstören und gänzlich zunichte machen können, wir uns damit begnügen müßten, es zu verachten und zu versuchen, es so wenig wie möglich kennenzulernen. Die Sonne neigte sich zum Untergang; nachdem wir eine Zeitlang gegangen waren, setzten wir uns am Ufer des Flusses, gegenüber der Insel Neuilly, ins Gras. Während wir uns damit vergnügten, dem launischen Flug der Schwalben, die über den Wellen der Seine ihre Spiele trieben, mit den Blicken zu verfolgen, sah ich mich plötzlich um und erkannte den Ort, an dem wir uns befanden. Ich betrachtete meinen Sohn ... ich dachte an seine Mutter ... Vor sechsunddreißig Jahren hatte ich mich auf einem meiner verzweifelten Streifzüge durch die Umgebung von Paris an derselben Stelle in den Schnee gesetzt und war beinahe eingeschlafen. Und es kam mir Hamlets kaltherziger Ausruf in den Sinn, wie er erfährt, daß die Tote, deren Leichenzug in den Friedhof eintritt, die schöne Ophelia ist, die er nicht mehr liebt: »What! the fair Ophelia!« »Vor langer Zeit«, sagte ich zu meinen beiden Freunden, »wäre ich genau an dieser Stelle beinahe ertrunken, als ich die Seine auf dem Eis überschreiten wollte. Ich war vom frühen Morgen an ziellos durch die Felder geirrt ... « Louis seufzte ...

In der darauffolgenden Woche mußte mein Sohn mich verlassen, sein Urlaub ging dem Ende entgegen. Da fühlte ich mich von dem lebhaften Verlangen ergriffen, Vienne wiederzusehen, Grenoble und vor allem Meylan und meine Nichten und ... noch jemanden, wenn ich die Adresse würde ausfindig machen können. Ich reiste ab. Mein Schwager Suat und seine beiden Töchter, die ich am Tage vorher benachrichtigt hatte, empfingen mich an der Eisenbahnstation in Vienne und geleiteten mich bald darauf nach Estressin, einem Landgut nah bei der Stadt, wo sie jedes Jahr drei oder vier Monate zubringen. Das war eine große Freude für die Mädchen, von denen die eine neunzehn, die andere einundzwanzig Jahre alt war; ihre Freude wurde ihnen ein wenig getrübt, als ich beim Eintritt in das Wohnzimmer des Hauses in Vienne das Bild ihrer Mutter erblickte, meiner vier Jahre zuvor verstorbenen Schwester Adèle. Ich war tief und schmerzlich ergriffen. Sie und ihr Vater waren in betroffenem Erstaunen Zeugen meiner Bewegung. Dieses Zimmer, diese Möbel, dieses Bildnis waren seit langer Zeit täglich vor ihren Augen; die Gewohnheit hatte bei ihnen die Schrift der Erinnerung schon verwischt, die Zeit war am Werk gewesen ... Arme Adèle! Welch ein Herz! Sie war so nachsichtig und sanft gegen die Härten meines Charakters und selbst gegen die kindischsten meiner Launen gewesen! ... Eines Morgens, als wir nach meiner Rückkehr aus Italien, bei den Eltern in Côte-Saint-André waren, regnete es in Strömen, und ich sagte zu meiner Schwester:

»Adèle, willst du mit spazierengehen?«

»Gern; warte auf mich, ich werde meine Galoschen anziehen.«

»Nun seht mir doch diese Narren«, sagte meine älteste Schwester; »sie sind imstande, zu tun, was sie sagen, und bei einem solchen Wetter im Freien herumzuplanschen.«

Wirklich ergriff ich einen großen Regenschirm, und ohne auf das Gespött der anderen zu hören, gingen wir, Adèle und ich, die Ebene hinab und legten, unter dem Regenschirm eng aneinandergepreßt, nahezu zwei Meilen zurück, ohne ein Wort zu reden. Wir liebten uns.

Ich verbrachte vierzehn recht ruhige Tage mit meinen Nichten und ihrem Vater in dieser Einsamkeit von Estressin. Aber ich hatte meinen Schwager gebeten, sich in Vienne nach Madame F. zu erkundigen und ihre Adresse in Lyon ausfindig zu machen; es gelang ihm. Da hielt es mich nicht länger, und ich reiste sogleich nach Grenoble ab, von wo ich mich nach Meylan auf den Weg begab, wie ich es sechzehn Jahre zuvor zum ersten Mal getan hatte.

... Eine gewisse heimliche Angst trieb mich an, den Schritt zu beschleunigen. Da zeigt schon der alte Saint-Eynard am Horizont seinen halbkahlen Scheitel über den anderen Bergen. Ich werde das kleine weiße Haus wiedersehen und die Landschaft rundum, und morgen ... morgen ... werde ich in Lyon sein und werde Estelle wiedersehen! Ist das wirklich möglich? ...

In Meylan verfehle ich diesmal den Weg nicht, während ich den Berg erklimme: sehr bald finde ich den Brunnen wieder, die Allee und endlich das Haus. Alles war mir gegenwärtig, als sei ich am Tage zuvor dagewesen. Es waren nur sechzehn Jahre. Ich gehe an der Gartentür vorbei und steige, ohne mich umzudrehen, bis zu dem Turm hinauf. Eine üppige Vegetation bedeckte die umliegenden Höhen; die Weinberge stellten ihre reifen Trauben zur Schau. Mühsam am Fuß des Turmes angekommen, drehe ich mich um wie ehedem, und wieder umfasse ich mit einem Blick das schöne Tal. Bis dahin hatte ich mich einigermaßen gut zusammengenommen und mich darauf beschränkt, leise zu murmeln: Estelle! Estelle! Estelle! Nun aber befällt mich eine heftige Beklemmung, die mich zu Boden wirft, wo ich lange Zeit ausgestreckt liegen bleibe, in tödlicher Angst auf die entsetzlichen Worte lauschend. die jeder Schlag meiner Adern in meinem Hirn ertönen läßt: Die Vergangenheit! Die Vergangenheit! Die Zeit! ... Nie wieder! Nie wieder! ... Nie wieder!

Ich richte mich auf, breche aus der Mauer des Turmes einen Stein, der sie hat sehen müssen, den sie vielleicht berührt hat, ich schneide einen Zweig von einer benachbarten Eiche. Beim Abstieg entdeckte ich an der Ecke eines Ackers, wo ich im Jahre 1848 nicht vorübergekommen war, den Felsen, den ich damals so eifrig suchte, den Felsen, auf den ich sie hatte steigen sehen. O Überraschung! Ja, er ist es wirklich, ein Granitblock, er konnte ja auch nicht verschwunden sein.

Ich steige hinauf, meine Füße betreten die Stelle, die ihre Füße betreten hatten; diesmal weiß ich es gewiß, ich nehme in der Luft den Raum ein, den ihre Gestalt einnahm. Ich stecke ein kleines Stück meines granitnen Altares ein. Aber die Wicken? ... Ohne Zweifel ist jetzt nicht ihre Blütezeit; oder man hat sie zerstört; ich suche umsonst, sie sind nicht mehr vorhanden. Ah! da ist der Kirschbaum! Wie groß er geworden ist! Ich löse ein Stück seiner Rinde, schließe seinen Stamm in meine Arme und presse ihn krampfhaft an meine Brust. Du erinnerst dich gewiß an sie, du schöner Baum! und du verstehst mich! ...

Ohne einem Menschen zu begegnen, komme ich wieder unten bei der Gartentür an und fasse sofort den Entschluß, einzutreten, den Garten und das Haus zu sehen. Die neuen Eigentümer werden mich wohl nicht als Übeltäter behandeln. Übrigens, was liegt daran! Ich betrete den Garten. Eine alte Dame macht eine rasche Bewegung des Schreckens, als sie mich unvermutet an der Biegung eines Weges erblickt.

»Entschuldigen Sie, Madame«, sage ich mit kaum vernehmlicher Stimme zu ihr, »und haben Sie die Güte, zu erlauben, ... daß ich Ihren Garten besichtige; er ... erweckt mir ... Erinnerungen ... «

»Treten Sie ein, Monsieur, und gehen Sie getrost spazieren.«

»Oh, ich will nur einmal durchgehen.«

Einige Schritte weiter erblicke ich auf einer Leiter eine junge Person, die Birnen pflückt. Ich grüße sie im Vorübergehen. Ich dringe durch ein Gebüsch, das beinahe den Durchgang verhindert; so sehr ist der kleine Garten jetzt verwildert. Ich schneide einen Jasminzweig ab und trete heraus. Als ich an der weitgeöffneten Tür des Hauses vorbeikomme, bleibe ich an der Schwelle stehen, um das Innere zu betrachten. Das junge Mädchen, das von seinem Baum herabgestiegen war und von seiner Mutter offenbar vernommen hatte, was für ein sonderbarer Besuch zu ihnen gekommen sei, war mir nachgegangen. Sie lädt mich ein, ins Haus zu kommen. Ich nehme dankend an. Und da stehe ich nun in jenem kleinen Zimmer mit dem Fenster zur Ebene, von dem aus sie mir voller Stolz und Freude das poesievolle Tal zeigte, als ich zwölf Jahre alt war. Alles ist noch in demselben Zustand; in dem anstoßendem Wohnzimmer stehen noch dieselben Möbel ... Ich biß mit den Zähnen krampfhaft auf mein Taschentuch. Die junge Person betrachtete mich fast erschrocken.

»Seien Sie nicht überrascht ..., alle diese Dinge, die ich wiedersehe ... Ich bin nämlich ... seit neunundvierzig Jahren ... nicht zurückgekommen!«

Und ich eilte fort, in Tränen ausbrechend. Was mochten die Damen von einem so seltsamen Auftritt denken, dessen Sinn sie nie erfahren werden.

Er wiederholt sich, wird der Leser sagen. Das ist nur allzu wahr. Immerfort Erinnerungen, immerfort sehnsüchtige Klagen, immerfort eine Seele, die sich an die Vergangenheit klammert, immerfort ein klägliches, hartnäckiges Bestreben, die entfliehende Gegenwart festzuhalten, immerfort ein fruchtloser Kampf gegen die Zeit, immerfort ein Wahn, das Unmögliche verwirklichen zu wollen, immerfort dieses wütende Bedürfnis nach unermeßlicher Liebe! Wie sollte ich mich da nicht wiederholen? Das Meer wiederholt sich auch; alle Wogen gleichen sich.

Am Abend desselben Tages war ich in Lyon. Schlaflos verbrachte ich eine sonderbare Nacht, indem ich an den für den folgenden Tag geplanten Besuch dachte. Ich sollte Madame F. wiedersehen. Ich beschloß, um 12 Uhr zu ihr zu gehen. Da ich es für durchaus möglich hielt, daß sie mich zunächst nicht würde empfangen wollen, schrieb ich, in Erwartung der so langsam herannahenden Stunde, den folgenden Brief, den sie, ehe ihr der Name des Besuchers gemeldet wurde, lesen sollte:

»Madame,

Wieder komme ich von Meylan zurück. Diese zweite Wallfahrt nach den Stätten meiner Kindheitsträume war noch schmerzlicher als die erste vor sechzehn Jahren unternommene, als ich Ihnen nach Vif zu schreiben wagte, wo Sie damals wohnten. Heute wage ich noch mehr: ich bitte Sie, mich zu empfangen. Ich werde mich zu beherrschen wissen, haben Sie keine Furcht vor den Ausbrüchen eines unter dem Druck unbarmherziger Realität sich aufbäumenden Herzens. Gönnen Sie mir einige Augenblicke, lassen Sie mich Sie wiedersehen, ich beschwöre Sie.

Hector Berlioz.

23. September 1864.«

Ich vermochte nicht bis zwölf Uhr zu warten. Um elf einhalb Uhr klingelte ich an ihrer Tür und gab dem Mädchen den Brief und meine Karte. Sie war zu Hause. Ich hätte nur den Brief abgeben sollen; aber ich wußte nicht, was ich tat. Nichtsdestoweniger ließ Madame F. als sie meinen Namen las, mich eintreten und kam mir entgegen. Ich erkannte ihren Gang und ihre göttinnengleiche Haltung ... Gott! Wie schien sie mir im Gesicht verändert. Ihr Teint ist bräunlich geworden, ihre Haare ergraut. Und doch war mein Herz bei ihrem Anblick auch nicht einen Augenblick unentschlossen, und meine ganze Seele flog ihr entgegen, als ob es noch im Strahl der Schönheit leuchtete. Sie hält meinen Brief in der Hand und geleitet mich in den Salon. Der Atem versagt mir, ich kann nicht sprechen. Da sagt sie mit sanfter Würde:

»Wir sind recht alte Bekannte, Monsieur Berlioz!...« (Schweigen...) »Wir waren zwei Kinder!... « (Schweigen.)

Der Sterbende findet wieder ein wenig Stimme:
»Lesen Sie, bitte, meinen Brief, gnädige Frau, er wird ... Ihnen meinen Besuch erklären.«

Sie öffnet ihn, liest ihn und legt ihn dann auf den Kamin:

»Sie kommen von Meylan! Aber Sie sind ohne Zweifel durch einen äußeren Anlaß dorthin geraten? Sie haben doch nicht deswegen diese Reise gemacht.«

»O! können Sie das glauben? Brauchte ich einen Anlaß, um ...? Nein, nein, schon lange wünschte ich, wieder hinzukommen.« (Schweigen.)

»Sie haben ein recht bewegtes Leben geführt, Monsieur Berlioz.«

»Woher wissen Sie das, gnädige Frau?«

»Ich habe Ihre Biographie gelesen.«

»Welche?«

»Ein Buch von Méry, glaube ich. Ich habe es vor einigen Jahren gekauft.«

»O! Schreiben Sie nicht Méry, der ein Freund von mir und ein intelligenter Künstler und Mensch ist, diese zusammengestoppelte und verworrene Sammlung von Erfindungen und Absurditäten zu, deren Verfasser ich jetzt zu kennen glaube. Es wird aber eine glaubhafte Biographie von mir geben, nämlich die, die ich selber schreibe.«

»O, zweifellos; Sie schreiben ja doch so gut.«

»Ich wollte nicht darauf anspielen, gnädige Frau, sondern auf die Genauigkeit und Aufrichtigkeit meines Berichts. Was ich für Sie empfinde, habe ich in diesem Buch ganz und uneingeschränkt ausgesprochen, aber ohne sie zu nennen.« (Schweigen.)

»Ich habe auch«, beginnt Madame F. erneut, »viele Einzelheiten über Sie von einem Ihrer Freunde gehört, der eine Nichte meines Mannes geheiratet hat.«

»Als ich mir vor zehn Jahren die Freiheit genommen hatte, an Sie zu schreiben, habe ich ihn tatsächlich gebeten, sich nach dem Schicksal meines Briefes zu erkundigen. Es lag mir daran, zumindest zu erfahren, ob Sie ihn erhalten hätten. Aber ich habe ihn nicht wiedergesehen, er ist jetzt tot, und ich habe nichts erfahren.« (Schweigen.)

Madame F.: »Mein Leben war sehr einfach und traurig: ich habe mehrere von meinen Kindern verloren, die übrigen habe ich erzogen; mein Mann ist gestorben, als sie noch klein waren ... Ich habe meine Aufgabe als Mutter so gut wie möglich auszufüllen versucht« (Schweigen). »Ich bin sehr gerührt und sehr dankbar, Monsieur Berlioz, für die Gefühle, die Sie mir bewahrt haben.«

Bei diesen gütigen Worten begann mein Herz noch heftiger zu klopfen. Ich betrachtete sie mit faszinierten Blicken, und meine Einbildungskraft stellte ihre entschwundene Schönheit und Jugend wieder her; endlich sagte ich:

»Geben Sie mir Ihre Hand!«

Sie reichte sie mir sogleich, ich führte sie an meine Lippen und glaubte zu fühlen, wie mein Herz zerfloß und ich zuinnerst erschauerte ...

»Darf ich hoffen«, fügte ich nach einem neuen Stillschweigen hinzu, »daß Sie mir erlauben werden, Ihnen bisweilen zu schreiben und Sie dann und wann zu besuchen?«

»O ganz gewiß; aber ich werde nur noch kurze Zeit in Lyon hier bleiben. Ich verheirate einen meiner Söhne, und bald nach seiner Hochzeit reise ich nach Genf, um dort bei ihm zu wohnen.«

Ich wagte nicht, meinen Besuch länger auszudehnen, und erhob mich. Sie begleitete mich bis an die Tür, wo sie noch zu mir sagte:

»Adieu, Monsieur Berlioz, ich bin Ihnen in tiefster Seele dankbar für die Gefühle, die Sie noch immer für mich hegen.«

Ich verneigte mich, ergriff noch einmal ihre Hand, hielt sie eine Zeitlang an meine Stirn und fand erst dann die Kraft, mich zu entfernen.

Ich irrte in der Nähe ihrer Wohnung umher, wobei ich bald gegen die Bäume des Quai des Broteaux stieß, bald auf dem Pont Morand stehen blieb, um in die wilden Gewässer der Rhône hinabzustarren, dann wieder meinen fieberhaften Lauf begann, ohne zu wissen, warum ich lieber nach der einen als nach der andern Seite ging; da begegnete mir Strakosch, der Schwager der berühmten Sängerin Adelina Patti.

»Sie hier! Was für ein Zufall! Adelina wird sich sehr freuen, Sie zu sehen; sie gastiert hier, morgen wird der ›Barbier von Sevilla‹ im Grand Théâtre gegeben. Wollen Sie eine Loge, um sie zu hören?«

»Danke schön! Ich werde wahrscheinlich heute abend abreisen.«

»Nun, dann essen Sie wenigstens heute mit uns; Sie wissen, ein wie großes Vergnügen uns das immer macht.«

»Ich kann es nicht versprechen, das kommt darauf an ... Ich fühle mich nicht wohl ... Wo wohnen Sie?«

»Im Grand Hôtel.«

»Ich auch. Nun gut, wenn ich heute abend nicht allzu ungesellig aufgelegt bin, werde ich gern mit Ihnen essen.«

Es war mir ein Gedanke gekommen, ich hatte einen Vorwand, einen zweiten Besuch bei Madame F. zu machen, um sie noch einmal zu sehen. Ich lief nach ihrer Wohnung, wo ich erfuhr, daß sie eben ausgegangen sei. Da gab ich ihrem Mädchen den Auftrag, ihr zu sagen, daß ich für den nächsten Tag eine Loge im Grand Théâtre hätte, wenn Madame F. sie annehmen und die Patti hören wolle, würde ich in Lyon bleiben, in der Hoffnung, sie in die Vorstellung begleiten zu dürfen, andernfalls würde ich noch am selben Abend abreisen. Ich ließe sie daher bitten, mir ihre Antwort vor sechs Uhr zukommen zu lassen.

Ich kehre ins Hotel zurück; zwanzig Minuten vergehen. Ich versuche zu lesen. Ich hatte einen Band einer Reisebeschreibung, den ich in Grenoble gekauft hatte. Ich begreife nicht ein Wort davon. Ich gehe in meinem Zimmer auf und ab. Ich werfe mich aufs Bett. Ich öffne das Fenster. Ich gehe hinunter. Ich verlasse das Haus. Bald stehe ich wieder vor Nr. 56 in der Avenue de Noailles, wo sie wohnt. Mechanisch hatten mich meine Beine dahingetragen. Ich halte mich nicht länger, ich steige hinauf zu ihrer Wohnung. Ich klingle. Man öffnet mir nicht. Sofort ergreift und foltert mich ein entsetzlicher Gedanke: sollte sie in der Vermutung, daß ich wiederkommen würde, den Befehl gegeben haben, mich nicht zu empfangen? Ein törichter Gedanke, der aber dennoch an mir nagt. Eine Stunde später kehre ich zurück, schicke aber diesmal den kleinen Jungen der Portiersfrau, um bei Madame F. zu klingeln. Man öffnet auch dem Kinde nicht. Was soll ich tun? Vor ihrem Hause Schildwacht stehen? Das wäre unschicklich, lächerlich. O Unglück! Fortgehen? Wohin? Nach Hause? In die Rhône? ... Es könnte ja auch sein, daß sie mich gar nicht abweisen will und daß wirklich niemand zu Hause ist! ... Eine Stunde später steige ich aufs neue ihre Treppe hinauf. Ich höre über mir ihre Tür gehen und Frauenstimmen, die Deutsch reden. Ich steige weiter; eine unbekannte Dame kommt mir entgegen, die Treppe herab; dann eine zweite und schließlich eine dritte ... Das war sie, sie hielt einen Brief in der Hand.

»Mein Gott, Monsieur Berlioz, Sie kommen, um Antwort zu holen? ...«

»Ja, gnädige Frau.«

»Ich hatte Ihnen geschrieben und war im Begriff, mit diesen Damen zum Grand Hôtel zu gehen, um den Brief dort abzugeben. Leider werde ich für morgen Ihre freundliche Einladung nicht annehmen können. Man erwartet mich auf dem Lande ziemlich weit von hier, und ich werde schon um Mittag abreisen. Ich bitte Sie tausendmal um Verzeihung, daß ich Sie davon nicht früher unterrichtet habe, aber ich bin eben erst nach Hause gekommen und von Ihrem Anerbieten in Kenntnis gesetzt worden.«

Als sie den Brief in Ihre Tasche stecken wollte, rief ich:

»Geben Sie mir ihn, bitte!«

»Oh, das verlohnt sich nicht ...«

»Ich bitten Sie darum, Sie hatten ihn für mich bestimmt.«

»Nun, da haben Sie ihn!«

Sie gab mir den Brief, und ich las zum ersten Male ihre Schrift.

»So werde ich Sie also nicht mehr sehen?« sagte ich, als wir schon auf der Straße waren.

»Sie reisen heute abend ab?«

»Ja, gnädige Frau, leben Sie wohl!«

»Leben Sie wohl, ich wünsche Ihnen eine glückliche Reise.«

Ich drücke ihr die Hand und sehe sie in Begleitung der beiden deutschen Damen sich entfernen. Und darauf, sollte man es glauben, wurde ich beinahe fröhlich; ich hatte sie ein zweites Mal gesehen, wieder mit ihr gesprochen, ihre Hand nochmals gedrückt und besaß einen Brief von ihr, einen Brief, den sie mir mit der Versicherung ihrer ›herzlichen Empfindungen‹ schloß. Das war ein unverhoffter Schatz; und ich machte mich auf den Weg zum Grand Hôtel, in der Hoffnung, in einigermaßen ruhiger Verfassung mit Adelina Patti speisen zu können. Als ich in einen Saal eintrete, erblickt mich die Diva, stößt einen Freudenschrei aus und klatscht in die Hände wie ein Kind: »Ach, wie hübsch! Da ist er! Da ist er!« Und sie kommt auf mich zugelaufen und bietet, wie sie es zu tun pflegte, ihre jungfräuliche Stirn meinen Lippen zum Kuß. Ich setze mich mit ihr, ihrem Vater, ihrem Schwager und einigen Freunden zu Tisch. Während des Essens überhäufte sie mich mit tausend Schmeicheleien; von Zeit zu Zeit sagte sie: »Er hat etwas! Woran denken Sie? Ich möchte nicht, daß Sie traurig sind.« Als die Stunde der Abreise gekommen war, beschloß man, mich zum Bahnhof zu begleiten: das liebliche Kind, eine Freundin und der Schwager fahren mit mir zum Bahnhof, wo man ihnen erlaubt, mich zum Zug zu bringen. Adelina will mich erst im allerletzten Moment loslassen, wenn der Zug sich in Bewegung setzen wird. Das Zeichen wird gegeben, man muß auseinandergehen. Da wirft sich das tolle Ding mir an den Hals und küßt mich: »Adieu, adieu, auf nächste Woche. Wir werden Dienstag nach Paris zurückkehren, und am Donnerstag werden Sie uns besuchen. Abgemacht, nicht wahr? Sie halten Wort?« Man fährt ab . . .

Was hätte ich nicht darum gegeben, solche Beweise von Zärtlichkeit von Madame F. zu empfangen und von der Patti stattdessen höfliche Gesten . . . Bei allen Schmeicheleien dieser liederreichen Hebe war mir zumute, als flatterte ein wunderbarer Vogel mit Diamantaugen um mein Haupt, setzte sich auf meine Schulter, beschnäbelte mein Haar und sänge mir flügelschlagend seine lustigsten Lieder. Ich war entzückt, aber nicht bewegt. Meine Zuneigung zu der jungen, schönen, blendenden und gefeierten Virtuosin, die mit zweiundzwanzig Jahren schon das musikalische Europa und Amerika zu ihren Füßen gesehen hat, ist eben nicht Liebe; jene alte, traurige und ruhmlose Frau aber, keine Künstlerin, besitzt meine Seele wie ehemals und wie in alle Zukunft bis zu meinem letzten Tag.

Balzac und selbst Shakespeare, dieser große Maler der Leidenschaften, haben niemals daran gedacht, daß es etwas derartiges geben könne. Nur ein Dichter, ein englischer, Thomas Moore, hat an die Möglichkeit geglaubt und dieses seltene Gefühl in wunderbaren Versen auszudrükken vermocht, die mir hier ins Gedächtnis kommen:

»Believe me, if all endearing young charms.« (Irish melodies.)

Sie lauten in Übersetzung:

Glaub mir, wenn all die Schönheit deiner Jugend,
die heute ich mit solcher Leidenschaft betrachte,
sich morgen flüchten würde wie ein Feengeschenk,
das kurz dir nur gegeben war,
ich würde ebenso dich lieben wie in diesem Augenblick.
Laß deine Reize schwinden,
und all die Wünsche meines Herzens werden
mit grünen Zweigen stets um die geliebte Ruine ranken.
Nicht wenn in froher Blüte du erstrahlst
und keine Träne deine Wange netzt,
kannst du die Glut und Treue eines Herzens kennen,
dem dich die Zeit noch teurer machen wird.
Das Herz, das wahrhaft liebt, kann nie vergessen,
wird wahrhaft lieben bis ans Ende
gleich einer Blume, die zur Sonne blickt am Mittag,
und sehnsuchtsvoller noch, wenn jene sinkt am Abend.

Wie oft habe ich während dieser trübseligen Nacht in der Eisenbahn wiederholt: Dummkopf! Warum bist du abgereist? Du hättest bleiben sollen. Wäre ich geblieben, würde ich sie morgen früh noch einmal sehen. Wer zwang mich, nach Paris zurückzukehren? Ganz richtig, doch die Furcht, unbescheiden, lästig, zudringlich zu werden ... Wie hätte ich in Lyon die langen Stunden zubringen sollen, nur wenige Schritte von ihr entfernt, ohne sie zu sehen? Es wäre eine Qual gewesen ...

Nach einigen leidvollen Tagen schrieb ich ihr aus Paris den folgenden Brief. Man wird aus diesen und den späteren Seiten, sowie auch aus ihren Antworten, erkennen, wie elend meine Gemütsverfassung und wie ruhig die ihrige war. Man wird sich auch leicht vorstellen können, was ich heute zu leiden habe, da ich nicht einmal mehr den Trost besitze, ihr schreiben zu können.

Mein Leben hätte zu sanft geendet, wenn es mir vergönnt gewesen wäre, diese unnütze Liebe als romantische Freundschaft zu pflegen. Nein, ich sollte bis zum Ende gequält und gemartert werden.

Erster Brief.

Paris, den 27. September 1864.

Madame,

Sie haben mich mit einer schlichten und würdevollen Freundlichkeit aufgenommen, wie sie wenige Frauen in einem ähnlichen Fall zu zeigen vermocht hätten. Seien Sie tausendmal dafür gesegnet! Trotzdem leide ich grausam, seit ich Sie verlassen habe. Umsonst sage ich mir immer wieder, daß Sie mich unmöglich besser hätten empfangen können, daß jeder andere Empfang entweder unschicklich oder unmenschlich gewesen wäre; mein unglückliches Herz blutet dennoch, wie wenn es verwundet worden sei. Ich frage mich warum und finde folgende Gründe: Das Fernsein, und daß ich Sie zu wenig gesehen habe, daß ich Ihnen nicht den vierten Teil von dem gesagt habe, was ich Ihnen zu sagen hatte, und daß ich von Ihnen gegangen bin, als ob es sich um eine ewige Trennung handelte. Und doch haben Sie mir Ihre Hand gereicht, ich habe sie an meine Stirn, an meine Lippen gedrückt, und ich habe meine Tränen zurückgehalten, weil ich es Ihnen versprochen hatte. Aber ich fühle ein herrisches, ein unerbittliches Bedürfnis, Ihnen noch einige Worte zu sagen, die Sie mir hoffentlich nicht verargen. Bedenken Sie, daß ich Sie seit neunundvierzig Jahren liebe, daß ich Sie seit meiner Kindheit immer geliebt habe trotz der Stürme, die mein Leben verwüsteten. Das beweist Ihnen das tiefe Gefühl, das ich heute empfinde; wenn es auch nur einen einzigen Tag wirklich ausgesetzt hätte, wäre es unter den gegenwärtigen Umständen nicht wieder lebendig geworden. Wieviel Frauen mag es geben, denen man jemals eine derartige Erklärung gemacht hat? Halten Sie mich nicht für einen Exzentriker, der seiner launischen Einbildungskraft ausgeliefert ist. Nein, ich besitze nur die Fähigkeit zu sehr intensivem Erleben, die sich, das können Sie mir glauben, mit einer völlig klaren Einsicht verbindet, aber bewirkt, daß meine wahren Neigungen von unvergleichbarer Stärke und unerschütterlicher Dauer sind. Ich habe Sie geliebt, ich liebe Sie und werde Sie lieben, und ich bin einundsechzig Jahre alt, ich kenne die Welt und hege keine Illusionen. Gewähren Sie mir also, und zwar nicht wie eine barmherzige Schwester einem Kranken ihre Pflege zuteil werden läßt, sondern wie eine vornehme gemütvolle Frau die Wunden heilt, die sie, ohne es zu wollen, schlug, die drei Dinge, die einzig und allein mir die Ruhe wiedergeben können: die Erlaubnis, Ihnen bisweilen zu schreiben, die Versicherung, daß Sie mir antworten werden, und das Versprechen, mich mindestens einmal im Jahr zu einem Besuch einzuladen. Meine Besuche könnten ungelegen und infolgedessen lästig werden, wenn ich sie ohne Ihre Ermächtigung machte; ich werde also nur dann zu Ihnen nach Genf oder sonst wohin kommen, wenn Sie mir schreiben: Kommen Sie! Wer könnte das für sonderbar und unpassend halten? Gibt es etwas Reineres als ein derartiges Verhältnis? Sind wir nicht alle beide frei? Wer wäre so gefühllos oder unvernünftig, es tadelnswert zu finden? Niemand, selbst Ihre Söhne nicht; denn sie sind, ich weiß es, sensible junge Leute. Nur muß ich gestehen, daß es schrecklich wäre, wenn mir das Glück, Sie zu sehen, nur vor Zeugen zuteil werden sollte. Wenn Sie mir sagen: Kommen Sie! dann muß ich mit Ihnen plaudern können wie bei unserem ersten Zusammensein am letzten Freitag, das ich nicht länger auszudehnen wagte und dessen schmerzhaften Zauber ich nicht genießen konnte, weil ich schreckliche Anstrengungen machen mußte, um meine Emotionen im Zaum zu halten.

Ach, gnädige Frau, ich habe nur noch ein Ziel auf dieser Welt, nämlich das, Ihre Zuneigung zu gewinnen. Lassen Sie mich versuchen, es zu erreichen. Ich werde demütig und zurückhaltend sein; unser Briefwechsel soll so spärlich verlaufen, wie Sie es wünschen, er soll für Sie nie zur Last werden, einige Zeilen von Ihrer Hand genügen mir. Meine Reisen zu Ihnen sollen selten sein, aber ich werde zumindest wissen, daß Ihre und meine Gedanken nicht mehr getrennt sind und daß nach all den traurigen Jahren, in denen ich Ihnen nichts gewesen bin, ich endlich die Hoffnung habe, Ihr Freund zu sein. Und ein Freund von solcher Ergebenheit, wie ich es sein werde, ist etwas Seltenes. Ich werde Sie mit einer so tiefen und sanften Zärtlichkeit umgeben, mit einer so vollkommenen Zuneigung, darin sich die Empfindungen des Mannes mit den naiven Herzensträumen des Knaben vereinigen sollen. Vielleicht werden Sie sogar ein wenig Gefallen daran finden, werden mir eines Tages sagen: »Ich bin Ihre Freundin« und mir gestehen, daß ich Ihre Freundschaft verdient habe.

Leben Sie wohl, gnädige Frau. Ich lese wieder einmal Ihre Nachricht vom 23. mit der Versicherung Ihrer ›herzlichen Empfindungen‹. Das ist nicht nur eine höfliche Floskel, nicht wahr? Nicht wahr?

Der Ihre auf immer:

Hector Berlioz.

P. S. – Ich übersende Ihnen drei Bände; vielleicht haben Sie Lust, gelegentlich einen Blick hineinzuwerfen. Sie merken wohl, daß dies nur ein Vorwand des Verfassers ist, der hofft, daß Sie sich ein wenig mit ihm beschäftigen.

Erste Antwort von Madame F.

Lyon, den 29. September 1864.

Monsieur!

Ich würde mich Ihnen und mir selbst gegenüber schuldig fühlen, wenn ich nicht sofort auf Ihren letzten Brief antwortete, in dem Sie mir ein Bild der Beziehungen ausmalen, wie Sie Ihr Traum zwischen uns hergestellt sehen möchte. Mit der Hand auf dem Herzen will ich zu Ihnen sprechen.

Ich bin nur mehr eine alte Frau, eine recht alte Frau sogar (denn ich bin sechs Jahre älter als Sie), deren Herz seine Frische verloren hat durch die Tage voll Leid, voll physischer und moralischer Schmerzen jeder Art, die ich erlebt habe und die mir alle Illusionen über die Freuden und Gefühle dieser Welt geraubt haben. In den zwanzig Jahren, seit mein bester Freund mir entrissen wurde, habe ich keinen anderen mehr gesucht und nur jene behalten, mit denen ich seit langem (oder durch Familienbande) verbunden war. Seit dem Schicksalstag, an dem ich Witwe wurde, habe ich alle Beziehungen zum gesellschaftlichen Leben abgebrochen, habe Lebewohl gesagt, um mich gänzlich meiner Häuslichkeit und meinen Kindern zu widmen. Das also ist mein Leben seit zwanzig Jahren; es ist mir zu einer Gewohnheit geworden, deren Zauber jetzt durch nichts mehr zu brechen ist; denn nur in dieser Abgeschlossenheit kann ich Ruhe finden für die Tage, die ich noch in dieser Welt zu verbringen habe; alles, was ihre Gleichförmigkeit stören könnte, wäre mir peinlich und zur Last.

In Ihrem Brief vom 27. dieses Monats sagen Sie mir, Sie hätten nur den einen Wunsch, mich durch einen Briefwechsel zu Ihrer Freundin zu machen. Glauben Sie im Ernst an die Möglichkeit? Ich kenne Sie kaum; nach neunundvierzig Jahren habe ich Sie vergangenen Freitag auf einige Augenblicke wiedergesehen; ich vermag also weder Ihre Neigungen noch Ihren Charakter noch Ihre übrigen Eigenschaften zu würdigen; auf diesen Voraussetzungen allein beruht aber die Freundschaft. Wenn zwei Individuen dieselbe Art zu sehen und zu fühlen haben, dann kann Sympathie entstehen und sich einstellen; wenn man aber voneinander getrennt ist, kann eine Korrespondenz nicht ausreichen, um das zu begründen, was Sie von mir erwarten; ich für mein Teil halte es für unmöglich. Zudem muß ich Ihnen gestehen, daß ich außerordentlich schreibfaul bin; mein Geist ist ebenso schwerfällig geworden wie meine Hand; ich habe äußerste Mühe, in dieser Hinsicht meinen unerläßlichen Verpflichtungen nachzukommen. Ich könnte also nicht versprechen, mit Ihnen eine regelrechte Korrespondenz anzufangen, ich würde zu oft meinem Versprechen untreu werden, als daß ich Sie nicht von vornherein darauf aufmerksam machen müßte. Wenn es Ihnen angenehm ist, mir bisweilen zu schreiben, werde ich Ihre Briefe lesen, erwarten Sie aber keine regelmäßigen und raschen Antworten.

Ferner wünschen Sie, daß ich Ihnen sage: ›Besuchen Sie mich.‹ Das ist ebensowenig möglich wie Ihnen zu sagen: ›Sie werden mich allein finden.‹ Der Zufall hat es am Freitag gewollt, daß ich Sie allein empfangen konnte; wenn ich in Genf bei meinem Sohn und seiner Frau sein werde und Sie sich bei uns einfinden wollen, werde ich Sie empfangen, wenn ich allein bin. Und falls ich nicht allein bin, müssen Sie sich damit zufrieden geben, denn ich würde es unpassend finden, wenn wir es damit anders hielten.

Mit dem ganzen Freimut und der ganzen Aufrichtigkeit, die den Grundzug meines Charakters bilden, habe ich Ihnen nun in Kürze dargelegt, wie ich denke und fühle. Ich glaube Ihnen noch sagen zu müssen, daß es Illusionen und Träume gibt, die man aufgeben muß, wenn die Haare weiß werden, um der Enttäuschung zu entgehen, die sich einstellt im Gefolge aller neuen Gefühle, selbst der intimen, da sie nur dann Freude gewähren können, wenn sie aus dauerhaften Beziehungen in den glücklichen Tagen der Jugend geboren sind. Nach meiner Meinung soll man keine neuen Beziehungen knüpfen zu einem Zeitpunkt, da die Last der Jahre sich fühlbar macht, da ihre Zahl uns bereits mit allen Enttäuschungen bekanntgemacht hat. Ich gestehe Ihnen, daß ich für mein Teil auf diesem Punkt angelangt bin. Meine Zukunft verkürzt sich mit jedem Tag; wozu Beziehungen schaffen, die das Heute entstehen sieht und das Morgen vernichten kann? Damit schafft man sich nur Leid.

Erblicken Sie in alldem, was ich Ihnen soeben sagte, keinerlei Absicht, meinerseits das Andenken verletzen zu wollen, das Sie mir bewahren; ich achte es und bin von seiner getreuen Dauer gerührt. Ihr Herz ist noch sehr jung, das meine nicht, ich bin allen Ernstes alt; das einzige, was ich noch tun kann, glauben Sie mir, ist, daß ich Ihnen in meiner Erinnerung einen beträchtlichen Platz einräume. Mit Freude werde ich stets von den Triumphen hören, die Ihrer harren.

Leben Sie wohl, ich sage Ihnen auch diesmal wieder: empfangen Sie die Versicherung meiner herzlichen Zuneigung.

Est. F.

Gestern morgen habe ich die Bücher erhalten, die Sie mir liebenswürdigerweise sandten; ich danke Ihnen tausendmal.

Zweiter Brief.

Paris, den 2. Oktober 1864.

Gnädige Frau,

Ihr Brief ist ein Meisterstück trauriger Vernunft. Ich habe bis heute mit meiner Antwort gewartet, in der Hoffnung, meiner wirbelnden Emotionen Herr werden zu können. Sie sagen mit Recht, Sie dürfen keine neuen Freundschaften eingehen, Sie müssen alles vermeiden, was Ihr Dasein verwirren könnte, usw. Aber ich hätte es nicht verwirrt, dessen können Sie gewiß sein, und jene Freundschaft, um die ich für eine mehr oder weniger entfernte Zeit bettelte, wäre Ihnen nie ›zur Last‹ geworden. (Sie müssen zugeben, daß dieses Wort Ihres Briefes mir grausam vorkommen mußte!) Ich begnüge mich mit dem, was Sie mir gütigst gewähren wollen, mit einigen herzlichen Empfindungen, einem Platz in Ihrer Erinnerung und ein wenig Teilnahme an den Ereignissen meiner Laufbahn. Ich danke Ihnen, gnädige Frau. Ich knie zu Ihren Füßen, ich küsse ehrfurchtsvoll Ihre Hände. Sie sagen mir, daß ich bisweilen, unregelmäßig, selten eine Antwort auf meine Briefe werde bekommen können; danke noch einmal für Ihr Versprechen. Um was ich Sie dringend, unter Tränen, anflehe, das ist die Möglichkeit, Nachrichten von Ihnen erhalten zu können.

Sehr verehrte Freundin, Sie sprechen so mutig vom Alter und von den Jahren, daß ich versuchen will, es Ihnen nachzutun. Ich hoffe, vor Ihnen zu sterben; möge ich Ihnen mit Sicherheit ein letztes Lebewohl senden können! im andern Fall aber es erfahren, wenn Sie diese traurige Welt verlassen haben ... Ihr Sohn soll mir Nachricht geben ... Verzeihen Sie ... Meine Briefe dürfen nicht aufs Geratewohl adressiert werden. Geben Sie mir, was Sie jedem Beliebigen geben würden, Ihre Adresse in Genf.

Ich werde Sie in diesem Monat nicht in Lyon besuchen; offenbar würde Ihnen ein solcher Besuch unbescheiden erscheinen. Auch werde ich frühestens in einem Jahr nach Genf kommen; die Furcht, Ihnen lästig zu fallen, wird mich zurückhalten. Aber Ihre Adresse, Ihre Adresse! Sobald Sie sie wissen, schicken Sie sie mir, aus Barmherzigkeit! Wenn Sie mir durch Stillschweigen Ihre unerbittliche Absage kundtun und die förmliche Absicht, mir auch den allerschüchternsten Verkehr mit Ihnen zu untersagen, wenn Sie mich mit solcher Härte fernhalten, wie man es mit gefährlichen oder lästigen Wesen tut, so werden Sie einen Jammer, den Sie leicht hätten lindern können, auf die Spitze treiben. Möge es Ihnen alsdann Gott und Ihr Gewissen verzeihen, gnädige Frau! Ich werde in der kalten Nacht verbleiben, in die Sie mich gestoßen haben, in Leid und Verzweiflung, aber in Ergebenheit für Sie bis zum Tode.

Hector Berlioz.

(Was für ein wirres Zeug und was für Widersprüche in diesem Brief.)

Zweite Antwort von Madame F.

Lyon, den 14. Oktober 1864.

Monsieur!

Da ich nicht weiß, wann ich dazu kommen werde, Ihnen zu schreiben, will ich in Eile diese wenigen Zeilen aufsetzen, damit Sie nicht glauben, es sei meine Absicht, Sie wie ein gefährliches oder lästiges Wesen zu behandeln. Mein Sohn kommt morgen abend zu mir, um sich am 19. dieses Monats zu verheiraten. Ich werde einige Tage lang das Haus voll Menschen haben und als Mutter und Hausfrau für tausend Dinge sorgen müssen; es wird mir daher unmöglich sein, einen Augenblick der Freiheit und Muße zu finden. Sofort nach der Hochzeit meines Sohnes werde ich an die Vorbereitungen zu meiner Abreise nach Genf denken müssen, was für mich keine Kleinigkeit ist, da meine Gesundheit mir nicht immer erlaubt, zu tun, was ich möchte. Ich werde gegen Anfang November abreisen; wenn ich in meiner neuen Wohnung eingerichtet sein werde, will ich Ihnen meine Adresse geben, was ich heute nicht kann, da ich sie selber noch nicht weiß. Ich würde die Ankunft meines Sohnes abgewartet haben, um sie zu erfahren, wenn ich nicht gefürchtet hätte, daß Sie mein langes Schweigen falsch auslegen könnten.

Empfangen Sie die Versicherung meiner herzlichen Empfindungen.

Est. F.

Dritter Brief.

Paris, den 15. Oktober 1864.

Madame!

O haben Sie Dank! Dank! Ich werde warten. All meine Wünsche für das junge Paar. Tausend Wünsche für Sie. Liebe gnädige Frau! Möge ungetrübte Freude bei dieser festlichen Gelegenheit Ihr Herz erfüllen! Ach, Sie sind gut!

Zweifeln Sie nicht daran, meine Verehrung für Sie wird diskret sein.

Ihr ergebener

Hector Berlioz.

Nach zwölf peinvoll verlebten Tagen erhielt ich eine Vermählungsanzeige von Charles F. Die Adresse war von der Hand seiner Mutter, und das erfüllte mich mit einer Freude, die nur wenige begreifen werden. Ich war im siebensten Himmel. Ich schrieb sofort.

Vierter Brief.

Paris, den 28. Oktober 1864.

Schön ist das Leben, wenn gewisse Gefühle es erhellen! ... Ich erhalte die Anzeige; die Adresse ist von Ihnen geschrieben, von Ihnen, liebe gnädige Frau, ich erkenne Ihre Hand! ... Sie hatten also einen Gedanken für den Verbannten ... Welcher Engel wird Ihnen die Wohltat vergelten, die Sie mir erwiesen haben?

Ja, das Leben ist schön, aber schöner wäre der Tod; zu Ihren Füßen liegen, das Haupt auf Ihren Knien, Ihre Hände in den meinen, und so enden! ...

Hector Berlioz.

Aber die Tage vergingen, einer nach dem andern, und ich erhielt keine Nachricht. Ich hatte mich in Lyon erkundigt und wußte, daß Madame F. seit fast drei Wochen nach Genf abgereist war. Beabsichtigte sie, ihre Adresse vor mir geheim zu halten, die sie mir förmlich versprochen hatte und die ich nicht gegen ihren Willen kennen wollte? ... Sollte ich den Schmerz erfahren, sie solcherweise wortbrüchig werden zu sehen? ...

Während der letzten Tage dieser angstvollen Zeit kam ich so weit, zu glauben, wie ich es oben ausgesprochen habe, daß ich nicht einmal mehr den Trost haben sollte, ihr zu schreiben, und verlor alle Zuversicht. Da, eines Morgens, als ich an meinem Kamin in trauriges Nachdenken versunken war, brachte man mir eine Karte, auf der ich las: M. et Madame Charles F. Das waren ihr Sohn und ihre Schwiegertochter, die von ihr veranlaßt worden waren, mich zu besuchen auf einer Reise, die sie nach Paris geführt hatte. Welche Überraschung und welches Glück! Sie hatte mir die jungen Leute geschickt! Ich war so überwältigt, daß ich nicht wußte, wie ich mich fassen sollte, als ich in dem jungen Mann das lebendige Bildnis der achtzehnjährigen Estelle erblickte ... Die junge Frau schien durch meine Erregtheit betroffen; ihr Gatte machte einen weniger überraschten Eindruck. Offenbar wußten sie alles, Madame F. hatte ihnen meine Briefe gezeigt.

»Sie war also sehr schön?« rief plötzlich die junge Dame.

»Oh! Sehr schön!«

Nun ergriff Monsieur F. das Wort:

»Ja, als ich fünf war, sah ich eines Tages meine Mutter im Ballstaat und war davon so geblendet, daß mir die Erinnerung daran geblieben ist.«

Schließlich gelang es mir doch, mich zu beherrschen und einigermaßen vernünftig mit meinen sympathischen Besuchern zu sprechen. Frau Charles F. ist eine holländische Kreolin von der Insel Java; sie hat auf Sumatra und Borneo gelebt und kann Malaiisch; sie hat Brooke gesehen, den Radscha von Sarawak. Wie hätte ich sie ausgefragt, wenn ich in einer normalen Gemütsverfassung gewesen wäre!

Ich hatte das Vergnügen, die beiden jungen Leute während ihres Aufenthaltes in Paris häufig zu sehen und ihnen einige angenehme Zerstreuungen zu verschaffen. Wir sprachen immer von ihr, und als wir ein wenig vertrauter geworden waren, schalt mich schließlich die junge Frau, daß ich ihrer Schwiegermutter so schriebe, wie ich es tue.

»Sie erschrecken sie«, sagte sie, »Sie dürfen nicht so zu ihr reden. Bedenken Sie, daß sie Sie fast nicht kennt und daß Sie beide in einem Alter sind ... Ich begreife ganz gut, daß sie manchmal, wenn sie mir Ihre Briefe zeigt, traurig zu mir sagt: »Was soll ich darauf antworten?‹ Sie müssen sich etwas mehr Ruhe angewöhnen, dann werden Ihre Besuche in Genf erfreulich sein, und wir werden uns glücklich fühlen, Ihnen die Stadt zu zeigen; denn Sie werden kommen, wir rechnen auf Sie.«

»Ah, ganz gewiß, können Sie daran zweifeln, da Madame F. es mir erlaubt?«

Ich übte mich also in Zurückhaltung und wollte nicht einmal den Neuvermählten einen Brief für ihre Mutter mitgeben, als sie abreisten. Da aber gerade um diese Zeit der vierte Akt der »Trojaner« in einem Konservatoriumskonzert aufgeführt werden sollte, schickte ich ihr ein Exemplar der Dichtung mit der Bitte, die Stelle, die ich durch Einlegen verwelkter Blätter bezeichnet hatte, zu lesen, und zwar am 18. Dezember um zweieinhalb Uhr, zur selben Zeit, da man dieses Bruchstück in Paris aufführen würde. Madame Charles F., die in einer Geschäftsangelegenheit ihres Gatten, der Genf nicht verlassen konnte, wiederkommen mußte, ließ mich wissen, sie freue sich darauf, diesem Konzert beizuwohnen, dessen Ankündigung in der musikalischen Welt ein gewisses Aufsehen erregte. Vierzehn Tage vergingen noch, ehe sie wieder kam, ohne daß ich einen Brief empfing, und ich beharrte darauf, nicht zu schreiben. Ich hielt es fast nicht mehr aus, da endlich, am 17. kam Madame Charles F. zurück und brachte mir folgenden Brief:

Genf, den 16. Dezember 1864.

Monsieur!

Ich hätte Ihnen schon früher für die freundliche Aufnahme gedankt, die Sie meinem Sohn und seiner Frau bereitet haben, wenn ich nicht andauernd unwohl und deshalb sehr faul gewesen wäre. Doch will ich meine Schwiegertochter nicht abreisen lassen, ohne Ihnen meinen Dank auszusprechen für alle die Vergnügungen, die Sie den jungen Leuten bereitet und womit Sie deren Abende so angenehm gestaltet haben. Suzanne übernimmt es, Ihnen über unser Leben in Genf zu berichten, wo ich meinesteils mich ebenso wohl fühlen würde wie in Lyon, wenn ich nicht auf dem Grunde meines Herzens das Bedauern fühlte, so fern zu sein von zweien meiner Söhne und einigen wahren Freundinnen, die an mir hingen und die auch ich zärtlich liebte. Ich danke Ihnen ferner für das Textbuch der »Trojaner« und für die Freude, die Sie mir mit den Baumblättern von Meylan bereiteten, die mich an die schönen Tage meiner Jugend und deren Freuden erinnern.

Am Sonntag werden mein Sohn und ich Ihr Werk zusammen lesen und in Gedanken Anteil nehmen an Ihrem Erfolg und am Genuß, den Suzanne beim Anhören Ihrer Musik haben wird.

Empfangen Sie die Versicherung meiner herzlichen Empfindungen.

Est. F.

Diesmal war es an mir, zu antworten:

Paris, Montag, den 19. Dezember 1864.

Als ich im vergangenen September durch Grenoble kam, besuchte ich einen meiner Vettern in Saint-Georges, einem verlorenen Ort in den rauhen Bergen auf dem linken Ufer des Drac, wo die Ärmsten der Armen leben. Die Schwägerin meines Vetters hat sich der Linderung so vieler Leiden gewidmet und ist der Schutzengel der Gegend. An dem Tag meiner Ankunft in Saint-Georges erfuhr sie, daß eine ziemlich entfernte Hütte seit drei Wochen ohne Brot sei. Sofort ging sie hin und wandte sich an die Mutter der Familie:

›Wie, Jeanne, Sie sind in Not und lassen mir nichts sagen! Sie wissen doch, daß wir den guten Willen haben, Ihnen so viel wie möglich zu helfen.‹

›Oh! Fräulein, es fehlt uns nichts. Wir haben doch Kartoffeln und etwas Kohl. Nur die Kinder mögen das nicht. Sie heulen und schreien und wollen Brot. Sie wissen ja, Kinder sind eben unvernünftig . . . ‹

Nun, liebe, gnädige Frau, auch Sie haben mit Ihrem Schreiben an mich ein gutes Werk getan. Ich hatte mir völlige Zurückhaltung auferlegt, um Sie nicht mit meinen Briefen zu ermüden, und wartete immer auf die Rückkehr Ihrer Schwiegertochter, um Nachricht von Ihnen zu erhalten. Sie kam noch immer nicht, und ich war am Ersticken, wie ein Mensch, der den Kopf im Wasser hat und ihn nicht herausziehen will ... Sie wissen ja, Kinder sind eben unvernünftig.

Und doch können Sie mir glauben, daß ich die Wirklichkeit nur zu gut kenne, daß ich nur zu sehr bei Vernunft bin und die Lektionen nicht nötig hatte, die mir wie heftige Dolchstiche ins Herz drangen. ... Nein, vor allem will ich Sie nicht beunruhigen, Ihnen nicht die geringste Unannehmlichkeit bereiten; ich werde Ihnen so selten wie möglich schreiben; Sie werden mir antworten oder auch nicht antworten. Einmal im Jahr werde ich Sie besuchen, nur so, wie man eben einen Besuch macht. Sie werden meine Gefühle verstehen und mir Dank wissen für alles, was ich vor Ihnen zu verbergen mich bemühen werde ...

Es scheint mir, daß Sie traurig sind, und das verdoppelt meine ...

Nein, von heute an will ich mir nicht mehr gestatten, meine Seelenqualen vor Ihnen auszubreiten. Reden wir von anderen Dingen.

Sie wissen vielleicht schon, daß die Aufführung des Aktes aus meinen ›Trojanern‹ gestern nicht stattgefunden hat. Das Komitee peinigte mich so ausgiebig, indem es bald diese, bald jene Streichung verlangte, daß schließlich mir wie den Sängern, die man um ihre Glanznummern brachte, die Geduld ausging und ich alles zurückzog.

Ich danken Ihnen, daß Sie so gütig waren, sich um zweiundeinhalb Uhr in Gedanken in den Konzertsaal zu versetzen und den ›Trojanern‹ Glück zu wünschen.

Während man mich in Paris in solcher Weise schikanierte, feierte man in Wien meinen Geburtstag (11. Dezember) durch die Aufführung eines Stückes aus meiner »Damnation de Faust«; und zwei Stunden danach schickte mir der Kapellmeister folgendes Telegramm: ›Alles Gute zu Ihrem Geburtstage. Soldaten- und Studentenchor im Konzert des Männergesangvereins aufgeführt. Ungeheurer Beifall. Da capo.‹

Die Herzlichkeit dieser deutschen Musiker hat mich viel mehr gerührt als mein Erfolg. Und ich bin gewiß, daß Sie es verstehen. Güte ist eben eine Kardinaltugend!

Am übernächsten Tag schrieb mir ein Unbekannter aus Paris einen sehr schönen Brief über die »Trojaner«, die er in einer Weise wertet, die ich Ihnen nicht zu wiederholen wage.

Mein Sohn ist soeben in Saint-Nazaire angekommen, nach einer beschwerlichen Fahrt bis Mexiko, auf der er sich auszuzeichnen Gelegenheit hatte. Er ist nun zweiter Kapitän des großen Schiffes La Louisiane. Er teilt mir mit, daß er demnächst wieder abreisen wird und unmöglich nach Paris kommen kann. Ich werde daher nach Saint-Nazaire fahren, um ihn in meine Arme zu schließen. Er ist ein braver Junge, der das Unglück hat, mir in allem zu gleichen, und sich mit den Banalitäten und Greueln dieser Welt nicht abzufinden weiß. Wir lieben uns wie Zwillingsbrüder.

Dies sind für den Augenblick alle Neuigkeiten, die sich auf mein äußeres Dasein beziehen. Meine alte Schwiegermutter (die ich nie zu verlassen versprochen habe) ist in aufmerksamster Weise um mich besorgt und fragt mich nach der Ursache der trüben Stimmung, die mich bisweilen befällt. Ich lese, oder vielmehr lese immer von neuem, Shakespeare, Vergil, Homer, ›Paul et Virginie‹, Reisebeschreibungen; ich langweile mich, ich leide entsetzlich an einer Neuralgie, die mich schon neun Jahre lang quält und der gegenüber alle Ärzte ihr Latein verlernt haben. Des Abends, wenn die Qualen des Herzens, des Körpers und des Geistes allzu stark sind, nehme ich drei Tropfen Laudanum und schlafe, so gut es gehen will. Wenn ich weniger krank bin und nur die Gesellschaft einiger Freunde nötig habe, besuche ich eine benachbarte Familie, die Familie des ausgezeichneten Geigers, Komponisten und Pädagogen Berthold Damcke, dessen Frau ein Engel an Güte ist; das sind zwei Herzen von Gold. Je nach der Laune, in der man mich sieht, macht man Musik oder plaudert, oder man rollt ein großes Kanapee an das Feuer, auf dem ich den ganzen Abend ausgestreckt liegen bleibe, ohne zu reden, meinen bitteren Gedanken nachhängend. . . .

Das ist alles, gnädige Frau. Ich schreibe nicht mehr, wie ich Ihnen, glaube ich, bereits gesagt habe; ich komponiere nicht mehr. Die musikalische Welt von Paris und vielen anderen Orten, die Art, wie man die Künste pflegt, die Künstler beschützt, die Meisterwerke ehrt, verursacht mir Übelkeit oder versetzt mich in Wut. Danach könnte man glauben, daß ich doch noch nicht tot bin . . .

Ich hoffe übermorgen die Ehre zu haben, Madame Charles F. (diese reizende junge Frau . . . trotz der ›Dolchstiche‹) und eine ihr befreundete Russin ins Théâtre Italien zu begleiten. Wir sollen, wenn möglich bis zum Schluß, die zweite Aufführung der Oper »Poliuto« von Donizetti über uns ergehen lassen.

Leben Sie wohl, gnädige Frau, mögen Sie nur freundliche Gedanken haben und Seelenfrieden und einen vollen Genuß des Glücks, das für Sie aus dem sicheren Bewußtsein entspringen sollte, sich von Ihren Kindern und Freunden geliebt zu sehen. Aber denken Sie auch bisweilen an die armen unvernünftigen Kinder.

Ihr ergebener

Hector Berlioz.

P. S. Es war ein guter Gedanke von Ihnen, daß Sie die Neuvermählten veranlaßt haben, mich in Paris aufzusuchen. Ich war betroffen von der Ähnlichkeit des Monsieur Charles F. mit der jungen Estelle, und ich habe mich so weit vergessen, daß ich es ihm sogar sagte, obwohl es nicht sehr schicklich ist, derartige Komplimente an einen Mann zu richten.

Einige Zeit nach Empfang dieses Briefes schrieb sie mir unter anderem folgendes: »Glauben Sie mir, daß ich nicht ohne Mitleid für die unvernünftigen Kinder bin. Nun habe ich aber stets gefunden, daß man, um sie zu beruhigen und zur Vernunft zu bringen, nichts Besseres tun könne, als sie zu zerstreuen und ihnen Bilder zu geben. Ich bin so frei, Ihnen eins zu schicken, das Ihnen die Wirklichkeit der Gegenwart vor Augen führen und die Illusion der Vergangenheit zerstören soll.«

Sie schickte mir ihr Bild! . . . Treffliche, verehrungswürdige Frau!

Hier halte ich inne. Ich glaube jetzt ruhiger leben zu können. Ich werde ihr bisweilen schreiben; sie wird mir antworten; ich werde sie besuchen; ich weiß, wo sie ist; man wird mich nie ohne Nachricht lassen über Veränderungen, die eintreten könnten, ihr Sohn hat mir sein Wort gegeben, er hat sich verpflichtet, mich von allem zu unterrichten. Vielleicht wird sie, trotz ihrer Scheu vor neuen Freundschaften, ganz allmählich wärmere Gefühle für mich entwickeln. Schon vermag ich die Besserung, die über mein Leben gekommen ist, zu empfinden. Die Vergangenheit ist nicht mehr völlig vergangen. Mein Himmel ist nicht mehr leer. Gerührten Auges blicke ich nach meinem ›Stern‹, der mir aus der Ferne sanft zuzulächeln scheint. Wohl liebt sie mich nicht; warum sollte sie auch? Aber es hätte sein können, daß sie nie mehr etwas von mir erfahren hätte; nun weiß sie wenigstens, daß ich sie anbete.

Ich muß mich darüber trösten, daß sie mich so spät erst kennenlernte, wie ich mich darüber tröste, Vergil nicht gekannt zu haben, den ich so sehr geliebt haben würde, oder Gluck oder Beethoven . . . oder Shakespeare . . . der mich vielleicht geliebt hätte. (Andererseits könnte das mich nicht trösten.) . . .

Welche der beiden Mächte kann den Menschen zu stolzeren Höhen erheben, Liebe oder Musik? . . . Das ist eine große Frage. Vielleicht ließe sie sich so beantworten: die Liebe kann keine Vorstellung von der Musik geben; wohl aber kann die Musik eine Vorstellung von der Liebe geben. . . . Warum auch die eine von der anderen trennen? Sie sind die beiden Flügel der Seele.

Wenn ich sehe, wie manche Leute die Liebe auffassen und was sie in den Schöpfungen der Kunst suchen, dann denke ich stets unwillkürlich an Schweine, die mit ihrem schmatzenden Rüssel inmitten der schönsten Blumen und am Fuß der großen Eichen die Erde aufwühlen, auf der Suche nach Trüffeln, ihrer Lieblingsnahrung.

Aber versuchen wir nicht mehr, an die Kunst zu denken ... Stella! Stella! Jetzt werde ich sterben können, ohne Bitterkeit und ohne Zorn.

1. Januar 1865.

Ende.

(1) Aus der Oper »Nina ou la Folle par Amour«. Auf den Komponisten d'Aleyrac (1753–1809), von dem u. a. eine Vertonung von Shakespeare's »Romeo und Julia« stammt, kam Berlioz in seinen Musikfeuilletons mehrfach zu sprechen.

(2) »Doch lang schon nährt die Königin ihr Liebesleid«

(3) »Sie suchte am Himmel das Licht und seufzte, als sie es fand«

(4) Der Vetter zitiert eine Zeile aus Racine's »Athalie«, Berlioz setzt den Vers fort.

(5) In revidierter Form blieb das »Resurrexit« allerdings erhalten (Umarbeitung 1831); außerdem ging einiges vom musikalischen Material in das Finale des zweiten Aufzugs von »Benvenuto Cellini« ein.

(6) Fürst Lichnowsky war Mitglied der Frankfurter Nationalversammlung und galt als relativ liberal, was die Bluttat noch um einiges unsinniger macht. Offenbar hat Berlioz durch diese grausige Episode (deren Einzelheiten wahrscheinlich durch einen Teil der Presse aufgebauscht worden waren) seine letzten Sympathien für die revolutionäre Bewegung, der er 1830 noch zugejubelt hatte, verloren. (Später, nach dem Staatsstreich Louis-Napoléons, bekannte er sich sogar als »durch und durch kaisertreu«; er werde nie vergessen, heißt es weiter in einem Brief 1854, »daß unser Kaiser uns von der blöden, dreckigen Republik befreit hat ... Leider ist er in Dingen der Kunst ein Barbar, aber was tut's – er ist eben ein barbarischer Befreier ...«)

(7) »Musikakademie« war stets die offizielle Bezeichnung für die Grand-Opéra.

(8) Das Originalzitat aus »La Vie d'un joueur« von Ducange und Dinaux lautet: »Ah, du hast Gold! Nun, mein Lieber, da müssen wir uns zusammentun ...«

(9) Mit solchen Chorfugen hat Berlioz sich wiederholt auseinandergesetzt, mal ernsthaft, mal ironisch. Erinnert sei auch an die witzige Parodie auf eine ›Amen‹-Fuge in »Damnation de Faust«.

(10) Diese Angaben sind nicht ganz korrekt. Daß Beethoven und Reicha Studienkollegen gewesen sein sollen, wird vielfach bezweifelt; hingegen haben beide im Bonner Orchester gespielt, Beethoven die Bratsche, Reicha die Flöte. Und verbürgt ist, daß Beethoven nicht nur viel von Reicha als Musiker hielt, sondern auch von seinem Wesen sehr eingenommen war. Umgekehrt ist über Reichas Beziehung zu Beethoven nichts Authentisches bekannt.

(11) Mit dem »Andante« kann Berlioz nur das Allegretto, den zweiten Satz aus der VII. Symphonie gemeint haben. Dies war das einzige Beethovensche Orchesterstück, das damals in Paris mit einiger Regelmäßigkeit aufgeführt wurde und das, wie Berlioz an anderer Stelle berichtet, beim Publikum Erfolg hatte.

(12) Die »Nachtigall« stammt von Lebrun, »Les Prétendus« von Lemoyne, die »Karawane aus Kairo« sowie »Panurge« von Grétry, der »Wahrsager auf dem Dorfe« von J. J. Rousseau und »Lasthénie« von Hérold.

(13) Die Protagonisten der Uraufführung des Werkes 1752.

(14) Rousseaus Werk wurde erst 1829 endgültig abgesetzt; die Opernbesuche, die Berlioz hier beschreibt, fanden jedoch zwischen 1824 und 1826 statt. Ent-

weder war die Vorstellung, von der die Rede ist, nicht die letzte, oder die Geschichte mit der Perücke ist, wie manche Forscher behaupten, eine Erfindung.

(15) Tatsächlich hatte Harriet Smithson einen großen Erfolg in Frankreich, mehr noch als der *Star* der Truppe, Charles Kemble, und mehr als in England, wo sie kein nennenswertes Renommé gehabt haben soll (vielleicht wegen ihrer unverkennbar irischen Aussprache?).

(16) Im Original ist die Niederschrift dieses Gesprächs noch um einiges grotesker, weil Berlioz auch Cherubinis komische Aussprache des Französischen eingebracht hat (»Mais qué zé vous dis qué zé ne veux pas qué vous donniez cé concert ...«).

(17) Eine Abschrift der Partirur wurde später wieder aufgefunden. Ebenso ist die Orpheus-Kantate erhalten geblieben.

(18) Berlioz muß sich hier auf dubiose Quellen gestützt haben. Ein authentischer Ausspruch Haydns im Sinne der Lesueurschen Bemerkung ist nicht überliefert und würde auch nicht mit seiner Haltung in Fragen der Kunst übereinstimmen. Man weiß hingegen, daß er viel von Beethovens kompositorischer Begabung hielt. Möglich, daß der schlaue Cherubini den Haydn-Ausspruch erfand und in Umlauf setzte.

(19) Berlioz vergißt, daß es die Bildhauer, Architekten etc. waren, die ihm 1828 im zweiten Wahlgang zu einem Preis verhalfen, während die Mehrheit der Musiker bereits sein Stück verworfen hatte (siehe auch Anmerkung 22).

(20) Der Reimeschmied, der auch die Verse zur »Herminia«-Kantate im Vorjahr (nach Tassos »Gerusalemme liberata«) verfaßt hatte, hieß – nomen est omen? – Vieillard.

(21) Aber ohne die Morgenröte-Verse Vieillards. Berlioz ersetzte sie zunächst durch nicht-semantische Wortbildungen (im Sinne der »Phonetischen Poesie« unseres Jahrhunderts); als er jedoch für diese Texte eine bessere Verwendung im Pandämonium von »Damnation de Faust« fand, schrieb er zum Schatten-Chor neue Verse (siehe Kapitel 44).

(22) Talent scheint Mme. Dabadie, den Berichten zufolge, ohnehin nicht gehabt zu haben. Zwar mußte sie kurzfristig für die Sängerin, die ursprünglich vorgesehen war, einspringen, aber sie soll die Musik derartig verstümmelt haben, daß einige Jury-Mitglieder (der Maler Ingres, der Bildhauer Pradier u. a.) es als Ungerechtigkeit gegen Berlioz bezeichneten, wenn die Mehrheit seine Komposition auf Grund einer so unzulänglichen Aufführung als preisunwürdig ablehnte.

(23) Gemeint ist Ferdinand Hiller (1811–1885), Komponist, Dirigent und Pianist, der später in Köln lebte und zu den Gründern des dortigen Konservatoriums gehörte. Die junge Dame ist Marie Moke, genannt Camille, eine Pianistin, die bei Herz, Moscheles und Kalkbrenner studiert hatte.

(24) Der Herzog von Modena lud Menotti und seine Partisanen unter dem Vorwand, er erwäge, mit ihnen gemeinsam gegen die Österreicher zu kämpfen, zu Verhandlungen ein und ließ sie hinrichten.

(25) Mit P. ist Camille Pleyel gemeint, der Sohn des Klavierfabrikanten, Musikalienhändlers und Komponisten Ignaz Pleyel (1757–1831). Die Mutter der Marie Moke hatte erfolgreich gegen Berlioz, der sich vor der Romreise mit Marie verlobt hatte, intrigiert und den jungen, vermögenden Pleyel zum Schwiegersohn ausersehen. Die Ehe ging sehr bald in die Brüche.

(26) Nizza gehörte noch zu Italien, genauer: zum Königreich Sardinien, aus

dem später das geeinte Italien hervorging. Die Episode, die Berlioz hier erzählt, darf wohl nicht für bare Münze genommen werden. Gewiß hat er sich auf der Reise diese Schauerszene in allen Einzelheiten ausgemalt, inclusive Verkleidung, wenn auch kaum anzunehmen ist, daß er sich tatsächlich zweimal Frauenkostüme kaufte. Wahrscheinlicher ist, daß er, wie er in dem Brief an Vernet andeutete, einen Selbstmordversuch machte, d. h. sich ins Meer stürzte und rechtzeitig gerettet wurde.

(27) Was Berlioz nicht wußte – Programmhefte gab es nicht, und Publikationen über Opernlibretti wären undenkbar gewesen – war, daß Romani die Shakespearesche Dramatisierung des Stoffes gar nicht benutzt hatte (vielleicht nicht einmal kannte). Seine Quellen waren Bandellos Version (in »Le novelle«, 1554) sowie einige zeitgenössische italienische Theaterstücke, die ebenfalls wenig mit Shakespeare zu tun hatten.

(28) »Er ist wahrhaftig kein Kastrat!«

(29) »Machen Sie keine Witze! Damit Sie's wissen, Sie Eselsköpfe, dieser wunderbare Stimmvirtuose ist mein *Mann*!«

(30) Berlioz fügte zunächst dem im Februar 1832 entstandenen Stück ein Cello-Solo zu (in dieser Form wurde es im Dezember 1832 aufgeführt). 1834 vollendete er die erste Orchesterfassung. Um 1848 arbeitete er die Komposition um; eine dritte Version, wiederum mit einigen Änderungen, erschien später im Druck.

Außer Berlioz hat wohl unter den bedeutenden Komponisten nur Mahler so ausgiebig an einmal abgeschlossenen Kompositionen gefeilt und revidiert.

(31) Berlioz verließ Rom am 2. Mai. Er hätte bis Ende des Jahres (1832) in Rom bleiben müssen und durfte sich daher in Paris nicht sehen lassen. (Vermutlich hatte er Vernets geheimes Einverständnis.)

(32) »Es ist eine Jungverheiratete, die heute mittag starb.«

(33) »Leb' wohl, leb' wohl, du schöne, verlassene Gattin! Trauernder Schatten, jetzt vielleicht getröstet! Verzeih einem Fremden die frommen Tränen auf deiner bleichen Hand. Er wenigstens weiß, was beständige Liebe und Anbetung der Schönheit bedeuten.«

(34) Angst und Trauer, Qual und Bangen / Alles Leid hielt sie umfangen / Das nur je ein Herz durchdrang (offizielle Übersetzung).

(35) Diese Melodie verwendet Berlioz später in der Höllenritt-Szene von »Damnation de Faust«, wobei er die *schlechte Prosodie* verbesserte und korrekte Betonungen herstellte.

(36) Berlioz hat offensichtlich vergessen, an früherer Stelle anzumerken, daß er vor seiner Rom-Reise bereits sich mehrfach seiner *fair Ophelia* genähert und sie mit Liebesschwüren überschüttet hatte. (In Briefen an die Eltern 1829 ist sogar von Heiratsabsichten die Rede). Gewiß war er auch in die Rue Richelieu nur deshalb gezogen, weil Harriet im Haus gegenüber wohnte.

(37) haro = Zeter und Mordio, auch: »Haltet den Dieb«.

(38) Gemeint ist die Stadt in Algerien.

(39) Die meisten Berlioz-Biographen nehmen an, daß die Geschichte mit der Schnupftabakdose erfunden ist. Ihr Hauptargument stützt sich auf die Tatsache, daß die Presse, die doch einen solchen Vorfall gewiß aufgegriffen hätte, nach der Aufführung nichts davon berichtete. Doch wer, außer denen, die ganz nahe beim Dirigenten saßen und ihn gerade beobachteten, konnte den Vorfall überhaupt wahrnehmen? Noch dazu in dem riesigen Invaliden-Dom? Und

Habeneck pflegte ohnehin gern zur Tabaksdose zu greifen, mitten in einem Symphoniesatz, so daß selbst jene, die den Vorfall beim »Requiem« bemerkten, vermutlich keine Notiz davon nahmen. Doch entscheidender könnten zwei Augenzeugenberichte sein, die sich allerdings widersprechen. Der Dirigent Charles Hallé, Gründer des nach ihm benannten Orchesters in Manchester, hat in seinen Erinnerungen die Episode genau so geschildert wie Berlioz. Dagegen steht das leider nicht direkt, sondern durch einen Dritten vermittelte und daher möglicherweise dubiose Zeugnis des irischen Pianisten George Osborne, der, laut Charles Stanford, während der Aufführung neben Berlioz gesessen hatte und später erzählte, das Konzert sei völlig normal verlaufen; überdies habe Berlioz ihm gegenüber zugegeben, die Geschichte sei erfunden. (Doch hat er bessere und pointiertere Geschichten erfunden als diese.)

(40) Rosine Stoltz (nicht zu verwechseln mit Teresa Stolz, die eine Rolle in Verdis Laufbahn spielte) war mit Léon Pillet liiert, der später Direktor der Opéra wurde. Sie galt als graue Eminenz, Berlioz nannte sie »die Directrice des Direktors«, und es läßt sich denken, daß eine solche (angebliche oder faktische) Machtposition ihrer Karriere eher schadete als nutzte. Es kam so weit, daß sie in einer Vorstellung (30. 12. 1846) ausgezischt wurde, woraufhin sie wilde Flüche ins Publikum geschleudert haben soll. Das war das Ende ihrer Pariser Laufbahn, und kurze Zeit darauf mußte auch Pillet seinen Abschied nehmen.

Berlioz scheint sie als Sängerin geschätzt zu haben, aber er zog sich ihren Haß zu, als er einmal schrieb, sie solle aufhören, Pagenrollen zu übernehmen, dafür sei sie nicht mehr schlank genug. Später versöhnten sie sich, und die Stoltz hoffte wohl auf die Partie in den »Trojanern«, aber zu diesem Zeitpunkt (1863) war ihre Stimme bereits verbraucht.

(41) Der Paganini-Brief lautet in deutscher Übersetzung: »Mein lieber Freund! Nachdem Beethoven tot ist, kann er nur mehr in Berlioz auferstehen. Seit ich Ihre göttlichen, Ihres Genius würdigen Kunstwerke genossen habe, halte ich es für meine Pflicht, Sie zu bitten, als Zeichen meiner Ehrerbietung 20 000 Francs annehmen zu wollen, die Ihnen Baron de Rothschild gegen Vorweisung des beiliegenden Schreibens aushändigen wird. – Stets Ihr herzlich ergebener Freund – Nicolo Paganini«.

(42) Natürlich verbreitete sich die Kunde von Paganinis großmütiger Tat sehr rasch, und da er nicht weniger Feinde hatte als Berlioz, kamen bald die merkwürdigsten Gerüchte in Umlauf: Paganini sei viel zu geizig, um eine so hohe Summe einfach wegzuwerfen, dazu noch für einen Komponisten, und das ganze sei ein Bluff – oder: er habe zwar das Geld weggeworfen, aber nur um zu beweisen, daß er nicht geizig sei (was ihm ohnehin niemand glaube) – oder: er habe nur als Mittelsmann für den Verleger Bertin gehandelt, der in Wirklichkeit der Spender sei, aber anonym bleiben wolle, etc. Man stelle sich Paganini als »Boten« vor! Und dennoch wurde derlei selbst Jahrzehnte später gern kolportiert.

(43) Die drei Aufführungen hatten in den Monaten November/Dezember 1839 stattgefunden. Paganini, bereits todkrank, konnte nicht mehr reisen; er starb am 27. Mai 1840.

(44) Heinrich Ernst (1814–1865), böhmischer Geiger und Komponist, von Berlioz hoch geschätzt. Spielte häufig das Bratschen-Solo in »Harold« und setzte sich als Primarius eines Streichquartetts für die (damals noch als »un-

spielbar« und »unverständlich« geltenden) letzten Beethoven-Quartette ein. – Joseph-Louis d'Ortigue (1802–1866), Musikhistoriker und Journalist, Autor mehrerer Bücher und Spezialist für Kirchenmusik. War eng mit Berlioz befreundet und wurde sein Nachfolger als Musikkritiker am »Journal des Débats«.

(45) Berlioz irrt sich im Datum; statt Ende 1840 müßte es heißen: September 1842. (Die Einladung nach Brüssel war bereits 1840 erfolgt; daher vielleicht die Verwechslung.)

(46) Grund zur Eifersucht hatte Harriet allerdings schon, bevor er sich eine Reisegefährtin (Maria Recio, seine spätere zweite Frau) zugelegt hatte. Eine Zeitlang muß er die Frauen so rasch gewechselt haben, daß Harriet nicht Schritthalten konnte; war sie einer »Nebenbuhlerin« auf die Spur gekommen, schwor er, daß er mit der betreffenden Dame nichts hatte, und es war kein Meineid, da er bereits mit einer anderen buhlte.

Auch die Recio sollte ihm Sorgen bereiten. Sie »sang wie eine Katze« und bestand darauf, in allen seinen Konzerten aufzutreten. Er muß geniale Strategien entwickelt haben, um ihre Auftritte auf ein Minimum zu reduzieren, oder gar eine Reise ohne sie zu unternehmen (1847 London). Daß er sie nach Harriets Tod (1854) heiratete, geschah mehr aus Pflichtgefühl als aus Neigung. Den Berichten zufolge muß sie eine äußerst querulante Person gewesen sein, und sie trug wohl auch die Hauptschuld daran, daß Berlioz' freundschaftliche Beziehungen zu Liszt, Wagner u. a. getrübt wurden bzw. in die Brüche gingen.

(47) Dieses Konzert fand am 1. 11. 1840 statt, also lange vor der Brüsseler Reise.

(48) Der Pariser Isaac Strauss (1806–1875, Konzertmeister am Theatre-Italien und Leiter der führenden Tanzorchester) wäre nicht so leicht mit dem Wiener Johann verwechselt worden, hätte man nicht, wie es bis in unser Jahrhundert hinein üblich war, bei prominenten Persönlichkeiten so diskret die Vornamen verschwiegen. Andererseits könnten heutige Leser den Wiener »Walzerkönig« Johann Strauß, von dem Berlioz später noch ausführlich spricht, mit einem anderen Wiener Johann Strauß verwechseln, der ebenfalls Walzerkönig genannt wurde, nämlich den Vater mit dem Sohn. Und hier handelt es sich um den Vater, dessen Nachruhm zu Unrecht durch den des Sohnes überschattet wurde.

(49) Teresa und Maria, zwei Wunderkinder auf der Geige.

(50) Die Opernorchester waren selbst in den Metropolen zumeist zweitrangig; das hing mit dem einseitigen Interesse für das Gesangliche zusammen; der Instrumentalpart wurde kaum wahrgenommen.

(51) Narcisse Girard (1797–1860), Geiger und Dirigent, zuerst ein Berlioz-Anhänger, später, als Dirigent der Konservatoriums-Konzerte und an der Opéra, sein Feind.

(52) Helen McGregor, die Frau des Rob Roy in Walter Scott's gleichnamigem Roman.

(53) Heinrich Bärmann war ein vielgerühmter Klarinettist, für den Carl Maria v. Weber das Concertino und die beiden größeren Klarinettenkonzerte geschrieben hatte. Er war Mitglied des Münchner Orchesters und versuchte mehrfach, Gastkonzerte für Berlioz zu arrangieren. 1854 ergaben sich Möglichkeiten, aber dringende Angelegenheiten hielten B. in Paris zurück, und München gehört zu den wenigen größeren deutschen Städten, die er nie besucht hat.

(54) Bedeutender französischer Cellist, Konzertmeister beim Conservatoire-Orchester und zu jenen Musikern gehörend, auf die Berlioz sich verlassen konnte.

(55) Irischer Pianist, Komponist und Verleger, der reges Interesse für Berlioz zeigte.

(56) Thomas Alsager (1779–1846). Mit-Herausgeber der »Times« und Redakteur der Börsenseite sowie des Musikteils, Journalist, Kritiker, Gründer der »Beethoven Quartet Society«, Mäzen, Organisator von privaten und öffentlichen Konzerten etc., scheint tatsächlich, wie Berlioz andeutet, einen enormen Einfluß auf das Londoner Musikleben gehabt zu haben. B. wohnte bei seinen Londoner Besuchen zumeist im Haus der »Beethoven Quartett Society« (76 Harley Street) und hörte 1850, zumindest zum Teil, den von der Society veranstalteten Gesamt-Zyklus der Beethovenschen Quartette, mit Heinrich Ernst am ersten Pult; einen ausführlichen und begeisterten Bericht über den Zyklus und die Aktivitäten der Society veröffentlichte er am 31. 5. 1851 im ›Journal des Débats‹, und es ist zu bedauern, daß er in seinen Memoiren auf seine Londoner Aufenthalte (und damit auch auf die Nachwirkungen der fruchtbaren Tätigkeit Alsagers) kaum eingeht.

(57) Im Jahr 1853 verklagte ein polnischer Graf die Direktion der Opéra wegen Vorspiegelung falscher Tatsachen: er hatte ein Billet für eine »Freischütz«-Aufführung gekauft, aber was er hörte, war eine völlig verstümmelte Version des Werkes. Der Anwalt der Opéra machte sich die Tatsache zunutze, daß Berlioz seinerzeit die Rezitative hinzukomponiert hatte, und schob ihm kaltblütig die Schuld zu. Die Presse, anstatt die Dinge richtigzustellen, unterstützte den Anwalt, und B. war plötzlich nicht mehr der »blinde Anbeter« von Meisterwerken, sondern deren skrupelloser »Bearbeiter«.

(58) Louis-Philippe hatte gerade zu jener Zeit einen versöhnlicheren, weniger chauvinistischen Kurs in der Außenpolitik eingeschlagen.

(59) Otto Nicolai (1810–1849), nur noch bekannt als Komponist der »Lustigen Weiber« (der aber, neben der von Berlioz erwähnten Oper, eine Reihe weiterer interessanter Werke geschrieben hat, die es verdienten, der Vergessenheit entrissen zu werden), verließ 1847 Wien, wo er kaum recht gewürdigt wurde, und wechselte nach Berlin über; dort wurde er Dirigent an der Hofoper und Leiter des Domchors. Sein früher Tod verhinderte eine volle Entfaltung der – von B. rasch erkannten – außerordentlichen Begabung.

(60) Hellmesberger junior wiederum war der Vater des als Hofkapellmeister, Dirigent bei der Gesellschaft der Musikfreunde und Brahms-Intimus bekannten Joseph H. sowie Großvater des Komponisten beliebter Operetten und Ballettmusiken, ebenfalls Joseph. Auch gab es in der dritten Generation einen weiteren Geiger und in der vierten einen Cellisten, so daß das Hellmesberger-Quartett, das von 1849 bis 1901 existierte, zeitweise zu 75 % mit Familienmitgliedern besetzt war.

(61) Die Vereinigung der rivalisierenden Städte Pest und Buda fand erst viel später statt.

(62) »Lasset die Kindlein zu mir kommen.«

(63) Ferencz Erkel (1810–1893) galt als »der« ungarische Nationalkomponist. Außer den beiden von B. erwähnten Opern, die auch außerhalb Ungarns bekannt wurden, hat Erkel zahlreiche Lieder im ungarischen Volkston geschrieben.

(64) B. meint wahrscheinlich den Can-Can, der für kurze Zeit in Paris verboten war.

(65) Der Original-Kalauer, der durch den Gleichklang des ungarischen »hony« und des französischen »honni« inspiriert ist, lautet: L'écrivain hony fut honni. Er läßt sich natürlich nicht direkt ins Deutsche übertragen.

(66) August Wilhelm Ambros (1816–1876): bedeutender Musikhistoriker und Vorkämpfer der neuen Strömungen in der Kunst, zugleich einer der frühesten Forscher auf dem Gebiet der mittelalterlichen Musik.

(67) Eine dieser Affairen, mit der polnischen Gräfin Hanka, führte später, einige Monate vor seinem Tod, zur Heirat.

(68) Sicher ist Joh. Seb. Bach gemeint. Warum Berlioz den Namen verschweigt, ist schwer zu ergründen. Er hat nie einen Hehl daraus gemacht, daß ihm Bach fremd war, und Ehrfurcht vor geheiligten Kulturgütern kannte er wahrlich nicht.

(69) Eine Art Harmonium.

(70) In Petersburg hatte Berlioz eine offenbar sehr intensive Liebesaffaire mit einer Dame vom Opernchor gehabt, deren Verlobter zu jener Zeit auf Reisen war. Dessen Rückkehr, oder auch nur die Ankündigung seiner Rückkehr, mag der Grund dafür gewesen sein, daß ihn (Berlioz) »nichts mehr in Petersburg zurückhielt«.

(71) In Walter Scott's Roman »Guy Mannering«.

Abbot, William, 91
Abd-el-Kader, 294
Adam, Adolphe, 485
Æschylus, 465
d'Alembert, 11
Alexander, der Große, 3, 102
Alexandra Feodorovna, 414, 420, 430, 440
Alexandre, Edouard, 502
d'Aleyrac, 4, 20
Alizard, 67, 274, 338
Alsager, 333
Ambros, 382 f
Amussat, 18 f, 340, 350 f
Andrieux, 19, 24 f
Anna, Kaiserin von Österreich, 373
Artôt, 272
Assmayer, 368 f
Auber, 32, 344, 485
Aubrée, Mme d', 100
Aufidius, 179
Augusta, Prinzessin von Preußen, 3, 7, 323, 439 f

Bach, 248, 268, 275, 296, 313 ff, 330, 357, 402
Bacher, J., 369 f
Baermann, 276
Baillot, 52, 54
Balfe, 447 f
Balochino, 360, 369
Balzac, 215, 415 f, 512
Barbier, Auguste, 102, 218, 324
Barbier, Jules, 344
Bart, Jean, 279
Barthe, 370
Barthe-Hasselt, Mme, 358, 360 f
Baumeister, 437
Beale, 468
Beccaria, 186
Becher, 370
Beethoven, 44 f, 58, 62 f, 74 ff, 79 f, 89, 140, 159, 164 f, 188, 192 ff, 203, 244, 251, 257, 260, 271, 286, 294, 304, 326, 329 f, 344, 348, 355, 357 f, 363 f, 366 ff, 395, 397 f, 401, 408, 435, 444, 471, 477, 504, 525
Bellini, 131 f, 134, 185, 267, 365
Belloni, 407
Bénazet, 474, 498, 501
Bennet, 171 ff
Benoist, 446
Ber, 487
Béranger, 103
Bérat, 350
Bergeron, 236
Bériot, 421
Berlioz, Adèle (Berlioz' Schwester), 4, 8, 35 f, 450 ff, 460, 505
Berlioz, Louis (Berlioz' Vater), 4 ff, 7, 10 ff, 18, 21, 33 f, 36 f, 39, 47, 124, 188, 416, 442, 450 ff, 456
Berlioz, Louis (Berlioz' Sohn), 6, 221, 223, 341, 442, 450, 453, 461 f, 464, 473, 504 f, 523 f
Berlioz, Louise Virginie (Berlioz' Schwester), 4
Berlioz, Marguerite Anne Louise (Nanci), (Berlioz' Schwester), 4, 8, 12 f, 20, 35 f, 450 ff, 460 f
Berlioz, Marie Antoinette Josephine (Marmion), (Berlioz' Mutter), 3, 5, 8 ff, 33 ff, 442, 450
Berlioz, Nanci, siehe Berlioz, Marguerite Anne Louise
Berlioz, Prosper (Berlioz' Bruder), 4
Bernard, General, 206, 208
Bernetti, Cardinal, 118
Bertin, Armand, 205, 215, 223, 442
Bertin, Louis François, 205, 213, 216, 223, 343, 413
Bertin, Louise, 216 f, 294 ff, 299, 302
Berton, 47, 75
Beyle, Henri, 143
Bézard, 178
Bichat, 19
Bienaimé, 212
Bigottini, Mlle, 20, 54
Billing, Baron von, 253
Bishop, Sir Henry, 448
Blanc, Charles, 216
Blanc, Louis (Bruder), 216
Bloc, 72 f, 98
Bocage, 192, 194
Boehm, 369
Boeticher, 301, 306, 313, 322, 439
Bohrer, Anton, 238, 286, 328 ff, 331
Bohrer, Max, 286, 329, 429
Bohrer, Sophie, 329 f
Boïeldieu, 47, 75, 93 ff, 113
Boileau, 108, 405
Bonaparte, Jerome, 253
Bonaparte, Louis, 134
Bonaparte, siehe Napoleon I.

Bordogni, 57, 210
Borzaga, 368
Bossuet, 478
Bouché, 335
Branchu, Mme, 19, 55, 361, 380
Brizeux, 463
Broadwood, 468
Broderotti, 500
Brooke, Rajah, 521
Buloz, 390
Byron, 116, 139, 201, 374

Cabel, 496
Caligula, 372
Calzabigi, 186
Canaris, 116
Canova, 154
Cantal, 239
Capitaine, Mlle, 243 f
Caraffa, 478
Carné, 77 ff
Carus, 275
Carvalho, 470, 491 ff
Castil-Blaze, 56 f, 60 ff, 213, 336
Catel, 12, 47, 75
Caussinus, 396
Cazalès, 77
Cecilia Metella, 137
Cellini, Benvenuto, 126, 217, 219, 298
Cervantes, 167, 454
Changarnier, 151
Charbonnel, Antoine, 39, 42 f, 47
Charton-Demeur, Mme, 492, 495 ff, 500
Chateaubriand, 24, 27
Chélard, 262 ff
Chenavard, 181
Chénié, 52, 54
Cherubini, 23, 31 ff, 38, 47, 69, 71, 73, 75, 81, 83, 88 f, 111 ff, 185, 189, 202, 205 f, 208, 210 ff, 215 f, 390, 477
Chollet, 343
Chopin, 195, 330, 435 f
Choron, 72
Choudens, 497, 501
Cibber, 62
Cicero, 147
Cimarosa, 295
Claudet, 329
Claudius, Mlle, 405 f
Columbus, 132
Coriolanus, 179
Corneille, 62, 464, 478
Cornet, Mme, 293
Costa, 63, 468, 479
Courrier, 173
Cramer, 330
Crespel, 436
Crispino, 147 f, 150, 152 f, 170
Custine, 391
Czartoryski, Prinz, 368
Czartoryski, Prinzessin, 368

Dabadie, Mme, 95
Damcke, 433, 494, 524
Damrémont, 205 f, 228
Dantan, 137, 165
Dante, 132, 144 f
Dauverné, Brüder, 236
David, Ferdinand, 271 f, 281, 469
Deak, 381
Debay, 178 ff
Delacroix, Eugène, 465
Delanoie, 178, 180
Delavigne, Germain 447
Delécluse, 213
Delessert, 340, 342 f, 349
Dérivis, 19, 25
Deschamps, Emile, 225
Desmarest, 313, 315, 321, 324
Dessauer, 335, 338, 370
Devienne, 11
Devrient, Mme, siehe Schroeder-Devrient, Mme
Dieppo, 348
Dietsch, 445
Dobré, Mlle, 335
Döhler, 330
Dolgorouki Prinzessin Olga, 430
Donizetti, 159, 170, 183, 293, 360, 447, 523
Dorant, 12 f
Dorval, Mme, 196 f, 308, 464
Dotzauer, 282
Dreyschock, 370, 404, 434
Drouet, 11
Dubœuf, Estelle (Mme Fornier), 8 ff, 91, 205, 453 ff, 466, 504 ff
Duc, 137
Duchâtel, 343, 350
Ducis, 140
Duesberg, 273
Dufeu, Constant, 165
Dugazon, Mme, 20
Dumas, Adolphe, 345, 348
Dumas, Alexandre, 68, 196 f
Dumas, Alexandre, Sohn, 247
Duplantys, 390

Duponchel, 210, 218, 220, 389, 441 ff, 445 f
Dupont, Alexis, 72, 89, 198, 220
Duprez, 72, 208, 210, 216, 220, 335 ff, 343, 364
Durst, 368

Eleanora, Prinzessin, 177
Elisabeth, Königin von England, 327
Elisabeth, Königin von Preußen, 318
Elleviou, d', 95
Elssler, Johann, 301, 320 f
Elssler, Fanny, 301
Emil, Prinz von Hessen-Darmstadt, 332
Erckl, 379
Erl, 360, 363
Ernst August, König von Hannover, 328, 441
Ernst 226, 276 f, 281, 283 f, 367, 431 f, 434 ff
Esser, 364
Euripides, 166
Eybler, 369

Falcon, Mlle, 217, 308
Fel, Mme, 51
Ferdinand I, Kaiser, 357, 368, 370
Feredy, 380
Ferlotti, Mme, 131
Ferrand, Humbert, 27, 37 ff, 77 f, 79, 352 f, 361 f, 364, 372 f, 379, 382, 391, 399, 408
Ferranti, Zani de, 230 ff
Fétis, 62, 73, 100, 188, 192 ff, 230 ff, 393, 477
Fiorentino, 494
Firmin, 196
Fischhoff, Joseph, 369
Flacheron, Isidore 147, 176
Flacheron, Mariuccia, 147, 176
Fleury, 121 f
Florian, 8, 14, 25, 456
Flotow, 369
Fornier, Casimir, 515
Fornier, Charles, 510, 515, 517 ff, 525
Fornier, Estelle, siehe Dubœuf, Estelle
Fornier, Suzanne, 517, 522
Franconi 351
Frankoski, 226
Freudenthal, 286
Friedland, 413
Friedrich Barbarossa, 356
Friedrich Wilhelm IV., König von Preußen, 301, 313, 316, 318, 323, 369, 414, 420, 437, 439 ff
Friedrich der Große, 316
Friedrich August II., König von Sachsen, 378 f

Gallemberg 158
Gandonnière, 409
Ganz, Leopold, 321, 323
Ganz, Brüder, 296, 300
Gardel, 44
Garrez, 178
Garrick, 63
Gaspard, 315
Gasparin, Adrien, 202 f, 208 f, 210, 227
Gasparin, Agénor, 202 f
Gasperini, 494
Gatayes, Léon, 235
Gathy, 438
Gautier, Mme, 8 f, 454, 457
Gay-Lussac, 19
Genast, 264
Genista, 429
Georg V., König von Hannover, 474 f
Gerono, 21 f, 25
Gibert, 176 f
Girard, 100, 196, 199, 201, 237, 247, 249, 254 f, 443, 445, 471, 479
Girardin, 230, 236
Girardin, Mme de, 236
Glinka, 428
Gluck, 14, 19 f, 24 f, 32, 48, 51 ff, 56, 62, 64, 76 f, 79, 83, 164 f, 186, 234, 251, 267, 302, 304, 309 ff, 345, 355, 369, 387, 390, 441, 444, 449, 477, 486, 525
Goethe, 96 f, 111, 140, 263, 269, 409 f
Gordigiani, 393, 395
Gossec, 25
Gounet, 196
Gounod, 446
Gras-Dorus, Mme, 220
Grasset, 110
Grassi, 429
Graun, 315 f
Graziani, 430
Grétry, 62, 76
Griepenkerl, Robert 292, 331
Grisar, 446
Grosser, Mlle, 387
Guédéonoff, 419, 431
Guhr, 242 f, 245 f, 247, 250, 262, 322, 332
Guiccioli, Gräfin, 139

Guillon, 52
Gye, 448

Habeneck, 62 f, 74, 77, 111, 125, 191, 193, 199, 202, 206 ff, 210 f, 216, 218 f, 227, 229 f, 232 f, 235 ff, 302, 308, 311, 343, 401, 479, 483
Hähnel, Mlle, 301, 313, 323 f
Hainl, Georges, 502
Haitzinger, 244
Halévy, Jacques, 208 f, 345, 348, 350, 446, 485
Halévy, Léon, 142
Halma, 354
Hampton, Mrs., 326
Händel, 76 f, 234, 330, 357, 402
Harel, 390 f
Haslinger, 433 f
Hasse, Faustina, 284
Hasse, Johann Adolf, 283 f
Hasselt, Mme, siehe Barthe-Hasselt, Mme
Haydn, Joseph, 14, 48, 75 f, 251, 260, 355, 357 f, 368, 404
Haydn, Michael, 368
Heine, Heinrich, 284 ff, 287, 290 ff, 470, 481 f
Heine, Solomon, 294
Heller, Stephen, 265, 273, 275, 504
Hellmesberger, Georg, 368
Hellmesberger, Georg, junior, 368
Hennig, 300
Henrietta Maria, Königin von England, 478
Henri IV., König von Frankreich, 37
Herder, 249, 263
Hesse, 408
Hetzel, 413
Hiller, Ferdinand, 100, 111, 246, 262
Hoffmann, E. T. A., 387
Hohenzollern-Hechingen, Fürst von, 253 ff, 498 f
Holland, 432
Homer, 374, 524
Horace, 6, 146, 177, 355
Hortense, Königin von Holland, 134
Horwath, 377 f, 381
Hottin, 32
Hoven, siehe Wesque
Huet, 91
Hugo, Victor, 66, 68, 107, 161, 216, 241, 294, 309, 464
Humboldt, Alexander von, 318, 440
Hummel, 263, 368
Huth, 333

Imbert, 11 f
Ingres, 46, 48

Jalay, 121
Janin, Jules, 213, 223, 294, 464 f
Jéliotte, 51
Joachim, Joseph, 368
Josephine, Kaiserin, 118, 135
Jullien, Louis Antoine, 447 ff, 487 f

Kant, 249
Karl VI., 350
Karl X., 23
Kirchberger, 387
Kittl, 383, 392 f, 395
Klinksporn, 171 ff,
Kung-fu-Tse, siehe Konfuzius
Koettlitz, 408
Kohne, 380
Konfuzius 385 f
Krebs, 250, 293 f
Kreutzer, Léon, 494
Kreutzer, Rodolphe, 37, 39, 47, 52, 62 f, 75

Lablache, 41
Lachner, Franz, 261
Lachner, Vincenz, 261 f
Lachnith, 56, 61 f
Lafayette, 105, 151
La Fontaine 7, 68, 77, 107, 372, 378
Lamartine, 326
Lamennais, 478
Lannoye, Baron de, 370
Larochefoucault, Sosthène de, 39, 69, 71
Laurent-Jan, 215
Lefebvre, 161
Legouvé, Ernest, 216, 221
Leibrock, 287
Lemaître, Fréderick, 391, 464
Lemire, Désiré, 262
Le Nôtre, 119
Lenz, 418
Léon, Herman, 412
Leonidas, 445
Léonoff, 429
Lesueur, 21 ff, 26 f, 31, 33, 35, 37 ff, 43, 45, 47, 58, 74 ff, 332
Le Tessier, 56
Lethière, 88
Letourneur, 68
Levaillant, 86 ff
Levasseur, 217
Levy, 282

Lichnowsky, Fürst, 30
Lind, Jenny, 359
Lindenau, 293
Lindpaintner, 244, 249 f, 252 f, 260
Lipinski, Karl, 238, 272, 277 f, 280 f, 284, 479 f
Lippi, Annibale, 119
Liszt, 110, 195 f, 198, 221, 256 ff, 260, 281, 330, 368, 406 ff, 435 f, 447, 465, 475 f, 489
Lobe, 262 ff
Lorenzo, Beato, 146, 149
Lortzing, 275, 365
Louis Philippe, 105, 151, 236, 349
Lubbert, 99
Ludwig II., Großherzog von Hessen-Darmstadt, 332 ff
Ludwig XIV., König von Frankreich, 257, 279, 405
Ludwig XV., König von Frankreich, 51
Ludwig XVIII., König von Frankreich, 359
Lüttichau, Baron, 475
Lwoff, 414, 419

Macpherson, James, 23
Malibran, Maria, 106, 110, 464 f
Mangin, 493
Mangold, Karl, 333
Mangold, Wilhelm, 236, 333 f
Mantius, 301
Marcello, 284
Marcou, 422, 429
Marezzeck, 448
Marié, 337
Marie, Königin von Hannover, 474
Marie Antoinette, 51
Marius, 180
Marlowe, Christopher, 410
Marmion (Berlioz' Großvater), 8 f, 188, 452 f
Marmion, Felix (Berlioz' Onkel), 8 f, 453
Marmion, Mme (Berlioz' Tante), 457
Marmion, Victor (Onkel), 457
Marpurg, 248
Marra, Mlle, 360
Mars, Mlle, 195
Marschner, 238, 264, 329
Martin, John, 481
Martini, 186
Martinson, 437
Marx, Adolf Bernhard, 96
Marx, Mlle, 301, 309, 402
Massol, 217
Masson, 26 f
Maurer, 419
Mayseder, 368
Meding, 328
Méhul, 20, 23, 86
Mendelssohn, Felix, 121, 123, 141, 159, 167, 238, 250, 265 ff, 273 ff, 284, 314, 324, 345, 348, 441, 469
Menotti, 118
Méraux, Amédée, 345, 348
Méry, 354, 389, 509
Metternich, Fürst, 372 f, 485
Meyerbeer, 238, 276, 286, 297, 300, 302, 304 f, 309, 311, 317 ff, 323, 345, 347, 439, 441, 470
Meyfred, 439
Michelangelo, 119, 132, 138 f, 144 154, 230
Michaud, 78
Michaut, 485
Michel, 40 f
Mildner, 383, 393, 407
Millevoye, 21
Minzlaff, 419
Modena, Herzog von, 118
Moke, Camille, 101 f, 124 f
Molière, 62, 68, 248, 257, 390, 493
Molique, 251, 253
Monjauze, 492
Monnais, Edouard, 352
Montag, 264
Montfort, 121, 137, 267
Montjoie, 162
Montville, Baron de, 411
Moore, Thomas, 37, 42, 66 f, 103, 162, 268, 326, 466, 513
Morel, Auguste, 238, 241, 246, 347
Morlacchi, 279
Morny, 491
Mozart, 48, 56, 60 ff, 64, 75, 153, 159, 250, 271, 293, 295, 302, 327, 334, 355, 358, 368 f, 382, 390, 396, 444
Müller, August, 333
Müller, Karl, 286 ff, 290 f
Müller, Georg, 286, 290 f
Müller, Heinrich, 377
Müller, Brüder, 238, 286
Munier, 170
Munro, 15

Napoleon I., 8, 23 f, 134, 143, 169, 183, 265, 281, 376, 428
Napoleon III., 151, 486, 489 ff
Napoleon, Prinz 486 f

Nathan-Treillet, Mme, 240
Naumann 408
Neipperg, Graf, 253
Nernst, 414 ff
Nerval, Gérard de, 96, 409
Nikolaus I., Zar, 419
Nicolaï, 360 ff
Nourrit, 217

O'Connell, 16, 294, 381
Olympias, 3
Ortigue, Joseph d', 226, 463, 478, 494
Osborne, G. A., 324, 332, 334
Ossian, 23, 157

Pacini, Emilien, 336
Paccini, Giovanni, 131, 134, 158
Paër, 47, 75, 131
Paganini, Achille, 222 f
Paganini, Nicolò, 131, 196, 199 f, 222 ff, 257, 396, 436, 468, 471, 479
Paisiello, 23, 185
Palestrina, 153, 155, 157, 159, 234
Panseron, 478
Parish-Alvars, 281 f, 300, 332, 405
Patti, Adelina, 510, 512
Patti, Salvatore, 512
Pergolesi, 106, 186
Perne, 31
Perpignan, 328
Persius, 20
Petrarca, 178
Piccinni, 25, 28, 106
Pillet, Léon, 232 ff, 237, 335 ff, 442 ff, 446
Pingard, 85 f
Pischek, 41, 243 ff, 302, 359, 364 f, 404
Planchet, 448
Pleyel, Ignaz Joseph, 12
Plutarch, 179, 452
Podhorsky, Mme, 387
Pohl, Mme, 489
Pohl, Richard, 498 ff
Pokorny, 359 f, 369, 389, 434
Pons, Augustin de, 28 ff, 37 f, 53
Pouilly, Mme, 57
Poussard, 299, 397
Pradier, 106
Preyer, 369
Puget, Louisa, 240 f, 350

Quinault, 310

Rabelais, 467
Racine, 35
Radaï, Graf, 376
Radzivill, Fürst, 438
Rákóczy, 377 f
Rameau, 11, 22, 51
Raphael, 120, 138, 144, 153
Recio, Marie (Berlioz' zweite Frau), 486, 502 f
Reeves, 449
Regnault, 90
Reicha, 37 f, 43 ff, 334
Reichel, 293, 334
Reinhard, 430
Reissiger, 279
Rellstab, 439
Rémusat, 227 ff
Ricciardi, 419
Richard III., König, 354
Ricordi, 204
Ries, 296, 300, 321 f
Robert, Alphonse, 16, 18 f
Rocquement, 346
Rödern, Graf von, 318, 389, 437
Roger, 412
Rohan, Prinz von, 407
Romani, Felix, 133
Romberg, Heinrich, 320, 418 f
Roqueplan, Nestor, 441 ff, 445 f
Rose, Eduard, 330
Rossini, 46, 48 f, 62, 76 ff, 131, 143, 203, 281, 293, 337 f, 344, 477, 485
Rothschild, Anselm Mayer, 332
Rothschild, Jacob, 223
Rouget de Lisle, 101, 104 f
Rousseau, 50 f
Royer, Alphonse, 490 f
Rubini, 267, 365
Rumigny, 298
Rungenhagen, 314

Sacchini, 41, 54 f, 82
Sachsen-Weimar, Karl Alexander, Großherzog, 475, 498, 501
Sachsen-Weimar, Karl August, Großherzog, 263
Sachsen-Weimar, Karl Friedrich, Großherzog, 441
St. Léger, 41
Salieri, 19, 364
Salvator, 159
Saphir, 370
Saurin, 25
Sax, Adolphe, 251, 283, 298, 317, 396, 412, 484
Sayn-Wittgenstein, Fürstin, 489
Schiller, 263

Schilling, 248 f, 253
Schlesinger, 190, 192, 348
Schlick, 124, 126
Schlösser, Ludwig, 332, 334
Schlosser, Theodor, 238
Schmetzer, 290
Schmidt, 289
Schodel, Mme, 380
Schott, 242, 249
Schrade, 251
Schrameck, 437
Schroeder-Devrient, Mme, 244, 278, 280, 301 f, 308, 318
Schubert, Franz, 257, 318, 364, 404 f, 484
Schubert, Maschinka, 278
Schumann, Clara, 275
Schumann, Robert, 275
Schutter, 90 ff
Scio, Mme, 24
Scott, Walter, 8
Scraub, junior, 383, 402 f
Scraub, der Ältere, 383, 403
Scribe, 218, 441, 443, 446 f
Seghers, 484
Seifrids, 499
Sénac, 342
Serda, 338
Seymour-Schiff, 364
Shakespeare, 58, 62 f, 65, 67 ff, 74, 94, 99 f, 130, 132 ff, 140 f 145, 175, 178 f, 183, 190, 199, 225 f, 264 f, 289, 309, 317, 327, 367, 410, 432, 436, 441, 459, 462 ff, 480, 489, 500, 504, 512, 524 f
Signol, 121, 137
Slavik, 429
Smart, Sir George, 448
Smithson, (Harriet Constance), 65, 68, 74, 91 ff, 188 ff, 195 ff, 204, 223, 230 f, 460 ff, 472 f, 475, 503 ff
Sophocles, 166, 441
Soulié, Frederick, 361
Spiegel, Baron von, 264
Spohr, 244, 331, 410
Spontini, 19, 38, 44, 46, 48, 56, 64, 77 ff, 134, 185, 227, 230, 280, 312, 323, 344, 439, 441, 471, 477
Staudigl, 358 f, 365, 368
Steinmüller, 331
Stendhal, siehe Beyle, Henri
Stephanie, Großherzogin, 261, 265
Stoltz, Rosina, 220, 335, 337, 343
Strackaty, 387, 406
Strakosch, 510, 512
Strauss (Kapellmeister in Karlsruhe), 261
Strauss (der Pariser), 241, 342 f, 345 f, 349
Strauss, Johann, 241, 366 f
Strebinger, 368
Suat, 451, 505 f
Suat, Adèle (Berlioz), siehe Berlioz, Adèle
Sussex, Herzog, 328
Täglichsbeck, Thomas, 255 f
Taglioni, Paul, 309
Tajan-Rogé, 419
Talma, 25
Tasso, 86, 144, 166 ff, 177, 312
Taubert, 300, 323
Taylor, Baron, 463
Thalberg, 281, 330
Thénard, 19
Tichatschek, 277, 281
Tilmant, 347
Tomaschek 404 f
Topenheim Baron von, 249
Treffz, Mlle, 360
Treichlinger, 377
Treillet, Mme, siehe Nathan-Treillet, Mme
Troupenas, 192 f
Tutschek, Mlle, 301

Uhland, 364
Unger, Mme, 159
Urhan, 329

Vaccai, 133, 140, 153, 158 f
Valentino, 26 f, 29, 52 f,
Vandenheufel-Duprez, Caroline, 501
Verdi, 185, 446
Vernet, Horace, 118, 123, 129, 136 f, 139, 161, 165, 180, 188
Vernet, Mme, 122, 137
Vernet, Mlle, 137, 161
Versing, 419, 432 f
Verstowski, 428
Viardot-Garcia, Pauline, 501
Vieuxtemps, 435
Vigny, Alfred de, 68
Vincenzo, 151
Virgil, 3, 4, 6, 7, 24, 145 f, 165, 167, 177, 355, 379, 489, 498, 524 f
Vivier, 251
Vogel, 62
Vogt, 20
Volney, 85, 87 f
Voltaire, 66, 94, 390, 405

Wächter, 280 f
Wagner, 279, 280, 445 f
Wailly, Léon de, 218, 463
Walcker, Mme, 432
Weber, Joannes, 494
Weber, Carl Maria von, 44, 48, 56, 58, 60, 62, 74, 76 f, 159, 196, 198, 250 f, 279, 283, 302, 319, 330, 335 f, 338 f, 344, 355, 361, 367, 448, 477, 485
Weber, Mme, 283
Weigl, 369
Wesque, 370
Westmoreland, Earl of 317
Wieland, 263
Wielhorski, Graf Mathieu, 414, 440
Wielhorski, Graf Michel, 363, 414, 418, 420, 433
Wilhelm I., König von Württemberg, 244, 249 f, 252
Wilhelm, Prinz von Preußen (später König Wilhelm I. von Preußen), 316
Winkler, 277, 282
Wiprecht, 299, 316 f, 319, 322
Wittgenstein, Fürstin, siehe Sayn-Wittgenstein, Fürstin
Wüst, Mlle, 278, 280

Xerxes, 445

Zenobia, 147
Zingarelli, 133
Zinkeisen, 286, 288
Zsische, 301
Züllichau, 277